作者简介

张小明，博士，国家行政学院应急管理培训中心（中欧应急管理学院）教授、研究生导师、博士后合作导师，主要研究方向为应急管理、危机管理、风险管理、公共安全法治、制度分析与公共政策等。中共中央组织部全国干部教育培训师资库首批专家、国家安全生产监督管理总局安全生产理论专家、国家核应急响应技术支持中心专家委员会委员、国家科技重点研发计划重大专项评审专家、中国博士后科学基金评审专家、中国应急管理学会理事、中国行政体制改革研究会理事。著有《当代中国公共政策输入过程研究——应急管理长效机制的治本之道》《公共部门危机管理》《公务员创新能力建设与开发》等著作十多部，在《中国社会科学》《中国行政管理》等刊物上发表论文百余篇，获得国家级、省部级奖励多项。

内容简介

《公共部门危机管理》是一部将静态分析与动态分析相结合，深入、系统地阐述公共部门危机管理理论、实践与方法的教材。全书首先对公共部门危机管理进行静态分析，介绍了公共部门危机管理的基本概念、管理模式、法制化、国际借鉴、风险管理等内容；接下来对公共部门危机管理展开了多切面的动态分析，重点论述了公共危机预防预警管理，公共部门危机状态下的信息管理、媒体沟通与公关对策、网络舆情引导、决策分析，公共危机的善后对策与恢复重建等危机管理的全过程；最后对公共部门危机管理评估理论及评估指标体系构建展开了细致的分析与探讨。

出版说明

公共管理硕士（Master of Public Administration，MPA）专业学位研究生教育是以公共管理学科及其他相关学科为基础的研究生教育项目，其目的是为政府部门及非政府公共机构培养高层次的应用型专门人才。

我国的 MPA 教育始于 1999 年。1999 年 5 月，国务院学位委员会第 17 次会议审议通过了《公共管理硕士（MPA）专业学位设置方案》；2001 年 10 月，我国进行首次 MPA 招生考试；2002 年 3 月，首批 MPA 研究生正式入学。经过十多年的发展，我国的 MPA 培养院校从最初的 24 所发展到 2014 年的 200 余所；截至 2015 年 7 月，全国 MPA 培养院校累计招收 MPA 研究生 15 万余人，授予 MPA 学位 8 万余人，MPA 教育成为我国公共部门人才培养的重要渠道。

为了满足国内 MPA 教育对教材和教学参考资料的需要，不断探索和回应公共管理实践中的各种问题，同时反映国内外公共管理研究的最新成果，自 2001 年起，中国人民大学出版社组织有关专家编写"公共管理硕士（MPA）系列教材"。本套教材涵盖国务院学位办确定的《公共管理硕士专业学位培养方案（试行稿）》（2000 年发布）和《公共管理硕士专业学位研究生指导性培养方案》（2012 年发布）中规定的各门 MPA 核心课程教材，也包括公共管理各领域的专业方向必修课程教材及部分选修课程教材。本套教材不仅适合 MPA 学生使用，同时也可供公共管理学科的研究生及各级行政管理人员作为参考和培训资料使用。

"公共管理硕士（MPA）系列教材"力求体现如下特色：第一，系统完整，基本涵盖公共管理专业教育的主要知识领域；第二，反映国内外公共管理研究领域的最新成果，为公共管理领域的教育者、学生、实际工作者提供该领域的最新信息、资料及多视角思考空间；第三，反映 MPA 专业教育的特点，重视应用性，注重能力的培养，教材中除讲授一般理论知识外，还提供丰富的案例分析素材；第四，将中国传统的行政管理思想、国外先进的公共管理理论与中国政府的管理实践紧密地结合起来，理论联系实际。

在“公共管理硕士（MPA）系列教材”策划出版之初，中国人民大学出版社邀请国内公共管理领域有关专家成立了阵容强大的教材编审委员会。同时，本着将国内公共管理领域有影响的学校和有影响的学者都吸收进来以博采众家之长的原则，我们广邀全国各地公共管理知名学者，使得本套教材的作者突破了一个学校和一个区域的界限。参与本套教材编写工作的有中国人民大学、北京大学、清华大学、复旦大学、中山大学、厦门大学、南开大学、上海交通大学、北京师范大学、华中科技大学、国防科学技术大学、国家行政学院、中国社会科学院等国内知名高校及科研院所的学者，他们都是公共管理教育领域的专家，具有丰富的教学经验，同时又注重公共管理实践，能够较好地将理论和实践结合起来。

自 2001 年首本教材出版以来，“公共管理硕士（MPA）系列教材”受到了国内公共管理学界的广泛好评，被誉为“与中国 MPA 共同成长”的一套高质量的 MPA 教材。国内众多高校将本套教材选为 MPA 相关课程教材，“十二五”初期，本套教材的累计销量突破百万册，成为广受读者欢迎的 MPA 教材品牌。

随着公共管理教育和实践的不断发展，公共管理学科的研究和教育也在不断发展与完善，这就要求 MPA 教材也要不断修订和更新。在国内公共管理学界的热情支持下，我们编写的这套教材取得了一定的成绩。今后，还请广大读者，特别是在教学一线的 MPA 任课教师继续给我们反馈意见，对这套教材提出批评和建议，以帮助我们不断对相关教材进行修订和完善，实现这套教材“服务中国 MPA 教育事业，与中国 MPA 共同成长”的目标。

中国人民大学出版社

第三版前言

《公共部门危机管理（第三版）》对第二版内容进行了大幅度的改动，主要体现在以下四个方面：

第一，在“导言”中新增加“公共部门危机管理的发展历程”的内容，突出强调了我国突发事件应急管理体系“一案三制”（应急预案，应急管理体制、机制和法制）建设的最新进展，系统梳理了党的十八大、十八届三中全会、十八届四中全会、十八届五中全会关于突发事件应急管理体系建设的新内容、新要求、新理念和新精神，全面反映了 2014 年 4 月 15 日习近平总书记在中央国家安全委员会第一次会议上的讲话中提出的总体国家安全观，2015 年 5 月 29 日中共中央政治局就健全公共安全体系进行第二十三次集体学习时习近平总书记要求的编织全方位、立体化的公共安全网，以及 2016 年 3 月 16 日十二届全国人大四次会议表决通过的《中华人民共和国国民经济和社会发展第十三个五年规划纲要（2016—2020 年）》中提出的健全公共安全体系等最新的政策和规定。

第二，在“第 3 章　公共部门危机管理的法制化”中增加“公共部门危机管理法治创新”一节，突出反映了近年来我国公共部门危机管理法治创新精彩纷呈、亮点频出的情况，主要表现在两个方面：一是出现第一例也是目前为止唯一一例直接依据、适用《中华人民共和国突发事件应对法》进行事件调查的案例——上海市黄浦区“12·31”外滩陈毅广场拥挤踩踏事件；而国务院对 2015 年 6 月 1 日发生的“东方之星”号客轮翻沉事件进行调查，也是对《中华人民共和国突发事件应对法》适用情况的重要考验。二是我国公共部门危机管理立法获得大丰收，公共部门危机管理立法制度创新点频现，最为突出地体现在三部法律上：《中华人民共和国食品安全法》《中华人民共和国国家安全法》《中华人民共和国反恐怖主义法》。

第三，对所有章节后面的阅读案例进行了更新，选取了近几年发生的影响深远的重特大公共危机事件进行简要介绍与深度分析，阐明了重特大公共危机事件的应急处置过程，总结了应急处置的经验与启示，提出了防范和整改措施建议。选取的重特大公共危机事件主要包括天津港“8・12”瑞海公司危险品仓库特别重大火灾爆炸事故、湖北监利长江段“6・1”“东方之星”号客轮翻沉事件、河南平顶山“5・25”特别重大火灾事故、上海市黄浦区“12・31”外滩陈毅广场拥挤踩踏事件、西藏拉萨“8・9”特别重大道路交通事故、江苏昆山市中荣金属制品公司“8・2”特别重大铝粉尘爆炸事故、沪昆高速湖南邵阳段“7・19”特别重大道路交通危化品爆燃事故、长沙市岳麓区“7・10”重大道路交通（校车）事故、晋济高速公路岩后隧道“3・1”特大道路交通危化品燃爆事故、山东青岛市“11・22”中石化东黄输油管道泄漏爆炸特大事故、吉林省长春市宝源丰禽业公司“6・3”特大火灾爆炸事故等。

第四，对全书文字了进行大量的精炼、简化，保留了最重要的内容。

此外，特别感谢中国人民大学出版社政治与公共管理出版分社策划编辑朱海燕女士，《公共部门危机管理（第三版）》的修订工作是在她的大力支持和帮助下才顺利完成的。

张小明

2017 年 1 月于北京

修订版前言

2006年8月，《公共部门危机管理》由中国人民大学出版社出版。2008年，《公共部门危机管理》获得两项省部级奖：北京高等教育精品教材奖、北京市教育教学成果奖（高等教育）二等奖。

《公共部门危机管理（修订版）》对原版内容进行了大幅度的改动，主要体现在以下四个方面：

第一，新增加的内容。

首先，新增加“第5章　公共部门风险管理”内容，突出强调了公共部门风险管理的重要性和先导地位。风险的识别和评估是开展有效的危机管理的重要的第一步，风险管理是危机管理的起点。公共部门风险管理是政府的一项基本的核心职能，政府应构建“发现、定义、防范、抗击、转移、缓冲”风险的相关机制。目前，风险管理已在金融管理、环境保护、食品安全、信息管理、灾害管理、国土安全等领域逐步推广，美国、英国、德国等不断加强突发事件风险管理工作，成效显著。我国不断进行突发事件风险管理实践探索，自然灾害、事故灾难、公共卫生事件、社会安全事件四大类突发事件风险管理实践全面展开，北京市、重庆市等地方政府启动公共安全风险管理长效体系建设，取得了积极成效。

其次，新增加“第9章　公共部门危机状态下的网络舆情引导”内容，突出回应了当前网络舆情的迅猛发展给公共部门危机管理带来的极大影响与挑战，详细分析了公共危机网络舆情的发展轨迹、内在机理与演变规律，深入探讨了公共部门危机状态下网络舆情引导的策略选择与制度建设。要建立行政监管、行业自律、技术保障相结合的公共危机网络舆情治理体制，加强政府对网络舆情的行政监管，强化互联网行业自律的规范与约束，注重发挥网络舆情技术的保障与支撑功能。要健全公共危机网络舆情治理机制建设，搭建网上政民互动对话平台机制，争夺网络话语权，加强网络舆情引导机制建设。要将公共危机网络舆情纳入法律体系，完善与网络、网络舆情配套的法律，用有效的法律规范网络舆情的表达。

再次，新增加“3.3 《中华人民共和国突发事件应对法》的实施与完善”内容，详细分析了该法的总体思路和主要制度，具体阐明了该法的突破与制度创新，实事求是地概括了该法在实施过程中暴露出的一系列问题并指出了完善路径。2007 年 8 月 30 日，第十届全国人大常委会第二十九次会议通过了《中华人民共和国突发事件应对法》，该法于 2007 年 11 月 1 日起施行。该法的公布施行，标志着突发事件应对工作全面纳入法制化轨道，具有公共部门危机管理法制化的里程碑式的重要意义。

最后，“12.1　公共部门危机管理评估的理论基础”新增加了部分内容，重点介绍了国外三种发展较为成熟、应用较为广泛、综合性较强的风险管理与评估理论模型，即美国 HAZUS-MH 风险评估模型、美国 CVAT 风险评估模型、加拿大风险评估模型，详细分析了它们的主要内容与实施步骤；增加了联合国国际减灾战略（ISDR）关于危机预警管理与评估系统的内容，提出了“以人为本的预警系统”的核心理念，总结出了危机预警系统有效性的四个关键要素。

第二，全部重写的内容。

首先，对“第 6 章　公共危机预防预警管理”的全部内容进行了重写。成功且有效的公共部门危机管理须是先发式的，而非反应式的危机管理。也就是说，危机防范是成本最为低廉的危机管理方式。能及早地识别出或意识到危机的存在并采取措施将之消弭于无形，是最高明的危机管理方式。危机防范永远都要胜于危机事件发生后的应对，不管事后的应对是如何的成功。一个完整的公共危机预防体系应包括五个方面的主要内容：强化脆弱性定期分析评估制度；设立危机管理团队；制订危机管理计划；重视危机管理科普宣教培训与演练；加强“防灾型社区”的危机管理文化建设，构建组织隐性危机防范系统。公共危机预警管理系统是一个层次高、结构复杂、相关性强的网络系统，主要由预警信息搜集子系统、预警信息分析和评估子系统、公共危机预测子系统、公共危机预警指标子系统、公共危机警报子系统、公共危机预控对策子系统六个子系统构成。

其次，对“第 11 章　公共危机的善后对策与恢复重建”的全部内容进行了重写。公共部门可以从危机管理中获益。公共危机可以集中暴露现行政府管理体制多方面的问题，在一定意义上可以指明从公共部门危机管理中获益的基本方向和途径。按照《中华人民共和国突发事件应对法》的规定，公共危机“事后恢复与重建”主要包括：停止应急处置措施，进行损失评估，制订恢复重建计划，支援恢复重建工作，恢复正常社会秩序和修复公共设施，制定优惠政策，开展救助、补偿、抚慰、抚恤、安置、心理干预等工作，进行事后调查与总结报告，等等。

第三，全部更新的内容。

对所有章节后面的阅读案例都进行了更新，选取了近几年发生的影响深远的重特大公共危机事件进行简要介绍与深度分析，阐明了重特大公共危机事件的应急处置过程，总结了应急处置的经验与启示，提出了防范和整改措施建议。选取的重特大公共危机事件主要包括“7·23”甬温线特别重大铁路交通事故、青海玉树地震、蓬莱 19-3 油田溢油事故、甘肃舟曲特大山洪泥石流灾害、京珠高速河南信阳“7·22”特别重大卧铺客车燃烧事故、山西王家岭煤矿“3·28”特别重大透水事故、日本“3·11”大地震、大连中石油“7·

16”输油管道爆炸火灾事故、“莫拉克”台风、河南航空有限公司黑龙江伊春“8·24”特别重大飞机坠毁事故等，还对北京2008年奥运会的风险管理进行了案例分析。

第四，部分修改、删除的内容。

修改了原版中“导言”“公共部门危机管理概述”“公共部门危机状态下的公关对策”“公共部门危机状态下的沟通管理”等部分内容；全部删除了原版中“公共部门危机处理的基本方针和流程”“公共部门危机状态下的绩效管理”内容；部分删除了原版中“公共部门危机管理模式”“公共部门危机管理理论”内容；更新补充了“参考文献”；增加了修订版“前言”。还对全书文字进行了大量的精炼、简化，在大幅增加内容的同时保持压缩了全书的篇幅。

特别感谢中国人民大学出版社政治与公共管理出版分社编辑朱海燕女士和孟庆晓女士，她们为本书的编辑出版付出了大量的劳动和艰辛的努力。没有她们的沟通、督促与帮助，完成《公共部门危机管理（修订版）》的修订工作是难以想象的。

张小明

2012年7月于北京

目 录

导　言 …… 1

第 1 章　公共危机分析 …… 13
1.1　公共危机的含义与特征 …… 14
1.2　公共危机的类型学分析 …… 18
1.3　公共危机的诱因分析 …… 26
1.4　公共危机的功能分析 …… 31
本章小结 …… 34
关键术语 …… 35
复习思考题 …… 35
阅读案例　天津港“8·12”瑞海公司危险品仓库特别重大火灾爆炸事故应急处置 …… 36

第 2 章　公共部门危机管理概述 …… 43
2.1　危机管理的界定 …… 43
2.2　公共部门危机管理的内涵与内容 …… 48
2.3　公共部门危机管理理论 …… 51
2.4　公共部门危机管理机制的宏观架构与战略设计 …… 57
本章小结 …… 59
关键术语 …… 60
复习思考题 …… 60
阅读案例　湖北监利长江段“6·1”“东方之星”号客轮翻沉事件应急处置 …… 60

第 3 章　公共部门危机管理的法制化 …… 66
3.1　公共部门危机管理法制化：西方经验 …… 67
3.2　公共部门危机管理法制化：中国实践 …… 71

3.3 《中华人民共和国突发事件应对法》的实施与完善 …… 75
3.4 公共部门危机管理法治创新 …… 84
本章小结 …… 92
关键术语 …… 93
复习思考题 …… 93
阅读案例 河南平顶山“5·25”特别重大火灾事故应急处置 …… 94

第 4 章 公共部门危机管理：国际借鉴 …… 98
4.1 美国危机管理体制 …… 99
4.2 英国危机管理体制 …… 104
4.3 俄罗斯危机管理体制 …… 108
4.4 日本危机管理体制 …… 110
本章小结 …… 117
关键术语 …… 118
复习思考题 …… 118
阅读案例 上海市黄浦区“12·31”外滩陈毅广场拥挤踩踏事件应急处置 …… 118

第 5 章 公共部门风险管理 …… 124
5.1 风险管理的概念 …… 125
5.2 公共部门风险管理的流程与策略 …… 129
5.3 公共部门风险管理的进展 …… 136
本章小结 …… 146
关键术语 …… 148
复习思考题 …… 148
阅读案例 北京 2008 年奥运会风险管理案例分析 …… 149

第 6 章 公共危机预防预警管理 …… 153
6.1 公共危机预防体系 …… 154
6.2 公共危机预警管理系统 …… 165
本章小结 …… 172
关键术语 …… 173
复习思考题 …… 173
阅读案例 西藏拉萨“8·9”特别重大道路交通事故应急处置 …… 174

第 7 章 公共部门危机状态下的信息管理 …… 177
7.1 公共部门危机信息管理：国际借鉴 …… 178
7.2 公共部门危机信息管理：中国的路径选择 …… 185
本章小结 …… 195

关键术语 …… 196
复习思考题 …… 196
阅读案例 江苏昆山市中荣金属制品公司“8·2”特别重大铝粉尘爆炸事故应急处置 …… 197

第 8 章 公共部门危机状态下的媒体沟通与公关对策 …… 201
8.1 公共部门危机状态下的媒体沟通与公关理论 …… 202
8.2 公共部门危机状态下的媒体管理与控制 …… 211
8.3 公共部门危机状态下的沟通障碍与公关策略 …… 218
8.4 构建与完善危机事务新闻发言人制度 …… 222
本章小结 …… 225
关键术语 …… 226
复习思考题 …… 226
阅读案例 沪昆高速湖南邵阳段“7·19”特别重大道路交通危化品爆燃事故应急处置 …… 227

第 9 章 公共部门危机状态下的网络舆情引导 …… 232
9.1 公共危机网络舆情概述 …… 233
9.2 公共危机网络舆情的发展轨迹与演变规律 …… 237
9.3 公共部门危机状态下网络舆情引导的策略选择 …… 246
9.4 公共部门危机状态下网络舆情引导的制度建设 …… 256
本章小结 …… 265
关键术语 …… 266
复习思考题 …… 266
阅读案例 长沙市岳麓区“7·10”重大道路交通（校车）事故应急处置 …… 267

第 10 章 公共部门危机状态下的决策分析 …… 271
10.1 公共部门危机决策的理论分析 …… 272
10.2 公共部门危机状态下决策的权责划分 …… 279
10.3 构建与完善公共部门危机状态下的决策机制 …… 283
本章小结 …… 290
关键术语 …… 291
复习思考题 …… 292
阅读案例 晋济高速公路岩后隧道“3·1”特大道路交通危化品燃爆事故应急处置 …… 292

第 11 章 公共危机的善后对策与恢复重建 …… 297
11.1 公共危机的善后对策 …… 298

11.2 公共危机的恢复重建 …… 300
本章小结 …… 308
关键术语 …… 309
复习思考题 …… 310
阅读案例 山东青岛市“11·22”中石化东黄输油管道泄漏爆炸特大事故应急处置 …… 310

第12章 公共部门危机管理评估机制 …… 316
12.1 公共部门危机管理评估的理论基础 …… 317
12.2 公共部门危机管理评估机制设计 …… 329
12.3 公共部门危机管理评估指标体系构建 …… 333
本章小结 …… 340
关键术语 …… 341
复习思考题 …… 341
阅读案例 吉林省长春市宝源丰禽业公司“6·3”特大火灾爆炸事故应急处置 …… 342

主要参考文献 …… 346
第一版后记 …… 353

导　言

0.0.1　危机管理——全球化时代的崭新课题

人类的发展史可以说是一部与各种危机相抗衡、相斗争的历史。自从有文字记载以来，人类社会就一直面临着各种各样的灾难和危机。人类社会就是在同各种危机的斗争、较量中不断成熟、壮大的。危机无时不在，无处不在。进入21世纪以来，“天灾人祸”开始频繁地撞击人们的神经。2001年美国的“9·11”事件、2003年的SARS疫情、2004年的“禽流感”疫情和印度洋海啸、2005年美国新奥尔良的“卡特里娜”飓风和法国大骚乱，接着是2008年国际金融危机、中国汶川“5·12”特大地震、甲型H1N1流感疫情，2011年日本“3·11”强烈地震、海啸及核泄漏的三重灾难。

这就是危机。现代社会已进入危机频发、破坏性升级与国际互动发展时期。随着产生危机的各种因素不断增加，今后大量突发性危机事件随时可能发生，令人猝不及防。危机严重威胁着人类安全和社会稳定。然而，危机又具有普遍性，任何国家和政府都不可能免于各种危机，都将始终面临或隐或现、或急或缓的危机挑战。现代社会的人们不得不正视一个事实：随着社会与经济的发展，公共安全的新问题不断涌现，这些问题将会给一个国家或社会乃至整个世界产生巨大的影响，也会给政府管理带来前所未有的挑战。如何处理公共危机事件将直接关系到政府的形象，也直接影响着国家政治经济的稳定和发展，进而关系到国家政权的生死存亡。

联合国在总结国际社会危机管理和灾变管理的经验时曾经指出，危机管理在当代社会面临着新的挑战。这些挑战包括：（1）提高对于危机风险的广泛理解和认知；（2）把生态的考虑与危机和灾变的管理相结合；（3）承认危机和灾变风险的消减是政府的责任；（4）持续不断地进行集中化的风险管理；（5）加强危机管理政策的制定和协调；（6）加强危机管理的教育、研究和信息传播；（7）建立与发展危机管理的伙伴关系；（8）制定危机管理的具体方法和措施。

在全球化的时代，一个国家或者地区出现的危机，不可避免地会产生国际化的影响。危机管理问题一直是国际社会、国际组织和地区组织十分关注的一个问题。预防和管理各种各样的危机和灾难一直是联合国所致力的事业。联合国的人道主义事务协调办公室、联合国难民事务各级委员会、联合国世界粮食计划署、联合国儿童基金会和世界卫生组织直接介入危机和灾变的管理。在国家层次，联合国开发计划署直接代表联合国协调危机管理事务。世界气象组织、联合国粮食及农业组织、红十字国际委员会也介入国际和地区性的危机管理。

总之，"9·11"事件以后全球一系列的危机事件给世界造成了重大影响，也将政府管理的一个重要方面——危机管理推到了非常令人关注的位置。如何应对非传统威胁与突发性危机事件，如何在尽可能短的时间内控制事态、降低损失、重建秩序，如何做好与民众的沟通、维护国家长远利益和政府公信力，这一系列问题对世界各国政府都构成了严峻挑战，也对正处于转型期的我国社会和政府提出了重要预警。作为一个发展中国家，如何构建适应国情、适合需要的危机管理系统，从而有效、及时地规避、应对与处理这些突发性危机事件已经成为今后一定时期内党和政府必须重视的重大问题。在这个变得更加相互依赖的国际社会中，我们不得不承认：危机管理，已成为全球化时代摆在各个国家、各级政府面前的一个崭新课题！

0.0.2 从私人部门危机管理走向公共部门危机管理

"危机管理"的概念在私人部门（企业）中较早使用，主要是指企业防备和应对那些威胁企业生存的突发性风险事件。在市场中激烈竞争的企业，从一开始就在危机中生存着。关于私人部门（企业）危机管理的研究，最早可以追溯到第一次世界大战以后，当时德国出现恶性通货膨胀，美国于1929年发生严重的经济萧条，危机管理是作为企业防卫的管理而产生的。最初，它只不过是单纯的危机对策、保险管理、安全技术和防灾计划，由于企业经济环境、竞争环境和经营情况的复杂化和多样化，企业对危机管理逐渐实现了组织化和系统化，危机管理理论现在已运用于企业危机的科学管理中了。

20世纪60年代，美国学者布莱克（R. Blake）及默顿（I. Mouton）对领导行为有效性进行研究，他们率先从企业组织因素的角色来考察有效领导和无效领导的行为差异，建立了一个指标系统来评价企业内部的不信任行为、冲突行为、无效行为、沟通障碍和失误等现象。20世纪70年代，美国学者豪斯（R. House）及菲德勒（F. Fiedler）以环境因素为主变量来考察无效领导行为，并试图用领导过程中的不良行为来论证领导方式的权变特性。20世纪80年代初，一些学者开始将政治科学中的危机管理理论扩展到经济及管理领域，探讨企业在陷入危机后的紧急对策问题。20世纪80年代末，美国学者在研究企业危机现象时，提出将管理失误作为危机来源来研究其过程机理。从总体上看，国外学者对私人部门（企业）危机管理失败的界定、原因及预防、应对等方面虽然进行过一些研究，但尚未形成系统的理论。

与此同时，伴随着私人部门（企业）危机管理研究的逐渐科学化，以美国政府为代表的西方发达国家开始重视公共部门危机管理的研究，从而使得危机管理的研究开始从私人领域渗透到公共领域，危机管理的实践应用从私人部门发展到公共部门。第二次世界大战以后，西方发达国家开始有组织地对公共部门危机管理理论、方法和应用等方面展开重点研究。早期的研究主要集中于技术专业领域的危机，大多数与特定灾害有关，如与火灾和灌水相关的建筑、工程、管理等方面的技术专业领域的危机。随着危机事件影响范围的扩大，研究也得到扩展。从20世纪七八十年代开始，伴随美国联邦紧急事务管理署（FEMA）的成立，研究重点从私人领域进一步转向国家危机管理体系和危机管理政策等公共领域的研究，并在美国公共管理学会下成立了危机管理分部，使美国危机管理的研究进一步从私人部门发展到公共部门，并使得公共部门危机管理作为一门专业学科得到广泛重视。

当前美国对危机管理的研究已经全面渗透到公共领域，研究更趋于综合性，研究机构主要集中在政府机构、准政府组织、非营利机构和大学。与灾难相关的社会科学研究由设在特拉华大学的灾害研究中心牵头，主要关注的是灾难社会学；危机管理应用研究由设在科罗拉多大学的自然灾害研究与应用信息中心牵头，主要关注的是危机应对理论及其应用。英国、澳大利亚、加拿大等国家也成立了相应的研究机构。

在公共部门危机管理的实践应用方面，以美国政府为代表的西方发达国家也取得了重大进展。早在20世纪70年代初期，美国管理者协会就提出了面对所有灾害的综合危机管理模型框架的理念，为建立国家危机应急反应系统奠定了基础。综合危机管理模型根据危机的事前、事中和事后特点，把危机管理活动、政策和项目划分为四个功能区域：减轻、预防、反应和恢复。在此基础上，美国联邦紧急事务管理署建立了包括灾害分析、能力评价、危机规划、能力保持、危机反应和恢复在内的综合危机管理系统。遭受“9·11”事件和炭疽病毒袭击以后，美国对现有的公共部门危机管理体系进行了重新反思，并成立了国土安全部，加强了针对不同公共危机的专题研究和合作研究，进一步寻求有效应对公共危机的办法和措施。在公共危机应急策略、方法和应用研究方面，注重公共政策、定量化决策分析方法、标准化应急反应系统、综合资源管理系统的研究；并广泛使用信息化手段，如地理信息系统（geographic information system，GIS），从策略和手段上提高国家应对危机的能力。

目前，毋庸置疑的是，危机管理已经走出了私人部门独领风骚的局面。公共部门危机管理已经逐渐成为政府治理中的一项重要课题。各国政府已经逐渐认识到危机管理在公共管理中的地位与作用，并且做了一些有益的尝试。公共部门危机管理在政府工作中占据的地位越来越重要，公共部门危机管理的研究也就成了许多国家政府部门和行政管理学者共同关注的新课题。

0.0.3 公共部门危机管理研究的意义

全球化浪潮下的现代社会已进入危机频发期，危机不仅对各国政府管理体制提出了严峻挑战，而且还关系到社会的稳定和国家政权的生死存亡。各国政府应重视培养危机意识，建立和完善危机管理的组织体系和机构，建立危机治理的社会支持系统，依法加强危机治理。在这样的时代背景下，加大公共部门危机管理研究的力度，就成了一项既具有理论意义又具有实践指导意义的重大课题。

1. 当前危机理论研究与危机教育薄弱滞后的现状，使得公共部门危机管理研究具有极其深刻的理论意义

长期以来，我们偏重于企业危机方面的研究和教育，而对公共危机的内涵、特征、类型划分、诱因以及功能认识不够；偏重于私人部门（企业）危机管理的研究和教育，而公共部门危机管理理论研究与教育严重薄弱和滞后。从总体来看，公共部门危机管理的研究虽然已经取得了一定的进展，但还没有形成比较完善的理论体系，无法有效满足公共部门危机管理实践的需要，缺乏现实指导意义。

具体而言，目前公共部门危机管理的研究所取得的进展，主要表现在以下三个方面：一是人们已经认识到了公共部门危机管理对于各国政府乃至整个社会的必要性和重要性，认识到公共部门危机管理的研究需要各级政府和学术科研部门进行通力合作。二是提出了公共部门危机管理体系建构的框架，大致包括：加强公共部门危机管理法制建设；建立公共危机预警和快速反应机制；设立公共部门危机管理专门机构；按照公共危机的生命周期制定应对措施；等等。三是运用社会学中的社会冲突理论、心理学中的认知失调理论、经济学中的发展经济学和制度经济学理论、管理学中的决策理论等做进一步的分析，力图为完善公共部门危机管理体系提供理论指导。但是，这三个方面的进展都尚停留在初级阶段，公共部门危机管理理论框架是粗线条的，跨学科的研究也停留在“应然”层面的探讨上，缺乏能指导实践的具有可操作性的研究成果。

公共部门危机管理是一项系统工程，具有复杂性、不确定性和挑战性等特点，仅凭热情和经验是远远不够的，还必须依靠科学理论的指导。目前的公共部门危机管理理论研究还不足以对公共部门危机管理实践提供坚实的理论支撑。因此，我们迫切需要进一步深化公共部门危机管理的研究，创建一门公共部门危机管理学。

2. 在现代社会，加强公共部门危机管理研究，具有为冲突和危机状态下的政府治理提供指导的重大现实意义

保障公众安全，应对或化解公共危机事件，是现代政府应该提供的最起码、最根本的公共服务之一。政府作为公共服务的提供者、公共政策的制定者、公共事务的管理者以及公共权力的行使者，在公共部门危机管理中处于更加重要的特殊地位。

在现代社会，有两个因素促使公共部门危机管理研究更加深入。一是现实生活中人们更加需要了解应对和管理公共危机的基本知识。无论是企业组织，还是国家和地方政府都极其希望减少公共危机造成的损失与危害。公共部门危机管理研究的责任就在于帮助提供公共危机应对计划、促进媒体协作、缓解公众心理压力、树立良好的外部形象等。二是对公共危机的认识也要从另外一个新的视角来看待。过去，人们更多地从公共危机的负面影响和破坏性上来研究、探讨如何减少损失、追究责任等。但是，公共危机最根本的功能是改变组织结构、社会关系和人们的信念体系，所以公共危机其实也提供了树立政府形象、进行社会变革与关系调整的一种机会。虽然遭遇突发性的公共危机对任何一个政府来说，都是一个包含巨大风险的挑战，但是在这种挑战的压力下，政府原来在常态管理下不易暴露的弊端就会凸显出来。经过危机处理的考验，政府就能较为自觉地对职能定位、组织结构、决策机制等方面做出变革，以适应社会转型的需要。从这个意义上看，加强公共部门危机管理具有很强的现实指导意义。

(1) 加强公共部门危机管理研究是政府提高危机事件处理能力的需要。当代危机冲突理论认为，没有一个社会系统是整合得十分完美的，包括群体性突发事件在内的社会系统中的冲突是普遍存在的。因此，有效地处理危机，维护社会秩序，是任何一国政府都不可避免且需要正视的重要问题，也是政府的首要职责和必备的行政能力之一。面对危机的突然爆发，政府能否保持清醒，快速做出反应，采取果断、有效的措施阻止危机的扩散；面对危机的强大破坏力、公众的高度关注与压力，政府能否保持冷静，协调好各方关系，采取强有力的措施来最大限度地消除危机的负面影响；面对遭遇危机处于惊恐之中的公众，政府能否进行有效的安慰与沟通，争取最大限度的理解与支持；等等。面对危机带来的这种种考验，政府能否建立起一个完善的公共部门危机管理体系，能否从危机应对中不断提高自己的危机管理水平和社会公共管理能力，可以说是对政府综合能力的一种有效检验。政府迫切需要从事公共部门危机管理方面的研究，探索预防、应对危机的方法。因此，加强公共部门危机管理研究是政府提高危机事件处理能力的需要。

(2) 加强公共部门危机管理研究可以为政府树立良好形象，提高政府公信力。政府作为公共事务的管理者，有责任、有义务并且应该有能力处理突发性危机事件。政府处理危机事件的效率和效果直接体现了政府的治理水平，也直接关系到政府的公信力和国内形象。与此同时，在全球一体化和开放的背景下，世界已经成为一个“地球村”，信息技术的发展和传播手段的多元化，都对现有各国独立的政府危机管理职能提出严峻挑战，直接关系到一国的国际形象。其实危机为政府提供了许多有利的机会，除了在发生前、发生中给政府提供了采取预防、控制等正面积极措施的机会来显示能力、树立良好的形象、提高公众对政府的信任和支持之外，危机的发生往往会暴露现有制度和机制的不足，政府可以从危机处理中吸取教训，找到自身的弱点和不足，并尽快加以弥补和改善，从而使政府能力进一步提高，使政权的根基更加稳固。

(3) 公共部门危机管理研究直接关系到社会的稳定和国家政权的存亡。随着各国、各地区之间相互联系的增强和相互依存度的大大提高，一旦危机在某一个区域爆发，就有可能产生多米诺骨牌式的连锁反应。一国所发生的危机事件很可能给全球经济、政治等方面造成连带性冲击，产生“涟漪反应”或“连锁反应”。这不仅大大增加了区域风险和危机的来源，也加速了风险和危机的“蝴蝶效应”，放大了风险与危机的破坏强度和潜在后果。危机局势是对社会稳定构成的最直接的威胁，危机事件的处理是对政府组织的管理能力和效力的全面考察与综合鉴定，是衡量和反映政府统治力的重要方面。它不仅是政府的一项战略任务，同时也是政府日常管理的重要组成部分；应对这些危机事件不仅关系到个别事件处理的成败，更关系到如何真正地实现国家的长治久安。加强公共部门危机管理研究，直接关系到政府的合法性基础，关系到人民的安危福祉，也直接影响着各国政治、经济的稳定和发展。

总之，公共部门危机管理实践呼唤公共部门危机管理科学化，公共部门危机管理的科学化要求公共部门危机管理学科化，即加强公共部门危机管理研究，创建公共部门危机管理学。为了加强公共部门危机管理研究，提高公共部门危机管理的绩效，就必须坚持以提高危机监测、干预（或防范）和处理能力为核心，以科学研究、经验借鉴和管理创新为依托，以法制建设、危机意识宣传与教育、公众广泛参与为保障，以避免危机、最大可能地降低危机的危害为目标，来构建公共部门危机管理学科体系。

在历经2003年SARS危机事件和“禽流感”危机事件之后，党和政府对公共部门危机管理研究的重大理论意义和实践意义已经有了切身的体会和充分的认识，在此基础上，对加强公共部门危机管理研究的重要性和迫切性也有了深刻的反思，并迅速采取行动，着手加强公共部门危机管理研究。例如，2003年7月28日，胡锦涛总书记在全国防治“非典”工作会议上特别强调：要大力增强应对风险和突发事件的能力，经常性地做好应对风险和突发事件的思想准备、预案准备、机制准备和工作准备，坚持防患于未然。温家宝总理在会上指出：争取用三年左右的时间，建立健全突发公共卫生事件应急机制，提高突发公共卫生事件应急能力。党的十六大报告明确指出：“面对很不安宁的世界，面对艰巨繁重的任务，全党同志一定要增强忧患意识，居安思危，清醒地看到日趋激烈的国际竞争带来的严峻挑战，清醒地看到前进道路上的困难和风险，倍加顾全大局，倍加珍视团结，倍加维护稳定。”党的十六届三中全会提出要“建立健全各种预警和应急机制，提高政府应对突发事件和风险的能力”。党的十六届六中全会将应急管理工作纳入社会主义和谐社会建设总体布局。党的十七大强调，要进一步完善突发事件应急管理体系，“完善突发事件应急管理机制”，“坚持安全发展，强化安全生产管理和监督，有效遏制重特大安全事故”，“提高突发公共卫生事件应急处置能力”，“健全社会治安防控体系，加强社会治安综合治理，深入开展平安创建活动，改革和加强城乡社区警务工作，依法防范和打击违法犯罪活动，保障人民生命财产安全”。

0.0.4 公共部门危机管理的发展历程

当前，我国突发公共事件应急管理体系建设也已经进入一个新的发展阶段。国家公共安全与应急管理体系工作把“一案三制”（应急预案，应急管理体制、机制和法制）的建设列为重点，以各级政府应急管理办公室为综合协调机构的全国应急管理体制逐步理顺。2005年7月，国务院召开全国应急管理工作会议。2006年1月8日，国务院发布了《国家突发公共事件总体应急预案》，“横向到边、纵向到底”的全国应急预案体系基本形成。2006年6月15日，国务院印发了《关于全面加强应急管理工作的意见》，对建立健全应急管理体系、提高应对突发事件能力做出了全面部署。2007年8月30日，第十届全国人大常委会第二十九次会议通过了《中华人民共和国突发事件应对法》，该法于2007年11月1日起施行。“十二五”规划纲要明确指出：“坚持预防与应急并重、常态与非常态结合的原则，建立健全统一指挥、结构合理、反应灵敏、保障有力、运转高效的国家突发事件应急体系，提高危机管理和风险管理能力。”

2012年11月8日，党的十八大报告提出：加快形成源头治理、动态管理、应急处置相结合的社会管理机制。健全全民医保体系，建立重特大疾病保障和救助机制，完善突发公共卫生事件应急和重大疾病防控机制。改革和完善食品药品安全监管体制机制。建立健全重大决策社会稳定风险评估机制。强化公共安全体系和企业安全生产基础建设，遏制重特大安全事故。深化平安建设，完善立体化社会治安防控体系。完善国家安全战略和工作机制，高度警惕和坚决防范敌对势力的分裂、渗透、颠覆活动，确保国家安全。加快水利建设，增强城乡防洪抗旱排涝能力。加强防灾减灾体系建设，提高气象、地质、地震灾害防御能力。坚持预防为主、综合治理，以解决损害群众健康突出环境问题为重点，强化水、大气、土壤等污染防治。

2013 年 11 月 12 日，党的十八届三中全会审议通过的《中共中央关于全面深化改革若干重大问题的决定》第 13 部分“创新社会治理体制”第 50 条“健全公共安全体系”提出：完善统一权威的食品药品安全监管机构，建立最严格的覆盖全过程的监管制度，建立食品原产地可追溯制度和质量标识制度，保障食品药品安全。深化安全生产管理体制改革，建立隐患排查治理体系和安全预防控制体系，遏制重特大安全事故。健全防灾减灾救灾体制。加强社会治安综合治理，创新立体化社会治安防控体系，依法严密防范和惩治各类违法犯罪活动。坚持积极利用、科学发展、依法管理、确保安全的方针，加大依法管理网络力度，加快完善互联网管理领导体制，确保国家网络和信息安全。设立国家安全委员会，完善国家安全体制和国家安全战略，确保国家安全。

2014 年 4 月 15 日，习近平总书记在中央国家安全委员会第一次会议上的讲话中提出：必须坚持总体国家安全观，以人民安全为宗旨，以政治安全为根本，以经济安全为基础，以军事、文化、社会安全为保障，以促进国际安全为依托，走出一条中国特色国家安全道路。贯彻落实总体国家安全观，必须既重视外部安全，又重视内部安全，对内求发展、求变革、求稳定、建设平安中国，对外求和平、求合作、求共赢、建设和谐世界；既重视国土安全，又重视国民安全，坚持以民为本、以人为本，坚持国家安全一切为了人民、一切依靠人民，真正夯实国家安全的群众基础；既重视传统安全，又重视非传统安全，构建集政治安全、国土安全、军事安全、经济安全、文化安全、社会安全、科技安全、信息安全、生态安全、资源安全、核安全等于一体的国家安全体系；既重视发展问题，又重视安全问题，发展是安全的基础，安全是发展的条件，富国才能强兵，强兵才能卫国；既重视自身安全，又重视共同安全，打造命运共同体，推动各方朝着互利互惠、共同安全的目标相向而行。

2014 年 10 月 23 日，党的十八届四中全会审议通过的《中共中央关于全面推进依法治国若干重大问题的决定》明确提出：健全依法决策机制。把公众参与、专家论证、风险评估、合法性审查、集体讨论决定确定为重大行政决策法定程序，确保决策制度科学、程序正当、过程公开、责任明确。建立行政机关内部重大决策合法性审查机制。建立重大决策终身责任追究制度及责任倒查机制。健全依法维权和化解纠纷机制。构建对维护群众利益具有重大作用的制度体系，建立健全社会矛盾预警机制、利益表达机制、协商沟通机制、救济救助机制，畅通群众利益协调、权益保障法律渠道。把信访纳入法治化轨道。健全社会矛盾纠纷预防化解机制，完善调解、仲裁、行政裁决、行政复议、诉讼等有机衔接、相互协调的多元化纠纷解决机制。深入推进社会治安综合治理。完善立体化社会治安防控体系。依法严厉打击暴力恐怖、涉黑犯罪、邪教和黄赌毒等违法犯罪活动。依法强化危害食品药品安全、影响安全生产、损害生态环境、破坏网络安全等重点问题治理。

2015 年 5 月 29 日，中共中央政治局就健全公共安全体系进行第二十三次集体学习。中共中央总书记习近平在主持学习时强调，公共安全连着千家万户，确保公共安全事关人民群众生命财产安全，事关改革发展稳定大局。要牢固树立安全发展理念，自觉把维护公共安全放在维护最广大人民根本利益中来认识，扎实做好公共安全工作，努力为人民安居乐业、社会安定有序、国家长治久安编织全方位、立体化的公共安全网。他强调，公共安全是社会安定、社会秩序良好的重要体现，是人民安居乐业的重要保障。当前，我国公共安全形势总体是好的。同时，我们要安而不忘危、治而不忘乱，增强忧患意识和责任意识，始终保持高度警觉，任何时候都不能麻痹大意。维护公共安全，要坚持问题导向，从人民群众反映最强烈的问题入手，高度重视并切实解决公共安全面临的一些突出矛盾和问题，着力补齐短板、堵塞漏洞、消除隐患，着力抓重点、抓关键、抓薄弱环节，不断提高公共安全水平。公共安全无处不在。维护公共安全，必须从建立健全长效机制入手，推进思路理念、方法手段、体制机制创新，加快健全公共安全体系。各级党委和政府要切实承担起“促一方发展、保一方平安”的政治责任，明确并严格落实责任制，落实责任追究。要坚持标本兼治，坚持关口前移，加强日常防范，加强源头治理、前端处理，建立健全公共安全形势分析制度，及时清除公共安全隐患。维护公共安全体系，要从最基础的地方做起。要把基层一线作为公共安全的主战场，坚持重心下移、力量下沉、保障下倾，实现城乡安全监管执法和综合治理网格化、一体化。要提高公共安全体系精细化水平，每一个环节都要深入考虑和谋划。要构建公共安全人防、物防、技防网络，实现人员素质、设施保障、技术应用的整体协调。要认真汲取各类公共安全事件的教训，推广基层一线维护公共安全的好办法、好经验。要坚持群众观点和群众路线，拓展人民群众参与公共安全治理的有效途径。要把公共安全教育纳入国民教育和精神文明建设体系，加强安全公益宣传，健全公共安全社会心理干预体系，积极引导社会舆论和公众情绪，动员全社会的力量来维护公共安全。

2015 年 10 月 29 日，党的十八届五中全会审议通过《中共中央关于制定国民经济和社会发展第十三个五年规划的建议》，明确提出，牢固树立安全发展观念，坚持人民利益至上，加强全民安全意识教育，健全公共安全体系。完善和落实安全生产责任和管理制度，实行党政同责、一岗双责、失职追责，强化预防治本，改革安全评审制度，健全预警应急机制，加大监管执法力度，及时排查化解安全隐患，坚决遏制重特大安全事故频发势头。实施危险化学品和化工企业生产、仓储安全环保搬迁工程，加强安全生产基础能力和防灾减灾能力建设，切实维护人民生命财产安全。贯彻总体国家安全观，实施国家安全战略，落实重点领域国家安全政策，完善国家安全审查制度，完善国家安全法治，建立国家安全体系。依法严密防范和严厉打击敌对势力渗透颠覆破坏活动、暴力恐怖活动、民族分裂活动、极端宗教活动，坚决维护国家政治、经济、文化、社会、信息、国防等安全。健全利益表达、利益协调、利益保护机制，完善社会治安综合治理体制机制，以信息化为支撑加快建设社会治安立体防控体系，建设基础综合服务管理平台。落实重大决策社会稳定风险评估制度，完善社会矛盾排查预警和调处化解综合机制，加强和改进信访和调解工作，有效预防和化解矛盾纠纷。严密防范、依法惩治违法犯罪活动，维护社会秩序。

2016 年 1 月，习近平总书记在中共中央政治局常委会会议上发表重要讲话，对全面加强安全生产工作提出明确要求，强调血的教训警示我们，公共安全绝非小事，必须坚持安全发展，扎实落实安全生产责任制，堵塞各类安全漏洞，坚决遏制重特大事故频发势头，确保人民生命财产安全。重特大突发事件，不论是自然灾害还是责任事故，其中都不同程度存在主体责任不落实、隐患排查治理不彻底、法规标准不健全、安全监管执法不严格、监管体制机制不完善、安全基础薄弱、应急救援能力不强等问题。习近平对加强安全生产工作提出五点要求：一是必须坚定不移保障安全发展，狠抓安全生产责任制落实。要强化“党政同责、一岗双责、失职追责”，坚持以人为本、以民为本。二是必须深化改革创新，加强和改进安全监管工作，强化开发区、工业园区、港区等功能区安全监管，举一反三，在标准制定、体制机制上认真考虑如何改革和完善。三是必须强化依法治理，用法治思维和法治手段解决安全生产问题，加快安全生产相关法律法规制定修订，加强安全生产监管执法，强化基层监管力量，着力提高安全生产法治化水平。四是必须坚决遏制重特大事故频发势头，对易发重特大事故的行业领域采取风险分级管控、隐患排查治理双重预防性工作机制，推动安全生产关口前移，加强应急救援工作，最大限度减少人员伤亡和财产损失。五是必须加强基础建设，提升安全保障能力，针对城市建设、危旧房屋、玻璃幕墙、渣土堆场、尾矿库、燃气管线、地下管廊等重点隐患和煤矿、非煤矿山、危化品、烟花爆竹、交通运输等重点行业以及游乐、“跨年夜”等大型群众性活动，坚决做好安全防范，特别是要严防踩踏事故发生。李克强总理指出，当前安全生产形势依然严峻，务必高度重视，警钟长鸣。各地区各部门要坚持人民利益至上，牢固树立安全发展理念，以更大的努力、更有效的举措、更完善的制度，进一步落实企业主体责任、部门监管责任、党委和政府领导责任，扎实做好安全生产各项工作，强化重点行业领域安全治理，加快健全隐患排查治理体系、风险预防控制体系和社会共治体系，依法严惩安全生产领域失职渎职行为，坚决遏制重特大事故频发势头，确保人民群众生命财产安全。

2016年3月16日，十二届全国人大四次会议表决通过了《中华人民共和国国民经济和社会发展第十三个五年规划纲要（2016—2020年）》。《纲要》“第十七篇　加强和创新社会治理”用“第七十二章　健全公共安全体系”“第七十三章　建立国家安全体系”两个专章的篇幅专门就公共安全与应急管理规划问题进行了规定。

其中，“第七十二章　健全公共安全体系”指出，牢固树立安全发展观念，坚持人民利益至上，加强全民安全意识教育，健全公共安全体系，为人民安居乐业、社会安定有序、国家长治久安编织全方位、立体化的公共安全网，建设平安中国。第一，全面提高安全生产水平。建立责任全覆盖、管理全方位、监管全过程的安全生产综合治理体系，构建安全生产长效机制。完善和落实安全生产责任、考核机制和管理制度，实行党政同责、一岗双责、失职追责，严格落实企业主体责任。加快安全生产法律法规和标准的制定修订。改革安全评审制度，健全多方参与、风险管控、隐患排查化解和预警应急机制，强化安全生产和职业健康监管执法，遏制重特大安全事故频发势头。加强隐患排查治理和预防控制体系、安全生产监管信息化和应急救援、监察监管能力等建设。实施危险化学品和化工企业生产、仓储安全环保搬迁工程。加强交通安全防控网络等安全生产基础能力建设，强化电信、电网、路桥、供水、油气等重要基础设施安全监控保卫。实施全民安全素质提升工程。有效遏制重特大安全事故，单位国内生产总值生产安全事故死亡率下降30%。第二，提升防灾减灾救灾能力。坚持以防为主、防抗救相结合，全面提高抵御气象、水旱、地震、地质、海洋等自然灾害综合防范能力。健全防灾减灾救灾体制，完善灾害调查评价、监测预警、防治应急体系。建立城市避难场所。健全救灾物资储备体系，提高资源统筹利用水平。加快建立巨灾保险制度。制定应急救援社会化有偿服务、物资装备征用补偿、救援人员人身安全保险和伤亡抚恤等政策。广泛开展防灾减灾宣传教育和演练。第三，创新社会治安防控体系。完善社会治安综合治理体制机制，以信息化为支撑加快建设社会治安立体防控体系，建设基础综合服务管理平台。大力推进基础信息化、警务实战化、执法规范化、队伍正规化建设。构建群防群治、联防联治的社会治安防控网，加快推进网上综合防控体系建设。实施社会治安重点部位、重点领域、重点地区联动管控和排查整治。加强打击违法犯罪、禁毒、防范处理邪教等基础能力建设。第四，强化突发事件应急体系建设。建成与公共安全风险相匹配、覆盖应急管理全过程和全社会共同参与的突发事件应急体系。加强应急基础能力建设，健全完善重大危险源、重要基础设施的风险管控体系，增强突发事件预警发布和应急响应能力，提升基层应急管理水平。加强大中城市反恐应变能力建设。强化危险化学品处置、海上溢油、水上搜救打捞、核事故应急、紧急医疗救援等领域核心能力，加强应急资源协同保障能力建设。建立应急征收征用补偿制度，完善应急志愿者管理，实施公众自救互救能力提升工程。提高境外涉我突发事件应对能力。

“第七十三章　建立国家安全体系”指出，深入贯彻总体国家安全观，实施国家安全战略，不断提高国家安全能力，切实保障国家安全。第一，健全国家安全保障体制机制。制定实施政治、国土、经济、社会、资源、网络等重点领域国家安全政策，明确中长期重点领域安全目标和政策措施，提高应对各种风险挑战的能力。加强国家安全科技和装备建设，建立健全国家安全监测预警体系，强化不同领域监测预警系统的高效整合，提升安全信息搜集分析和处理能力。建立外部风险冲击分类分等级预警制度。加强重大安全风险监测评估，制定国家安全重大风险事件应急处置预案。健全国家安全审查制度和机制。对重要领域、重大改革、重大工程、重大项目、重大政策等进行安全风险评估。建立重点领域维护国家安全工作协调机制，加强国家安全工作组织协调。第二，保障国家政权主权安全。建立健全跨部门跨地区联合工作机制，依法严密防范和严厉打击敌对势力渗透颠覆破坏活动、暴力恐怖活动、民族分裂活动、宗教极端活动。加强反恐怖专业力量建设。加强反恐国际合作。加强反间谍工作。加强网上主权空间对敌斗争和网络舆情管控，遏制敌对势力和恐怖势力利用网络空间进行渗透破坏活动。加强边境技防体系建设。高度重视做好意识形态领域工作，切实维护意识形态安全。第三，防范化解经济安全风险。坚持底线思维、预防为主，维护战略性资源、关键产业、财政金融、资本跨境流动等领域国家经济安全。加强重要经济指标的动态监测和研判，制定重要经济领域风险应对预案。统筹应对去过剩产能、去商品房库存和去债务杠杆过程中的财政金融风险，以可控方式和节奏主动释放风险。加强对金融市场异常波动、风险传递和金融新业态风险的监管应对。完善全口径政府债务管理，推动地方政府融资平台市场化转型，有效化解地方政府债务风险。拓宽银行业不良资产处置渠道，完善流动性风险管理工具和应急预案，严厉打击非法集资。防范企业债务风险。提高能源、矿产资源、水资源、粮食、生态环保、安全生产、网络等方面风险防控能力。健全国家战略物资储备，构建产品产能产地储备相结合的国家战略资源能源储备体系。第四，加强国家安全法治建设。贯彻落实国家安全法，出台相关实施细则。推进国家经济安全、防扩散、国家情报、网络安全、出口管制、外国代理人登记、外资安全审查等涉及国家安全的立法工作，加快健全国家安全法律制度体系，充分运用法律手段维护国家安全。

此外，《纲要》还在其他篇章节中多次提出加强公共安全与应急管理能力建设。例如，在“第十八章　增强农产品安全保障能力”中提出，加强农产品质量安全和农业投入品监管，强化产地安全管理，实行产地准出和市场准入制度，建立全程可追溯、互联共享的农产品质量安全信息平台，健全从农田到餐桌的农产品质量安全全过程监管体系。开展国家农产品质量安全县创建行动。加强动植物疫病防控能力建设，强化进口农产品质量安全监管。在“第二十八章　强化信息安全保障”中提出，统筹网络安全和信息化发展，完善国家网络安全保障体系，强化重要信息系统和数据资源保护，提高网络治理能力，保障国家信息安全。健全网络与信息突发安全事件应急机制。积极发展信息安全产业。在“第七篇　构筑现代基础设施网络”中提出，强化交通运输、邮政安全管理，提升安全保障、应急处置和救援能力。建设清洁低碳、安全高效的现代能源体系，维护国家能源安全。因地制宜实施抗旱水源工程，加强城市应急和备用水源建设。完善综合防洪减灾体系。加强江河湖泊治理骨干工程建设，继续推进大江大河大湖堤防加固、河道治理、控制性枢纽和蓄滞洪区建设。加快中小河流治理、山洪灾害防治、病险水库水闸除险加固，推进重点海堤达标建设。加强气象水文监测和雨情水情预报，强化洪水风险管理，提高防洪减灾水平。在“第九篇　推动区域协调发展”中提出，加强长江流域地质灾害预防和治理。推进长江船型标准化，健全智能安全保障系统。加强海洋气候变化研究，提高海洋灾害监测、风险评估和防灾减灾能力，加强海上救灾战略预置，提升海上突发环境事故应急能力。在“第十篇　加快改善生态环境”中提出，实施环境风险全过程管理。加强有毒有害化学物质环境和健康风险评估能力建设。推进核设施安全改进和放射性污染防治，强化核与辐射安全监管体系和能力建设。加强气候变化系统观测和科学研究，健全预测预警体系，提高应对极端天气和气候事件能力。加强生态文明制度建设，建立健全生态风险防控体系，提升突发生态环境事件应对能力，保障国家生态安全。加强生态环境风险监测预警和应急响应。建立健全国家生态安全动态监测预警体系，定期对生态风险开展全面调查评估。健全国家、省、市、县四级联动的生态环境事件应急网络，完善突发生态环境事件信息报告和公开机制。严格环境损害赔偿，在高风险行业推行环境污染强制责任保险。在“第十一篇　构建全方位开放新格局”中提出，构建高效有力的海外利益保护体系，维护我国公民和法人海外合法权益。提高海外安全保障能力和水平，完善领事保护制度，提供风险预警、投资促进、权益保障等便利服务。推进“一带一路”建设，提高合作处理突发公共卫生事件能力。维护国际公共安全，反对一切形式的恐怖主义，积极支持并参与联合国维和行动，加强防扩散国际合作，参与管控热点敏感问题，共同维护国际通道安全。加强多边和双边协调，参与国际网络空间治理，维护全球网络安全。在“第六十章　推进健康中国建设”中提出，全面实施城乡居民大病保险制度，健全重特大疾病救助和疾病应急救助制度。保障食品药品安全。实施食品安全战略。完善食品安全法规制度，提高食品安全标准，强化源头治理，全面落实企业主体责任，实施网格化监管，提高监督检查频次和抽检监测覆盖面，实行全产业链可追溯管理。开展国家食品安全城市创建行动。深化药品医疗器械审评审批制度改革，探索按照独立法人治理模式改革审评机构。推行药品经营企业分级分类管理。加快完善食品监管制度，健全严密高效、社会共治的食品药品安全治理体系。加大农村食品药品安全治理力度，完善对网络销售食品药品的监管。加强食品药品进口监管。

第1章

公共危机分析

“公共危机”是与“一般危机”相对应的专业术语，强调的是其影响范围广大，或者对一个社会系统的基本价值观和行为准则架构产生严重威胁，需要以政府部门为主体的公共部门在时间压力极大和不确定性极高的情况下做出关键性决策。也就是说，公共危机需要以政府部门为主体的公共部门动员全社会参与，整合全社会的资源来积极应对。简言之，所谓公共危机，就是需要以政府部门为主体的公共部门来应对的、涉及公共领域的危机。

20世纪90年代以来，我国进入了一个公共危机事件的高频率发生期。探讨公共危机事件的类别、诱因和功能，既可以为研究公共危机事件发生的具体过程及进行具体分析提供坚实的基础，还可以为管理公共危机事件提供具有指导意义的结构性说明，因此意义重大。

本章主要说明公共危机的含义、特征与发展阶段，对公共危机进行细致的类型学分析，阐明公共危机发生的诱因，探讨公共危机的功能。

重点问题

- 公共危机的含义
- 公共危机的特征
- 公共危机的发展阶段
- 公共危机的形态及其特征
- 我国学者对公共危机有代表性的类型划分
- 我国政府对公共危机的类型划分
- 公共危机的诱因分析
- 公共危机的功能分析

1.1 公共危机的含义与特征

1.1.1 公共危机的含义

韦氏词典将危机定义为“有可能变好或变坏的转折点或关键时刻”，而不同的中外学者依据危机所具有的特质（严重性、破坏性、复杂性、动态性、扩散性等）对此持不同的看法。

西方学者对危机给出了众多的定义。1980 年，福斯特（Foster）指出，危机有四个显著特征：“急需快速做出决策，并且严重缺乏必要的训练有素的员工、物质资源和时间来完成”。1989 年，罗森塔尔（Rosenthal）指出，“危机是指对一个社会系统的基本价值和行为准则架构产生严重威胁，而且在时间压力极大和不确定性极高的情况下，必须对其做出关键决策的事件”。1993 年，巴顿（Barton）指出，危机是“一个会引起潜在负面影响的具有不确定性的大事件，这种事件及其后果可能对组织及其人员、产品、服务、资产和声誉造成巨大的损害”①。凯瑟琳·费恩-班克斯（Kathleen Fearn-Banks）认为，危机是“一个主要事件可能带来阻碍组织正常交易及潜在威胁组织生存的负面结果”②。唐纳德·A. 菲什曼（Donald A. Fishman）认为，危机是“发生不可预测的事件、组织重要价值受到威胁、组织对外回应的时间较短、危机沟通情境涉及多方面关系的剧烈变迁”③。伊恩·I. 米特罗夫（Ian I. Mitroff）将危机界定为“一个事件实际威胁或潜在威胁到组织的整体”④。迈克尔·布兰德（Michael Bland）认为危机是“严重意外事件造成组织的安全、环境或组织、产品信誉被不利宣传，使组织陷入危险边缘”⑤。

中国学者也对危机做出了界定。有学者认为，“危机就是在无预警的情况下所爆发的紧急事件，若不立刻在短时间内做出决策，将状况加以排除，就可能对企业或组织的生存与发展造成重大的威胁”⑥。有学者认为，“所谓危机，它是这样一种紧急事件或者紧急状态，它的出现和爆发严重影响社会的正常运作，对生命、财产、环境等造成威胁、损害，超出了政府和社会常态的管理能力，要求政府和社会采取特殊的措施加以应对”⑦。有学者认为，“在危机情境下，突发紧急事件以及不确定前景造成了高度的紧张和压力，为使组织在危机中得以生存，并将危机所造成的损害降至最低限度，决策者必须在相当有限的

---

① ［澳］罗伯特·希斯：《危机管理》，18～19 页，北京，中信出版社，2001。

② Kathleen Fearn-Banks, *Crisis Communication: A Casebook Approach*, New Jersey: Lawrence Erlubaum Association, 1996, p. 1.

③ Donald A. Fishman, "Crisis Communication Theory: Blended and Extended," *Communication Quarterly*, 1999, 47 (4), pp. 347-348.

④ Ian I. Mitroff, *Managing Crisis Before Happened*, New York: American Management Association, 2001, p. 34.

⑤ Michael Bland, *Communicating out of A Crisis*, London: Macmillan Press Ltd., 1998, p. 5.

⑥ 吴宜蓁：《危机传播——公共关系与语艺观点的理论与实证》，24 页，台北，五南图书出版股份有限公司，2002。

⑦ 张成福：《公共危机管理：全面整合的模式与中国的战略选择》，载《中国行政管理》，2003（7）。

时间约束下做出关键性决策和具体的危机应对措施。相对于政府的常规性决策环境而言，危机事件往往处于一种非常态的社会情境，是各种不利情况、严重威胁、不确定性的高度积聚"①。还有学者认为，"危机性事件是指那些导致社会系统或其子系统的基本价值和行为准则趋于崩溃，在较大程度上和较大范围内威胁到人们生命和财产安全、引起社会恐慌和社会正常秩序与运转机制瓦解的事件"②。

从字面上看，"危机"（crisis）的概念最初来源于希腊语，普遍用于医学领域，以形容一种至关重要的、需要立即做出相应决断的状态。直到 18—19 世纪，"危机"一词才逐步被引入政治领域，表明政治体制或政府面临的紧急状态，是相对于政府的常规性决策环境的一种非常态的社会情境。"危机"在古希腊语中是指游离于生死之间的状态，其字根"krisis"意为"分离"（to separate）。"危机"只是离开原来的位置，走向一种未知状态，结果可能是好的也可能是坏的；或者说，"危机"既意味着危险，也意味着机遇，关键在于我们如何管理危机。所以，危机对组织来说是一个契机，是组织命运"转机与恶化的分水岭"，既可能是组织走向衰亡的开始，也可能是组织走向兴盛的契机。究竟会朝哪个方向发展，既取决于危机环境的压力状况，更取决于危机管理主体的能力状况，而后者更具有决定性意义。由此可见危机管理的重要性。

虽然学者们经常使用公共危机的概念，但却对公共危机的确切内涵鲜有界定。一般认为，公共危机是指社会偏离正常轨道的过程与非均衡状态。③ 按照危机影响的范围、层面、程度以及对整体社会价值观的威胁程度，可以将危机分为公共危机与一般危机。④ 一般危机主要是指企业（私人部门）层面上的危机，这种危机的影响一般只局限于该组织内部，对外界的影响以及对整体社会价值观的威胁都不大；而且通常情况下该组织可以处理一般危机，无须政府部门的干预或全社会的参与。

"公共危机"则是与"一般危机"相对应的专业术语，强调的是其影响范围广大，或者对一个社会系统的基本价值观和行为准则架构产生严重威胁，需要以政府部门为主体的公共部门在时间压力极大和不确定性极高的情况下做出关键性决策。也就是说，公共危机需要以政府部门为主体的公共部门动员全社会参与，整合全社会的资源来积极应对。简言之，所谓公共危机，就是需要以政府部门为主体的公共部门应对的、涉及公共领域的危机。这样的"公共危机"的界定，可以更好地迎合当代中国以政府部门为主体的公共部门迫切解决现实问题的需要。

当然，必须指出的是，这种对于危机的类型学划分只是从相对的意义上做出的。也就是说，一般危机与公共危机的范围并不是截然分开的，随着危机事件的不断升级以及事件影响的不断扩大，一般危机也可能会引发或最终导致公共危机的产生。换句话说，在某种条件下，一般危机可能会转化为公共危机。事实上，从一般危机演化为公共危机，其整个过程是一个连续的统一体，存在着多种不同的危机形态。所以，将危机划分为一般危机与

---

① 薛澜、张强：《直面危机——SARS 险局与中国治理转型》，见人民网，2003-05-19。

② 杨冠琼：《危机性事件的特征、类别与政府危机管理》，载《新视野》，2003（6）。

③ 参见［美］R. J. 斯蒂尔曼：《公共行政学》，114 页，北京，中国社会科学出版社，1989。

④ 参见张小明：《从 SARS 事件看公共部门危机管理机制设计》，载《北京科技大学学报（社会科学版）》，2003（3）；张小明：《危机管理研究中的术语规范问题》，载《术语标准化与信息技术》，2004（2）。

公共危机只是为了研究的方便，并不意味着危机形态事实上的断裂。

1.1.2 公共危机的特征

一般而言，现代公共危机普遍具有以下共同特征：

1. 突发性和紧急性

在危机状态下，政府所面临的环境达到了一个临界值和既定的阈值，决策者面临着巨大的压力，亟须快速做出决策，并且缺乏必要的训练有素的人员、物质资源和时间。政府必须在有限的信息、资源和时间的条件下寻求“满意”的危机处理方案，迅速地从正常情况转换到紧急情况（从常态到非常态）。① 而且，危机事件爆发前的征兆不是很明显，难以做出准确预测；危机爆发的时候一般是没有准备的，也难以在短时间内形成应对方案；危机爆发后可能会带来比较严重的物质损失和负面影响。公共危机的隐秘性、突发性和破坏性，迫使政府必须以有限的资源和信息为基础做出决策。

2. 严重威胁性

相对于政府的常规性决策环境而言，危机事件往往处于一种非常态的社会情境，是各种不利情况、严重威胁、不确定性的高度积聚。公共危机事件的发生、发展和升级势必对政府或社会系统的基本价值和行为准则架构产生严重威胁，并产生很大的负面影响和消极作用，其影响和涉及的主体具有社会性。

3. 高度不确定性

由于外在环境变动急剧，同时人类理性认识有限，无法完全掌握信息，也就无法进行精确估量，不确定性由此产生。在面对具有不确定性特征的危机问题时，人们的行为在很大程度上依赖于“其对自己正确估计概率的估计”，或者说，依赖于他们对自己观点的置信度。也就是说，在不确定性情形下，人们只能对问题给出主观分类并赋予这种主观分类一定的主观概率。因此，在这种情形下，人们能否正确预见事物的未来，完全依赖于洞察力、敏感性、专业知识以及运气。在危机情境下，这种不确定性尤为明显。危机事件的开端无法用常规性规则进行判断，而且其后的衍生和可能涉及的影响是没有经验性知识可供指导的，一切似乎都处于瞬息万变之中。米利肯依据决策者的不同观察，将不确定性区分为：状态的不确定；影响的不确定；反应的不确定。② 相应地，公共危机的高度不确定性也主要表现为危机状态的不确定性、危机影响的不确定性和危机回应的不确定性。

4. 信息有限性

在危机状态下，信息是极度匮乏和有限的，而且常常难辨真伪。（1）信息不完全。在危机情境下，由于时间紧迫，决策者不可能在非常有限的时间内掌握和控制所有的事态发展信息。（2）信息不及时。由于危机事态发展的急剧变化，而且危机信息从事发现场传输

---

① 参见薛澜、张强、钟开斌：《防范与重构：从SARS事件看转型期中国的危机管理》，载《改革》，2003（3）。

② Milliken, “Three Type of Perceived Uncertainty about the Environment: State, Effect, and Response Uncertainty,” *Academy of Management Review*, 1987, 12 (1), pp. 133-143.

到危机指挥决策机构，中间要经历好几个组织的中介运作，因此，最高决策者对危机信息的掌握和控制就会有滞后性。(3) 信息不正确。在信息的反馈和处理过程中，信息极易失真，其正确性和有效性难以保证。

5. 双重效果性

冲突和危机能够促进社会的协调和整合。因此，危机并不仅仅意味着危险，而且还有转机和契机之意。这就是危机的双重效果性。危机会带来各种损失，但同时也是机会和转机，如果决策者直面危机，可以促进制度的革新和环境的变革。

6. 超国家属性或全球性

信息技术迅猛发展下的全球一体化，使得现代公共危机的性质具有超国家属性或全球性。在全球一体化的情况下，危机的原因和结果往往都是世界性的，发生在一国的危机其传播和影响也常常具有全球化特征。具体而言，公共危机的超国家属性或全球性主要表现在：(1) 公共危机扩散和蔓延的全球化。全球化时代人们之间的密切联系使危机可能在地理上迅速扩散，并超越国界。(2) 公共危机影响的全球化。一国发生的危机事件很可能给全球经济、政治等方面造成连带性冲击，产生"涟漪反应"或"连锁反应"。(3) 公共危机应对的全球化。危机的超国家属性决定了危机是全人类共同面对的，对其进行有效控制关系到全人类共同的安全和利益。有效应对危机事件需要国家之间的合作和国际组织的参与。①

1.1.3 公共危机的发展阶段

公共危机是由诸多因素共同作用而产生的。从时间序列的角度分析，公共危机事件遵循着一个特定的进程或是发展阶段。一般而言，公共危机发展演变的过程可以笼统地分为以下几个阶段：(1) 前兆阶段：公共危机发生之前各种危机先兆出现的阶段。(2) 紧急阶段：关键性的事件已经发生，演变迅速，出人预料。(3) 持久阶段：事件得到控制，进入相对平稳阶段，但没有得到彻底解决，仍有恶化的可能。(4) 解决阶段：事件得到完全解决，社会价值和行为准则回归到常态。②

从公共危机演进的生命周期的角度分析，公共危机一般都会经历如下五个阶段：潜伏生成期、显现与爆发期、持续演进期、消解减缓期和解除消失期。危机事件的潜伏生成期是危机性事件的酝酿与形成时期。这是与危机性事件相关的各种因素相互作用，各相关因素之间的矛盾、冲突形成和化解及其累积性量变时期。显现与爆发期是危机性事件由隐性转为显性并快速扩散时期。在一般情况下，从潜伏生成期转入显现与爆发期，危机性事件都会经历一个突变（catastrophe）的过程。可以说，突变是危机性事件的生成之路。很多公共危机在突变之前是有征兆的，而且突变也具有一定的规律。在持续演进期，危机性事件仍在发展或危机仍在恶化，但演进的速度已经放慢，并逐渐达到危机的顶峰。在消解减缓期，危机性事件从危机的顶峰转而下降，矛盾和冲突在不断地减

① 参见薛澜、张强：《直面危机——SARS险局与中国治理转型》，见人民网，2003-05-19。

② 参见薛澜、张强、钟开斌：《防范与重构：从SARS事件看转型期中国的危机管理》，载《改革》，2003 (3)。

弱，危机形势逐渐趋缓。在危机的解除消失期，引起危机的因素已经消失，系统开始恢复原有或正常状态。①

1.2 公共危机的类型学分析

1.2.1 我国转型期公共危机的形态及其特征

根据世界发展进程的一般规律，一个国家和地区发展到人均 GDP 500～3 000 美元的阶段时，其人口、资源、环境、效率与公平等社会矛盾也往往较为严重，比较容易出现社会失序、经济失调和心理失衡等问题，形成一些不稳定因素。② 对波罗的海转型国家危机管理的跨国比较研究表明：在市场化改革和民主建设的过程中，转型国家通常表现出更多的脆弱性，导致这些国家所发生突发事件的频度和强度都大大增强。③ 现阶段我国正处于经济转轨和社会转型的过程中，政治经济改革已进入社会结构的全面分化时期，改革开放触及深层次的体制性问题，社会制度系统（经济制度、政治制度、法律制度和家庭制度）都存在一定程度上的制度变迁，在社会发展序列上恰好对应着“非稳定状态”频发阶段。在这样的变革过程中，利益和权力将在不同的主体之间重新分配、转移，形成诸多不稳定因素，因此，也就存在形成不同危机的可能。

具体而言，转型期我国公共危机的形态总体上体现出以下几个方面的特点④：

（1）公共危机类型的重心从高政治性转向低政治性，公共危机事件涉及的领域多元化。从国际局势看，冷战结束以后，爆发大规模国际战争的概率已大大降低，核危机的危险也大为减弱。从国内局势看，改革开放以来，各级党政决策层和整个公民社会不断走向政治成熟，由政治原因引发的社会动乱的可能性减小，而各种新型危机则日益凸显出来。20 世纪 90 年代以来，我国不仅接连发生重大的自然灾害，而且随着社会的转型，在政治、经济和社会等各个领域也都发生了不同程度的危机事件，如疾病流行、工业事故、恐怖袭击、能源危机等，这些低政治性危机也同样严重威胁着国家和社会的安全。

（2）公共危机的频次从偶发性转向密集性，公共危机事件呈现高频次、大规模的特征和常态化的趋向。近些年来，我国各类公共危机事件的发生日益频繁，有愈演愈烈之势，公共危机正逐步成为社会生活的常态。除了火灾、地震、空难、骚乱等传统危机以外，恐怖袭击、疫病传播、生态灾难等新的危机形式不断出现。通过电视、报纸以及互联网等大众传媒，我们每天都能了解到各种危机的发生，危机已经成为现代社会难以逃避的重要组

① 参见杨冠琼：《危机性事件的特征、类别与政府危机管理》，载《新视野》，2003（6）。

② 参见牛文元：《社会物理学与中国社会稳定预警系统》，载《中国科学院院刊》，2001（1）。

③ Eric K. Stern, et al.,“Crisis Management in Transitional Democracies: The Baltic Experience,” *Governance and Opposition*, 2011, 37 (4), pp. 524-550.

④ 参见薛澜、张强、钟开斌：《防范与重构：从 SARS 事件看转型期中国的危机管理》，载《改革》，2003（3）；陈永泉：《科学发展观视野中的危机管理》，载《经济师》，2005（11）。

成部分。此外，现代社会越来越显示出相互依存的特征，如同多米诺骨牌一般，产生连锁反应。社会的高度相互依存性也造成公共危机的扩大化趋势。

（3）公共危机事件的组织性、暴力性、危害性增强。据信访部门调查，近年来我国发生的群体性事件，绝大多数有人幕后策划、煽动和组织，较大规模的群体性事件更是如此。随着组织性趋向明显，群体性事件呈现出持续性和反复性的态势，闹事方式不断升级，规模不断扩大，对抗性不断加剧。近年来全国发生的各类爆炸、持枪抢劫和持枪杀人等严重暴力犯罪案件也越来越频繁，呈现上升的势头，严重危害着公共安全。

（4）公共危机的波动方式多元化，震动频度增大。由于目前公共危机事件的发生往往涉及社会不同利益群体，敏感性、连带性很强，聚集效应明显。随着社会信息化的发展，传播渠道更加多元化，国内外各类反动势力认为有机可乘，利用我国政府旧有的处理方式和群众心理，在各类高科技的支持下，散布谣言，煽动群众采取过激行为。

（5）伴随着全球化的发展，公共危机的来源与风险从区域性转向全球性，危机事件的发生也具有了一定的国际互动性。全球已经形成一个十分敏感的共振系统，国际社会在经济、政治和文化等方面的重大变化都会程度不同地波及我国；国内的极端个人及组织往往与各类国际反华势力紧密勾结，互为呼应，严重危害我国国家安全；中国公民在境外的人身、财产安全也常常受到威胁，成为各类恐怖组织直接或间接的目标。其具体表现为：一是公共危机主体的跨国联盟，如国际恐怖主义活动；二是公共危机后果跨国扩散。这不仅大大增加了区域风险和危机的来源，也加速了风险和危机的“蝴蝶效应”，放大了风险与危机的破坏强度和潜在后果。

（6）公共危机的形态表现从单一型转向复合型。从因果关系上看，以往发生的危机大多是“一系列事件的集合”，亦即“多因一果”，因而危机的核心问题比较单一，危机范围相对有限，社会动员程度低，而对危机的处置也通常只需及时回应、直接救灾便可奏效，如水灾抗洪、旱情抗旱、火警救火、疾病防控等。在现代社会，各种公共危机互为因果，相互叠加、传染和扩展，单一型公共危机常常演变成复合型危机。我国现阶段社会矛盾错综复杂，加之经济社会日趋网络化、信息化，一种危机很容易诱发其他危机，使单一型危机向复合型危机迅速蔓延。如今任何一种危机都势必或多或少地表现出复合型危机的特征。

1.2.2　我国学者对公共危机的类型划分

探讨公共危机事件的类别，是探索公共危机起因从而干预公共危机事件发生与自然演进的重要的结构化方式。对公共危机进行细致的类型学分析，既可以为研究公共危机事件发生的具体过程及进行具体分析提供坚实的基础，还可以为管理公共危机事件提供具有指导意义的结构性说明，因此意义重大。

关于公共危机的类型学划分，西方学者做过一些研究。例如，荷兰莱顿大学危机管理专家乌里尔·罗森塔尔将公共危机区分为四种类型：“龙卷风型”（快速发展，快速终结）、“腹泻型”（逐渐发展，快速终结）、“长投影型”（快速发展，逐渐终结）、“文火型”（逐渐发展，逐渐终结）。也有西方学者从危机情境中主体的态度角度，将危机划分成一致性危机和冲突性危机两类。前者是指在危机中的利益主体具有相同的要求，他们对待危机的态度是一致的，也容易采取一致的行动，如抗震救灾等抵御自然灾害的行为；后者则是指危机中存在着两个或两个以上的不同利益主体，存在不同的利益取向，他们常常会因此而展开斗争，这也恰恰是危机产生的根源，如战争、革命等。

我国学者关于公共危机的类型学划分比较庞杂。不同学者依据不同的标准，给出了不同的分类。例如，从原因的角度，可以对公共危机进行四种不同的类型划分，这四种类型的划分依次递进，越来越细致。

（1）从直接原因的角度，可以将公共危机事件简单划分为两种：一种是天灾，即自然灾害（如地震、洪水、干旱等）；另一种是人祸，即社会危机事件（如社会动乱、战争等）。

（2）从产生原因的角度，可以将公共危机细分为三种类型：一是自然力产生的天灾，如洪水、地震等；二是人为造成的人祸，包括全局性的或局部性的社会冲突；三是以自然灾害表现出来的人为危机，如火车相撞、飞机失事、核泄漏等事故，以及大规模的突发性疫病流行所引起的公共卫生危机、三废排放造成的大规模生态灾害等。

（3）依据外在/内在以及人为/非人为这两项标准，还可以将公共危机进一步划分为四种：一是外在原因造成的人为危机，如消费者抗议、产品退货等；二是外在原因造成的非人为危机，如地震、台风、洪涝灾害等；三是内在原因引起的人为危机，如劳资冲突、财务状况不佳等；四是内在原因引起的非人为危机，如车间爆炸、有毒物质泄漏等。①

（4）根据发生原因，公共危机可细分为五类：一是由于不可抗力引起的自然灾害，如强烈地震；二是由于人的因素造成的重大事件，如飞机失事、火车出轨、煤矿爆炸、集体中毒、疾病流行等；三是由于人为故意因素造成的社会动乱，如党派纷争、民族冲突、宗教对抗等；四是由恐怖活动造成的危机，如美国的“9·11”恐怖袭击事件；五是由于国家或国家集团之间的武装冲突或战争造成的危机。②

如果按照公共危机是否可以预测，又可以将其分为可预测性危机和不可预测性危机。按照公共危机波及的区域，可将其分为区域危机、国家危机乃至全球危机等。按照公共危机发生的领域，可将其分为政治危机、经济危机、民族危机、宗教危机等。现代社会控制理论又将危机分为系统内部危机和系统外部危机。

然而，我国学者关于公共危机的类型学划分，比较有代表性和影响力的还是以下六种类型学划分方法。

1. 从公共危机诱因的视角进行分类

有学者指出，从危机诱因来看，危机事件实质就是潜在的各种社会矛盾与社会问题积聚激化后的表现形式；或者说是冲突的人群试图通过非常规或极端的方式，促使有关政府部门解决没有预见或长期无力解决的问题。从本质上看，我国目前危机事件的主体性质为非政治性，主要目的还是在于对社会公民权利的维护，关注弱势群体，寻求社会平等；但也不能排除具有一定政治目的或寻求某一社会利益集团局部利益的行为动机。

---

① 参见吴宜蓁：《危机传播——公共关系与语艺观点的理论与实证》，31页，台北，五南图书出版股份有限公司，2002。

② 参见黄晓军：《从非典事件看我国政府的危机管理制度创新》，载《国家教育行政学院学报》，2003（4）。

在一定调研的基础上，可以从公共危机诱因的视角，对目前我国国内转型期间的危机事件进行归类（见表1-1）。① 我国目前国内危机事件具体划分为五大类：(1)自然灾害型，主要包括自然灾害（如洪涝灾害、地震等）、公共卫生事件（如SARS危机）等；(2)利益失衡型，主要包括罢工、集体上访、静坐、示威游行、集会等；(3)权力异化型，主要包括集体上访、示威游行、暴力抗法、刑事案件等；(4)意识冲突型，主要包括大规模群体冲突、妨碍公务、刑事案件等；(5)国际关系型，主要包括国家间的紧张局势、经济制裁甚至局部战争等。

表1-1　我国目前国内危机事件的分类

类型	引致因素	一般冲突表现方式
自然灾害型	自然环境的破坏、疾病的扩散蔓延	自然灾害（如洪涝灾害、地震等）、公共卫生事件（如SARS危机）
利益失衡型	经济发展的不均衡、社会保障制度上的缺陷	罢工、集体上访、静坐、示威游行、集会
权力异化型	政府权能体系的失效（如腐败、司法权不完善）	集体上访、示威游行、暴力抗法、刑事案件
意识冲突型	意识形态领域出现异化形成的冲突（如宗教、民族）	大规模群体冲突、妨碍公务、刑事案件
国际关系型	与中国在国际格局中的发展相关	国家间的紧张局势、经济制裁甚至局部战争

2. 从突发公共事件的视角进行分类

有学者指出，结合国内外先进的应急管理经验，根据突发公共事件的发生过程、性质和机理，可以将公共突发事件划分为自然灾害、事故灾难、突发公共卫生事件、突发社会安全事件以及经济危机五大类（见表1-2）；并特别加以说明：出于产生原因不同、表现形式不同、应对措施不同三个因素的考虑（见表1-3），需要把经济危机单独分出来，作为与突发社会安全事件并列的一大类突发公共事件，这样突发公共事件的分类才更为科学、合理。如果把经济危机并在突发社会安全事件中，只能是根据突发公共事件的后果之一来考虑，会导致很多弊病。

表1-2　突发公共事件的类型划分

类型	突发公共事件例示
自然灾害	水旱灾害，台风、冰雹、冰雪、高温、沙尘暴等气象灾害，地震、山体崩塌、滑坡、泥石流等地质灾害，森林火灾和重大生物灾害等
事故灾难	民航、铁路、公路、水运、轨道交通等重大交通运输事故，工矿企业、建筑工程、公共场所及机关、企事业单位发生的各类重大安全事故，造成重大影响和损失的供水、供电、供油和供气等城市生命线事故以及通信、信息网络、特种设备等安全事故，核辐射事故，重大环境污染和生态破坏事故等
突发公共卫生事件	突然发生，造成或可能造成社会公共健康严重损害的重大传染病疫情、群体性不明原因疾病、重大食物和职业中毒、重大动物疫情，以及其他严重影响公众健康的事件

① 参见薛澜、张强、钟开斌：《危机管理——转型期中国面临的挑战》，17页，北京，清华大学出版社，2003；薛澜、张强、钟开斌：《防范与重构：从SARS事件看转型期中国的危机管理》，载《改革》，2003（3）。

续前表

类型	突发公共事件例示
突发社会安全事件	重大刑事案件、涉外突发事件、恐怖袭击事件以及规模较大的群体性突发事件
经济危机	资源、能源和生活必需品严重短缺、金融信用危机和其他严重经济失常、经济动荡等涉及经济安全的突发事件

表 1-3　　经济危机与突发社会安全事件的区分

指标	经济危机	突发社会安全事件
产生原因	由金融信用危机、资源、能源、生活必需品短缺等自然或人为因素引起	主要是由人为因素引起
表现形式	主要表现为货币危机、金融危机、债务危机以及宏观经济的周期波动等	主要表现为重大刑事案件、涉外突发事件、恐怖袭击事件以及规模较大的群体性突发事件
应对措施	国家需要对银行业、保险业和证券业采取特别应急管制措施，或者对某一行业实行国家接管、国家专营	强调敌对双方的妥协与协调

五大类突发公共事件具体为：（1）自然灾害：主要是指水旱灾害、气象灾害、地质灾害以及森林火灾和重大生物灾害等；（2）事故灾难：主要是指重大交通运输事故、各类重大安全事故、造成重大影响和损失的城市生命线事故、核辐射事故、重大环境污染和生态破坏事故等；（3）突发公共卫生事件：主要是指突然发生，造成或可能造成社会公共健康严重损害的重大传染病疫情、群体性不明原因疾病、重大食物和职业中毒、重大动物疫情，以及其他严重影响公众健康的事件；（4）突发社会安全事件：主要是指重大刑事案件、涉外突发事件、恐怖袭击事件以及规模较大的群体性突发事件；（5）经济危机：主要是指资源、能源和生活必需品严重短缺、金融信用危机和其他严重经济失常、经济动荡等涉及经济安全的突发事件。

在此基础上，该学者还特别指出，在突发公共事件的分类上，还需要注意以下三个方面的问题：（1）以上五大类突发公共事件彼此并不是截然对立的，相互之间愈发呈现多元和共时的特征，在特定的情境下可能相互转化，即带来所谓的“涟漪反应”。（2）突发公共事件类型的具体规定，必须为各种新情况、新变化预留空间，并适时调整和更新。现代社会在一定意义上可以说是高风险的社会（经济合作与发展组织 2003 年语），随着形势的不断发展变化，突发公共事件的不确定因素将会不断出现。（3）政府应急管理体系应当以突发公共事件为中心，在科学总结、归纳各类突发公共事件的特点、发展规律和应对机理的基础上，加强各类突发公共事件的应急管理机制建设以及相互之间的协调、配合和衔接。①

3. 从公共危机综合标准的视角进行分类

有学者指出，不同的分类标准产生不同的公共危机类型，并对公共危机的分类情况进行了较为全面的总结（见表 1-4）。在此基础上，该学者提出了按综合标准对公共危机进

① 参见薛澜、钟开斌：《突发公共事件分类、分级与分期：应急体制的管理基础》，载《中国行政管理》，2005（2）。

行类型划分，选取危机状态的结构复杂程度、性质以及控制的可能性等指标，将危机划分成结构不良性危机和结构良好性危机两类。①

表 1-4　公共危机类型一般划分概览

划分标准	相应的危机类型
动因性质	自然危机（自然现象、灾难事故）/人为危机（恐怖活动、犯罪行为、破坏性事件等）
影响时空范围	国际危机、国内危机、组织危机
主要成因及涉及范围	政治危机、经济危机、社会危机、价值危机
采取手段	和平的冲突方式（如静坐、示威、游行等）/暴力性的流血冲突方式（恐怖活动、骚乱、暴乱、国内战争等）
特殊状态	核危机/非核危机

具体来说，所谓结构不良性危机（ill-structured crisis），通常是指具有以下基本特征的危机状态：(1) 危机是在非现实问题上发生的，但诉求的目标却是非现实的，难以达到；(2) 危机涉及社会核心价值的争论，非短期内可以辨清；(3) 危机问题是历史上遗留下来长期悬而未决的；(4) 危机涉及的利害关系人较多；(5) 危机是复合型的，具有诸多矛盾聚合的特征；(6) 解决危机的方案有限，并具有风险性和不确定性，难以寻找到易为双方接受的妥协性方案；(7) 危机的发生，就其影响范围而言具有全局性；(8) 对立方社会动员程度较高，介入参与人群较为广泛；(9) 组织化程度较高，如建立非法社团、反抗组织甚至军事组织等；(10) 大规模群众性游行、示威、罢工、宣传等，有可能失控发展为非法及诉诸暴力的行为；(11) 较高程度的意识形态冲突；(12) 存在外来势力的介入；(13) 危机持续时间较长，对抗系数不断升高；(14) 危机双方的沟通与协商困难或业已中断；(15) 危机的升级已无法避免；(16) 危机的发展对社会秩序和政治体制影响较大或很大，一旦失控就有可能导致社会发生体制性变革；(17) 危机管理方选择了零和决策方案，致使危机发展趋于失控。

所谓结构良好性危机（well-structured crisis）的发生状态，其特征就是结构不良性危机形态的反面，具体是指危机并非历史久远、长期积累的问题，而且涉及核心的价值和根本原则程度较轻，涉及的问题较单一，涉及的范围有限，对立双方的社会动员程度较低，冲突双方存在沟通关系和协商的可能性，对社会和政治体系的影响具有非根本性、不会导致体制激烈变革和对政权产生严重的冲突等特征。面对此类危机，政府控制危机局势的难度相对不大；但是如果处置不当，也存在转化为恶性不良危机的可能性。

4. 考虑公共危机类别划分的原则

有学者指出，对危机性事件进行类型划分时，一般应坚持实质相关、完备性或穷尽、互斥或不相交、一致性（即避免跨类错误）、层级差别五项原则。从公共管理的角度出发，考虑到上述原则，可以将危机性事件划分为五大类：政治性危机事件、宏观经济性危机事件、社会性危机事件、生产性危机事件以及自然性危机事件（见表 1-5）。②

---

① 参见胡宁生主编：《中国政府形象战略》，1173～1177 页，北京，中共中央党校出版社，1999。

② 参见杨冠琼：《危机性事件的特征、类别与政府危机管理》，载《新视野》，2003 (6)。

表 1-5 危机性事件的分类

危机类型	危机例示
政治性危机事件	战争、革命或武装冲突、政变、大规模的政治变革（如苏联解体和东欧剧变等）、政府重要政策的变迁（国有经济改革、社会保障制度改革等）、大规模恐怖主义活动、民族分裂主义活动、腐败、其他政治骚乱
宏观经济性危机事件	恶性通货膨胀或紧缩、国际汇率的巨幅波动、股票市场的大幅度振荡、失业率居高不下或上升、利率的大幅度变化
社会性危机事件	社会热点问题的变迁、社会不安、社会骚乱、罢工、游行示威、小规模的恐怖主义活动、对相关价值的认同危机等
生产性危机事件	工作场所安全、导致人身严重伤害的职业病、产品安全、生产设施与生产过程安全等
自然性危机事件	雨量的变化（干旱、大水泛滥、山洪暴发等）、地震、台风或龙卷风、流行性传染病以及其他自然灾害等

五大类危机性事件的具体内容为：

（1）政治性危机事件一般涉及政体、国体以及政府合法性面临严重挑战、威胁和瓦解，国家主权受到威胁和伤害。政治性危机事件主要包括战争、革命或武装冲突、政变、大规模的政治变革（如苏联解体和东欧剧变等）、政府重要政策的变迁（国有经济改革、社会保障制度改革等）、大规模恐怖主义活动、民族分裂主义活动以及其他政治骚乱等。

（2）宏观经济性危机事件是一个包括内容十分广泛的领域，它主要涉及宏观经济变量的波动。

（3）社会性危机事件主要源于人们所持的不同信仰、价值和态度之间的冲突，以及人们对于现行社会行为规则和体制的认同性危机，以及各种反社会心理等。社会性危机事件主要包括社会不安、社会骚乱、罢工、游行示威、小规模的恐怖主义行动、对相关价值的认同危机等。

（4）生产性危机事件是最常见也是发生频率最高的危机性事件。生产性危机事件主要源于技术因素、防护性因素、质量因素、管理因素以及各种各样的偶然性因素。生产性危机事件主要包括工作场所安全、导致人身严重伤害的职业病、产品安全、生产设施与生产过程安全等。

（5）自然性危机事件就是人们常说的天灾。自然性危机事件是那些给人们的生命和财产造成严重损失的自然状况的突变，包括雨量的变化（干旱、大水泛滥、山洪暴发等）、地震、台风或龙卷风、流行性传染病以及其他自然灾害等。

5. 从是自然的还是人为的公共危机的视角进行分类

有学者指出，人们一般把危机划分为自然的危机和人为的危机。区分自然的危机或者人为的危机的主要标准在于，视导致某种灾难或者危机的直接原因是否在于可以确认的人的行为。而且，各种危机之间也有相互的关联性，危机之间的相互关联使得某种单一型灾变和危机会转化为复合型危机。

要一一列举各种危机可能十分冗杂，但是，有几种类型的危机由于其对人类的危害程度较深而引起人们的普遍关注，例如：（1）地质和气候因素所引起的危机，典型的包括地震、海啸、洪水、热带风暴、火山爆发、山体滑坡等；（2）环境因素所引起的危机，典型的包括旱灾、饥荒、环境的恶化、沙漠化、害虫灾害等；（3）工业和技术系统的失败所引起的灾害和危机；（4）战争和冲突引发的危机，如军事入侵、暴动、恐怖主义等；（5）大规模的传染病所引起的公共卫生危机。①

6. 主要借鉴联合国的分类方法

有学者指出，公共危机的内涵偏重于紧急事件或灾害，兼有自然灾难和人为破坏的双重因素。参照联合国的分类，主要包括：（1）自然灾害，又可分为地质方面：地震、火山爆发等；水文气象方面：洪涝等；生物学方面：瘟疫、流行病等。（2）技术灾难，来自技术或工业事故，如爆炸、火灾、污染、辐射、危险物质泄漏等导致的丧生、受伤、财产受损或环境恶化。（3）环境恶化，人类行为导致的环境和生物圈的破坏，如森林大火、生物绝种、资源破坏等。②

1.2.3　我国政府对公共危机的类型划分

按照《中华人民共和国突发事件应对法》《国家突发公共事件总体应急预案》的规定，主要突发事件可划分为自然灾害、事故灾难、公共卫生事件和社会安全事件四大类。

自然灾害主要包括：（1）水旱灾害；（2）气象灾害，如台风、冰雹、冰雪、高温、沙尘暴等；（3）地质灾害，如地震、山体崩塌、滑坡、泥石流等；（4）海洋灾害，如风暴潮、巨浪、海冰等；（5）森林火灾和重大生物灾害等。

事故灾难主要包括：（1）民航、铁路、公路、水运、轨道交通等重大交通运输事故；（2）工矿企业、建筑工程、公共场所及机关、企事业单位发生的各类重大安全事故；（3）造成重大影响和损失的供水、供电、供油和供气等城市生命线事故；（4）通信、信息网络、特种设备等安全事故；（5）核辐射事故；（6）重大环境污染和生态破坏事故等。

公共卫生事件主要包括：（1）突然发生，造成或可能造成社会公共健康严重损害的重大传染病疫情；（2）群体性不明原因疾病；（3）重大食物和职业中毒；（4）重大动物疫情；（5）其他严重影响公众健康的事件。

社会安全事件主要包括：（1）重大刑事案件；（2）涉外突发事件；（3）恐怖袭击事件；（4）突发重大经济安全事件；（5）民族宗教事件；（6）规模较大的群体性突发事件。

在此基础上，借鉴国际经验，我国对突发公共事件实行了分级管理制度。按照国务院《特别重大、重大突发公共事件分级标准（试行）》等法律法规的规定，依据突发公共事件可能造成的危害程度、波及范围、影响力大小、人员及财产损失等情况，将突发公共事件由高到低划分为特别重大（Ⅰ级）、重大（Ⅱ级）、较大（Ⅲ级）、一般（Ⅳ级）四个级别。

---

① 参见张成福：《公共危机管理：全面整合的模式与中国的战略选择》，载《中国行政管理》，2003（7）。

② 参见唐钧：《从国际视角谈公共危机管理的创新》，载《理论探讨》，2003（5）。

特别重大突发公共事件（Ⅰ级）：是指突然发生，事态非常复杂，给国家公共安全、政治稳定和社会经济秩序造成严重危害或威胁，已经或可能造成特别重大人员伤亡、特别重大财产损失或重大生态环境破坏，需要国家和政府统一组织协调，调度各方面力量和资源进行应急处置的紧急事件。

重大突发公共事件（Ⅱ级）：是指突然发生，事态复杂，对一定区域内的公共安全、政治稳定和社会经济秩序造成严重危害或威胁，已经或可能造成重大人员伤亡、重大财产损失或严重生态环境破坏，需要调度多个部门、相关单位力量和资源进行联合处置的紧急事件。

较大突发公共事件（Ⅲ级）：是指突然发生，事态较为复杂，对一定区域内的公共安全、政治稳定和社会经济秩序造成一定危害或威胁，已经或可能造成较大人员伤亡、较大财产损失或生态环境破坏，需要调度个别部门、力量和资源进行处置的事件。

一般突发公共事件（Ⅳ级）：是指突然发生，事态比较简单，仅对较小范围内的公共安全、政治稳定和社会经济秩序造成危害或威胁，已经或可能造成人员伤亡和财产损失，只需要调度个别部门或力量和资源就能够处置的事件。

此外，在对突发公共事件进行分级管理的基础上，我国还针对突发公共事件建立了一套四级国家威胁预警系统。按照《国家突发公共事件总体应急预案》的规定，依据突发公共事件即将造成的危害程度、发展情况和紧迫性等因素，由低到高划分为一般（Ⅳ级）、较重（Ⅲ级）、严重（Ⅱ级）、特别严重（Ⅰ级）四个预警级别，并依次采用蓝色、黄色、橙色和红色加以表示。

其中：蓝色等级（Ⅳ级）：预计将要发生一般（Ⅳ级）以上突发公共事件，事件即将临近，事态可能会扩大。黄色等级（Ⅲ级）：预计将要发生较大（Ⅲ级）以上突发公共事件，事件已经临近，事态有扩大的趋势。橙色等级（Ⅱ级）：预计将要发生重大（Ⅱ级）以上突发公共事件，事件即将发生，事态正在逐步扩大。红色等级（Ⅰ级）：预计将要发生特别重大（Ⅰ级）以上突发公共事件，事件会随时发生，事态正在不断蔓延。而且，对应于突发公共危机事件一般（Ⅳ级）、较重（Ⅲ级）、严重（Ⅱ级）、特别严重（Ⅰ级）四个预警级别，还建立了四个级别的危机预警分级响应制度。

1.3 公共危机的诱因分析

从全球范围来看，在一般理论意义上，由于以下几个方面因素的存在以及相互作用，导致各种灾害和危机发生的可能性大大增加：人口的增长和人口密度的增加；全球气候的变化；环境的破坏和恶化；科技发展所带来的负面作用和影响；恐怖主义；社会压力和冲突的增加。更重要的是，一些因素导致危机和灾变所造成的损失的可能性也大大增加。这些因素包括：国际化的发展；城市化的发展；交通的发展和大量的人口流动；各种社会的冲突和压力的增加；社会有效治理能力的缺乏；社会有效的危机预防和权变管理能力的缺乏；不发达地区整个社会服务的基础设施的薄弱；贫穷与社会发展的不公正。①

1.3.1 公共危机诱因分析：社会、组织、个体三层分析框架②

20世纪90年代以来，我国进入了一个危机事件的高频率发生期。对于我国进入危机频发期的诱因，我们将遵循社会到组织再到个体这样一个逻辑过程进行分析（见表1-6）。社会层面的分析将具体化为自然、经济、政治和文化四个角度；由于我国为政府主导型社会，所以将组织层面的分析主要局限在政府，并将其归入政治体制一并考虑；在个体因素层面，我们将对我国社会中存在的不满意程度进行刻画，诠释可能的危机诱发路径。值得注意的是，这里更多的描述是集中于触发危机事件的“燃烧物质”，对于“助燃剂”也是基于社会深层的政治经济变迁来进行阐述的。

表1-6 社会、组织、个人分析框架下的社会问题

分析层面	细分领域	危机诱因事件示例
社会整体	自然领域	自然灾害；环境污染；疾病传染
	经济领域	下岗失业；相对贫富差距；农村发展；国际经济摩擦
	政治体制	社会阶层分化；腐败；政治合法性危机；新公共管理及市场化、全球化挑战；法治化建设；黑社会组织犯罪
	文化体系	信仰危机（邪教）；治安恶化（网络犯罪）
组织运作	公共管理体系（政府及NGO）	与上一层面的讨论交叉融合，经济组织以及NGO的探讨基于我们讨论的危机的性质和作用发挥程度，此处不做专门分析
	经济组织	
个体行为	个体行为心理分析	社会不满意度

具体来说，从社会和组织层面来分析，公共危机的诱因主要表现在经济、政治和文化三个方面。

1. 经济发展具有不均衡性

改革以来，特别是在90年代后半期，中国社会收入的分配格局发生重大变化，从全民“分享型”或“共享型”增长到“部分获益型”增长，从全民“非零和博弈”增长到“零和博弈”增长。在市场成熟的过程中，资本市场的集聚效应作用日趋明显，地区及个体的贫富差距迅速拉大。具体表现在：城乡居民收入差距不断扩大，公共服务水平与可及性悬殊；地区发展差距进一步扩大，极化指数迅速上升且达到历史最高点；从国际形势来看，旧秩序与酝酿中的新秩序的相互并存和矛盾冲突，使得全球经济格局中内含了极大的结构性张力。当然，上面谈及的更多的是经济发展中人类社会性活动带来的潜在忧患。需要注意的是，在目前的发展格局中，人与自然的不和谐也日益成为增长的“瓶颈”和社会

① 参见张成福：《公共危机管理：全面整合的模式与中国的战略选择》，载《中国行政管理》，2003（7）。

② 参见薛澜、张强、钟开斌：《危机管理——转型期中国面临的挑战》，11～19页，北京，清华大学出版社，2003；薛澜、张强、钟开斌：《防范与重构：从SARS事件看转型期中国的危机管理》，载《改革》，2003（3）。

不稳定的基础“燃烧物质”。

2. 政治体制改革有待深化

体制性的弊病表现在许多方面，诸如权力资本的恶性膨胀、社会阶层的进一步分化、宪政体制的缺陷、司法腐败的泛滥、行政权力的滥用、新闻监督的乏力、基层政权的恶性病变等。正是社会结构剧烈变动及政治体制改革相对滞后交互作用，造成了传统权力结构畸变和传统权威模式的失效，从而使得旧的政治社会体制控制宏观、协调矛盾、平衡冲突、扼制腐败的主动性和能力有所减弱，于是公共危机的出现就具有了体制性的诱因。具体表现在：行政管理体制、行政管理方式和行政思维模式仍有待于进一步同市场经济的基本要求接轨；来自信息技术的挑战与机遇，对我国公共管理的实际运作方式和根本民主制度产生了深远影响，更易形成“参与爆炸”；市场化浪潮的兴起对公共管理本质的冲击和全球化对公共管理范围、结构的冲击；我国立法只能借助于惯例、习惯等非正式规则协调关系，司法实践活动中存在着严重的司法权地方化的倾向。

3. 传统道德文化体系的失稳

文化是人类社会生活中最深层的，也是最内核的东西，它是保证人类冲突减少的最后屏障。但是，由文化矛盾引发或支持的冲突和危机，其稳固性和持久性要远甚于由其他原因直接引发的危机。[①] 在经历了西方社会发展的冲击和新中国成立后的几次文化变革后，传统的孔儒思想体系的说教功能逐渐弱化，出现一定程度的信仰危机。人们面临诸如道德失范、价值多元、秩序紊乱等经验现象无所适从，道德虚无主义情绪逐渐蔓延。

从个体行为层面来分析，公共危机的诱因主要通过考察我国民众对现状的满意度来进行分析。因为人们对自身生活状况的满意程度直接影响对社会形势稳定程度的判断，从而使得其选择不同的渠道表达意愿，也就客观影响到了危机的产生和社会的稳定。当前我国民众中对现状的不满主体是下岗失业者、低收入者和收入水平下降者以及文化程度低者等“弱势群体”，在觉得改变自身境况无望的情况下，尤其面对中国媒体一致受政府主导的运作方式和非制度化渠道的匮乏，这些充满不满情绪的个体就会变成破坏中国社会稳定的“燃烧物质”，在一定突发事件的“导火索”的作用下，就可能形成破坏性的危机事件。对于个体层面的考量，是基于群体性行为中个体的心理模式是重要的作用基础、波动起源，而且现实中科技的迅猛发展和网络化的集结方式使得个体在行为能力上得到了巨大的提升。另外，对于危机可能带来的损害及影响也不同程度地取决于危机参与者的心理素质和行为能力。

1.3.2 公共危机诱因分析：基于我国社会转型的实证分析

我国现阶段正处于经济转轨和社会转型的过程中，政治、经济体制改革已进入社会结构的全面分化阶段，改革开放触及深层次的体制问题。在这样的变革过程中，利益和权力将在不同的主体之间重新分配、转移，从而就可能形成不同的公共危机。当前我国

---

① 参见胡宁生主编：《中国政府形象战略》，1191页，北京，中共中央党校出版社，1999。

的社会转型包括两个方面：一是体制的转轨，即从高度集中的计划再分配经济体制向社会主义市场经济体制的转轨；二是结构的转型，即从农业的、封闭的、乡村的传统社会向工业的、开放的、城镇的现代社会的转型。我国的社会转型必然产生如下后果：(1)权力与利益在不同的社会主体之间重新分配，导致不同阶层、不同地区之间贫富差距扩大。(2)社会转型过程中受益不足的社会群体心态上的失衡，进而产生行为上的变异。(3)转型期社会成员在价值追求上正由一元化走向多元化。在多元化的价值中充斥着大量非常态的价值，社会中的一部分人在这种非常态的价值观念的作用下极易制造社会危机事件。可以说，频繁发生的大量公共危机事件是社会转型的客观结果。

具体来说，基于我国社会转型的实践，可以对公共危机的诱因进行进一步的实证分析。

1. 社会转型引发的矛盾是公共危机产生的基础性诱因

在社会转型期，社会整体结构、社会资源结构、社会区域结构、社会组织结构及社会身份结构都在发生着重大转变，社会同质性进一步消解，社会异质性增加，使追求同一性和超稳定性的传统社会控制机制失去了基础。伴随着阶层、群体和组织的分化，不同社会群体和阶层的利益意识会不断被唤醒和强化，利益的分化也势必发生。在各种社会资源有限的前提下，多元化的利益群体会不可避免地相互竞争和冲突，社会分化的加速也必然会在社会成员的思想观念和意识形态结构中有所反映，人们的价值观念、思维方式、人文关怀等方面将不断趋于多元化，一些与主流意识形态不同甚至相反的价值观念也会大量涌现。人们受各种各样的价值观念的冲击，容易导致价值体系的紊乱，从而无所适从，诱发出许多社会问题，甚至是某些突发公共危机事件。

2. 基层组织社会控制弱化，社会权威结构失衡，是公共危机产生的体制性诱因

改革开放以来，中国社会基层组织的社会控制力呈明显的弱化趋势，威信相对减弱。尤其是在农村，乡村基层组织对农民的行政控制严重弱化。基层组织对群众的号召力、凝聚力和说服教育作用大大减弱。由于基层政权的权威性受到民众的怀疑，国家权威就很自然地进入民众的视野。加之一些地方的基层领导缺少应有的责任心，对本地区、本部门群众关注的热点、难点问题知之甚少或明知却不管不问，致使一些本该在本地区、本部门解决的问题难以解决或无法解决。民众的利益一旦受损或遭受侵害，为寻求国家权威的保护，单个的社会成员会意识到集体行动的重要性，体制外的对抗性群体力量就会产生。尽管如此，群体性公共危机事件爆发需要有一定的启动因素，这些启动因素主要依赖于具体的公共危机诱发性事件。

3. 官僚主义作风和腐败现象严重是公共危机产生的政治诱因

近年来上访、闹事等群体性公共危机事件增多，既有随着改革的深化，经济领域不可避免地出现一些纷繁复杂的矛盾和问题的客观原因；也有因为个别干部工作作风不踏实，脱离群众，腐化变质，从而导致干群矛盾激化。从这个意义上讲，官僚主义、腐败行为也是致乱之源。新时期官僚主义往往与腐败共存，其典型表现是：人在其位，不尽其职，不思其责；不顾客观实际，热衷于“政绩工程”“形象工程”“面子工程”；“吃拿卡要”，致使干群关系紧张；利用职权不择手段，索贿受贿，奢侈浪费；乱收费、乱摊派、乱集资，加重农民负担，促使矛盾激化；等等。

4. 经济体制转轨与利益格局调整引发的一系列社会冲突是公共危机产生的经济诱因

随着经济体制改革的不断深化，社会阶层呈进一步利益分化的趋势，由经济体制转轨与利益格局调整引发的一系列社会冲突增加。尤为关键的是，中国的经济体制改革是从“做大蛋糕”开始的，普遍受益成了改革初期阶段的基本特征，社会各阶层已经形成了一种心理定式或心理期望，认为改革一定会同时带来利益均沾。原来被掩盖在“做大蛋糕”下面的社会各阶层之间的利益分化，在“分蛋糕”的过程中逐步显露，阶层之间的利益冲突进一步加剧。由于缺乏解决社会冲突的制度化手段，且长期缺少理性解决冲突的意识形态话语和文化环境，因而很难进行对话和协商，也人为地强化了社会冲突的敏感性。近年来，由社会不满和社会仇恨引发的反社会情绪开始显现，社会报复类恶性重大公共危机事件开始萌发。

5. 群众的民主意识不断增强，但政治参与能力相对较低，法制观念淡薄，是公共危机产生的文化诱因

改革开放以来，群众的民主意识逐渐增强，对民主的要求越来越高，参政的愿望越来越强烈，但政治参与能力相对较低，法制观念淡薄。从社会心理学角度分析，群体性公共危机事件作为集体行为，参与人有安全感；即使有过格行为，也抱有“法不责众”的心理。当群众之间、上下级之间出现利益摩擦或纠纷时，一些群众还错误地认为聚众闹事可以对领导造成压力，能引起重视并较快解决问题，使本来能在法律程序中得到解决的矛盾演化成突发性公共危机事件。

6. 各种具体的利益冲突是公共危机产生的直接诱因

各种具体的利益冲突作为导火索，直接引发的突发性公共危机事件主要反映在以下几个方面：

（1）因对政府出台的政策、措施不满而引发的公共危机事件。在贯彻执行党和国家的一些重大方针政策，特别是直接关系群众切身利益的方针政策时，由于执行者认识上的偏差和方法上的简单、粗暴，使部分群众因利益受到损害而对政策产生不满，以至于引发公共危机事件。

（2）因企业经营亏损、破产、转制而引发的公共危机事件。当企业停产、倒闭，被兼并企业的职工在工作安排和生活保障问题得不到妥善解决时，很容易引发群体上访甚至闹事事件。

（3）因征地搬迁问题而引发的公共危机事件。随着城市化的推进，农村土地特别是城郊农业用地被大量征用为建设用地后，由于土地征用补偿、征地后劳动力的就业和安置等相关政策不落实、不配套，影响了村民的切身利益，从而引发公共危机事件。

（4）因社会保障机制不健全而引发的公共危机事件。中央制定的三条保障线——下岗职工基本生活保障、失业保险、最低生活保障，在一些地方没有真正兑现；一些地方没有真正执行促进再就业的优惠政策，下岗职工再就业困难，部分群众的基本生活得不到保障，就不可避免地发生公共危机事件。

（5）因环境污染问题导致的公共危机事件。随着环境问题日益严重和人们环保意识的增强，环境污染问题已成为引发群体性事件的一个新的诱因，此类事件的发生频率呈上升趋势。

1.4 公共危机的功能分析

公共危机具有双重效果性。公共危机并不仅仅意味着危险，而且还有转机和契机之义。危机会带来各种损失，但危机也是机会和转机。公共危机既是灾难和痛苦，也是发展和创新的机会。正如美国危机管理专家诺曼·R. 奥古斯丁（Norman R. Augustine）所指出的，每一次危机既包含了导致失败的根源，又蕴藏着成功的种子。发现、培育，进而收获潜在的成功机会，就是危机管理的精髓；而错误地估计形势，并令事态进一步恶化，则是不良危机管理的典型特征。①

公共危机是社会冲突的一种集中表现形式，但冲突和危机也能够促进社会的协调和整合，具有社会“安全阀”和促进社会进步、发展的功能。公共危机可以改变一个社会的组织结构、社会关系和信念体系，从而为社会的发展提供变革、改进和创新的机会。公共危机还可以促进制度的革新和环境的变革。在公共危机挑战日益常态化的今天，我们应该更加客观、理性、全面地认识公共危机的负功能与正功能，有效地管理和控制危机，化危机为转机，变危机为契机，把危机视为公共政策改进和完善的外部动力。

1.4.1 公共危机的负功能

在当代社会，公共危机给社会造成的损失与日俱增。公共危机给整个社会发展所造成的负面影响是巨大的，具体体现在以下几个方面：

1. 严重威胁公众利益，直接造成资源的损失

公共危机必然对公众利益造成冲击，其巨大破坏性使人们的日常生活方式、社会基本结构、核心价值观念和生命财产受到巨大冲击。公共危机会直接造成人们的生命和财产的损失，破坏基础设施，由于破坏正常的生产和服务以及增加产品和服务的成本而导致生产和服务提供的损失，间接的损失包括增加债务的负担、增加财政的支出、减少储蓄。由此导致的结果是经济增长的速度降低和发展计划的延缓。②

2. 直接打断国家的正常发展规划

公共危机具有突发性，而这种突发性一般是不在政府的发展计划与议事日程之内的。所以，公共危机会干扰或打乱政府和社会正常的发展规划，迫使政府不得不将注意力和发展的资源从所计划的领域转移到危机的回应和管理方面，从而使发展从长期的考虑转到满足近期的需要，使长期发展规划服从于现实紧迫需要，打断了发展的战略性和连续性，影响了发展的速度。

① 参见［美］诺曼·R. 奥古斯丁：《对力求规避的危机的管理》，见《哈佛商业评论精粹译丛》，北京，中国人民大学出版社，2002。

② 参见张成福：《公共危机管理：全面整合的模式与中国的战略选择》，载《中国行政管理》，2003（7）。

3. 直接导致投资的气候和环境恶化

公共危机无疑会恶化投资环境，并产生极大的不稳定。公共危机，特别是在短时期内不断出现的公共危机，以及时间持续较长的公共危机都会直接对投资的气候和环境产生负面影响。投资者需要一个相对稳定和确定性程度较高的投资气候和环境以降低投资的风险，而危机会引起失业、抑制消费的需求、导致经济的滞胀等，这些都增加了投资环境的不确定性。

4. 破坏政府的公共形象，降低政府的社会公信力和支持度

突发的公共危机事件破坏了社会原有的平衡，处于社会公共事务管理核心的政府是否能够在危机的压力下有所作为，使动荡不安的局面实现新的平衡，直接体现着政府的善治水平，影响着政府的公共形象；也是政府重新获得社会公信力和支持度的至关重要的现实问题。公共危机的破坏性力量是远远大于其建设性力量的。公共危机不仅打击了一个国家和地区的经济，而且也打击了公众对政府的信心。如果政府不能通过危机处理的绩效来满足公众的利益需求，获得公众的认可，并以此增加自身的合法性，政府形象将大大受损。

5. 直接考验政府的抗逆水平和综合管理能力，间接导致政治的不稳定

在危机压力下，政府对危机处理的失误和不力，都将对自身运作系统的基本价值和行为准则构架产生严重威胁，公共危机成为政府抗逆水平和综合管理能力提升中难以回避的否定性事件。公共危机的出现无疑是对国家政治和政府治理的挑战，不适当的政府政策、政府管理的失误、政府对危机缺乏有效的回应、政府和民众之间缺乏有效的沟通、政府责任的丧失等皆会造成政府与社会大众之间的紧张关系，引发政府的信任危机，从而对政治的稳定产生负面的影响。

1.4.2 公共危机的正功能

从发展的角度来看，公共危机的发生也孕育着新的发展机会。一个民族在灾难中能够学到比平时多得多的东西，而一个民族在灾难中失去的，必将在民族的进步中获得补偿。公共危机的正功能，具体体现在以下几个方面：

1. 公共危机能够增强人们对自然的认识，促进人与自然的和谐，促使人类社会反思并规范自己的行为

通过学习和对科学技术的运用，人们可以掌握自然灾害成灾机理以及自然灾变现象和人类社会的相互作用规律，从而能够增强对自然的认识，增强把握自然规律的能力，促进人与自然的和谐，还会促使人类社会反思并规范自己的行为。因为社会出现的许多公共危机是人类社会不理智的发展方式、不理智和不适当的行为方式和生活方式的结果。

从本质上看，一切公共危机都是人为的。人类社会必须重新思考自己发展的方式、行为的方式和生活的方式，谋求人与自然的和谐；人类社会需要重新思考个体、群体、社会、国家之间的相互关系，通过政治、经济、文化的改革建立一个健康的社会；我们需要重新思考国家的治理，通过改革不断致力于实现善政和善治；我们不仅要考虑现世代的发展和公平，更要考虑后世代的发展和公平。①

① 参见张成福：《公共危机管理：全面整合的模式与中国的战略选择》，载《中国行政管理》，2003（7）。

2. 公共危机能够促进社会的协调和整合，具有社会的“安全阀”以及促进社会的进步和发展的功能

公共危机是社会冲突的一种集中表现形式，但冲突和危机也能够增强特定社会关系或群体的适应和调节能力，从而促进社会的协调和整合，具有社会“安全阀”以及促进社会的进步和发展的功能。实际上，社会冲突是促进社会有机体团结和统一的过程，是保持社会整体或某些子系统完整的过程。在结构松散、灵活、异质性高和功能互补性高的社会中，冲突和危机较为频繁，而其强度则相应较低。它们把不同的观点分散在不同的问题上，而不会把分歧集中在一个断裂点上，也不至于使冲突和危机一发生就集中在核心价值上，从而使冲突和危机常规化、制度化。允许冲突和危机存在并使其制度化，这样给社会带来的震荡最少，并能起到积极的作用。①

“安全阀”制度实际上是一种社会安全机制。它就是在不毁坏结构的前提下使敌对的情绪得以释放出来以维护社会整合的制度。在现实社会中，突发性危机事件往往是社会进步和发展的主要促进因素之一。“通过它，社会能在面对新环境时进行调整。一个灵活的社会通过冲突行为而受益，因为这种冲突行为通过规范的改进和创造，保证了它们在变化了的条件下延续下去。”②

3. 公共危机可以改变一个社会的组织结构、社会关系和信念体系，从而为社会的发展提供变革、改进和创新的机会

在现实社会中，突发性危机事件既可以促进组织的变革，还可以促进制度的革新和环境的变革。无论是从历史看还是从现实的情况看，在面对公共危机时，如果政府有所作为，那么危机出现所产生的社会经济影响和政治压力往往会转化为变革的推动力和催化剂；导致危机出现的因素和发展的薄弱环节往往会受到政府和社会的关注，从而成为新的发展领域。总之，公共危机可以改变一个社会的组织结构、社会关系和信念体系，从而为社会的发展提供变革、改进和创新的机会。

4. 公共危机可以提高政府对公共问题的敏感性，从而成为公共政策改进和完善的外部动力

我国高度集权的公共问题处理机制和公共服务提供机制，与高度地方化的公共问题和公共服务需求形成了强烈的反差。公共危机的出现，可以提高政府对公共问题的敏感性，有利于及时发现公共问题，并推动公共问题进入政府政策议程，从而使公共问题得到解决。就公共管理的意义而言，公共危机的出现具有发现公共问题、推动公共问题进入政府议程、促使政府制定有效的公共政策解决公共问题的功能。

特别是对于承担公共管理职责的现代政府而言，公共危机的出现是个警示信号。如果政府能够把握危机的契机，回应社会系统提出的要求，适应新环境的变化，开展积极主动的或渐进性的变革，那么，公共危机就有助于维持政府系统的活力和生命力。作为政治变革与政治发展的一部分，公共危机对于一个理性的、有活力的政府而言，能够成为公共政策改进和完善的外部动力。

---

① 参见于海：《西方社会思想史》，419～420页，上海，复旦大学出版社，2005。

② 薛澜、张强、钟开斌：《危机管理——转型期中国面临的挑战》，8页，北京，清华大学出版社，2003。

5. 公共危机可以促使政府改进治理方法，提高治理能力，从而推进政府的治道变革

每一次公共危机的发生都是对政府治理能力的考验。就公共管理的意义而言，公共危机的出现会促使政府重新评估其制度、政策和行为；危机过后，政府也会反思自己在危机中的表现和危机管理水平的高低，从而改进治理方法，提高治理能力。公共危机可以暴露现行政府管理体制多方面的问题，在一定意义上可以指明政府治道变革的基本方向；而政府应对公共危机的实际运作过程，也可能促使政府的治道变革在既定的发展方向上实现某些方面突破性的进展，进一步推进中国政府的治道变革。

本章小结

1. “公共危机”是与“一般危机”相对应的专业术语，强调的是其影响范围广大，或者对一个社会系统的基本价值观和行为准则架构产生严重威胁，需要以政府部门为主体的公共部门在时间压力极大和不确定性极高的情况下做出关键性决策。也就是说，公共危机需要以政府部门为主体的公共部门动员全社会参与，整合全社会的资源来积极应对。简言之，所谓公共危机，就是需要以政府部门为主体的公共部门来应对的、涉及公共领域的危机。

2. 一般而言，现代公共危机普遍具有以下共同特征：突发性和紧急性、严重威胁性、高度不确定性、信息有限性、双重效果性、超国家属性或全球性。

3. 公共危机是由诸多因素共同作用而产生的。从时间序列的角度分析，公共危机发展演变的过程可以分为四个阶段：前兆阶段、紧急阶段、持久阶段、解决阶段。从公共危机演进的生命周期的角度分析，公共危机一般都会经历五个阶段：潜伏生成期、显现与爆发期、持续演进期、消解减缓期和解除消失期。

4. 转型期我国公共危机的形态总体上体现出六个方面的特点：公共危机类型的重心从高政治性转向低政治性，公共危机事件涉及的领域多元化；公共危机的频次从偶发性转向密集性，公共危机事件呈现高频次、大规模的特征和常态化的趋向；公共危机事件的组织性、暴力性、危害性增强；公共危机的波动方式多元化，震动频度增大；公共危机的来源与风险从区域性转向全球性，危机事件的发生也具有了一定的国际互动性；公共危机的形态表现从单一型转向复合型。

5. 我国学者关于公共危机的类型学划分，比较有代表性和影响力的有六种类型学划分方法：从公共危机诱因的视角进行分类；从突发公共事件的视角进行分类；从公共危机综合标准的视角进行分类；考虑公共危机类别划分的原则；从是自然的还是人为的公共危机的视角进行分类；借鉴联合国的分类方法。

6. 突发事件可划分为自然灾害、事故灾难、公共卫生事件和社会安全事件四大类。依据突发公共事件可能造成的危害程度、波及范围、影响力大小、人员及财产损失等情况，将突发公共事件由高到低划分为特别重大（Ⅰ级）、重大（Ⅱ级）、较大（Ⅲ级）、一般（Ⅳ级）四个级别。依据突发公共事件即将造成的危害程度、发展情况和紧迫性等因素，由低到高划分为一般（Ⅳ级）、较重（Ⅲ级）、严重（Ⅱ级）、特别严重（Ⅰ级）四个预警级别，并依次采用蓝色、黄色、橙色和红色来加以表示。

7. 20 世纪 90 年代以来，我国进入了一个危机事件的高频率发生期。对于我国进入危机频发期的诱因，我们将遵循社会到组织再到个体的逻辑过程进行分析。

8. 基于我国社会转型的实践，可以对公共危机的诱因进行进一步的实证分析。社会转型引发的矛盾是公共危机产生的基础性诱因；基层组织社会控制弱化，社会权威结构失衡，是体制性诱因；官僚主义作风和腐败现象严重是政治诱因；经济体制转轨与利益格局调整引发的一系列社会冲突是经济诱因；群众的民主意识不断增强，但政治参与能力相对较低，法制观念淡薄，是文化诱因；各种具体的利益冲突是直接诱因。

9. 公共危机的负功能，具体体现在五个方面：严重威胁公众利益，直接造成资源的损失；直接打断国家的正常发展规划；直接导致投资的气候和环境恶化；破坏政府的公共形象，降低政府的社会公信力和支持度；直接考验政府的抗逆水平和综合管理能力，间接导致政治的不稳定。

10. 公共危机的正功能，具体体现在五个方面：促进人与自然的和谐，促使人类社会反思并规范自己的行为；促进社会的协调和整合，具有社会的“安全阀”以及促进社会的进步和发展的功能；改变一个社会的组织结构、社会关系和信念体系，从而为社会的发展提供变革、改进和创新的机会；提高政府对公共问题的敏感性，从而成为公共政策改进和完善的外部动力；促使政府改进治理方法，提高治理能力，从而推进政府的治道变革。

关键术语

公共危机　　发展阶段　　公共危机形态　　社会、组织、个人三层分析框架　　社会转型　　公共危机类型学分析　　公共危机诱因分析　　公共危机负功能　　公共危机正功能

复习思考题

1. 何谓危机？中外学者是如何给危机下定义的？
2. 何谓公共危机？公共危机与一般危机有何区别？
3. 现代公共危机普遍具有哪些共同特征？试举例说明。
4. 公共危机发展演变的过程一般会经历哪些阶段？试举例说明。
5. 转型期我国公共危机的形态总体上体现出哪些方面的特点？试举例说明。
6. 探讨公共危机事件的类别有何意义？
7. 我国学者对公共危机是如何进行类型学划分的？比较有代表性的主要有哪些类型学划分方法？
8. 我国政府对公共危机是如何进行类型学划分的？又是如何分级管理、分级预警的？
9. 社会、组织、个人三层分析框架是如何进行公共危机诱因分析的？对我们有何启发？
10. 基于我国社会转型的实践，如何对公共危机的诱因进行进一步的实证分析？对我

们有何启发？

11. 公共危机的负功能具体体现在哪些方面？试举例说明。

12. 公共危机的正功能具体体现在哪些方面？试举例说明。

阅读案例

天津港“8·12”瑞海公司危险品仓库特别重大火灾爆炸事故应急处置

一、事故基本情况

2015年8月12日22时51分46秒，位于天津市滨海新区吉运二道95号的瑞海公司危险品仓库运抵区最先起火，23时34分06秒发生第一次爆炸，23时34分37秒发生第二次更剧烈的爆炸。事故现场形成6处大火点及数十个小火点，8月14日16时40分，现场明火被扑灭。事故造成165人遇难（参与救援处置的公安现役消防人员24人、天津港消防人员75人、公安民警11人，事故企业、周边企业员工和周边居民55人），8人失踪（天津港消防人员5人，周边企业员工、天津港消防人员家属3人），798人受伤住院治疗（伤情重及较重的伤员58人、轻伤员740人），304幢建筑物（其中办公楼宇、厂房及仓库等单位建筑73幢，居民1类住宅91幢、2类住宅129幢、居民公寓11幢）、12 428辆商品汽车、7 533个集装箱受损。截至2015年12月10日，事故调查组依据《企业职工伤亡事故经济损失统计标准》（GB 6721—1986）等标准和规定统计，已核定直接经济损失68.66亿元人民币，其他损失尚需最终核定。

事故发生后，党中央、国务院高度重视，习近平总书记两次做出重要批示，并主持召开中央政治局常委会会议，专题听取事故抢险救援和应急处置情况汇报，要求全力搜救人员，千方百计救治伤员，有序进行现场清理，加强环境监测，做好善后处置工作，彻查事故原因并严肃追责，坚决落实安全生产责任制，有效化解各类安全生产风险，保障人民群众生命财产安全。李克强总理多次做出重要批示，并率马凯副总理、杨晶国务委员亲临事故现场指导救援处置工作，主持召开国务院常务会议进行研究部署，听取国务院事故调查组工作进展情况汇报，要求对现场进行深入搜救，全力救治受伤人员，注意做好科学施救，防止发生次生事故，依法依纪严肃追究事故责任，健全完善安全生产长效机制，切实防范各类重特大事故发生。根据习近平总书记、李克强总理的指示，张高丽、马凯副总理和王勇国务委员七次与天津一线指挥部视频连线，指导事故抢险救援及防范发生次生事故灾害等工作，并多次做出重要指示批示。刘延东副总理专门到天津看望慰问受伤人员及其家属，指导伤员救治工作。孟建柱、栗战书等中央领导同志也多次对事故救援处置工作做出重要指示批示。受党中央、国务院委托，8月13日凌晨至19日，郭声琨国务委员率国务院工作组赶赴事故现场，协调指导应急处置工作。

2015年8月18日，依据《安全生产法》《危险化学品安全管理条例》《生产安全事故报告和调查处理条例》等有关法律法规，经国务院批准，成立国务院天津港“8·12”瑞海公司危险品仓库特别重大火灾爆炸事故调查组（简称事故调查组），事故调查组由安全监管总局、公安部、监察部、交通运输部、环境保护部、全国总工会和天津市人民政府组成，全面负责事故调查工作。同时，邀请最高人民检察院派员参加，并聘请爆炸、消防、刑侦、化工、环保等方面的专家参与事故调查工作。事故调查组通过反复的现场勘验、检测鉴定、调查取证、模拟实验、专家论证，查明了事故经过、原因、人员伤亡和直接经济损失，认定了事故性质和责任，提出了对有关责任人员和责任单位的处理建议，分析了事故暴露出的突出问题和教训，提出了加强和改进工作的意见建议。调查认定，天津港“8·12”瑞海公司危险品仓库火灾爆炸事故是一起特别重大生产安全责任事故。

根据事故原因调查和事故责任认定，依据有关法律法规和党纪政纪规定，对事故有关责任人员和责任单位提出处理意见：公安机关对24名相关企业人员依法立案侦查并采取刑事强制措施，检察机关对25名行政监察对象［正厅级2人，副厅级7人，处级16人；交通运输部门9人，海关系统5人，天津港（集团）有限公司5人，安全监管部门4人，规划部门2人］依法立案侦查并采取刑事强制措施。事故调查组另对123名责任人员提出了处理意见。建议对74名责任人员（省部级5人、厅局级22人、县处级22人、科级及以下25人）给予党纪政纪处分（撤职处分21人、降级处分23人、记大过及以下处分30人）；对其他48名责任人员，建议由天津市纪委及相关部门予以诫勉谈话或批评教育。事故调查组建议对事故企业和有关中介及技术服务机构等五家单位分别给予行政处罚。事故调查组建议对天津市委、市政府通报批评，并责成天津市委、市政府向党中央、国务院做出深刻检查；建议责成交通运输部向国务院做出深刻检查。

二、事故应急救援处置情况

（一）爆炸前灭火救援处置情况

8月12日22时52分，天津市公安局110指挥中心接到瑞海公司火灾报警，立即转警给天津港公安局消防支队。与此同时，天津市公安消防总队119指挥中心也接到群众报警。接警后，天津港公安局消防支队立即调派与瑞海公司仅一路之隔的消防四大队紧急赶赴现场，天津市公安消防总队也快速调派开发区公安消防支队三大街中队赶赴增援。

22时56分，天津港公安局消防四大队首先到场，指挥员侦查发现瑞海公司运抵区南侧一垛集装箱火势猛烈，且通道被集装箱堵塞，消防车无法靠近灭火。指挥员向瑞海公司现场工作人员询问具体起火物质，但现场工作人员均不知情。随后，组织现场吊车清理被集装箱占用的消防通道，以便消防车靠近灭火，但未果。在这种情况下，为阻止火势蔓延，消防员利用水枪、车载炮冷却保护比邻集装箱堆垛。后因现场火势猛烈、辐射热太高，指挥员命令所有消防车和人员立即撤出运抵区，在外围利用车载炮射水控制火势蔓延，根据现场情况，指挥员又向天津港公安局消防支队请求增援，天津港公安局消防支队立即调派五大队、一大队赶赴现场。

与此同时，天津市公安消防总队119指挥中心根据报警量激增的情况，立即增派开发区公安消防支队全勤指挥部及其所属特勤队、八大街中队，保税区公安消防支队天保大道中队，滨海新区公安消防支队响螺湾中队、新北路中队前往增援。其间，连续三次向天津港公安局消防支队119指挥中心询问灾情，并告知力量增援情况。至此，天津港公安局消防支队和天津市公安消防总队共向现场调派了3个大队、6个中队、36辆消防车、200人参与灭火救援。

23时08分，天津市开发区公安消防支队八大街中队到场，指挥员立即开展火情侦查，并组织在瑞海公司东门外侧建立供水线路，利用车载炮对集装箱进行泡沫覆盖保护。23时13分许，天津市开发区公安消防支队特勤中队、三大街中队等增援力量陆续到场，分别在跃进路、吉运二道建立供水线路，在运抵区外围利用车载炮对集装箱堆垛进行射水冷却和泡沫覆盖保护。同时，组织疏散瑞海公司和相邻企业在场工作人员以及附近群众100余人。

（二）爆炸后现场救援处置情况

这次事故涉及危险化学品种类多、数量大，现场散落大量氰化钠和多种易燃、易爆危险化学品，不确定危险因素众多，加之现场道路全部阻断，有毒有害气体造成巨大威胁，救援处置工作面临巨大挑战。国务院工作组在郭声琨同志的带领下，不惧危险，靠前指挥，科学决策，始终坚持生命至上，千方百计搜救失踪人员，全面组织做好伤员救治、现场清理、环境监测、善后处置和调查处理等各项工作。一是认真贯彻落实党中央、国务院决策部署，及时传达习近平总书记、李克强总理等中央领导同志重要指示批示精神，先后召开十余次会议，研究部署应对处置工作，协调解决困难和问题。二是协调调集防化部队、医疗卫生、环境监测等专业救援力量，及时组织制订工作方案，明确各方职责，建立紧密、高效的合作机制，完善协同、高效的指挥系统。三是深入现场了解实际情况，及时调整、优化救援处置方案，全力搜救、核查现场遇险失联人员，千方百计救治受伤人员，科学、有序进行现场清理，严密监测现场及周边环境，有效防范次生事故发生。四是统筹做好善后安抚和舆论引导工作，及时协调有关方面配合地方政府做好三万余名受影响群众的安抚工作，开展社会舆论引导工作。五是科学、严谨组织开展事故调查，本着实事求是的原则，深入、细致地开展现场勘验、调查取证、科学试验等工作，尽快查明事故原因，给党和人民一个负责任的交代。

天津市委、市政府迅速成立事故救援处置总指挥部，确定“确保安全、先易后难、分区推进、科学处置、注重实效”的原则，把全力搜救人员作为首要任务，以灭火、防爆、防化、防疫、防污染为重点，统筹组织协调解放军、武警、公安以及安监、卫生、环保、气象等相关部门力量，积极稳妥推进救援处置工作。共动员现场救援处置的人员达1.6万多人，动用装备、车辆2 000多台，其中解放军2 207人、339台装备，武警部队2 368人、181台装备，公安消防部队1 728人、195部消防车，公安其他警种2 307人，安全监管部门危险化学品处置专业人员243人，天津市和其他省、区、市防爆、防化、防疫、灭火、医疗、环保等方面的专家938人，以及其他方面的救援力量和装备。公安部先后调集河北、北京、辽宁、山东、山西、江苏、湖北、上海八省市公安消防部队的化工抢险、核生化侦检等专业人员和特种设备参与救援处置。公安消防部队会同解放军（北京卫戍区防化团、解放军舟桥部队、预备役力量）、武警部队等组成多个搜救小组，反复侦检、深入搜救，针对现场存放的各类危险化学品的不同理化性质，利用泡沫、干沙、干粉进行分类防控灭火。

事故现场指挥部组织各方面力量，有力、有序、科学、有效推进现场清理工作。按照排查、检测、洗消、清运、登记、回炉等程序，科学、慎重清理危险化学品，逐箱甄别确定危险化学品种类和数量，做到一品一策、安全处置，并对进出中心现场的人员、车辆进行全面洗消；对事故中心区的污水，第一时间采取“前堵后封、中间处理”的措施，在事故中心区周围构筑 1 米高围埝，封堵 4 处排海口、3 处地表水沟渠和 12 处雨污排水管道，把污水封闭在事故中心区内。同时，对事故中心区及周边大气、水、土壤、海洋环境实行 24 小时不间断监测，采取针对性防范处置措施，防止环境污染扩大。9 月 13 日，现场处置清理任务全部完成，累计搜救出有生命迹象人员 17 人，搜寻出遇难者遗体 157 具，清运危险化学品 1 176 吨、汽车 7 641 辆、集装箱 13 834 个、货物 14 000 吨。

（三）医疗救治和善后处理情况

国家卫计委和天津市政府组织医疗专家，抽调 9 000 多名医务人员，全力做好伤员救治工作，努力提高抢救成功率，降低死亡率和致残率。由国家级、市级专家组成 4 个专家救治组和 5 个专家巡视组，逐一摸排伤员伤情，共同制定诊疗方案；将伤员从最初的 45 所医院集中到 15 所三级综合医院和三甲专科医院，实行个性化救治；组建两支重症医学护理应急队，精心护理危重症伤员；抽调 59 名专家组建 7 支队伍，对所有伤员进行筛查，跟进康复治疗；实施出院伤员与基层医疗机构无缝衔接，按辖区属地管理原则，由社区医疗机构免费提供基本医疗；实施心理危机干预与医疗救治无缝衔接，做好伤员、牺牲遇难人员家属、救援人员等人群心理干预工作；同步做好卫生防疫工作，加强居民安置点疾病防控，安置点未发生传染病疫情。民政部将牺牲的消防员全部追认为烈士，就高标准进行抚恤；天津市政府在依法依规的前提下，给予遇难、失联人员家属和住院的伤残人员救助补偿；组织 1 025 名机关干部和街道社区工作人员，组成 205 个服务工作组，对遇难、失联和重伤人员家属进行面对面接待安抚，倾听诉求，解决实际困难。

总的来看，在党中央、国务院的坚强领导下，国务院工作组团结带领各有关方面，勇挑重担、迎难而上、连续奋战，现场处置工作有力、有序、有效，没有发生次生事故灾害，没有发生新的人员伤亡，没有引发重大社会不稳定事件。爆炸发生前，天津港公安局消防支队及天津市公安消防总队初期响应和人员出动迅速，指挥员、战斗员及时采取措施冷却控制火势、疏散在场群众；爆炸发生后，面对复杂的危险化学品事故现场，天津市委、市政府快速反应、果断决策，迅速协调组织各方面力量科学施救、稳妥处置，全力做好人员搜救、伤员救治、隐患排查、环境监测、现场清理、善后安抚等工作。但是，事故救援处置过程中也存在不少问题：天津市政府应对如此严重复杂的危险化学品火灾爆炸事故的思想准备、工作准备、能力准备明显不足；事故发生后在信息公开、舆论应对等方面不够及时、有效，造成一些负面影响；消防力量对事故企业存储的危险化学品底数不清、情况不明，致使先期处置的一些措施针对性、有效性不强。

三、事故防范措施和建议

（一）把安全生产工作摆在更加突出的位置

各级党委和政府要牢固树立科学发展、安全发展理念，坚决守住“发展决不能以牺牲人的生命为代价”的红线，进一步加强领导、落实责任、明确要求，建立健全与现代化大生产和社会主义市场经济体制相适应的安全监管体系，大力推进“党政同责、一岗双责、齐抓共管”的安全生产责任体系的建立健全与落实，积极推动安全生产的文化建设、法治建设、制度建设、机制建设、技术建设和力量建设，对安全生产特别是对公共安全存在潜在危害的危险品的生产、经营、储存、使用等环节实行严格、规范的监管，切实加强源头治理，大力解决突出问题，努力提高我国安全生产工作的整体水平。

（二）推动生产经营单位切实落实安全生产主体责任

充分运用市场机制，建立完善生产经营单位强制保险和“黑名单”制度，将企业的违法、违规信息与项目核准、用地审批、证券融资、银行贷款挂钩，促进企业提高安全生产的自觉性，建立“安全自查、隐患自除、责任自负”的企业自我管理机制，并通过调整税收、保险费用、信用等级等经济措施，引导经营单位自觉加大安全投入，加强安全措施，淘汰落后的生产工艺、设备，培养高素质、高技能的产业工人队伍。严格落实属地政府和行业主管部门的安全监管责任，深化企业安全生产标准化创建活动，推动企业建立完善风险管控、隐患排查机制，实行重大危险源信息向社会公布制度，并自觉接受社会舆论监督。

（三）进一步理顺港口安全管理体制

认真落实港口政企分离要求，明确港口行政管理职能机构和编制，进一步强化交通、海关、公安、质检等部门安全监管职责，加强信息共享和部门联动配合；按照深化司法体制改革的要求，将港口公安、消防以及其他相关行政监管职能交由地方政府主管部门承担。在港口设置危险货物仓储物流功能区，根据危险货物的性质分类储存，严格限定危险货物周转总量。进一步明确港区海关运抵区安全监管职责，加强对港区海关运抵区安全监督，严防失控漏管。其他领域存在的类似问题，尤其是行政区、功能区行业管理职责不明的问题，都应抓紧解决。

（四）着力提高危险化学品安全监管法治化水平

针对当前危险化学品生产经营活动快速发展及其给公共安全带来的诸多重大问题，要将相关立法、修法工作置于优先地位，切实增强相关法律法规的权威性、统一性、系统性、有效性。建议立法机关在已有相关条例的基础上，抓紧制定、修订危险化学品管理、安全生产应急管理、民用爆炸物品安全管理、危险货物安全管理等相关法律、行政法规；以法律的形式明确硝化棉等危险化学品的物流、包装、运输等安全管理要求，建立易燃易爆、剧毒危险化学品专营制度，限定生产规模，严禁个人经营硝酸铵、氰化钠等易爆、剧毒物。国务院及相关部门抓紧制定配套规章标准，进一步完善国家强制性标准的制定程序和原则，提高标准的科学性、合理性、适用性和统一性。同时，进一步加强法律法规和国家强制性标准执行的监督检查和宣传培训工作，确保法律、法规、标准的有效执行。

（五）建立健全危险化学品安全监管体制机制

建议国务院明确一个部门及系统承担对危险化学品安全工作的综合监管职能，并进一步明确、细化其他相关部门的职责，消除监管盲区。强化现行危险化学品安全生产监管部际联席会议制度，增补海关总署为成员单位，建立更有力的统筹协调机制，推动落实部门监管职责。全面加强涉及危险化学品的危险货物安全管理，强化口岸港政、海事、海关、商检等检验机构的联合监督、统一查验机制，综合保障外贸进出口危险货物的安全、便捷、高效运行。

（六）建立全国统一的危险化学品监管信息平台

利用大数据、物联网等信息技术手段，对危险化学品生产、经营、运输、储存、使用、废弃处置进行全过程、全链条的信息化管理，实现危险化学品来源可循、去向可溯、状态可控，实现企业、监管部门、公安消防部队及专业应急救援队伍之间信息共享。升级改造面向全国的化学品安全公共咨询服务电话，为社会公众、各单位和各级政府提供化学品安全咨询以及应急处置技术支持服务。

（七）科学规划、合理布局，严格安全准入条件

修订《城乡规划法》，建立城乡总体规划、控制性详细规划的安全评价制度，提高城市本质安全水平；进一步细化编制，调整总体规划、控制性详细规划的规范和要求，切实提高总体规划、控制性详细规划的稳定性、科学性和执行刚性。建立完善高危行业建设项目安全与环境风险评估制度，推行环境影响评价、安全生产评价、职业卫生评价与消防安全评价联合评审制度，提高产业规划与城市安全的协调性。对涉及危险化学品的建设项目，实施住建、规划、发改、国土、工信、公安消防、环保、卫生、安监等部门联合审批制度，严把安全许可审批关，严格落实规划区域功能。科学规划危险化学品区域，严格控制与人口密集区、公共建筑物、交通干线和饮用水源地等环境敏感点之间的距离。

（八）加强生产安全事故应急处置能力建设

合理布局、大力加强生产安全事故应急救援力量建设，推动高危行业企业建立专兼职应急救援队伍，整合共享全国应急救援资源，提高应急协调指挥的信息化水平。危险化学品集中区的地方政府，可依托公安消防部队组建专业队伍，加强特殊装备器材的研发与配备，强化应急处置战术训练演练，满足复杂危险化学品事故应急处置需要。各级政府要切实汲取天津港“8·12”事故的教训，对应急处置危险化学品事故的预案开展一次检查清理，该修订的修订，该细化的细化，该补充的补充，进一步明确处置、指挥的程序、战术以及舆论引导、善后维稳等工作要求，切实提高应急处置能力，最大限度减少应急处置中的人员伤亡。采取多种形式和渠道，向群众大力普及危险化学品应急处置知识和技能，提高自救、互救能力。

（九）严格安全评价、环境影响评价等中介机构的监管

相关行业部门要加强相关中介机构的资质审查审批、日常监管，提高准入门槛，严格规范其从事安全评价、环境影响评价、工程设计、施工管理、工程质量监理等行为。切断中介服务利益关联，杜绝“红顶中介”现象，审批部门所属事业单位、主管的社会组织及其所办的企业，不得开展与本部门行政审批相关的中介服务。相关部门每年要对相关中介机构开展专项检查，对发现的问题严肃处理。建立“黑名单”制度和举报制度，完善中介机构信用体系和考核评价机制。

（十）集中开展危险化学品安全专项整治行动

在全国范围内对涉及危险化学品生产、储存、经营、使用等的单位、场所普遍开展一次彻底的摸底清查，切实掌握危险化学品经营单位重大危险源和安全隐患情况，对掌握的重大危险源和安全隐患情况，分地区逐一登记并明确整治的责任单位和时限；对严重威胁人民群众生命安全的问题，采取改造、搬迁、停产、停用等措施坚决整改；对违反规划未批先建、批小建大、擅自扩大许可经营范围等违法行为，坚决依法纠正，从严、从重查处。

资料来源：国务院事故调查报告、中央人民政府门户网站、国家安监总局网站，以及内部资料。

思考与讨论的问题

从上述案例提供的材料来看，你认为天津港“8・12”瑞海公司危险品仓库特别重大火灾爆炸事故属于公共危机吗？为什么？你认为天津港“8・12”瑞海公司危险品仓库特别重大火灾爆炸事故属于哪种类型的危机？其深层的诱因何在？从我国政府紧急救援天津港“8・12”瑞海公司危险品仓库特别重大火灾爆炸事故的实践来看，你对公共危机的功能有何新的认识？

第2章 公共部门危机管理概述

所谓公共部门危机管理，是指发生危机时，公共部门采取有助于公民和环境的一系列措施，如预测和识别可能遭受的危机，采取防备措施，阻止危机发生，并尽量使危机的不利影响最小化的系统过程，目的是通过提高公共部门对危机发生的预见能力和危机发生后的救治能力，及时、有效地处理危机，减少损失，恢复社会稳定和公众对公共部门的信任。公共部门危机管理的重点在于：危机信息的获取和预警；危机的准备与预防；危机的控制与回应；危机后的恢复与重建；持续不断的学习与创新。

本章主要说明危机管理的界定，明确公共部门危机管理的内涵与内容，阐明公共部门危机管理的相关理论，初步勾画公共部门危机管理机制的宏观架构与战略设计。

重点问题

- 危机管理的定义
- “公共部门危机管理”与“公共危机管理”的区分
- “公共部门危机管理”与“政府危机管理”的区分
- 公共部门危机管理的内容
- 公共部门危机管理的阶段划分理论
- 全面整合的公共部门危机管理理论
- 公共部门危机管理机制的宏观架构与战略设计

2.1 危机管理的界定

2.1.1 危机管理的由来

危机管理是一门新的管理理论。危机管理的理论和方法最早起源于欧美。1915 年，莱特纳在《企业危险论》中首次提出了危险管理；1921 年，马歇尔在《企业管理》中也提出了危机的处理方法；但“危机管理”作为一个正式的学术概念则是美国学者于 20 世纪 60 年代初提出的。

作为一门学科，危机管理是决策学的一个重要分支，首先被运用于外交和国际政治领域。危机管理最早产生于对国际关系中的政治危机的研究。危机管理理论的提出始于 1962 年的古巴危机，它是指某种冲突状态处于转向战争或者转向和平这一分歧点时，为防止其升级为战争而力图控制事态的体系。1970 年以后，随着社会公害的增加，环境破坏的加剧，石油、粮食等资源危机的加深，地震等大规模灾害的出现，恐怖事件的频频发生，国民生活和国民生存直接或间接受到威胁，经济、社会、政治的危机呈现出表面化趋势，危机管理也开始涉及非军事性的危机领域，并逐步形成一种综合性的国家或城市管理新理念。

20 世纪 80 年代，由于国际经济的发展，特别是跨国公司在全球的兴起，人们开始将“危机管理”理论引进企业管理领域。例如，美国企业界就已经开始在企业内部成功地运用危机管理方法。此后，人们认识到把危机作为管理对象是卓有成效的，于是危机管理的研究和应用范围被逐步推广到生产中因技术进步产生的危机和商业危机。如今，危机管理越来越不可能只囿于企业（私人部门）管理领域，而是更多地表现出其公共危机的属性，从而使危机管理呈现出从私人部门向公共部门过渡的趋向。

2.1.2 危机管理的定义

对于危机管理的定义，中外学者从不同的学科背景出发，阐述了不同的看法。

1. *从组织管理或企业管理的学科视角来定义危机管理*

格林（Green）于 1992 年指出，危机管理的一个特征是“事态已发展到无法控制的程度”，认为危机管理的任务是尽可能控制事态，在危机事件中把损失控制在一定的范围内，在事态失控后争取重新控制住。米特罗夫和皮尔森（Pearson）在 1993 年指出，收集、分析和传播信息是危机管理者的直接任务。危机发生的最初几个小时（或危机持续时间很长时的最初几天），管理者应同步采取一系列关键的行动。这些行动是“甄别事实，深度分析，控制损失，加强沟通”①。

史蒂文·芬克认为，危机管理是指组织对所有危机发生因素进行预测、分析、化解、防范等而采取的行动，包括对组织面临的政治的、经济的、法律的、技术的、自然的、人为的、管理的、文化的、环境的和不可确定的等所有相关的因素的管理。史蒂文·芬克还认为，危机管理是“对于组织前途转折点上的危机，有计划地挪去风险与不确定性，使组织更能掌握自己前途的艺术”②，其主要观点是对风险与危机的规避艺术。菲利普·亨斯洛认为，危机管理是“对任何可能危害组织的紧急情境的处理能力”③，其

---

① 转引自［澳］罗伯特·希斯：《危机管理》，19 页，北京，中信出版社，2001。

② Steven Fink, *Crisis Management: Planning for the Invisible*, New York: American Management Association, 1986, p. 15.

③ Philip Henslowe, *Public Relations: A Practical Guide to the Basics*, London: The Institute of Public Relations, 1999, p. 76.

主要观点侧重于组织发生危机时对危机的处理能力。米特罗夫和皮尔森将危机管理界定为“协助组织克服难以预料事件的心理障碍，让经营管理者在面对最坏的状况时，能做最好的准备”[①]，认为危机管理是组织以外在利益相关者为导向而进行的规避危机事件或者有效处理已经发生的危机事件的活动，其观点主要侧重于危机的预防与组织核心管理人员面临危机时的心理培育。罗伯特·希斯认为，危机管理是指“对危机事前、事中、事后所有方面的管理”[②]，是随着危机越来越多而必须对其处理而产生的科学。

日本的企业管理顾问藤井定美认为，所谓危机管理就是针对那些事先无法预想何时发生，然而一旦发生却对组织经营造成极端危险的各种事件的事前、事后的管理。它包括对从天灾到人祸等各种突发事件的应对处理。日本学者龙泽正雄认为，危机管理是将发现、确认、分析、评估、处理危机视为危机管理的流程，在每一个操作阶段，必须始终以“如何以最小的费用取得最大的效用”为目标。可见，日本学者对危机管理的研究层面较为广泛，并将“效用论”纳入了其流程的各个阶段。

2. 从公共关系学的学科视角来定义危机管理

危机管理是一种应急性的公共关系。当意外事件发生时，组织陷于困境，所面临的公众压力处于极限状态，组织的公共关系亦处于应急状态。危机管理便是立足于应付组织突发的危机事件，通过有计划的专业处理系统将危机的损失降到最低。同时，成功的危机管理还能利用危机，使组织在危机过后树立更优秀的形象。从另外一个角度看，每一次危机既包含了导致失败的根源，同时又蕴藏着成功的种子。危机管理做得好，往往可以使危机变为商机，通过负责、有效的危机管理战役，公众将会对组织有更深的了解、更大的认同，优秀的组织及企业家也因此脱颖而出。因此，在危机面前，发现、培育，进而收获潜在的成功机会，是危机管理的精髓；而错误地估计形势，并令事态进一步恶化，则是不良危机管理的典型特征。越是在危机时刻，越能昭示出一个优秀组织的整体素质和综合实力。

3. 从国际政治学的学科视角来定义危机管理

科拉尔·贝尔将危机管理等同于和平地解决冲突，认为它的成功完全取决于能否避免战争。他认为危机本身是真正的敌人，并主张由于核武器具有大规模的毁灭能力，因此在核大国之间，必须避免冒险；任何一方在采取新的行动前须权衡是否可能由此导致战争，如果答案是肯定的，就应该选择较少危险的行动；各参与方在消除战争危险和使事态恢复正常的任务方面有共同利益，实际上是伙伴。[③] 奥兰·扬将危机管理看作争取获胜的过程，其目标是迫使对手让步，并在国际上进一步推进己方的利益。他认为，“国际政治中的危机是一个被看作发生高度紧张事件的互动过程，其特征为：正常的政治流程被突然打断、持续时间短、发生暴力的可能性上升，以及对国际政治中的某些系

---

① Ian I. Mitroff & Christine M. Pearson, *Crisis Management: A Diagnostic Guild for Improving Your Organization's Crisis-Preparedness*, San Francisco: Jossey-Bass Publishers, 1993.

② ［澳］罗伯特·希斯：《危机管理》，17页，北京，中信出版社，2001。

③ Coral Bell, The *Conventions of Crisis: A Study in Diplomatic Management*, London: Oxford University of International Affairs, 1971.

统（或关系样式）的稳定产生重大影响”，危机是增进己方利益的机遇，敌对国家而不是危机本身是敌人。他主张，一方在采取新的行动前必须先以能否迫使对手屈服的标准来衡量，如果为了达到预期的结果而需要采取更大的冒险行动，就应该这样做；危机管理的作用是迫使对手做出最大的让步，而己方只做出最小的让步。① 威廉·R. 金特纳、戴维·C. 施瓦茨把危机管理定义为“赢得一场危机，同时将危险和冒险限制在双方所能忍受的范围内”，并提出危机管理是“达成一个能为双方所接受的解决方案，而不诉诸武力”，强调在一场危机中，双方既想达到各自的目的，又将减少危险和避免灾难作为优先考虑，因而危机管理的实质是平衡和调和上述多种因素。其原因是，核大国避免使它们之间发生的危机升级为核冲突是其共同利益所在，而且即使它们因某个问题而发生危机，但在其他领域也有许多利益交汇点。② 帕特里夏·杨森引用英国外交和联邦事务部的资料指出“危机管理既不是一门艺术，也不是一门科学，而是一种有效的‘外交工具’”③。

中国学者对危机管理的研究仍然处在初期阶段，主要是介绍、引进并消化西方危机管理的有关研究成果。但是在此基础上，对于危机管理的界定，中国学者也提出了一些富有创新性的见解。如魏加宁认为，危机管理是对危机进行管理，以达到防止和回避危机，使组织或个人在危机中得以生存，并将危机所造成的损害降到最低的目的。④ 蒋永祥、罗殿军认为，危机管理是指在企业中树立危机意识，时时注意与各方面进行有效的沟通交流，努力消除自身缺点和对企业不利的各种影响，以防患于未然。因为有些小事件、小缺点、小灾害有时足以毁掉一个组织，所以“危机管理”又叫“零缺点管理”，有的干脆叫“末日管理”。⑤

从公共管理学科的视角来定义危机管理，危机期间的管理是公共部门在各种压力情况下的管理。从本质上说，危机管理是公共部门一种“行动型的管理职能，它谋求确认那些可能影响组织的潜在的或萌芽中的各种问题（立法的、规章制度的、政治的或社会的），然后动员并协调该组织的一切资源，从战略上来影响那些问题的发展，最终促成有利于该组织的公共政策”。在此过程中，需要建立和维系各种重要关系，研究和预测它们的发展趋势，以及对可能出现的对社会有破坏性影响的问题或事件采取措施，从而最大限度地减少那些问题或事件对社会的不利影响。总之，从公共管理学科的视角来看，所谓危机管理，“是一种有组织、有计划、持续动态的管理过程，政府针对潜在的或者当前的危机，在危机发展的不同阶段采取一系列的控制行动，以期有效地预防、处理和消弭危机。危机管理的重点在于：危机信息的获取和预警；危机的准备与预防；危机的控制与回应；危机

---

① Oran R. Young, *The Politics of Force: Bargaining during Superpower Crisis*, Princeton University Press, 1968, p. 15.

② William R. Kintner & David C. Schwarz, *A Study on Crisis Management*, Philadelphia: University of Pennsylvania Foreign Policy Research Institute, 1965, Appendix B, p. 21.

③ Patricia Younogn, "Coercive Containment: The New Crisis Management," *International Relations*, 2001, 15 (5), p. 48.

④ 参见魏加宁：《危机与危机管理》，载《管理世界》，1994 (6)。

⑤ 参见蒋永祥、罗殿军：《管理现代企业的九个方向》，载《工业企业管理》，1996 (5)。

后的恢复与重建；持续不断的学习与创新”[①]。

2.1.3 危机管理与相关概念的比较[②]

1. 零缺点管理、末日管理

零缺点管理是1961年美国人克劳斯比在人类行为心理学的研究过程中提出的，他认为任何一个人只要小心谨慎，避免错误，便可以向“零缺点”的目标迈进一步，以此为唯一工作标准的管理方法被人们称为“零缺点管理”。[③]1962年，它首先在美国佛罗里达州的马丁公司、奥兰多公司运用；1963年，它在通用电气公司取得显著效果。20世纪80年代初，零缺点管理被引入我国，企业家要求员工有“不发生错误的决心”。海尔集团的“日清日高”OEC管理模式、荣事达集团的“无缺点管理”、小天鹅集团的“末日管理”等，实际上都是危机管理在组织管理中的成功运用。可见，“零缺点管理”的实质是“质量管理”，前提是“零缺点”决策，基础是以人为本的管理。事实上，危机管理的概念范围远比此要大。

2. 寻机化管理

寻机化管理是相对于常规管理而言的，要求组织管理的方法和技术视环境变迁而改进和创新，以权变的思想指导企业活动，而不拘泥于一种管理模式。它与危机管理的相同之处是：要树立危机意识，将组织生存危机作为刺激组织发展的一种契机。寻机化管理与风险管理也有相似之处。在预测组织发展风险的前提下，寻找机遇，采用正确的管理途径和方法，取得生产经营的业绩。可见，寻机化管理的实质是权变式的管理，而危机管理也特别需要这种“权变”思想来做指导。

3. 风险管理

广义的风险管理对象不仅包括纯粹风险，也包括投机风险。纯粹风险是指只有损失而无获利的风险，而投机风险是指组织为了取得经营报酬而需要承担的一定的风险。针对投机风险的管理是指在既定的报酬下，通过投资组合选择来分散、降低和回避风险；或在一定的风险下，谋取最大的收益。投机风险具有主动性，而纯粹风险具有被动性。风险对组织来说一般是可以承受的威胁，而且风险越高，报酬率越高。危机则不然，有的组织克服危机发生后能获得更大的发展，而有的组织就可能在危机发生后消失了。可见，风险管理是组织通过对风险的识别、衡量、预测和分析，力求以最小成本保障最大安全与最佳经营效益的活动。有人将风险管理称为“分散风险管理”“无风险管理”。对风险的预知，可以防患于未然。风险管理的实质是组织为了获得报酬而去探险、冒险；而危机管理是组织为了获得安全而在避险、脱险方面所做的种种努力。

---

① 张成福：《公共危机管理：全面整合的模式与中国的战略选择》，载《中国行政管理》，2003（7）。

② 参见何苏湘：《对企业危机管理的理论界定》，载《商业时代》，1998（5）。

③ 参见朱湘桂：《搬来“零缺点管理”法》，载《福建企业管理》，1996（7）。

2.2 公共部门危机管理的内涵与内容

2.2.1 公共部门危机管理的内涵界定

国际上习惯地将公共部门危机管理称为紧急事件管理（emergency management）、紧急事件的风险管理（emergency risk management）或灾难风险管理（disaster risk management）。在我国，公共部门危机管理也称为突发事件应急管理。所谓公共部门危机管理，是指发生危机时，公共部门采取有助于公民和环境的一系列措施，如预测和识别可能遭受的危机，采取防备措施，阻止危机发生，并尽量使危机的不利影响最小化的系统过程，目的是通过提高公共部门对危机发生的预见能力和危机发生后的救治能力，及时、有效地处理危机，减少损失，恢复社会稳定和公众对公共部门的信任。公共部门危机管理的重点在于：危机信息的获取和预警；危机的准备与预防；危机的控制与回应；危机后的恢复与重建；持续不断的学习与创新。

为什么要使用“公共部门危机管理”而非“公共危机管理”或者“政府危机管理”这样的专业术语?①

笔者以为，“政府危机管理”，可以看作与“企业危机管理”相对应的。而且，无论是“政府危机管理”还是“企业危机管理”，都有两个层面上的含义。就“企业危机管理”而言，其第一层面上的含义为：与企业自身矛盾有关的内部危机的管理，如对于企业的信誉危机、产品危机、人力资源危机、财务危机、公关危机、生存危机等危机的管理活动；其第二层面上的含义为：在某种意义上可以看作与企业自身矛盾无关的外部危机的管理，如公共危机、突发外部冲击事件等危机的管理活动。对于企业来说，其关注的焦点是“企业危机管理”第一层面上的含义即内部危机的管理，这关系到企业的生死存亡，企业管理者的主要职责就是处理这样的内部危机。当然，这并不是说企业外部危机的管理就不重要，只是如公共危机这样的外部危机并不是单个企业就能处理的，也不是其主要职责之所在，处理这样的公共危机恰恰是以政府部门为主体的公共部门的主要职责之所在。

就“政府危机管理”而言，情况则有所不同。我们认为，政府部门具有双重身份：作为一般社会组织与作为社会管理者（也即作为公共权力的行使者与公共事务的管理者）。作为一般社会组织，政府部门是整个社会大系统中的一个分系统，与其他社会组织（主要是企业）一样，政府部门面临着自身的诸多危机，如财政危机、人力资源危机、整合危机、生存危机（在政府部门，生存危机表现为政府合法性危机）等，对于这些危机的管理活动构成了“政府危机管理”第一层面上的含义。更为重要的是，作为社会管理者，政府

① 参见张小明：《从SARS事件看公共部门危机管理机制设计》，载《北京科技大学学报（社会科学版）》，2003（3）；张小明：《危机管理研究中的术语规范问题》，载《术语标准化与信息技术》，2004（2）。

部门面临着大量的来自国内社会和国际社会的危机，对于这些危机的管理活动则构成了“政府危机管理”第二层面上的含义。由于政府部门主要是作为社会管理者而存在的，所以对于政府部门而言，其主要的职责与关注的焦点是“政府危机管理”第二层面上的含义，也即对国内、国际的公共危机的管理；当然，这也并不意味着“政府危机管理”第一层面上的含义就不重要，事实上政府部门的合法性危机的处理关系到具体某一政府部门的生死存亡。

现在来区分一下“公共部门危机管理”“公共危机管理”“政府危机管理”这三个专业术语。“公共部门危机管理”与“政府危机管理”这两个概念的本质与内涵是一致的，都有两个层面上的含义，只是外延上有所差异，公共部门包括政府部门与非政府组织，从这个意义上可以说，“公共部门危机管理”涵盖了“政府危机管理”的外延范围。考虑到行政法学对“行政主体”概念的成功使用、公共管理学本身对于公共部门（或“公共域”）概念的认可与完善以及“第三部门”（或“第三域”）研究的兴起，我们采用了“公共部门危机管理”而非“政府危机管理”的提法。在全球化、信息化的当代社会，正如西方发达国家处理公共危机的成熟经验所显示的那样，对于公共危机的处理只靠政府部门已经力不从心，亟须非政府组织发挥其不可替代且异常重要的作用。所以，笔者以为，相较于“政府危机管理”的提法，“公共部门危机管理”的提法更符合当今社会公共危机管理实践的发展趋向、更贴合实践的需要，也与公共管理学学科发展的研究路径与理论趋向相一致。

“公共部门危机管理”与“公共危机管理”这两个概念的主要区别在于：“公共部门危机管理”是指公共部门对危机的管理，包括两个层面上的含义——公共部门对与自身矛盾有关的内部危机的管理活动以及对国际、国内的外部公共危机的管理活动，这两个层面上的含义与“政府危机管理”概念的含义是一致的；而“公共危机管理”则是指对公共危机的管理，其管理主体既包括政府部门、非政府组织，也包括企业等私人部门，甚至也可以将公民个人涵盖在内。一个有效的公共管理体制，应该是政府、社会组织、企业、个人有机合作共同完成的，其中，公众不是单纯的被管理者，而是公共治理结构中很重要的一环。“公共治理结构”主要是指由政府组织、非政府组织、私人企业或个人所构成的治理主体的组织形态，以及这些主体在处理公共事务中依据共同的治理理念所形成的治理规范、治理程序和治理手段。① 公共危机管理活动只有依赖政府部门、非政府组织、企业等私人部门甚至公民个人的共同努力，才有可能根治公共危机的危害。但是，对于企业等私人部门对公共危机的管理活动，以政府部门为主体的公共部门在危机情境下无须更无暇去加以干预。实际上，公共危机管理主要应该是以政府部门为主体的公共部门的职责之所在，企业等私人部门对公共危机的管理活动主要囿于其自身免受公共危机的侵害，不宜过分夸大企业等私人部门对公共危机的管理活动所具有的作用。毕竟，公共危机管理活动具有明显的“正外部效应”，而企业等私人部门主要是以营利为目的的。当然，这一点与企业等私人部门在公共危机管理过程中所承担的社会责任和义务（如公共危机中企业捐款、捐物等行为），并不相矛盾。基于以上理由，笔者以为，采用“公共部门危机管理”的提

① 参见薛澜、张强、钟开斌：《危机管理——转型期中国面临的挑战》，21 页，北京，清华大学出版社，2003。

法，而非“公共危机管理”的提法，意义界定更为明确，危机管理的职责主体界定更为清晰，范围合理、重点突出。

需要指出的是，本书中使用的“公共部门危机管理”“公共部门危机管理机制设计”等词语，主要是在其第二层面含义上来使用的，也即在公共部门对国际、国内的外部公共危机的管理活动这一含义上来使用的（可以简要概括为：公共部门对公共危机的管理活动）。

2.2.2 公共部门危机管理的主要内容

关于危机管理的主要内容，罗伯特·希斯认为，危机管理涉及主要且积极的五个方面内容①：(1) 危机管理者对危机情境要防患于未然，并将危机影响最小化。(2) 危机管理者要未雨绸缪，在危机发生之前就做出响应和恢复计划，对员工进行危机处理的培训，并为组织或社区做好准备以反应未来可能出现的危机及其冲击。(3) 在危机情境出现时，危机管理者需要及时出击，在尽可能的时限内遏制危机苗头。(4) 当危机威胁紧逼，冲击在即时，危机管理者需要面面俱到，不能轻视任一方面。这意味着此时要运用与危机初始期不尽相同的资源和管理方法。(5) 危机过后，管理者需要对恢复和重建进行管理。这也意味着此时运用的资源和管理方法会与危机初期和中期有所不同。

经济合作与发展组织在2003年发布的《21世纪面临的新风险：行动议程》中提出了危机管理机制的新观点，认为危机管理涉及五个方面的主要内容：(1) 以国际先进水平去评估、预防、应对传统的和新型的危机或危险；(2) 加强应急反应，不仅在灾害或危机发生之前，而且在发生过程中、发生之后都应立即采取行动；(3) 采取综合、协调的方式，把政府、志愿者、民间机构团结在一起，做好应对计划、组织和安排；(4) 利用新兴技术，进行有效监测和监视，落实紧急状态应急计划，做好协调工作，对媒体宣传进行合适的管理，控制成灾范围，在紧急行动上加强国际协调；(5) 加强预防体系，明确风险预防、监督的责任和补偿，增加透明度等。

公共部门危机管理的主要内容与职能通常包括五大块②：(1) 提升国家危机管理的能力。确立危机管理的政策和战略，领导全民的预防学习活动，增进抗危机能力。(2) 减少生命和财产的损失。提供完备信息，确保国家最薄弱的环节已受到周全保护，减少损失；调动所有力量，确保所有可调用力量已到位；按计划处理灾难，进行良好的风险管理决策，制订并执行全面的培训和教育计划。(3) 将痛苦和破坏降到最低点。快速、有效地回应，在管理灾难方面职责分明，提供及时有效的协助，支付相应的保险，灾后修复时尽量减少损失。(4) 筹备恐怖活动后的危机处理。由中央支持地方政府提高管理能力，强化地方政府回应恐怖活动的能力，在统一的信息平台上共享信息。(5) 成立国家门户网站，提供信息服务。建设单一、便利的危机信息管理门户网站，建设全国的沟通和预警系统。

---

① 参见［澳］罗伯特·希斯：《危机管理》，21页，北京，中信出版社，2001。

② 参见唐钧：《公共危机管理：国际动态与建设经验》，载《新视野》，2003 (6)。

2.3　公共部门危机管理理论

关于危机管理理论，不少专家已经做了大量研究，如 1998 年约翰・J. 伯内特提出了危机管理模型①，罗伯特・希斯提出了危机管理的壳层结构模型②，弗朗西斯・J. 马拉提出了危机公关模型③，这三个模型分别表明战略管理、危机管理结构、危机信息沟通都是影响危机管理的重要因素。近年来，学者们对危机管理的研究已经整合了诸如一般管理学、公共关系学、国际政治学、心理学、传播学、法学等多学科门类的知识，渐渐形成了一套综合性的跨学科理论体系。系统理论④、结构理论⑤、生命周期理论、扩散理论、最佳模式——危机变化的结构理论⑥融入危机管理研究中，使得公共部门危机管理理论得到进一步发展⑦；而从核心能力、可持续发展、战略管理⑧、供应链管理⑨等多重视角对公共部门危机管理进行的多维度研究，使得公共部门危机管理理论体现出创新的表征与特色。

2.3.1　公共部门危机管理的阶段划分理论

国内外学者针对突发性危机的内涵、类型、特征、影响因素、形成机理等展开相应研究，并提出众多的危机管理阶段划分理论。如在西方被广为推崇的最基本的三阶段划分理论，即将危机管理过程划分为危机前（pre-crisis）、危机（crisis）与危机后（post-crisis）三个阶段。这一划分方法为伯奇（Birch）和古斯（Guth）等众多危机管理专家所推崇。再如西方通用的“PPRR”四阶段划分理论，即危机前预防阶段（prevention）、危机前准备阶段（preparation）、危机爆发期反应阶段（response）和危机结束期恢复阶段（recovery）。美国将其修正为“MPRR”四阶段划分理论，即危机前缓和阶段（mitigation）、危机前准备阶段（preparation）、危机爆发期反应阶段（response）和危机结束期

---

① John J. Burnett, “ A Strategic Approach to Crisis,” *Public Relations Review*, 1998, 24 (4), pp. 457-488.

② Robert Heath, “Dealing with the Complete Crisis—The Crisis Management Shell Structure,” *Safety Science*, 1998 (30), pp. 139-150.

③ Francis J. Marra, “ Crisis Communication Plan: Poor Predictors of Excellent Crisis Public Relations,” *Public Relations Review*, 1998, 24 (4), pp. 461-474.

④ Michael Bland, *Communicating out of A Crisis*, London: Macmillan Press Ltd. , 1998.

⑤ 参见朱延智：《企业危机管理》，北京，中国纺织出版社，2003。

⑥ Ian I. Mitroff, *Managing Crisis Before Happened*, New York: American Management Association, 2001; Ian I. Mitroff & Christine M. Pearson, *Crisis Management: A Diagnostic Guild for Improving Your Organization's Crisis-Preparedness*, San Francisco: Jossey-Bass Publishers, 1993.

⑦ 参见魏立尧、陈凯：《企业危机管理理论评述与扩展》，载《华东经济管理》，2005 (6)。

⑧ 参见王远军、卢建军：《战略视角下突发性危机管理的架构》，载《发展研究》，2005 (3)；王远军：《基于战略视角的突发性危机管理——我国企业组织危机管理架构》，载《技术经济》，2005 (10)。

⑨ 参见张琳：《供应链管理在公共危机管理中的应用初探》，载《学术交流》，2005 (1)。

恢复阶段（recovery）。库姆斯提出了“PPPL”四阶段划分理论，即预防阶段（prevention）、准备阶段（preparation）、绩效阶段（performance）与学习阶段（learn）。[①] 此外，英国组织危机管理专家戴维·N. 詹姆斯（David N. James）提出了七阶段划分理论。[②] 我国学者薛澜等人将危机管理的过程分为危机预警和管理准备、识别危机、隔离危机、管理危机以及善后处理并从危机中获益五个阶段。[③] 何苏湘指出，突发性组织危机的形成与发展中存在潜伏、生成、高潮、爆发、转化与消退六阶段。[④]

然而，在众多的危机管理阶段划分理论中，最为流行并获得广泛认同的危机管理阶段划分理论主要有以下四种：斯蒂文·芬克的四阶段划分理论，米特罗夫的五阶段划分理论，奥古斯丁的六阶段划分理论，罗伯特·希斯的四阶段划分理论。

1. 斯蒂文·芬克的四阶段划分理论

斯蒂文·芬克的四阶段划分理论，最早出现在他的文集“*Crisis Management: Planning for the Invisible*”中，直到20世纪90年代才被完整地阐述出来。[⑤] 芬克用医学术语形象地对危机管理的阶段划分进行了描述。

危机管理的第一阶段为征兆期（prodromal），即表示有迹象显示有潜在的危机可能发生。这个阶段是危机处理的最容易的时期，但是却最不易为人所知。所以，决策者应树立一种危机意识，要有一种“危机悄然隐现于地平线”的念头，尽早察觉危机可能发生的“警告标”，应该多想一想“万一……怎么办”的问题。

第二阶段为发作期（breakout or acute），即表示具有伤害性的事件已经发生并引发危机。这是四个阶段中时间最短，但是感觉最长的阶段，而且它对人们的心理造成最严重的冲击。此阶段的特征是事件的急速发展和严峻态势的出现。危机管理者在此阶段面临的最大威胁就是雪崩式的速度和巨大的压力。危机发作期有四个典型的特征：（1）在强度上事态逐渐升级，由不为人所知到引起公众广泛注意；（2）事态引起越来越多媒体的注意；（3）烦扰之事不断干扰正常的活动；（4）事态影响了组织的正面形象和团队声誉。

第三阶段为延续期（chronic），即表示危机的影响持续，同时也是努力消除危机的过程。这是四个阶段中时间较长的一个阶段，但是如果危机管理得力，将会大大缩短这一阶段的时间。此阶段主要是采取措施，纠正危机发作期造成的损害。这是危机之后的恢复时期，但是决策者要勇于进行“自我怀疑”和自我分析，认真分析危机产生的深层次原因，明晰是外部因素导致危机，还是因为内部功能的失效而导致危机。一个组织有无危机管理计划，将在很大程度上影响危机恢复时间的长短。

第四阶段为痊愈期（resolution），即表示危机事件已经完全解决。此时，组织从危机

---

① W. Timothy Coombs, *Ongoing Crisis Communication-Planning, Managing, and Responding*, New York: Sage Publications Inc., 1999.

② 参见戴维·N. 詹姆斯：《我给劣质资产“动手术”》，载《哈佛商业评论（中文版）》，2003（3）。

③ 参见薛澜、张强、钟开斌：《危机管理——转型期中国面临的挑战》，北京，清华大学出版社，2003。

④ 参见何苏湘：《对企业危机管理的理论界定》，载《商业时代》，1998（5）。

⑤ Steven Fink, *Crisis Management: Planning for the Invisible*, New York: American Management Association, 1986.

影响中完全解脱出来，但是仍要保持高度警惕，因为危机仍会去而复来。

芬克是最早把危机管理看作长期事件的危机管理专家之一，而且芬克相信，在引发事件之前必然存在着危机预警的信号。所以，芬克认为，一个优秀的危机管理者就不能仅仅局限于制订危机管理计划，而是要积极地识别并防范可能的引发事件。危机是开始于一个导火索（引发事件），然后发生长期的影响，并会产生清晰的结果，相应地，危机管理也就不是一个简单的一次性行为。

斯蒂文·芬克的这种危机管理阶段划分理论的优点就是它提供了一个综合性的循环往复的危机管理全过程。危机管理的过程就像一个用锅煮水的过程，从慢慢烧水的“危机征兆期”到水烧开至沸腾的“危机发作期”。之后，或者把锅从火上取走，危机得到及时解决；或者经过“危机延续期”后，把锅底烧掉，危机也会得到解决。尽管芬克所提的几个阶段缺少详尽的细节，而且好像是过于直线型的决定论，但是他的模式还是提供了一个完整的考察过程，从危机的起源、发展、突变，直到危机的解决。

斯特奇（Sturge）的工作是基于芬克四阶段划分理论来阐述不同的危机管理阶段应采用的不同措施。斯特奇重点讨论了在危机管理的不同阶段的沟通方式。在危机管理的第二阶段即发作期，危机的利益相关者并不知道正在发生什么，所以会要求得到信息以判断危机将会对他们有何影响以及应该如何防范，这些信息包括是否要疏散社区的人员之类的信息。在现时的组织的激烈竞争中，危机的利益相关者更乐于接受支持组织声誉的信息，他们需要知道危机的爆发究竟会如何影响他们以及如何建立并维护他们的声誉。

2. 米特罗夫的五阶段划分理论

危机管理专家米特罗夫将危机管理过程划分为五个阶段：第一阶段为信号侦测阶段，即识别新的危机发生的警示信号并采取预防措施；第二阶段为探测和预防阶段，即组织成员搜寻已知的危机风险因素并尽力减少潜在损害；第三阶段为控制损害阶段，即在危机发生阶段，组织成员努力使其不影响组织运作的其他部分或外部环境；第四阶段为恢复阶段，即尽可能快地让组织恢复正常；第五阶段为学习阶段，即组织成员回顾和审视所采取的危机管理措施，并加以整理，从而使之成为今后危机管理的运作基础。①

相较于芬克四阶段划分理论而言，米特罗夫的五阶段划分理论有了很大的进步。芬克的四阶段划分理论中的第四阶段痊愈期和米特罗夫的五阶段划分理论中的第五阶段学习阶段，虽然都意味着危机管理的结束，但是芬克的第四阶段痊愈期意味着危机管理职能的结束，而米特罗夫的第五阶段学习阶段却形成了一个危机管理的封闭循环通道，即通过学习阶段的回顾和审视所采取的危机管理措施进行自我批评和反思，从而为下一阶段危机管理循环工作奠定运作基础，为接下来的另一个危机管理循环的信号侦测阶段以及探测和预防阶段提供有效的危机管理反馈。而且，米特罗夫进一步将第五阶段学习阶段看作第四阶段恢复阶段的继续，除了要进行评估和重组工作之外，还包含着对利益相关者的沟通和追踪工作，如保持与利益相关者的有效接触、监控有关信息的发布以及及时向新闻媒体提供实

---

① Ian I. Mitroff, *Managing Crisis Before Happened*, New York: American Management Association, 2001; Ian I. Mitroff & Christine M. Pearson, *Crisis Management: A Diagnostic Guild for Improving Your Organization's Crisis-Preparedness*, San Francisco: Jossey-Bass Publishers, 1993.

时情况等工作。因此，米特罗夫的五阶段划分理论更为积极、主动，关注危机管理者在每一阶段应该做出的决策；芬克的四阶段划分理论则更具有描述性，勾勒出危机管理的全过程，并侧重于阐述危机管理每一阶段的具体特点。

3. 奥古斯丁的六阶段划分理论

奥古斯丁提出的危机管理六阶段划分理论，通常也被称为奥古斯丁法则。奥古斯丁认为，危机就像普通的感冒病毒一样，种类繁多，防不胜防。每一次危机既包含了导致失败的根源，又蕴藏着成功的种子。发现、培育，进而收获潜在的成功机会，就是危机管理的精髓；而错误地估计形势，并令事态进一步恶化，则是不良危机管理的典型特征。

奥古斯丁将危机管理划分为六个阶段。第一阶段：危机的避免阶段。他认为，将危机预防作为危机管理的第一阶段并不奇怪，令人奇怪的是许多人往往忽视了这一既简便又经济的办法。第二阶段：危机管理的准备阶段。危机就像死亡和纳税一样是管理工作中不可避免的，所以必须为危机做好准备。第三阶段：危机的确认阶段。这个阶段的危机管理通常是最富有挑战性的。第四阶段：危机的控制阶段。这一阶段的危机管理需要根据不同情况确定工作的先后次序。第五阶段：危机的解决阶段。在这一阶段中，速度是关键，危机不等人。第六阶段：从危机中获利阶段，总结经验教训。总之，奥古斯丁认为，要尽一切努力避免使你的组织陷入危机；一旦危机发生，就要接受它、管理它，并努力将你的眼光放长远一些。奥古斯丁将自己对危机管理的最基本的经验概括为六个字：说真话、赶快说。

4. 罗伯特·希斯的四阶段划分理论

著名危机管理专家罗伯特·希斯提出了危机管理的四阶段划分理论，也就是所谓的有效危机管理（处理）的 4R 模型，即危机消减（reduction）、危机预备（readiness）、危机反应（response）、危机恢复（recovery）。①

希斯用几何图形构造了危机管理范围图，用以探究对危机管理中的资源、人员、危机反应、危机恢复和危机沟通的公众认知图式。希斯认为，危机管理范围图有助于管理者从总体战略的高度进行危机管理。危机管理者和主管应该考虑如何减少危机情境的发生，如何做好危机管理的准备工作，如何规划，以及如何培训员工以反应危机局面（或从中很快恢复）。这四个方面构成了基本的危机管理。

在此基础上，希斯进一步提出了有效危机管理（处理）的 4R 模型。他认为，危机管理者需要主动地将危机管理工作任务按照 4R 模型划分为四类：降低危机情境的攻击力和影响力，使企业做好处理危机情境的准备，尽力应对已经发生的危机，以及从危机中恢复。希斯认为，4R 模型中的第一个 R（危机消减），是很多组织没有重视的工作，但却能够极大地降低危机管理的成本和减少危机的损失。有效的危机管理是对 4R 模型所有方面的全面整合，而危机管理的本质是动态的、互动的过程。

希斯认为，有效危机管理（处理）的 4R 模型有助于危机管理者和主管提高组织在危

① Robert Heath, Dealing with the Complete Crisis—The Crisis Management Shell Structure, *Safety Science*, 1998 (30), pp. 139-150.

机情境中的生存力。组织在危机情境中的生存力从根本上依赖于管理者和员工应对危机情境的能力。这种能力包括物质和精神的准备——了解将要发生的事情以及适当的反应。这种有效生存与反应的能力就是恢复力。恢复力就是有效危机管理 4R 模型之后的第五个 R（resilience，即恢复力）。组织开发并运用富有恢复力的组织及其员工，以消除可能存在的危机影响，并且在危机情境影响组织及其成员时有效恢复。从而，希斯将他的有效危机管理（处理）的 4R 模型进一步发展为 5R 模型，即危机消减、危机预备、危机反应、危机恢复以及恢复力。

此外，希斯还提出了一些危机管理的技术与方法。主要有：

（1）BASIA（business and stakeholder impact assessment），即“经营和利益相关者影响评估”，主要用于危机影响评估，包括经营影响分析和利益相关者影响分析两部分。

（2）ABC 减缓法则，ABC 即“远离（away）—更好（better）—相容（compatible）”。该法则主要用于危机消减过程，它告诉我们较好的危机管理方法是建立一种结构：远离风险或者威胁根源；比要求做得更好，以抵制风险或消除威胁根源；与那些最能抵制或者减轻风险或者威胁根源的设计模式相容。

（3）CMSS（crisis management shell structure）即“危机管理框架结构”，这种结构经过专门设计，以满足危机情境下的策略与政策需要，同时，保持与运营指挥和反应过程的清晰联系。

（4）FPC 模型的三个维度——熟悉度（familiarity）、预见度（predictability）、能力（capability），构成了有效危机反应措施的整合体。人们之间的相互影响和这三个核心变量决定了计划履行的好坏：参与者对危机情境的熟悉度如何？过程的预见度如何？参与者处理事件的能力如何？以上三个问题的答案值较高，则处理危机的绩效就较高。

（5）危机反应中的事故控制体系（incident command system，ICS）和标准化紧急管理体系（standardized emergency management system，SEMS）。这两个体系的优势在于它们都在处理自然灾害中得到了检验，在处理自然危机时最为有效。

（6）危机恢复中的 PICPIC 策略，PICPIC 即计划（planning）、信息（information）、核心（core）、人（people）、整合（involvement）、持续性（continuity）。PICPIC 策略的中心目标是使人们通过主动参与计划、信息交流、核心业务作业、复原以及组织或团队基础设施的恢复，从而参与恢复的整个程序。PICPIC 策略将有形的实体方面（如计划、信息交流和确定恢复的核心需求）与心理的无形要素（如人力、参与性和连续性）结合起来。

（7）CMP（crisis management plan）即“危机管理计划”，其目的是更好地应对危机。

2.3.2　全面整合的公共部门危机管理理论①

所谓全面整合的公共部门危机管理（comprehensive and integrated emergency ma-

① 参见张成福：《公共危机管理：全面整合的模式与中国的战略选择》，载《中国行政管理》，2003（7）。

nagement system)，是指在高层政治领导者的直接领导和参与下，通过法律、制度、政策的作用，在各种资源支持系统的支持下，通过整合的组织和社会协作，通过全程的危机管理，提升公共部门危机管理的能力，以有效地预防、回应、化解和消弭各种危机，从而保障公共利益以及人民的生命、财产安全，实现社会的正常运转和可持续发展。全面整合的公共部门危机管理理论，代表着一种危机管理的哲学和理念，代表着一种危机管理的基本制度安排，代表着一种危机管理的整合流程，代表着一套危机管理的科学方法。全面整合的公共部门危机管理理论，需要政治的承诺和支持，需要全社会的共识和危机管理意识，需要整合各级政府、各种组织乃至整个社会的力量，需要政府动员和调动各种资源，需要政府各种各样的政策、制度、法律的支持，在全球化的时代还需要地区、区域和国家间的协作，等等。

具体而言，全面整合的公共部门危机管理理论的基本特征和主要构成因素包括以下八个方面：

(1) 政治承诺、政治领导与政治支持（political commitment，leadership and support)。一个负责任的政府、负责任的领导者、负责任的公共管理者，应该有强烈的使命感、政治的承诺和政治责任感，应该有强烈的危机意识、忧患意识，应该创造一种危机管理的文化和环境，展现公信力。

(2) 全危机的管理（all types of disaster management)。危机管理要从单一危机处理的方式转化为全危机管理的方式，这包括了制定统一的战略、统一的政策、统一的危机管理计划、统一的组织安排、统一的资源支持系统，等等。全危机管理有助于利用有限的资源达到最大的效果。

(3) 发展途径的危机管理（development approach to emergency management)。重视整个社会的危机管理能力的建设和发展（capacity building)，也就是社会做出有效的规划应对潜在的危机、减轻危机的影响、尽可能地预防危机的出现和重演的能力的提高。强调要从人类和持续发展的角度理解和进行危机管理，人类社会必须重新思考自己发展的方式、行为的方式和生活的方式，谋求人与自然的和谐。

(4) 全过程的危机管理（an emergency management life cycle)。一个完整的危机管理过程包括四个基本的阶段，即舒缓（mitigation)、准备（preparedness)、回应（response）和恢复（recovery)。

(5) 全面风险的危机管理（total risk management of emergency)。把风险管理与政府政策管理、计划和项目管理、资源的管理，即政府日常的公共管理的方方面面有机地整合在一起。这包括：建立风险管理的能动环境；确认主要的风险；分析和评价风险；确认风险管理的能力和资源；发展有效的方法以降低风险；设计和建立有效的管理制度进行风险的管理和控制。

(6) 整合的危机管理体系（integrated emergency management system)。危机是没有边界的，有效的危机管理需要政府、公民社会、企业、国际社会和国际组织之间的协作伙伴关系（working partnership)，强调统一领导、分工协作、利益共享、责任共担的危机管理机制。

(7) 建立在充分资源支持基础上的危机管理（emergency management based on suffi-

cient resources)。主要包括：危机管理的信息系统和知识系统、人力资源系统和教育与培训系统、财政资源系统、物质资源系统、政策资源系统等。

(8) 以绩效为基础的危机管理（performance based emergency management）。公共部门必须设立危机管理的绩效指标，指标必须具有可持续性（能够持续较长的时间）、可衡量性（明确界定成功的标准）、能够实现（在政府确定的时间范围内能够达成）、具有相关性（能够满足各种危机和灾变管理的要求）和及时性（满足近期和长远的需要）。此外，危机管理的绩效指标还必须明确、具有弹性、有机地与政府管理工作相整合、能够被政府部门和社会接受、能够反映国际社会的经验等。

2.4 公共部门危机管理机制的宏观架构与战略设计

按照一般管理学原理，遵循危机管理理论、公共关系学、国际政治学、新闻传播学、组织形象设计、一般管理学以及变革管理理论的一些研究成果，我们将公共部门危机管理看作管理学的一个理论分支，相应地，将公共部门危机管理的有关研究纳入管理学的研究范畴。正是基于这样的考虑，在一般管理学原理公认的管理五职能论的基础上，结合公共部门危机管理的特殊性和强调的重点，将公共部门危机管理的研究内容划分为四大领域，即危机预警、危机评估、危机处理和危机反馈，这四部分内容相互衔接而成一个封闭环路，从而构成了一个较为完整的理论研究体系，避免了理论研究的缺漏与逻辑思路的混乱。在此基础上，我们侧重对公共部门危机管理做比较具体的实证分析，比如危机预警与危机评估都要求有指标体系，而危机处理与危机反馈都要求有过程分析。为了有助于公共部门在实践操作中有效地应对与处理危机，我们汲取了目前新制度经济学关于制度设计的一些研究成果，在理论研究的基础之上提出了关于危机预警机制、危机评估机制、危机处理机制、危机反馈机制的初步设计，以期有利于实际问题的解决。

基于上面的论述，笔者将公共部门危机管理机制的宏观架构与战略设计简要概括为“三大阶段”与“四大机制”。“三大阶段”是指公共部门危机管理的事前管理阶段、实时管理阶段（即事中管理阶段）和事后管理阶段。“四大机制”是指公共部门危机管理的危机预警机制、危机评估机制、危机处理机制和危机反馈机制。“三大阶段”与“四大机制”的简单对应关系为：危机预警机制与事前管理阶段相对应，危机处理机制与实时管理阶段相对应，危机反馈机制与事后管理阶段相对应；危机评估机制则贯穿于公共部门危机管理的全过程，事前管理阶段有对危机早期风险的评估与监测，实时管理阶段有对危机结构、性质、后果、影响等方面的实时评估与监控，事后管理阶段有对危机处理措施的事后效果评估与检测。下面简要加以具体分析。

1. 公共危机预防预警与事前管理

危机预警机制与事前管理阶段非常重要，避免危机的发生或者将危机消灭在萌芽状态也是成本最小、最经济的危机管理方法。为此，事前管理阶段也需要建立一套规范、全面的危机管理预警系统，即建立危机预警机制。危机预警机制（系统）主要包括：

（1）危机监测，即对可能引起危机的各种因素和危机的表象进行严密的监测，搜集有关公共危机发生的信息，及时掌握公共危机变化的第一手材料。

（2）危机预测和预报，即对监测得到的信息进行鉴别、分类和分析，对未来可能发生的危机类型及其危害程度做出估计，并在必要时发出危机警报。

（3）危机预控，即针对引发公共危机的可能性因素，采取应对措施和制定各种危机预案，以有效地避免危机的发生或尽量使损失减至最小。

此外，还应该包括建立公共危机发生前的早期风险评估系统与风险管理系统，完善公共危机信息处理程序的规定，以及公共部门危机管理计划的制订等内容。

2. 公共部门危机处理的紧急对策与实时管理

这一阶段是公共部门危机管理的核心与关键阶段。在明确危机处理的基本方针以后，其主要包括以下内容：

（1）公共部门危机状态下的信息管理。公共部门危机信息管理的国际借鉴，主要包括东京市、纽约市、新加坡公共危机信息管理系统的情况介绍；公共部门危机信息管理中国的路径选择，主要包括公共部门危机信息管理能力构建、公共部门危机信息管理系统中的信息披露机制、基于电子政务平台基础上的公共部门危机信息管理系统、基于互联网络技术基础上的公共部门危机信息管理系统等内容。

（2）公共部门危机状态下的公关对策。公共部门危机公关传播理论，主要包括威廉·贝努瓦的形象改变理论、托马斯·伯克兰的焦点事件理论；公共部门危机状态下的媒体管理与控制，主要包括媒体在公共部门危机管理中的作用、公共部门危机状态下的媒体管理策略、公共部门危机状态下的媒体控制、公共部门危机状态下的公关策略与形象管理、构建与完善危机事务新闻发言人制度等内容。

（3）公共部门危机状态下的沟通管理。公共部门危机状态下的沟通管理理论，主要包括公共部门危机沟通管理的含义与内容、公共部门危机状态下的信息沟通理论模型、公共部门危机状态下的三角互动沟通模型、公共部门危机状态下的沟通障碍、公共部门危机状态下的“雄鹰式”沟通策略等内容。

（4）公共部门危机状态下的绩效管理。公共部门绩效管理理论，主要包括公共部门绩效管理的含义与流程、公共部门绩效衡量、公共部门绩效评估、公共部门绩效管理的问题与改进策略；公共部门危机状态下的绩效管理，主要包括公共部门危机状态下的顾客导向的理念创新、公共部门危机状态下的绩效导向的标杆管理、公共部门危机状态下的绩效导向的目标管理、公共部门危机状态下绩效导向的全面质量管理等内容。

（5）公共部门危机状态下的决策分析。公共部门危机决策的理论分析，主要包括公共部门危机决策的含义与本质、公共部门危机决策的模式、公共部门危机决策的影响因素、公共部门危机决策面临的挑战；公共部门危机状态下决策的权责划分，主要包括政府组织纵向权责划分、政府组织横向权责划分、政府组织与非政府组织权责划分、构建与完善公共部门危机状态下的决策机制等内容。

（6）公共部门危机处理过程中的实时监控与评估系统。主要包括公共部门危机处理过程中的实时监控与评估机制设计、公共部门危机处理过程中的实时监控系统、公共部门危机处理过程中的实时评估系统等内容。

（7）公共部门危机处理过程中的危机反应管理与危机经营策略。主要包括公共部门危机处理过程中的危机情境管理、公共部门危机处理过程中的危机反应管理、公共部门危机处理过程中的危机经营策略等内容。

3. 公共危机的善后对策与恢复重建

这个阶段是实现所谓"化危为机"的关键阶段。主要内容包括：

（1）公共危机的善后对策，即公共部门危机恢复管理计划的制订与实施、恢复公共部门的声誉与形象、公共危机利益相关者的事后管理等内容。

（2）公共危机的事后评估与反馈，即公共危机的事后评估与反馈机制设计、公共危机的事后评估系统及其作用分析、公共危机的事后反馈系统及其过程分析等内容。

（3）从公共部门危机管理中获利，即从公共部门危机管理中吸取教训、修改公共部门危机处理计划（建立在危机事后评估与反馈的基础之上）、制订并检测公共部门危机处理的预备计划等内容。

本章小结

1. 从公共管理学科的视角来定义危机管理，危机管理是公共部门一种"行动型的管理职能，它谋求确认那些可能影响组织的潜在的或萌芽中的各种问题（立法的、规章制度的、政治的或社会的），然后动员并协调该组织的一切资源，从战略上来影响那些问题的发展，最终促成有利于该组织的公共政策"。

2. 所谓公共部门危机管理，是指发生危机时，公共部门采取有助于公民和环境的一系列措施，如预测和识别可能遭受的危机，采取防备措施，阻止危机发生，并尽量使危机的不利影响最小化的系统过程，目的是通过提高公共部门对危机发生的预见能力和危机发生后的救治能力，及时、有效地处理危机，减少损失，恢复社会稳定和公众对公共部门的信任。公共部门危机管理的重点在于：危机信息的获取和预警；危机的准备与预防；危机的控制与回应；危机后的恢复与重建；持续不断的学习与创新。

3."公共部门危机管理"是指公共部门对危机的管理，包括两个层面上的含义——公共部门对与自身矛盾有关的内部危机的管理活动以及对国际、国内的外部公共危机的管理活动；而"公共危机管理"则是指对公共危机的管理，其管理主体既包括政府部门、非政府组织，也包括企业等私人部门，甚至也可以将公民个人涵盖在内。采用"公共部门危机管理"的提法，而非"公共危机管理"的提法，意义界定更为明确，危机管理的职责主体界定更为清晰，范围合理、重点突出。

4. 最为流行并获得广泛认同的危机管理阶段划分理论主要有四种：斯蒂文·芬克的四阶段划分理论，米特罗夫的五阶段划分理论，奥古斯丁的六阶段划分理论，罗伯特·希斯的四阶段划分理论。

5. 所谓全面整合的公共部门危机管理是指在高层政治领导者的直接领导和参与下，通过法律、制度、政策的作用，在各种资源支持系统的支持下，通过整合的组织和社会协作，通过全程的危机管理，提升公共部门危机管理的能力，以有效地预防、回应、化解和消弭各种危机，从而保障公共利益以及人民的生命、财产安全，实现社会的正常运转和可持续发展。

6. 全面整合的公共部门危机管理理论的基本特征和主要构成因素包括八个方面：政治承诺、政治领导与政治支持；全危机的管理；发展途径的危机管理；全过程的危机管理；全面风险的危机管理；整合的危机管理体系；建立在充分资源支持基础上的危机管理；以绩效为基础的危机管理。

7. 可以将公共部门危机管理机制的宏观架构与战略设计简要概括为："三大阶段"与"四大机制"。"三大阶段"是指公共部门危机管理的事前管理阶段、实时管理阶段（即事中管理阶段）和事后管理阶段。"四大机制"是指公共部门危机管理的危机预警机制、危机评估机制、危机处理机制和危机反馈机制。"三大阶段"与"四大机制"的简单对应关系为：危机预警机制与事前管理阶段相对应，危机处理机制与实时管理阶段相对应，危机反馈机制与事后管理阶段相对应，而危机评估机制则贯穿于公共部门危机管理的全过程。

关键术语

危机管理　公共部门危机管理　公共危机管理　政府危机管理　公共部门危机管理的阶段划分理论　全面整合的公共部门危机管理理论　公共部门危机管理机制战略设计

复习思考题

1. 何谓危机管理？不同的学者给危机管理所下的定义有何异同？
2. 如何从公共管理学科的视角来定义危机管理？
3. 为什么要使用"公共部门危机管理"而非"公共危机管理"或者"政府危机管理"这样的专业术语？
4. 简述公共部门危机管理的理论内涵与主要内容。
5. 简述斯蒂文·芬克的四阶段划分理论的主要内容，并加以简要评价。
6. 简述米特罗夫的五阶段划分理论的主要内容，并将其与斯蒂文·芬克的四阶段划分理论加以比较。
7. 简述罗伯特·希斯提出的有效危机管理（处理）的4R模型的主要内容以及危机管理的技术与方法。
8. 何谓全面整合的公共部门危机管理理论？其基本特征和构成因素包括哪些方面？
9. 简述公共部门危机管理机制的宏观架构与战略设计的主要内容。

阅读案例

湖北监利长江段"6·1""东方之星"号客轮翻沉事件应急处置

一、事件基本情况

2015年6月1日21时约32分，重庆东方轮船公司所属的"东方之星"号客轮由南京开往重庆，当航行至湖北省荆州市监利县长江大马洲水道（长江中游航道里程 300.8 千米处）时翻沉，造成 442 人死亡（事发时船上共有 454 人，经各方全力搜救，12 人生还，442 具遇难者遗体全部找到）。

事件发生后，党中央、国务院高度重视。习近平总书记立即做出重要指示，要求国务院即刻派工作组赶赴现场指导搜救工作，湖北省、重庆市及有关方面组织足够力量全力开展搜救，并妥善做好相关善后工作。同时，要求深刻吸取教训，强化各方面维护公共安全的措施，确保人民生命安全。李克强总理立即批示交通运输部等有关方面迅速调集一切可以调集的力量，争分夺秒抓紧搜救人员，把伤亡人数降到最低程度，同时及时救治获救人员。6 月 2 日凌晨，李克强总理率马凯副总理、杨晶国务委员以及有关部门负责同志，紧急赶赴事件现场指挥救援和应急处置工作。6 月 4 日，习近平总书记、李克强总理先后主持召开中央政治局常务委员会会议和国务院常务会议，强调要组织各方面专家，深入调查分析，坚持以事实为依据，不放过一丝疑点，彻底查明事件原因，以高度负责的精神全面加强安全生产管理。

经国务院批准，成立了国务院"东方之星"号客轮翻沉事件调查组（简称事件调查组），由安全监管总局牵头，工业和信息化部、公安部、监察部、交通运输部、中国气象局、全国总工会、湖北省和重庆市等有关方面组成，并聘请国内气象、航运安全、船舶设计、水上交通管理和信息化、法律等方面院士、专家参加。

事件调查组紧紧围绕"风、船、人"三个关键要素，先后调阅了船舶、企业和有关单位的大量原始资料，收集汇总各类证据资料 1 607 份、711 万字；对生还旅客、船长、船员及同水域相邻船舶有关人员和目击者进行逐一调查取证，形成 50 余万字的询问笔录；组织专家对船舶进行了细致、全面勘查，并委托专门机构对物证进行解读鉴定；调取船舶自动识别系统（AIS）、全球定位系统（GPS）数据制作船舶轨迹图，先后多次进行了风洞风载模型试验、水池倒航操纵模型试验、航海模拟器仿真模拟试验，还原了事发时气象、船舶行驶和船员操作过程；委托第三方机构对船舶建造和历次改建以及事发前实载状态的稳定性进行了认真复校核算；对事发风灾区附近 360 平方千米范围内的 14 个重点区域进行了多轮实地勘查和空中航拍，调取气象卫星、天气雷达、地面气象站等观测到的资料进行综合分析，先后 7 次组织上百名国内外专家一起进行专题研究，在综合分析气象卫星、新一代多普勒雷达和地面气象自动观测站分钟级观测数据，以及现场调查情况、目击者笔录等多种资料的基础上，科学判定了事发时的天气状况。事件调查组先后召开各类会议 200 余次，对调查情况进行反复研究论证，在此基础上形成了调查报告。

2015 年 12 月 30 日，国务院事件调查组对外全文公布了《"东方之星"号客轮翻沉事件调查报告》。经调查认定，"东方之星"号客轮翻沉事件是一起由突发罕见的强对流天气（飑线伴有下击暴流）带来的强风暴雨袭击导致的特别重大灾难性事件。"东方之星"号客轮航行至长江中游大马洲水道时突遇飑线天气系统，该系统伴有下击暴流、短时强降雨等局地性、突发性强对流天气。受下击暴流袭击，风雨强度陡增，瞬时极大风力达 12～13 级，1 小时降雨量达 94.4 毫米。船长虽采取了稳船抗风措施，但在强风暴雨作用下，船舶持续后退，船舶处于失控状态，船艏向右下风偏转，风舷角和风压倾侧力矩逐步增大（船舶最大风压倾侧力矩达到船舶极限抗风能力的两倍以上），船舶倾斜进水并在一分多钟内倾覆。调查组查明，“东方之星”号客轮抗风压倾覆能力不足以抵抗所遭遇的极端恶劣天气。事发时该轮所处的环境及其态势正在此危险范围内。船长及当班大副对极端恶劣天气及其风险认知不足，在紧急状态下应对不力。船长在船舶失控倾覆过程中，未向外发出求救信息并未向全船发出警报。

国务院事件调查组在对事件从严、延伸调查中，检查出相关企业、行业管理部门、地方党委政府及有关部门在日常管理和监督检查中存在问题，并据此建议对44名有关人员给予党纪、政纪处分，包括企业8人，行业管理部门、地方党委政府及有关部门36人，其中，副省级干部1人，厅局级干部8人，县处级干部14人；并责成重庆市人民政府按照有关规定对重庆东方轮船公司进行停业整顿。

二、事件应急管理过程

（一）事件发生经过

经对气象、船舶有关情况的调查和船舶模拟试验，根据“东方之星”号客轮AIS、GPS轨迹资料，现场勘查记录及获救船员、旅客、事发水域附近船舶船员陈述，查清了事发经过。

2015年5月28日13:00，“东方之星”号客轮由南京港五马渡码头开航上行，计划6月7日6:30抵达目的港重庆。开航时在船船员46人、乘客398人；存燃油30吨、生活用水17吨、调载水3吨，艏艉吃水均为2.10米。5月29—31日，途中分别停靠安徽安庆港（上乘客10人）、江西湖口石钟山、江西九江港、湖北武汉港。6月1日5:00，停靠湖北赤壁。

6月1日21:03，“东方之星”号客轮航行至“天宇一号”附近水域（长江中游航道里程约297.5千米），航速约14千米/小时。此时前方远处有闪电，随后开始下小雨。21:18，“东方之星”号客轮行驶至大马洲水道3号红浮（长江中游航道里程301.0千米）附近，遭遇了飑线天气系统，风向由偏南风转为西北风，风雨开始加大。21:19，“东方之星”号客轮船长在房间听见风雨声加大，进入驾驶室。此时，当班大副刘先禄正在雷达显示器后指挥驾驶，舵工李明万在操舵，水手黎昌华站在车钟旁协助瞭望。船长向当班大副了解基本情况后，接手指挥。21:21，风雨加大，瞬时极大风速达24.6米/秒左右（风力10级），能见度严重下降，船长命令大副减速，左微舵，欲转向顶风至右岸一侧水域抛锚。航速12.0千米/小时。21:22，“东方之星”号客轮舵工逐步操舵至左满舵。航速7.5千米/小时。21:23，“东方之星”号客轮航速逐渐下降至2.2千米/小时。随后，航速逐步下降为0千米/小时。21:24，在强风作用下，船舶逐步向右后方后退。后退速度4.0千米/小时。21:25，后退速度5.6千米/小时。船长察觉到船在后退，命令大副加车。21:26，后退速度减缓至5.0千米/小时。此时该轮所处水域突遇下击暴流袭击，风力进一步加大，瞬时极大风速达32～38米/秒（风力12～13级）。21:28，休班大副程林、谭健进入驾驶室。21:29，在车舵作用下，后退速度减缓至4.0千米/小时。21:30，在强风暴雨作用下，船舶偏转，风舷角加大，船舶处于失控状态，后退速度增加至6千米/小时。随后，船舶突然向右倾斜并开始进水。21:31，船舶主机熄火，迅速向右横倾。约21:32，“东方之星”号客轮翻沉，AIS与GPS信号消失。

该轮翻沉于湖北省荆州市监利县长江中游大马洲水道 3 号红浮正横，横距约 600 米，长江中游航道里程 300.8 千米处（29°42′39″N，112°55′32″E），后漂移 900 多米至长江中游大马洲水道左岸一侧，长江中游航道里程约 299.9 千米，距左岸水沫线约 130 米处（29°42′05″N，112°55′28″E）。

（二）有关情况的调查分析

1. 事件发生时间

沉船打捞出水后，根据现场勘查，驾驶室石英钟时间定格在 21:33，机舱石英钟时间定格在 21:32。另据生还的旅行社工作人员张辉陈述："约 21:23 与妻子通电话，大约通话 5 分钟多。通话被旅行社同事姜庚打断，说旅客房间进了雨水，急忙通知楼层服务员帮助客人处理，接着进到 221 房间。后来姜庚也到 221 房间，这个时候地板向上越来越高，有水漫进来了，从地板翘起来到船舶翻覆大约有 30 秒的时间。"经调取张辉及其妻子通话记录查证，最后中断通话时间为 21:29:44。通过 AIS 和 GPS 轨迹查证，"东方之星"号客轮最后一个 AIS 信号和 GPS 信号的时间分别为 21:31:49、21:32:02。按照船载 AIS 和 GPS 系统信号发射规则，"东方之星"号客轮发出下一个 AIS 数据点和 GPS 数据点的时间分别为 21:32:19、21:32:22。AIS 和 GPS 系统的天线一旦没入水中，将无法发出信号。通过以上物证及相关分析认为：约 21:31，为船舶向右横倾时间；约 21:32，为船舶翻沉时间。

2. 人员逃生和获救情况

共有 12 人生还（船员 6 人，乘客 6 人），其中 7 人自游上岸、5 人被救上岸。由于事件发生于夜间，室外狂风暴雨，且船舶倾斜后顷刻翻沉，绝大部分船员、旅客都在舱室内，很难逃出。

3. 事发信息报告情况

6 月 1 日 22:10，岳阳海事局指挥中心接"铜工化 666"轮报告，称在"天字一号"附近水域发现有两名落水人员；22:12，岳阳海事局指挥中心通知监利海事处和华容海事处立即出艇救助，并联系周围施工船参与救助落水人员；23:09，岳阳海事局向长江海事局总值班室报告人员落水险情信息；23:22，岳阳海事局指挥中心接监利海事处报告，"东方之星"号客轮可能出事，之后多次与重庆东方轮船公司和监利海事处等联系确认；23:35，岳阳海事局指挥中心负责人向岳阳海事局负责人报告，可能是"东方之星"号客轮发生翻沉，随后立即组织过往船舶及其他社会救助力量参与救助；23:40，岳阳海事局负责人与获救的"东方之星"号客轮船长通话，确认"东方之星"号客轮已遇险翻沉，随即向岳阳、监利两地人民政府报告；随后，重庆东方轮船公司从岳阳海事局获悉"东方之星"号客轮已翻沉；23:47，监利海事处窑监执法大队在陶市河口救起两名落水人员，确认为"东方之星"号客轮上的两名旅客；23:54，岳阳海事局向长江海事局报告"东方之星"号客轮翻沉。

6 月 2 日 00:10，"东方之星"号客轮船长张顺文向重庆东方轮船公司值班员报告船舶翻沉，该公司随后启动了应急预案，并向万州区人民政府报告。00:45，长江海事局将事件信息上报长江航务管理局；00:55，长江海事局将事件信息上报湖北省人民政府值班室；01:00，长江海事局将事件信息上报中国海上搜救中心；01:15，中国海上搜救中心将事件信息电话报告交通运输部和国务院总值班室。

三、事件防范和整改措施

（一）进一步严格恶劣天气条件下长江旅游客船禁限航措施

交通运输部门要及时发布并严格实施长江旅游客船恶劣天气条件下禁限航规定，遇以下情况船舶不得开航或要采取其他有效避险措施：一是气象部门预报或船舶发现出发港有7级以上（含7级）或超过船舶抗风等级的大风，船舶必须采取有效避风、抗风措施，船舶不得开航；二是气象部门预报船舶途经水域有7级以上（含7级）大风或超过船舶抗风等级的大风，船舶必须采取提前停航等避风措施；三是船舶出发港能见度不足1 000米时，船舶禁止进出港口；船舶航行途中下行能见度不足1 500米或上行能见度不足1 000米时，船舶必须尽快择地抛锚停航。

（二）提高船舶检验技术规范要求，完善船舶设计、建造和改造的质量控制体制机制

交通运输部门要研究完善内河船舶检验技术规范，提高内河客船抗风能力等安全性能。对涉及船舶稳性和尺度的改建、改造应当严格控制和审批。研究提高船舶检测检验机构准入门槛。工业和信息化等主管部门应建立健全船舶设计能力评估和规范机制，完善船舶建造企业生产条件规范体系，推进企业船舶设计、建造能力水平的动态评估制度，进一步提高船舶设计、建造企业规范化水平。

（三）进一步加强长江航运恶劣天气风险预警能力建设

气象部门要针对中小尺度强对流天气强度大、突发性强、致灾重等特点，进一步加大科研投入，加强监测预警方法研究，提高监测预警能力。适应长江航运安全保障需求，进一步加强长江沿岸天气雷达、自动气象观测站网建设，并加强船舶自动气象探测系统建设，提高恶劣天气预测预警能力。完善气象部门与海事部门信息快速共享机制，强化短时临近预警信息的快速发布，健全长江水上交通安全广播电台甚高频气象广播、手机短信等多种接收方式，确保海事监管机构和航行船舶及时准确获取灾害性天气预报预警信息。制定《气象灾害防御法》，进一步提高全社会防御气象灾害的能力。

（四）加强内河航运安全信息化动态监管和应急救援能力建设

交通运输部门要进一步健全完善水上交通动态监控相关措施，大力推进AIS、VTS等水上交通管理动态监控系统建设和应用，充分发挥信息技术在提高安全防范和应急反应能力方面的重要作用。建立重点客运船舶动态监控系统，合理安排值班人员，加强重点船舶、重点水道、极端天气值班值守。地方政府和交通运输部门要进一步加强长江应急救援体系建设，加大投入，增加设置长江搜救站点，强化救援队伍建设，配备结构合理、性能高效的救援装备，提高应急反应能力，做到及时发现、快速反应、科学施救、保障有力。

（五）深入开展长江航运安全专项整治

交通运输部门要进一步严格航运尤其是客运市场准入，加强客船运输经营人资质动态跟踪管理，严格经营资质年度考核和不定期资质现场抽查，强化对水运经营人和客船进入市场后的监管。加快内河老旧客船升级换代，优化客船运力结构，提高客船安全性。进一步加强长江等内河航行安全管理，严禁旅游客船在恶劣天气条件下航行，加大

现场监督执法力度，及时发现并纠正船舶违法违章行为。

（六）严格落实企业主体责任，全面加强长江旅游客运公司安全管理

长江旅游客运公司要按照《安全生产法》和水上交通管理的法律法规及规章制度，严格实施公司安全管理体系，健全企业安全生产责任体系，全面落实企业主体责任；建立健全本公司船舶限航、停航、抛锚及预警的制度规定；加强企业员工尤其是船员的培训考核，针对不同船舶、不同航线、不同险情，定期组织针对性船岸应急演练，不断提高船舶和岸上应急反应能力；利用企业CCTV、GPS、AIS等手段，对公司所属旅游客船进行24小时不间断监控，加强船舶驾驶台资源管理，强化船舶航行动态管理，确保及时发现和解决船舶航行中存在的问题。

（七）加大内河船员安全技能培训力度，提高安全操作能力和应对突发事件的能力

交通运输部门应与有关部门统筹规划航海院校和培训机构的培训教育工作，完善内河船员职业培训教育和船员考试基础设施建设，提高客运船舶船员考核培训标准。教育、人力资源和社会保障部门要在船员教育培训和社会保障等方面出台优惠政策，提升内河船员职业吸引力，提高内河船员特别是船长等高级船员整体素质和业务能力。

资料来源：国务院公布的事件调查报告、中央人民政府门户网站、国家安监总局网站，以及内部调研、会议资料。

思考与讨论的问题

从上述案例提供的材料来看，湖北监利长江段“6·1”“东方之星”号客轮翻沉事件应急处置工作中采取的具体措施，可以运用哪些公共部门危机管理阶段划分理论来加以解释和说明？你认为湖北监利长江段“6·1”“东方之星”号客轮翻沉事件危机管理实践和具体做法，体现了我国公共部门危机管理哪些方面的基本特色和经验模式？从全面整合的公共部门危机管理理论视角来看，你认为湖北监利长江段“6·1”“东方之星”号客轮翻沉事件危机管理有何有益的启示？

第3章

公共部门危机管理的法制化

将公共部门危机管理纳入法制化的轨道，依法管理公共危机，这不仅是我国“依法治国”基本方略的要求，也是对实践经验的科学总结。公共部门危机管理的法制化，不仅是一个重大的理论问题，更是一个迫切的实践问题，已经成为公共部门危机管理的发展趋势。

在法律理论与立法实践中，一般使用“紧急状态”（emergency）这一专业术语来专门指称公共危机状态，所以公共部门危机管理的法制化程度主要就是指紧急状态立法的情况。实施紧急状态已经成为国际社会的一个普遍现象，我国也正在加快公共部门危机管理法制化的步伐。

本章主要说明“公共紧急状态”（public emergency）的确切含义，阐明公共部门危机管理法制化的西方经验，说明我国公共部门危机管理法制化的实践演进情况，探讨我国公共部门危机管理法制化的现状、存在问题、对策措施，分析《中华人民共和国突发事件应对法》的主要内容、制度创新、存在的问题及完善路径，研究《突发事件应对法》的实际适用创新以及公共部门危机管理立法制度创新。

重点问题

- “公共紧急状态”的确切含义
- 西方紧急状态的立法模式
- 西方紧急状态法中的行政紧急权
- 我国公共部门危机管理法制化的现状与主要问题
- 我国公共部门危机管理法制化的完善对策
- 《突发事件应对法》的主要内容
- 《突发事件应对法》的突破与制度创新
- 《突发事件应对法》存在的主要问题
- 《突发事件应对法》的完善路径
- 《突发事件应对法》的实际适用创新
- 公共部门危机管理立法制度创新

危机管理更重要的是制定相关的法律，统一规定公共部门在处理紧急事务中的职权和职责，确定依法对抗紧急状态的法治原则。公共部门在危机状态下的应变能力与公共管理的权威性、主动性，以及对社会整体资源的统一调配能力，不只是公共部门自发性的反应，同时也应是法律规范与授权的结果。只有依据宪法和法律的各项规定进行危机管理，妥善解决危机引发的各种问题，才能最大限度地维持社会秩序的稳定，最大限度地保护人民生命财产安全，将危机所引发的危害降到最低限度。这里的重要命题是：如何发挥法律对社会无序状态或是紧急状态的防范和矫正功能，并在保障公民权的基础上保证政府在法律规定的范围内行使危机管理权，同时还要使这种权力得到社会和公众的有效监督。建立健全的危机管理法律制度是依法管理危机的前提，这对我国的危机管理法制建设提出了更高的要求。由此可见，公共部门危机管理的法制化，不仅是一个重大的理论问题，更是一个迫切的实践问题，已经成为公共部门危机管理的发展趋势。

3.1 公共部门危机管理法制化：西方经验①

在法律理论与立法实践中，一般使用“紧急状态”这一专业术语来专门指称公共危机状态，所以公共部门危机管理的法制化程度主要就是指紧急状态立法的情况。欧洲人权法院曾对“公共紧急状态”做出解释，即“一种特别的、迫在眉睫的危机或危险局势，影响全体公民，并对整个社会的正常生活构成威胁”。此解释较好地描述了紧急状态的性质。紧急状态有下列特征：（1）必须是突发性的现实危机或者是预期必然要发生的危机；（2）在较大空间范围或较长时间内威胁到公民生命、健康、财产的安全；（3）减少或限制公民在正常状态下享有的权利和自由；（4）打乱国家公权力正常运作并赋予其更多的权限；（5）不采取特殊的应急或对抗措施就无法恢复正常状态。

实施紧急状态已经成为国际社会的一个普遍现象。在紧急状态下，成员国必须承担和履行联合国的《公民权利和政治权利国际公约》等国际条约所规定的在紧急状态下不可消减的人权保障义务，并接受必要的国际监督。此外，欧洲各国要考虑《欧洲社会宪章》和《欧洲人权公约》中有关紧急状态下的人权保障和义务性规定。

各国的紧急状态立法均十分注意本国法律与国际公约、地区公约的衔接，将之作为本国实施紧急状态的外部安全装置。例如，英国《国内紧急状态法案》首页中附有内阁大臣道格拉斯·亚历山大先生做出的如下声明：“在我看来，《国内紧急状态法案》的条款符合公约规定的权利要求。”1988 年 7 月 21 日通过的加拿大《紧急状态法》的开篇规定：“兹因总督在采取特别临时措施时，理应受束于《加拿大权利与自由宪章》和《加拿大权利法案》，并须顾及《公民权利和政治权利国际公约》，特别是其中的基本权利，即使是在全国性紧急状态时期也不得受到限制或削减。”俄罗斯《联邦紧急状态法》第 28 条规定：“在

① 参见顾林生、刘静坤：《国外紧急状态立法的经验》，载《法学》，2004（8）。

紧急状态下采取的有关公民权利和自由的措施应符合人权领域国际条约中所规定的俄罗斯应承担的义务。”①

3.1.1 西方紧急状态的立法模式

通过对西方典型国家进行的考察，可以归纳出五种有关紧急状态的立法模式②：（1）在宪法中对紧急状态进行原则性规定，此后根据宪法制定全国统一的紧急状态法，紧急状态法是效力位阶低于宪法的实施性法律。这种模式主要体现在大陆法系国家之中，如法国《紧急状态法》和俄罗斯《联邦紧急状态法》。（2）国家没有成文宪法，在宪法性文件中对紧急状态进行规定，紧急状态法律体系较为完备，发展趋势是对现有法律进行整合，然后颁布统一的紧急状态法。这种模式主要体现在普通法系国家之中，如英国《国内紧急状态法案》和美国《国家紧急状态法》。（3）宪法没有对紧急状态做出规定，全国也没有统一的紧急状态法，但各州根据宪法性文件制定自己的紧急状态法律，如澳大利亚各州的紧急状态法律。（4）宪法对紧急权做出笼统的规定，没有制定统一的紧急状态法，如德国现行的紧急状态制度是由《基本法》（第17次修改）（即所谓“紧急状态宪法”）规定设立的。（5）宪法没有对紧急权做出规定，全国也没有统一的紧急状态法，紧急状态类法律规定分散在自卫、防灾、治安、防止经济危机等单行法中，如日本。

虽然西方国家紧急状态的立法模式不尽相同，但在现代法治背景下，无论是成文法国家还是不成文法国家，普遍呈现出这样一种立法趋势：在由宪法对紧急状态进行原则性规定的基础之上，对现有的紧急状态法律进行整合，然后制定一部统一的紧急状态法。只是少数国家由于历史和传统上的原因，没有制定统一的紧急状态法。

综观西方各国的紧急状态法律体系的构建过程，需要注意以下几个方面的问题，或者说给我国公共部门危机管理法制化带来的主要经验有：（1）完善的紧急状态法律体系由宪法、宪法性文件、紧急状态法与相关的法律文件等构成。由于紧急状态法为综合性法律，并且涉及一些新情况和问题，因此，紧急状态法的制定意味着需要对相关法律进行修订和补充，以保持整个法律体系的连贯性和自洽性。（2）基于紧急状态与正常状态的二分法，紧急状态法涉及的内容与日常的紧急处理法规所涉及的内容存在着类似之处，但也存在着巨大的差异。因此，应当明确日常的紧急处理工作和紧急状态下的紧急处置工作之间的关系与区别，避免紧急状态法适用的扩大化。（3）围绕紧急状态的预警、应急处置、恢复重建等工作，紧急状态法和相关法律的具体规定应当配套实施，保证紧急处置工作的衔接。（4）西方各国都将处置机构和规划视为紧急状态处置工作的两个核心问题，纳入紧急状态法调整的范畴。综观西方各发达国家的紧急状态处置工作状况，不难发现，良好的紧急状

① 清华大学国家紧急状态法律立法研究课题组：《国外紧急状态法律体系评估研究报告》，2003年12月。

② 清华大学国家紧急状态法律立法研究课题组对美、英、德、日、加、法、澳、俄、土耳其等国的立法模式进行了研究。由于各国的具体情况各异，因此，这种概括性考察可能不甚准确，但有助于把握整个西方国家立法模式的概况。

态处置工作离不开各层面的紧急状态处置机构；同时，也离不开科学、合理的紧急状态处置规划。①

3.1.2　西方紧急状态规定的模式

西方国家紧急状态立法中对紧急状态的规定或定义，主要有以下三种模式：

1. 采用列举式方法，以事件或情况的结果为依据界定紧急状态的含义

列举式说明可以明确紧急状态的特定种类，以结果为依据对紧急状态进行规定，可以最大限度地避免对紧急状态权力的滥用。但同时，过于具体的规定可能会导致紧急状态的适用范围受到限制。例如，英国《国内紧急状态法案》规定，"紧急状态"是指可能给下列事项带来严重损害的事件或情况：(a) 英联邦境内或各部分或特定区域内人民的福利；(b) 英联邦境内或各部分或特定区域内的环境；(c) 英联邦境内或各部分或特定区域内的安全。对于 (a) 所规定的可能给居民福利带来的损害有：失去性命，人类疾病或损伤，无家可归，对财产造成损害，对水源、能源、燃料的供应造成破坏，对电力或其他通信系统造成破坏，对交通设施造成破坏，对与卫生相关的设施造成损害；对于 (b) 规定的可能给环境带来的损害有：因下列物质对土壤、水源或空气造成的污染，如有害的生物、化学或放射性物质，或者燃油、洪水，或对活体动植物造成破坏或毁灭；对于 (c) 所规定的可能给安全带来的损害有战争或武装冲突，以及 (b) 构成 2000 年《反恐法》第一节规定含义的恐怖主义。

2. 界定紧急状态的统一性标准，再对紧急状态进行分类

在坚持总的标准基础上，根据具体情况的不同分别进行个别化规定，特殊情况特殊处理。但同时，简单的分类可能无法适应多种情况并存或新情况的要求。例如，加拿大《紧急状态法》规定"全国性紧急状态"是指一种临时性的紧急的和危急的局势，即 (a) 严重危及加拿大人的生命、健康和安全，且其所涉领土或情势超出一省的应对能力与权力，或者 (b) 严重威胁到加拿大政府保持本国主权、安全和领土完整的能力。"全国性紧急状态"又划分为"公共福利紧急状态""公共秩序紧急状态""国际紧急状态""战争紧急状态"四种情况。

3. 采用概括式的界定方法，没有对紧急状态进行细化分类

一般地，由国家元首根据具体情况决定紧急状态的成立。这种规定模式可以灵活地应对各种新发或复杂的紧急状态，但同时也可能导致权力的滥用，如孟加拉《紧急状态权力条例》和法国《紧急状态法》。

3.1.3　西方紧急状态法中的行政紧急权问题

1. 行政紧急权的运作问题

行政紧急权的运用必然导致行政权的扩张，因此，法律应当明确行政紧急权行使的要

① 参见清华大学国家紧急状态法律立法研究课题组：《国外紧急状态法律体系评估研究报告》，2003 年 12 月。

件、方式和界限等，在紧急状态的宣布和紧急状态的解除方面都必须有严格的法律依据，特殊法律文件的颁布也要有非常严格的审批程序。由于行政紧急权本身具有的独特属性，规范行政紧急权运作的法律规定必须对其消极方面进行约束。因此，应当通过法律的明确规定来界定行政紧急权的应有属性，规范行政机关行使行政紧急权的程序，使得行政紧急权的运作能够步入法制轨道。

例如，英国《国内紧急状态法案》对行政紧急权的运作进行了详细的规定，具体包括：紧急状态的确认问题（法案第18条）、制定紧急状态规章的权力主体（法案第19条）、制定紧急状态规章的条件（法案第20条）、紧急状态规章的限制因素（法案第22条）、紧急状态规章失效的期限（法案第25条）等。

2. 中央与地方权力的整合问题

现代国家的权力越来越大，但它并未变得越来越有效率。因此，控制国家的权力只能是部分的解决办法：我们也需要使它更好地运作。[①] 由于现代社会中的紧急状态常常超出常规的行政区划范围，因此，容易导致地方政府之间缺乏有效的沟通和配合，甚至可能出现相互推诿的情况。紧急状态期间，应当坚持中央统领原则，保持中央的决策权力。同时，地方政府应当承担紧急状态处置工作的主要职责。各级处置机构在紧急状态的处置工作中要坚持分工协作的原则，各个机构应当履行法定的职责，同时进行信息沟通和工作配合，通过各机构之间的分工协作、互相配合来实现对紧急状态的有效处置。

例如，在美国，从中央到地方，从应急机构的总指挥部到各分支部门，通过一整套的报告、共享、咨询、协商制度，强调整体协调，保证应对措施的及时、有效和资源的整合。中央和地方分权，统一领导和分级管理相结合。后果严重、波及范围广的，必须由联邦政府组织领导协调减灾救援工作，属于国家级灾害行政管理。若事件虽严重但影响范围不大，而且地方可以承受与处理的，则属受灾地方政府管理。若后果严重需要联邦政府支援时，由总统判断和下令给予紧急援助。全国统一的行政管理部门为国土安全部，专门负责紧急应对的机构包括联邦紧急事务管理署和地方政府的相应机构。

3. 对行政紧急权的监督和制约问题

对行政紧急权的监督一般可以分为立法监督和司法监督。“事先监督模式”较“事后监督模式”能够更有效地保证立法监督落到实处。此外，立法监督的实现还有赖于立法机关在紧急状态期间能够正常履行其职能，否则立法监督不过是一句空话。司法监督则更多地扮演事后监督的角色，这是由司法权的被动性决定的。虽然紧急状态决定本身由于高度的政治性而不具有可诉性，但是，在紧急状态决定之后，国家所采取的紧急措施则属于法律行为，具有可诉性，行政相对人可以寻求司法救济。例如，施密特指出：“唯有在该项措施（紧急措施）是明显的权力滥用，同时也完全不符合目的性，方可受到法官审查。亦即在该项措施并非拯救国家于危机者，法官才能行使否认该项措施合宪性的权限。”[②] 英国《国内紧急状态法案》明确规定了对紧急状态规章进行审查的程序和方法，对紧急状态

---

① 参见［美］斯蒂芬·L. 埃尔金、卡罗尔·爱德华·索乌坦：《新宪政论：为美好的社会设计政治制度》，8页，北京，三联书店，1997。

② 转引自刘海波：《政治科学与宪政政体、宪政主义与现代国家》，128页，北京，三联书店，2003。

期限给予了充分的关注，同时规定了议会休会或延期情况下立法审查工作的补救措施（法案第26、27条）。俄罗斯《联邦紧急状态法》对紧急权的监督主要是指紧急状态实行过程的立法机关监督。该法第4条规定，俄罗斯联邦总统发布进入紧急状态的命令后，应当立即将此情况向俄罗斯联邦委员会和国家杜马通报；同时，该命令要立即送俄罗斯联邦会议联邦委员会批准。与此同时，为了保证紧急状态期间立法机关的正常活动，该法第9条规定，在俄罗斯联邦全境实行紧急状态时，俄罗斯联邦会议联邦委员会和国家杜马在整个紧急状态期间内继续开展工作。

4. 紧急状态下的公民权利保障问题

由于行政紧急权的行使可能会给公民权利造成不必要的损害，所以，相关国家的紧急状态法也就紧急状态下的公民权利保障问题做出了明确规定。

例如，俄罗斯《联邦紧急状态法》第六章专章规定了紧急状态条件下公民权利的保障问题，明确规定了：紧急状态下采取措施和临时限制的范围；公民和企业组织财产权和社会权利的保障；体力与专门器材的使用规定和条件；拘留违反戒严规定的公民的程序。同时，该法也规定了公民、主管领导人的责任问题。英国《国内紧急状态法案》规定了对处置机构和人员的失职问题可以向最高法院或判决法庭提起诉讼（法案第10、11条）。此外，法案第22（4）条还规定，紧急状态规章不可以随意将相关的行为规定为犯罪行为；同时，明确了惩罚措施的最高限度。加拿大《紧急状态法》也对公民权利保障问题做出了规定，具体的救济制度包括三个部分：一是向大臣提起的赔偿申请（第48、49条）。二是具体损害的赔偿与补偿。赔偿是针对失误、不当或违法的行政行为提出的，补偿是针对为公共利益而做出牺牲的公民个人利益的弥补。三是对大臣裁决不服的上诉制度（第50～56条）。

3.2 公共部门危机管理法制化：中国实践

3.2.1 我国公共部门危机管理法制化的现状与主要问题

除了《突发事件应对法》外，我国有关公共部门危机管理的法律法规主要分散在各种法律、法规和条例中。可以将涉及公共部门危机管理的主要法律法规分为四个类别：自然灾害类、事故灾难类、公共卫生事件类、社会安全事件类。

其中，涉及自然灾害类的法律法规主要有：《中华人民共和国防震减灾法》《中华人民共和国防洪法》《中华人民共和国防沙治沙法》《中华人民共和国气象法》《中华人民共和国森林法》《中华人民共和国水法》《中华人民共和国公益事业捐赠法》《中华人民共和国防汛条例》《中华人民共和国海洋石油勘探开发环境保护管理条例》《军队参加抢险救灾条例》《人工影响天气管理条例》《水库大坝安全管理条例》《蓄滞洪区运用补偿暂行办法》《破坏性地震应急条例》《地质灾害防治条例》等。

涉及事故灾难类的法律法规主要有：《中华人民共和国安全生产法》《中华人民共和国

大气污染防治法》《中华人民共和国放射性污染防治法》《中华人民共和国固体废物污染环境防治法》《中华人民共和国海上交通安全法》《中华人民共和国海洋环境保护法》《中华人民共和国环境保护法》《中华人民共和国环境噪声污染防治法》《中华人民共和国水污染防治法》《中华人民共和国劳动法》《中华人民共和国消防法》《中华人民共和国海上交通事故调查处理条例》《建设工程安全生产管理条例》《中华人民共和国计算机信息系统安全保护条例》《劳动保障监察条例》《煤矿安全监察条例》《铁路运输安全保护条例》《危险化学品安全管理条例》《农业转基因生物安全管理条例》《中华人民共和国民用核设施安全监督管理条例》《工伤保险条例》《特别重大事故调查程序暂行规定》《核电厂核事故应急管理条例》《国务院关于特大安全事故行政责任追究的规定》《国务院关于预防煤矿生产安全事故的特别规定》等。

涉及公共卫生事件类的法律法规主要有：《中华人民共和国传染病防治法》《中华人民共和国动物防疫法》《中华人民共和国国境卫生检疫法》《中华人民共和国食品卫生法》《中华人民共和国进出境动植物检疫法》《中华人民共和国植物检疫条例》《突发公共卫生事件应急条例》《重大动物疫情应急条例》等。

涉及社会安全事件类的法律法规主要有：《中华人民共和国国家安全法》《中华人民共和国国防法》《中华人民共和国戒严法》《中华人民共和国集会游行示威法》《中华人民共和国人民防空法》《中华人民共和国监狱法》《中华人民共和国民用航空法》《中华人民共和国人民警察法》《中华人民共和国预备役军官法》《中华人民共和国民族区域自治法》《中华人民共和国领海及毗连区法》《中华人民共和国兵役法》《国防交通条例》《民用运力国防动员条例》《行政区域边界争议处理条例》《退伍义务兵安置条例》《中华人民共和国民用航空安全保卫条例》《军人抚恤优待条例》《信访条例》等。

总体来看，我国公共部门危机管理的法制化程度不是很高，现行的危机管理或紧急状态立法还存在诸多问题。我国公共部门危机管理法制化的现状与主要问题是：行政命令依然发挥着主要作用，但其作用正在减弱；法制正在发挥作用，但还没有成为政府行为和社会行为的主要框架。具体来说，包括以下几点：

（1）由于我国没有在宪法中规定统一的紧急状态法律制度，也没有统一的规定各种危机事件的“紧急状态法”，紧急状态法律制度不统一，每一个单行的法律只能适用于一种紧急状态。这导致了政府在处理不同危机事件时所依据的法律有所差异，政府所能采取的紧急应急措施也不尽一致。特别是这种以部门和专业危机处理模式为基础的危机管理机制不可能应对灾害并发的问题，如果同时发生一种以上的危机事件，政府就没有办法依法迅速建立统一的危机处理机构，存在各自为政的弊端，导致政府对危机事件的处理往往是撞击式的被动反应模式。此外，分散型的危机管理机制也很容易使政府在处理危机事件中的自由裁量权过大，对公民的权利保障没有底线，公民无法根据统一、有效的法律来对抗政府行使行政紧急权的行为，这样不利于保护公民的权利，公民的权利很容易在紧急状态时期遭受各方面的侵害而无法获得法律上的有效救济。

（2）有关紧急状态法对政府可以采取的紧急措施规定得不够清晰，特别是缺乏紧急情况下的特殊行政程序规范，很容易为政府随意扩大行政紧急权留下法律上的漏洞。

（3）关于紧急情况下行政越权和滥用权力的监督机制不健全，问责机制不健全；缺乏紧急状态下公共信息的强制披露机制，公民的知情权无法保障；危机管理的权利救济机制也不完善，如关于责令停产停业、强制征用征收、强制隔离、强制检定及其他人身强制措施等造成权利损害后的补救机制不完善。

(4) 已有的公共部门危机管理法律规范执行不到位，主要表现为有法不依、执法不严、违法不究（行政不作为）、难获救济等。同时，公共部门危机管理法律规范的公众知晓度、认同度、适应度和配合度以及社会心理状况等，也亟待进一步改善。

3.2.2　我国公共部门危机管理法制化的完善对策

面对我国公共部门危机管理法制化的现状与主要问题，为了进一步改善和提升我国公共部门危机管理的法制化水平和程度，可以从以下几个方面来加强对策措施：

1. 加快制定一部统一的紧急状态法

虽然我国宪法已对紧急状态制度做出了原则性规定，主要涉及紧急状态的范围、决定与宣布机关等几个问题；但是仍然还有必要通过修宪程序，在宪法中增加相关条款，明确规定公共部门危机管理法制化的基本原则。

紧急状态法主要应着眼于对处理公共危机的共性进行制度设计，规定重大危机下应急管理的基本准则与管理方法。具体来说，紧急状态法应建立健全以下几方面[①]：

(1) 紧急状态的确认与宣布制度。

确认紧急状态是否存在和判定是否需要进入紧急状态，对于维护宪法秩序，保护公民权利至关重要。紧急状态法应当对宪法有关紧急状态决定和宣布的规定做进一步的具体化，包括具体规定紧急状态的构成要件与确认、紧急状态的宣布、实施紧急状态期限的限制、紧急状态的变更与延长、终止紧急状态的宣布等。

(2) 政府处理紧急状态的专门机构。

应急机构是集中行使行政紧急权的政府机构，是政府在紧急状态时期统一指挥应急工作的领导机关。建立专门的应急机构，不仅可以使政府在常态管理中做到对各种危机的详细预警分析，而且能够在应对危机时形成统一的力量，提高政府处理危机的效率。因此，为有效应对危机，我国需建立专门的应急机构。紧急状态法应对应急机构的设立、职责、权限等问题做出具体规定，特别应明确重大危机信息的通告与发布制度、问责制度等。

(3) 政府的行政紧急权。

紧急状态法应当明确政府行政紧急权的种类和范围，包括强制征用权、强制隔离权、强制封锁权、进入突发现场的强制调查权、交通管制权等，政府在行使这些权力时不得限制公民的生命权、人格尊严、信仰自由等基本权利，并严格规定政府行使行政紧急权的条件和程序。

(4) 紧急状态下公民、法人和其他组织的权利和义务。

紧急状态法应明确公民、法人和其他组织在紧急状态时期须承担的义务，主要是主动

① 参见范旭斌：《关于完善危机管理法律制度的思考》，载《学海》，2004 (4)。

接受政府行使行政紧急权对自身进行的限制、服从政府采取的紧急措施等，并对公民、法人和其他组织的权利受到不法侵害时的救济途径做出规定。

2. 完善有关公共部门危机管理的专门法律、行政法规

统一的紧急状态法就公共部门危机管理的一般问题做出规定，但现实中的危机多种多样，在发生机制、应对手段、危害后果等许多方面都不尽相同，因此，为增强法律的针对性、适用性，我国应当在统一的紧急状态法的基础上，根据公共部门危机管理的客观需要，制定和完善有关公共部门危机管理的专门法律法规，以调整具体的危机状态下的社会关系。这些专门法律法规与紧急状态法、宪法中的紧急状态条款共同构成了我国的危机管理法律体系。

完善我国的应急专门法律制度，应从以下几个方面进行①：（1）根据宪法和紧急状态法的规定，及时对现行有关危机管理的专门法律、行政法规进行修改和完善；（2）对由部门规章或者规范性文件确立的、在危机管理实践中行之有效的但没有法律或者行政法规作为依据的突发事件应急制度，应逐步上升为法律或者行政法规，提高其效力；（3）对还没有得到规范的其他突发事件，要抓紧进行分析研究，尽快制定相应的法律、行政法规。

3. 逐步完善与公共部门危机管理应对机制相关的法律制度

与公共部门危机管理应对机制相关的法律制度包括行政程序法制、行政强制法制、政府信息公开法制、行政征用（征收）法制、行政指导法制、纠纷解决法制、国家赔偿（补偿）法制等。逐步完善这些法制，从而形成紧急状态下行政权力与其他国家权力、行政权力与公民权利、行政权限与政府责任、行政成本与社会成本、公民社会责任与合法权利救济等之间的良性互动关系以及建立完善的法律调整机制。

具体而言，要做到以下几点②：

（1）加强公共部门危机管理法制化的对策措施，包括立法、执法、守法、监督、救济、制度改革、机构和队伍建设方面的举措。

（2）完善紧急状态下政府的危机管理行为的特殊程序规范，以有效约束行使行政紧急权的行为。处理危机事件往往需要赋予政府行政紧急权来采取各种必要的措施，但行使行政紧急权的直接后果就是对公民权利的限制。因此，需要以法律的形式对政府的行政紧急权力包括紧急权力的种类、行使的范围和程序等做出明确的规定，以防止政府利用行政紧急权随意限制公民权利。

（3）完善与公共部门危机管理法制化有关的各项具体制度。例如，各种人、财、物资源的动员、征用和管制，对市场活动、社团活动、通信自由、新闻舆论及其他社会生活的限制与管制，对违法犯罪行为的紧急处置手段与程序，紧急状态下的信息公开办法和责任，公民依法参与危机管理过程，公共危机之后的权利救济机制，等等。

（4）加强公共部门危机管理预案的制定与执行，将危机预案法制化，提升重大危机预案的法律地位。应急预案法制化是指应急预案的制定和实施获得法律规范和保护。危机预防是

---

① 参见范旭斌：《关于完善危机管理法律制度的思考》，载《学海》，2004（4）。

② 参见莫于川：《我国的公共应急法制建设——“非典”危机管理实践提出的法制建设课题》，载《中国人民大学学报》，2003（4）；范旭斌：《关于完善危机管理法律制度的思考》，载《学海》，2004（4）。

危机管理过程中的首要环节，平时备有周密、严谨的危机应对预案，一旦危机发生，即刻启动预案将大大有助于抗击和救助危机，以减少损失，恢复常态。鉴于应急预案在危机管理中的重要作用，我国应通过法律手段提升重大危机预案的法律地位，使预案制度化、规范化。

（5）强化执法，建立常规化的公共部门危机管理执法评价体系。应在大力提高各级政府及有关部门的执法能力和水平、加强执法工作的同时，建立有效的公共部门危机管理执法评价体系。科学合理、运用得当的公共部门危机管理执法评价体系，是公共部门危机管理法制有效运作、不断完善的重要保障。公共部门危机管理执法评价工作宜由各级人大常委会和人民政府统一领导，人大有关法制机构和政府法制工作机构共同牵头，政府督察室、监察部门、审计部门、统计部门以及新闻机构等共同参与。评价的结果应及时报告给同级人大及其常委会和同级政府，并向被评价对象及时反馈和向社会公布。对于评价很低的应责令整改，直至追究相应的行政和法律责任。

（6）提高公共应急法制的公众知晓度、认同度、适应度和配合度，改善公共应急法制的社会环境条件。

（7）加快实现建立法治政府、责任政府、阳光政府和服务型政府的法制建设目标。应按照依宪执政的要求，从完善立法、严格执法、强化监督、落实责任、依法救济等环节入手，尽快完善公共应急法律规范，确保公民权利获得更有效的法律保护，公共权力能够更有效地依法行使。

3.3 《中华人民共和国突发事件应对法》的实施与完善

2007年8月30日，第十届全国人大常委会第二十九次会议通过了《中华人民共和国突发事件应对法》，该法于2007年11月1日起施行。《突发事件应对法》的公布施行，是我国法制建设的一件大事，标志着我国突发事件应对工作全面纳入法制化轨道，也标志着我国依法行政进入更广阔的领域，对于提高全社会应对突发事件的能力，及时有效地控制、减轻和消除突发事件引起的严重社会危害，保护人民生命财产安全，维护国家安全、公共安全和环境安全，构建社会主义和谐社会，都具有里程碑式的重要意义。

3.3.1 《突发事件应对法》的主要内容

1. 总体思路

《突发事件应对法》始终贯彻并遵循着以下总体思路[①]：

（1）高度重视以统一领导、综合协调、分类管理、分级负责、属地管理为主的应急管理体制的建设。所谓统一领导，是指在各级党委领导下，在中央，国务院是突发事件应急

---

① 参见汪永清：《〈突发事件应对法〉的几个问题》，载《中国行政管理》，2007（12）；李岳德、张禹：《〈突发事件应对法〉立法的若干问题》，载《行政法学研究》，2007（4）。

管理工作的最高行政领导机关；在地方，地方各级政府是本地区应急管理工作的行政领导机关，负责本行政区域各类突发事件应急管理工作，是负责此项工作的责任主体。在突发事件应对中，领导权主要表现为以相应责任为前提的指挥权、协调权。所谓综合协调，有两层含义：一是政府对所属各有关部门、上级政府对下级各有关政府、政府与社会各有关组织和团体的协调；二是各级政府突发事件应急管理工作的办事机构进行的日常协调。综合协调的本质和取向是在分工负责的基础上，强化统一指挥、协同联动，以减少运行环节，降低行政成本，提高快速反应能力。所谓分类管理，是指按照自然灾害、事故灾难、公共卫生事件和社会安全事件四类突发事件的不同特性实施应急管理。所谓分级负责，主要是根据突发事件的影响范围和突发事件的级别，确定突发事件应对工作由不同层级的政府负责。所谓属地管理为主，主要有两层含义：一是突发事件应急处置工作原则上由地方负责，即由突发事件发生地的县级以上地方人民政府负责；二是法律、行政法规规定由国务院有关部门对特定突发事件的应对工作负责的，就应当以国务院有关部门管理为主。

（2）坚持有效控制危机和最小代价原则。任何关于应急管理的制度设计都应当将有效地控制、消除危机作为基本的出发点，以有利于控制和消除面临的现实威胁。因此，在立法思路上必须坚持效率优先，根据中国国情授予行政机关充分的权力，以有效整合社会各种资源，协调指挥各种社会力量。同时，又必须坚持最小代价原则，规定行政权力行使的规则和程序，以便将克服危机的代价降到最低限度。因此，《突发事件应对法》在对突发事件进行分类、分级、分期的基础上，确定突发事件的社会危害程度，授予行政机关与突发事件的种类、级别和时期相适应的职权。例如，《突发事件应对法》规定：有关人民政府及其部门采取的应对突发事件的措施，应当与突发事件可能造成的社会危害的性质、程度和范围相适应，有多种措施可供选择的，应当选择有利于最大限度地保护公民、法人和其他组织权益的措施。

（3）把突发事件的预防和应急准备放在优先的位置。突发事件应对过程中预防和应急准备重视不够，做得不实。为了改变我国“有钱救灾，无钱防灾”的传统观念和做法，《突发事件应对法》从五个方面做了规定：一是建立了处置突发事件的组织体系和应急预案体系，为有效应对突发事件做了组织和制度准备；二是建立了突发事件监测网络、预警机制和信息收集与报告制度，为最大限度减少人员伤亡、减轻财产损失提供了前提；三是建立了应急救援物资、设备、设施的储备制度和经费保障制度，为有效处置突发事件提供了物资和经费保障；四是建立了社会公众学习安全常识和参加应急演练的制度，为应对突发事件提供了良好的社会基础；五是建立了由综合性应急救援队伍、专业性应急救援队伍、单位专职或者兼职应急救援队伍以及武装部队组成的应急救援队伍体系，为做好应急救援工作提供了人员保证。

（4）坚持政府主导、社会参与，既明确各级政府及其部门在突发事件应对中的主要职责，又对有关单位和个人在突发事件应对中的作用和地位做出规定。更加强调行政机关科学、及时、有效应对突发事件的积极责任，《突发事件应对法》重点对各级政府及其部门应对突发事件的法定职责做了突出强调。不过，仅靠政府及其部门是远远不够的，社会公众同样负有义不容辞的责任。《突发事件应对法》规定了有关单位和个人在突发事件预防和应急准备、监测和预警、应急处置和救援等方面服从指挥、提供协助、给予配合、必要时采取先行处置措施的法定义务，并规定了相应法律责任；同时又鼓励社会公众提供物资、资金、技术支持和捐赠，参加保险，培养应急管理专门人才，进行新技术、新设备、新工具研发，积极开展自救互救。

(5) 对公民权利依法予以限制和保护。在应急处置期间，为了维护公共利益和社会秩序，需要对公民个人的某些权利加以限制，或者增加公民的义务。但是，这种限制应当有一个"度"，以保护公民的权利。因此，本法确立了比例原则，公民的财产被征用有获得补偿的权利，预警期间的措施主要是防范性、保护性措施等。

2. 主要制度[①]

(1) 突发事件的预防和应急准备制度。

突发事件的预防和应急准备制度是整部法律中最重要的一个制度，包括如下具体内容：

一是提高全社会危机意识和应急能力的制度。主要包括：各级、各类学校应该将应急知识教育纳入教学内容，培养学生的安全意识和自救、互救能力；基层人民政府应当组织应急知识的宣传普及活动，新闻媒体应当无偿开展突发事件预防与应急、自救与互救知识的公益宣传；基层人民政府、居民委员会、村民委员会、企业事业单位应当开展必要的应急演练；建立机关工作人员应急知识和法律法规知识培训制度。

二是隐患调查和监控制度。主要包括：县级人民政府应当对本行政区域内危险源、危险区域进行调查、登记、风险评估，定期进行检查、监控；所有单位都应当建立健全安全管理制度，矿山、建筑工地等重点单位和公共交通工具、公共场所等人员密集场所，都应当制定应急预案，开展隐患排查；县级人民政府及其有关部门、各基层组织应当及时调解处理可能引发社会安全事件的矛盾纠纷。

三是应急预案制度。预案是应对突发事件的应急行动方案，是各级人民政府及其有关部门应对突发事件的计划和步骤，也是一项制度保障。预案具有同等法律文件的效力，比如，国务院的总体预案与行政法规有同等效力，国务院部门的专项预案与部门规章有同等效力，省级人民政府的预案与省级政府规章有同等效力。

四是建立应急救援队伍的制度。主要包括：县级以上人民政府应当整合应急资源，建立或者确立综合性应急救援队伍；人民政府有关部门可以根据实际需要设立专业应急救援队伍；单位应当建立由本单位职工组成的专职或者兼职应急救援队伍；专业应急救援队伍和非专业应急救援队伍应当联合培训、联合演练，提高合成应急、协同应急的能力。

五是突发事件应对保障制度。主要包括：其一，物资储备保障制度。国家要完善重要应急物资的监管、生产、储备、调拨和紧急配送体系；设区的市级以上人民政府和突发事件易发、多发地区的县级人民政府应当建立应急救援物资、生活必需品和应急处置装备的储备制度；县级以上地方各级人民政府应当根据本地区的实际情况，与有关企业签订协议，保障应急救援物资、生活必需品和应急处置装备的生产、供给。其二，经费保障制度。国务院和县级以上地方各级人民政府应当采取财政措施，保障突发事件应对工作所需经费。其三，通信保障体系。国家应建立健全应急通信保障体系，完善公用通信网，建立

---

① 参见汪永清：《〈突发事件应对法〉的几个问题》，载《中国行政管理》，2007 (12)。

有线与无线相结合、基础电信网络与机动通信系统相配套的应急通信系统，确保突发事件应对工作的通信畅通。

六是城乡规划要满足应急需要的制度。城乡规划应当符合预防、处置突发事件的需要，统筹安排应对突发事件所必需的设备和基础设施建设，合理确定应急避难场所。

（2）突发事件的监测制度。

监测制度是做好突发事件应对工作，有效预防、减少突发事件的发生，控制、减轻和消除突发事件引起的严重社会危害的重要制度保障。具体包括如下内容：

一是建立统一的突发事件信息系统。这是一项重大改革，目的是有效整合现有资源，实现信息共享，具体包括：其一，信息收集制度。县级以上人民政府及其有关部门、专业机构应当通过多种途径收集突发事件信息。县级人民政府应当在居民委员会、村民委员会和有关单位建立专职或者兼职信息报告员制度。获悉突发事件信息的公民、法人或者其他组织，应当向所在地人民政府、有关主管部门或者指定的专业机构报告。地方各级人民政府应当向上级人民政府报送突发事件信息。县级以上人民政府有关主管部门应当向本级人民政府相关部门通报突发事件信息。专业机构、监测网点和信息报告员应当向所在地人民政府及其有关主管部门报告突发事件信息。其二，信息的分析、会商和评估制度。县级以上地方各级人民政府应当及时汇总分析突发事件隐患和预警信息，必要时组织有关部门、专门技术人员、专家学者进行会商，对发生突发事件的可能性及其可能造成的影响进行评估。其三，上下左右互联互通和信息及时交流制度。县级以上地方各级人民政府应当建立或者确定本地区统一的突发事件信息系统，汇集、储存、分析、传输有关突发事件的信息，并与上级人民政府及其有关部门、下级人民政府及其有关部门、专业机构和监测网点的突发事件信息系统实现互联互通，加强跨部门、跨地区的信息交流与情报合作。有关单位和人员报送、报告突发事件信息，应当做到及时、客观、真实，不得迟报、谎报、瞒报、漏报。

二是建立健全监测网络。具体包括：在完善现有气象、水文、地震、地质、海洋、环境等自然灾害监测网的基础上，适当增加监测密度，提高技术装备水平；建立危险源、危险区域的实时监控系统和危险品跨区域流动监控系统；在完善省、市、县、乡、村五级公共卫生事件信息报告网络系统的同时，健全传染病和不明原因疾病、动植物疫情、植物病虫害和食品药品安全等公共卫生事件监测系统。无论是完善哪一类突发事件的监测系统，都要加大监测设施、设备建设，配备专职或者兼职的监测人员或信息报告员。

（3）突发事件的预警制度。

预警制度是根据有关突发事件的预测信息和风险评估，依据突发事件可能造成的危害程度、紧急程度和发展趋势，确定相应预警级别，发布相关信息、采取相关措施的制度。其实质是根据不同情况提前采取针对性的预防措施。具体包括如下内容：

一是预警级别制度。根据突发事件发生的紧急程度、发展态势和可能造成的危害程度，分为一级、二级、三级和四级，分别用红色、橙色、黄色、蓝色标示。考虑到不同突发事件的性质、机理、发展过程不同，法律难以对各类突发事件预警级别规定统一的划分标准。因此，预警级别划分的标准由国务院或者国务院确定的部门制定。

二是警报的发布权制度。原则上，预警的突发事件发生地的县级人民政府享有警报的发布权，但影响超过本行政区域范围的，应当由上级人民政府发布警报。确定预警警报的发布权，应当遵守属地为主、权责一致、受上级领导三项原则。

三是发布三级、四级警报后应当采取的措施。这些措施总体上是旨在强化日常工作，做好预防、准备工作和其他有关的基础工作，是一些强化、预防和警示性的措施。其中，最重要的有三项：风险评估措施，即做好突发事件发展态势的预测；向公众发布警告，宣传避免、减轻危害的常识，公布咨询电话；对相关信息报道工作进行管理。

四是发布一级、二级警报后应当采取的措施。这时采取的措施应当更全面、更有力，但在性质上仍然属于防范性、保护性的措施。例如：转移、疏散或者撤离易受突发事件危害的人员并予以妥善安置，转移重要财产；关闭或者限制使用易受突发事件危害的场所，控制或者限制容易导致危害扩大的公共场所的活动；等等。

（4）突发事件的应急处置制度。

突发事件发生以后，首要的任务是进行有效的处置，防止事态扩大和次生、衍生事件的发生。突发事件的应急处置制度包括如下内容：

一是自然灾害、事故灾难或者公共卫生事件发生后可以采取的措施。这些措施包括：组织营救和救治受害人员，疏散、撤离并妥善安置受到威胁的人员以及采取其他救助性措施；迅速控制危险源，标明危险区域，封锁危险场所，划定警戒区，实行交通管制以及其他控制措施；禁止或者限制使用有关设备、设施，关闭或者限制使用有关场所，中止人员密集的活动或者可能导致危害扩大的生产经营活动以及采取其他保护措施；等等。

二是社会安全事件发生后可以采取的措施。社会安全事件发生后采取的措施具有较强的控制、强制的特点。这些措施包括：强制隔离使用器械相互对抗或者以暴力行为参与冲突的当事人，妥善解决现场纠纷和争端，控制事态发展；对特定区域内的建筑物、交通工具、设备、设施以及燃料、燃气、电力、水的供应进行控制；封锁有关场所、道路，查验现场人员的身份证件，限制有关公共场所内的活动；等等。

三是发生突发事件、严重影响国民经济正常运行时可以采取的措施。严重影响国民经济正常运行的情况主要是指银行挤兑、股市暴跌、金融危机等。在这种情况下，国务院或者国务院授权的部门可以采取保障、控制等必要的应急措施，包括：及时调整税率，宣布税收开征、停征以及减税、免税、退税等调控措施；调节货币供应量、信贷规模和信贷资金投向，规范金融秩序，实行外汇和国际贸易等方面的管制措施。

（5）突发事件的事后恢复与重建制度。

突发事件的威胁和危害基本得到控制和消除后，应当及时组织开展事后恢复和重建工作，以减轻突发事件造成的损失和影响，尽快恢复生产、生活、工作和社会秩序，妥善解决处置突发事件过程中引发的矛盾和纠纷。突发事件的事后恢复与重建制度具体包括如下内容：一是及时停止应急措施，同时采取或者继续实施防止次生、衍生事件或者重新引发社会安全事件的必要措施；二是在对突发事件造成的损失进行评估的基础上，制定恢复重建计划；三是上级人民政府提供指导和援助；四是国务院根据受突发事件影响地区遭受损失的情况，制定扶持该地区有关行业发展的优惠政策。

3.3.2　《突发事件应对法》的突破与制度创新

《突发事件应对法》对我国传统的行政应急管理体制在三个方面实现了突破与制度创

新：从“事后型”体制向“循环型”体制转变；从“以条为主型”体制向“以块为主型”体制转变；从“独揽型”体制向“共治型”体制转变。《突发事件应对法》是我国行政应急管理体制的突破性规定，必将进一步提高我国政府应对突发事件的能力。①

1. 从“事后型”体制向“循环型”体制转变

“事后型”体制的要害是人为割裂突发事件的生命发展周期，侧重行政机关在突发事件应急处置阶段的应急权力的配置，却轻视在突发事件预防和应急准备，以及监测和预警阶段的应急权力的配置。《突发事件应对法》规定了一种“循环型”的应急管理体制，即根据突发公共事件的生命发展周期来配置各类应急主体的职责和职权；或者说，使得各类应急主体的职权和职责能够覆盖到突发公共事件的发生、发展直至消灭的整个过程。“循环型”应急管理体制以积极主动、整体性、有计划和动态性为特点，避免了“事后型”应急管理体制被动适应、撞击式反应、缺乏主动性和灵活性的弊端。

2. 从“以条为主型”体制向“以块为主型”体制转变

“以条为主型”体制是指对突发事件分灾种管理，即针对不同类型的突发事件，由相应的行政职能部门分别管理。《突发事件应对法》规定了“以块为主型”的应急管理体制，即根据突发事件的不同等级，分别由相应级别的人民政府统一决策、领导，负责组织处理，上级主管部门则履行指导和协助职责，对于人民政府的职能部门则需服从人民政府的指挥和安排。“以块为主型”的应急管理体制对突发事件的防治和处置实行一元化领导、决策、组织、协调和指挥，将原本属各职能部门的决策权、指挥权等相对集中到同级人民政府，从而能够有效整合应急资源与信息，快速和正确地应对突发事件，与现代社会突发事件具有复合性的属性相一致，同时又能较好地利用原先各专门部门的技术和专业优势。

3. 从“独揽型”体制向“共治型”体制转变

“独揽型”体制是指由国家（主要指国家行政机关）来对各类突发事件进行预防和预警、监控和处理，忽视甚至排斥非政府公共组织、各类企业或单位以及个人在应急过程中的作用。《突发事件应对法》规定了“共治型”应急管理体制，即由政府和各类非政府公共组织以及营利企业和个人共同来预防和处置突发事件，非政府公共组织、营利企业及个人广泛和纵深地参与，几乎涵盖了突发事件的预防和应急准备、监测和预警、应急处置和救援、事后恢复和重建等各个不同阶段。

3.3.3 《突发事件应对法》存在的主要问题及完善路径

1.《突发事件应对法》存在的主要问题

《突发事件应对法》构建了我国应急管理的制度框架，在应对各类突发事件中发挥了重要作用。但是，《突发事件应对法》在实施过程中也暴露出了一系列的问题，主要表现

① 参见戚建刚：《〈突发事件应对法〉对我国行政应急管理体制之创新》，载《中国行政管理》，2007（12）；董幼鸿：《优化应急管理体制机制　提升政府应急管理能力——〈中华人民共和国突发事件应对法〉之公共管理学解读》，载《党政论坛》，2008（3）。

在以下七个方面[①]：

（1）应急管理体制建设有待进一步加强，各级应急管理办事机构建设有待进一步夯实。当前各级应急管理办事机构在工作职能、人员编制和工作机制等方面，还不能适应新形势下保障公共安全的需要。各级地方政府应急管理系统多头管理、重复建设、资源难以整合的问题仍然十分突出。全方位应急管理体系尚未完全建立，多部门联动配合不够密切。一是应急管理办事机构设置不一，编制配备差别较大，专职人员较少，力量不足。尤其是中西部经济欠发达地区，应急管理办事机构设置情况不容乐观。政府“应急办”名号大、级别低、人员少、工作协调难度大，少数单位应急管理人员还没有真正落实到位。二是应急管理办事机构与有关政府部门存在职责交叉、职能定位不准等问题，工作关系亟须理顺。三是基层政府应急办存在性质不明、职责不清、编制人员较少等问题。部分市县应急管理办事机构人员目前仍不固定，由于缺少机构建设方面的权威性文件，市县在机构设置上无章可循，但又要面对上级应急办的工作联系，往往出现一人身兼数职，从而导致基层应急工作无法平稳有续开展。

（2）应急管理工作机制建设有待进一步完善。应急监测预警、隐患排查、信息报告、应急处置协调联动等机制虽然已经建立，但有待进一步健全完善；应急管理考核、应急管理经常性督查等机制尚未完全形成；缺乏军地联动的长效机制。

（3）应急管理配套法律法规和制度建设滞后。《突发事件应对法》的执法主体、权限范围、监管方式、处罚措施等配套法规还没有出台。例如，重大突发事件风险评估、社会动员、应急财产征收征用补偿、建立应急管理公益性基金、促进应急产业发展等方面，还缺乏具体的配套政策措施。缺乏实权性的应急管理办事机构是《突发事件应对法》的执法主体和主责部门。国务院和县级以上地方人民政府办公机构中设立的应急办只履行值守应急、信息汇总和综合协调职能，并无指挥、调动各类应急资源的职权，这给应急管理工作的落实带来了很大困难，如宣教演练、风险评估、物资储备等难以有效推动。

（4）应急预案的可操作性不强，预案之间衔接不够紧密，有些应急预案存在与《突发事件应对法》规定不一致甚至相互矛盾的地方。其一，《突发事件应对法》有关预案编制和演练的规定过于笼统，对预案的制定程序、制定标准、演练评估、修订完善等方面缺乏明确要求，没有对启动条件、部门职责等核心内容做出明确规定，无法为应急活动提供有效指引。而且，有些应急预案在突发事件的定义和分级标准等方面，存在与《突发事件应对法》规定不一致甚至相互矛盾的地方。其二，应急预案存在脱离实际、针对性和可操作性不强等问题。应急预案缺乏可操作性和实用价值，维护和管理仍不能实现经常化。由于缺少专业的应急管理人员，部分单位在预案编制中存在“拿来主义”现象，将他人的预案改头换面，内容华而不实，这样的预案既缺乏具体的操作方法，又没有执行的细节，除了应付检查，基本没有实用价值。加之人员的流动性较大，个别单位的应急预案管理根本实

---

① 参见马怀德：《修改〈突发事件应对法〉的几点建议》，载《理论视野》，2009（4）；于安：《〈突发事件应对法〉的实施问题》，载《理论视野》，2009（4）；莫纪宏：《〈突发事件应对法〉及其完善的相关思考》，载《理论视野》，2009（4）。

现不了经常化。其三，应急预案简化、实化、流程化、图解化的工作推动不力。开展应急预案综合型应急演练较少、应急预案宣传培训工作做得不够，应急预案之间缺乏衔接，难以应对重大的复合型突发事件，应急预案的作用未能得到有效发挥。

（5）应急监测预报预警系统建设还需进一步完善。应急监测预报预警系统存在布局不尽合理、监测覆盖面有限、长期连续监测手段缺乏等问题。一些领域监测手段相对落后，部分领域尚存空白，应急预警水平和精度不高。

（6）应急救援的保障能力还需进一步提升。应急救援队伍、应急物资储备、应急经费投入不足，应急科技支撑作用发挥不够。应急物资储备品种少、规模小、布局不合理；现有应急物资缺乏统筹管理，库存物资难以实现动态调整和更新，配送体系不健全；对社会可动用的应急设备和物资底数不清，没有建立应急物资动员机制。各类专业应急救援装备、器材数量不足，布局不合理，大型和特种装备缺乏。应急科技支撑作用发挥不够，应急科技成果推广渠道有限，成果的转化率较低。

（7）应急管理宣传教育和社会参与有待强化。对面向基层乡村社区和中小学的减灾避灾科普宣传教育需要进一步深化。民间组织、志愿者等社会力量参与突发事件应对的机制不完善，有关支持、鼓励民间组织和志愿者参与突发事件应对的法规、政策尚属空白。一些公用企事业单位缺乏法律授权，导致其开展必要的突发事件应对活动时存在法律障碍。保险制度不健全，缺乏有效的市场化风险分担机制。国家财政支持的巨灾风险保险体系缺乏配套规定。

2.《突发事件应对法》的完善路径

针对《突发事件应对法》实施过程中存在的主要问题，根据突发事件预防和应急处置中出现的新情况和新问题，完善《突发事件应对法》的路径选择主要包括以下七个方面①：

（1）加大应急管理体制建设力度，尽快研究出台应急管理办事机构设置硬性规定或指导性法规，进一步强化各级应急办的统筹协调职能，为应对突发事件提供更有力的组织保证。一是建立党委领导、政府主导、军地协调的应急管理组织领导体制。将应急管理办事机构明确为《突发事件应对法》的执法主体和主责部门，并以法律的形式授予其职权，使之成为专职化、实权化、常态化并能够调度专业救援队伍和应急资源的日常应急事务管理机构。二是规范应急管理机构职能、编制，建立一个权威高效、调控有力、反应快速、协调有序的应急管理体制，充分发挥综合协调职能。抓紧研究明确应急管理办事机构设置及具体职责，要求县级以上地方人民政府配备应急管理专门办事机构和专职工作人员，确保突发事件预防和应对工作落到实处。进一步强化各级应急办的统筹协调职能，加强对《突发事件应对法》贯彻落实情况的检查力度，督促各有关部门制定相关配套制度，定期召开全国性应急管理工作会议，规划、组织、协调、指导、检查应急管理体系建设。三是进一步规范省、市、县应急管理工作机构设置，对省以下各级政府应急管理机构的职能、编制等提出具体指导意见，予以规范。研究制定相关行业应急管理工作指导意见和政策，完善

① 参见马怀德：《修改〈突发事件应对法〉的几点建议》，载《理论视野》，2009（4）；于安：《〈突发事件应对法〉的实施问题》，载《理论视野》，2009（4）；莫纪宏：《〈突发事件应对法〉及其完善的相关思考》，载《理论视野》，2009（4）。

应急预案体系和突发事件预警分级标准，加强对各地区应急管理工作的指导、检查。

（2）进一步完善应急管理机制，提高应急管理工作效率。一是构建新闻发布和舆论引导协调机制，及时、客观、准确地发布突发事件信息，争取引导社会舆论。二是积极探索国防动员资源服务于各类突发事件的应对工作，建立应急管理与国防动员资源融合机制。三是充分发挥和有效整合宣传、公安、安全、海关、通信等部门网络监管资源，建立网络信息监管协调机制。四是完善突发事件评估机制，规范年度应急管理工作评估和突发事件一事一评估。五是建立区域信息通报、特种救援队伍和装备器材相互支援、应急管理工作交流、突发事件统一调度等区域协作应急机制。六是进一步完善应急联动机制。完善国家应急联席、会商制度，建立联动协作机制，建立物资装备运输体系，适时组织应急运输救援力量的演练，提高运输保障能力。七是进一步强化信息共享机制和通信保障能力。建立中央、地方和部门间的信息互通机制、信息共享机制和协作预警机制，完善各级、各类应急管理和通信调度机构间的通信网络。

（3）进一步完善突发事件应对法律法规和配套制度，加快应急管理法制体系建设。其一，国务院应尽快制定《突发事件应对法》相关配套制度和措施，以便于地方各级政府参照执行和细化落实。加快推进应急管理相关法规规章制定及修订工作，尽快研究构建社会动员、风险评估、应急财产征用补偿、应急资金使用、应急产业发展、重大突发事件风险评估体系、国家财政支持的巨灾风险保险体系等相关配套制度，积极推动国家相关部门和各地区出台本行业、本地区、本部门的《突发事件应对法》实施办法或细则。开展《突发事件应对法》贯彻实施情况评估工作，对执法主体不明确、部分法条难以实施等一些有争议的法条进行论证，必要时可考虑研究制定实施细则。其二，建立综合性的应急管理法律法规和政策措施。突发事件发生后，应急处置与救援、事后恢复与重建过程中，往往涉及多个部门、多个领域、多个层面，仅靠《突发事件应对法》或者红头文件很难完全解决所有问题。应以《突发事件应对法》为母法，建立综合性的应急管理法律法规和政策措施体系，从而强化依法应对突发事件的法律支撑。其三，有关部门应制定或进一步修订突发事件应对配套法律法规。例如，制定《应急物资保障条例》，规范中央与地方应急物资保障职责分工与衔接关系，以加强国家重要应急物资监测网络，预警体系，以及应急物资生产、储备、调拨基金及配送体系建设，确保应急所需物资和生活用品的及时供应。再如，应尽快出台“征用财产的补偿标准和方式”等方面可操作的法规，制定物资征用和补偿办法与鼓励企业提供应急物资和资源的财政、税收、补贴政策，调动和保护各方面参与应对处置突发事件的积极性。

（4）进一步完善突发事件应急预案。制定出台应急预案管理办法，规范各类突发事件分级标准和预警级别划分标准，明确应急预案制定和修订程序，进一步提高应急预案的管理水平。通过备案审查、协同演练等方式实现预案之间的相互衔接。明确预案的制定标准，对预案演练的组织部门、周期、方式及事后评估做出详细安排。提高应急预案的实战性、规范性和可操作性，对预案的启动方式、力量调动权限、调动顺序、响应时间、组织指挥、后勤保障等做出明确规定，并加强平时的沟通协作和拉动演练，确保预案一旦启动，各方就能高效运转、顺畅应急。

（5）继续做好应急物资调查，健全应急物资储备制度。建立国家应急物资保障综合协调管理体制和工作机制。明确应急物资管理的行政主体，赋予应急物资综合协调等管理职能。加快构建常态与非常态管理相统一的应急物资管理体制，逐步形成以统一协调、相互配合、信息共享、快速动用为特征，跨部门、跨地区、跨行业的应急物资保障综合协调机制。依托国家物资储备体系现有基础，建立中央级应急物资储运体系。尽快形成覆盖全国的应急物资储备网格化布局。一是开展应急资源普查，通过调查或核查建立台账和数据库，最后由政府进行汇总、综合，摸清可动用的应急资源底数，实现资源共享。二是建立应急物资监测网络和预警体系，整合社会应急物资信息库，建立健全政府调拨与社会化配送相结合的应急物资储备、运输体系。三是出台优惠政策，支持和鼓励企业特别是大型企业购置、储备应急物资和装备，并承担社会应急支援任务。四是进一步强化国家交通运输应急物资储备。五是进一步建立应急运力储备和调用制度。六是进一步加强应急保障建设。加强应急战略储备，建立国家、省、市、县各级应急战略物资、装备储备，建立完善应急战略储备使用和统一调拨工作机制。

（6）进一步加强应急救援队伍建设，建立一体化社会救援服务平台。其一，进一步加大应急资金投入，加强应急救援队伍建设，加大各级综合应急救援专业力量体系建设。进一步加强消防特警和公安特警队伍建设，增加编制，同时建立完善公安特警队中央财政保障机制。其二，建立一体化社会救援服务平台。统一全国应急办事机构标志，建立统一的呼入接入平台，建立包括道路救援、山岳救援、航空救援、医疗救援、保险服务等相结合的一体化社会救援联动服务体系，积极推动政府主导、社会参与、企业支持的社会救援体制建设。其三，明确民间组织、志愿者等社会力量在突发事件应对中的地位，建立规范、指导社会力量参与应对突发事件的制度，明确鼓励和引导社会力量参与救援的保险、税收等方面的扶持措施。明确供水、供电、供热、公共交通等领域的公共企事业单位，可以在其经营、管理的范围内实施应急处置，确保其能够依法开展相应的突发事件应对活动。

（7）各级政府加强与保险业的沟通与协调，将保险机制真正纳入政府突发事件风险防范制度安排和应急管理体制机制。各级政府应加大对责任保险、农业保险的支持力度，提高财政补贴的范围和比例，建立国家财政支持的巨灾风险保险体系。应同时发挥政府在巨灾保险中的主导作用和保险公司在灾害风险管理中的技术优势，建立政府、保险公司、被保险人之间合理的风险分担机制，探索出一条符合我国国情的巨灾保险发展道路。

3.4 公共部门危机管理法治创新

3.4.1 《中华人民共和国突发事件应对法》的实际适用创新

《中华人民共和国突发事件应对法》于 2007 年 8 月 30 日由第十届全国人大常委会第二十九次会议通过并于 2007 年 11 月 1 日起施行。作为突发事件应急管理与公共安全领域的“龙头法”“兜底法”和“基本法”“一般法”，《突发事件应对法》具有极高的法律位阶和适用效力，标志着我国突发事件应对工作全面进入了法制化轨道。良法是善治的前提和基础，但法律的生命力在于实施，法律的权威也在于实施。然而，《突发事件应对法》在实际执行过程中却遭遇了诸多问题和困境，突出表现在缺乏专职化、实权化、常态化并能够调度专业救援队伍和应急资源的日常应急管理组织机构作为《突发事件应对法》的执法主体和主责部门，从而导致《突发事件应对法》的执法主体、权限范围、监管方式、处罚措施等配套法规仍未出台，重大突发事件风险评估、宣教演练、物资储备、社会动员、应急财产征收征用补偿、建立应急管理公益性基金等方面还缺乏具体的配套政策措施。

2015年，《突发事件应对法》颁布实施八年后，终于出现第一例也是目前为止唯一一例直接依据、适用《突发事件应对法》进行突发事件调查的案例：上海市黄浦区“12·31”外滩陈毅广场拥挤踩踏事件。《突发事件应对法》在实际适用创新方面迈出了可喜的一步。2014年12月31日23时35分，上海市黄浦区外滩陈毅广场东南角通往黄浦江观景平台的人行通道阶梯处发生拥挤踩踏，造成36人死亡、49人受伤。上海市依据《突发事件应对法》和《上海市实施〈中华人民共和国突发事件应对法〉办法》等有关法律法规，成立了上海市政府联合调查组。由上海市委常委、常务副市长任联合调查组组长，上海市副市长任副组长，上海市政府副秘书长和市监察局、市安全监管局、市公安局纪委、市应急办、市政府法制办、市卫生计生委、市旅游局等部门相关负责同志为成员，并邀请了国家和上海市公共安全管理、应急管理、法律等方面的专家为事件调查进行分析论证。2015年1月20日，上海市政府联合调查组对外全文公布了《“12·31”外滩陈毅广场拥挤踩踏事件调查报告》。

根据上海市政府联合调查组对外公布的事件调查报告，在事件定性方面，上海市黄浦区“12·31”外滩陈毅广场拥挤踩踏事件是一起对群众性活动预防准备不足、现场管理不力、应对处置不当而引发的拥挤踩踏并造成重大伤亡和严重后果的公共安全责任事件。在责任分析方面，依据《突发事件应对法》《上海市实施〈中华人民共和国突发事件应对法〉办法》《上海市外滩风景区综合管理暂行规定》等法律法规和政府规章，以及市、区相关部门的“三定方案”，上海市黄浦区政府依法负责本行政区域内的突发事件应急管理的领导工作。因此，黄浦区政府对事件负有主要管理责任，黄浦区相关部门对这起事件负有不可推卸的责任。在事件问责方面，上海市委委员、黄浦区区委书记，黄浦区区委副书记、区长等人，贯彻落实国家和本市有关突发事件应急管理工作的法律法规不力，对辖区内突发事件应急管理工作领导不力，对辖区内相关部门履行突发事件应急管理工作职责不到位的问题失察，未严格落实中办、国办关于“严格执行24小时专人值班和领导带班制度”的要求，未能及时了解事发情况并及时赶到事发现场，对事件负有主要领导责任，从而受到撤销党内职务、行政撤职处分。在整改措施方面，强调维护人民群众生命财产安全和城市运行安全，是政府法定的职责和应尽的义务；领导干部思想麻痹是城市公共安全的最大隐患，安全责任落实不力是城市公共安全的最大威胁；切实落实安全责任制，真正把安全作为不能触碰、不能逾越的高压线，大力增强“红线”“底线”意识，按照“党政同责、一岗双责、齐抓共管”的要求，进一步健全安全责任体系，依法强化企业安全生产主体责任。

应该说，上海市政府联合调查组直接依据《突发事件应对法》和《上海市实施〈中华人民共和国突发事件应对法〉办法》等有关法律法规，对“12·31”外滩陈毅广场拥挤踩踏事件进行调查问责，在实际适用《突发事件应对法》方面确实是一个重大创新，也是一个具有重大意义的实践尝试。事件调查报告对外全文公布后，从社会各方面的客观反应来看，事件调查报告获得了上海大众的普遍认同和整体肯定，取得了不错的社会效应和舆情反馈。当然，从突发事件应急管理与公共安全法律法规的专业角度来分析，由于是第一例也是目前为止唯一一例直接依据、适用《突发事件应对法》进行突发事件调查的案例，在适用法律方面难免会暴露出一些问题，有些问题还比较严重，需要引起高度重视。

（1）上海“12·31”外滩陈毅广场拥挤踩踏事件定性问题。

上海市政府联合调查组直接依据《突发事件应对法》进行事件调查问责，这是没有任何问题的。《突发事件应对法》第62条明确规定：履行统一领导职责的人民政府应当及时查明突发事件的发生经过和原因，总结突发事件应急处置工作的经验教训，制定改进措施，并向上一级人民政府提出报告。然而，上海市政府联合调查组依据《突发事件应对法》将该事件定性为公共安全责任事件，确实存在问题。因为《突发事件应对法》第3条明确规定：突发事件是指突然发生，造成或者可能造成严重社会危害，需要采取应急处置措施予以应对的自然灾害、事故灾难、公共卫生事件和社会安全事件。按照法律规定，突发事件只有自然灾害、事故灾难、公共卫生事件和社会安全事件四大类，并不存在公共安全责任事件这种突发事件类型。直接依据《突发事件应对法》，找不到将上海“12·31”外滩陈毅广场拥挤踩踏事件定性为公共安全责任事件的任何法律依据。实际上，依据《突发事件应对法》《安全生产法》以及国务院的相关法规、事件分类分级标准、应急预案、程序规范等，四大类突发事件中的事故灾难，是明确包括拥挤踩踏事件这种事故灾难类型的。因此，将上海“12·31”外滩陈毅广场拥挤踩踏事件定性为事故灾难，其法律依据是较为充分的。但是，一次死亡30人以上的拥挤踩踏事件，为特别重大事故灾难，一般应由国务院事故调查组组织事件调查，而不是由事发地地方政府组织调查。

（2）事件责任分析以及问责问题。

由于将事件定性为公共安全责任事件，从而导致了后续的事件责任分析以及问责也出现了偏差，只强调了黄浦区政府对事件负有主要管理责任，而忽略了上海市政府的重要管理责任；在事件问责时，问责官员的级别最高至正厅局级的黄浦区区委书记、区长，而按照特别重大事故灾难的问责规定和实践惯例，一般会问责副省部级以上的官员。

（3）事件整改措施问题。

上海市政府联合调查组对外全文公布的事件调查报告，提出了“切实落实安全责任制……进一步健全安全责任体系，依法强化企业安全生产主体责任”等事件整改措施。可以非常明显地看出，这些事件整改措施的依据是《安全生产法》等事故灾难类突发事件的法律法规，直接依据《突发事件应对法》进行事件调查无法推导出这些事件整改措施，与公共安全责任事件的定性也不吻合。这种法律适用上的错位、规避、不统一，在对外全文公布的事件调查报告中是非常明显的，必然导致调查报告的法律依据不足、权威性不够、回应社会质疑不充分。

上述法律适用问题，也同样存在于湖北监利“6·1”“东方之星”号客轮翻沉事件调查中。2015年6月1日21时约32分，重庆东方轮船公司所属的“东方之星”号客轮航行至湖北省荆州市监利县长江大马洲水道时翻沉，造成442人死亡。事发时船上共有454人，12人生还（船员6人，乘客6人），其中7人自游上岸、5人被救上岸。事发后，国务院成立调查组对“东方之星”号客轮翻沉事件进行调查，由国家安全监管总局牵头，工业和信息化部、公安部、监察部、交通运输部、中国气象局、全国总工会、湖北省和重庆市等有关方面组成，并聘请国内气象、航运安全、船舶设计、水上交通管理和信息化、法律等方面院士、专家参加。2015年12月30日，国务院“东方之星”号客轮翻沉事件调查组对外全文公布了《“东方之星”号客轮翻沉事件调查报告》。

国务院事件调查组围绕“风、船、人”三个关键要素，收集汇总各类证据资料1 607份、711万字，形成了50余万字的询问笔录，先后7次组织专题研究、召开各类会议200余次，调查组做了大量细致、严谨的调查取证工作，最终形成了事件调查报告。事件调查报告对外全文公布后，也获得了社会各界的广泛认同，取得了良好的社会效应和舆情反馈。与此同时，我们认为，国务院事件调查组《“东方之星”号客轮翻沉事件调查报告》是对《突发事件应对法》适用情况的一个重要考验。

（1）事件调查法律依据问题。

对外全文公布的事件调查报告中明确指出，根据党中央、国务院领导同志重要指示批示精神，经国务院批准，成立了国务院“东方之星”号客轮翻沉事件调查组。报告中没有提到事件调查依据《突发事件应对法》，也没有提到《安全生产法》。

（2）事件定性问题。

经国务院事件调查组调查认定，“东方之星”号客轮翻沉事件是一起由突发罕见的强对流天气（飑线伴有下击暴流）带来的强风暴雨袭击导致的特别重大灾难性事件。《突发事件应对法》明确规定的自然灾害、事故灾难、公共卫生事件和社会安全事件四大类突发事件，并不存在特别重大灾难性事件这种突发事件类型。《安全生产法》以及国务院的相关法规、事件分类分级标准、应急预案、程序规范等，也没有特别重大灾难性事件相关的法律法规依据。

（3）事件责任分析以及问责问题。

经国务院事件调查组调查认定，“东方之星”号客轮翻沉原因是遭遇由突发罕见的强对流天气（飑线伴有下击暴流）产生的地面直线型大风。根据新华社在国务院批复并对外全文公布“东方之星”号客轮翻沉事件调查报告后，对参与事件调查的专家进行采访的报道材料，在现有的技术条件下，气象部门无法对客轮所遭遇的下击暴流进行准确识别、预报和预警。多普勒雷达是探测下击暴流的主要手段，常规气象台站和仪器不能直接观测到。从2004年开始，美国利用WSR-88D雷达进行了下击暴流识别和预警，结果表明：下击暴流的预警时间与其离雷达的距离有关，距离在20～45公里，提前预警时间为5.5分钟；在45～80公里范围内提前预警时间基本为0；小于20公里和大于80公里，则无法进行下击暴流预警。岳阳天气雷达距事发地点50公里，换句话说，“东方之星”号客轮翻沉事件即使发生在美国，对客轮遭遇的下击暴流进行提前预警的时间也基本为0，相关部门和人员根本来不及做任何反应，更何况目前我国国内下击暴流识别业务预警算法正在科学研究当中，并无实践应用。也就是说，按照法律语言，“东方之星”号客轮翻沉事件是由不可抗力造成的，不存在承担法律责任问题，当然也就不存在按照法律进行问责的问题。

国务院事件调查组在对事件从严、延伸调查中，检查出相关企业、行业管理部门、地方党委政府及有关部门在日常管理和监督检查中存在问题，并据此建议对 44 名有关人员给予党纪、政纪处分，包括企业 8 人，行业管理部门、地方党委政府及有关部门 36 人，其中，副省级干部 1 人，厅局级干部 8 人，县处级干部 14 人；并责成重庆市人民政府按照有关规定对重庆东方轮船公司进行停业整顿。我们认为，将对事件从严、延伸调查中检查出的问题作为问责的主要原因和事实，其法律依据是不充分的。

3.4.2 公共部门危机管理立法制度创新

2015 年我国公共部门危机管理立法制度创新，最为突出地体现在三部法律上：《中华人民共和国食品安全法》《中华人民共和国国家安全法》《中华人民共和国反恐怖主义法》。

1.《中华人民共和国食品安全法》公共部门危机管理立法制度创新

2015 年 4 月 24 日，《中华人民共和国食品安全法》由第十二届全国人民代表大会常务委员会第十四次会议修订通过，自 2015 年 10 月 1 日起施行。《食品安全法》“第七章　食品安全事故处置”专门规范食品安全事故应急管理问题。《食品安全法》公共部门危机管理立法制度创新，主要体现在以下三个方面：

（1）食品安全风险管理制度创新。

《食品安全法》第十四条规定，国家建立食品安全风险监测制度，国务院卫生行政部门会同国务院食品药品监督管理、质量监督等部门，制定、实施国家食品安全风险监测计划。第十七条规定，国家建立食品安全风险评估制度，国务院卫生行政部门负责组织食品安全风险评估工作，成立由医学、农业、食品、营养、生物、环境等方面的专家组成的食品安全风险评估专家委员会进行食品安全风险评估。第四十二条规定，国家建立食品安全全程追溯制度。第四十三条规定，国家鼓励食品生产经营企业参加食品安全责任保险。第六十三条规定，国家建立食品召回制度。第九十五条规定，境外发生的食品安全事件可能对我国境内造成影响，或者在进口食品、食品添加剂、食品相关产品中发现严重食品安全问题的，国家出入境检验检疫部门应当及时采取风险预警或者控制措施。

（2）食品安全事故调查制度创新。

《食品安全法》第一百零六条规定，发生食品安全事故，设区的市级以上人民政府食品药品监督管理部门应当立即会同有关部门进行事故责任调查，督促有关部门履行职责，向本级人民政府和上一级人民政府食品药品监督管理部门提出事故责任调查处理报告。涉及两个以上省、自治区、直辖市的重大食品安全事故由国务院食品药品监督管理部门组织事故责任调查。第一百零七规定，调查食品安全事故，应当坚持实事求是、尊重科学的原则，及时、准确查清事故性质和原因，认定事故责任，提出整改措施。调查食品安全事故，除了查明事故单位的责任，还应当查明有关监督管理部门、食品检验机构、认证机构及其工作人员的责任。

（3）食品安全事故问责制度创新。

这主要反映在两个方面：一是创造性地在法律中明确规定了“责任约谈”这种食品安

全事故问责新制度，体现了预防为主、风险管理的立法原则和思路。《食品安全法》第一百一十四条规定，食品生产经营过程中存在食品安全隐患，未及时采取措施消除的，县级以上人民政府食品药品监督管理部门可以对食品生产经营者的法定代表人或者主要负责人进行责任约谈。食品生产经营者应当立即采取措施，进行整改，消除隐患。责任约谈情况和整改情况应当纳入食品生产经营者食品安全信用档案。第一百一十七条规定，县级以上人民政府食品药品监督管理等部门未及时发现食品安全系统性风险，未及时消除监督管理区域内的食品安全隐患的，本级人民政府可以对其主要负责人进行责任约谈。地方人民政府未履行食品安全职责，未及时消除区域性重大食品安全隐患的，上级人民政府可以对其主要负责人进行责任约谈。被约谈的食品药品监督管理等部门、地方人民政府应当立即采取措施，对食品安全监督管理工作进行整改。责任约谈情况和整改情况应当纳入地方人民政府和有关部门食品安全监督管理工作评议、考核记录。二是极大地扩大和加重了食品安全事故问责范围和力度。例如，《食品安全法》第一百四十二条规定，县级以上地方人民政府隐瞒、谎报、缓报食品安全事故；或者本行政区域内发生特别重大食品安全事故，或者连续发生重大食品安全事故，造成严重后果的，其主要负责人应当引咎辞职。第一百四十三条规定，县级以上地方人民政府未制定本行政区域的食品安全事故应急预案，或者发生食品安全事故后未按规定立即成立事故处置指挥机构、启动应急预案，造成严重后果的，给予降级或者撤职处分。第一百四十五条规定，县级以上人民政府食品药品监督管理、卫生行政、质量监督、农业行政等部门在获知有关食品安全信息后，未按规定向上级主管部门和本级人民政府报告，或者未按规定相互通报；或者未按规定公布食品安全信息，情节严重的，给予开除处分。

2.《中华人民共和国国家安全法》公共部门危机管理立法制度创新

2015年7月1日，《中华人民共和国国家安全法》由第十二届全国人民代表大会常务委员会第十五次会议通过并公布，自公布之日起施行。《国家安全法》“第四章 国家安全制度”专门规范国家安全应急管理问题，涉及情报信息，风险预防、评估和预警，审查监管，危机管控等方面。《国家安全法》公共部门危机管理立法制度创新，主要体现在以下四个方面：

（1）首次在法律层面上明确规定了国家安全、公共安全、应急管理三者之间的边界范围和相互关系。

《国家安全法》第二条规定，国家安全是指国家政权、主权、统一和领土完整、人民福祉、经济社会可持续发展和国家其他重大利益相对处于没有危险和不受内外威胁的状态，以及保障持续安全状态的能力。第十五条至第三十三条，用19条的篇幅以逐条列举的方式，具体规定维护国家安全的任务；第三十四条以开放的方式，概括没有一一列举的国家安全任务。其中，国家安全主要包括国家主权安全，人民安全，领陆、内水、领海和领空安全，军事安全，经济安全，金融安全，资源能源安全，粮食安全，文化安全，重大技术和工程安全，网络与信息安全，民族关系安全，宗教信仰安全，反恐怖主义和极端主义，公共安全，环境安全，核安全，外层空间、国际海底区域和极地安全，国家海外利益安全19项内容。第二十九条规定，健全公共安全体系，妥善处置公共卫生、社会安全等影响国家安全和社会稳定的突发事件。第三十条规定，强化生态风险的预警和防控，妥善处置突发环境事件。第三十一条规定，加强对核设施、核材料、核活动和核废料处置的安全管理、监管和保护，加强核事故应急体系和应急能力建设。由此可见，《国家安全法》首次在法律层面上以逐条列举的方式明确规范了国家安全、公共安全、应急管理三者之间的边界范围和相互关系：国家安全与公共安全是包含与被包含的所属关系，公共安全是国家安全的19项内容之一；公共安全与应急管理也是包含与被包含的所属关系，从国家安全的角度来看，健全公共安全体系建设的重点是加强突发公共卫生事件、社会安全事件、突发环境事件、核事故等四类突发事件的应急体系和应急能力建设。

（2）国家安全风险管理与安全审查制度创新。

《国家安全法》第五十六条规定，国家建立国家安全风险评估机制，定期开展各领域国家安全风险调查评估。第五十七条规定，国家健全国家安全风险监测预警制度，根据国家安全风险程度，及时发布相应风险预警。第五十九条规定，国家建立国家安全审查和监管的制度和机制，对影响或者可能影响国家安全的外商投资、特定物项和关键技术、网络信息技术产品和服务、涉及国家安全事项的建设项目，以及其他重大事项和活动，进行国家安全审查，有效预防和化解国家安全风险。

（3）紧急状态立法制度创新。

《国家安全法》第三十五条规定，全国人民代表大会依照宪法规定，决定战争和和平的问题，行使宪法规定的涉及国家安全的其他职权。全国人民代表大会常务委员会依照宪法规定，决定战争状态的宣布，决定全国总动员或者局部动员，决定全国或者个别省、自治区、直辖市进入紧急状态，行使宪法规定的和全国人民代表大会授予的涉及国家安全的其他职权。第六十四条规定，发生危及国家安全的特别重大事件，需要进入紧急状态、战争状态或者进行全国总动员、局部动员的，由全国人民代表大会、全国人民代表大会常务委员会或者国务院依照宪法和有关法律规定的权限和程序决定。第六十五条规定，国家决定进入紧急状态、战争状态或者实施国防动员后，履行国家安全危机管控职责的有关机关依照法律规定或者全国人民代表大会常务委员会规定，有权采取限制公民和组织权利、增加公民和组织义务的特别措施。

（4）国家安全科普宣教制度创新。

《国家安全法》第十四条规定，每年4月15日为全民国家安全教育日。第七十六条规定，国家加强国家安全新闻宣传和舆论引导，通过多种形式开展国家安全宣传教育活动，将国家安全教育纳入国民教育体系和公务员教育培训体系，增强全民国家安全意识。

3.《中华人民共和国反恐怖主义法》公共部门危机管理立法制度创新

2015年12月27日，《中华人民共和国反恐怖主义法》由第十二届全国人民代表大会常务委员会第十八次会议通过，自2016年1月1日起施行。《反恐怖主义法》"第六章 应对处置"专门规范恐怖事件应急管理问题。《反恐怖主义法》公共部门危机管理立法制度创新，主要体现在以下四个方面：

（1）反恐怖安全查验与风险管理制度创新。

《反恐怖主义法》第二十条规定，铁路、公路、水上、航空的货运和邮政、快递等物流运营单位应当实行安全查验制度，对客户身份进行查验，依照规定对运输、寄递物品进行安全检查或者开封验视。对禁止运输、寄递，存在重大安全隐患，或者客户拒绝安全查验的物品，不得运输、寄递。前款规定的物流运营单位，应当实行运输、寄递客户身份、物品信息登记制度。第三十条规定，对恐怖活动罪犯和极端主义罪犯被判处徒刑以上刑罚的，监狱、看守所应当在刑满释放前根据其犯罪性质、情节和社会危害程度，服刑期间的表现，释放后对所居住社区的影响等进行社会危险性评估。经评估具有社会危险性的，监狱、看守所应当向罪犯服刑地的中级人民法院提出安置教育建议，并将建议书副本抄送同级人民检察院。安置教育由省级人民政府组织实施。第三十一条规定，公安机关应当会同有关部门，将遭受恐怖袭击的可能性较大以及遭受恐怖袭击可能造成重大的人身伤亡、财产损失或者社会影响的单位、场所、活动、设施等确定为防范恐怖袭击的重点目标，报本级反恐怖主义工作领导机构备案。第三十二条规定，重点目标的管理单位应当实行风险评估，实时监测安全威胁，完善内部安全管理；应当根据城乡规划、相关标准和实际需要，对重点目标同步设计、同步建设、同步运行反恐怖技防、物防设备、设施。

（2）恐怖事件现场指挥制度创新。

《反恐怖主义法》首次在法律层面上明确规定了恐怖事件现场应急处置指挥长负责制，并清晰地规范了指挥长的确定办法和人选，还创造性地设立了现场指挥员制度，以弥补尚未确定指挥长时恐怖事件现场应急处置指挥的空白，并明确了依次递补确定担任现场指挥员人选的详细的可操作方法，从而在法律层面上有效地解决了困扰多年的突发事件现场应急处置多级指挥、多层指挥、政出多门、各自为战的难题。《反恐怖主义法》第五十六条规定，应对处置恐怖事件，各级反恐怖主义工作领导机构应当成立由有关部门参加的指挥机构，实行指挥长负责制。反恐怖主义工作领导机构负责人可以担任指挥长，也可以确定公安机关负责人或者反恐怖主义工作领导机构的其他成员单位负责人担任指挥长。跨省、自治区、直辖市发生的恐怖事件或者特别重大恐怖事件的应对处置，由国家反恐怖主义工作领导机构负责指挥；在省、自治区、直辖市范围内发生的涉及多个行政区域的恐怖事件或者重大恐怖事件的应对处置，由省级反恐怖主义工作领导机构负责指挥。第五十七条规定，恐怖事件发生后，发生地反恐怖主义工作领导机构应当立即启动恐怖事件应对处置预案，确定指挥长。有关部门和中国人民解放军、中国人民武装警察部队、民兵组织，按照反恐怖主义工作领导机构和指挥长的统一领导、指挥，协同开展打击、控制、救援、救护等现场应对处置工作。第五十八条规定，发现恐怖事件或者疑似恐怖事件后，公安机关应当立即进行处置，并向反恐怖主义工作领导机构报告；中国人民解放军、中国人民武装警察部队发现正在实施恐怖活动的，应当立即予以控制并将案件及时移交公安机关。反恐怖主义工作领导机构尚未确定指挥长的，由在场处置的公安机关职级最高的人员担任现场指挥员。公安机关未能到达现场的，由在场处置的中国人民解放军或者中国人民武装警察部队职级最高的人员担任现场指挥员。现场应对处置人员无论是否属于同一单位、系统，均应当服从现场指挥员的指挥。指挥长确定后，现场指挥员应当向其请示、报告工作或者有关情况。

（3）恐怖事件应对处置措施制度创新。

《反恐怖主义法》第六十一条规定，恐怖事件发生后，负责应对处置的反恐怖主义工作领导机构可以决定由有关部门和单位采取九项应对处置措施。其中有三项恐怖事件应对处置措施是首次在法律层面上明确规定的，确属恐怖事件应对处置措施重大制度创新。这三项应对处置措施是第六十一条第三项至第五项规定的，并明确由省级以上反恐怖主义工作领导机构决定或者批准，其具体内容为：在特定区域内实施空域、海（水）域管制，对特定区域内的交通运输工具进行检查；在特定区域内实施互联网、无线电、通讯管制；在特定区域内或者针对特定人员实施出境入境管制。

（4）境外恐怖事件应对处置制度创新。

《反恐怖主义法》第四十一条规定，国务院外交、公安、国家安全、发展改革、工业和信息化、商务、旅游等主管部门应当建立境外投资合作、旅游等安全风险评估制度，对中国在境外的公民以及驻外机构、设施、财产加强安全保护，防范和应对恐怖袭击。第五十九条规定，中华人民共和国在境外的机构、人员、重要设施遭受或者可能遭受恐怖袭击的，国务院外交、公安、国家安全、商务、金融、国有资产监督管理、旅游、交通运输等主管部门应当及时启动应对处置预案。中华人民共和国在境外的机构、人员、重要设施遭受严重恐怖袭击后，经与有关国家协商同意，国家反恐怖主义工作领导机构可以组织外交、公安、国家安全等部门派出工作人员赴境外开展应对处置工作。第七十一条规定，经与有关国家达成协议，并报国务院批准，国务院公安部门、国家安全部门可以派员出境执行反恐怖主义任务。中国人民解放军、中国人民武装警察部队派员出境执行反恐怖主义任务，由中央军事委员会批准。

本章小结

1. 将公共部门危机管理纳入法制化的轨道，依法管理公共危机，这不仅是我国“依法治国”基本方略的要求，也是对实践经验的科学总结。公共部门危机管理的法制化，不仅是一个重大的理论问题，更是一个迫切的实践问题，已经成为公共部门危机管理的发展趋势。

2.“公共紧急状态”，即“一种特别的、迫在眉睫的危机或危险局势，影响全体公民，并对整个社会的正常生活构成威胁”，具有下列特征：（1）必须是突发性的现实危机或者是预期必然要发生的危机；（2）在较大空间范围或较长时间内威胁到公民生命、健康、财产的安全；（3）减少或限制公民在正常状态下享有的权利和自由；（4）打乱国家公权力正常运作并赋予其更多的权限；（5）不采取特殊的应急或对抗措施就无法恢复正常状态。

3. 西方国家主要有五种有关紧急状态的立法模式：在宪法中对紧急状态进行原则性规定，此后根据宪法制定全国统一的紧急状态法；在宪法性文件中对紧急状态进行规定，然后颁布统一的紧急状态法；各州根据宪法性文件制定自己的紧急状态法律；宪法对紧急权做出笼统的规定，没有制定统一的紧急状态法；紧急状态类法律规定分散在自卫、防灾、治安、防止经济危机等单行法中。

4. 西方国家紧急状态立法中对紧急状态的规定或定义，主要有三种模式：采用列举式方法，以事件或情况的结果为依据界定紧急状态的含义；界定紧急状态的统一性标准，再对紧急状态进行分类；采用概括式的界定方法，没有对紧急状态进行细化分类。

5. 对行政紧急权的监督一般可以分为立法监督和司法监督。“事先监督模式”较“事后监督模式”能够更有效地保证立法监督落到实处。司法监督则更多地扮演事后监督的角色，这是由司法权的被动性决定的。

6. 总体来看，我国公共部门危机管理的法制化程度不是很高，现行的危机管理或紧急状态立法还存在诸多问题。我国公共部门危机管理法制化的现状与主要问题是：行政命令依然发挥着主要作用，但其作用正在减弱；法制正在发挥作用，但还没有成为政府行为和社会行为的主要框架。

7. 我国公共部门危机管理法制化的完善对策主要有：加快制定一部统一的紧急状态法；完善有关公共部门危机管理的专门法律、行政法规；逐步完善与公共部门危机管理应对机制相关的法律制度。

8.《突发事件应对法》始终贯彻并遵循着的总体思路为：高度重视以统一领导、综合协调、分类管理、分级负责、属地管理为主的应急管理体制的建设；坚持有效控制危机和最小代价原则；把突发事件的预防和应急准备放在优先的位置；坚持政府主导、社会参与，既明确各级政府及其部门在突发事件应对中的主要职责，又对有关单位和个人在突发事件应对中的作用和地位做出规定；对公民权利依法予以限制和保护。

9.《突发事件应对法》确立的主要制度包括：突发事件的预防和应急准备制度、突发事件的监测制度、突发事件的预警制度、突发事件的应急处置制度、突发事件的事后恢复与重建制度。

10.《突发事件应对法》对我国传统的行政应急管理体制在三个方面实现了突破与制度创新：从“事后型”体制向“循环型”体制转变；从“以条为主型”体制向“以块为主型”体制转变；从“独揽型”体制向“共治型”体制转变。

11.《突发事件应对法》的完善路径：加大应急管理体制建设力度，尽快研究出台应急管理办事机构设置硬性规定或指导性法规，进一步强化各级应急办的统筹协调职能；进一步完善应急管理机制，提高应急管理工作效率；进一步完善突发事件应对法律法规和配套制度，加快应急管理法制体系建设；进一步完善突发事件应急预案；继续做好应急物资调查，健全应急物资储备制度；进一步加强应急救援队伍建设，建立一体化社会救援服务平台；各级政府加强与保险业的沟通与协调。

关键术语

公共紧急状态　紧急状态立法模式　行政紧急权　公共部门危机管理法制化　紧急状态法　《突发事件应对法》的主要内容　《突发事件应对法》的突破与制度创新　《突发事件应对法》的完善路径　《突发事件应对法》适用创新　公共部门危机管理立法制度创新

复习思考题

1. 公共部门危机管理法制化在公共部门危机管理中的地位如何？其重大意义何在？

2. 何谓“公共紧急状态”？其有哪些特征？

3. 比较西方国家五种有关紧急状态的立法模式的异同，并分析其对我国公共部门危机管理法制化的启示。

4. 如何对行政紧急权进行有效的监督和制约？在紧急状态下，如何保障公民的基本权利？

5. 我国公共部门危机管理法制化的现状与主要问题体现在哪些方面？

6. 进一步提升我国公共部门危机管理的法制化水平和程度，可以采取哪些对策措施？

7. 紧急状态法应建立健全哪些法律制度？

8. 如何完善我国的应急专门法律制度？

9.《突发事件应对法》始终贯彻并遵循着哪些总体思路？

10.《突发事件应对法》确立的基本制度主要包括哪些内容？

11. 如何概括《突发事件应对法》的突破与制度创新？

12.《突发事件应对法》在实施过程中存在着哪些主要问题？完善《突发事件应对法》的路径何在？

13.《突发事件应对法》在实际适用过程中有哪些创新做法？试举例说明之。

14. 我国公共部门危机管理立法制度创新取得了哪些新进展？请用实际立法案例阐明之。

阅读案例

河南平顶山“5·25”特别重大火灾事故应急处置

一、事故基本情况

2015 年 5 月 25 日 19 时 30 分许，河南省平顶山市鲁山县康乐园老年公寓发生特别重大火灾事故，造成 39 人死亡、6 人受伤，过火面积 745.8 平方米，直接经济损失 2 064.5 万元。

事故发生后，党中央、国务院高度重视，习近平总书记、李克强总理立即做出重要指示批示，要求全力救治受伤人员，妥善做好遇难者善后和家属安抚工作，并查明事故原因，依法追究事故责任，全面排查各方面的安全隐患，坚决避免类似事故再次发生。张高丽、马凯副总理，杨晶、郭声琨、王勇国务委员也都做出重要批示。公安部、安全监管总局等立即派出工作组赶赴现场，传达贯彻落实党中央和国务院领导同志重要指示批示精神，指导地方做好事故救援和善后处理等工作。

依据《安全生产法》和《生产安全事故报告和调查处理条例》等有关法律法规，经国务院批准，5 月 27 日，成立由安全监管总局副局长孙华山任组长，安全监管总局、公安部、监察部、民政部、全国总工会、河南省人民政府有关负责同志等参加的国务院河南平顶山“5·25”特别重大火灾事故调查组（简称事故调查组）开展事故调查工作，并邀请最高人民检察院派员参加。事故调查组聘请公安部火灾事故调查专家组、公安部天津消防研究所、公安部沈阳消防研究所和中国安全生产科学研究院等单位的 8 位专家参与调查工作。

事故调查组按照“四不放过”和“科学严谨、依法依规、实事求是、注重实效”的原则，通过现场勘验、查阅资料、调查取证、实验测试、检测鉴定和专家分析论证，查明了事故发生的经过、原因、人员伤亡和直接经济损失等情况，认定了事故性质和责任，提出了对有关责任人员和责任单位的处理建议，并针对事故原因及暴露出的问题，提出了事故防范措施。经调查认定，河南平顶山“5·25”特别重大火灾事故是一起生产安全责任事故。

二、事故发生经过及应急救援情况

（一）事故发生经过

5 月 25 日 19 时 30 分许，康乐园老年公寓不能自理区女护工赵红霞、龚改新在起火建筑西门口外聊天，突然听到西北角屋内传出异常声响，两人迅速进屋，发现建筑内西墙处的立式空调以上墙面及顶棚区域已经着火燃烧。赵红霞立即大声呼喊救火并进入房间拉起西墙侧轮椅上的两位老人往室外跑，再次返回救人时，火势已大，自己被烧伤，龚改新向外呼喊求助。由于大火燃烧迅猛，并产生大量有毒、有害烟雾，老人不能自主行动，无法快速自救，导致重大人员伤亡，不能自理区全部烧毁。

（二）单位组织初起火灾扑救和疏散人员情况

不能自理区男护工石胜利、常玉卿、马金德（范花枝的丈夫），消防主管孔繁阳和半自理区女护工石莉等听到呼喊求救后，先后到场施救，从起火建筑内救出 13 名老人，范花枝组织其他区域人员疏散。在此期间，范花枝、孔繁阳发现起火后先后拨打 119 电话报警。

（三）消防队接警出动、灭火救援及搜救情况

19 时 34 分 04 秒，鲁山县消防大队接到报警后，迅速调集大队 5 辆消防车、20 名官兵赶赴现场，19 时 45 分消防车到达现场，起火建筑已处于猛烈燃烧状态，并发生部分坍塌。消防大队指挥员及时通知辖区两个企业专职消防队 2 辆水罐消防车、14 名队员到达火灾现场协助救援。现场成立 4 个灭火组压制火势、控制蔓延、掩护救人，两个搜救组搜救被困人员。20 时 10 分现场火势得到控制，同时指挥员向平顶山市消防支队指挥中心报告火灾情况。20 时 20 分明火被扑灭。截至 5 月 26 日 6 时 10 分，指挥部先后组织 7 次细致搜救，在确认搜救到人数与有关部门提供现场被困人数相吻合的情况下，结束现场救援。

（四）当地政府应急处置情况

火灾发生后，鲁山县委、县政府立即启动应急响应，组织公安、消防、民政、安全监管、医疗卫生等部门人员全力展开灭火、搜救、善后及维稳工作。医疗卫生部门共调派 27 辆救护车、14 个医疗单位，出动医务人员 81 人次。

河南省及平顶山市政府接到火灾事故报告后，立即启动应急预案。省委书记郭庚茂、省长谢伏瞻接到报告后，立即做出批示。省长谢伏瞻，副省长李亚、张维宁，平顶山市委、市政府主要负责同志等带领省、市有关部门负责同志赶赴事故现场，成立现场指挥部，组织开展应急救援和伤员救治工作。

（五）医疗救治和善后处理情况

地方党委、政府认真稳妥做好医疗救治、事故伤亡人员家属接待及安抚、遇难者身份确认和赔偿等工作。按照医疗救治、善后安抚两个“一对一”的要求，对遇难者家属、受伤人员及其家属分步骤进行心理疏导，全力开展善后工作，保持社会稳定。

三、防范措施

（一）落实企业主体责任和政府部门安全监管责任

河南省和平顶山市要深刻吸取事故教训，牢固树立安全发展理念，始终坚守“发展绝不能以牺牲人的生命为代价”这条红线，建立健全“党政同责、一岗双责、齐抓共管”

的安全生产责任体系，落实属地监管，实现责任体系“五级五覆盖”。

要规范行业管理部门的安全监管职责，特别是涉及多个部门监管的行业领域，按照“管行业必须管安全”的要求，明确、细化安全监管职责分工，消除责任死角和盲区。

要督促企业落实安全生产主体责任，做到安全责任到位、安全投入到位、安全培训到位、安全管理到位、应急救援到位。

（二）加强养老机构安全管理

河南省各级民政部门要落实《老年人权益保障法》等法律法规要求，指导养老机构建立健全安全、消防等规章制度，做好老年人安全保障工作。要按照实施许可权限，建立养老机构评估制度，加强对养老机构的监督检查，及时纠正养老机构管理中的违法、违规行为。民政部门支配的福彩公益金补助民政服务机构建设项目，要优先支持安全设施建设。养老机构因变更或终止等原因暂停、终止服务的，民政部门应当督促养老机构制订实施老年人安置方案，并及时为其妥善安置老年人提供帮助。

（三）加大对民办养老机构的政策扶持

河南省要针对社会养老需求及现状，加强对民办养老服务业发展状况的调查研究，完善养老机构管理法规，保障养老机构健康发展、安全发展。针对制约民办养老机构发展的用地难、融资难、税费减免难、用工难、医养结合难及安全管理薄弱等突出问题，要认真研究，构建切实可行的政策制度，规范民办养老机构安全管理标准化建设，提升安全管理水平。加强养老机构设立许可办法和管理办法等法规的宣传培训，督促指导民办等各类养老机构依法依规建设、管理。

（四）加强消防安全日常监督检查

河南省各级公安消防部门要依法履行对消防重点单位日常监督检查职责，切实加强日常监督检查工作，尤其是对幼儿园、学校、养老院等人员密集场所的消防安全隐患排查，要严格做到全覆盖、零容忍。严肃查处消防设计审核、消防验收和消防安全检查不合格的单位，提请政府坚决拆除违规易燃建筑，推动消防安全主体责任严格落实。

县级公安机关要加强对消防大队和公安派出所的组织领导和统筹协调，确保消防安全工作无缝衔接。加强对派出所等一线民警消防法规和业务知识的培训，切实提高发现隐患、消除隐患的能力和水平。

（五）严格养老机构等人员密集场所的消防安全整治

河南省各地区要定期组织开展对养老机构等人员密集场所的安全隐患排查，对违规使用聚苯乙烯、聚氨酯等保温隔热材料，建筑达不到耐火等级要求的，要严格按照《建筑设计防火规范》（GB 50016－2014）、《养老设施建筑设计规范》（GB 50867－2013）等国家标准，限期整改，确保建筑符合防火安全规定；对防火、用电等管理制度不健全、不符合规范的，无应急预案、应急演练不落实的，许可审批手续不全的，要坚决予以整改。各类养老机构等人员密集场所要强化法律意识，制定突发事件应急预案，切实落实安全管理主体责任。

（六）进一步加大对违法、违规经营和失职、渎职行为的查处力度

各地区要认真贯彻落实《国务院办公厅关于加强安全生产监管执法的通知》的相关要求，建立安全生产监管执法机构与公安机关和检察机关安全生产案情通报机制，建立

事故整改措施落实情况评估制度，认真组织评估工作，依法从严查处违法、违规经营和失职、渎职行为，落实"事故原因未查清不放过，事故责任人未受到处理不放过，事故责任人和相关人员没有受到教育不放过，未采取防范措施不放过"，切实吸取事故教训，筑牢安全防线。

资料来源：国务院公布的事故调查报告、中央人民政府门户网站、公安部网站，以及会议资料。

思考与讨论的问题

从上述案例提供的材料来看，河南平顶山"5·25"特别重大火灾事故应急处置过程中，你认为主要涉及了哪些公共部门危机管理法制化的相关知识和规定？为了切实加强养老机构等人员密集场所的消防安全整治，健全联防联控机制和加强风险防控能力建设，中国政府公共部门危机管理法制化建设可以从中获取哪些有益的启示？

第4章

公共部门危机管理：国际借鉴

西方发达国家一般架构三大平台以建设全国性的危机管理体制，包括机构运作、政策执行、综合管理等方面。西方发达国家在公共部门危机管理体制方面，有比较成熟的经验，大体上可分为三种模式：美国模式、俄罗斯模式和日本模式。

美国已经发展出一套相当完善的危机管理体制，这套危机管理体制构筑在整体治理能力的基础上，通过法制化的手段，将完备的危机应对计划、高效的核心协调机构、全面的危机应对网络和成熟的社会应对能力包容在体系中。英国政府意识到，合作是成功进行危机风险评估，缓解、规划、应对和恢复工作的关键所在。俄罗斯逐步建立起了总统直接领导，以联邦安全会议为决策机关，包括联邦安全局、国防部、紧急情况部、外交部、联邦政府通信与情报署等在内的权力执行部门为执行机关，既分工又相互协调的危机管理体制。日本危机管理体制的发展大体经历了以单项灾种管理为主进行防灾减灾管理阶段、多项灾种的综合防灾管理体制阶段以及以加强内阁功能为主的新型综合性危机管理体制阶段。

本章主要阐述西方发达国家危机管理体制的共同特点和趋势；阐明并探讨美国危机管理体制的形成、发展与主要内容，英国危机管理体制的整体安排，俄罗斯危机管理体制的具体内容与特点，以及日本危机管理体制的形成与发展、静态与动态分析。

重点问题

- 西方发达国家危机管理体制的三种模式
- 美国危机管理体制的主要内容
- 美国突发公共卫生事件危机管理体制
- 英国危机管理体制的整体安排
- 俄罗斯危机管理体制的具体内容与特点
- 日本危机管理体制的静态分析
- 日本危机管理体制的动态分析

西方发达国家一般架构三大平台以建设全国性的危机管理体制，包括机构运作、政策执行、综合管理等方面。三大平台具体是指①：（1）全国性的机构平台。该平台包括：机构设置、跨部门运作、职能协调、员工招聘、人事监管、技能培训等相关方面，是综合性的社会长期工程。（2）国家政策平台。该平台针对突发事件要注意的三方面衡量尺度：政府各部的政策口径统一，相互协调补充；形成制度化的政策平台，注意连贯性；既要提升快速反应能力，也要遵循政策的渐进规律。（3）社会保障平台。社会保障平台对于绝大多数普通公民而言是抵御危机最有效的防线，主要体现在三方面：医疗保障，针对危机的特征调整医疗救助的优惠方案，减免贫困人员、农村人口的相关医疗费用；救济保障，直接补助急需相应物资、器械的对象；保险保障，增加突发事件的险种，适当放宽理赔的标准。

研究表明，西方发达国家危机管理体制的共同特点和趋势主要有②：（1）行政首长担任最高领导，全面领导国家的危机管理工作。日常管理委托给直接下属的危机管理机构，重大紧急事件仍然由担任最高指挥官和最终决策者的行政首长来进行决策，并对关键性资源进行指挥调动和处理。（2）危机管理委员会或联席会议辅助决策。行政首长对于跨部门的综合性决策和指挥，通常依靠危机管理委员会或联席会议提供决策的辅助和咨询，危机管理委员会还兼有宏观的信息中心和最高协调中枢的功能。（3）常设的危机管理机构处理日常事务。常设的危机管理机构的工作一般可分为两类：一是负责日常的危机管理工作；二是紧急状态下的具体协调工作。概括地讲就是全面负责危机事件的准备、阻止、回应、重建和舒缓。（4）地方政府为操作主体，实施具体的危机管理任务，强调多方协作。在发达国家，社区、公民团体、志愿组织等，乃至家庭都是危机管理的重要力量。（5）强调全过程的危机管理，突出预防的重要性。（6）建立健全危机管理的法律和制度，实施标准化的危机管理。

西方发达国家在公共部门危机管理体制方面，有比较成熟的经验，大体上可分为三种模式③：美国模式、俄罗斯模式和日本模式。美国模式的总特征为“行政首长领导，中央协调，地方负责”，美国、澳大利亚和英国在危机管理体制方面具有类似的特征；俄罗斯模式的总特征为“国家首脑为核心，联席会议为平台，相应部门为主力”；日本模式的总特征为“行政首脑指挥，综合机构协调联络，中央会议制定对策，地方政府具体实施”。下面具体介绍具有代表性的四个发达国家的危机管理体制：美国、英国、俄罗斯和日本。

4.1　美国危机管理体制

4.1.1　美国危机管理体制的形成与发展

美国建立危机管理体制的历史可以追溯到 20 世纪初，经历了从专司某个领域危机的

① 参见唐钧：《公共危机管理：国际动态与建设经验》，载《新视野》，2003（6）。
②③ 参见中国行政管理学会课题组：《政府应急管理机制研究》，载《中国行政管理》，2005（1）。

部门管理体制发展到构建综合性危机管理体制的逐步完善的过程。最早在1908年，面对当时日益尖锐的阶级冲突和种族冲突，美国就成立了以联邦调查局为主体的社会危机管理机构。此后为了应对周期性经济危机以及世界大战所带来的战争危机，美国又先后构建了以联邦储备委员会为主体的经济危机管理体制和以国防部、中央情报局为主体的战争危机管理体制。

第二次世界大战结束以后，为了适应谋求世界霸权的战略需要，美国针对第二次世界大战期间国家安全决策机构应对战争反应迟钝、效率低下等弊端，制定了适用战争危机的《国家安全法》，于1947年构建了以国家安全委员会为主体的综合性危机管理体制。1976年，美国国会通过了适用于全国各类危机的《国家紧急状态法》，明确规定了紧急状态的颁布程序、实施方式、终止方式、紧急状态的期限和紧急状态期间的国家权力。[①] 1979年，美国成立联邦紧急事务管理署，这是一个直接向总统负责、报告并处理国家灾情的独立政府机构。

冷战格局解体之后，美国作为世界上唯一的超级大国，面临着更多、更严峻的挑战和威胁，特别是遭受了2001年“9·11”事件的沉重打击，美国的忧患意识进一步增强，遂通过增设机构、强化危机管理职能部门的协调等途径，使这一综合性危机管理体制进一步完善，最终形成了以总统直接领导的国家安全委员会为决策指挥中心，应急性危机决策特别小组为行动指挥，国务院、国防部、司法部（包括其下属的联邦调查局、移民和归化局）、国土安全部、美军北方司令部等相关部门分工负责，以中央情报局等情报机构为跨部门协调组织，受国会监督的综合性的国家危机管理体制。[②]

4.1.2 美国国家危机管理体制

美国国家危机管理体制是以总统为核心，由总统在听取高级顾问或高层工作班子意见和建议后做出决策。根据美国宪法和相关法律的规定，总统是国家行政首脑、军队统帅。在危机管理方面，担任国家安全委员会主席，有权宣布国家进入紧急状态。在紧急状态期间，总统有权颁布一些临时性法规，一旦解除紧急状态，这些法规也随之失效。总统既可以召开国家安全委员会讨论危机形势，也可以组成高层工作班子帮助总统做出最适当的决定。国家安全委员会的法定成员包括总统、副总统、国务卿和国防部部长，参谋长联席会议主席、中央情报局局长可列席参加。委员会的日常工作由总统国家安全事务助理负责。处理危机的高层工作班子通常由副总统、国务卿、总统国家安全事务顾问、国防部部长、参谋长联席会议主席、中央情报局局长、财政部部长等组成。

美国国家安全委员会的地位和作用十分特殊。从管理体制上说，它隶属于白宫办公室，由总统直接领导，是美国总统私人的国家安全智囊，而不是法定的行政部门，因此无须接受国会以听证或其他形式的检查监督。在白宫办公室中，起关键性作用的是国家安全

① 参见中国现代国际关系研究所危机管理与对策研究中心：《国际危机管理概论》，94页，北京，时事出版社，2003。

② 参见上书，79页。

事务助理。一旦发生危机事态，国家安全委员会将派人进驻白宫情况室，以缩短情报传递时间。白宫情况室的另一项特殊任务是负责总统与外国元首的热线联系，这在国际危机事态的处理中发挥着积极而重要的作用。从职能上说，它专司美国国家安全，是总统实施国际国内危机管理的决策咨询机构，其主要任务是向总统提供与国家安全有关的内政、外交和军事政策的综合建议，以便使军事部门和政府其他部、局在国家安全事务上进行更有效的合作。对于国家安全委员会讨论的问题和提出的建议，总统拥有最后裁决权，同时它又聚集了政府中的重要成员，具有协调各职能部门的权能，这就从制度上保证了它在制定、实施国家安全政策和危机管理过程中的中心位置和主导地位。所以，有人称国家安全委员会是美国超级核心决策机构，是美国"复杂决策体系的塔尖"，"这种体制在世界上绝无仅有"①。

美国国家安全委员会自成立至今经历多次改革，其内部机构的设置几乎没有固定的模式，而是随着国际、国内安全形势的变化而调整。目前内部机构不多，仅设置区域性和职能性两种协调委员会，这两个委员会的主要任务是分别就世界各地区和某个社会领域的国家安全政策的制定和贯彻提出建议。在日常情况下，国家安全委员会采取分级会议的形式就国家安全的重大问题形成决策。具体分为：由总统亲自主持的最高级会议、由国家安全事务助理主持的部长级会议和由国家安全事务副助理主持的副部长级会议。一旦危机发生，则根据危机的性质和事态的发展，再成立规模比较小的"危机决策特别小组"，选定相关的部门作为其成员，在总统的直接主持下指挥危机管理行动。

美国政府进行危机管理的专门独立机构是联邦紧急事务管理署，是 1979 年根据当时的总统卡特的命令，将原来 100 多个与灾害责任有关的联邦政府部门合并起来而组建的，直接向总统负责，包括总局（办公室及 6 个分局）、10 个地方局及训练中心。它有固定职员 2 500 名（含地方局）、非固定人员 4 000 名，其业务包括对灾害的预防准备、实施应急措施及灾后的恢复，还包括实施洪水保险制度、消防队员的训练等。联邦紧急事务管理署的使命是领导美国对自然灾害的准备、预防、响应和恢复，并有着"一个有所准备的国家"这样的视野。多年来该机构已发展起一整套"综合应急管理系统"，以应付各种类型和各种规模的天灾人祸，从火警、地震、飓风到爆炸，直到危机的最高形态——战争，无所不管。"9·11"事件后，这个专业化机构继续扩大和加强。2003 年 3 月，联邦紧急事务管理署正式加入国土安全部。

美国国土安全部于 2003 年 1 月 23 日正式成立，它囊括了 22 个不同的机构，如司法部内的移民和归化局、交通部内的交通安全局、财政部内的联邦法律执行培训中心、农业部下属的动植物检疫局、司法部下属的国内防备厅、联邦紧急事务管理署、全国战备贮存战略物资与全国灾害医疗系统、能源部核事故响应小组、司法部紧急支持小组、联邦调查局所属国内预备厅等政府部门。这 22 个机构都很重要，它们既独立分工，又相互合作，构成保卫美国本土安全和实施危机管理的统一整体，它们的共同目的是保护美国人民。美国国土安全部的三项主要使命是：预防美国境内的恐怖袭击；降低美国对于恐怖主义的脆

① 中国现代国际关系研究所危机管理与对策研究中心：《国际危机管理概论》，80 页，北京，时事出版社，2003。

弱性；减少潜在攻击和自然灾害的损失。①

美国国防部在危机管理中主要负责军事情报的搜集、分析与汇报，执行危机管理过程的相关军事行动，负责对外军事谈判。国防部部长是总统在防务方面的首席顾问，参谋长联席会议主席是国家安全委员会的法定军事顾问。国防情报局拥有 5 000 名文职与军职人员，负责在陆军、海军、空军以及海军陆战队之间协调情报，并将归纳好的不带任何军种偏见的情报总结呈交国防部部长和参谋长联席会议。

4.1.3 美国突发公共卫生事件危机管理体制

美国传统的突发公共卫生事件危机管理体制是以“国家—州—地方”三级公共卫生部门为基本架构的，且由于其联邦制的特点，三级公共部门之间的协作较为松散。总体而言，美国横向的政府职能部门均能协同运作，纵向的“国家—州—地方”三级公共卫生部门也能高效协调，同时还重视与世界卫生组织等国际机构的交流与合作，从而建立起一个全方位、立体化、多层次和综合性的公共卫生应急管理网络。然而，“9·11”事件和炭疽病毒袭击对美国危机管理体制提出了严峻的考验，并因此而深刻改变了传统的突发公共卫生事件危机管理体制。

目前，美国突发公共卫生事件危机管理体制以新的三级应对体系为基本特点：（联邦）疾病控制与预防系统（CDC）—（地区/州）医院应急准备系统（HRSA）—（地方）城市医疗应急系统（MMRS ）三个子系统。②

CDC——疾病控制与预防中心：成立于 1946 年，是美国卫生与人类服务部（DHHS）的一个部门，其主要职能包括：制定全国性的疾病控制和预防战略、公共卫生监测和预警、突发事件应对、资源整合、公共卫生领域管理者和工作人员的培养。CDC 是整个突发公共卫生事件应对系统的核心和协调中心。

HRSA——卫生资源和服务管理局：是与 CDC 平行的部门，同属于美国卫生与人类服务部，旨在为所有人提供卫生保健服务。“HRSA 医院应急准备系统”主要通过提高医院、门诊中心和其他卫生保健合作部门的应急能力，来发展区域应对突发公共卫生事件的能力。该系统在全国实行分区管理，共设 10 个区，区内以州为单位实现联动。除了州和地方卫生部门外，其他参与者还包括：州级应急管理机构、州级农村卫生保健办公室、退伍军人卫生保健部门和军方医院、基本医疗保健协会等。

MMRS——城市医疗应急系统：是地方层面应对突发公共卫生事件的运作系统。MMRS 项目始于 1996 年，2003 年 3 月 1 日加入联邦紧急事务管理署。该系统通过地方的执法部门、消防部门、自然灾害处理部门、医院、公共卫生机构和其他“第一现场应对人员”之间的协作与互动，确保城市在一起公共卫生危机最初 48 小时的有效应对，从而使得城市在全国应急资源被动员起来之前能以自身力量控制危机事态。

---

① 参见张梦中：《美国的危机管理系统及其在“非典”防范中的作用》，载《中国行政管理》，2003（7）。

② 参见薛澜、朱琴：《危机管理的国际借鉴：以美国突发公共卫生事件应对体系为例》，载《中国行政管理》，2003（8）。

美国突发公共卫生事件危机管理体制以 CDC 为核心，构筑了强大的公共卫生防护网。美国的疾病控制工作主要由国家及地方的卫生机构负责。这些机构的工作包括：发现、报告以及治疗病例。在出现重大公共卫生危机时，总统有权视危机的严重性决定是否需要宣布国家进入紧急状态。

CDC 的一个重要功能是在疾病爆发早期及时发现并发出预警，CDC 的信息传递链条是从地方到州，然后是国家卫生当局。CDC 的另一职能是在疾病爆发后，及时调整应对之策。CDC 会连续地追踪新发病例，以使民众能及时知道疾病的传播态势。同时，CDC 还将来自其他组织的对抗疾病的研究信息共享，以确保各研究机构能取长补短。CDC 的主要职责是卫生预防，为此，CDC 采用了大量的监控措施。

CDC 在国际卫生行动中同样扮演重要角色，对国际疾病控制与预防的支持被视为它的一个重要职责。国际合作方面的六个主要领域是：流行病爆发援助，疾病调查，公共卫生工具的供给，对全球疾病控制行动的支持，公共卫生培训以及能力建设。同时，它还被视为国际流行病调查的领导者。

在处理与爆发性传染病相关的公共卫生危机方面，CDC 的主要应急措施包括：

（1）利用紧急行动中心机制，展开传染病的起因、传播方式和控制措施的调查。

（2）利用紧急响应计划，在保证及时得到国内外信息的基础上，制定和更新有关传染病的处理工作和防范指南，包括传染病认定准则、隔离与检疫防范手段的建议标准、公众防范指南等。

（3）利用部门间紧急协调计划，加强传染病信息交流和对策研究，并堵截传染病各种可能的传播途径，同时通过卫生与公众服务部逐层向上汇报。

（4）利用平时就有的“与州和地方政府的伙伴关系网”，通知各级政府及其卫生部门加强防范和信息反馈。

（5）利用“卫生信息通知机制”，发布公共防范传染病信息。

（6）启动“实验室网络”，动员一切力量开展有关传染病检测和病因的科研。

（7）成立有关传染病传播途径的特别调查组，针对可能的主要传染途径和场所，特别是易传播场所，如学校、工厂等进行调查，了解分析传染病在这些场所可能传播的方式，制定遏制传染病大规模传播的有针对性的防范措施。

（8）为危机涉及部门提供可靠、不断更新的信息支持。

（9）制定和更新包括传染病诊断、调查、实验室科研和防范各环节的一整套工作和卫生防范指南，一方面使医务人员、调查人员和科研人员有章可循，另一方面可防止二次污染。

突发公共卫生事件危机管理体制必须是包括公共卫生、突发事件管理、执法、医疗服务和第一现场应对人员（如消防员、救护人员）等在内的多维度、多领域的综合、联动和协作系统。除了 CDC、州和地方层面的应对行动外，许多机构也被纳入这一应对系统之中，以实现跨机构的联动。

4.1.4　美国汛期危机管理体制

美国汛期危机管理的实施主要以联邦应急计划为依托。该计划是美国联邦政府应对灾害的主要措施。一般是在发生州一级难以应对的灾害时，由州长提出发布总统公告的请求，有关部门在接到请求后立即进行灾害状况评估，根据评估结果，如有必要，则发布总统公告，即宣布实施联邦应急计划。

在联邦应急计划中，地方、州、联邦各级均有不同的分工和责任。

(1) 地方一级：市镇长等负责建立地方紧急活动中心和与州长的联系。另设一名初期指挥官，负责初期的现场防汛指挥。

(2) 州一级：州长负责建立州紧急活动中心，发布州紧急事态公告，建立与联邦紧急事务管理署地方局局长的联系，提出发布总统公告请求等。同时设州协调官，协调全州的救灾活动和与联邦的联系。

(3) 联邦一级：联邦总统发布总统公告，任命联邦协调官。联邦紧急事务管理署署长负责起草总统公告。联邦紧急事务管理署地方局局长负责建立地区活动中心，派遣应急先遣队，并向联邦紧急事务管理署署长汇报。联邦协调官负责现场救灾办公室的工作及联邦救灾活动的指挥。

联邦紧急事务管理署是政府实施联邦应急计划的主要职能部门，它的主要作用在于实施灾害初期的应急措施、判断是否发布总统公告、收集信息以及与有关部局及州之间的联系协调等。除联邦紧急事务管理署外，还有 26 个联邦政府的部局机构（包括内政部、农业部、国防部等）按联邦应急计划的规定负有紧急支援职责，其职能分为 12 类。一旦启动联邦应急计划，各有关机构即根据各自的职责范围开始行动。

在国家级的汛期灾害危机管理中：由联邦紧急事务管理署了解受灾情况，掌握支援需求，并向有关部门报告；在联邦紧急事务管理署信息协调中心内设置紧急支援队伍（从有关部局收集信息，进行联系协调，由联邦紧急事务管理署的各处室负责人汇总）；根据需要成立特大灾害应急小组（由有关部门官员组成决策机构，由联邦紧急事务管理署署长任负责人）。同时在灾害现场：由联邦紧急事务管理署地方局开始实施支援行动；由联邦紧急事务管理署及有关部局设置地区行动中心（负责应急队伍成立前与州之间的联系协调等）；由联邦紧急事务管理署地方局派遣应急先遣队（调查受灾情况、人员、物资的需要等）；在联邦协调官任命之前，由联邦紧急事务管理署地方局局长负责现场指挥；由总统任命的联邦协调官组建现场指挥部；根据现场指挥部的指挥，应急队伍正式开始工作。

4.2 英国危机管理体制[①]

4.2.1 英国国内危机管理规划整体安排

英国国内危机管理规划安排是在各个机构内外进行整合的，这些规划是各个部门和机

① 参见顾林生、刘静坤：《英联邦危机管理体系》，载《城市与减灾》，2004 (3)；刘桂山：《英国的意外事件应变机制》，载《经济参考报》，2003-05-13。

构相关规划的整体表现，在某些关键地方，机构间应当分工明确并且互相配合。整合危机处置工作的几个基本组成部分如下：

1. 评估工作

各类机构都应当对自己负责的区域进行检查，从而对潜在的威胁或危险进行风险评估。预先性的评估工作应当确定能够在第一时间对危机进行预防的方法，这些工作应当依据机构或社会所面临的可能需要来进行联合规划。尽管对特定社区面临的高度风险进行评估至关重要，但是，有效的危机规划的首要原则就是评估工作不应当与危机种类的猜测相互混淆——规划应当是灵活的，并且应当基于具体的职能而定。因为任何类型的危机都可能在任何地方发生。危机中持续的合作评估也是一项重要的工作，如风险消解方法、卫生和安全要求、预测撞击效应以及相关资源的供应。

2. 预防工作

某些特定种类的工作具有特定的风险，因此，应当根据法律规定采取预防措施，尽量消除、隔离或减少这些风险。

3. 准备工作

准备工作包括规划、培训和训练。规划必须有针对重大危机的应对措施，无论这些危机是已知的危险还是未知的事件。规划应当提供预先取得共识的工作框架，各机构和人员以此为基础按部就班地工作。高层应当为之提供明确的规划和委托事项。危机规划并不仅仅是危机规划者自己的杰作——它们应当是总体管理战略的有机组成部分。这就意味着在做出其他决策的时候，理所当然地应包括这些危机规划在内。危机管理框架必须明确各个层面的角色和职责。各个机构应当建立并检测其工作安排。机构之间的协议应当能够确保及时有效地进行危机处置工作。危机的总体应对工作将不可避免地涉及不同的部门。因此，有效规划能够确保同一机构内不同部门的工作有条不紊地进行。危机规划必须基于日常的工作体系。

应当最大限度地利用工作人员的知识和技能，工作人员还需要接受辅助的培训，以便在重大危机情况下能够继续开展工作，履行特殊的职责。定期的演习能够检测规划应对重大危机的有效性，由此获得的经验可以吸纳到规划中来，对已有的规划进行修正和补充。

4. 应对工作

重大危机的最初应对工作旨在处置危机的直接影响。此时，协作、协调和交流工作是至关重要的。对于突发性的危机（爆炸、重大交通事故、暴乱等），最初的应对工作一般都是由法定处置机构操作的。同时，相关的地方当局和志愿组织给予可能的帮助。渐发性或扩散性的危机（如疯牛病、2000年燃料危机、口蹄疫等）显示，其他机构在重大危机的早期阶段也能遭到直接的冲击。在对突发性或渐发性危机的评估和规划中，一个重要的方面就是确定促使相关机构启动危机管理规划的理由。这些初期和长期应对规划必须对危机的发展和可能的结果进行评估，其具体的目标应当是通过采取必要的应对措施来缓解危机的影响。

5. 恢复管理

恢复管理的对象包括危机造成的自然、社会、心理、政治和经济结果。对这些结果的预测工作和采取的相关恢复计划必须与最初的应对工作同步进行。相关机构和社区应当进行行动规划和管理，从而采取有效行动并尽快恢复到正常状态。经验表明，必须使社区完全投入恢复工作中，对自救工作的开展和支持不容忽视。

这五项活动统称为整合危机管理方法（integrated emergency management approach)。这种广泛意义上的整合危机管理方法，意在面临大规模破坏性危机的时候，提高社会整体的防护能力。制定应对和恢复规划的关键，应当是有效地应对事故或事件带来的普遍影响（而不是其他问题)。应对大规模危机的普通规划安排应当内外一致，无论危机源于自然原因、人类行为、技术性事故或者恶意行为。危机规划应当具有灵活性，能够适用于公共假日、周末、恶劣天气及任何场所，接受不同环境的检测，以确定其能够灵活和有效地在不同情况下发挥预期的作用。重大危机之间并没有界限，无论是自然危机还是人为危机，其结果经常会带来广泛的影响。如果应对工作确实能够发挥效用，满足受到危机影响的人们的需求，那么，所有社区、工商业的领导就会意识到不同机构的重要作用。在规划过程中，将考虑建立同级别机构之间的互助协议。在重大危机中，工作强度将会增大，日常的工作也同时需要继续完成。各个机构必须竭尽全力确保关键机构的运作，这项工作如果没有协助是很难有效完成的。

这些工作都是相当重要的。过去数年中发生的事件，促使英国在重大危机的处置方面投入了更多的精力。首先，政府对危机的风险评估和预防更为重视；其次，重大危机应对和恢复工作的整体安排必须在考虑具有可视结果的突发性灾难（交通事故、洪灾等）的同时，考虑不易感知的“渐发性危机”，如流行性疾病、大规模的抗议等。

4.2.2 组合的应对工作和职能机构

危机中没有固定的应对模式可循。应对工作需要随着危机的性质和影响而变化。然而，任何应对工作都需要组合和协调，并且不同的危机可能具有某些共同的特征。组合应对工作的基本目标在各种情况下都是相似的。相同的基本管理框架应当适用于诸多类型的危机。简报、任务报告和正式调查报告都需要准确的信息，并且应当交流相关的经验。

对于突发性危机事件，由于紧急应对部门，如警察机构、消防部门、救护部门和海岸警卫队等，都保持着准备就绪的状态，所以能够快速反应，并且尽早通知地方当局和其他机构。所有需要快速危机反应的机构都具有能够快速启动的工作部署，这些工作部署应当尽早制定，并且应当向参与应对工作的所有人员公布。紧急应对部门、地方当局和政府部门以及其他组织（如公用部门、志愿组织和相关社区）已经制定出统一的工作规划文件。该文件对于各个机构的工作程序和职责提供了具体的指导，促使这些机构能够进行组合和协调，从而进行有效的应对工作。

英国政府许多部门都有危机管理体制，并根据不同政府部门的特点制定了一整套措施，如关于健康保护、反恐怖袭击、应付罢工和动乱、防灾治灾、重大交通事故处理、突发疫情、食品安全、化学污染、旅游事件以及电脑病毒感染等方面的措施。一旦发生危机事件，各有关部门可以马上启动应急机制，相关部门则予以配合和支持。

为了协调各个部门的紧急应变工作和活动，英国政府于 2001 年还设立了非军事意外事件秘书处，作为内阁办公室的一部分；具体担任协调政府部门、非政府部门和志愿人员的紧急救援活动，通过内阁办公室的安全和情报协调官员向首相汇报情况。该秘书处下设三个具体职能部门，包括评估部、行动部和政策部。评估部负责全面评估可能和已经发生的灾难的程度、规模以及影响范围，发布信息；行动部负责制订和审议应急计划，确保中央政府做好充分准备来有效应对各类意外事件和危机；政策部参与制定后果管理政策，并通过与政府各部磋商起草计划设想和全国性标准。同时，该秘书处还与内政部保持紧密的工作关系，也参与反恐活动。另外，秘书处还建立了意外事件规划学院，专门从事英国应急理论、应急措施、跨部门协调应急行动的研究和培训工作。

英国政府还专门设立了一个非军事意外事件委员会，由内政大臣担任主席。与内阁办公室的意外事件秘书处保持密切的工作关系。而且，英国还有许多民间的应急组织，如紧急事件计划协会，这是一家参与任何形式的危机、紧急事件或灾难规划和管理的专业性机构，拥有来自不同行业的 1 400 名会员，包括各级政府、工业、公共设施、紧急救助服务、志愿组织、教育机构、法律和独立咨询等机构和行业的专业人员。媒体在促进应急措施实施过程中也相当重要，在发生意外事件和灾难时，英国政府有关部门一般都会及时与媒体沟通，准确通报情况，避免谣言和猜测造成不必要的恐慌和过分渲染。同时，各有关部门还就可能发生的事件发出经常性的忠告，增强人们的自我保护意识和防范可能的突发事件的侵袭和影响。英国国内紧急状态处置机构具体情况见表 4-1。

表 4-1　　英国国内紧急状态处置机构一览表

中央领导机构	国内紧急状态秘书处		
地方处置机构	第一类应对者	地方政府	英格兰郡地方议会 英格兰区自治会 英格兰伦敦地区自治会 英格兰伦敦市普通议会 英格兰锡利群岛议会 威尔士郡地方议会 威尔士郡自治会
		紧急工作部门	警察机构 北爱尔兰警察机构 英国交通警察机构 消防部门
		卫生部门	国家健康中心托拉斯 全国卫生部门基金会托拉斯 初级维护基金会 地方卫生部门 卫生保护机构 港口卫生当局
		其他部门	环保机构 海事和沿海事务机构

续前表

中央领导机构	国内紧急状态秘书处		
地方处置机构	第一类应对者：苏格兰	地方政府	苏格兰议会
		紧急工作部门	警察机构 消防机构 苏格兰救护部门
		卫生部门	卫生委员会 苏格兰环保机构
		公用部门	电力部门 天然气部门 水力和排污部门 公共电信部门（固定或移动）
	第二类应对者	运输部门	铁路运输部门 铁路服务部门 伦敦地区运输部门 伦敦地铁部门 航空运输部门 航海和港口部门 高速公路运输部门
		卫生和安全部门	卫生和安全机构
	第二类应对者：苏格兰	公用部门	电力部门 天然气部门 水力和排污部门 公共电信部门（固定或移动）
		运输部门	铁路运输部门 铁路服务部门 航空运输部门 港口部门
		卫生部门	普通卫生机构

4.3 俄罗斯危机管理体制①

俄罗斯的情况比较特别。20 世纪 90 年代以来，因苏联解体，国内社会制度发生剧变，俄罗斯经历了长期而急剧的政治动荡、经济金融危机、民族冲突和内战，遭受了切尔诺贝利核电站事故所造成的灾难以及北约东扩所带来的巨大外部压力。在处置上述变故所导致的各类危机过程中，俄罗斯逐步建立起了总统直接领导，以联邦安全会议为决策机关，包括联邦安全局、国防部、紧急情况部、外交部、联邦政府通信与情报署等权力执行部门在内的

① 参见中国现代国际关系研究所危机管理与对策研究中心：《国际危机管理概论》，北京，时事出版社，2003；何贻纶：《俄美两国危机管理机制比较研究及其启示》，载《福建师范大学学报（哲学社会科学版）》，2004（3）。

执行机关，既分工又相互协调的危机管理体制。俄罗斯危机管理体制的具体内容与特点如下：

1. 俄罗斯危机管理体制是以国家元首——总统为核心，并有一个由总统直接领导的、跨部委的危机决策中心——1992 年成立的联邦安全会议

俄罗斯总统拥有广泛的权力，不仅是国家元首和三军统帅，而且拥有保障宪法实施权。俄罗斯《宪法》规定：总统是“俄罗斯联邦宪法、人和公民的权利与自由的保障”。总统还拥有立法提案权等多种权力，并直接领导国防部、内务部、紧急情况部、外交部、对外情报局、联邦安全局和联邦政府通信与情报署七个强力部门。因此，俄罗斯总统实际上不仅是国家危机管理体制，而且还是整个国家权力结构中具有决定性作用的统治人物。

联邦安全会议位高权重，统一指挥和协调各部委行动。其成员包括：总统、安全会议秘书、总统办公厅主任、总理、议会上下院议长（即联邦委员会主席和国家杜马主席）、外交部部长、国防部部长、武装力量总参谋长、内务部部长、司法部部长、紧急情况部部长、联邦安全局局长、对外情报局局长、边防局局长、联邦政府通信与情报署署长、总统驻联邦区全权代表、俄罗斯科学院院长等。

俄罗斯联邦安全会议机构庞大、内部层次分明，设置了宪法安全、国际安全、独联体合作、军事安全、信息安全、生态安全、居民保健、动员准备、社会安全、反犯罪和反腐败等 12 个跨部门委员会，作为安全会议的主要工作机构，各跨部门委员会的主席都由政府相应的部委部长或主席担任，其成员则是其他有关部委的副职或司局长。联邦安全会议还可根据具体危机事态的性质和发展情况，设立临时性的跨部门委员会以协调联邦或地方行政部门危机处置工作。此外，联邦安全会议还设置了一个庞大的机关，其内部逐级设置了若干局、处，专门负责处理安全会议的日常办公事务。

俄罗斯联邦安全会议职能涵盖了从国家安全情报的收集与分析、对危机的预测、制定应对危机的预案，到形成实际决策、协调行动、决策效果评估等危机管理决策过程的全部环节。它的主要职能除了就国家安全战略、安全政策提供建议、咨询外，还负责协调联邦各种权力机构在危机管理中的工作和行动。

2. 俄罗斯政府从事危机管理的职能部门比较齐全，涵盖了众多社会领域，并形成了既分工负责又相互协作、有机结合的完整体系

俄罗斯政府从事危机管理的职能部门，包括诸如国防、外交、安全、边防、情报和民政等多个重要的政府职能部门。一旦危机爆发，这些职能部门就根据危机的性质和影响范围，各司其职、协同工作，完成控制危机和消除其后果的任务。俄罗斯政府一方面通过危机管理决策机构的纵向决策和指挥，另一方面又通过相关机构的情报部门的横向信息沟通，加强各职能机构在危机管理中的协调，从而构成了既分工又相互协作、有机结合的危机管理体系。

当具体危机发生后，俄罗斯国防部、联邦安全局、对外情报局、紧急情况部等部门，既要贯彻执行决策中心——总统和联邦安全会议的命令，履行控制危机和消除危机后果的职能，同时也负责各种情报的收集、上报和横向沟通，履行信息沟通的职能，从而发挥既分工又协作的有机整体效应。

3. 俄罗斯政府建立了专业化的民防抢险救援职能机构

鉴于当代直接加害于居民的危机越来越多，俄罗斯设置了专门负责向受伤害的居民提

供救援的机构。这种机构既是危机管理机制体系中一个重要的行政职能部门，又是专业化程度、技术装备水平都很高的救援行动队伍。俄罗斯的民防抢险救援机构的专业性很强，该机构的全称为“俄罗斯联邦民防、紧急情况与消除自然灾害部”，简称紧急情况部。这个部下设机构主要有：

（1）搜索救援部。拥有 59 个搜索救援大队，队员达 1 779 名，其中大部分队员同时具有潜水、登山、跳伞、推土作业、煤气作业、矿山救护等多种专业技能，能够在各种复杂环境和气候条件下开展全方位的救援工作。

（2）民防部队。主要承担防核武器、防生化武器、扫雷、空难救援以及为难民提供住宿、粮食和饮用水等工作。

（3）提供空中救援的空中救援中心。

（4）专门负责爆炸、空难等事故救援的特殊危险救援中心。该部配备了包括直升机、大型运输机在内的许多现代化技术装备。

4. 俄罗斯危机管理体制强化防范和打击恐怖主义的功能

恐怖主义是当代世界各国所面临的严重安全威胁，俄罗斯大力强化危机管理体制中的防范和打击恐怖主义的功能。其具体做法有：

（1）制定专门的法律，扩大危机管理机制的反恐权力。

（2）增设打击恐怖主义的专门机关，并加强这些机关之间的协调。俄罗斯组建了由总统直接领导，联邦安全局、内务部、对外情报局、保卫局、国防部和边防局等强力机关负责执行预防、调查和打击等任务，政府其他部委提供后勤保障，由联邦和地方各级反恐行动小组指挥协调的反恐统一行动机制。

（3）采取果断措施严厉打击危害国家安全和公众生命财产的恐怖主义活动。

5. 俄罗斯政府制定了适用于各类危机的国家紧急状态法和相关的法律法规，危机管理体制法制化水平较高

2001 年 5 月 30 日，普京总统签署了《联邦紧急状态法》。2002 年 1 月 30 日，又签署了《联邦战时状态法》，从而基本确立了俄罗斯危机管理的法律体系。俄罗斯的《联邦紧急状态法》规定了国家实施紧急状态的程序、方式和措施，并对紧急状态的定义、实施紧急状态的适用范围做了更为明确、具体的规定。

4.4 日本危机管理体制

由于特殊的地理条件，岛国日本是世界上灾害发生频繁的国家之一。长期以来，自然灾害一直是日本危机管理的重点。日本从中央政府到地方自治政府都有比较完备的防灾计划，各种相关的对策已经作为重要的行政政策而被广泛执行。自 1995 年 1 月阪神大地震后，日本更加重视对自然灾害的危机管理。特别是 20 世纪 90 年代以来，各种人为的突发性危机事件接踵而至，诸如地铁沙林毒气事件、全日空劫机事件、O－157 事件、日本海油轮重油泄漏事件，以及核燃料再加工工厂爆炸等事件频频发生。尤其是 2011 年 3 月 11

日，日本东北太平洋地区突发 9.0 级强地震并引发海啸及核泄漏的三重灾难，造成人员和财产的重大伤亡损失。面对“天灾人祸”，日本政府建立起一套从中央到地方的危机管理体系，从而有效地提高了国家安全、社会治安、自然灾害等不同方面的危机应变能力。日本提出了构筑综合性危机管理体制的危机管理新设想，并强调只有这样，才能适应各种紧急事态，应对各种灾害。

4.4.1 日本危机管理体制的形成与发展

日本危机管理体制的发展大体经历了以单项灾种管理为主进行防灾减灾管理阶段、多项灾种的综合防灾管理体制阶段以及以加强内阁功能为主的新型综合性危机管理体制阶段。①

(1) 在第一阶段（20 世纪 50 年代前后），以单项灾种管理为主进行防灾减灾管理，主要制定了《灾害救助法》（1947 年）、《消防组织法》（1947 年）、《国土综合开发法》（1950 年）和其他关于治山治水、防洪、防火、防震等单项灾种的法律和规划。由于地理位置以及气候等因素的影响，日本经常受到地震、火山、台风、暴雨、海啸等自然灾害的袭击，是世界上自然灾害类型多、发生频繁、损失严重的少数国家之一。因此，日本最初的危机管理体制主要致力于治山治水、应对自然灾害，以单项灾种管理为主进行防灾减灾管理。

(2) 在第二阶段（20 世纪 60 年代至 90 年代），从单项灾种的防灾减灾管理体制转向多项灾种的综合防灾管理体制，这是日本防灾史上的第一大转折点。1959 年发生的伊势湾台风灾害（死亡 5 040 人）是日本自 1923 年关东大地震（死亡 142 807 人）以来受损于自然灾害最多的一次。灾后，日本政府总结单项灾种管理的弊端和教训，在 1961 年制定了被称为“防灾宪法”的《灾害对策基本法》，该法作为日本防灾管理的指导性根本大法，对防灾体制的建立、防灾计划的制订、灾害预防、灾害应急对策以及灾后重建对策等都做了明确的规定。

之后，为了配合《灾害对策基本法》的实施，日本政府相继出台了一系列有关防灾救灾的法律，如《豪雪地带对策特别措置法》（1962 年）、《关于地震保险的法律》（1966 年）、《关于防止滑坡灾害的法律》（1969 年）、《关于防止海洋污染及海上灾害法》（1970 年）、《关于完善活火山周边地区避难设施等的法律》（1973 年）、《石油联合企业等灾害防止法》（1975 年）、《大规模地震对策特别措置法》（1978 年）、《地震防灾对策强化地区有关地震对策紧急整备事业国家财政特别措置的法律》（1980 年）、《南关东地区直下型地震对策大纲》（1992 年）等。

与此同时，日本政府还进行防灾减灾管理机构的重建，如 1962 年设立以首相为会长的“中央防灾会议”，1963 年建立“国立防灾科学技术中心”（现为防灾科学技术研究所），1969 年成立“地震预报联络会”，1974 年国土厅开始运转，1984 年在国土厅设置防灾局。事实表明，这些机构在危机管理中充当着统领整体社会资源，协同应对各种危机的

① 参见顾林生：《从防灾减灾走向危机管理的日本》，载《城市与减灾》，2003 (4)。

重要角色。

这些法律的制定与实施以及防灾减灾管理机构的重建，使日本防灾体制发生了根本的变化：日本危机管理的思路出现了第一次转折，即从以治理自然灾害（地震、火山、雪灾等）为主的“单一防灾管理体制”转向多灾种（环境污染、化学灾害等）的“综合防灾管理体制”。例如，首次颁布了自然灾害以外的《关于防止海洋污染及海上灾害法》和《石油联合企业等灾害防止法》等。具体体现在四个方面：把地震和火山、台风与水灾、雪灾等各种主要灾害的对策综合起来进行立法和规划；把“预防—应急—恢复重建”防灾减灾的每个过程的相关政策和规划综合起来策划和实施；把中央和地方政府、民间、家庭的各防灾主体综合起来；把防灾专业规划与国土规划综合起来，纳入 1962 年的《第一次全国综合开发规划》中。

此外，1973—1980 年初爆发了震撼世界的第一次石油危机，这使日本政府感到石油危机已经严重威胁到国家自身的安全，日本政府开始重新认知和定位危机管理的内涵，深入思考危机管理体制的重新构建问题。1984 年 7 月，根据当时中曾根康弘首相的指示，设立了“内阁官房危机管理等特命事项担当室”，研究和制定了“关于应付劫机、绑架和暗杀等恐怖活动的对策”“关于应付震灾、水灾、火山爆发等重大灾害的对策”以及“关于应付侵犯领空、强行着陆等的对策”。特别是 1986 年，政府接受第一届“临时行政改革推进审议会”的建议，在内阁官房设置了“安全保障室”。至此，日本政府在研究和构建危机管理体制方面取得了一系列新的进展。

（3）在第三阶段（1995 年阪神大地震后），日本的危机管理体制出现了第二大转折点，从综合防灾管理体制转向新型综合性危机管理体制，形成了“防灾减灾—危机管理—国家安全保障”三位一体的系统。这三者的关系既分工明确，又相互关联，合成一体。其中，危机管理在国家安全保障与防灾减灾中起着以内阁行政为主导的综合协调作用。

20 世纪 90 年代后，日本先后发生了阪神大地震（1995 年）、奥姆真理教在东京地铁投放沙林毒气（1995 年）、O－157 大肠杆菌集体食物中毒（1996 年）等一系列重大危机事件。由此引发了全国关于“政府中枢如何迅速、有效地应对危机”的大讨论，针对类型多样的危机事件和政府在阪神地震救助中不尽如人意的表现，日本着手强化内阁危机管理体制。换言之，日本开始实施危机管理体制的第二次转折，即由综合防灾管理体制转向新型综合性危机管理体制。主要措施有：

1）1995 年，日本政府在总结阪神大地震经验教训的基础上，分别修订了《灾害对策基本法》和《防灾基本计划》，以强化灾害应对体制。

2）1996 年 5 月，以加强情报汇集、应对大规模灾害和重大事故等紧急事态为目的，在首相官邸的分馆三层设置了内阁情报集约中心。该中心由来自警察、防卫及消防等专业官厅的 20 人组成，实行 24 小时 5 班轮流值班制。其任务是收集国内外紧急事态的情报，及时向以首相为首的内阁官房报告。

3）1997 年 5 月 1 日，日本行政改革会议发布了中间整理报告，提出了“强化内阁危机管理机能”的基本概念；同时，建议在内阁官房增设专门负责危机管理的职位（级别相当于副官房长官），其任务是：在危机发生时，辅助首相和官房长官采取相应对策，协调各省厅制定最初的应急措施。

4）1998年4月，日本政府接受行政改革会议的建议，在内阁官房增设内阁危机管理总监一职，并设置了内阁安全保障与危机管理室。内阁危机管理总监的职责为：协助官房长官和副官房长官，受命统管内阁官房事务（国防的事务除外）中的危机管理（防止国民的生命、身体、财产等受到重大损害，应对有可能发生的紧急事态）。

5）1999年4月，内阁安全保障与危机管理室制订了包括自然灾害、事故灾害和事件3个范畴14个项目的综合危机管理计划。该计划规定了不同事态的级别，阐述了政府如何从战略的高度判断和应对危机的程序。

6）2001年1月，日本完成了第二次世界大战后最大一次中央政府行政改革，而改革的首要目标是强化内阁职能，突出首相的领导作用。特别是在危机管理方面，通过修改内阁法及其他组织法，加强首相的危机管理指挥权、内阁官房的综合协调权、危机管理机构和中央防灾减灾工作的地位和功能。

7）2001年1月1日，由内阁府政策统括官（负责防灾）监修，总务省消防厅编辑的《防灾广报》杂志正式创刊，作为传递政府防灾救灾工作的方针、沟通全国的防灾信息、介绍救灾经验以及促进灾害管理的国际交流的专业刊物。

8）2002年4月16日，建在首相官邸地下一层的新官邸危机管理中心开始运转。该中心的建筑具有很强的抗震性能，并且装备了最先进的联网式多功能通信系统，能同时应对多起危机事态。特别是当发生大规模地震、恐怖活动以及核事故等威胁国家安全的紧急事态时，这里将成为分析处理危机信息、召开紧急灾害对策本部会议以及政府做出最后决策的场所。

9）“9·11”事件发生后，日本于2002年制定了《恐怖活动对策特别措置法》（2003年修订）。此外，针对美国出现的炭疽病毒感染等新的恐怖事态，2002年11月8日，日本召开相关阁僚会议，制定了对付生物化学恐怖的五条基本方针，包括加强对生物和化学制剂的管理，强化警察、自卫队、消防等有关部门的应对能力等。

10）2003年6月6日，日本参议院通过了“有事三法案”，即《应对武力攻击事态法案》《安全保障会议设置法修正案》《自卫队法修正案》。

4.4.2　日本危机管理体制的静态分析[①]

在日本，大致包括自然灾害、重大事故、重大事件、安全保障、经济、情报、环境以及其他紧急事态等方面的危机（见表4-2）。针对各类危机事态，日本政府相应构建起不同的危机管理体制，大致可分为灾害危机管理、安全危机管理、健康危机管理、环境危机管理、企业危机管理和社会危机管理。

① 参见王德迅：《日本危机管理研究》，载《世界经济与政治》，2004（3）；徐学群、胡继平：《日本的危机管理：决策和协调体制》，载《学习时报》，2003-02-17；乐绍延：《日本的危机管理体系》，载《经济参考报》，2003-05-13。

表 4-2　　日本国家危机分类

分类		危机事例	对应省厅
自然灾害	可预测型	火山爆发、台风、暴雨、海啸、泥石流、堤坝决口等	国土交通省、气象厅等
	突发型	大地震等	
重大事故	国内型	核物质、石油及有毒物质等泄漏；飞机、船舶、列车及生活设施的重大事故，大范围地区的居民需要避难的事故	文部科学省、经济产业省、运输省、外务省等
	国际型	周边国家原子能设施、石油及有毒物质等泄漏；驻外日本国民多人被害	
重大事件	国内型	劫机、海上劫持等	警察厅、海上保安厅、法务省、外务省、防卫厅
	国际型	劫机、驻外使馆被占领	
安全保障	国防型	日本及周边有事、国内恐怖活动、武装政变、骚乱、大规模难民涌入等	防卫厅、外务省、总务省、法务省、警察厅等
	紧急事态型	米格 25 飞机突降日本、韩国民航飞机被击落、日航飞机被劫持等事件	
经济	能源型	石油危机、保护资源等	财务省、金融监督厅、经济产业省、经济计划厅、法务省、外务省等
	金融型	人为操纵外汇市场、金融恐慌、经济危机等	
	贸易型	国外贸易制裁等	
	法律型	侵害专利权、知识产权等	
情报	媒体型	谣言引起的混乱情报	总务省、警察厅、防卫厅、经济产业省等
	通信型	计算机恐怖活动、信息战	
环境	公害型	公害、破坏环境	环境省、厚生劳动省等
	传染病型	恶性传染病的蔓延等	

注：日本于 2006 年将防卫厅升格为防卫省。

资料来源：［日］大森义夫：《危机管理发展中国家的日本》，35 页，东京，PHP 出版社，2000；日本安全保障调查会：《关于危机管理的提言》(1997 年)。

日本危机管理体制是一个以法律、制度、功能为依托，以内阁首相为最高指挥官，内阁官房（负责各省厅间的协调，相当于办公厅）负责整体协调和联络，通过安全保障会议、阁僚会议、内阁会议、中央防灾会议、金融危机对策会议等决策机构制定危机对策，由警察厅、国土交通省、气象厅、海上保安厅和消防厅等各省厅、部门根据具体情况进行配合实施的组织体系。这一体系还包括日本各都道府县专设的危机管理机构（地方政府的行政“一把手”是危机管理的最高负责人）。

根据国家危机管理体制的构建以及地方紧急事态处理需求，日本地方政府纷纷建立新的专设的危机管理机构。这种组织形式有三种。① 第一种是设立相当于副知县级别的专职行政职务“防灾总监”，直属知县和辅助知县全面进行危机管理；第二种是设立相当于厅长级别的“危机管理总监”或“防灾总监”或“危机管理室长”，统管防灾和危机管理部门；第三种是在规划部门或办公厅或环境部门设立“危机管理总监”或“防灾监”或“危机管理主管”的副职，辅助正职局厅长等和统管防灾的危机管理部门。同时，地方城市政

① 参见自治体危机管理研究会：《为自治体职员的危机管理读本》，2002。

府以及农村的村町政府也同样建立了危机管理体系和危机管理综合协调部门。

内阁首相是危机管理的最高指挥官，享有最高层次的危机管理指挥权。1995年修改后的《灾害对策基本法》规定，作为紧急灾害对策本部部长的内阁首相在危机管理中有权直接指挥那些被指定参与危机管理的行政机关以及对警察厅厅长、消防厅厅长、防卫厅厅长等直接发布命令。另外，在发生大规模灾害或骚乱的紧急状态下，内阁首相有权发布紧急事态布告并暂时管制和指挥警察。在有关国民生命财产的重大事件和紧急情况发生时，首相可以根据情况召集阁僚会议及内阁会议，进行商讨并做出决定。1999年修订、2001年开始实施的《内阁法》第四条明确规定内阁首相有权针对内阁主要政策的基本方针及其他议案提出自己的意见。这些法规和修正案强化和扩大了内阁首相的权力，有利于处理危机管理中需要超越某种权限、法规的紧急事件，缓解日常政府行政管理分权化与危机环境中需要集权运作的冲突，确保纵向行政结构功能的发挥。

日本内阁官房是负责危机管理指挥的中枢机构。内阁官房作为首相的辅佐机构，在危机管理体制中的主要职能是尽早获取情报，将其向相关部门传达，召集各省厅建立相应的应对机制，并对各省厅制定的政策进行综合调整，同时负责向外界发布危机进展状况、政府对策等信息。1996年在首相官邸建立了以内阁首相为最高指挥官、常设性的危机管理机构，负责应对包括战争在内的所有危机。1999年根据修改后的《内阁法》第十五条的规定，内阁府新增由首相任命的、拥有统一协调各个部门权限的“内阁危机管理总监”（内阁危机管理总监职位相当于内阁副大臣，一般由警察厅的高级官员出任），同时还将原来的内阁安全保障室扩展为内阁安全保障与危机管理室，共同负责处理内阁官房中有关危机管理（除国防外）的事务。在内阁危机管理总监下设副内阁官房长官助理（负责安全保障、危机管理），直接对首相、官房长官及内阁危机管理总监负责。

内阁危机管理总监和内阁安全保障与危机管理室虽然都没有直接指挥中央各个职能部门的权力，但是却具备协调各个职能部门之间的关系和整合资源的综合性功能。这种由内阁危机管理总监统一归口管理的方式，不但有利于整合人、财、物等资源，而且彻底改变了过去各省厅在危机处理中各自为政、相互保留所获情报、纵向分割行政的局面。此外，为了提升国家的整体应急管理能力，日本政府还设立了一系列与危机管理有关的审议会。

中央防灾会议是日本政府危机管理的最高决策机构。它是日本内阁制定《防灾基本计划》和审议有关防灾等重要事项的会议，主席为首相，委员包括防灾大臣（一般由国家公安委员会委员长兼任）及其他全体大臣、指定的公共机关首长（4名）、学者（4名）。中央防灾会议的主要职能是：制定《防灾基本计划》《地区防灾计划》并推动其实施；在发生非常灾害时，制订紧急措施计划，并推进实施；应首相及防灾大臣的要求，审议有关防灾的重要事宜（如防灾政策的综合调整、公布灾害紧急公告等）；就有关防灾的重要事宜向首相及防灾大臣汇报。在自然灾害的危机管理中，中央防灾会议的作用比较突出。在该会议设立前，负责灾害对策的事务局设在前国土厅，在即时应对灾害并动用消防、警察系统时其显得力不从心。设立中央防灾会议，将灾害对策职能转到内阁直属机关，可以更灵活地采取对策、处理危机。

安全保障会议是根据《安全保障会议设置法》在内阁府设立的审议“有关国防重要事项及重大紧急事态”的机构（1986年7月之前为国防会议），其主要承担日本国家安全危机管理的职责。安全保障会议由首相召集并任议长，成员包括总务大臣、外务大臣、财政大臣、经济产业大臣、国土交通大臣、内阁官房长官、国家公安委员会委员长等，也可以根据需要邀请其他省厅大臣参加个别议案的讨论，在首相认可的前提下，还可召集自卫队参谋长联席会议主席列席会议。安全保障会议下设专门对策委员会，为决策提供相关建议。委员会由内阁官房长官任委员长，委员由内阁首相任命，从内阁官房及相关行政机构中选出。安全保障会议的日常事务由内阁安全保障与危机管理室副内阁官房长官助理负责处理。

除了国家安全、社会治安和自然灾害之外，日本在经济危机管理方面还制定了应对危机的对策，设立了金融危机对策会议、就业问题对策本部等。在内阁府下新成立的金融危机对策会议，由首相任议长，由官房长官、金融特命大臣、财政大臣、日本银行（日本中央银行）总裁等任成员。

4.4.3 日本危机管理体制的动态分析：运作程序与模式[①]

日本政府应对不同类型危机，启动的危机管理部门也不尽相同，但在危机发生的最初时期，均按照事先规定的程序进行运作，概括起来可分为三个阶段。

1. 确认情报

危机发生后，内阁官房的有关省厅迅速在第一时间将危机的情报向设在内阁情报调查室的内阁情报集约中心报告；内阁官房根据情报内容，研究如何采取对策，并由内阁情报集约中心将更为详细的内容和对策方案以传真的方式，同时向官邸的负责人和内阁官房的官员通报。

2. 官邸确立对策体制

内阁危机管理总监接到关于危机的第一报告后，根据事态的程度判断是否设立官邸对策室或官邸联络室。如有需要，将在官邸分馆的危机管理中心内设置以内阁危机管理总监为室长的官邸对策室。官邸对策室的任务是：把握事态的状况、收集相关情报、综合协调相关省厅的初期措施、处理特别事项以及向首相报告等。

3. 国家确立对策体制

如果通过官邸对策室的协调和应对，危机事态趋于平缓，则可以继续维持这一级别的运作体制，直到危机消除；若危机事态逐渐扩大，则必须建立日本政府的应对体制。具体措施为：

（1）根据《灾害对策基本法》在内阁府设立非常（紧急）灾害对策本部。自然灾害发生时，非常灾害对策本部的本部长通常是根据不同事故灾害由国土交通省以及各相关省厅的长官担任。首相作为内阁府的最高行政长官，统一指挥和监督各大臣的工作。当首相担任紧急灾害对策本部部长时，全体阁僚（大臣）均为对策本部的成员。

（2）自然灾害以外的危机事件可根据内阁会议的决定，在内阁府设立对策本部（事件和极为特殊的事态），也可以根据首相本人的判断，无须经内阁会议批准成立对策本部。

① 参见王德迅：《日本危机管理研究》，载《世界经济与政治》，2004（3）；淳于淼泠：《日本政府危机管理的演变》，载《当代亚太》，2004（7）。

对于恐怖事件等特殊事态，首相或内阁官房长官将担任对策本部部长，并在内阁府设立政府对策本部。

本章小结

1. 西方发达国家一般架构三大平台以建设全国性的危机管理体制，包括机构运作、政策执行、综合管理等方面。

2. 西方发达国家危机管理体制的共同特点和趋势主要有：行政首长担任最高领导，全面领导国家的危机管理工作；危机管理委员会或联席会议辅助决策；常设的危机管理机构处理日常事务；地方政府为操作主体，实施具体的危机管理任务，强调多方协作；强调全过程的危机管理，突出预防的重要性；建立健全危机管理的法律和制度，实施标准化的危机管理。

3. 西方发达国家在公共部门危机管理体制方面，有比较成熟的经验，大体上可分为三种模式：美国模式、俄罗斯模式和日本模式。

4. 美国已经发展出一套相当完善的危机管理体制，这套危机管理体制构筑在整体治理能力的基础上，通过法制化的手段，将完备的危机应对计划、高效的核心协调机构、全面的危机应对网络和成熟的社会应对能力包容在体系中。

5. 美国最终形成了以总统直接领导的国家安全委员会为决策指挥中心，应急性危机决策特别小组为行动指挥，国务院、国防部、司法部（包括其下属的联邦调查局、移民和归化局）、国土安全部、美军北方司令部等相关部门分工负责，以中央情报局等情报机构为跨部门协调组织，受国会监督的综合性的国家危机管理体制。

6. 美国传统的突发公共卫生事件危机管理体制是以“国家—州—地方”三级公共卫生部门为基本架构的。目前，美国突发公共卫生事件危机管理体制以新的三级应对体系为基本特点：（联邦）疾病控制与预防系统（CDC）—（地区/州）医院应急准备系统（HR-SA）—（地方）城市医疗应急系统（MMRS）三个子系统。

7. 英国国内危机管理规划整体安排，主要由五个基本组成部分：评估工作、预防工作、准备工作、应对工作和恢复管理，这五项活动统称为整合危机管理方法。

8. 俄罗斯逐步建立起了总统直接领导，以联邦安全会议为决策机关，包括联邦安全局、国防部、紧急情况部、外交部、联邦政府通信与情报署等权力执行部门在内的执行机关，既分工又相互协调的危机管理体制。

9. 俄罗斯危机管理体制的具体内容与特点主要有：以国家元首——总统为核心，并有一个由总统直接领导的、跨部委的危机决策中心——联邦安全会议；职能部门比较齐全，形成了既分工负责又相互协作、有机结合的完整体系；建立了专业化的民防抢险救援职能机构；强化防范和打击恐怖主义的功能；危机管理体制法制化水平较高。

10. 日本危机管理体制的发展大体经历了以单项灾种管理为主进行防灾减灾管理阶段、多项灾种的综合防灾管理体制阶段以及以加强内阁功能为主的新型综合性危机管理体制阶段。

11. 日本危机管理体制是一个以法律、制度、功能为依托，以内阁首相为最高指挥官，内阁官房（负责各省厅间的协调，相当于办公厅）负责整体协调和联络，通过安全保障会议、阁僚会议、内阁会议、中央防灾会议、金融危机对策会议等决策机构制定危机对策，由警察厅、国土交通省、气象厅、海上保安厅和消防厅等各省厅、部门根据具体情况进行配合实施的组织体系。

关键术语

三大平台　三种模式　美国危机管理体制　美国突发公共卫生事件危机管理体制　英国国内危机管理规划整体安排　整合危机管理方法　俄罗斯危机管理体制　日本危机管理体制　静态分析　动态分析

复习思考题

1. 西方发达国家危机管理体制架构的三大平台具体是指什么？主要内容有哪些？
2. 西方发达国家危机管理体制的共同特点和趋势主要表现在哪些方面？对我国有何启示？
3. 西方发达国家公共部门危机管理体制的三种模式具体是指什么？
4. 美国国家危机管理体制的主要内容和特色是什么？
5. 美国突发公共卫生事件危机管理体制的基本特点有哪些？发生了哪些改变？
6. 在处理与爆发性传染病相关的公共卫生危机方面，CDC 可以采取的主要应急措施有哪些？
7. 英国国内危机管理规划整体安排主要由哪几个基本部分构成？有何特色？
8. 俄罗斯危机管理体制的具体内容与特点主要表现在哪些方面？对我国有何启示？
9. 日本危机管理体制的发展大体经历了哪三个阶段？
10. 分析日本危机管理体制形成与发展过程中危机管理法制化的作用。
11. 分析日本危机管理体制的主要内容和特色。
12. 简述日本危机管理体制的运作程序与模式。

阅读案例

上海市黄浦区“12·31”外滩陈毅广场拥挤踩踏事件应急处置

一、事件基本情况

2014 年 12 月 31 日 23 时 35 分，上海市黄浦区外滩陈毅广场东南角通往黄浦江观景平台的人行通道阶梯处发生拥挤踩踏，造成 36 人死亡、49 人受伤。

事件发生后，习近平总书记、李克强总理等中央领导同志分别做出重要批示，要求上海市全力以赴救治伤员，做好各项善后工作，抓紧调查事件原因，深刻吸取事件教训，及时准确向社会发布信息。

市委书记韩正同志、市长杨雄同志对事件调查工作高度重视，要求彻查原因，严肃问责，举一反三，深刻吸取教训。依据《中华人民共和国突发事件应对法》和《上海市实施〈中华人民共和国突发事件应对法〉办法》等有关法律法规，上海市迅速成立了市政府联合调查组，由市监察局、市安全监管局、市公安局纪委、市应急办、市政府法制办、市卫生计生委、市旅游局等部门组成。联合调查组邀请了应急管理、公共安全管理、法律等方面的专家为事件调查进行分析论证。

联合调查组通过现场勘查、调查取证、专家论证、综合分析等，开展事件调查工作。事件发生后，联合调查组迅速组织力量对事件现场进行勘查，先后对受伤人员、值勤民警、市民游客、地铁工作人员等进行调查走访，了解事件发生经过，并对事件现场有关情况进行核查。联合调查组还调取查看外滩区域36个监控探头、累计时长约70小时的视频录像，系统梳理相关法律法规，查阅市级和区级有关部门“三定方案”、规范性文件、会议纪要等资料195份，对市级10个部门（单位）和黄浦区政府以及区有关部门领导共51人进行了谈话询问，详细调查相关管理情况。

经调查，上海市黄浦区“12·31”外滩陈毅广场拥挤踩踏事件是一起对群众性活动预防准备不足、现场管理不力、应对处置不当而引发的拥挤踩踏并造成重大伤亡和严重后果的公共安全责任事件。对事发当晚外滩风景区特别是陈毅广场人员聚集的情况，黄浦区政府和相关部门领导思想麻痹，严重缺乏公共安全风险防范意识，对重点公共场所可能存在的大量人员聚集风险未做评估，预防和应对准备严重缺失，事发当晚预警不力、应对措施不当，是这起拥挤踩踏事件发生的主要原因。按照依法依规严肃问责的要求，依据《中华人民共和国突发事件应对法》《上海市实施〈中华人民共和国突发事件应对法〉办法》《上海市外滩风景区综合管理暂行规定》等法律法规和政府规章，以及市、区相关部门的“三定方案”，黄浦区政府和相关部门对这起事件负有不可推卸的责任。

二、事件应急管理过程

（一）事件发生经过

2014年12月31日晚20时起，上海市黄浦区外滩风景区人员进多出少，大量市民游客涌向外滩观景平台，呈现人员逐步聚集态势。事后，根据上海市通信管理局、上海市公安局、地铁运营企业（即申通集团）等部门单位提供的数据综合分析，事发当晚外滩风景区的人员流量，20时至21时约12万人，21时至22时约16万人，22时至23时约24万人，23时至事件发生时约31万人。

12月31日晚20时12分，上海市公安局指挥中心要求黄浦公安分局指挥中心整点上报外滩风景区和南京路步行街人员流量情况。20时20分，黄浦公安分局指挥中心上报，外滩风景区观景平台人员流量5成（民警凭经验对人员密集程度的判断），南京路（河南路至中山东一路）人员流量约5～6成。

20时27分，上海市公安局指挥中心要求黄浦公安分局指挥中心每半小时上报外滩风景区和南京路步行街人员流量情况。20时31分，上海市公安局主要领导致电周正，要求重视外滩风景区人员流量情况，落实安保措施。21时14分，黄浦公安分局指挥中心上报陈毅广场人员流量5成，情况正常；21时39分，黄浦公安分局指挥中心指挥员孙成致电外滩分指挥部蔡立新，询问外滩风景区和南京路步行街人员流量情况，蔡立新回复均为6～7成，但电台和电话记录未显示上报上海市公安局指挥中心；22时45分，黄浦公安分局上报，外滩风景区观景平台人员流量5～6成。

22时，上海市公安局副局长陈臻、俞烈、陆民在市局指挥中心大厅，通过视频监控查看外滩风景区等区域人员流量情况。陈臻通过视频电话提示周正，外滩风景区人员已经很多，要求其进行安全评估，如有需求及时提出。对此，黄浦公安分局未提出需求。23时24分，上海市公安局指挥中心致电黄浦公安分局指挥中心，建议在外滩风景区沿线的中山东一路两端对机动车进行改道分流，实施交通临时管制措施。黄浦公安分局指挥中心回复，周正的意见是继续保持交通畅通，否则老百姓会认为外滩风景区有大型活动。

22时12分，上海市公安局指挥中心指令培训三部200名、培训四部100名、静安公安分局100名、虹口公安分局50名、闸北公安分局50名共500名警力增援黄浦公安分局。23时10分，虹口公安分局增援警力到达中山东一路、滇池路口，任务是负责中山东一路（南京东路至北京东路）沿线警戒和人群疏导；23时30分，闸北公安分局增援力量到达陈毅广场北侧观光隧道入口，任务是引导和疏散观景平台人群。23时35分，培训三部、培训四部增援警力分别位于中山东一路福州路路口、中山东一路北京东路路口，静安公安分局增援力量尚未抵达。经调查，截至23时30分，黄浦公安分局在外滩风景区、南京路沿线共布置警力510名，其中陈毅广场80名（阶梯处13名），南京路沿线150名。

22时37分，外滩陈毅广场东南角北侧人行通道阶梯处的单向通行警戒带被冲破以后，现场值勤民警竭力维持秩序，但仍有大量市民游客逆行涌上观景平台。23时23～33分，上下人流不断对冲后在阶梯中间形成僵持，继而形成“浪涌”。23时35分，僵持人流向下的压力陡增，造成阶梯底部有人失衡跌倒，继而引发多人摔倒、叠压，致使拥挤踩踏事件发生。

（二）现场救援情况

23时35分拥挤踩踏事件发生后，在现场维持秩序的民警试图与市民游客一起将临近的摔倒人员拉出，但因跌倒人员仍被上方的人流挤压，多次尝试均未成功。此后，阶梯处多位市民游客在他人帮助下翻越扶手，阶梯上方人流在民警和热心的市民游客指挥下开始后退，上方人员密度逐步减小，民警和市民游客开始将被拥挤踩踏的人员移至平地进行抢救。许多市民游客自发用身体围成人墙，辟出一条宽约3米的救护通道。现场市民游客中的医生、护士都自发加入了抢救工作，对有生命体征的受伤人员进行紧急抢救。

23时41分22秒起，上海市“120”医疗急救中心陆续接到急救电话。23时49分起，先后有19辆救护车抵达陈毅广场，第一时间开展现场救治和伤员转运。上海市公安局及黄浦公安分局迅速开辟应急通道，调集警用、公交及其他社会车辆，将受伤市民游客就近送至瑞金医院、长征医院、上海市第一人民医院和黄浦区中心医院抢救。同时，迅速组织力量千方百计收集伤亡人员信息，及时联系伤亡人员所在单位和家属。

（三）事发后应急处置与善后情况

事件发生后，上海市委、市政府主要领导迅速赶赴现场指挥应急处置工作，并分别赶往医院看望慰问受伤人员和伤亡人员家属。同时，连夜召开紧急会议，决定成立医疗救治、善后处置等专项工作组和联合调查组，各组当即开展工作。

调动上海全市优质医疗资源全力以赴救治伤员，在专家会诊评估的基础上，按照“一人一方案、一人一专家”的要求，逐一明确医疗方案，尽一切可能挽救生命，截至 2015 年 1 月 20 日，49 名伤者中已有 46 人经诊治后出院（包括 13 名重伤员中的 11 人），3 名伤员（2 名重伤、1 名轻伤）仍在院治疗。通过多种途径尽快确认伤亡人员身份，及时向社会公布遇难者名单，并对出院伤者进行随访。指派专人全力做好伤亡人员家属的接待、安抚，组织专业人士对受伤人员和伤亡人员家属进行心理疏导。通过组织集体采访、书面发布、“上海发布”政务微博及微信等形式，及时向媒体和社会发布相关信息。

2015 年 1 月 1 日上午，上海市委、市政府召开全市党政负责干部紧急会议，全面部署各项善后工作和全市面上安全防范工作，并在会议开始前向遇难者表示深切哀悼。1 月 4 日，上海市领导分别参加市十四届人大三次会议各代表团会前组团活动和市政协十二届三十八次主席会议，会前全体与会人员肃立默哀，向遇难者表示深切哀悼。1 月 7 日，上海市委、市政府召开全市安全工作会议，要求全面开展各类安全隐患排摸，针对薄弱环节和短板，一个一个认真梳理，一件一件细致解决，切实做好人员密集场所的安全管理工作。

三、事件防范与整改措施

这起公共安全责任事件，后果极其严重，社会影响极其恶劣，教训极其深刻。必须时刻牢记，维护人民群众生命财产安全和城市运行安全，是政府法定的职责和应尽的义务。事件调查结果警示我们，领导干部思想麻痹是城市公共安全的最大隐患，安全责任落实不力是城市公共安全的最大威胁。事件调查结果告诫我们，各级政府和领导干部必须时刻把人民群众生命财产安全放在第一位，不能有丝毫侥幸，不能有丝毫疏忽，不能有丝毫懈怠，必须以对党和人民极端负责的精神，不遗余力、竭尽全力、殚精竭虑，切实保护好人民群众生命财产安全，切实维护好城市运行安全，切实履行好党和人民赋予的神圣使命。在对事件原因进行深入剖析的基础上，联合调查组提出以下整改建议：

（一）切实落实安全责任制，大力增强“红线”“底线”意识

要真正把安全作为不能触碰、不能逾越的高压线，把“红线”“底线”作为守护生命安全的保护线。按照“党政同责、一岗双责、齐抓共管”的要求，进一步健全安全责任体系，全面落实“管行业必须管安全，管业务必须管安全，管生产经营必须管安全”，切实把安全责任逐级落实到基层、落实到岗位、落实到人头。要严格落实政府部门监管责任，进一步落实区县、乡镇属地管理责任，依法强化企业安全生产主体责任，切实做到守土有责、守土负责、守土尽责，坚决把好每道安全关。

（二）切实加强对大人流场所和活动的安全管理，进一步落实和完善相关制度规定

这起事件暴露出本市公共安全管理方面仍然存在盲点，特别是对无主办单位的大型群众性活动安全风险评估不足、准备不充分，存在管理空白。要按照国务院《大型群众性活动安全管理条例》，对大型群众性活动严格依法审批，切实落实相应监管和防范措施。尽快制定出台本市大型群众性活动安全管理实施办法，加强对公共场所群众自发聚集活动管理，填补无组织群众活动的管理空白。对照国家旅游局日前下发的《景区最大承载量核定导则》，本市各景区要抓紧核算游客最大承载量，制定游客流量控制预案。各区县、各部门和单位要按照“分类管理、分级负责、属地为主”的要求，坚持预防为主、

关口前移、重心下沉。在6月底前完成对旅游景点、商业设施、体育场馆、娱乐场所、公园、学校、地铁、机场、车站、码头等人员密集场所的公共安全检查，梳理风险隐患清单，落实整改治理措施。要督促相关经营和管理单位制定应急预案，明确最大人流承载量、限流措施和疏散路线等具体内容，做到“有组织活动有预案，群众自发活动也要有预案”，尤其对活动变更要做好风险评估、信息发布等工作。要根据应急预案，落实活动场所的供水供电、临时厕所、移动通信等基本保障措施。各区县要在年底前对涉及公共安全的重要场所进行全面梳理和评估，符合条件的要建立区县级基层应急管理单元，明确管理单元牵头主体，做实特定区域应急管理工作。

（三）切实加强监测预警，进一步提升突发事件防范能力

这起事件反映出，相关管理部门对监测信息研判不够、对人群高度密集产生的后果估计不足。要健全“谁主管、谁监测，谁预警、谁发布”的预警管理机制，针对不同突发事件，完善预警标准和相应措施。进一步加强重点环节、重点领域和重要时段的现场情况监测，结合大规模人员聚集、大流量交通等情况变化，加强分析研判，及时发现苗头性、趋势性问题，及时启动相关应急预案，采取限流、划定区域、单向通行等交通管控措施，重点加强台阶、扶梯、连接通道等特定区域的人员流动管理。要适时在全市重要场所设立显示屏和高音喇叭等安全提示设施，充分利用应急广播、新闻媒体、网络等平台发布预警信息和相关提示，规范引导市民游客采取合理避险措施。要利用大数据加快构建全市统一的公共安全信息平台，实现信息共享，进一步加强预警信息沟通。

（四）切实加强应急联动，进一步强化应急处置能力

这起事件表明，“条块分割、条线分割、各自为政”依然是城市运行管理亟须破解的难题。要结合这起事件教训，近期抓紧组织修订本市突发事件应急联动处置暂行办法，进一步规范本市应急联动体制机制和响应程序，强化指挥协同，提升应急联动处置效能。要加强应急队伍训练和管理，组织开展实战化应急演练，特别是要针对轨道交通、高层建筑、危险化学品、人员密集场所等开展专项处置和救援训练及演练，确保现场处置和救援有序高效。各区县政府、各有关部门和单位要认真执行值班值守制度，严格落实重要节假日及重大活动前后领导值班带班制度。要按照突发事件信息报告规定的时限要求，向同级和上级政府总值班室报告，避免信息迟报、漏报，杜绝谎报、瞒报。

（五）切实加强宣教培训，进一步提升全社会公共安全意识和能力

加强人民群众的公共安全教育是各级政府的一项重要工作，需要常抓不懈。要充分发挥“5·12”防灾减灾日等公共安全宣传活动作用，依托传统媒体和新媒体，开展公共安全知识普及。要扎实推进公共安全宣传教育工作“进社区（乡村）、进企业、进学校”，鼓励市民积极参与社区（乡村）组织的防灾宣传活动，督促企事业单位组织职工开展应急技能培训和实战演练，加强大中小学安全教育，增强青少年学生安全意识和自救、互救能力。加紧研究制定本市院前急救地方性法规。要加强以急救知识为核心的应急技能培训，不断提高急救专业资质人员比例。推动市民参与应急演练和宣传教育，共同树立忧患意识，增强安全防范知识，提高突发事件应对能力。

资料来源：上海市公布的事件调查报告、上海市政府网站以及媒体报道、内部资料。

思考与讨论的问题

在上述案例材料中，我国危机管理体制的基本架构在政府应对上海市黄浦区“12·31”外滩陈毅广场拥挤踩踏事件中，起到了什么样的重要作用？上海市黄浦区“12·31”外滩陈毅广场拥挤踩踏事件应急处置的教训与失误有哪些？我们可以从发达国家防控应对拥挤踩踏事件中获取哪些有益的借鉴与启示？

第5章

公共部门风险管理

所谓风险，是指在不确定性情境下不利事件或危险事件发生的可能性及其后果/影响的综合体。所谓风险管理，是指对风险进行识别、分析与评估、处理并对其进行监控的过程。风险的识别和评估是开展有效危机管理的重要的第一步，风险管理是危机管理的起点。公共部门风险管理是政府的一项基本的核心职能，是涉及政府组织的全部范围以及政府组织中所有成员的管理职能，建立和发展更为有效的全面整合的风险管理模式是大势所趋。政府应构建“发现、定义、防范、抗击、转移、缓冲”风险的相关机制。

目前，风险管理已在金融管理、环境保护、食品安全、信息管理、灾害管理、国土安全等领域逐步推广，美国、英国、德国等国不断加强突发事件风险管理工作，成效显著。我国不断进行突发事件风险管理实践探索，自然灾害、事故灾难、公共卫生事件、社会安全事件四大类突发事件风险管理实践全面展开，北京市、重庆市等地方政府启动公共安全风险管理长效体系建设，取得了积极成效。

本章主要说明风险的定义和特点、风险管理的概念与模型，分析公共部门风险管理的流程和策略，阐明西方主要发达国家风险管理的新进展，探索我国公共部门风险管理的实践。

重点问题

- 风险的定义
- 风险管理的概念
- 风险管理的模型
- 公共部门风险管理流程
- 公共部门风险管理流程整合
- 美国公共部门风险管理的新进展
- 英国公共部门风险管理的新进展
- 我国公共部门风险管理的实践探索

5.1 风险管理的概念

5.1.1 风险的定义和特点

关于风险的定义，国内外学者有不同的认识，至今尚未统一，对它的定量表达仍在探索之中。提起风险，人们通常的理解是"可能发生的危险"。韦氏词典将风险定义为"面临的伤害或损失的可能性"。在保险业中则将风险定义为"灾害或可能的损失"。在金融投资风险的概念中，风险有三种定义：第一种认为风险就是实现预期投资收益的不确定性；第二种认为风险应是投资结果损失的可能性；第三种认为风险是与不确定性和相应的不利投资后果同时相联系，只有在不确定性可能给投资者带来损失时，或者说，只有在投资损失具有不确定性时，才构成投资风险，通常以一定置信水平下投资工具所可能发生的最大投资损失计量风险。

在国外，通常将风险定义为能够对研究对象产生影响的事件发生的机会，它通过后果和可能性这两个方面来具体体现。风险概念中包括三个因素：对可能发生的事件的认知、该事件发生的可能性、该事件发生的后果。① 早期德温等人涉及的风险表达式为：易损性=风险×敏感性②，布莱基（Blaikie）等人提出的风险表达式为：风险=危险性+易损性。国外学者对"风险"的定义中较有代表性的可以归纳为：风险是某种特定的危险发生的可能性和后果/影响的综合体。③ 联合国人道主义事务部门于 1992 年公布了自然灾害风险的定义：风险是在一定区域和给定时段内，由于特定的自然灾害而引起的人民生命财产和经济活动的期望损失值，并采用了"风险度（R）=危险度（H）×易损度（V）"的表达式。此外，舒克还进一步解释了风险表达式中为什么危险度和易损度只能相乘而不能相加的问题。④

在国内，蒋维等学者认为，风险是指可使未来的管理遭受损失的不确定因素；风险是指发生不幸事件的概率；风险就是一个事件产生我们所不希望的后果的可能性，并将风险的定义表达式写成：风险（后果/时间）=频率（事件数/单位时间）×危害度(后果/每次事件)。⑤汪敏等学者认为，风险是指在一定条件下和一定时期内可能发生各种结果的变动程度。⑥

---

① HB 142—1999，A Basic Introduction to Managing Risk：AS/NZS4360：1999.

② L. B. Devin，L. J. Hobba，"Considerations for Establishing Flood Mitigation Priorities and Appropriate Level of Adjustment (Australia)，" *Proceedings of the Floodplain Management Conference*，Canberra：Australian Government Publishing Service，1997，pp. 261－266.

③ Research and Special Programs Administration，Risk Management Definitions，http://hazmat. dot. gov，2005－01－15；HM TREASURY，Risk Improvement Management：Definitions，www. hm-treasury. gov. uk，2005－01－17.

④ G. Shook，"An Assessment of Disaster Risk and Its Management in Thailand，" *Disaster*，1997，21 (1)，pp. 77－88.

⑤ 参见蒋维、金磊：《中国城市综合减灾对策》，74～85 页，北京，中国建筑工业出版社，1992。

⑥ 参见汪敏、刘东燕：《滑坡灾害风险分析研究》，载《工程勘察》，2001 (2)。

王虎林认为，风险是指（未来）不利结果发生的可能性及其不利程度。相应地，机会就是有利结果发生的可能性及其有利程度。[①] 王虎林认为，所谓不利就是人们认为某个结果会给自己带来损失（损害主体既有或将有利益），或者不能实现某个目标，或者阻碍自己实现某个目标等。判断某个结果是否不利，完全以主体的期望为标准。当然，主体的期望又是由社会的要求所决定的。

可以将学者们关于风险的定义归结为四类：第一类是将未来结果的变动可能性视为风险；第二类是将不确定性视为风险；第三类是将不利事件发生的可能性视为风险；第四类是从结果之间的差异来界定风险。第四类定义又分为三种：第一种是将各种可能结果之间的差异本身视为风险；第二种是以客观实际结果为参照对象，将风险界定为主观预想与客观实际结果的差距；第三种是以主观预想的结果为参照对象，将风险定义为未来结果与预期或期望结果之间的差距。

从学术上的诸多定义和日常生活对风险的理解中我们知道，人们在风险探索和研究中得到了这样一些比较正确的认识成果：风险与不确定性有关；风险是不确定性结果中的一种，即可能发生的不利结果中的一种；风险是可能发生的结果中的那种不利于人们的结果；风险是未来可能的不利结果与期望结果之间的差异。根据人们的理解，我们可以通俗地这样描述风险：风险是这样一个东西，它在将来可能发生，也可能不发生；一旦发生就会给人们带来不利和损失。在所有发生的后果中：已经发生的，不能称为风险；必然要发生的，不能称为风险；给人带来好处的，也不能称为风险。

可以认为，风险是对不确定性结果的一种度量。所谓风险，是指在不确定性情境下不利事件或危险事件发生的可能性及其后果/影响的综合体。所谓不确定性，是指一个问题的结果存在两个或更多的选择。风险的不确定性突出表现在两个方面，即风险发生的不确定性和风险损失的不确定性。风险具有客观性，其大小随时间延续而变化，是一定时期内的风险。从系统分析的角度来看，风险具有系统特性和动态特性。风险实际上并非某一单一实体或事物的固有特性，而是属于一个系统的特性。若系统发生变化，事先对风险所做的估算也很容易随之发生变化。可以把风险分为有形风险和无形风险。有形风险即物理性的条件，例如，有疏漏的防护设施；无形风险则更多的是指道德和心理方面的影响。此外，还可以把风险分为系统风险和非系统风险。一个组织所能控制的只有非系统风险，对系统风险是无能为力的。

显而易见，风险是针对不确定性事件而言的，在许多情况下，危机就是不确定性事件。这就提出了风险管理和风险评估的问题。

5.1.2 风险管理的概念

应急管理是指“对危机事前、事中、事后所有方面的管理”[②]。在应急管理的事前预防这一阶段，需要找出组织面临的所有潜在危机，并根据它们发生的概率大小排列出危机

① 参见王虎林：《正确评估风险的指标选用》，载《经济科学》，1998（2）。
② ［澳］罗伯特·希斯：《危机管理》，12页，北京，中信出版社，2001。

处理的先后顺序。这种量化、排序的工作是非常困难的，仅靠应急管理研究和实践中固有的手段，难以很好地完成这项任务，因此风险管理被逐步引入应急管理领域。风险管理最早起源于保险业，其后被运用到金融领域，含有很强的计量因素，用于在面临各种风险时估算成本和收益①；后来又逐渐被运用到医疗保健、环境保护等被认为是高风险的行业和领域。20世纪八九十年代开始，风险管理被引入应急管理领域，风险管理的流程、策略等被广为借鉴，成为应急管理的重要手段。

克里斯蒂认为，风险管理是组织为控制偶然损失的风险，以保全获利能力和资产所做的一切努力。威廉姆斯和汉斯认为，风险管理是通过对风险的识别、衡量和控制，以最低的成本使风险所致的各种损失降到最低限度的管理方法。我们认为，所谓风险管理是指对风险进行识别、分析与评估、处理并对其进行监控的过程。② 风险评估是对一定时期内某一种或多种尚未发生但可能发生的危机风险在某一地区可能发生的概率和这一危机风险发生时对社会经济及人们的生命财产构成的危害，做出动态变化的评估。风险的识别和评估是开展有效的危机管理的重要的第一步，因为人们只有知道会出现什么样的危机情境，才能去考虑如何对其进行管理，所以现在国外一些学者把风险管理看作危机管理的起点。③

5.1.3 风险管理与评估的方法和模型

1. 量化风险评估方法

量化风险评估（quantitative risk assessment，QRA）是一种对风险发生的估算频率和/或后果进行量化表述的系统方法和技术手段。量化风险评估要求将组织面临的风险程度进行量化，确定出主要的风险要素，针对有关的认可标准对风险的水平进行评估，根据需要对消减风险的措施提出建议。它的基本内容包括：风险的识别或者风险筛选（risk identification/screening）；对风险发生的频率的评估（frequency assessment）；对风险产生后果的评估（consequence assessment）；风险评估；风险管理。

采用这一技术，可以为我们在进行风险管理决策时提供如下的信息：（1）我们是否有足够的安全措施可以对发生的风险进行控制；（2）我们的设计和运行策略是否满足我们的可靠性目标；（3）采用某些措施是否可以显著地降低我们所面临的风险；（4）哪一种设计方法可以在成本可以接受的前提下将我们的风险降到最低水平；（5）我们是否已经达到了组织标准或者法规的要求。④

2. "风险、危害和经济价值评估"方法

"风险、危害和经济价值评估"（risk，hazard and value evaluation）方法的要点集中于

① 参见［澳］罗伯特·希斯：《危机管理》，24页，北京，中信出版社，2001。

② News on Risk Management，What is Risk Management，www.rm-news.com，2005-01-10；BambooWeb Dictionary，Risk Management，www.bambooweb.com/articles，2005-01-10.

③ 参见［澳］罗伯特·希斯：《危机管理》，46页，北京，中信出版社，2001。

④ 参见崔伟珍：《量化风险评估（QRA）在海上生产设施风险管理中的应用》，载《安全、健康和环境》，2003（5）。

两个方面：一是各种建筑场所火灾隐患评估。评估目的是收集各种数据元素，这些数据能够通过高度认可的量度方法提供客观的、定量的决策指导。其中的分值分配系统包括：建筑设施、建筑物、生命安全、供水需求、经济价值。二是社区人口统计信息。它包括居住人口、年均火灾损失总值、每1 000人口中的消防员数目等数据元素。该方法已在一些消防局的救援响应规划中得到应用。①

3. “风险评估工具箱”方法

英国Entec公司研发出“风险评估工具箱”，解决了两个问题：一是评估方法的现实性。对环境、毒品管理、海事安全等部门所使用的各种风险评估方法进行广泛的考察之后，研究人员认为如果对这些方法加以适当转换，就可以通过不同的方法对消防队应该接警响应的不同紧急情况进行评估。二是建立了表达社会对生命安全风险可接受程度的指标。

“风险评估工具箱”方法分为三个阶段。第一个阶段，应该在全国范围内，对应该接警响应的各类事故和各类建筑设施进行风险评估，这样得到一组关于力量部署和安全设施规划的国家指南，进而对于国家水平上的风险评估设定了一个包括四个阶段的通用的程序：对生命和/或财产的风险水平进行估算；把风险水平与可接受指标进行对比；确定降低风险的方法，包括相应的预防和力量的部署；对不同层次的风险预防工作的作用进行估算，确定能合理、可行地降低风险的最经济、有效的方法。第二个阶段，国家指南确定后，才能提供一套评估工具，各地风险主管部门可以利用这些工具在国家规划要求范围内，对当地的风险进行评估，并对有关力量进行相应的部署。该项目要求针对以下四类事故制定风险评估工具：住宅火灾；商场、工厂、多用途建筑和民用塔楼这样人员比较密集的建筑的火灾；道路交通事故一类危及生命安全、需要特种救援的事故；船舶失事、飞机坠落这样的重特大事故。第三个阶段，对使用上述评估工具的区域进行考察，估算其风险水平，与国家风险规划指南对比，并推荐应具备的有关力量和安全设施水平。②

4. 灾害风险评估模型

根据灾害风险评估的内容，可以将灾害风险评估模型分为致灾因子模型、易损性模型及经济损失和人员伤亡模型。致灾因子模型PH（T，S，M）目前有三种形式：物理模型关系式$M=\Phi(T, S)$，即对给定的空间S，预报何时量值为M的灾害会发生；概率模型关系式$Prob(T, S, M)$，即在T时（或时间段内），在S位置（或区域）上量值为M的灾害发生的概率值；可能性概率模型关系式$Poss(T, S, M, P)$，即在T时，S位置上最大值为M的灾害发生概率为P的可能性。易损性模型$D=f(M)$，从理论上讲，或许能依据经衰减后的致灾因子强度M由某个函数关系计算出承灾体的破坏强度D，然而很难找到所需要的函数关系f，通常用历史灾情资料统计M与D的关系，或用模糊关系矩阵来代替这种函数关系。经济损失和人员伤亡模型$L=g(D)$，多用统计方法并用专家经验加以校正，以及用模糊关系矩阵来表达函数关系g，利用模糊综合评估及灰色聚类综合评估技术进行综合评估。风险区划合成结果模型$P(L, T, S)$一般用模糊关系的合成算法，最简单的是*max-min*方式。对于合成结果模型$P(L, T, S)$，如果f、g均是一一对应的数学

① USFA，Information on the Risk，Hazard and Value Evaluation，1999.

② Michael S. Wright，*Dwelling Risk Assessment*，Toolki，Crown Copyright，1999.

映射，则在灾害上表现出的概率特性可以十分容易地过渡到损失上面去。假定 $PH(T, S, M)$ 已知，则有 $P(L, T, S)=P[g(f(M)), T, S]=PH[T, S, g(f(M))]$。①

5.2 公共部门风险管理的流程与策略

关于风险管理的流程和策略，可以将其归纳为四个步骤：风险识别（risk identification）、风险分析与评估（risk analysis & evaluation）、风险处理（risk treatment）以及风险监控（risk monitoring）。② 在这四个步骤中，自始至终都需要进行风险沟通（risk communication）。缺少风险沟通这一步骤，任何风险管理活动都毫无价值。

5.2.1 风险识别

风险识别是指找出组织面临的各种风险，识别并确认潜伏的风险，主要回答“会发生什么糟糕的事”以及“如何发生”的问题。风险识别要求鉴别风险的来源、范围、特性及与其行为或现象相关的不确定性，这在很大程度上界定了风险的本质特征。开展风险识别工作，要求对组织有全面而深刻的了解，根据组织自身的情况和特点，从组织的目标（是否有什么会妨碍组织目标的实现）、收益、财务、声誉（是否有什么会影响组织的声誉）、日程（有什么会阻碍组织按时完成预定的计划）等方面预测组织可能面临的各种风险，通常需要召集组织各部门的相关人员，如果需要的话还可以请一些专家，采用头脑风暴及群体讨论等方法，尽可能罗列所有组织可能面临的风险，然后整理出来，在更大范围内进行反复讨论，从而最终确定一份目录。③

风险识别要求建立定期的组织脆弱度分析检查制度。组织经常进行自我反省，制度性的定期检查自己的薄弱环节并了解最新情况，以便在风险发展成为危机之前得以发现和解决。脆弱度分析审查不仅有助于预防风险，避免对组织的不良影响，而且还会使组织在未来变得更为强大。

5.2.2 风险分析与评估

风险分析是从风险发生的可能性（likelihood）和后果/影响（consequence/impact）这两个方面对风险进行分析。其中，可能性又可以从概率（probability）和频率（fre-

① 参见黄崇福：《自然灾害风险分析的基本原理》，载《自然灾害学报》，1999（2）。

② Healthcare Associated Infection（HAI），The Risk Management of HAI：A Proposed Methodology for NHS Scotland Consultation Document，www.scotland.gov.uk，2005-01-15；Ed Schirick，Risk Management and Crisis Response：Are You Prepared，www.acacamps.org/campmag，2005-01-11；Robert Tusler，An Overview of Project Risk Management，www.netcomuk.co.uk，2005-01-17.

③ 参见王晓晖：《初探公共关系危机管理中的风险管理》，载《国际关系学院学报》，2005（6）。

quency）两方面来衡量。概率通常是以百分比（或千分比等）的形式来表示事情发生的可能性的大小，而频率则是指事件可能在多长时间内发生一次（如三个月一次、十年一次等）。风险分析包括三个必不可少的步骤：（1）采集数据。首先必须采集所要分析的与风险相关的各种数据。（2）完成不确定性模型。不确定性模型以得到的有关风险信息为基础，对风险发生的可能性和可能的结果给以明确的定量化。（3）风险影响评价。在不同风险事件的不确定性模型化后，就要评价这些风险的全面影响。通过风险评价把不确定性与可能结果结合起来。

根据风险分析的两个标准——可能性和后果/影响，我们可以将风险分类为四个象限或区域：A 区、B 区、C 区、D 区（见图 5－1）。[①] 其中：D 区表示高可能性、严重的后果，处在这一区的风险需要立即想办法处理；C 区表示低可能性、严重的后果，处在这一区的风险需要尽可能想办法避免；A 区表示高可能性、轻微的后果，处在这一区的风险需要较好的控制；B 区表示低可能性、轻微的后果，如果有足够的资源，可以对其加以处理，如果没有足够的资源，则可以暂时不去理会处在这一区的风险。

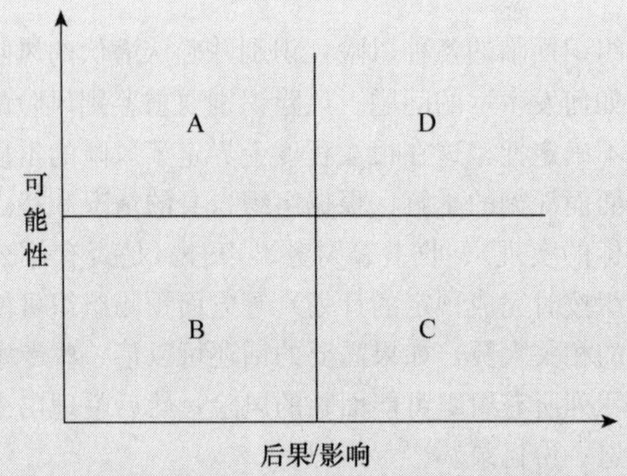

图 5－1　风险分类象限图

将风险分类为四个象限或区域，可以很直观、形象地看到风险分析的结果，但是这种方法仍然是比较抽象的，无法具体、精确地表示出风险发生的可能性和后果的严重性。因此，我们还可以用打分的方法来表示风险发生的可能性和后果的严重性。我们可以将 1 分、2 分的区域表示为相对安全的“绿色”区域，将 3 分的区域表示为需要警惕的“黄色”区域，而将 4 分、5 分的区域表示为有严重威胁的“红色”区域。

风险水平可以划分为不可以接受、可以接受和尽可能降低三种。在尽可能降低风险的范围内，为了将风险的水平尽可能地降低，应当尽量采取降低风险的措施。如果能够采取所有的措施来使风险的水平尽可能地降低，抑或降低风险是不现实或者从成本—收益的观点看来是不可能的话，这样的风险水平是可以接受的。也就是说，有必要在从成本的角度考虑可行的前提下，采取某些风险消减措施。通过风险分析，我们会发现，有些风险需要立刻想办法应对，而有些风险可以暂时先忽略不计。那么，哪些风险必须马上处理，哪些

① Robert Tusler, The Elements of Project Risk Management, www.netcomuk.co.uk, 2005-01-17.

风险又可以暂且搁置一边呢？这就要进行风险评估。

风险评估是指根据风险分析的结果以及组织自身的状况，把组织所有可能面临的风险按照紧急程度和需要的重视程度排序，以便更加合理、有效地分配组织有限的资源。风险评估需要设定风险发生概率和严重后果及其伴随的不确定性的衡量标准或尺度，对该标准或尺度进行分析和估算，确定某一特定风险值的重要性或某一特定风险发生变化的指标和权重。风险评估应遵循系统性原则、定性和定量评估相结合的原则、客观性原则。风险评估在风险管理过程中占有十分重要的地位，所以需要构建风险分析实验环境，研制开发科学、实用的检查、评估工具，开展风险评估技术、理论、标准的研究。应加强风险评估核心技术研究与攻关研究，通过技术创新，增强风险评估核心技术的竞争力；建立风险评估数据库，积累资料，全面提高风险评估水平。

风险评估的主要内容包括：(1) 风险出现的可能性；(2) 风险对组织的影响大小或规模；(3) 风险管理的难易程度：评估风险管理的难易程度，并可根据其难易程度进行排序；(4) 管理风险需要什么，即确定管理每项风险可能需要耗费的资源和时间，这样会产生一组以管理能力和所需资源为基础的新的排序；(5) 风险是否可控制或可预测。然而，仅仅将各项风险的重要性加以评估后进行排序并不是我们的目的，管理者必须综合考虑各种因素以建立一个风险的优先处理序列，同时对各种风险控制方法的可行性、成本及收益加以分析，最终为不同的风险选用最适当的处理方法。

风险评估主要运用风险矩阵模型方法。风险矩阵模型（risk matrix）方法是借鉴了朗和约翰的思想[①]，由阿瑟·D. 利特尔（Arthur D. Little）咨询公司提出来的（见图 5-2）[②]。风险矩阵模型首先按照严重程度和发生频度对风险进行评估，严重程度的估计包括潜在的死亡情况、受伤情况、财产损失、商业中断、环境和经济影响，级别从“灾难”（catastrophic）到“小”（minor）。然后分别以严重性和发生频度做 X 轴和 Y 轴，做风险矩阵（见图 5-3）。最后根据风险特点划分风险类别：A 类风险具有最高优先级，需要立即处置；B 类风险属于中高风险，应尽可能给予处置；C 类风险属于中低风险，需要密切关注；D 类风险属于低风险，需要进行监控。

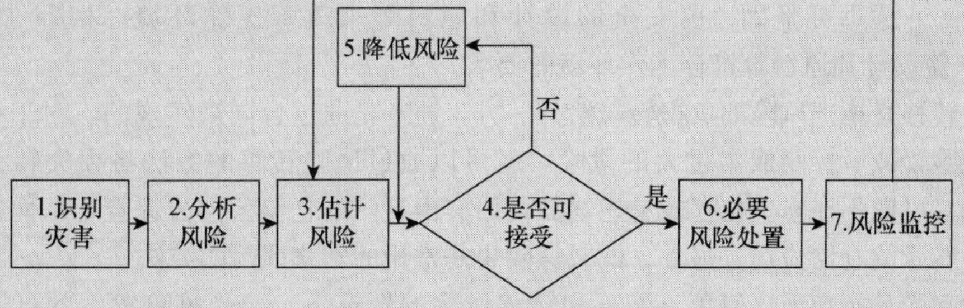

图 5-2　风险矩阵模型图

① M. H. Long and J. I. John, Risk-based Emergency Response, Paper Presented at the ER93 Conference on the Practical Approach to Hazardous Substances Accidents, 1993. St. John, New Brunswick, Canada.

② FEMA, Multi-Hazard Identification and Risk Assessment—The Cornerstone of the National Mitigation Strategy, 1997.

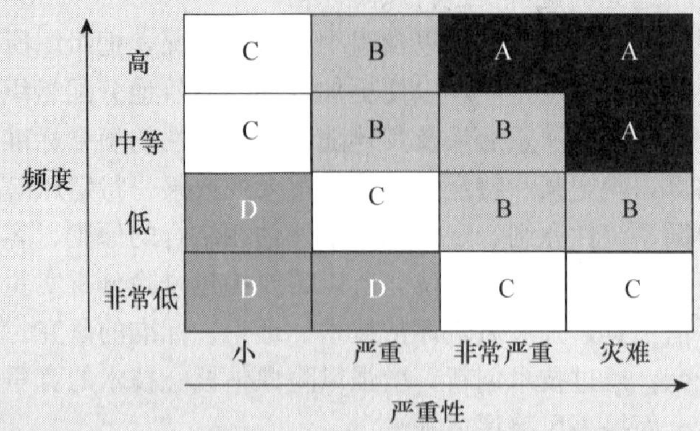

图 5－3 风险矩阵

5.2.3 风险处理

风险处理是指选择应对风险的合适的策略和手段并加以执行。① 传统上，有四种策略可供选择：避免（avoidance）、缩减（reduction）、转移（transfer）、保持或接受（retention or acceptance）。②

风险避免是指不去做那些可能导致风险的行为，直接避开导致风险的事项和活动，以减少可能发生的损失。比如，为了避免飞机失事而不坐飞机。从理论上说，对于一切风险都可以采用这种策略，但这是不现实的，因为这就意味着什么都不能做。然而，在某些情况下，“避免”的策略的确是既合理又可行的，比如，通过移走有火灾隐患的物品来避免火灾。

风险缩减是指采用恰当的做法来减少风险的发生、减弱风险的后果。比如，在不得不存放易燃物品的情况下，可以在易燃物品的周围多放置些消防设施，这样一旦真的发生火情，就可以减少损失。总的来说，风险的避免和缩减在很大程度上可以通过 ABC 减缓原则得以实现：远离（away）——使风险源远离工作环境或使工作环境远离风险源；改善（better）——通过更坚固、更安全的设计和原料等来改善工作环境；相容（compatible）——使设计和原料等符合工作环境的要求。

风险转移是指把风险的负担转嫁给另一方，通常是通过合同来实现的。对于有些无法控制的风险，或者控制成本过大的风险，就可以通过风险转移的方法将损失转移给其他方。比如，可以不在本单位存放易燃物品，而交由专门的仓储公司去保管，从而把发生火灾的风险转嫁给仓储公司。另外，购买保险也是常用的转移风险的方法。

风险接受是指在无法避免、缩减和转移风险的情况下，接受风险发生的可能性和后果。在不得不接受风险的情况下，管理者可以做的工作有：得失分析——通过得失分析，

① Max's Project Management Wisdom，Wideman Comparative Glossary of Project Management Terms V2.1，www.pmforum.org/library/glossary，2005－01－27.

② 参见［澳］罗伯特·希斯：《危机管理》，40 页，北京，中信出版社，2001；Argos Press，Risk Management and Decision Making Glossary，http://risk-management.argospress.com，2005－01－27。

确定可以接受的风险的上限；计算费用——在确定了可以接受的风险的上限之后，计算出风险管理的费用；均衡风险——用接受风险所获得的利益来补偿所造成的损失。

除了上述传统的四种风险处理与控制策略以外，还有两种常用的风险处理与控制策略：预防风险损失和分离风险单位。预防风险损失是指降低风险损失发生的频率。分离风险单位包括两种风险管理方法：分割风险单位和复制风险单位。分割风险单位是指将面临损失的单一的风险单位分为两个或两个以上独立的单位，并且每一个风险单位都应投入使用。摩天大楼中的隔离层和舰船上的水密隔舱就是分割风险单位的最好实例。复制风险单位是指组织保存备用的资产或设备，只有在使用的资产或设备遭受损失后才会使用这些备用品。复制风险单位在组织风险处理控制中最广泛的使用实例就是组织的信息系统的数据备份。

5.2.4 风险监控

对识别出的风险加以分析、评估，并选择合适的策略和手段来应对，这并不是风险管理的全过程，还需要对这些环节进行监控，并根据实际情况不断进行修正和调整，从而构成一个封闭的、动态的风险管理流程。

5.2.5 风险沟通

在风险识别、风险分析与评估、风险处理以及风险监控这四个步骤中，自始至终都需要进行风险沟通。除非把有关风险的情况传达给相关的人——导致风险的人、面临风险的人、需要进行风险管理的人等，否则任何风险管理的方法都没有价值，因此需要进行风险沟通。风险沟通主要强调的是一种社会过程，通常发生在人们的风险意识逐渐上升的危机情境中。研究风险沟通主要是为了降低人们的风险认知。风险认知是指个体对存在于外界各种客观风险的主观感受与认识，而这些主观感受是受到心理、社会和文化等多方面因素影响的。根据美国国家研究委员会（National Research Council）的定义，风险沟通是关于风险本质、影响、控制与其他相关信息的意见交换过程。风险沟通的作用在于："告知""引导""解决冲突""营造正面关系"。①

"告知"是指告诉公众有关风险的知识，增进他们对风险的认识。例如，烟草生产商在香烟包装盒上印上"吸烟有害健康"的警告，一方面告知吸烟者吸烟的危害，另一方面也降低了自己相关的法律责任。"引导"是指协助公众对风险形成正确的讨论与结论，并进而产生个别的或共同的行为来降低风险，如预防艾滋病的宣传。"解决冲突"是指调停因风险问题而造成的利益冲突。通过恰当的风险沟通，组织与其公众之间可以建立起一种正面的互动关系，提高组织处理风险、解决问题的能力，这就是风险沟通的"营造正面关系"的功用。

---

① 参见吴宜蓁：《危机传播——公共关系与语艺观点的理论与实证》，97～99页，台北，五南图书出版股份有限公司，2002。

风险沟通的方法和模式可分为单向传播和双向沟通。单向传播模式主要用于由专家向一般公众传达风险知识，而双向沟通模式则赋予公众思考、提问、建议甚至决策的权利。单向传播模式能够实现风险沟通“告知”和“引导”的功能，但若要实现“解决冲突”和“营造正面关系”的功能，则必须采用双向沟通模式。

5.2.6 风险管理流程整合

综上所述，风险管理的流程模型和策略主要包括五个步骤（见图 5-4）[①]：风险识别、风险分析与评估、风险处理、风险监控、风险沟通。其中，风险沟通贯穿于风险管理流程的全过程。通过对风险管理流程模型和策略的了解，不难看出：把风险管理作为应急管理的起点，改变了传统应急管理对危机采取的“刺激—反应”的较为被动的管理模式；引入风险管理的应急管理模式和方法，更有利于资源配置和任务管理的优化（见图 5-5、图 5-6）。[②]

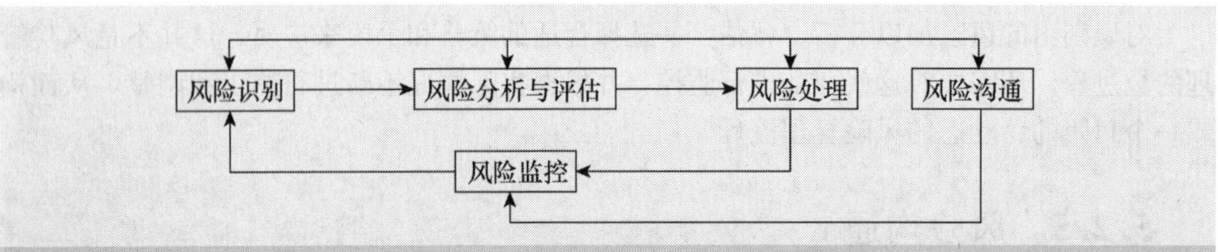

图 5-4 风险管理流程模型

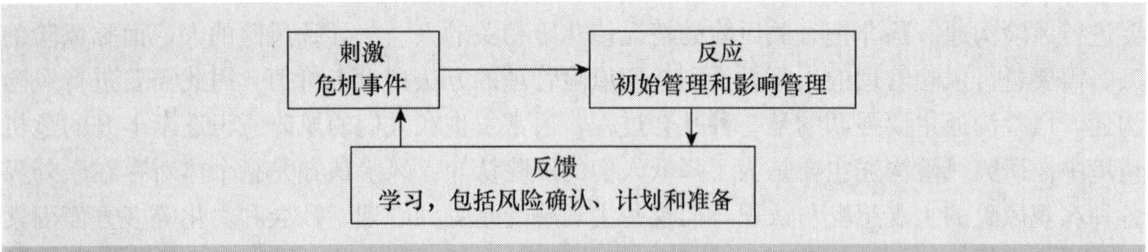

图 5-5 传统的应急管理

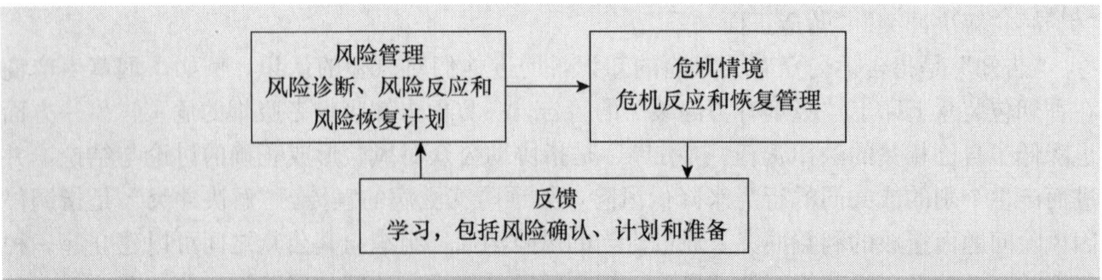

图 5-6 引入风险管理的应急管理

① 参见［澳］罗伯特·希斯：《危机管理》，43 页，北京，中信出版社，2001。
② 参见上书，47 页。

风险管理是一个不断学习和积累的过程，对于政府的要求很高。政府作为公共事务的管理者，看清风险的不可避免性，积极地控制和管理风险，理应被纳入政府的日常工作中。风险管理是政府的一项基本的核心职能，是涉及政府组织的全部范围以及政府组织中所有成员的管理职能，建立和发展更为有效的、全面整合的风险管理模式是大势所趋。①政府应构建“发现、定义、防范、抗击、转移、缓冲”风险的相关机制，提高风险管理水平，尽快建立现代型的社会风险管理体系。

具体来说，加强风险管理与评估工作，要注意做好以下三个方面的工作②：

（1）定期、持久地开展风险评估与薄弱评估工作，并使之成为政府的常规管理职能。其一，要全面做好危险源比如自然灾害、地质灾害、危险行业、危险场所等的普查工作；并对这些危险源可能造成的危害进行评估，定期更新灾害安全记录，标志危险源等级，及时告知相关部门，向社会公布。利用高新技术不断提高勘察监测能力，狠抓对重大危险源和重大事故隐患的勘查、评估和监控，注意科学总结，掌握规律，不断提高预测和预报风险的技术水平。其二，要全面做好薄弱评估与监控工作，根据薄弱评估结果，设计出针对危险源的监控办法，包括工作目标、组织结构、工作流程、绩效标准和所需资源等。在全面掌握危险源的基础上，对生产、运输和使用危险品的企业，可能爆发公共危机的企业，以及可能造成群死群伤的公共场所，加强登记管理和监控。其三，要强化政府对于危险行业的管制能力，增加项目审批过程中的安全评估环节，使安全评估成为项目合格的硬性约束。

（2）设定并公开风险信息的标准和等级，加强风险信息评估工作。为及时向社会公众预警风险，就要设定并公开风险信息的标准和等级，达到设定要求的马上将信号公之于众，没有到达设定等级的风险继续追踪。例如，人们同时感染某种烈性传染病的事件，威胁人民生命财产安全的灾害、事故、污染事件等，都应当被列入公开范畴。

（3）明确政府的危机责任，建立风险共担机制，妥善转移社会风险。其一，要全面清理政府部门之间的职能交叉问题。根据管理对象和管理活动的特征，落实主管单位和主要责任单位，理顺多个部门共同主管同一灾害的职责分工，使各个环节责任清晰。此外，还要落实政府风险管理与评估工作的问责制。其二，要积极培养社会中介力量，发挥行业协会对于公共危机风险管理的监管优势和风险共担机制。其三，要建立企业的风险承担机制。将某些在政府职能范围外，但在企业范围内的公共危机风险管理项目，交由企业承担。政府从原先的统抓统管，转变为监督和指导；通过明确企业的责任，建立起企业承担公共危机风险的机制。其四，要通过保险，转移或降低政府的风险。政府可以对某些行业和领域实施强制性保险政策，如交通事故意外保险等；鼓励发展商业保险，如农业保险、工业保险、自然灾害保险、气象灾害保险等新险种。③

---

① 参见［英］马丁·冯、彼得·杨：《公共部门风险管理》，76 页，天津，天津大学出版社，2003。

② 参见张小明：《公共危机要设计超前管理系统》，载《光明日报》，2010-07-26。

③ 参见唐钧、陈淑伟：《全面提升政府危机管理能力，构建城市安全和应急体系》，载《探索》，2005（4）。

5.3 公共部门风险管理的进展

5.3.1 西方主要发达国家风险管理的新进展

1. 美国政府风险管理的新进展①

20 世纪 90 年代，美国联邦政府就已经将风险管理应用到政府工作中。1998 年，美国海岸警卫队（USCG）提出“整合性风险评估过程”（integrated risk assessment process, IRAP）的报告，该过程是开展部门风险管理的重要工具，并把根据风险分析得出的信息作为该部门决策和长期发展战略的参考依据。1998 年 8 月，美国农业部出台了《构建风险管理计划》，提出了绘制农业灾害风险地图、完善巨灾农业保险体制、制订农户个人风险管理计划等措施，以加强农业风险管理。1999 年 1 月，联邦审计署出版的《联邦政府内部控制标准》绿皮书指出，“风险评估”是联邦政府内部控制的五项标准之一，内部控制应提供组织所面临的内部、外部环境的风险评估。此后，各联邦机构根据自身的工作，在环境保护、劳工安全、财政管理、信息管理、国土安全等领域，相继开展和建立适合其自身目标、职能与业务的风险分析或风险评估制度，逐步将风险管理作为制定公共政策过程的重要环节，政府风险管理工作不断拓展和深入。

“9・11”事件之后，美国联邦政府高度重视国土安全风险，组建了国土安全部，并将开展国土安全风险分析和评估作为国家安全战略的重要基础。2003 年 12 月发布的总统关于国土安全的指令 HSPD-7，要求国土安全部把风险管理应用在国土安全基础设施防护中。经历卡特里娜飓风后，美国国土安全部正式推广基于风险的方法来管理国土安全的相关项目。在国土安全项目的实际管理和建设中，风险管理方法被广泛应用，并取得了显著成效。2005 年，国土安全部运输安全管理局开展了美国史上最大规模的航空运输线路和机场的脆弱性评估，并得到了联邦政府的财政支持。2006 年，由美国国土安全部牵头，与国务院、国防部、能源部、司法部、商务部、财政部、环保局等联邦部门共同起草并发布了《国家基础设施保护计划》（NIPP），该计划提出了一个全面的风险管理框架，界定了联邦政府部门及地方政府的职责。在不断总结国土风险管理经验和教训的基础上，2007 年 2 月，美国联邦审计署在《应用风险管理原则指引联邦投资》中明确指出，美国国家安全战略和国土安全部都只有基于安全风险分析和评估来配置各类安全资源，才能获得相应的联邦财政支持，逐步将国土安全风险管理和绩效管理、联邦财政支持挂钩。

2008 年，美国国土安全部成立风险管理与分析办公室（RMA），以强化联邦政府国土

① 参见 Risk Steering Committee, DHS Risk Lexicon (2010 Edition), September 2010, http://www.dhs.gov/xlibrary/ assets/dhs-risk-lexicon-2010.pdf; GAO, Risk Management: Strengthening the Use of Risk Management Principles in Homeland Security (GAO-08-904T) (2008)；游志斌：《美国联邦政府的国土安全风险管理》，载《学习时报》，2011-03-02。

安全风险管理，支持国土安全的相关任务。该部门下设两个处：一是风险治理和支持处，其职能包括提升相关联邦机构的整体安全风险管理能力、汇总和确认安全风险信息、提供国土安全领域的风险管理技术支持和保障、督促和检查国土安全风险治理的进展和结果等；二是风险分析处，其职能包括提供统一的安全风险分析方法、分析和研判国土安全风险信息、促进安全风险信息的共享、提供国土安全风险决策服务等。

2008年，美国联邦政府专门成立了国土安全部风险指导委员会（RSC）来组织和推进风险管理标准化。国土安全部风险指导委员会由分管全国防护与计划司的副部长担任主席，风险管理与分析办公室负责日常管理。国土安全部风险指导委员会的成员来自联邦政府各部门，致力于提高联邦各机构的风险管理协同能力。国土安全部风险指导委员会专门建立风险术语工作组（RLWG），并吸纳国土安全部风险利益团体（COI）的代表参与标准制定工作。该委员会倡导国土安全部风险管理术语手册计划以促进风险管理标准化，于2008年9月出版了《国土安全部风险管理术语手册》。2010年9月，美国联邦政府对手册进行了大规模的修订，国土安全部副部长兰德·贝尔斯在手册的修订出版时明确指出，规范风险管理术语系统，促进安全风险的沟通和交流，是提高全联邦安全风险管理能力的重要基础。

国土安全部2009年修订的《国家基础设施保护计划》，进一步明确了国土安全防护中统一的风险管理框架，并强调依据该框架对损失、弱点和威胁信息的相关处理程序来确立对国家或部门风险的全面、系统、适当的评估，其中开展的针对重要基础设施和关键资源的风险管理分析和评估，直接影响投资的优先次序。此后，美国国土安全风险管理不断得到加强，2010年10月初，国土安全部向参议院递交了《国土安全评估报告》，该报告充分肯定并建议进一步加强全联邦范围内的国土安全风险管理。

2. 英国政府风险管理的新进展①

英国政府自2004年以来先后出台了《国内紧急状态法案》《应急管理准备和响应指南》《应急管理恢复指南》《中央政府对突发事件响应的安排：操作手册》等法规和文件，使中央政府风险管理能力得到显著提高。通过以复原力为核心，英国形成了一个全面开展风险管理的框架，其强调以风险管理作为应急管理的核心，用科学的方法发现风险、测量风险、登记风险、处置风险，实现应急管理的关口前移，防患于未然。从管理层次来看，英国的风险管理体系包括中央、地区和地方三个层级。每一层级按照职责分工，建立不同的风险管理组织，开展风险管理工作。

（1）在中央层面，对全国风险管理工作进行宏观指导，负责全国风险管理宏观政策制定以及跨部门、跨机构的综合协调，具体由2001年7月内阁办公室新设立的国民紧急事务秘书处承担。国民紧急事务秘书处不仅全天候开展风险评估工作，每年公布《国家风险登记册》，而且还负责牵头制定《地方风险评估指南》等工作规程，对全国各地区、各部门的风险评估进行统一指导和协调。《地方风险评估指南》明确了从中央到地方的风险评估工作要求、全国统一规范的各级各类风险名录、风险评估的基本程序与方法、风险评估

---

① 参见National Audit Office, Managing Risks to Improve Public Services. http：//www. nao. org. uk/publications/nao_reports/03-04/ 03041078. pdf；游志斌：《英国政府应急管理体制改革的重点及启示》，载《行政管理改革》，2010（11）；李雪峰：《英国应急管理的特征与启示》，载《行政管理改革》，2010（3）。

结果的运用等。2006 年和 2008 年，英国内阁办公室均发布了《地方风险评估指南》。

（2）在地区层面，主要负责本政府级区域内不同地方的风险管理协调工作，具体通过地区复原力论坛（Regional Resilience Forum，RRF）开展工作。每个地区都有明确的地区召集人，下设小规模的应急规划小组。地区复原力论坛通常由 3～7 个地方复原力论坛组成，其职责是负责本政府级区域内跨地域、跨部门的风险评估和应急规划工作，并在发生突发事件时为地方的应急抢险救援工作提供必要的支持。地区一般不具有对地方的直接指挥管理权，只有在中央政府宣布全国进入紧急状态时才能对地方进行指挥。

（3）在地方层面，通过建立地方复原力论坛（Local Resilience Forum，LRF），具体负责本区域范围内的风险管理工作。目前，英国共有 52 家地方复原力论坛。英国各地的风险管理范围通常依据警力范围来划定，地方复原力论坛通常由当地警察局局长负责召集。地方复原力论坛的职责是负责当地的风险评估、应急规划和信息共享。

然而，英国政府对战略风险的研判和应对能力亟待加强。为此，英国政府大力加强中央政府的风险管理职能。（1）把内阁办公室国民紧急事务秘书处打造成推动政府整体风险管理建设的领导核心。作为具体组织实施的最重要单位，内阁办公室国民紧急事务秘书处会同财政部预算执行小组、财政部风险支持小组等部门，制定政府内部风险管理的相关政策，总体设计和把握评估政府风险管理建设的进程，解决整体风险管理建设中存在的实际问题。2010 年，国民紧急事务秘书处与相关部门共同发布了《2010 年国家风险登记册》《业务可持续性调查报告：中断与抗逆力》等重要文件，推动全社会广泛参与的政府整体风险管理建设工作进一步深入。（2）建立国家风险评估制度。英国内阁办公室国民紧急事务秘书处制定了“国家风险评估”（NRA）工作规程，通过确定五年期内的风险和绘制约 80 个危害与威胁的风险矩阵来提升政府部门决策能力，做好应急准备和规划。NRA 进程包括风险确定、评估可能发生的风险及其影响、风险比对三个阶段。评估进程需要来自政府部门、机构、委任机构、公众、私人和志愿组织等方面代表的广泛参与，并规定要建立定期监测机制，及时完善评估机制，充分考虑风险环境的变化。在英国国家风险评估中，风险评级分为非常高（VE）的风险、高（H）风险、中等（M）风险、低（L）风险四级。高风险以上级别的风险，必须在英国国家、区域和地方层级规划中得到足够重视；非常高的风险必须被视为政府工作的高度优先事项，必须制定相应的对策，以减少或消弭风险，而且针对这些风险（跨机构）的对策、实施和培训等工作应及时到位，并要进行追踪、反馈、备案和监督检查。（3）建立政府业务持续性管理制度。国民紧急事务秘书处会同英国业务可持续管理协会于 2002 年制定了《业务持续管理：行为规范》。目前，英国内阁办公室国民紧急事务秘书处都会与业务可持续管理协会发布报告，有针对性地开展各相关领域的业务可持续性调查，增强政府、企业等的应对突发事件的能力，而且这已成为其政府整体风险建设的重要内容。

通过强化风险管理职能，国民紧急事务秘书处已成为中央政府进行风险识别、评估、管理和协调的核心部门，以及政府与外界开展风险沟通的重要窗口。英国政府希望通过强化应急管理中枢机构的风险管理职能，进一步提高政府的战略风险管理能力、内部风险管理岗位技能和巨灾情况下的业务可持续能力，促进风险管理经验的总结和推广、公共风险沟通工作的细化和深入。

3. 德国政府风险管理的新进展

德国联邦内政部是突发事件风险管理的主责机构。为了加强对风险管理工作的统一领导，德国联邦政府专门成立了“联邦风险分析与公民保护”指导委员会，包括内政部、环境部、卫生部、交通部、经济与技术部、劳动和社会事务部等在内的与公共安全相关的所有联邦部门都是该委员会的成员单位，该委员会由德国内政部部长牵头负责，委员会的主要任务有：制定风险分析的方法框架（损害参数、等级/临界值等）；选择需进行分析的危险；要求各业务机构参加工作组，共同开展风险分析；向工作组发放委托工作任务；评估工作组的成果；等等。同时，委员会下设“联邦风险分析与公民保护”工作组，设在联邦公民保护与灾难救助局（BBK），工作组的主要任务有：为所选择的风险设计场景；实施风险分析（为各种风险建立相应的风险分析工作小组）；让其他领域（如科学界、经济界等）的权威专家共同参与；总结分析成果上交指导委员会；准备每年上交给联邦议院的年度报告。

2001年11月，德国政府颁布了《公民保护新战略》，力图全面提高突发事件风险管理能力，以应对自然灾害、人为事故灾难、传染病、食品安全、气候变化、恐怖主义、大规模杀伤性武器扩散、信息安全等重大风险的挑战。2002年，联邦内政部编写了《德国危害预测》手册，该手册简单列出了所有可能由技术性因素、人为因素、自然灾害等方面引起的重特大突发事件；同时，在一些跨地域的灾害风险（如传染病、关键性基础设施受损等）方面，联邦政府开始统一为各州提供专业的风险分析和预测指导。2005年，隶属于联邦内政部的联邦公民保护与灾难救助局开始具体负责评估各州在关键领域的重大危害预测成果，并制作完成了《全德风险统计册》，收集了所有可能对国家安全、社会、环境和经济带来重大危害的风险，这是德国第一次在全联邦范围用统一方法来收集风险信息。2006年9月，联邦公民保护与灾难救助局开始研发针对所有危害、以风险发生概率和损害规模为主要考虑指标的风险分析方法。此后，在风险分析中逐步导入了计算机地理信息系统，借助该系统，能在对风险进行详细空间分析时，使分析结果用地图直接显示，进而为决策提供更直观、客观的支持。

2009年9月修订完成的《德国公民保护和灾难救助法》明确规定，在与各州的共同努力下，联邦政府要开展全国范围内的风险分析。德国联邦政府认为，风险分析不是为了分析而分析，它是政府全面风险管理的一部分，是针对各类灾害管理工作的核心要素，是制定政府公共政策的重要基础。通过风险分析，可以为某个区域（全国、联邦州、行政区/直辖市或区县）系统地分析各种危害可能引起的损害规模，进而可以更直观地对各种危害造成的风险进行比较。在分析结果的基础上，还可以为保护公民及其基本生活采取更具针对性的防护措施，并能为抵御灾害、减轻人员伤害和财产损失、降低社会和环境的脆弱性奠定重要基础。2010年10月，德国联邦政府正式颁布了《公民保护中的风险分析方法》，用以指导联邦、州及地方政府开展风险分析，这成为德国政府加强风险管理工作的里程碑。同时，联邦内政部将每年向联邦议院报告风险分析的结果。2011年初以来，德国联邦政府在下萨克森州、北莱茵-威斯特法伦州、巴伐利亚州同步实施全面风险分析试点工作，稳步推进全德范围内的突发事件风险管理工作。

5.3.2 我国突发事件风险管理的实践与探索

1. 自然灾害风险管理的实践与探索

（1）国家减灾委推进“天一空一地一现场”一体化灾害风险监测预警体系建设。

加强包括大雾、雪灾、滑坡、泥石流等灾害在内的综合风险监测能力建设。加强灾害风险预警系统和设施建设，特别是城市、中小河流、中小水库、山洪灾害易发区和人口密集区的风险预警体系建设。加强旱情风险监测系统建设，尽快建立旱情监测预警分析评估决策支持体系。加强全球气候变暖背景下的极端天气气候事件风险预测预报技术方法的研究，提高气象灾害预报、预警能力。建立部门间综合风险预警信息共享平台和信息发布机制，加强条块之间信息管理能力建设。

（2）民政部门组织开展自然灾害风险评估工作。

民政部门组织开展《自然灾害风险管理基本术语》《综合自然灾害风险图（1∶100 000）制图规范》等标准的制定工作。以灾害性天气预警信息为参考，结合减灾卫星监测、评估模型和历史数据等资料，及时开展灾害风险评估，改进洪涝、旱灾、雪灾、森林火灾、滑坡、泥石流六个灾种风险评估、灾情快速评估业务模型与技术流程，制作风险分析产品，为各有关地区和有关部门做好防灾备灾工作提供了有力支持。民政部门加快建立重特大自然灾害遥感监测评估业务体系。通过集成快速制图系统、洪涝、雪灾风险预警改进系统等，大大提高了灾害遥感监测能力。

（3）国土资源部门增建群测群防“十有县”，完善灾害隐患点群测群防信息，地质灾害气象预警体系覆盖范围进一步扩大。

水利部门积极组建覆盖全国各大流域的宽带水情广域网，水情测报和信息传播的时效性和准确性明显提高。地震管理部门加强水库地震台网建设和管理。气象部门初步建立国家和省级极端天气气候事件监测和灾害影响评估业务，改进了天气预报和气候预测质量评价办法，建立了月质量通报制度。各级气象部门充分利用卫星、雷达、自动气象站、闪电定位系统等装备加强实时监测，自动气象站覆盖全国85%以上乡镇以及我国近海海域。海洋管理部门加快海洋观测站（点）、锚系浮标、Argo浮标、海啸浮标等基础监测设施升级完善，初步建成覆盖沿海的立体海洋观测系统。

2. 事故灾难风险管理的实践与探索

（1）安全生产风险管理与隐患排查治理深入开展。

各地区、各有关部门和单位立足治大隐患、防大事故，不断加大安全生产风险管理与隐患排查治理力度，健全完善安全生产风险管理与隐患排查治理长效机制，推动隐患排查治理走向制度化、规范化、常态化。公安部门会同文化部门、工商管理部门、安全监管部门开展了公众聚集场所易燃可燃装修材料消防安全专项整治；交通运输部门加大“安保工程”和灾害防治工程投入，治理公路安全隐患，整治灾害易发路段，开展桥梁安全隐患排查治理等专项行动；农业部门组织农机系统排查农机安全隐患；质检管理部门组织排查特种设备生产使用单位各类安全隐患；安全监管部门在配合公安、交通、建设等部门积极推进相关行业（领域）隐患排查治理的同时，积极组织全国矿山、危险化学品应急救援队伍开展预防性安全检查工作；民航管理部门对航空公司、机场和空管单位进行安全审计，排查各类隐患。

(2) 重点行业（领域）安全隐患专项整治工作力度不断加大。

各地区、各有关部门和单位深化重点行业（领域）安全专项整治，不断加大隐患排查治理力度。安全监管部门、煤矿安监部门组织开展了煤矿瓦斯防治、防治水和防灭火、领导干部带班下井、建设项目安全设施“三同时”、兼并重组与整合技改煤矿安全生产等专项检查；实施了煤矿瓦斯治理示范工程；集中开展了金属与非金属地下矿山安全生产大检查，抓好防尾矿库溃坝、防海洋石油井喷泄漏等安全专项整治；以石英砂加工、木制家具制造和石棉生产使用企业为重点，对粉尘与高毒物品危害进行了排查治理；组织矿山、危险化学品应急救援队伍开展了预防性安全检查。公安部门组织开展了建筑工地、人员密集场所、高层地下建筑、文物古建筑、中小学学校和幼儿园的消防检查，督促整改火灾隐患；以高速公路、农村地区、山区、临水临崖道路为重点，全面排查治理事故多发路段、安全防护设施和管理设施严重缺失路段，会同有关部门排查治理公路危险路段。环境保护部门启动了全国重点行业企业环境风险及化学品检查工作，对重点行业企业生产和使用化学品情况、环境风险单元和周边环境敏感点开展全面排查，基本建成了全国重点行业企业环境风险及化学品数据库。住房城乡建设部门组织开展了建筑安全生产大检查，下发隐患通知书。交通运输部门积极推进水上交通安全整治，实施渡改桥工程，开展“放心桥、平安渡”建设活动。工业和信息化管理、农业、质检、旅游、国防科工等部门组织开展了民爆器材、农业机械、特种设备、游乐设施、军品科研生产等的安全专项治理工作。

(3) 重大危险源监测监控管理不断加强。

安全监管部门不断完善重大危险源监督管理制度，建立健全重大危险源数据库，推广应用实时监测监控技术，深化重大危险源预案管理。国家安全生产监督管理总局相继出台了《关于重大危险源申报登记试点工作的指导意见》《关于开展重大危险源监督管理工作的指导意见》《关于规范重大危险源监督与管理工作的通知》《关于认真做好重大危险源监督管理工作的通知》《危险化学品重大危险源监督管理暂行规定》等文件，进一步界定了重大危险源的内涵和外延，明确了重大危险源的监控主体，确定了分级监控、分级备案与核销的工作原则。各地普遍加强了对重大危险源监测监控管理，开展了普查、登记、建档和申报工作，实施分级管理和动态监控。各级安全监管和安全生产应急管理机构对管辖范围内的各类危险源进行普查、辨识和登记，建立危险源数据库，切实掌握危险源的数量、类别、危害程度以及应急处置程序，落实分级监控、重点监控措施。有重大危险源的企业开展危险源评价，建立危险源计算机监控系统，并与当地安全监管机构的应急平台联网。本着“险时救援、平时防范”的原则，组织各类应急救援队伍，对服务范围内的企业开展预防性安全检查，及早发现、及时督促企业解决安全生产隐患和问题。继续做好自然灾害引发生产安全事故的预警预防工作，及时发布预警信息。

3. 公共卫生事件风险管理的实践与探索

卫生部门不断提升突发公共卫生事件的风险管理能力。全国突发公共卫生事件网络直报系统已经覆盖 100%的县级疾病预防控制机构、98%的县级及以上医疗机构、84%的乡镇卫生院和社区卫生服务中心；全国流感风险监测网络已经实现了对地市全覆盖。同时，卫生部门加强了突发公共卫生事件及危险因素的监测预警，组织开展传染病突发公共卫生事件早期发现能力评估和突发公共事件媒体监测工作，加强甲型H1N1流感、鼠疫、人禽流感监测预警和不明原因肺炎病例的筛查。

食品药品监管部门进一步完善药品不良反应和医疗器械不良事件风险监测体系，积极推进化妆品不良反应监测体系建设。会同卫生部门修订《药品不良反应报告和监测管理办法》，进一步规范药品不良反应报告和监测工作；制定发布《中药注射剂安全性再评价工作方案》，全面启动中药注射剂安全性再评价工作；初步建立药品电子监管系统，实现重点药品购销情况的实时、动态监控；定期向社会公布药品不良反应信息，通报辛伐他汀和胺碘酮合用等重点品种安全性监测和分析信息，做好药品不良反应监测预警各项工作。

农业部门制定下发《国家动物疫情测报站和边境动物疫情监测站管理规范》，加大专项监测力度，对重点活畜禽交易市场和养禽场开展监测。定期组织专家对禽流感等重大动物疫情和外来病防控形势进行分析评估。强化流行病学调查，组织完善动物疫情测报体系管理和报告网络，加强疫情举报核查。建立农产品质量安全监测制度，组织开展农药及农药残留、饲料及畜产品违禁药物污染、兽药与兽药残留等质量安全监测。建立农产品质量安全信息通报制度。及时发布有关农产品农药残留、兽药残留等质量安全监测信息。针对重点地区、重点品种的农产品开展例行监测，密切关注全球特别是周边国家疫情，积极做好防范应对准备。

质检部门加强风险监测预警工作，制定了《进出口食品安全风险监测（控）计划》《进出口食用农产品安全风险监控计划》《口岸传染病疫情评估处置程序》，对监测（控）数据及时汇总分析，尽早发现公共卫生、食品安全风险隐患，及时控制。开展食品生产加工环节风险监测，重点监测添加剂、致病菌、农兽药残留、非食用物质等风险项目。

4. 社会安全事件风险管理的实践与探索

社会安全事件风险管理，目前主要以社会稳定风险评估的形式进行。社会稳定风险评估是指在重大事项（重大决策、重大工程项目、大型活动以及重要基础设施保护）制定、出台及实施前，通过系统的调查，对可能影响社会稳定的诸因素进行分析，评估发生危害的可能性，对不同的风险进行等级管理，并制定风险应对策略和预案，采取措施防范、降低、消除风险的工作。社会稳定风险评估机制实质上是以“维稳”为主轴，推动政府与公民的互动，最终实现经济社会的有序良性发展。当前社会稳定风险评估的重点是：与人民群众利益密切相关的重大决策、重要政策、重大改革措施、重大工程建设项目、与社会公共秩序相关的重大活动等重大事项在制定出台、组织实施或审批审核前，对可能影响社会稳定的因素开展系统的调查，科学预测、分析和评估，制定风险应对策略和预案，以便有效规避、预防、控制重大事项实施过程中可能产生的社会稳定风险，更好地确保重大事项顺利实施。

2005年初，四川省遂宁市率先在重大工程领域进行社会稳定风险评估工作试点，2006年建立《重大事项社会稳定风险评估机制》，效果显著。中央维稳办推广了遂宁市的做法，各地纷纷仿效。2009年，中央要求在全国推广社会稳定风险评估。2010年，胡锦涛总书记在党的十七届五中全会第二次全体会议上的讲话中强调指出：建立健全重大工程项目建设和重大政策制定的社会稳定风险评估机制，着力从源头上预防和减少矛盾，把问题解决在基层、解决在萌芽状态。目前，全国已有多个省区市下发了开展社会稳定风险评估工作的指导意见。

各地因地制宜，积极探索，在社会稳定风险评估的主体、内容、流程、标准、主要做法等方面各具特色。其中，四川遂宁、浙江衢州、江苏淮安、贵州铜仁等地的做法具有一定的代表性和典型性。四川遂宁做法的主要特点是"六个五"：评估"五类重大事项"，围绕"五项重点评估内容"，采取"五步工作法"，落实"五项制度"，拓宽"五种渠道"，严明"五项铁规"。浙江衢州积极探索建立由情报信息主导的重大群体性事件隐患专案管理制度，其做法的主要特点是"五个机制"：隐患排查机制、分析研判机制、风险评估机制、矛盾化解机制、责任分工与追究机制。江苏淮安做法的主要特点是党委统一领导，党政齐抓共管，各职能部门纵向垂直领导、横向分工协作，并建立以目标管理为核心的问责制度。贵州铜仁做法的主要特点是风险评估先行、防范化解联动、建设与调解并进、发展与稳定统筹。

尽管各地重大事项社会稳定风险评估的范围、内容和程序存在差异，但还是存在共同特点：(1) 社会稳定风险评估主要集中在三大矛盾突出领域：一是重大决策。包括与群众利益密切相关的重大政策、改革改制方案、社会管理措施以及建设规划等。二是重大项目。包括基础设施项目、公益性项目、工业项目、房地产开发项目等。三是其他重大事项。包括影响大、涉众广、情况复杂的大型活动等。(2) 社会稳定风险评估的内容主要集中在合法性、合理性、可行性和安全性四个方面。(3) 社会稳定风险评估的程序可归纳为五个基本步骤：成立评估小组、确定评估项目、制定评估方案、组织进行评估、落实维稳措施。

各地在开展社会稳定风险评估中，积累了一些成功的做法和经验，主要有以下几点：

(1) 党政齐抓共管、各部门协同配合，形成合力。江苏淮安市建立了党政齐抓共管，各职能部门（环保、国土、建设、安检、公安、工商、宣传等部门）纵向垂直领导、横向分工协作的组织领导体制，各部门既各司其职、各负其责，又在党委统一领导下相互支持、密切配合。四川遂宁市邀请人大、政协和社会各界代表参加，对重大事项社会稳定风险程度进行集体会审。浙江定海等地注重充分调动社会力量参与评估，建立起多元评估机制。

(2) 把社会稳定风险评估工作与责任主体相结合，提高社会稳定风险评估工作的操作性和有效性。江苏淮安等地明确重大事项决策的提出部门、政策的起草部门、项目的申报审批部门、改革的牵头部门、工作的实施部门均为重大事项社会稳定风险评估的责任主体。涉及多部门、职能交叉难以界定评估直接责任部门的重大事项，由党委、政府指定评估责任部门。

(3) 注重评估过程中的矛盾调解工作。贵州铜仁等地区在社会稳定风险评估中，充分预测潜在风险，扎实细致地进行矛盾排查，坚持调解优先，让调处成为风险稳压器，防范风险演变，实现了社会发展和稳定统筹推进。

(4) 把社会稳定风险评估工作和目标考核、干部考核相结合，严格问责制度。江苏淮安等地在社会稳定风险评估工作中，建立了以目标管理为核心的问责制度。把社会稳定风险评估工作纳入各地各部门年度目标责任状和社会治安综合治理考核体系，考核结果直接计入年度目标总分。同时还坚持把社会稳定风险评估工作纳入干部队伍政绩考核，坚决实行干部任用稳定工作“一票否决制”。

（5）重视发挥专业评估机构和专家的作用，引进第三方参与机制。江苏淮安高度重视专家评估的作用，建立评估专家组、评估人才库，发挥专业评估机构的作用。重庆九龙坡区等地在风险评估工作中，注重引进第三方参与机制，委托具有资质的第三方机构进行评估，提升了决策的科学性、透明度和公信力。

5.3.3 我国地方政府风险管理的实践与探索

1. 北京市政府风险管理的实践与探索

2007—2009 年，北京市圆满完成了北京奥运会、残奥会期间城市公共安全风险评估与控制工作以及新中国成立 60 周年庆祝活动风险评估与控制工作。2010 年起，北京市全面启动了公共安全风险管理长效体系建设，取得了积极成效。

2007 年 2 月，北京市全面启动第 29 届奥运会与第 13 届残奥会期间城市公共安全风险评估与控制工作，成立了由常务副市长牵头的风险评估工作小组，由市应急办具体组织全市 55 个相关单位、24 个科研机构和 200 余名专家，对奥运期间可能发生的自然灾害、事故灾难、公共卫生事件和社会安全事件等四大类突发事件的风险，以及场馆外围保障区、重点商业场所、大型活动场所、关键交通枢纽、重要旅游区等重点区域的风险进行识别、评估并提出控制对策与建议。市应急办编制了《北京市奥运期间突发公共事件风险评估框架指南》和《北京市奥运期间突发公共事件风险评估实施细则》。经过一年多时间，共形成 73 份评估报告，约 270 万字，共评估出北京市奥运会期间城市公共安全领域存在的 32 类 250 项风险，风险源（点）2 204 个。2008 年 6—7 月，又组织进行了两轮风险动态更新。根据风险评估结果，北京市落实了 1 000 余项工程、技术和特殊管理措施：建立了风险管理信息化系统，作为奥运会期间城市运行监测指挥系统的重要组成部分，实现跨部门、跨区域、跨灾种的风险信息共享；完善了风险动态监测和更新机制，提高了自然灾害短时预报和精细化预测水平；强化了对水、电、气、交通、通信、环境等风险的动态监测能力；提高了突发公共卫生事件早期识别能力；增强了社会安全事件情报信息掌控能力；依托市气象部门建立统一的预警信息发布平台，实现了对城市特定区域及特定人群的各类预警信息快速发布功能。

2009 年，北京市开展了新中国成立 60 周年庆祝活动风险和城市公共安全风险两个层次的评估与控制工作。针对群众游行、阅兵服务保障、联欢晚会、国庆游园等庆祝活动，共评估出 104 种风险。针对国庆期间开展了社会安全、公共卫生、城市生命线、事故灾难、自然灾害、经济民生六大方面 24 个综合类 52 个专项的风险评估与控制工作，共评估出 291 种风险。制定并落实阅兵、群众游行、联欢晚会、游园等庆祝活动甲型 H1N1 流感防控工作方案，提前做好人员、药品、物资等各种防范和应急准备。

借鉴奥运和国庆的成功经验，北京市政府于 2010 年 4 月印发了《北京市人民政府关于加强公共安全风险管理工作的意见》，明确提出建立健全北京市公共安全风险管理长效体系。北京市应急委先后配套印发了《北京市公共安全风险管理实施指南》和《关于公共安全风险管理重点工作安排（2010—2011年）的通知》，明确了北京市公共安全风险管理长效体制、机制、流程、规范和工作要求。各单位风险管理工作意识明显增强，北京市40余相关部门和各区县政府将公共安全风险管理工作纳入本部门、本区县常态工作，建立了相应的组织体系。

北京市公共安全风险管理体系建设立足于建立科学、规范、系统、动态的公共安全风险管理长效机制，健全全市“各级政府分级负责、政府部门依法管理、责任主体认真履责、社会公众积极参与”的公共安全风险管理工作格局，通过完善风险管理工作体制机制，规范标准体系和工作要求，明确配套保障制度，实现风险识别、风险评估、风险监测、风险控制、风险预警、应急准备和应急处置全过程综合管理，增强应急管理工作的预见性、针对性、科学性和主动性，强化全面预防与应急准备，实现对公共安全风险的有效控制和应对，保障人民生命财产安全和首都社会和谐稳定。

按照“积极稳妥、确保实效，应急推动、常态运转，强化专项、重在基层，依靠科技、规范标准”的原则，北京市搭建了重点依托常态行政管理体系、发挥应急体系统筹协调作用的风险管理工作组织体系，成立了由常务副市长、市应急委副主任任组长的北京市公共安全风险管理工作协调小组，负责统筹领导相关工作。工作小组办公室设在市应急办，具体负责统筹、规划、指导各单位开展风险管理工作，包括：牵头制定风险评估工作标准规范和原则性指导意见；制定相关工作制度（政策、要求等）；定期部署风险管理阶段性工作；组织开展重大突发事件（重要时期、重大活动）综合风险应急评估；等等。全市各相关部门依托常态行政管理体系和业务部门，负责建立健全各领域、各行业、各系统的专项风险管理体系；制定专项风险评估标准，规范工作机制和流程；组织开展专项风险评估并落实重大风险控制工作。各区县政府在市相关部门指导下，负责建立健全区域风险管理体系；负责重点区域的综合风险管理工作，负责本行政区域内的风险控制工作。街道（乡镇）、社区（村）、企事业单位等根据市相关部门、区县政府的要求，做好风险排查、登记，并落实风险控制主体责任。

北京市公共安全风险管理工作全面覆盖自然灾害、事故灾难、公共卫生事件和社会安全事件四大类突发事件，贯穿城市规划、发展、建设、管理、运行和服务等各个环节，重点针对城市生命线（水、电、气、热、交通、通信）安全、传染病疫情防控、食品安全、社会稳定、能源保障、生活必需品市场秩序、大型社会活动安全，以及政治、宗教、教育、商业、旅游、文化、体育等敏感场所和人员密集场所的各领域风险。

北京市应急委确定了全市第20个重点专项风险管理体系建设任务，包括城市水资源与供水、城市防汛与排水、电力供应、燃气供应、热力供应、地下管线、轨道交通运营、轨道交通建设、道路与桥梁安全、道路交通安全、公共网信息安全与通信保障、政务专网与无线电、生产安全事故、城乡消防安全、食品安全、传染病疫情、动植物疫情、生活必需品市场供应、金融风险、大型群众性活动安全等专项风险管理体系。2010年，北京市确定了第一批15个风险管理示范（试点）项目，分期开展建设工作。其中，市交通委开展了轨道交通新线开通对既有轨道线网运营影响风险评估和缓解交通拥堵新政风险评估，将可能出现的安全稳定风险降至最低。市公安局探索建立了大型群众性活动第三方风险评估机制，取得良好效果。市质监局完成了产品食品监督和特种设备安全风险管理机制建设，并将成果拓展应用到质检系统其他业务领域。天安门地区管委会开展天安门城楼风险管理体系建设，明确了风险类型、控制点、管理流程。东城区搭建了信息系统，实现风险源常态化管理。

2. 重庆市政府风险管理的实践与探索

重庆市以中德灾害风险管理合作项目为契机，以重庆市九龙坡区作为项目试点单位，开展风险分析，积极进行科学、规范、系统、动态的风险管理实践探索。

（1）在标准化方面，制定了九龙坡区参数临界值的地方标准。

打破现有预案分级标准，结合九龙坡区的区情、风险承受能力、风险控制能力、相关法律法规以及历史经验数据、突发事件发生频率等综合因素，对德国风险分析中有关风险损害规模的参数进行了本土化调整，最终确定了人、经济、基础设施、生态环境、社会环境 5 个损害领域 18 个损害参数的九龙坡区灾害损失等级评估的地方标准，充分考虑到九龙坡区的脆弱性和应急能力。

（2）在规范化方面，制作了危险源场景描述及风险分析的标准模板。

为方便各镇街、部门开展风险分析特别是进行危险源场景描述工作，将各类危险源的基础数据、共性要素进行提炼、整理，制作了涵盖危险的定义、事件的描述（包括基本概况、事件发生时间、地点及影响区域、事件起因、事件的强度与持续时间、事件波及范围、常态管理水平、应急管理水平、被评估方及受影响人群的风险意识）、参考事件、参考文献四个方面内容的危险源场景描述的通用模板。同时，根据危险源可能引发的最大风险、最小风险、一般风险三种情形，将危险源场景的个性描述、损害参数、损害后果估计以及发生概率、危险等级等内容用表格进行集中反映，制作形成危险源风险分析的个性模板。一个危险源场景描述的通用模板和三张危险源风险分析的表格就集中反映了风险分析的全过程，简单明了。

（3）在流程化方面，起草了九龙坡区突发事件风险评估指南。

从风险管理流程角度出发，结合九龙坡区实际情况，编制了《重庆市九龙坡区突发事件风险评估指南》，并将此指南作为九龙坡区开展风险识别、登记、分析、评估工作的学习教材和理论依据。同时，还结合镇街、村社、相关基层部门的工作特点，制作了内容简单、格式规范、图表结合、操作方便的《九龙坡区突发事件风险分析方法操作手册》《九龙坡区突发事件风险分析案例》，给九龙坡区各乡镇、部门在实际工作中参考使用。

重庆市将逐步完善风险登记表，绘制风险矩阵图。根据危险源的类别、范围、危害程度、行业主管、责任单位等要素特征，进一步规范、完善公共风险登记内容，制作统一的风险登记表，对各类风险隐患进行全面排查摸底、分析评估、统计汇总、建档立卡，准确地掌握全市风险隐患的种类、数量和分布状况，建立全市统一、完备的风险隐患数据库系统，并及时标绘风险矩阵图，制作形成九龙坡区风险管理三维地图。在条件成熟的情况下，绘制完成全市风险源、隐患点“一张图”。

本章小结

1. 可以认为，风险是对不确定性结果的一种度量。所谓风险，是指在不确定性情境下不利事件或危险事件发生的可能性及其后果/影响的综合体。所谓不确定性，是指一个问题的结果存在两个或更多的选择。风险的不确定性突出表现在两个方面，即风险发生的不确定性和风险损失的不确定性。风险具有客观性，其大小随时间延续而变化，是一定时期内的风险。从系统分析的角度来看，风险具有系统特性和动态特性。

2. 所谓风险管理是指对风险进行识别、分析与评估、处理并对其进行监控的过程。风险评估是对一定时期内某一种或多种尚未发生但可能发生的危机风险在某一地区可能发生的概率和这一危机风险发生时对社会经济及人们的生命财产构成的危害，做出动态变化的评估。风险的识别和评估是开展有效的危机管理的重要的第一步，风险管理是危机管理的起点。

3. 量化风险评估是一种对风险发生的估算频率和/或后果进行量化表述的系统方法和技术手段。量化风险评估要求将组织面临的风险程度进行量化；确定出主要的风险要素；针对有关的认可标准对风险的水平进行评估；根据需要对消减风险的措施提出建议。

4. 关于公共部门风险管理的流程和策略，可以将其归纳为四个步骤：风险识别、风险分析与评估、风险处理以及风险监控。在这四个步骤中，自始至终都需要进行风险沟通。

5. 风险识别是指找出组织面临的各种风险，识别并确认潜伏的风险，主要回答“会发生什么糟糕的事”以及“如何发生”的问题。风险识别要求鉴别风险的来源、范围、特性及与其行为或现象相关的不确定性，这在很大程度上界定了风险的本质特征。

6. 风险分析是从风险发生的可能性和后果/影响这两个方面对风险进行分析。风险评估是指根据风险分析的结果以及组织自身的状况，把组织所有可能面临的风险按照紧急程度和需要的重视程度排序，以便更加合理、有效地分配组织有限的资源。

7. 风险处理是指选择应对风险的合适的策略和手段并加以执行。传统上，有四种策略可供选择：避免、缩减、转移、保持或接受。

8. 风险沟通主要强调的是一种社会过程，通常发生在人们的风险意识逐渐上升的危机情境中。风险沟通是关于风险本质、影响、控制与其他相关信息的意见交换过程。风险沟通的作用在于：“告知”“引导”“解决冲突”“营造正面关系”。

9. 风险管理是一个不断学习和积累的过程。风险管理是政府的一项基本的核心职能，是涉及政府组织的全部范围以及政府组织中所有成员的管理职能，建立和发展更为有效的、全面整合的风险管理模式是大势所趋。政府应构建“发现、定义、防范、抗击、转移、缓冲”风险的相关机制，提高风险管理水平，尽快建立现代型的社会风险管理体系。

10. 美国联邦政府高度重视国土安全风险，将开展国土安全风险分析和评估作为国家安全战略的重要基础，逐步将国土安全风险管理和绩效管理、联邦财政支持挂钩。美国国土安全部成立风险管理与分析办公室，以强化联邦政府国土安全风险管理，支持国土安全的相关任务；专门成立了国土安全部风险指导委员会来组织和推进风险管理标准化。

11. 通过以复原力为核心，英国形成了一个全面开展风险管理的框架，其强调以风险管理作为应急管理的核心，用科学的方法发现风险、测量风险、登记风险、处置风险，实现应急管理的关口前移，防患于未然。从管理层次来看，英国的风险管理体系包括中央、地区和地方三个层级。

12. 社会安全事件风险管理，目前主要以社会稳定风险评估的形式进行。社会稳定风险评估是指在重大事项制定、出台及实施前，通过系统的调查，对可能影响社会稳定的诸因素进行分析，评估发生危害的可能性，对不同的风险进行等级管理，并制定风险应对策略和预案，采取措施防范、降低、消除风险的工作。社会稳定风险评估机制实质上是以“维稳”为主轴，推动政府与公民的互动，最终实现经济社会的有序良性发展。

13. 北京市政府明确提出建立健全北京市公共安全风险管理长效体系，立足于建立科学、规范、系统、动态的公共安全风险管理长效机制，健全全市“各级政府分级负责、政府部门依法管理、责任主体认真履责、社会公众积极参与”的公共安全风险管理工作格局，通过完善风险管理工作体制机制，规范标准体系和工作要求，明确配套保障制度，实现风险识别、风险评估、风险监测、风险控制、风险预警、应急准备和应急处置全过程综合管理，增强应急管理工作的预见性、针对性、科学性和主动性。

关键术语

风险　风险管理　量化风险评估　公共部门风险管理　风险识别　风险矩阵模型　风险处理　风险沟通　复原力　关口前移　社会稳定风险评估　公共安全风险管理长效机制

复习思考题

1. 何谓风险？中外学者是如何给风险下定义的？
2. 何谓风险管理？如何理解风险管理与应急管理的概念与关系？
3. 何谓量化风险评估？试举例说明。
4. 公共部门风险管理的流程如何操作？试举例说明。
5. 公共部门风险管理流程整合的基本要求有哪些？
6. 政府应如何加强公共部门风险管理工作？
7. 美国、英国、德国等西方发达国家公共部门风险管理的主要做法有哪些？
8. 美国、英国、德国等西方发达国家公共部门风险管理的共同特征是什么？对加强我国政府风险管理工作有何启示与借鉴？
9. 自然灾害、事故灾难、公共卫生事件、社会安全事件四大类突发事件风险管理有何异同？
10. 各地开展社会稳定风险评估的成功做法和经验主要有哪些？
11. 北京市建立科学、规范、系统、动态的公共安全风险管理长效机制有何重大意义和借鉴价值？试举例说明。

阅读案例

北京 2008 年奥运会风险管理案例分析

一、北京 2008 年奥运会风险管理的工作阶段

2008 年 8 月，北京市将承办第 29 届夏季奥运会。从“9·11”事件以后，恐怖活动成为奥运会最重要的防范事项。开展关于奥运的风险评估工作成为必然。北京 2008 年奥运会风险管理工作，主要目标在于通过开展涉及自然灾害、事故灾难、公共卫生事件和社会安全事件四大类突发事件风险评估工作，建立科学、规范、完整、系统、动态的风险评估机制，制定有效的风险控制措施，及早发现和控制各种可能干扰奥运会顺利举办的风险因素，确保第 29 届夏季奥运会和第 13 届残奥会的顺利举办。

北京市应急委成立了由相关市领导组成的风险评估工作小组，具体工作由市应急委办公室牵头。市应急办主要负责编制《北京市奥运期间突发公共事件风险评估框架指南》和《北京市奥运期间突发公共事件风险评估实施细则》。各单位所负责的风险评估项目由其本身所承担的行政职能所决定。

北京 2008 年奥运会风险管理工作的时间范围为：2007 年 3 月至 2008 年 5 月；空间范围为：奥运会场馆安保线以外的城市公共区域；评估对象为：奥运期间城市公共安全领域可能发生的自然灾害、事故灾难、公共卫生事件和社会安全四大类突发事件，以及场馆外围保障区、重点商业场所、大型活动场所、关键交通枢纽、重要旅游区域等城市重点区域的风险。

北京 2008 年奥运会风险管理工作，具体划分为五个工作阶段。

第一阶段（2007 年 3 月至 7 月）：开展奥运期间风险源调查，识别风险。在此期间各单位开展本市奥运期间风险源调查工作，初步摸清本市可能出现的各种风险源，普查不稳定因素和脆弱环节，于 2007 年 7 月底前完成调查工作并报市应急办。

第二阶段（2007 年 8 月至 11 月）：开展专项或区域风险评估，提出对策。各单位开展风险评估工作，于 2007 年 10 月底前向工作小组提交《奥运期间专项风险评估与对策报告》和《重点区域风险评估与控制对策报告》，并分别组织专家对报告进行论证。

第三阶段（2007 年 12 月至 2008 年 1 月）：市应急办在各单位风险评估结果的基础上，组织开展分类综合和总体评估。由工作小组牵头组织，于 2007 年 12 月底前完成社会安全类、事故灾难类、公共卫生类、自然灾害类和重点区域类五份《北京市奥运期间城市公共安全风险评估与控制对策分报告》和《北京市奥运期间城市公共安全主要风险评估与控制对策总报告》。

第四阶段（2007 年 9 月至 2008 年 5 月）：坚持“边评估、边控制”的原则，开展风险控制与动态管理。各单位依据风险评估结果，开展隐患治理，突出重点，加强风险控制与整改，实时调整评估级别，提出对策和工作建议，及时报市有关领导和奥组委、市应急委；同时，结合风险评估成果，开发软件应用系统。

第五阶段（2007 年 10 月至 2008 年 5 月）：完善应急预案，开展应急演练。各单位依据风险评估结果，制订针对性、操作性强的应急预案和演练方案，开展模拟演练。

二、北京2008年奥运会风险管理的工作流程

北京2008年奥运会风险管理的实际工作流程，主要包括计划和准备、风险识别、风险承受能力与控制能力分析、评估风险可能性、评估风险后果、确定风险等级、提出处置建议、反馈与更新八个步骤。

第一个步骤是计划和准备。各单位在进行风险评估之前应进行充分的计划和准备，制订有效的风险评估工作方案，明确风险评估的目标和范围，建立相关工作机制，落实责任。风险评估工作方案包括了风险评估的目的、意义、范围、组织管理与工作机制、实施程序、进度安排和经费预算等。具体而言，一是各单位依据相关责任分工的要求细化评估范围；二是各单位明确组织管理与工作机制；三是制定实施程序，包括风险评估的工作流程、数据搜集、评估模板、表格、评估报告样式等；四是编制工作进度和经费预算。该阶段的信息准备工作则是制订风险评估计划之后，搜集、整理相关信息，包括：业务数据信息积累、以往评估或分析预测结果、相关文件（政策法规等）、专家经验（来自内部或外部专家、专业组织的信息），以及公开信息源（媒体等）收集、座谈、讨论、人员访谈和调研等途径采集的信息。

第二个步骤是风险识别。该阶段的工作主要是对本市奥运期间可能发生的突发事件以及存在的风险进行识别和描述。具体包括四部分：一是列出风险/事件列表，系统、全面、详细地分析并列举该领域/地区可能发生的各种不利事件（风险），以回答“可能发生哪些突发事件?”的问题；二是分析排查风险源，系统、全面、详细地分析、排查可能导致各类不利事件发生的原因、致灾因子、风险源等，以回答“这些突发事件为什么会发生？可能如何发生?”的问题；三是分析风险/事件可能产生的影响，系统、详细地分析各种不利事件可能导致的后果、次生衍生灾害，受影响的对象、范围和可能的影响方式，以回答“这些突发事件可能产生怎样的影响?”的问题；四是制定详细的风险识别表。

第三个步骤是风险承受能力与控制能力分析。风险的可能性和后果，受三个因素决定：一是风险源/不利事件本身的可能性和危害程度；二是风险所作用对象（客体）的承受能力（脆弱性）；三是控制和应对事件的能力。因此，对风险承受能力与控制能力的分析，是评估风险可能性和后果级别的前提。风险承受能力分析（脆弱性）就是分析受风险影响对象（客体）对风险的承受、抵抗能力，包括系统自身承受能力和社会心理承受能力等。风险控制能力分析则是对所有为避免或减少风险发生的可能性及潜在损失的措施及手段进行分析和评估的过程。评估风险控制能力主要是从预测预警能力、应急预案、应急组织体系、应急处置能力、应急资源保障水平、恢复重建能力等几个方面进行的。

第四个步骤是评估风险可能性。风险可能性评估是通过对风险源情况、风险承受能力、控制能力等要素的综合分析，确定不利事件发生的可能性的过程。其主要考虑的是风险本身的性质、风险承受能力以及风险控制能力三个因素，运用的方法和工具主要是模型定量分析、预测预警系统分析、历史数据分析以及专家经验和会商等，最终将风险可能性划分为五级：A＝基本不可能发生，B＝较不可能发生，C＝可能发生，D＝很可能发生，E＝肯定发生。

第五个步骤是评估风险后果。这是风险评估过程中最重要的环节之一。确定风险后果等级对于有关部门提出相应的处置建议、制订必要的应对预案具有重要的参考价值。风险后果评估工作是否全面、准确、客观将直接影响对风险等级判断的准确性。在综合考虑风险源性质、风险承受能力、控制能力等要素的基础上，将风险后果划分为五级：1＝影响很小，2＝一般，3＝较大，4＝重大，5＝特别重大。

第六个步骤是确定风险等级。该步骤即在风险可能性评估与后果评估的基础上，划分出风险等级。通过风险分级，明确哪些风险需要控制，哪些风险可以接受，确定风险管理的优先级。最后还要将风险识别、风险承受能力、风险控制能力、风险可能性等级、风险后果等级、风险分级等风险评估各流程的分析结果列在同一张风险分析表中。北京市的风险评估采取了风险矩阵法，结合利用历史数据分析法、系统/流程分析法、专家评议、安全隐患排查结果等，综合确定风险等级，并按照可行性、有效性、针对性、综合性、成本—收益的原则提出明确的风险控制措施。确定风险等级并分别以特定的颜色进行标记：极高风险、高度风险、中等风险、低度风险，分别对应红色预警、橙色预警、黄色预警、蓝色预警。

第七个步骤则是根据风险评估与分级结果，提出有针对性的风险控制措施。风险控制措施的确定都是出于降低可能性和后果严重性、加强风险承受力和控制力等方面的考虑，提出相应的风险控制建议。其可以概括为四种：接受风险；降低风险；规避风险；转移风险。

第八个步骤是反馈与更新。该步骤即对评估结果及时进行沟通反馈，定期或按要求更新评估内容。各单位根据监测报告，及时地对风险等级进行调整，并且上报给市应急办。反馈与更新的实质是跟踪、监控、审查、信息采集和调整以及再跟踪、再调整的循环过程。各单位建立了反馈和更新的工作机制，如风险评估与应急预案衔接互动机制、信息沟通与共享机制等，保证了风险防控得以及时调整更新。

三、北京 2008 年奥运会的风险控制工作

（一）强化风险控制

(1) 对于能在奥运前基本消除的风险（可控性为 A 类），由牵头单位明确责任主体及配合单位，采取工程、技术和管理等措施，结合安全隐患排查整改工作，全力消除。

(2) 对于通过采取特殊控制措施可有效降低等级的风险（可控性为 B 类），由牵头单位制定严密的奥运期间特殊风险管理措施，形成具体工作方案，有效规避风险或将风险降到最低。

(3) 对于超出本市控制能力和范围的风险，确需商请北京奥组委、国家有关部门和其他省（区、市）共同解决的，由市应急委汇总后，统筹协调解决。

（二）加强风险监测

(1) 完善风险动态监测和更新机制。分别于 2008 年 6 月 15 日前和 7 月 15 日前完成两次动态更新。

风险评估控制与两轮动态更新：2007 年底：奥运期间城市公共安全领域共存在 32 类 250 项风险，其中极高风险 21 项，高风险 70 项，中风险 97 项，低风险 62 项，风险源（点）2 204 个。2008 年 7 月 15 日：还存在 31 类 208 项风险，其中极高风险 9 项，

高风险 39 项，中风险 81 项，低风险 79 项。两轮风险动态更新结果显示：各相关单位通过采取 1 000 余项风险控制措施，共消除风险 49 项，降低风险 93 项。此外新增风险 7 项。

（2）建设风险管理信息化系统。实现跨部门、跨区域、跨灾种风险信息共享。

（3）建立风险社会监测网络，充分动员全社会力量。

（4）建设统一的预警信息发布平台。

（三）加强应急准备

（1）完善了 9 800 余个有针对性的应急预案。

（2）制定《北京市保障奥运期间城市运行安全演练总体工作方案》，组织 17 次全市性综合应急演练。

（3）统筹加强应急队伍。

（4）统筹加强应急物资管理。查清本市应急物资储备现状，加强应急物资储备能力建设，明确应急物资的调用、使用机制。

（5）建立统一应急标志。

（6）完善市、区县两级突发事件专项准备资金制度。

（7）建立不可预见风险应对机制。组织各方面有丰富实践经验的专家，加强风险关联性和连锁反应分析。

（8）制定奥运期间突发事件新闻宣传操作指南。

（9）组织开展奥运期间相关风险知识的宣传，提高广大市民的风险意识和自救互救能力。

资料来源：王敬波：《公共危机管理案例》，北京，研究出版社，2009；董杰、刘新立、宋璐毅：《北京 2008 年奥运会对突发事件的风险管理》，载《体育与科学》，2005（1）；相关内部资料。

思考与讨论的问题

从上述案例提供的材料来看，你认为北京 2008 年奥运会风险管理成功吗？为什么？你认为北京 2008 年奥运会风险管理的经验可以推广吗？值得推广吗？其成本—收益分析如何？从北京 2008 年奥运会风险管理的实践来看，你对公共部门风险管理有何新的认识？

第6章

公共危机预防预警管理

成功且有效的公共部门危机管理须是先发式的（proactive），而非反应式的（reactive）危机管理。也就是说，防范危机胜于处理危机，危机防范是成本最为低廉的危机管理方式。公共危机预防是指阻止或者避免危机的发生，其主要目标是在损害发生之前预测和防止潜在的危机；对于那些无法从根本上阻止或者避免的危机，为了降低危机爆发的概率或者减少危机可能造成的危害，所有的组织都需要为可能发生的危机提前做好准备。在公共部门危机管理中，能及早地识别出或意识到危机的存在并采取措施将之消弭于无形，是最高明的危机管理方式。危机防范永远都要胜于危机事件发生后的应对，不管事后的应对是如何的成功。

所谓公共危机预警管理，是指在公共危机演变的不同阶段中，在可能产生公共危机的警源上设置警情指标，对可能引起公共危机的各种要素及其所呈现出来的危机信号和危机征兆随时进行严密的动态监测，对其发展趋势、可能发生的危机类型及其危害程度做出科学、合理的评估，并用危机警度向有关部门发出危机警报的一套运行体系。公共危机预警管理系统致力于从根本上防止公共危机的形成、爆发，是一种对公共危机进行超前管理的系统。公共危机预警管理系统主要由预警信息搜集子系统、预警信息分析和评估子系统、公共危机预测子系统、公共危机预警指标子系统、公共危机警报子系统、公共危机预控对策子系统六个子系统构成。

本章主要说明公共危机预防体系的含义与主要内容，论证脆弱性定期分析评估制度、危机管理计划以及危机管理文化建设的重要性，分析危机管理科普宣教体系的构成和主要措施，阐明公共危机预警管理系统的基本概念、主要内容，介绍公共危机预警管理系统的构成和流程，探讨公共危机预警管理机制设计的三大要素。

重点问题

- 公共危机预防体系的含义与主要内容
- 脆弱性定期分析评估制度
- 制订危机管理计划
- 危机管理科普宣教培训与演练
- “防灾型社区”的危机管理文化建设
- 组织隐性危机防范系统
- 公共危机预警管理系统的主要内容
- 公共危机预警管理系统的构成和流程
- 公共危机预警管理机制设计的三大要素

6.1 公共危机预防体系

公共危机预防是指阻止或者避免危机的发生，其主要目标是在损害发生之前预测和防止潜在的危机；对于那些无法从根本上阻止或者避免的危机，为了降低危机爆发的概率或者减少危机可能造成的危害，所有的组织都需要为可能发生的危机提前做好准备。英国著名危机管理专家迈克尔·里杰斯特有句名言：“预防是解决危机最好的方法。”这已为各国处理危机的实践所证明。劳伦斯·巴顿在《组织危机管理》一书中反复强调，组织危机管理预防第一，因为预防可以将危机扼杀在摇篮之中，减少已发生危机的损失。① 戴维·奥斯本和特德·盖布勒指出，危机管理的目的是“使用少量钱预防，而不是花大量钱治疗”②。公共危机预防比单纯的某一特定突发事件的解决显得更为重要，这是因为如果能够在突发事件未发生之前就及时将其产生的根源消除，那么不仅能够有效保障稳定的社会秩序，还可以节约大量的人力、物力、财力。③ 与危机管理过程中其他阶段相比，公共危机预防是一种既经济又简便的方法，起到了事半功倍的效果。

成功且有效的公共部门危机管理须是先发式的，而非反应式的危机管理。也就是说，有效的危机管理是综合预先的管理措施，使组织能协调与控制紧急状况的回应。纽戴尔（Nudell）和安托克（Antokol）将决定危机管理是否有效的关键因素归纳如下：(1) 良好的规划。例如，规划中考虑了所有可能性、建立相关单位的联络等。(2) 掌握情势。例如，危机管理者主动了解当前的潮流以便及时确认危机先兆，能在危机的严峻形势下找到核心问题所在，以及能在危机中寻找到机会等。(3) 良好的人员。例如，危机管理者训练有素等。(4) 有创造性。包括危机管理者有信心，并主动积极进行公关处理等。(5) 良好的检测。包括有测试计划与人员、有评估与修改计划，并有开放的心胸与态度等。(6) 恢

---

① 参见［美］劳伦斯·巴顿：《组织危机管理》，北京，清华大学出版社，2002。

② ［美］戴维·奥斯本等：《改革政府——企业精神如何改革着公营部门》，205页，上海，上海译文出版社，1996。

③ 参见秦启文等：《突发事件的预防与应对》，91页，北京，新华出版社，2008。

复正常状态。包括做好事后评估、明确责任、分析可能产生的作用等。① 危机预防有两个基本的要素：改变和监督。② 所谓改变，即采取行动，降低或减少警讯变成危机的可能性；所谓监督，意味着对减少风险的措施经常进行比较和评估，重复的比较和评估可以确定降低风险的措施是否有效，是否还需要进一步修改。总之，危机预防所包含的改变和监督两方面内容的过程，目的是减少或降低警讯变成实际危机的可能性。

危机管理与问题管理不同。危机是量变引起的质变，问题是量变过程的表现；危机是问题日积月累的结果，问题可能是危机爆发前的信号；危机管理是后果管理，问题管理是过程管理。既然危机是问题日积月累的结果，那么就应加强过程管理，把所有的问题消灭在萌芽状态，实行零缺陷管理。零缺陷并不是说绝对没有缺陷，或缺陷绝对要等于零，而是指要"以缺陷等于零为最终目标，每个人都要在自己的工作职责范围内努力做到无缺陷"。零缺陷管理的本质是危机预防。"隐患险于明火，预防胜于救灾。"在公共部门危机管理中，防范危机同样胜于处理危机，危机防范是成本最为低廉的危机管理方式。能及早地识别出或意识到危机的存在并采取措施将之消灭于无形，是最高明的危机管理方式。危机防范永远都要胜于危机事件发生后的应对，不管事后的应对是如何的成功。公共危机防范，最关键的是危机意识，也就是要认识到危机是随时可能发生的，零风险是根本不存在的。

一个完整的公共危机预防体系应包括五个方面的主要内容：强化脆弱性定期分析评估制度；设立危机管理团队；制订危机管理计划；重视危机管理科普宣教培训与演练；加强"防灾型社区"的危机管理文化建设，构建组织隐性危机防范系统。

6.1.1　强化脆弱性定期分析评估制度

脆弱性分析或隐患排查是危机预防的基础，其任务是将所有可能造成麻烦的危机隐患一一列举出来，并确认这些危机隐患的性质。"脆弱性"一词来自拉丁文"vulnerare"，意思是"可能受伤"。20世纪70年代，吉尔伯特·F.怀特首次提出了脆弱性（vulnerability）的概念，之后被广泛应用于灾害学、生态学、金融学、社会学和经济学等许多方面。③ 可见"脆弱性"概念最初是运用于自然科学领域，后来逐步延伸到社会科学领域，其内涵被大大拓展了。

"脆弱性"的英文原意是指物体易受攻击、易受伤和被损坏的特性。中文对脆弱性的一般解释是，脆是易破碎的性质，弱是弱小并易受挫。乔治等人认为脆弱性是由暴露、抵抗力、恢复力三部分构成，是一个地区自然脆弱性和社会脆弱性的综合衡量。④ 部分国内

① 参见朱爱群：《危机管理：解读灾难谜咒》，72页，台北，五南图书出版股份有限公司，2002。

② 参见［美］库姆斯·W.蒂莫西：《危机管理与传播》，58页，台北，风云论坛出版社，2002。

③ G.F. White, J.E. Haas, *Assessment of Research on Natural Hazards*. Cambridge MA: The MIT Press, 1975.

④ George E. Clark, Susanne C. Moser, Samuel J. Ratick, "Assessing the Vulnerability of Coastal Communities to Extreme Storms: The Case of Revere, MA, USA," *Mitigation and Adaptation Strategies for Global Change*, 1998 (3), pp. 59-82.

学者认为脆弱性是指无论是自然区域还是某一社会群体，无论是某一自然要素还是单个的生物体，脆弱性都有三层含义：（1）它表明该系统、群体或个体存在内在的不稳定性；（2）该系统、群体或个体对外界的干扰和变化（自然的或人为的）比较敏感；（3）在外来干扰和外部环境变化的胁迫下，该系统、群体或个体易遭受某种程度的损失或损害，并且难以复原。① 还有学者认为脆弱性是指由于系统（子系统、系统组分）对系统内外扰动的敏感性以及缺乏应对能力从而使系统的结构和功能容易发生改变的一种属性。它是源于系统内部的、与生俱来的一种属性，只是当系统遭受扰动时这种属性才表现出来。②

其实，管理科学或防灾减灾工作领域的专家对脆弱性的认识也由来已久。尤其在危机管理领域，脆弱性已成为一个专用名词，虽然对其解释很多，但一致较认可的概念是：脆弱性是指对危险暴露程度及其易感性（susceptibility）和抗逆力（resilience）尺度的考量。换一句话讲，就是面对灾害时，自身存在较易遭受伤害和损失的因素。③ 城市脆弱性是指城市生态系统在面临外界各种压力和干扰（包括人类活动的扰动和自然界的各种压力）时，可能导致城市出现损伤和退化特征的程度的一个衡量。④ 关于脆弱性来源分类的观点差异性很大，考虑到我国的危机管理体制和应急管理实际情况，建议把脆弱性按其来源属性分为自然、技术、社会和管理四类。⑤

目前，对脆弱性的特质已有了比较一致的认识：脆弱性是在灾害发生前即存在的条件，在灾害发生时涌现；脆弱性表现为包括抗灾能力和恢复能力在内的适应性；脆弱性也是在特定环境中的受灾敏感性；脆弱性是决定灾难性质与强度的基本要素。⑥ 关于脆弱性的来源可以说包罗万象，2004 年，美国学者麦肯泰尔应用列表的方法对这些脆弱性的学科分类做过归纳。⑦ 我国学者参考我国的实际情况对其略作修订，以大致反映脆弱性因素的主要来源及其表现形式（见表 6-1）。⑧ 脆弱性本质所具有的复杂性，使得关于它的分类方法比较困难且歧见颇多。麦肯泰尔曾经提出一个脆弱性发生关系图，可以将其以矩阵图形式表示为脆弱性的分类构成（见表 6-2）。从环境属性角度，脆弱性由不利因素（liabilities）与能力（capabilities）的此消彼长所构成，不利因素来源于固有风险（risk）和社会的易受损性或称易感性，能力则由科学技术与工程设施对灾害抵抗力（resistance）和社会公众面临灾难时表现出的抗逆力共同构成。⑨

---

① 参见李莉等：《脆弱性内涵、评价与研究趋势综述》，载《中国渔业经济》，2010（3）。

② 参见李鹤等：《脆弱性的概念及其评价方法》，载《地理科学进展》，2008（2）。

③ 参见刘铁民：《事故灾难成因再认识——脆弱性研究》，载《中国生产安全科学技术》，2010（5）。

④ 参见喻小红等：《城市脆弱性的表现及对策》，载《湖南城市学院学报》，2007（3）。

⑤ 参见刘铁民：《脆弱性——突发事件形成与发展的本质原因》，载《中国应急管理》，2010（10）。

⑥ S. L. Cutter, "Vulnerability to Environmental Hazards," *Progress in Human Geography*, 1996, 20 (4), pp. 529-539; S. L. Cutter, "The Vulnerability of Science and the Science of Vulnerability," *Annals of the Association of American Geographers*, 2003, 93 (1), pp. 1-12; R. Chambers, "Vulnerability, Coping and Policy," *IDS Bulletin*, 2006, 37 (4), pp. 33-40.

⑦ D. A. McEntire, The Status of Emergency Management Theory: Issues, Barriers, and Recommendations for Improved Scholarship, 7th Annual FEMA Higher Education Conference, Emmitsburg, Maryland, 2004.

⑧ 参见刘铁民：《脆弱性——突发事件形成与发展的本质原因》，载《中国应急管理》，2010（10）。

⑨ D. A. McEntire, *Sustainability or Invulnerable Development: Justification for a Modified Disaster Reduction Concept and Policy Guide*, Denver, Colorado: University of Denver, 2000.

表6-1 脆弱性来源、特点与基本对策

学科	脆弱性要点	对策建议
地理	脆弱性取决于对灾害多发区域开发	土地规划中需要考虑风险
气象	缺乏先进的灾害性天气预警	建立有效预警系统
工程学	结构或者基础设施不能抵御灾害	科学设计建筑结构基础设施
人类学	源于价值观、态度和行为制约	改变态度，抑制冒险性、易感性
经济学	与贫穷相关，导致无法从灾难中恢复	改善财富分配和保险，提高抗逆力
社会学	灾难行为关系到种族、性别、宗教等	更加关注特殊群体的需求
心理学	由于忽略风险而无法应付	认识风险，危机辅导，快速恢复
流行病学	营养不良等因素易受到疾病或伤害	改善公共卫生和公众医疗服务
环境科学	环境退化、气候改变以及产生灾害	节约资源，保护绿色空间，废弃物管理
政治学	政治体制和不正确决策	完善体制结构，教育政治家和立法者
公共管理	存在错误的法律，无法执行政策规定	提高政策执行力，加强响应和恢复能力
法律	由于疏忽所致的灾后法律责任	了解法律，在应急管理中遵守
新闻学	缺乏风险公众意识及灾害沟通能力	提高媒介影响能力，对公众进行教育
应急管理	灾害发生之前、后，执行不力（如疏散、搜寻和救援等）	通过风险和脆弱性分析、预案培训和演习培养公众灾害意识和应对能力
国土安全	文化误解、边缘地区渗透、基础设施和灾害管理结构薄弱	纠正错误的外交政策，加强反恐，保护边界和基础设施
信息网络	谣言传播、网民非议、黑客攻击等	增加政府工作透明度，关注舆情动态

表6-2 脆弱性分类构成矩阵

		环境类别	
		物理（包括自然、建造、技术方面的环境）	社会/组织（包括文化、政治、心理、经济方面的环境）
环境属性	不利因素	风险	易感性
	能力	抵抗力	抗逆力

脆弱性研究为我们分析公共危机预防体系提供了一个新视角，那么脆弱性研究到底关注哪些内容呢？唐宁初步总结了脆弱性科学的基本特点及研究任务。脆弱性分析逐渐把人们的注意力转向关注：(1) 哪些人、事物、地区面对正在进行的人文与环境条件的变化较脆弱？(2) 这些变化及其结果在不同的人与环境条件下是怎样被减弱或增强的？(3) 通过什么措施可以减少对这些变化的脆弱性？(4) 怎样建立更具恢复力和适应性的团体和社会？①

脆弱性本身所具有的复杂性、耦合性、时变性和不确定性，使其分析评估技术在空间和时间分布上都存在许多困难，可以建立一个持续改进完善的脆弱性评估减控循环模型。② 第一步是把脆弱性管理列入危机管理总体规划和日常工作计划之中；第二步是按照事先制定的评估指标体系和方法开展评估，对收集的辨识、评估数据汇总统计和归一化处

① T. E. Downig, "Towards a Vulnerability Science," *IHDP Newsletter Update*, 2000 (3).

② 参见刘铁民：《事故灾难成因再认识——脆弱性研究》，载《中国生产安全科学技术》，2010 (5)。

理，然后据此完成脆弱性分析报告；第三步是依据分析评估结果，结合危机灾难风险评价和应急能力评估情况，并参考危机管理总体规划设定的目标，制定脆弱性减控计划和措施，并组织实施落实；第四步是通过专项评估或应急演练等活动具体检验评估脆弱性减控计划与实施的具体效果，进一步提出今后减控脆弱性的管理建议。这些建议的共性部分应成为应急准备制度化建设内容，而另一部分具体问题则应纳入总体规划或计划中，作为下次循环的“起始点”。通过周而复始持续性的循环过程使脆弱性不断被识别、评估进而得到有效减控。“脆弱性无疑是在面对灾害时唯一可以真正控制的因素”①，通过对脆弱性的减控，提高抵抗力（物理）和抗逆力（社会人文），降低或消除风险。这也是公共危机预防体系的价值所在。

6.1.2 设立危机管理团队

在组织内设立危机管理团队是完全应该且必需的。危机管理团队应该是组织的常设机构，因为危机类型繁多，一个有效的危机管理团队应该包括决策层负责人以及组织各部门的主管或优秀人才，还可外聘专家，组成一个智囊团。公共危机所涉及的领域及其所扩散到的领域多样，需要多学科、多部门的合作与整合。因此，危机管理团队应是由多学科的专业人才构成，是一个跨部门的管理机构。根据斯蒂文·芬克的建议，先建立由最高管理层成员、公关部部长、保卫部部长、法律顾问等构成的危机管理小组的核心层；再根据危机的不同类型，增加危机管理团队成员。每个团队成员应赋予相应的权力，团队内部应进行细致的分工。这些成员在组织常态时除了做好本职工作外，还起着防范和预警组织危机的作用，组织一旦出现危机，他们就应该在高级管理人员的组织和协调下快速起到处理危机的作用。当组织出现危机时，高层管理人员应该具有快速直接调用相关专业人员的权力和能力。危机出现时，能否快速组建一个高效的危机管理团队，很大程度上取决于组织平时的人才资源储备情况。

危机管理团队在组织内属于常设机构，负责处理未来可能发生的危机事件。其职责大致有制订危机管理计划、实施危机管理计划、处理计划外的危机。危机管理团队在彻底研究组织所面临的风险之后开始制订危机管理计划。为此，危机管理团队需要收集不同种类的危机资料，以及潜在危机预警和预防危机行动所需的资料。当危机真正来临时，危机管理团队就将危机管理计划付诸实施。当计划赶不上变化时，危机管理团队必须及时做调整，处理危机管理计划以外的紧急状况，视危机当时的状况临时决策。例如，美国南加州大学危机管理团队的成员就包括校长、教务长、行政资深副校长、学校法律顾问以及学校其他高级官员。一旦发生危机，这个团队就立刻行动，其职责包括根据收集到的信息制定危机应对策略，并通过学校的公关部门与有关机构和人士进行沟通。在这个团队下面还设有一个危机处理小组，由学校各个部门的主管组成，例如，学校的保安部主任、后勤部主任、设施管理部主任等。这个危机处理小组根据危机管理团队制定的政策进行具体操作，

---

① D. A. McEntire, The Status of Emergency Management Theory: Issues, Barriers, and Recommendations for Improved Scholarship, 7th Annual FEMA Higher Education Conference, Emmitsburg, Maryland, 2004.

排列行动计划，收集有关信息并加以评估，同时向危机管理团队提供建议。这个危机处理小组还包括一些辅助成员，例如，学校里负责学生活动的主管、学校信息部门的主管、财务部门的主管以及学校教务处的代表等。①

6.1.3　制订危机管理计划

虽然预先识别危机并将危机“扼杀”于无形是成本最低的危机管理方式，但是，任何一个组织即便防范措施做得再好，也不能保证万无一失，保证危机绝对不会发生。因此，组织应该未雨绸缪，超前决策，精心策划出全面的危机管理计划，以便危机真的来临时能够从容面对。所谓危机管理计划就是针对危机发生前后的所有可能的情况与因素、危机发展阶段，进行全面、翔实和有条理性的想象与归整，并形成可理解的文件资料。有人将危机管理计划形象地比喻为“手电筒”，“手电筒”在人们遭遇到突然停电的时候就会发挥作用，在它的指引下人们会迅速发现停电的原因，并修复通电。② 为减少不确定性和判断失误，事前进行信息收集与评估、反复推敲得出的危机管理计划，则不失为混乱情况中的脱困手册和蓝图。因为：(1) 有了计划之后，可以区别危机事件中各个因素的轻重缓急与处理的先后顺序；(2) 计划可以减少不确定的状况与不确定的因素；(3) 计划可以唤起及时的行动；(4) 计划赋予决策者信心，在危机爆发的时刻，这种准备与信心，必然有助于决策者做出正确的决策。总之，危机管理计划的制订可以帮助危机管理者在危机时刻有条不紊地处理危机。

危机管理计划基本上描述的是组织在有效管理危机方面将要采取的步骤，并为每一领域确定具体人员的责任，重点是报告和沟通，以保证组织的主要人员了解他们各自的角色和责任。危机管理计划也指出了组织最重要的利益相关者有哪些，并描述了与每一位利益相关者进行接触、监控和咨询的方式。危机管理计划与一般计划之间最大的区别在于：一般计划在制订后人们就要努力实施它，而危机管理计划在制订之后，人们并不希望它有实施的机会，并且在现实中确实有许多危机管理计划并没有实施。这就使得有些管理者存在侥幸心理，不愿意花费人力、物力、财力来思考和制订危机管理计划。此外，危机管理计划要有弹性。危机管理计划旨在给公共管理者提供对付危机的通用方法，并非一个危机管理的完全手册，很难穷尽所有危机，也难以穷尽危机的所有细节。危机管理计划的条款不能规定得太死，应有较强的灵活性。这样，只要有一个危机管理计划，并有效地规定了危机管理的原则、程序、资源保证、分工关系，就能够在特定危机爆发时发挥作用。通常，危机管理计划包括以下内容：

(1) 确定危机事件。为确定危机事件，危机管理人员通常所要做的是：列出组织可能面临的所有危机清单；将这些危机分类；评估每一个危机发生的可能性与冲击度，以确定危机的危险度；根据危险性大小对潜在危机进行排列，在此基础上再依据轻重缓急原则制定反危机措施。

---

① 参见鲍勇剑、陈百助：《危机管理——当最坏的情况发生时》，上海，复旦大学出版社，2003。

② 参见赵平则等主编：《危机管理》，83 页，太原，山西人民出版社，2005。

（2）设立危机管理目标。危机管理的基本目标是尽早发现危机，将危机消灭于萌芽状态；一旦危机爆发，将危机所造成的损失降为最小，并尽可能地变危机为转机。

（3）建立危机处理小组。设立危机处理小组是实施危机管理的组织保证。在危机管理计划中应明确危机处理小组的人员构成及其相应职责。

（4）制订危机备选方案。危机处理小组必须细致地考虑各种可能发生的紧急情况，制订相应的危机备选方案。

（5）拟订危机行动计划。危机行动计划要确定组织在紧急状态下的行动方案，既包括危机预控，又包括处理不可避免的危机所涉及的具体内容、步骤和实施人员。危机行动计划有两类：一是权变计划，就是全面地考虑每一种危机可能出现的种种状况，有针对性地提出相应的行动方案；二是部分计划，是指对某种事先估计到要发生的危机制订计划。

（6）制订危机沟通计划。一个完备的危机沟通计划应包括：发言人，必须具备良好的语言沟通能力、机敏的反应能力和能在巨大压力下工作的心理素质；危机处理中心，中心的各种通信设备必须完备且保证运作正常；对内、对外沟通策略，应确定对外信息沟通的渠道和统一口径、明确新闻发布会举办的时机和方式、确定新闻资料规范、注明不宜外露信息的范围等事宜。

（7）建立与利益相关者的关系。一般而言，利益相关者是指与组织在利益上、权利上或所有权上关系密切的任何人或团体。① 对于公共部门来说，利益相关者既包括内部员工，也包括中央政府、地方政府、社区、新闻媒体、国际组织、公共服务的接受者等。在与各种利益相关者建立良好关系时，要做到两点：经常的双向性沟通和言行一致。

6.1.4 重视危机管理科普宣教培训与演练

危机管理科普宣教培育着危机管理的“预防文化”，因此，危机管理科普宣教是危机管理的基础和前提。加强危机管理科普宣教体系建设意义重大，必须防止目前我国危机管理中重视政府应急能力建设而忽视全民危机管理科普宣教体系的倾向。危机管理科普宣教是将危机管理的知识、智慧、能力有效传递给人的活动，以提高人们应急素质与能力为目的，对公众、领导者、应急管理者、救援者和志愿者等群体与个人开展应急意识、知识、技能与心理等方面的科普宣教培训活动与行为。危机管理科普宣教，是一项政府与社会公众共同参与的系统工程，具体是指应急知识的宣传、普及和应急技能的训练、应用。危机管理科普宣教培训与演练作为危机管理工作的重要内容，是针对突发事件所做的预防和准备，并在这个预防与准备的过程中培养政府和公众的危机意识，以及应对各类突发事件的思想和技能准备。危机管理演练主要包括危机模拟演练和媒体训练。危机模拟演练是检验组织危机预防准备工作成效的重要方式。媒体训练主要是指训练组织发言人与新闻媒体进行有效沟通。

1. 加强危机管理科普宣教能力建设

（1）危机管理科普宣教，应以应急知识普及为重点，提高公众的预防、避险、自救、

① 参见［美］库姆斯·W. 蒂莫西：《危机管理与传播》，29页，台北，风云论坛出版社，2002。

互救和减灾等能力。按照灾前、灾中、灾后的不同情况，分类宣传普及应急知识。灾前教育以了解突发事件的种类、特点和危害为重点，掌握预防、避险的基本技能；灾中教育以自救、互救知识为重点，普及基本逃生手段和防护措施，告知公众在事发后第一时间如何迅速做出反应，如何开展自救、互救；灾后教育以经历过突发事件的公众为重点，抚平其心理创伤，恢复正常社会生产、生活秩序。

（2）危机管理科普宣教，应以典型案例为抓手，增强公众的公共安全意识和法制意识。通过介绍国内外应对突发公共事件的正反两方面案例，剖析公众在遭遇突发事件时，临危不乱、灵活运用自救互救知识配合政府救援、减少人员伤亡的正确做法，增强公众“思则有备，有备无患”的忧患意识和法制意识，提高公众应对突发事件的综合素质。同时，通过总结分析案例中使用的处置手段、采用的应对措施等，进一步提高应对和处置突发事件的能力和水平。

（3）应开展专题宣传活动，增强公共安全意识和社会责任意识，营造全社会关心公共安全的舆论氛围。通过公共安全宣传周和每年“全国科普活动周”“全国安全生产月”“国际减灾日”“全国消防日”“全国法制宣传日”等，开展形式多样、内容丰富、声势浩大的公共安全主题宣传活动，使社区、乡村基层群众了解公共安全知识，掌握避险和自救、互救等基本知识，增强公共安全意识。

（4）应开展公共安全知识进社区、进农村、进企业、进机关、进学校活动，加强应急知识的科教普及，提高公众的预防、自救和互救能力。编印发放公共安全手册，制作张贴宣传海报、投放公益广告，在社区、高危企业、建筑群和车站、机场、码头、商场、宾馆等公共场所设置应急标识。

（5）应根据不同对象的特点，有针对性地开展危机管理科普教育培训。组织编写大、中、小学及幼儿园公共安全课程教材，使其尽快进入课堂。制订培训计划，对各级领导干部和公务员进行培训。对高危行业的从业人员进行安全知识的教育培训，对应急志愿者进行培训。

（6）应积极配合新闻媒体，主动开展科普宣教工作。采取群众喜闻乐见、寓教于乐的方式，利用广播、电视、报刊、网络等多种媒体，细分受众层次，尽可能使用通俗语言，简明扼要，多题材、多角度、有针对性地进行宣传报道，将科普宣教工作的网络和触角延伸进社区、农村、企业、学校和家庭，在真正取得实效上下功夫。①

2. 重构与完善基层社区危机管理科普宣教体系，健全基层社区应急知识教育体系

社区是社会生活的基本组织单位，作为各类突发事件的承载体，社区不仅要在第一时间直接面对灾害，更要在第一时间处置灾害。所以基层社区危机管理科普宣教体系在整个社会全民危机管理科普宣教体系中，无疑处于基础性的、关乎全局的核心地位。基层社区危机管理科普宣教体系的重构与完善，已经成为危机管理工作的重中之重。要尽快改变目前只局限于纪念日或活动日的“点缀式”危机管理科普宣教的现状，做到基层社区危机管理科普宣教的常态化，将危机管理科普宣教寓于基层社区居民的日常生活之中。通过建立基层社区危机管理科普宣教的“常态教育”模式，构建基层社区危机管理

---

① 参见《国务院办公厅关于印发应急管理科普宣教工作总体实施方案的通知》，2005。

科普宣教的长效机制，建成覆盖全社区、全方位、多层次、全过程的基层社区危机管理科普宣教体系[①]，从而普及预防、避险、自救、互救、减灾等应急防护知识，增强基层社区居民的公共安全意识和社会责任意识，提高基层社区居民应对突发事件的综合素质和应急处置能力。

在基层社区应急知识教育过程中，要特别注意教育内容的具体实在，强调应急知识的针对性和操作性。在这方面，美国联邦紧急事务管理署的做法值得借鉴。比如：专门向公众推荐一本叫《如何做好公众灾害预防活动和宣教活动》的“好主意、好建议”书；在网站上公布长达100多页的《你准备好了吗？——市民灾害准备指南》，该指南在一定程度上已经成为美国政府对社区居民进行灾害知识教育的范本；重视国家危机管理的信息港和专家知识库的建设，承诺90%的访问者都能找到有用的危机管理知识和信息。相对于社区居民而言，如何对社区内的企事业单位进行应急知识科普教育，一直是一个棘手的难题。济南市槐荫区在这方面的做法堪称典范之一。作为我国内地第一个以城区为单位的“国际安全社区”，济南市槐荫区成为第161个“国际安全社区”网络成员。槐荫区通过普及宣传、推广使用《安全生产工作手册》，区政府39个部门、14个乡镇和辖区8 000余家生产、经营、建设单位，实现了安全生产的“三级指标量化”“三级工作承诺”“三级督查检查”和政府与企业间的“双向监督”，落实了政府、企业的“两个主体”责任，打破了基层安全生产综合监管的瓶颈，夯实了基层基础。“3332”工作法的推广，带动了更多的地区、单位介入安全社区建设之中，让安全理念逐步深入每个人心中，让更多的群众享受到了安全的权利。

3. 建立并完善基层社区居民应急意识与应急心理教育体系

针对基层社区居民应急意识普遍淡薄的现状，应该进行危机警示宣传教育。危机警示宣传教育就是以战争、恐怖活动、骚乱、灾害、突发公共事件的危害后果或对战争、恐怖活动、骚乱、灾害、突发公共事件的纪念为主要内容的普及性宣传教育，如举行大型集会、鸣放防空警报等，以宣讲各类突发公共事件典型案例为抓手，提醒基层社区居民居安思危并防患于未然，从而增强基层社区居民的应急意识。危机的巨大破坏性会使民众产生恐惧、惊惶、精神恍惚、注意力不集中、焦虑等心理障碍，影响人们的身心健康。因此，提高基层社区居民的心理素质是危机管理科普宣教不可或缺的课程。通过应急心理教育，锻炼基层社区居民的应急心理，教育基层社区居民正确地认识危机，勇敢地面对危机。预先增强基层社区居民的危机心理承受能力，弱化基层社区居民在危机事件中的负面心理影响，化危机为动力。例如，在日本就设立了危机体验室和训练屋，让观众免费体验危机“现场”并训练其应对能力，极大地增强体验者的心理承受能力。

4. 建立基层社区危机应对情景仿真教育与演练体系，提高基层社区居民应对突发公共事件的综合素质、应对技能和应急处置能力

可以在政府组织的领导下，联合志愿组织、非政府组织、大众媒体和教育机构等多方参与，加强基层社区危机应对情景仿真教育与演练。例如，针对地震、洪水、台风、火

① 参见张小明、李琰：《社区危机管理科普宣教要日常化》，载《光明日报》，2010-05-17；张小明、李琰：《加强社区危机管理科普宣教体系建设》，载《学习时报》，2010-06-07。

灾、恐怖活动甚至是多灾并发的突发公共事件进行救灾反应演习，训练基层社区居民在危机撤离及救援的过程中的综合素质、应对技能和应急处置能力。通过基层社区危机应对情景仿真教育与演练，使基层社区居民掌握各种防灾、救灾器材的使用方法，学习在危机中的自我保护和相互救助的技能和方法，提高危机应对中的组织性、有序性和协调性，增强基层社区居民应对危机的信心、勇气和心理承受能力，努力将危机应对知识内化为民众的危机应对能力，形成较强的社会整体危机应对能力。要在危机应对情景仿真教育与演练中检验预案、锻炼队伍、磨合机制、教育群众，促使演练规范、安全、节约、有序地开展，强化社区居民公共安全意识，提高自救、互救能力。要把危机管理融入防灾减灾、安全保卫、卫生防疫、宣传教育、群众思想工作以及日常生产、生活等各项管理工作中去。

例如，作为全国综合减灾示范社区之一的杭州市西湖区留下街道，每年组织社区居民、志愿者、外来务工人员等开展形式多样的危机应对情景仿真教育与演练活动，教大家在火灾、洪灾、雪灾等灾害来临时如何逃生，以及如何在第一时间消除隐患，还组织预备役队伍参加皮划艇、消防安全方面的演练等。针对社区易发水灾的特殊情况，该社区还制定了防灾减灾应急预案，成立了由党员、退伍军人、青年团员等成立的社区减灾志愿者队伍，储备了一批防灾减灾设备，并充分利用留下小学、留下中学的优势，将其确定为社区避难场所，同时将社区星光老年活动室作为临时安置过渡点。

5. *探索并创新基层社区居民参与式、常态化的危机管理科普宣教体系*

常态化的危机管理科普宣教体系要真正取得实效，必须采取基层社区居民参与式的危机管理科普宣教形式，形成全民动员、预防为主、全社区参与应急处置的互动局面。必要的应急知识、良好的应急意识和应急心理是基层社区居民有效参与应急处置的前提条件和基础，而基层社区居民参与危机应对情景仿真教育与演练是对其应急处置能力的综合训练。

构建基层社区居民参与式、常态化的危机管理科普宣教体系，可以开展体验式教育、互动式教育和全覆盖的感官式强化教育。[①]（1）通过设置模拟场景，组织社区群众亲身参与和实地观摩紧急疏散、火场逃生等生动鲜活的体验式教育，让群众明白面临紧急情况下该怎么做，调动社区居民参与的主动性、积极性，积累应对不同灾难的实战经验，同时在参与的过程中提高责任感和自救、互救的能力。（2）通过联合交通、消防部门和自愿从事公益活动的商家，采用有奖知识问答、文艺表演等形式进行互利互惠的互动式教育，吸引居民参与，让居民受到安全交通，安全用气、用电、用水等与日常生活有关的应急知识教育，寓教于乐，提高社区个体安全意识和自我防护能力。（3）通过全覆盖的感官式强化教育，做到危机管理科普宣教工作在社区不留一个空白点，不留一个死角，使社区居民不断听到、看到、接触到应急知识，从而在潜移默化中增强危机感和识灾、防灾、避灾的意识。

还可以通过创建学习型社区，描绘与展望应急处置的社区共同愿景来探索并创新基层社区居民参与式、常态化的危机管理科普宣教体系。以学习为纽带的基层社区居民参与

---

① 参见张小明、李琰：《社区危机管理科普宣教要日常化》，载《光明日报》，2010-05-17；张小明、李琰：《加强社区危机管理科普宣教体系建设》，载《学习时报》，2010-06-07。

式、常态化的危机管理科普宣教体系，其立足点是通过学习、讨论和感悟，形成居民对应急处置的社区共同愿景，以共同的愿景来教育引导居民的社会责任意识和在应急处置中的行为。由于社区是居民生活的共同家园，所以社区地方性的感受和地方性的知识更容易让居民产生直接的感知和认同。社区共同愿景就是以此为基础，在居民的共同学习和互动中建立的。经由学习形成的社区共同愿景，能够教育引导居民在应急处置中达成共识，展开应急合作，从而筑就居民的共同价值观，并为居民提供参与社区应急处置的强大动力。

6.1.5 加强“防灾型社区”的危机管理文化建设，构建组织隐性危机防范系统

加强“防灾型社区”的危机管理文化建设，创建“防灾型社区”的文化氛围，可以说是构建公共危机预防体系长效机制的关键之所在。在这方面美国的做法值得借鉴。“9·11”事件后，美国政府积极推动建立以“防灾型社区”为中心的公众安全文化教育体系，主要采取了三项措施：（1）通过安全月载体，进行民众安全文化普及教育。美国把6月定为全国安全月，把9月定为全国食品安全教育月，通过安全月教育活动，促进人们提高安全意识，使人们清楚危险就在每个人的身边。（2）重视系统、全面的学校危机教育，注重从娃娃抓起。美国在幼儿园就开始进行食品安全教育，小学开始接受正规的急救训练，中学每周至少要上一节急救课程，不能通过急救课考试就拿不到毕业文凭。（3）通过公共安全科技的大量投入，构建公众安全文化教育体系。例如，美国国会通过立法每年投资30多亿美元用于建立食品安全网络、反生物恐怖及动植物防疫等预警和快速反应体系以及公众教育体系。①

构建组织隐性危机防范系统是公共危机预防体系的前提和基础。正常状态下组织处于隐性危机管理状态，在危机爆发时，组织处于显性危机管理状态。② 隐性危机管理是指处于正常状态下的组织，在实现其目标的同时从组织基层执行、中层管理与高层战略决策等各个方面系统地防范组织危机的过程。在组织正常状态下，组织的危机管理是“隐性”的，表面看没有危机管理，但却处处体现对危机的防范。隐性危机具有一些信号特征，即较为隐蔽的迹象，隐性危机信号可以通过组织中微妙的不良现象来反映。埃莉诺·斯特德（Eleanor Stead）对危机“预先条件”（pre-conditions）的研究就属于“隐性危机管理”，了解组织危机的预先条件，就知道如何改变这些条件从而控制和减少危机的发生。特纳（Turner）和皮金（Pidgeon）进一步鉴别出鼓励危机预先条件进展的因素：（1）组织信仰的刚性，正如团队思考理论所解释的管理失败现象；（2）诱骗现象，即虽然一个问题被发现，但是注意力却被其他方面所吸引。③

---

① 参见张小明、李琰：《社区危机管理科普宣教要日常化》，载《光明日报》，2010-05-17；张小明、李琰：《加强社区危机管理科普宣教体系建设》，载《学习时报》，2010-06-07。

② 参见［美］劳伦斯·巴顿：《组织危机管理》，北京，清华大学出版社，2002。

③ Simon，Laurent，Pauchant，“Thierry C. Developing the Three Level of Learning in Crisis Management：A Case Study of the Hagersville Tire Fire，” *Review of Business*，2000（21），Issue 3/4.

组织危机的有效防范需要组织全员、系统化的防范，这需要一个贯穿于组织始终的隐性危机防范系统。组织的隐性危机防范系统更强调系统性和整体的配合。① 组织隐性危机防范系统经常被忽略的是组织的危机防范文化和组织高层决策中的危机意识，而最难做好的是组织日常危机防范制度。组织危机文化是危机防范的制度基础，它在危机防范中最难觉察到，但它又能时时起到危机防范的作用。组织日常防范制度是不容忽视的也是最难做好的。组织高层在决策时不但要有敏锐的危机意识，对危机的变化有足够的估计，同时又不能故步自封。“过于谨慎的政策本身就是最大的风险。”组织的决策层要找到这两者的平衡点。组织制度的安排也要体现这种平衡。对于中层管理，组织要有危机应对的备案和计划，定期进行组织脆弱性分析，出现问题能及时处理；危机处理的模拟训练、危机管理培训以及组织危机文化的灌输也很有必要。基层主要是建立危机防范的日常管理制度。

6.2　公共危机预警管理系统

6.2.1　公共危机预警管理的基本概念

“预警”一词源于军事，后来预警概念延伸到经济、社会领域。所谓预警，是指通过预警飞机、预警雷达、预警卫星等工具来提前发现、分析和判断敌人的进攻信号，并把这种进攻信号的威胁程度报告给指挥部门，以提前采取应对措施。所谓公共危机预警，是指在社会顺境状态下公共危机管理者在危机潜伏阶段所进行的一切有效预防、警示工作，其目的是识警防患，超前预控，防患于未然。所谓公共危机预警管理，是指在公共危机演变的不同阶段中，在可能产生公共危机的警源上设置警情指标，对可能引起公共危机的各种要素及其所呈现出来的危机信号和危机征兆随时进行严密的动态监测，对其发展趋势、可能发生的危机类型及其危害程度做出科学、合理的评估，并用危机警度向有关部门发出危机警报的一套运行体系。② 公共危机预警管理的短期目标在于确保组织核心层的稳定运作；长期目标在于选择适当的核心层、改变组织习性以确保核心资源，并维持适当的弹性来面对各种危机。

公共危机预警管理需要运用一些原理和方法。（1）公共危机预警管理的本质在于信息，信息是预警管理与评估的全部。预警需要有一定的信息作为基础，并在对信息进行分析、推断、演绎的基础上，做出合理的预报；而且，预警需要不断地更新信息，不断地对新的信息进行分析，以进一步更正原来的预报。组织的公共危机预警管理必须运用信息论，通过收集信息、处理信息、输出信息，把握信息运动的规律，对大量的信息进行去伪存真、去虚就实，最终发现事实真相，发出危机的预警信息，为危机应对赢得时间。（2）公共危机预警管理的目的是控制危机，解决危机，所以公共危机预警管理需要运用控

① 参见陈光潮、姚晓生：《组织危机管理模式探讨》，载《暨南大学学报（人文科学与社会科学版）》，2004（1）。
② 参见刘英茹、张怡梅：《论组织危机管理过程中的预警管理》，载《经济研究导刊》，2005 年创刊号。

制论的原理和方法。由于大量公共危机处于潜伏状态，在危机没有爆发的时候，无法进行反馈控制，因而前馈控制就成为唯一的选择，即在危机的迹象出现的时候，及时搜集各种信息，判断危机的种类和原因，寻找相应的措施，尽可能将危机消弭于无形之中。如果公共危机无法消除，或危机已经出现，那么，反馈控制就是处理危机的方式。掌握公共危机的表现形式和演变趋势，及时应对，可以将危机的损失减到最少。（3）公共危机预警管理需要建立一个有效运转的体系，建立相应的组织机构，进行合理的机构设计，规划不同机构职责，建立简洁高效的组织体系。

总之，公共危机预警管理是全部公共部门危机管理过程的重要和首要组成部分，是组织管理支撑体系中重要的分支系统，这一系统对管理的技术性、科学性、综合性要求更高。公共危机预警管理作为公共部门危机管理的第一道防线，已成为公共部门危机管理的重中之重。进行科学的公共危机预警管理需要坚实的理论支撑，需要明确的预警指标导向，需要完备高效的预警组织机构，需要严格的预警管理要求。

6.2.2 公共危机预警管理理论的主要内容

公共危机预警管理理论的起源可以追溯到19世纪末期。早在1888年，在巴黎统计学大会上，就出现了以不同色彩作为经济状态评价的论文。到20世纪30年代中期，经济监测预警系统再度兴起，到20世纪50年代不断改进、发展并开始进入实际应用时期。美国商务部从20世纪60年代起就逐月以数据和图表两种形式提供宏观景气动向的信号，日本、加拿大、英国等国家也有相同的经济预警系统。我国从1989年起，也每月发表经济景气监测预警指数；在行业经济预警方面有林业、粮食、煤炭等经济方面的预警。目前我国的公共危机预警管理突出表现在预防自然灾害和大规模疾病的预防控制两个方面：逐步建立并不断完善了我国的灾害监测预警系统，初步构成了利用电话、无线电通信、电视和基层广播网发布预警信息的网络。① 这些为提高自然灾害监测、预警水平，为有效防范灾害和各地政府迅速组织防灾抗灾工作提供了条件；建立了针对主要灾害的各种防灾抗灾领导机构和灾害监测预警、紧急决策、指挥、调度、组织实施体系，初步形成了中央和省、自治区、直辖市的分灾种灾害信息网络系统，开展了灾害分级管理、灾害快速评估、区划与灾情统计标准的研究工作，推动了灾害管理的科学化和规范化。

公共危机预警管理理论，研究如何采用预警预控的管理手段防范危机的发生以及危机发生后的预控对策措施的问题，一般包括监测、识别、诊断、预控对策等内容。公共危机预警管理是组织对危机诱因进行监测、诊断、预先控制的一种制度手段和方法，其目的在于防止和矫正危机诱发因素的发生和发展，保证社会系统处于有秩序的安全状态。构建公共危机预警管理理论和方法，从系统控制论角度来理解，就是在社会管理组织中，构建一种对同质性社会的重大公共危机能够“免疫”并能预防和矫正各种公共危机的“自组织”机制，从而达到社会的稳定发展。②

---

① 参见王浣尘：《信息技术与电子政务（通用版）》，186～205页，北京，清华大学出版社，2004。

② 参见佘廉：《组织预警管理理论》，152～153页，石家庄，河北科学技术出版社，1999。

公共危机预警管理的主体是政府各行业主管部门，对象是所有可能发生危机的领域及其相应行业管理状态评估两个方面。

(1) 公共危机预警管理的主体是政府各行业主管部门。由于目前我国还没有建立专门的危机监测和处理综合部门，有关职能由政府各行业主管部门承担，采用分行业、分部门的公共危机预警管理机制，从而导致危机事前的系统监测、识别和预警预控工作，难以达到统一、高效的要求，力量分散，难以迅速建立统一的基于全社会力量的系统防范机制，弊端很大。所以，政府应建立社会危机分类管理监测预警与评估机制，成立公共危机预警管理的专门机构，负责整个社会危机的预警管理与评估职能；建立层级制的危机预防管理系统，实行综合管理，协调各专业或行业预警管理与评估工作和利用整体的社会资源。

(2) 公共危机预警管理的对象是所有可能发生危机的领域及其相应行业管理状态评估两个方面。可能发生危机的领域包括社会稳定、公共卫生、生产等领域，这些领域的危机预警管理更多的是由各行业或专业的预警预控管理部门执行；在下属行业管理状态的监测与评估方面，包括可能发生危机的预警预控体系的功能、组织结构和人员配备等以及功能发挥有效性等方面的评估，由直属于各级政府的专业预警管理机构来执行，以监督和控制下属的预警管理机构。

公共危机预警管理系统的建立与运行具有以下功能：对公共危机可能发生领域的监测功能，监测各级政府管辖区域内社会可能面临和已经面临的不利对象的变动状况；对公共危机可能发生领域的识别与评价功能，根据发生社会危机的可能性以及后果的危害性，对监测的结果进行识别和评价，判断发生社会危机的可能状态；对公共危机的预先控制功能，监测、识别和评价之后进行相应的诊断，判断是否要采取相应的预控对策，以及如何采取相应的对策，可建立相应的预案对策体系，进行及早预防和预先控制。

根据公共危机预警管理系统的功能，公共危机预警管理系统的活动内容应由预警分析与预控对策两大任务构成。预警分析，是指对诱发危机的各种现象进行识别、分析与评价，并由此做出警示的管理活动。预控对策，是根据预警分析的输出信息，对危机诱因的早期征兆进行及时矫正、避防与控制的管理活动。

(1) 预警分析包括危机监测、识别和诊断。危机监测是预警管理与评估活动的前提；通过对监测信息的分析，识别社会活动领域中可能发生危机的主要诱因或致错因素；对已被识别的现实致错诱因进行综合分析诊断，以明确哪个致错因素（现象）是主要的危险源。

(2) 预控对策的活动内容主要包括组织准备、日常监控、预控实施三个活动环节。其一，组织准备的目的在于为预控对策活动和整个预警管理与评估活动提供有效的组织保障。组织准备有两个特定任务：一是规定预警管理与评估系统的组织结构（机构、职能设定）和运行方式；二是为社会危机发生后进行危机管理提供组织训练与对策准备，即预案对策库。其二，日常监控是指对预警分析活动所确定的社会危机诱因进行专门监控的管理活动。它有两个主要任务：日常对策和危机模拟。日常对策，即对可能发生的危机进行避防与纠正，并使社会秩序恢复到正常状态；危机模拟，即对发生危机后的紧急救援和对有可能陷入更大灾害的危机状态的假设与模拟活动，为未来一旦进入危机状态做好对策准备。其三，预控实施是指发生危机后所采取的紧急预控对策的实施活动。①

6.2.3 公共危机预警管理系统的构成和流程

公共危机预警管理系统致力于从根本上防止公共危机的形成、爆发，是一种对公共危机进行超前管理的系统。公共危机预警管理系统对预警对象和范围、预警指标、预警信息进行分析和研究，及时发现和识别潜在的或现实的危机因素，评估公共危机严重程度，决定是否发出危机警报，以便采取预防措施，减少危机发生的突然性和意外性，起到防患于未然的作用。公共危机预警管理系统是一个层次高、结构复杂、相关性强的网络系统，其系统思想是评估和监察组织内外环境的变化，将环境威胁转化为发展契机，在制定重大方针、政策和措施时要考虑到未来的问题和危机，以确保组织能够持续向前发展。

公共危机预警管理系统主要由预警信息搜集子系统、预警信息分析和评估子系统、公共危机预测子系统、公共危机预警指标子系统、公共危机警报子系统、公共危机预控对策子系统六个子系统构成。其中，预警信息搜集子系统收集可能引发危机的内外部环境信息；预警信息分析和评估子系统主要是对危机环境进行分析，了解与危机事件发生有关的微观动向，察觉环境的各种变化，保证当环境出现不利的因素时，能及时、有效地采取措施；公共危机预测子系统对风险、威胁和危险进行识别和分析，并对每一种风险进行分类管理，从而准确地预测面临的各种风险和机遇；公共危机预警指标子系统确定能有效反映危机程度与特征的危机预警指标，并加以随时更新和维护；公共危机警报子系统判断各种指标和因素是否突破了危机警戒线，通过危机预警准则决定是否发出警报、发出何种警级的警报以及用什么方式发出警报；公共危机预控对策子系统预先制订危机预控对策方案，把危机消灭在萌芽状态。在整个公共危机预警管理系统中，公共危机预警中心处于核心地位，其职能就是做出预警，发布预警信息，传递各个部门间的信息；针对具体工作，发布命令，使得各个预警机构协调运转。通过公共危机预警中心，公共危机预警管理系统能够连成一个网络。

所以，总体来看，公共危机预警管理系统的工作流程为：预警信息搜集子系统（信息收集）→预警信息分析和评估子系统（信息甄别、处理）→公共危机预测子系统（风险识别、分析）→公共危机预警指标子系统（指标确立、维护）→预警准则→公共危机警报子系统（危机警戒、警报）→公共危机预控对策子系统（预警信号、预控方案）→预警中心（指挥决策）。②

（1）预警信息搜集子系统。

信息是公共危机预警管理的关键，应收集外部环境信息和内部信息，以便准确、及时

---

① 参见王超、佘廉：《社会重大突发事件的预警管理模式研究》，载《武汉理工大学学报（社会科学版）》，2005（1）。

② 参见贺正楚：《论组织危机管理系统的构建》，载《系统工程》，2003（3）；刘英茹、张怡梅：《论组织危机管理过程中的预警管理》，载《经济研究导刊》，2005年创刊号；邱林、王洪昌、张志功：《组织危机预警管理的理论分析与研究》，载《重庆工业管理学院学报》，1998（5）。

地预测到发生危机的征兆，进而采取有效的措施规避和控制危机。应建立高度灵敏、准确的信息监测系统，及时收集相关信息。

（2）预警信息分析和评估子系统。

预警信息分析和评估主要是对危机环境进行分析。环境分析是指对可能或已经引起危机的经济、文化、社会等环境因素的了解、评价和预测。预警信息分析和评估子系统要求确保预警信息的真实性、可靠性；要求确认危机的利益相关群体，并分析他们的认知态度、行为方式特点；要求评估危机的严重程度。通过预警信息分析和评估，掌握客观环境的发展趋势和动态，了解与危机事件发生有关的微观动向，从而敏锐地察觉环境的各种变化，保证当环境出现不利的因素时，能及时、有效地采取措施，趋利避害。组织要及时识别、评价组织中的薄弱环节以及外界环境中的不确定性因素，观察、捕捉组织出现危机前的征兆。由于几乎所有的危机发生前都会有不同程度的征兆，所以组织应当及时捕捉到这些征兆，及早进行必要的防范，努力确保组织的薄弱环节不会转变为危机，并对其可能造成的危害进行评估。

（3）公共危机预测子系统。

科学的预测是预警管理与评估的前提。公共危机预测子系统主要是通过电子政务网络平台对社会安全状态进行分类管理，对可能发生危机的各种因素和危机表象进行监测，从而预测危机的演变、发展和趋势，为管理者进行危机控制和管理提供科学决策的依据。公共危机监测的职能是通过对危机诱因、危机征兆的严密观察，收集整理反映危机迹象的各种信息和信号。① 首先，对组织各方面的风险、威胁和危险进行识别和分析；其次，对每一种风险进行分类，并决定如何管理各类风险，从而准确地预测各种风险和机遇；最后，对已经确认的每一种风险、威胁和危险的大小及发生概率进行评价，建立各类风险管理的优先次序，以有限的资源、时间和资金来管理最严重的一种或某几类风险。

（4）公共危机预警指标子系统。

公共危机预警指标子系统确定能有效反映危机程度与特征的危机预警指标，并加以随时更新和维护。危机预警指标指的是指导预警的各类参数，它与危机状态密切相关，通过对这些指标的分析，可以发现危机的迹象。预警需要准确的结果，要将不确定性减到最低，因此预警指标不能有大量的不确定性因素，必须便于收集、测量和计算。预警指标应当选取那些对未来变化有影响的因素，必须找出关键指标。在选择危机预警指标时，一是看指标能否有效地反映组织危机的程度与特征；二是能从指标数值的历史变动规律与特点中，得到预警指标的警界区间。根据各个指标对组织总体预警的重要性，指标可分为特级预警指标、一级预警指标和二级预警指标，把各指标加权汇总得到预警总指数。

（5）公共危机警报子系统。

公共危机警报子系统主要是判断各种指标和因素是否突破了危机警戒线，通过危机预警准则决定是否发出警报、发出何种警级的警报以及用什么方式发出警报。首先，确定每一个危机预警指标的可接受值与不可接受值，以可接受值为上限，以不可接受值为下限，

---

① 参见赵平则等主编：《危机管理》，93页，太原，山西人民出版社，2005。

计算其现实危机程度，并将其转化为相应的评价值；其次，将各个指标的评价值加权平均得到危机的综合评估值；最后，与危机临界值相比，适时进行危机警报。根据警兆的变化状况，联系警情的警界区间，参照警度评价标准，并结合实际或未来情况做适当修正，即可预报实际危机警情的严重程度，得到危机警度。根据警度的大小，危机可划分为：危机轻警、危机中警、危机重警和危机巨警。

（6）公共危机预控对策子系统。

公共危机的严重社会威胁性，要求危机管理者预先制订危机预控对策方案，把危机消灭在萌芽状态。公共危机预控对策方案的步骤如下：一是提出预测的目标和事物发展的阶段及时间系列问题；二是积累与问题相关的背景情况及其他方面有价值的信息；三是从结果的可靠性和工作的时效性出发，正确选择预测方法，主要有回归分析法、时间序列分析法、模型法、直观预测法等；四是制订公共危机的预控对策方案；五是不断进行公共危机预控对策方案的评价和调整，使其优化。

此外，还需要加强全社会的公共危机预警管理意识教育，树立危机防范意识，增强公共危机预警管理技能。危机意识是危机预警的起点。我国普遍存在着重危机处理、轻预警管理与评估的现象，公共危机预警意识有待增强。应从公共危机预警管理意识教育、危机应对情景训练、危机专业知识教育、危机案例教育等方面培养政府工作人员的公共危机预警管理能力；同时通过教育和培训，使普通民众掌握一定的自我保护方法，使他们有较强的心理承受能力和危机应变能力。

6.2.4 公共危机预警管理机制设计

公共危机预警管理机制是公共部门危机管理机制的前哨，是危机事件爆发前控制事态的组织和技术体系。公共危机预警管理机制是防范和解决社会矛盾的基础，是社会稳定和发展的指示器，要强化各级领导的预警意识，建立社会稳定预警系统的科学指标体系，超前预防。应该将公共危机预警管理机制设计纳入国民经济和社会中长期规划的主要内容之中。应在国民经济和社会中长期规划中，明确公共危机预警管理机制设计的主要内容，例如：需要对哪些公共危机建立预警评估机制，这要在分析目前和今后一个时期危机因素的基础上进行；评估这些公共危机风险源、危机征兆、危机征兆与危机发生之间的关系，需要组织国内外专家和可能受到影响的地区、部门的有关人员一起参加评估；根据评估结果确定危机监测的内容和指标，并确定危机预警的临界点；确定建立什么样的公共危机预警系统，采取什么样的技术、设备、体制、组织、程序，需要为可能发生的危机准备什么样的资源等；建立公共危机预警系统的组织体系，配备必要的人力、物力和财力来支持这个系统的正常运行，并发挥积极作用；与可能遭受危机的部门和地区建立密切关系，争取它们的支持和配合；等等。①

公共危机预警管理工作的内涵极其广泛，根据联合国开发计划署的危机筹备框架，其包含九大块内容：薄弱评估、规划、机构设置、信息系统、资源基础、预警系统、应对机

① 参见丁元竹：《把危机管理引入国民经济和社会中长期规划的三点思考》，载《唯实》，2004（4）。

制、教育培训、演习。加强公共危机预警管理工作，需要不断完善分级预警制度、预警信息发布制度、预警责任追究制度，需要不断提高灾害监测和信息发布的技术水平。政府应当按照危机的不同类别，确立所有紧急事件可能发生的量化指标体系，进行实时监控，并在此基础上完善科学、合理的分级预警机制。政府部门可根据不同级别的预警，确立相应的行动方案。公共危机预警管理工作，突出危机预防和筹备工作，主要有三大要素。

1. 实行预警信息发布制度，建立健全公共危机汇报制度

需要明确：公共危机预警信息的界定和分类，预警信息包括突发公共危机事件的类别、预警级别、起始时间、可能影响范围、警示事项、应采取的措施和发布机关等；各层级汇报各类危机信息的时间期限；特大危机的特殊汇报方式；向国务院直接汇报的要求说明；责任追究细则。要建立健全突发公共危机事件的预警指数和等级标准，制定综合预警体系建设的技术标准，充分利用现代化的技术监测手段，特别加强交通、公共卫生、安全生产、气象、市政、环保、地震、森林火灾等专业部门的数字化监测基础设施建设，强化专业预警预报信息系统建设。

2. 实行分级预警制度，筹建全国范围的公共危机公告制度

西方发达国家政府预警系统一般都强调对公共危机进行分级预警管理，对程度不同的公共危机实行不同级别的认定并采取相应的对策。例如，美国防恐的经验是设立国土安全警戒体系（homeland security advisory system，HSAS），建立一套五级国家威胁预警系统（见表 6－3），威胁由低到高分别是：低，绿色标示，表示遭到恐怖袭击的风险低；警戒，蓝色标示，表示存在一定的恐怖袭击危险；较高，黄色标示，表示存在较高的恐怖袭击的风险；很高，橙色标示，表示遭到恐怖袭击的风险很高；严重，红色标示，表示极容易遭到恐怖袭击。该警戒体系由美国国土安全部升降安全级别，并在全国公告，有效地起到了全国预警的作用。

表 6－3　美国五级国家威胁预警系统

颜色	威胁程度	采取的行动
红	严重	动员紧急救护队，并布置工作人员评估紧急需要
橙	很高	地方、州和联邦机构开展协调工作，加强在公众实践中的安全工作
黄	较高	加强对重要地方的监视活动和对威胁的评估工作
蓝	警戒	检查紧急程序，通知公民所要采取的必要措施
绿	低	保持安全培训和准备状态

资料来源：郭济主编：《政府应急管理实务》，108～109 页，北京，中共中央党校出版社，2004。

借鉴国际经验，在对突发公共危机事件进行分级管理的基础上，我国也建立了一套四级国家威胁预警系统。依据突发事件可能造成的危害程度、波及范围、影响力大小、人员及财产损失等情况，我国将突发事件由高到低划分为特别重大（Ⅰ级）、重大（Ⅱ级）、较大（Ⅲ级）、一般（Ⅳ级）四个级别。在对突发公共危机事件进行分级管理的基础上，建立了一套四级国家威胁预警系统。依据突发事件即将造成的危害程度、发展情况和紧迫性等因素，由低到高划分为一般（Ⅳ级）、较重（Ⅲ级）、严重（Ⅱ级）、特别严重（Ⅰ级）四个预警级别，并分别采用蓝色、黄色、橙色和红色来加以表示。

3. *建立预警责任追究制度，建设配套的公共危机评估系统*

该系统有三大环节最为关键：（1）公共危机评估指标体系的建构，即选定可以作为公共危机防范工作的评估指标，形成科学、实际可行的指标体系；（2）制定定期考核的机制，维持一定程度的待命状况；（3）实施有效的绩效管理，有效地推广先进、鞭策后进。①

本章小结

1. 公共危机预防是指阻止或者避免危机的发生，其主要目标是在损害发生之前预测和防止潜在的危机；对于那些无法从根本上阻止或者避免的危机，为了降低危机爆发的概率或者减少危机可能造成的危害，所有的组织都需要为可能发生的危机提前做好准备。

2. 一个完整的公共危机预防体系应包括五个方面的主要内容：强化脆弱性定期分析评估制度；设立危机管理团队；制订危机管理计划；重视危机管理科普宣教培训与演练；加强“防灾型社区”的危机管理文化建设，构建组织隐性危机防范系统。

3. 脆弱性是指对危险暴露程度及其易感性和抗逆力尺度的考量。换一句话讲，就是面对灾害时，自身存在较易遭受伤害和损失的因素。脆弱性的特质为：脆弱性是在灾害发生前即存在的条件，在灾害发生时涌现；脆弱性表现为包括抗灾能力和恢复能力在内的适应性；脆弱性也是在特定环境中的受灾敏感性；脆弱性是决定灾难性质与强度的基本要素。

4. 所谓危机管理计划就是针对危机发生前后的所有可能的情况与因素、危机发展阶段，进行全面、翔实和有条理性的想象与归整，并形成可理解的文件资料。危机管理计划基本上描述的是组织在有效管理危机方面将要采取的步骤，并为每一领域确定具体人员的责任，重点是报告和沟通。

5. 危机管理科普宣教培育着危机管理的“预防文化”，因此，危机管理科普宣教是危机管理的基础和前提。危机管理科普宣教是将危机管理的知识、智慧、能力有效传递给人的活动，以提高人们应急素质与能力为目的，对公众、领导者、应急管理者、救援者和志愿者等群体与个人开展应急意识、知识、技能与心理等方面的科普宣教培训活动与行为。

6. 要尽快改变目前只局限于纪念日或活动日的“点缀式”危机管理科普宣教的现状，做到基层社区危机管理科普宣教的常态化，将危机管理科普宣教寓于基层社区居民的日常生活之中。通过建立基层社区危机管理科普宣教的“常态教育”模式，构建基层社区危机管理科普宣教的长效机制，建成覆盖全社区、全方位、多层次、全过程的基层社区危机管理科普宣教体系。

7. 加强“防灾型社区”的危机管理文化建设，创建“防灾型社区”的文化氛围，可以说是构建公共危机预防体系长效机制的关键之所在。组织危机的有效防范需要组织全

① 参见唐钧：《公共危机管理：国际动态与建设经验》，载《新视野》，2003（6）；唐钧：《从国际视角谈公共危机管理的创新》，载《理论探讨》，2003（5）。

员、系统化的防范，这需要一个贯穿于组织始终的隐性危机防范系统。组织的隐性危机防范系统更强调系统性和整体的配合。

8. 所谓公共危机预警管理，是指在公共危机演变的不同阶段中，在可能产生公共危机的警源上设置警情指标，对可能引起公共危机的各种要素及其所呈现出来的危机信号和危机征兆随时进行严密的动态监测，对其发展趋势、可能发生的危机类型及其危害程度做出科学、合理的评估，并用危机警度向有关部门发出危机警报的一套运行体系。

9. 公共危机预警管理系统致力于从根本上防止公共危机的形成、爆发，是一种对公共危机进行超前管理的系统。公共危机预警管理是全部公共部门危机管理过程的重要和首要组成部分，是组织管理支撑体系中重要的分支系统。公共危机预警管理作为公共部门危机管理的第一道防线，已成为公共部门危机管理的重中之重。

10. 公共危机预警管理系统是一个层次高、结构复杂、相关性强的网络系统，主要由预警信息搜集子系统、预警信息分析和评估子系统、公共危机预测子系统、公共危机预警指标子系统、公共危机警报子系统、公共危机预控对策子系统六个子系统构成。

11. 公共危机预警管理机制设计的三大要素：(1) 实行预警信息发布制度，建立健全公共危机汇报制度；(2) 实行分级预警制度，筹建全国范围的公共危机公告制度；(3) 建立预警责任追究制度，建设配套的公共危机评估系统。

关键术语

公共危机预防体系　　脆弱性定期分析评估制度　　脆弱性评估减控循环模型　　危机管理计划　　危机管理科普宣教培训与演练　　“防灾型社区”的危机管理文化建设　　组织隐性危机防范系统　　公共危机预警管理系统　　构成和流程　　公共危机预警管理机制设计

复习思考题

1. 何谓公共危机预防？公共危机预防体系的主要内容有哪些？
2. 何谓脆弱性？中外学者是如何给脆弱性下定义的？
3. 脆弱性的特质与分类构成有哪些？试举例说明。
4. 公共部门风险管理的流程如何操作？试举例说明。
5. 危机管理计划的含义与主要内容有哪些？
6. 何谓危机管理科普宣教？如何加强危机管理科普宣教能力建设？
7. 如何重构与完善基层社区危机管理科普宣教体系？
8. 如何加强“防灾型社区”的危机管理文化建设，构建组织隐性危机防范系统？
9. 公共危机预警管理系统的含义与主要内容有哪些？
10. 如何理解公共危机预警管理系统的构成和流程？
11. 公共危机预警管理机制设计的三大要素有何重大意义和借鉴价值？试举例说明。

阅读案例

西藏拉萨“8·9”特别重大道路交通事故应急处置

一、事故基本情况

2014年8月9日14时37分许，西藏自治区拉萨市尼木县境内318国道发生一起特别重大道路交通事故，造成44人死亡、11人受伤，直接经济损失3900余万元。

事故发生后，党中央、国务院高度重视，国务院副总理马凯，国务委员杨晶、郭声琨、王勇等中央领导同志先后做出重要批示，要求全力抢救伤员，查明事故原因，认真做好善后处置工作，切实吸取教训，加强旅游客车安全管理，落实好交通运输各项措施，严防重特大事故发生。

2014年8月10日，报请国务院批准，成立了由国家安全监管总局、公安部、监察部、交通运输部、全国总工会、旅游局和西藏自治区人民政府相关负责同志组成的国务院西藏拉萨“8·9”特别重大道路交通事故调查组（简称事故调查组）。事故调查组邀请最高人民检察院派员参加，并聘请了车辆技术、公路工程、公安交管、交通事故处理等领域专家参加事故调查工作。

事故调查组按照“四不放过”和“科学严谨、依法依规、实事求是、注重实效”的原则，通过现场勘验、调查取证、检测鉴定和专家论证，查明了事故发生的经过、原因、人员伤亡和直接经济损失情况，认定了事故性质和责任，提出了对有关责任人和责任单位的处理建议，并针对事故原因及暴露出的突出问题，提出了事故防范措施。

经调查，藏AX9272越野车在上坡路段超速行驶，在会车时违法占道是导致事故的重要原因。藏AL1869大客车安全性能不符合国家标准，存在严重安全隐患，在下坡路段严重超速行驶，会车时发现对方车辆违法占道未采取减速、警示、停车或者避让等措施，也是导致事故的重要原因。

二、事故发生经过及应急处置情况

2014年8月9日14时37分许，驾驶人董超驾驶车牌号为藏AL1869的大客车，沿318国道由日喀则驶往拉萨。当车辆行驶至拉萨市尼木县境内318国道4740公里237米处左转弯下坡路段时，遇对向驶来的白聪聪驾驶的车牌号为藏AX9272的越野车违法越过道路中心线，两车左前部发生正面相撞，藏AL1869大客车随后向右前方与路侧波型梁护栏刮擦并撞断护栏后，仰翻坠落至11米深的山崖，客车顶部坠地受挤压后严重变形，导致车内42人死亡、8人受伤。藏AX9272越野车在撞击后逆时针旋转180度并回到原车道，又与随后同向驶来的车牌号为渝FC2027的长城牌轻型普通货车相撞后，停在道路左侧边沟处，导致藏AX9272越野车内2人死亡、2人受伤，渝FC2027轻型普通货车内1人受伤。该事故共造成44人死亡、11人受伤、两辆汽车严重损坏，直接经济损失3900余万元。

接到事故报告后，拉萨市曲水县和尼木县立即启动应急预案，公安、卫生等部门先后赶到现场，迅速开展现场救援、交通指挥疏导等工作。西藏自治区、拉萨市党委、政府迅速启动二级应急响应，有关领导亲临一线组织开展事故救援和前期勘察工作。国家安全监管总局、交通运输部、公安部负责同志率工作组赶到事故现场，指导事故调查和善后处理工作。20 时 50 分，事故现场救援工作基本结束，交通秩序恢复正常。

三、事故防范和整改措施

（一）用最坚决的态度坚守安全发展红线

西藏自治区、拉萨市人民政府及有关部门要深刻吸取事故教训，认真贯彻落实习近平总书记、李克强总理等中央领导同志关于安全生产工作的一系列重要指示批示精神，牢固树立科学发展、安全发展理念，始终坚守“发展决不能以牺牲人的生命为代价”这条红线，建立健全“党政同责、一岗双责、齐抓共管”和“管行业必须管安全，管业务必须管安全，管生产经营必须管安全”的安全生产责任体系。要结合西藏实际，把安全生产与转变经济发展方式、产业结构调整升级、城镇化建设有机结合起来，建立与经济社会发展相适应的安全监管力量和机制，全面加强安全生产工作。特别要高度重视道路交通安全工作，针对西藏地处高原的特殊情况、道路交通实际以及旅游业大发展的形势等，研究制定西藏道路交通发展战略和实施规划，加大财力和人力投入，形成有效管理机制，全面加强道路交通安全管理工作。

（二）严格落实汽车租赁企业和客运企业安全生产主体责任

西藏自治区、拉萨市人民政府及有关部门要督促汽车租赁企业、客运企业认真贯彻“安全第一、预防为主、综合治理”的安全生产工作方针，严格执行国家道路交通安全、运输企业管理的法律法规和规章标准，健全和落实企业安全生产责任制，建立健全安全管理机构，按规定配足安全管理人员，切实承担起安全生产的主体责任。要督促汽车租赁企业和客运企业加强对租车人员和客运车辆驾驶人员的安全教育，尤其是旅游客运企业要将安全驾驶技能和安全意识教育作为客运车辆驾驶人员的必修内容，利用典型案例强化警示教育等多种手段，提高驾驶人员安全素质和应急处置技能。

（三）严肃查处非法租赁汽车行为

拉萨市交通运输部门要加大对汽车租赁企业的监督管理力度，督促企业健全和落实规章制度，规范汽车租赁合同，张贴租赁标志，严格查验租赁车辆所有驾驶人员资质，未提交驾驶资质证明的不得驾驶租赁车辆；加强对租车合同检查和日常暗访暗查，发现非法租赁行为要严肃查处，切实扭转汽车租赁市场的混乱局面。

（四）切实加强旅游客运企业源头管理

西藏自治区和拉萨市交通运输部门要严格督促企业落实驾驶员培训教育制度、车辆例检制度和派车制度，强化对客运车辆和驾驶人的安全管理，对“以包代管”“包而不管”一律停运整改，杜绝新增进入客运市场的车辆实行租赁、承包、挂靠经营。要严格落实动态监督管理规定，切实加强动态监管平台建设，完善和落实动态监管制度，严格落实企业监控主体责任，动态监管系统不能正常使用的一律停运整改，对蓄意破坏或故意关闭动态监控装置的驾驶人要严肃查处，情节严重的予以解聘、辞退。

（五）加大路面执法巡查力度

拉萨市公安交管部门要强化节假日、旅游旺季等重点时段和临水临崖等事故多发路段交通管控，严厉打击客运车辆超速等交通违法行为；加大道路交通安全治理整顿工作力度，加强路面监控排查整治，重点加强对营运客车违法行为的查处力度，充分运用客运车辆运行动态行驶监控系统，与交通运输等部门密切配合，强化客运车辆路面监控，严厉打击各种违法行为。要进一步加大队伍装备投入，加强执法力量建设，适当充实基层和一线执法力量。

（六）大力实施生命防护工程

西藏自治区及拉萨市交通部门要针对地形地貌复杂、交通安全基础薄弱、事故多发高发路段多、安全隐患突出的情况，在急弯陡坡、临江临崖、事故多发的危险路段尽快加装和完善安全防护设施，实施生命防护工程。要完善限速设置、交通安全管理设备和监控设施，强化科学管理，进一步夯实道路交通安全基础，提高道路安全防护设施等级和安全保障水平。

（七）全面提高道路交通安全监管水平

西藏自治区人民政府要尽快研究理顺旅游客运企业监管体制机制，切实解决拉萨市旅游客运企业日常监管和行政许可脱节等问题。拉萨市人民政府要认真研究解决拉萨市运输管理部门人员少、任务重、监管力量薄弱等突出问题，督促指导交通运输部门认真履行交通运输企业源头监管职责，不断加大日常监管力度，全面提高道路交通安全监管水平，有效防范和坚决遏制重特大事故发生。

资料来源：国务院安委会公布的事故调查报告、国家安监总局网站，以及内部调研资料。

思考与讨论的问题

从上述案例提供的材料来看，你认为政府在西藏拉萨“8·9”特别重大道路交通事故应急管理工作中采取的应急处置措施，有哪些成功的做法和经验？从公共危机预防预警与事前管理的视角来看，你认为政府应对类似西藏拉萨“8·9”特别重大道路交通事故类公共危机哪些方面还有待进一步改进或加强？

第7章

公共部门危机状态下的信息管理

在明确了公共危机预防预警系统的主要内容和机制设计以后，必须进一步详细阐述公共部门危机处理的紧急对策与实时管理的具体过程。这一过程主要包括信息管理、公关对策、沟通管理、绩效管理、决策分析等几个方面的内容。其中，信息管理系统为公共部门危机管理提供了快速、准确、科学分析的信息，强大的信息管理系统支持下的信息共享平台，作为一种综合性、全方位的信息集成系统，无疑在公共部门危机管理体系中扮演着举足轻重的角色。

本章主要阐明日本东京、美国纽约和新加坡公共部门危机信息管理系统的主要内容以及经验借鉴，阐明公共部门危机信息管理能力的构建与提升，阐明公共部门危机信息管理系统中有效的信息披露机制的构建，说明基于电子政务平台的公共部门危机信息管理系统的主要内容，分析基于互联网络技术的公共部门危机信息管理系统的主要内容。

重点问题

- 东京市公共危机信息管理系统
- 纽约市公共危机信息管理系统
- 新加坡公共危机信息管理系统
- 公共部门危机信息管理能力构建与提升
- 公共部门危机信息管理系统中有效的信息披露机制
- 基于电子政务平台的公共部门危机信息管理系统
- 基于互联网络技术的公共部门危机信息管理系统

7.1 公共部门危机信息管理：国际借鉴

公共部门面临的危机事件是多种多样的，必须建立常设的有效危机管理机制，特别是公共部门危机信息管理系统的构建与完善尤为关键。信息管理系统为公共部门危机管理提供了快速、准确、科学分析的信息。强大的信息管理系统支持下的信息共享平台，作为一种综合性、全方位的信息集成系统，无疑在各国先进的公共部门危机管理体系中扮演着举足轻重的角色。

为了借鉴西方发达国家公共部门危机信息管理系统的构建与完善的最新经验，我们主要选取了在公共部门危机信息管理系统的构建与完善方面较为先进的具有代表性的三个国际性大都市：日本东京、欧美典型的老牌国际大都市美国纽约和新兴的国际大都市的代表新加坡。对这三个国际性大都市的公共部门危机信息管理系统的构建与完善的最新经验做简要介绍，旨在为我国公共部门危机管理实践部门更多地了解公共部门危机信息管理系统的构建与完善，提供一个大致的背景和参考性框架。

7.1.1 东京市公共危机信息管理系统[①]

东京是世界级的综合性现代化国际大都市。东京于 2003 年 4 月建立了知事直管型危机管理体制，设置局长级的“危机管理总监”，改组灾害对策本部，成立综合防灾部，建立一套面对各种各样危机的全政府机构统一应对体制。东京都危机管理主管参事金重凯之，根据美国联邦紧急事务管理署的危机应对机制以及结合日本的经验，提出了“循环型危机管理”方式，强调危机管理只有准备加准备、改善再改善，追求更好的对策，不断地反复进行，才能达到循环发展。[②] 这包括事前对策、危机发生时的应急措施和事后对策。在危机全部处理完后，再进入更高层次的事前对策阶段。危机管理的具体措施和对策，就像生活周期一样循环，不断成熟、完善。

积累了 50 多年的防灾减灾经验，东京市在公共危机信息管理系统的构建与完善方面，发展到了相当高的水平。主要表现在以下几个方面：

1. 东京都防灾中心

东京都防灾中心建在东京都政府第一办公大楼的 8 层和 9 层，同时也位于知事办公室的下方，便于知事直接掌握信息和赶到中心指挥。中心的作用是在地震、风、水灾害中保护市民的生命和财产，维持城市功能的中枢设施，确保以都政府为核心的防灾机构之间的信息联络、信息分析以及对灾害对策的审议、决定、指示。中心配有防灾行政无线、数据通信系统、图像通信信息系统。[③] 中心的具体功能有：（1）信息的收集、储存、处理、传递功能：对灾害信息进行收集、传达和处理、分析；（2）审议、决定和协调功能：对灾害对策

① 非常感谢清华大学高级访问学者、日本名古屋大学博士顾林生先生提供的有关资料。

② 参见自治体危机管理研究会：《自治体职员的危机管理读本》，2002。

③ 参见东京都防灾会议：《东京都地区防灾规划·震灾篇》，2003。

进行审议、决定和协调；(3) 指挥、命令和联络功能：向各防灾机构发出各种指示和请求。

中心由多个室组成，分别是灾害对策本部室、指令信息室、通信室、夜间防灾联络室、警视厅联络室、东京消防厅联络室等，还有屋顶直升机坪。各室的功能分别是进行灾害对策活动的审议和决策，进行关于灾害对策的信息处理和对策规划等，与区市町村等防灾机构进行信息沟通和联络，在都各局以及防灾机构等各机构之间进行协调和进行信息沟通和联络，与警视厅总部等进行信息联系，与消防厅总部等进行信息联系。

2. 公共危机信息联络系统

根据《灾害对策基本法》第8条第2项第4款、《东京都震灾对策条例》第45条、《东京都防灾行政无线基本规划》和《东京都防灾行政无线局的管理和运转纲领》的规定，除了有线系统之外，为了防止在灾害发生后出现有线通信中断问题，东京都建立了防灾行政无线通信系统。这套系统包括国家主管的消防防灾无线系统和东京都防灾行政无线系统。消防防灾无线系统是总务省消防厅与都道府县之间为收集大地震等灾害信息而建设的，1979年开始在电话系统的基础上，装设了传真系统。东京都防灾行政无线系统由三套子系统组成：固定式无线系统、移动式无线系统和地区卫星通信网络。固定式无线系统以都政府大楼为中心，各区市町村、防灾机构、都派遣机构之间的固定式无线系统在1993年全部建成运行。东京都灾害联络系统如图7-1所示。

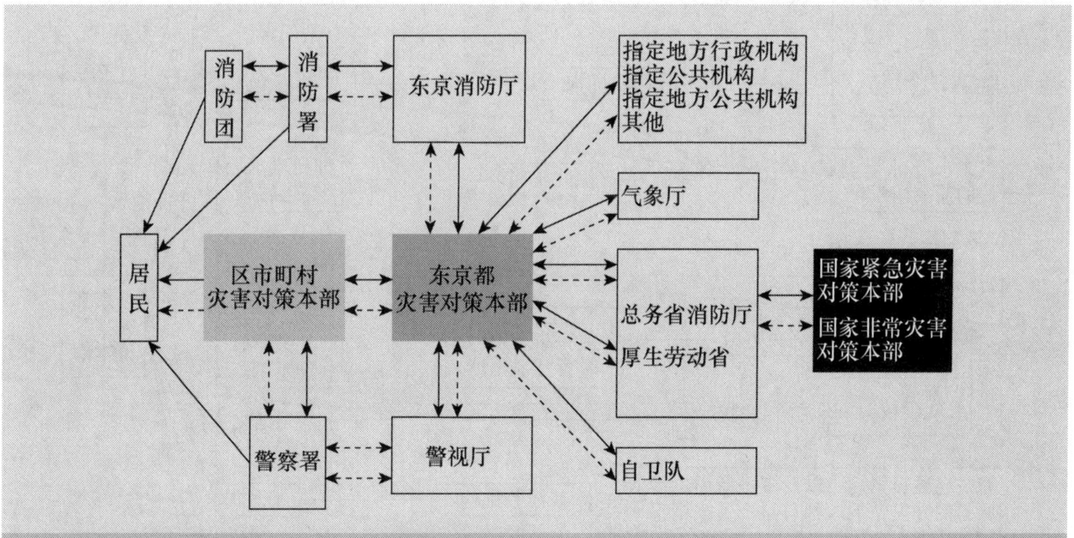

图7-1 东京都灾害联络系统图

注：——有线传递或口头传递；----无线传递。
资料来源：东京都防灾会议：《东京都地区防灾规划·震灾篇》，2003。

从2003年开始的四年计划中，对陈旧的无线系统进行更新。移动式无线系统为了直接把握灾害情况，吸取阪神大地震的教训，在都政府大楼、都派出机构与灾害现场观察车辆、携带式的无线手机之间以及无线手机之间进行信息收集和传递。为了能够通过图像等的传送来了解灾害现场的现状，都政府配备了卫星中转车和无线移动车。

1991年12月，日本成立了财团法人地方自治体卫星通信机构，其运行目的如下：(1) 把各个都道府县自营的防灾无线系统有机地结合在一起，使各个都道府县的防灾信息网络化；（2）作为一般行政机构使用和地区信息传播的手段，促进系统多功能的有效使用；（3）作为消防防灾无线系统的补充线路使用。东京都也有效地利用这一系统。

3. 受害信息收集系统

根据规定，以区市町村为首，各有关防灾机构在灾害发生后，迅速地掌握所管辖的地区或业务范围内的受害信息，通过事先规定的传递系统，向都本部报告。下面具体介绍以地震灾害为例的灾害信息收集系统（见图 7 - 2）。

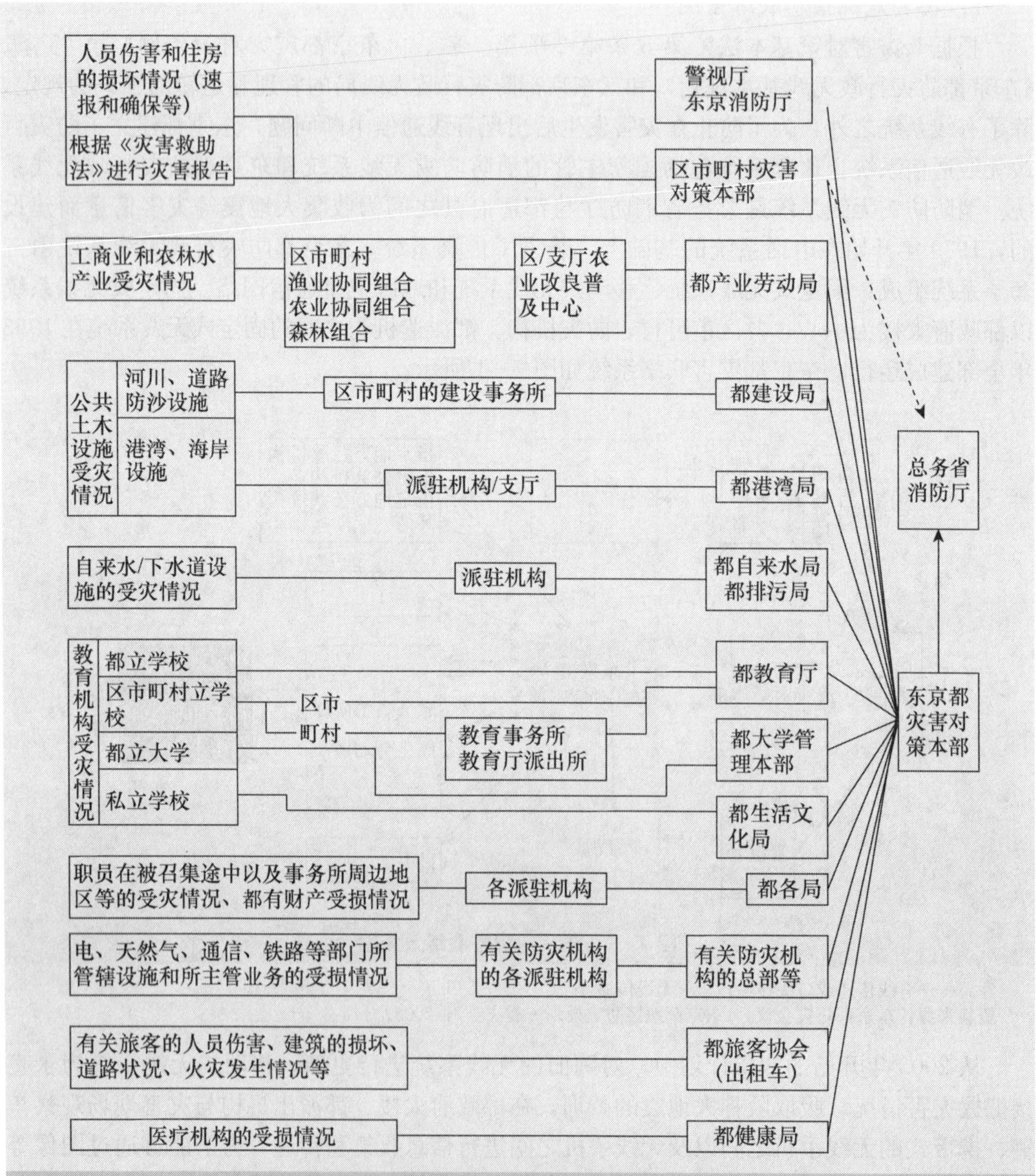

图 7 - 2 东京都灾情收集、汇报和传递系统

资料来源：东京都防灾会议：《东京都地区防灾规划·震灾篇》，2003。

受灾信息内容包括：人员伤害和住房的损坏情况；工商业和农林水产业受灾情况；防沙、港湾、海岸等公共基础设施受灾情况；自来水和下水道设施的受灾情况；教育机构受灾情况；职员在被召集途中以及事务所周边地区等的受灾情况；都有财产受损情况；电、天然气、通信、铁路等部门所管辖设施和所主管业务的受损情况；有关旅客的人员伤害、建筑的损坏、道路状况、火灾发生情况等；医疗机构的受损情况。警视厅、东京消防厅、各区市町村的灾害对策本部、都产业劳动局、都建设局、都港湾局、都自来水局、都排污局、都教育厅、都大学管理本部、都生活文化局、有关防灾机构、都旅客协会、都健康局等各部门及地方政府通过下属机构和人员收集所管辖地区及部门的受灾情况，然后向都灾害对策本部汇报。都灾害对策本部再向国家的总务省消防厅报告。当然，各区市町村的灾害对策本部也同时向国家的总务省消防厅报告。

4. 公共危机宣传、信息披露和媒介应对系统

灾害发生后，宣传和信息披露体系分为宣传报道活动、听取居民反应活动和请求媒体报道活动。区市町村在其行政范围内或所管辖的设施内发生灾害后，或有发生灾害的危险时期，立刻与警察署、消防署以及其他的机构合作，进行必要的宣传报道活动。比如发生大地震的时候，都政府必须对以下的内容进行披露：(1) 地震的规模、海啸和气象情况；(2) 呼吁要防止混乱；(3) 注意防止电、天然气、汽油炉等引起的火灾；(4) 避难和避难时的联系方式等；(5) 道路情况、交通管制、交通工具的运行情况；(6) 学校等的措施；(7) 都以及区市町村采取的措施情况。关于灾民的宣传和报道有：(1) 受灾情况；(2) 避难所开设情况；(3) 食品和生活物资等供应情况；(4) 医疗机构的诊疗情况；(5) 电、天然气、自来水、电话等生命线的受损和恢复情况；(6) 道路情况、交通管制、交通工具的受损和恢复情况；(7) 防疫、保健卫生措施；(8) 学校的听课和开课等措施；(9) 都政府与区市町村政府采取的措施；等等。

都政府的披露手段有多种。都生活文化局根据情况，选择互联网、电视和公共场所媒体的文字播放、临时报刊等方式进行。有效地使用都的主页，在灾害时把该主页切换成灾害对策专用主页，向市民提供以上的灾害信息。都的新闻节目尽可能更改内容，播放与灾害有关的信息。根据灾害的情况，考虑编制特别的节目。都知事本局，根据灾害对策本部的需要等情况，向媒体报道机构发表新闻信息。除此之外，都设置“外国人灾害时信息中心”，向区市町村提供外语的灾害信息和向避难所派遣懂外语的防灾志愿者，并与大使馆等驻外机构进行联系和协调。除了都进行整体信息公开之外，警视厅、东京消防厅、都自来水局和都排污局等，也必须就道路、消防、供水、排污等进行部门信息披露。

与市政等有关的单位，根据防灾规划和与都签订的防灾合作协议，必须进行宣传和信息披露。比如，邮政公社东京支社根据规定，当发生大地震等灾害时，通过都内的 1 514 个邮局窗口或门口，进行宣传和告示。其内容有：(1) 对受灾者免费提供明信片；(2) 免收受灾者送出的邮件的邮费；(3) 免费往灾区送救助邮件；(4) 免收寄给受灾者的捐款和汇款手续费；(5) 紧急处理外汇储蓄业务；(6) 开设灾害志愿者账号；(7) 紧急处理简易保险业务。

根据灾害时请求报道的协定，东京都在灾害应急的时候，要求媒体机构在灾害时进行

新闻播放和信息传播。媒体机构并非处于简单地答应东京都的请求而进行应急的状态，而是根据东京都防灾基本规划以及地方法规等，作为东京都指定的防灾公益机构，进行自身的和为市民的应急工作。自身的应急工作首先是系统的预防，主要有：对播送设施和电台等采取防灾措施，常备好消耗品和器材等，以及准备好应急用品和粮食，确保机构自身的发电设备和燃料来保证供电，设置好备用发信所和发信装置，把电源的接送体系系统化，利用紧急无线通信，明确紧急时的人员配备和联络系统，明确紧急携带出去的器材和文书等。

5. 立川地区防灾中心（备用中心）

该中心在东京都防灾中心的指挥下，作为多摩地区防灾活动的基地，具有收集信息和联系协调的功能、储备和发送救灾物资的功能以及作为临时避难所的功能，同时对东京都具有备用中心的功能。中心除了灾害对策室、信息通信室之外，还有储备紧急用的粮食、毛毯等紧急物资的仓库，旁边还有灾害对策职员住宅。灾害发生时，居住在该住宅的职员立刻行动，自动进行编制，分为指挥成员和业务成员。其中，业务成员再被分编成通信班、系统班、录像班等。该中心在平时与当地的市町村、防灾机构等加强联系和合作，进行各种防灾活动。

7.1.2 纽约市公共危机信息管理系统

纽约是全球的金融中心，美国最大的商业城市、对外贸易中心和海港。在城市快速发展的过程中，纽约市以其高效、全面的危机管理计划和快速反应享誉世界，依靠的是其一套完备的危机防御体系。纽约市高效的危机防御体系背后有着强大的公共危机信息管理系统作为支撑。强大的公共危机信息管理系统的支撑，使得纽约市在信息的获取、拦截、筛选、诊断、识别与评估等方面独具优势，在给公共危机管理者提供的信息的有效性与及时性方面起到了根本性的保障作用，为危机的处理赢得了时间、降低了成本，提高了危机管理绩效。

1. 公共危机地理信息系统

纽约紧急事务管理办公室（OEM）一项重要的灾害前准备工作就是使用地理信息系统（GIS）对可能出现的灾难进行分析。GIS是一种强大的地图定位分析工具，它能让OEM初步判断出各种灾害在不同地理区域可能产生的影响。GIS分析是OEM应对自然灾害和技术灾害制订计划过程中不可缺少的一部分。例如，OEM使用GIS判定各种等级飓风可能产生的洪水淹没区，根据这个基本模型，OEM确定疏散区域并确定最佳疏散路径。在这个过程中，OEM特别关注可能产生的洪水淹没区中的关键基础设施及医院等场所。将定位技术解决方案和互联网及无线媒体接入方式整合在一起极大地提高了政府的危机管理效率。已经研发成功并在2001年8月投入使用的危机管理网上定位系统（EMOLS）在世贸中心被袭后几个小时内成为纽约市民重要的通信平台。此后，该系统向市政府各局和市民提供关于行人、车辆、交通、地铁服务、供水等市政服务中断等信息，并基于这些数据绘制出当前状况图，图上标出毁坏的建筑物以及可能最终倒塌的建筑物、医院的方位。这些信息对纽约城市搜救队展开工作、对市民了解灾情起到了积极作用。

2. OEM的监控指挥室

OEM的监控指挥室是纽约紧急事务管理办公室的通信中心，监控人员24小时通过电台和计算机辅助的远程系统监控城市公共安全机构，并保持同其他45个市级、县级、州和联邦的危机管理机构之间的联络，以保证纽约市有充足的资源可满足应急之需。此外，监控指挥室还监测气象情况，对会影响城市的天气做出预警。

纽约信息技术与电信部门（Department of Information Technology and Telecommunications，DOITT）下属的TRUNKED电台系统是一套有15个频道、8个电台，向众多纽约市政府机构提供双向通信的全城广播系统。它负责向城市提供日常的通信以支持公共安全和公共服务等事务，超过40家政府组织机构使用该系统。在灾害发生后，它承担起机构间和机构内部信息传输的任务。相关频道有：OEM A. L. E. R. T. 3 A，接收OEM关于城市状况的广播，并在电话系统崩溃时负责同OEM的联系。GNY-HOSP-ASSN 4A：在有大规模人员伤亡时，接收来自OEM或大纽约医院联合会（Greater New York Hospital Association）的指令（如伤亡人数、病床数情况等）。DOITT的电台系统在各频道间制定了电台广播协定，对电台使用时间、人员培训、口令等事宜都有严格规定，OEM的监控指挥室会对该系统的参与机构进行点名，保证在紧急状态下该系统的正常运转。

3. 公共沟通信息管理系统

OEM对提高公众的危机防范意识起到重要而显著的作用。在危机爆发前，OEM通过它的公众信息办公室（Office of Public Information，OPI）不断地向公众宣传防灾减灾的知识；危机爆发后，该办公室协调公众信息战略，确保纽约市从各政府机构和相关组织向外界传递信息的一致性。

（1）灾前接触公众进行教育。

OEM使用它的网站提高大众对当前和可能发生的灾害的防范意识，提供某一特定灾害将对市民产生的各种影响的有用信息。在OEM网站上，市民可以看到一个家庭灾害防御指南，它不仅列出各种灾害的发生原因、可能影响，还详细给出了危机防御的准备建议，包括：家庭灾害计划；必备工具、药品列表；常见危机应对，如撤离、灾害避难场所方位等。对特殊人群和牲畜，该指南也有说明，如对老年人、残疾人、宠物、操非英语语言的人口等。为了帮助市民对灾害及早做好准备，OEM网站上开通了危机管理网上定位系统，纽约居民可以上网通过该系统查询自己的居住区是否位于灾害撤离地带，以及详细的撤离指导。对某些灾害，OEM会发起声势浩大的宣传活动，如散发多种语言写成的宣传册，张贴海报等，以提高公众的防灾意识。

（2）灾后的公众信息管理系统。

当爆发全城大规模危机时，向公众提供准确、及时的信息是减少灾害影响、防止恐慌、顺利进行减灾工作、提高疏散效率和稳定局势的关键。OEM协同市政府办公室和其他政府机关，确保对外信息披露的一致性。同时，OEM在灾后及时开通热线解答市民关心的问题。例如，在酷热天气里，OEM通过“多触角”战略告知市民如何保护自己免受酷热侵袭。这些策略包括发布新闻公告、召开新闻发布会、散发多语种宣传册、开通热线，市民可以拨打热线了解距离其居住地最近的市政府降温中心信息。

7.1.3 新加坡公共危机信息管理系统

新加坡是东南亚的城市岛国、新兴的工业化国家、东南亚的金融中心，素有“花园城市”的美称。新加坡有着丰富的公共危机信息管理经验和完善的运作体系。

1. 公共危机信息管理的机构

紧急公共信息中心（EPIC）由内政部组建并负责，它与其他六个主要的政府部门紧密联系以获取信息，实际上是一个信息传播系统。这六个部门分别是：陆交局（LTA）、社区发展和体育部（MCDs）、卫生部（MOH）、国家环境局（NEA）、新加坡民防部队（SCDF）和新加坡警察部队（SPF）。这个信息中心的建立是为了满足公众对于国家主要紧急事件的相关官方信息（如大厦的倒塌或大工业火灾）的需要，同时公众还可以获得与国家安全相关的信息（如炸弹爆炸）。

新加坡信息通信发展管理局（IDA）是专门负责管理新加坡信息通信技术的政府机构。为了防止恐怖分子和不轨之徒通过电信网络对金融重要设施实施袭击，新加坡信息通信发展局成立了新加坡计算机紧急反应队（Sing-CERT），制定了针对信息通信紧急状况的政策、计划和危机管理的框架。新加坡计算机紧急反应队建立专门的网址和热线电话，在出现事故时发布建议，提高了新加坡发现、解决与防止互联网安全方面的事故的能力。该紧急反应队是亚洲太平洋安全事故反应协调工作组（APSIRCWG）的创立成员之一。

2. 公共危机信息管理的安全保障

新加坡政府非常重视信息和电脑网络安全，并采取了一系列措施。新加坡政府很早便开始推动并实现了政府机构的网络化和数字化。政府成立了国家信息通信安全委员会（NISC），指导新加坡信息技术领域的安全。该委员会支持国家紧急系统（NEST）和国家重要设施保证计划（NCIA），向它们提供相关的信息技术支持。另外，新加坡政府将起草一个国家安全技术蓝图来打击恐怖主义活动，目的是通过探索高新技术来更好地发展政府组织的监管和探测能力，例如，进一步研究探索深层扫描、微电子技术、人工智能等来更好地监视和打击恐怖活动。

3. 公共危机信息管理的立法与执法

新加坡较早便进行信息技术安全方面的立法。1993 年，新加坡便通过了《计算机滥用法令》，1998 年予以修订，禁止任何人未经批准修改新加坡计算机的登录、程序、软件与信息，或在新加坡对境外计算机进行类似活动。1998 年的修正案列入了新型的犯罪行为，加强了处罚力度，增强了执法人员的权力。1996 年修改了《证据法令》，允许电子纪录成为法庭上的证据。1998 年制定了《电子交易法令》，对电子签名、电子纪录、电子合同做了规定，规定建立执照管理机构，规定执照管理机构的标准。1999 年《电子交易条例》提出了电子交易的自愿发照方法。新加坡还建立了专门应对信息技术犯罪的执法部门。新加坡警察部队负责调查所有案件的刑事调查局，专门设立了技术犯罪处，调查通过计算机、互联网、流动仪器、无线平台进行犯罪的行为。

7.2　公共部门危机信息管理：中国的路径选择

所谓公共部门危机信息管理系统，就是在现代化网络通信技术的基础上，通过建立统一的、法定的技术规范、数据标准、数据交换格式，制定相应的制度和管理办法，实现政府间、政府各部门之间的信息共享。① 它能收集和编制各部门、各地区、各种组织、各新闻媒体和各国重大灾害风险信息数据；建立资料库、案例库、数据库和专家网络；组织有关部门和专家进行综合分析和风险评估，定期或不定期地进行灾害风险的趋势性预测；在处置重大突发公共事件时，作为政府部门应急指挥机构的通信平台、联络枢纽和参谋助手，为应急管理提供强有力的信息支持保障。它能够打破应急信息资源在部门、地区之间的壁垒，消除“信息荒岛”和“信息孤岛”现象，促进公共部门危机管理决策的科学化，提高公共部门应急指挥的效率。公共部门应当在现有的网络通信设施的基础上，结合应急联动机制的建设，尽快开发建设公共部门危机信息管理系统，整合各部门的信息资源，实现部门之间的互联互通和资源共享。

公共部门作为危机管理的主体，能否迅速地对危机做出反应，并有效地控制、消除危机，取决于信息管理系统是否完备。信息管理系统在公共部门危机管理的各环节均起到了至关重要的作用，提升了危机管理的透明度，不仅有利于公共部门防治危机，而且便于全民动员，群防群控，缩短危机周期。公共部门的危机管理，无论是危机的预防、准备，还是危机的回应和危机后的重建，都必须建立在准确、全面、适时的信息基础之上；政府危机管理的政策制定、危机决策也离不开决策信息支持系统的支持。危机管理最大的特点在于不确定性和环境的复杂性，这样，完善的信息管理系统对于危机管理能力的提高至关重要。

一个比较完善的危机信息管理和决策信息支持系统包括：资料库、知识系统、规范模型、危机的预警系统、电子信息技术的应用平台等。② 因此，要把现代信息技术运用于公共部门的危机管理之中，通过高新科技的力量，提高公共部门危机管理的能力。具体而言，高新科技的引入改变了原先通信信息技术落后的局面，网络、卫星监测、全球定位系统、遥感等一系列技术及其国际前沿的管理方法在公共部门危机管理领域的应用极大提高了管理的绩效。对危机的预防、筹备、应对和修复各环节都起到了减少损失、提高效率和节约成本的功效。

从国际主流的高新科技应用看，主要包括三项工程：第一，灾害评估，包括灾害管理、地理评估、环境评估、经济分析、统计等内容，形成灾情分析和危机评估报告。第二，卫星遥感应用，包括遥感、地理信息系统等远距离监控技术，负责接收和分析卫星传送的信息。第三，网络通信，包括计算机、网络、通信、电子等设备，维护危机管理部门

---

① 参见唐钧、陈淑伟：《全面提升政府危机管理能力，构建城市安全和应急体系》，载《探索》，2005（4）。

② 参见张成福：《公共危机管理：全面整合的模式与中国的战略选择》，载《中国行政管理》，2003（7）。

的网络和对外的通信。①

借鉴当前的国际主流经验，强化公共部门危机信息管理系统需要注重三个层次的科技工程。② 第一层次，建设单一、便利的危机信息管理门户网站，建设和整合全方位的网络学习设备、工具和资源。第二层次，建设全国的危机信息通信系统，建设全国的电子信息分布网络，以便于快速发现威胁，为所有应对危机的社区提供准确、及时的信息，确保各层级政府的所有领导能够及时掌握全部信息，能够随时联络负责的人员。第三层次，运用知识管理协调危机信息管理，评估危机管理的信息需求，建设和实施全国的知识共享战略，来为所有应对危机的社区获取、组织和分布信息；对于尚未确定政策的危机能够灵活行事；保持与媒体的联系，使其能够运用高新科技的途径发布信息。

7.2.1　公共部门危机信息管理能力构建与提升

公共部门危机信息管理系统的构建与完善，除了上述的高新科技应用和信息科技工程等公共部门危机信息管理系统的“硬件”建设外，更为关键的是公共部门危机信息管理系统的“软件”建设——公共部门危机信息管理能力的构建与提升。公共部门危机信息管理能力决定了公共部门危机信息管理系统“硬件”的使用与否以及使用效益的高低。我国公共部门危机信息管理能力存在明显的不足，没有制定统一的信息收集、汇总、报告制度，有关部门信息统计、监测报告、追踪调查等方面的工作机制不健全，彼此之间缺乏有效联系，信息互不沟通，资源不能整合。可见，公共部门危机信息管理能力的不足，对政府应对突发事件的及时性和有效性已经产生了重大的负面影响，成为政府部门公共危机管理职能发挥的一个“瓶颈”。在一个国际化的信息环境中，信息搜集的及时性、准确性与全面性，信息发布的透明度与清晰度，以及对于信息的快速反应已经成为公共部门危机信息管理的起码要求，也是衡量一个国家危机管理能力的重要标准。所以，必须站在国家战略的高度重视我国公共部门危机信息管理能力的构建与提升。

1. 公共部门危机信息管理能力的构成与影响因素

公共部门危机信息管理能力由两个层次、五个方面的内容构成。公共部门危机信息管理能力的两个层次为：公共部门收集信息的能力和处理信息的能力。公共部门危机信息管理能力五个方面的具体内容为：（1）对重大风险和危机信息的识别和预警能力；（2）在地区和国家范围内，进行大容量信息采集和整合的能力；（3）在跨越众多行业和地区的范围内确保数据准确性和可靠性的能力；（4）对危机信息的处理判断和分析能力；（5）有效利用信息快速控制和防范风险和危机的能力。③

从公共部门危机信息管理能力的影响因素来分析，公共部门收集信息的能力取决于以下四个因素：（1）公共部门的危机意识。如果公共部门没有危机意识，那么，它根本就不会去收集与危机有关的信息。（2）政府官员。如果既有的行政体制倾向于鼓励政府官员隐

① 参见唐钧：《从国际视角谈公共危机管理的创新》，载《理论探讨》，2003（5）。

② 参见唐钧：《公共危机管理：国际动态与建设经验》，载《新视野》，2003（6）；唐钧：《从国际视角谈公共危机管理的创新》，载《理论探讨》，2003（5）。

③ 参见董小英、彭泗清：《“非典”拷问国家信息管理能力》，载《计算机世界报》，2003（18）。

藏各种“坏”消息，那么，各种关于危机的信息就很难传送到政府的最高决策层，从而就会使得政府失去在危机的早期控制危机事件继续发展的机会。（3）私人部门和公民隐藏信息的动机。如果现有的政策和制度安排倾向于鼓励私人部门和公民隐藏与危机有关的信息，那么，即使政府具有很高的危机意识，政府部门收集信息的成本也是非常高的。因此，必须设计某种制度安排来鼓励官员和私人部门或者公民分享信息，并将危机管理的意识引入公共管理。（4）健全信息收集机制，提高其效率。如果公共部门的危机信息收集机制非常分散、沟通层级过多，而且覆盖面比较窄，那么，政府的信息收集能力就会比较低。

公共部门处理危机信息的能力受制于公共部门的科研能力和组织资源。在很多情况下，要识别和确认政府和社会所面临的危机，并且能够准确地估计和衡量危机发生的可能性和严重程度，需要一定的专业知识。因此，公共部门的预警能力取决于政府所具有的专业性研究能力。而且，由于可能出现的危机是多方面的，因此，大多数公共部门都应该具有危机管理的意识，积极地在各自的领域发展这种研究能力。此外，为了使这种研究能力能够有效发挥，就必须配备必要的组织资源，包括组织和人力资源，也就是说必须配备专门用于处理危机事件的资源。①

从本质上看，公共部门危机信息管理能力构建与提升的核心是人，最终的执行与落实还是要靠人。从这个角度分析，公共部门危机信息管理能力的建立与培育直接受到五个因素的影响和制约：（1）对信息在国家行政管理和决策支持方面的重要性和紧迫性的认识；（2）在法律和政策层面对信息搜集和发布的制度保障和支持；（3）在文化层面对信息的准确性、信息发布的透明度和及时性以及信息共享价值的高度认同；（4）在组织层面有高效协同的机构来具体负责信息的采集、处理、分析和传播；（5）有良好的信息基础设施（技术层面）来支持信息的搜集与传输。②

2. 公共部门危机信息管理能力的主要价值与特征

公共部门危机信息管理能力的价值主要体现在三个方面：（1）对国家外部生存环境的监控和预警机制；（2）对国家内部潜在危机和风险的监控和预警机制；（3）通过掌握权威、准确和全面的信息，来扩大在国际事务、国家事务和社会事务中的影响力和控制力。早期预警和防范，是确保国家和民众利益不受损失或少受损失的主要基础。

公共部门危机信息管理能力应具备以下主要特征③：

（1）数据的准确性。在一个行业、地区乃至全国范围准确地获取数据，这需要在立法、政策、组织、奖惩机制和技术上给予多方面的保证。

（2）信息搜集的全面性。跨行业、跨地区、跨部门搜集信息，这需要强有力的中央协调机制。

（3）信息分析的权威性。信息的权威性建立在准确性和全面性的基础之上，同时权威性还体现在短期内能够通过整合最优秀的专家对数据进行分析和判断。

（4）信息传递的及时性。对于与国家利益和国计民生有直接关系的信息应该能够快

① 参见王乐夫、马骏、郭正林：《公共部门危机管理体制：以非典型肺炎事件为例》，载《中国行政管理》，2003（7）。

②③ 参见董小英、彭泗清：《“非典”拷问国家信息管理能力》，载《计算机世界报》，2003（18）。

速、直接反馈到高层和相关的机构，其间，尽可能减少不必要的中间环节。

（5）信息发布的适时性。信息的发布是授权予专家、授权予民的重要途径，它可以将对风险和危机的处理权下放到相关专家和专业人员手中，这样可以在短时期内形成协同作用，整合社会的力量。

（6）信息发布的影响力。信息发布的重要性还体现在它对受众的影响力上。电视、报纸和互联网对公众行为已经有越来越大的影响力。

（7）信息解释的及时性与科学性。政府部门在发布重大信息时，应该同时给予必要的科学解释。公共信息发布不仅要做到公开、透明，而且要考虑民众的反应，做好相应的准备。

（8）信息沟通的顺畅性。网络通信技术和计算机技术为快速、大容量的信息存储、处理和传输提供了前所未有的便利条件，可以从基层跨越中间层、跨越地区、跨越行业和部门直接将信息上传或下达。

3. 公共部门危机信息管理能力构建与提升的路径：抓紧开发建设中枢危机信息管理系统和综合信息管理咨询机构，强化危机信息统一管理

为了构建与提升公共部门危机信息管理能力，必须抓紧开发建设能够辅助危机决策和指挥的覆盖全面、反应灵敏、检索方便、咨询及时的危机信息管理系统和综合信息管理咨询机构。中枢危机信息管理系统的主要功能是收集各部门、各地区、各种组织、各新闻媒体和各国提供的重大灾害风险信息数据；组织有关部门和专家进行综合分析和风险评估；在处置国家级重大突发公共事件时，作为政府应急指挥机构的通信平台、联络枢纽和参谋助手，为危机管理提供强有力的信息支持保障。

综合危机信息管理咨询机构的核心任务是建立国家的危机数据库和信息处理中心，该中心的主要功能是：（1）各种危机信息（即有关各种危机的历史、发生原因）的采集、储存，危机发生的前兆监测数据，危机预警；（2）分类、认定危机的标准和管理责任；（3）提供危机信息的统计、检索、显示和分析；（4）综合研究各种可能发生的重大危机，设计预防、处理危机的预案，危机处置程序；（5）对危机处理的过程进行程序、效果、法律等方面的监督；（6）评估和总结危机造成的影响和处理危机的经验。① 在中枢危机信息管理系统和综合信息管理咨询机构的基础上，还需要强化危机信息的统一管理。西方发达国家在尊重各部门和地方对信息的专业分权管理的基础上，为了解决重大突发性危机事件信息分散的问题，加强信息管理系统的建设，相继建立了危机管理信息中心。②

7.2.2 公共部门危机信息管理系统中的信息披露机制

我国公共部门危机信息管理的传统做法是内紧外松，认为保密有利于防止恐慌、控制局势和维持社会稳定。这种做法一度比较有效，但在当今社会，随着民主化、信息化程度的提高，特别是互联网的迅速普及，封锁信息已不可能；而政府企图掩盖真相的做法，不但难以达到预期目的，反而会造成严重后果。

---

① 参见郭晓来：《危机管理系统建设中的几个问题》，载《中国行政管理》，2004（2）。

② 参见中国行政管理学会课题组：《政府应急管理机制研究》，载《中国行政管理》，2005（1）。

（1）我国公共部门危机信息管理传统做法的严重弊端。

危机信息的不对称与信息经多层传递后的严重扭曲，是我国传统危机信息管理体制的最主要痼疾，其主要表现形式有两种：

第一，政府系统内部信息传递渠道单一，并且主要呈垂直即上下级纵向互动沟通方式。在这种模式下，上级政府或中央政府对危机信息的知悉，主要来自下级政府或地方政府的报告。在某些时候，下级政府或地方政府及其官员出于地方利益或保护自己官位、权力等自利性考虑，往往在向上级传送政务信息时，只报喜不报忧，邀功讳过。一旦有危机发生，就或者有意隐瞒危机信息；或者将重灾报成轻灾，大难报成小难；或者拖延报告时间，造成危机信息经传递后残缺、迟滞，使上级政府或中央政府无法及时、迅速地获得危机信息，了解到危机的真相及严重性，以至于难以及时、正确、有效地做出危机决策。

第二，政府在处理与外部社会的信息交流和公共危机沟通时，不但对本国民众封锁消息，而且拒绝向国际社会通报重大公共危机事件的相关信息，甚至有意无意地隐瞒危机真相及其严重程度，而忽略了这些重大公共危机将会对国内民众和国际社会所造成的危害。

这种隐瞒真相、垄断和封锁危机信息的强硬做法，在传统社会交通不发达、信息传递不畅通的环境下，或许对于维护国家形象和政府权威、保持社会稳定、控制危机事态进一步蔓延扩散有一定的正面作用。但是在当今全球化和信息化的时代，这种通过信息控制来处理问题的方式已经越来越弊大于利，结果甚至会欲盖弥彰。其严重后果，一方面是由于政府公共信息的失语或者弄虚作假，危机中的民众因不满意政府在公共信息发布上的“造假”行为和“保密”行为而宁愿相信传闻和流言，民众在不明真相的情形下恐慌情绪加剧，危机事态日益恶化；另一方面，人员跨地区、跨国家流动日益频繁，一些传染性强、危害严重的危机，尤其是金融危机和公共卫生事件，都很有可能从一个地区或国家迅速扩张蔓延，殃及全世界，升级为国际问题。①

（2）在当今社会封锁信息已成为不可能。

全球化和信息多元化使得政府对信息来源渠道的控制减弱，危机管理中政府的信息管理思路有待改善，政府与媒体之间的良性互动有待建立。在传统的报纸、杂志、电视、广播等信息传播渠道的基础上，近些年随着网络的扩张，大众传媒在塑造价值观念、强化公众意识、反映和引导社会舆论等诸方面发挥着巨大的作用。在这种情况下，政府在危机事件发生时，若仍采取传统的“内紧外松”的宣传策略，不但无法达到目的，反而容易使自身陷于被动。危机事件所涉及的公共信息不同于政治信息和国家安全信息，而是涉及公共利益的信息，公众享有知情权；同时还要认识到，信息发布是现代行政指导的重要手段之一，行政信息的引导性显而易见。这要求危机管理主体在各个阶段都应该主动寻求与媒体的合作，建立与媒体之间畅通的交流通道，及时向公众发布信息。实际上，一旦政府及时、公开、透明地披露信息，就可以大大降低公众获取信息的成本，稳定公众的信心。②

① 参见刘琍：《论信息化时代的公共危机管理》，载《四川大学学报（哲学社会科学版）》，2004（4）。

② 参见薛澜、张强、钟开斌：《防范与重构：从SARS事件看转型期中国的危机管理》，载《改革》，2003（3）。

（3）政府封锁信息会造成众多负面影响。

在危机状况下，权威信息和流言构成一种此消彼长的关系。信息封锁反而会激发人们通过各种非正规渠道获取信息的欲望。当危机发生时，公众最渴望听到的是来自政府或主流媒体的权威消息；权威信息渠道缺乏，只能导致流言四起，使公众陷入恐慌。流言本身也会造就危机，信息不明以及传言传播的失真性效应，很容易加剧人们的恐慌情绪，使社会心态发生难以预料的变化，从而演化成真正的危机。特别是在信息化时代，危机更是具备了“自我实施”的可能，也就是说，如果大家都相信危机会发生，并且采取行动，危机就会真的到来。更为严重的是，信息封锁会扩大危机。不及时公开信息，公众就难以得到及时预警，也就会造成危机升级、形势恶化。①

因此，有必要在全社会确立一种意识，就是把有效的信息披露机制视为公共部门危机信息管理系统的核心。对于任何危机信息，应当有信息披露的畅通机制，使信息能够迅速传递给利益相关者。这包括：相关信息通过内部渠道传递给各省、市、县及中央政府决策者；相关信息通过大众传媒传递给广大群众。一个执政为民的政府应当保证群众在牵涉他们切身利益方面享有知情权。危机信息是公共产品，政府不应当垄断。否则，如果仅仅通过政府内部机制自下而上地传递信息，那么由于各种各样的原因，很容易造成信息失真，这样中央领导就无法准确掌握真实信息，不能准确判断客观实际，进而不能做出及时的最佳决策。所以，应当允许和鼓励建立多渠道、全方位的信息披露机制。

构建公共部门危机信息管理系统中有效的信息披露机制，必须建立公共信息公开制度。官僚机构总有隐瞒信息、保持神秘的动力。政府必须正视全球化、信息化时代的挑战，树立开放心态，转变行为模式，通过制度安排的方式，不断推动公共信息公开制度。政府应确立一种制度安排，使信息封锁成为不可能；同时，还要使官员认识到，公布信息的所得要大于封锁信息。在危机管理中，政府要实施公共信息公开制度，就应该让公众及时掌握政府信息，充分了解政府行为，以便更好地参与到危机事件的处理中来；政府还应该学会利用媒体引导舆论。

具体而言：（1）政府公开公共信息要及时。政府要争取在第一时间站出来说话，以避免公众以非正规渠道获取虚假信息和谣言，给政府造成被动局面。政府可以通过公开登报、新闻发布会、政务公开栏和在公共场所展示等方式，使公众了解整个服务过程。（2）要向公众提供优质的危机信息服务，包括每个服务提供者的质量和成本、公众获得服务的手续等信息。在危机管理中，信息务求准确，只有真实的信息才能让公众心中有数，避免引起不必要的恐慌。（3）要尽快制定公共信息公开法，以法律法规的形式来保障公共信息公开。对与公众利益密切相关的危机事件，还要建立政府与公众面对面的对话、听证制度，直接与公众沟通信息，听取公众意见。政府还可以通过建立“电子政府”的做法来提供一些网上咨询、网上申请和网上投诉等公共服务。

建立公共信息公开制度，从工具理性的层次来看，有利于公共部门预防和处理危机；从价值理性的层次来看，公共信息公开化、行政透明化，既是一种政府治理理念的改变，

① 参见邓征：《危机管理中的五大认识误区》，载《中国行政管理》，2003（4）。

也是走向现代宪政文明的起点。国内外的案例都反复证明，在危机初始阶段就保持信息通畅，可能导致暂时的恐慌，但当大量真实的信息及时披露的时候，多数人会更为理智，更加相信政府，更愿意配合政府，信息的通畅会让危机管理本身变得更简单，整个社会形成了合力。如果对于每一宗相关事件及其进展，政府与新闻媒体都全部予以公开，就会大大提高公众的警惕度，加强了防范，减少了损失。公众一旦发现突发事件得到及时通报，就会愿意主动配合政府的应对措施。

具体而言，公共信息公开制度在公共部门危机管理中的作用如下①：（1）公共信息公开制度可以让公众最大限度地了解危机真相，及时准备，有效预防。公共信息完备程度对于有效预防危机显然是至关重要的。（2）公共信息公开制度可以提高公众对政府行为的理解和配合，从而提高危机管理效率。在公共危机管理中，政府可能采取一些紧急措施，包括暂时中止公民的一些权利，要求公众配合政府的一些特别处理措施等。如果公众没有获知相关的信息，他们就不会理解政府相关政策的必要性，对政府行为缺乏认可，也不可能有效配合政府行为。（3）公共信息公开制度可以让政府行为透明化，约束政府自由裁量权，抑制各地方政府自行其是的可能性，使公众对政府行为有一个合理预期，避免人为的混乱。

7.2.3　基于电子政务平台的公共部门危机信息管理系统②

电子政务的开展不仅给公共部门在危机管理体制建设上带来了巨大的影响，而且在危机管理的技术实现上为公共部门提供了一个便利的平台。利用电子政务平台建立起来的计算机网络系统，通过完善的政令传播及信息交流体系，建立起同电子政府危机管理体制相适应的公共部门危机信息管理系统，从而切实有效地对危机的预防和治理全过程进行高效的管理和控制。

所谓电子政务是指政府借助信息化和网络通信手段，将管理与服务通过网络技术进行集成，在互联网上实现组织结构和工作流程的电子化，打破时间、空间和部门分隔的限制，全方位地向社会提供优质、透明、高效的管理和服务。电子政务已被视为一场革命，这场革命给我国公共部门的组织管理、危机管理流程、信息传递与共享等方面带来的影响是深刻的。

（1）从组织管理方面看，电子政务的开展为公共部门危机管理架构了一个很好的信息化电子平台。它使得公共部门能够在信息技术的支持下实现政府信息的纵向和横向共享，政府的治理模式由管理型向服务型转化，政府的组织形态由传统的金字塔式的垂直结构向错综复杂的、扁平的网状结构转变。这些革命性的变革为现代条件下的政府重大突发灾害事件的组织管理提供了良好的实现条件。

（2）从危机管理流程方面看，信息与互联网技术在政府部门的运用，将使政务流程建立在信息网络通道和信息平台的基础上，从而大大提高流程的速度、效率和准确性，并不

---

① 参见温克坚：《信息公开制度在突发公共危机中的作用》，见春蕾行动网，2003-05-12。

② 参见方磊、张文卿：《电子政务环境下政府危机管理系统的框架研究》，载《中国软科学》，2004（4）；周春燕：《基于电子政务条件下的公共危机管理系统研究》，载《苏州大学学报（哲学社会科学版）》，2005（2）。

断促进政务流程的重组和再造，使政务流程发生从技术性变化到实质性变化的变革。政务流程的显著变化主要表现为人工处理的减少和自动化处理的增多，大大减少了人力劳动，提高了工作效率。对危机管理这一时效性非常强的管理活动而言，这些变化的影响无疑是巨大的。

（3）从信息传递与共享方面看，信息的垂直历时性传递转变为信息的水平共时性传递，大大提高了信息共享程度，缩减了信息传递的周期，突破了部门间信息沟通与工作协同的传统界线和范围，实现了一体化的远程交互和跨部门的协调办公与管理，提高了信息资源的挖掘、利用和处理能力。现代信息技术在政府管理与服务各个环节的全面应用，促使政府具有更强的信息获得与社会控制能力，而且网络信息技术的可复制性、高速运算、全球接入和工作流程集成化等特征，使政府可以通过建设数据库、聚集信息资源实现信息共享，提高对危机事件的快速反应与及时处理能力。

所以，利用电子政务平台以及相关的信息技术，构建公共部门危机信息管理系统，可以为危机管理提供切实有效的方法和手段，从而实现对危机的有效预防、快速处理和综合评估。基于电子政务平台的公共部门危机信息管理系统由四个信息子系统构成：安全预警和危机预测信息子系统、危机状态跟踪信息子系统、危机应急决策与指挥信息子系统、危机影响评估及理赔信息子系统（见图 7－3）。

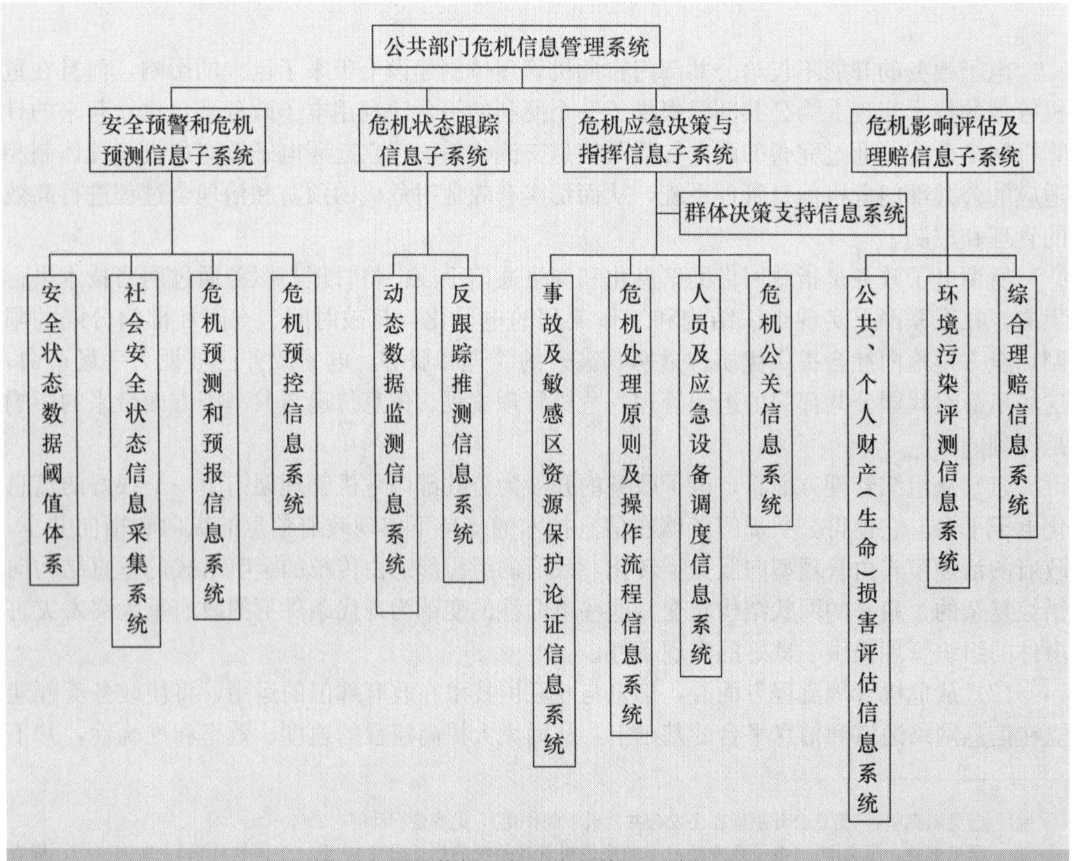

图 7－3 公共部门危机信息管理系统构成图

其中，安全预警和危机预测信息子系统包括安全状态数据阈值体系、社会安全状态信息采集系统、危机预测和预报信息系统、危机预控信息系统。安全状态数据阈值体系通过科学的方法，界定出行业性的安全状态的范围，并将这些安全范围综合成一个具有警戒性的阈值体系。社会安全状态信息采集系统通过电子政务平台对可能引起危机的各种因素和危机的表象进行严密的监测，搜集有关社会危机发生的信息，及时掌握危机变化的第一手材料。危机预测和预报信息系统对监测得到的信息进行鉴别、分类和分析，对未来可能发生的危机类型及其危害程度做出估计，并在必要时发出危机警报。危机预控信息系统针对引发社会危机的可能性因素，采取应对措施和制定各种危机预案，以有效地避免危机的发生或尽量使损失减到最小。

危机状态跟踪信息子系统包括动态数据监测信息系统和反跟踪推测信息系统。动态数据监测信息系统利用现代化的终端感应探头，将与危机事件相关的状态信息采用科学定量或定性、定量相结合的方式转化成可供分析的数据，通过电子政务环境下的网络通信平台动态地传输到国家危机信息管理系统中心信息数据库中，为系统决策提供客观的状态依据。反跟踪推测信息系统根据现有的状态参数，反向推测、追踪事件的发展过程，从而找到事件发生的源头数据信息，为全面分析危机事件提供一个相对全面的分析基础。

危机应急决策与指挥信息子系统包括事故及敏感区资源保护论证信息系统、危机处理原则及操作流程信息系统、人员及应急设备调度信息系统、危机公关信息系统。其中，危机公关信息系统的主要职责是保证国家进入危机状态后信息能够互动。它既包括国家对所掌握的危机状态的信息发布，又包括国民对危机反应的意见的收集。前者可以通过政府的权威性来减少谣言等危机负面产物的传播，后者则给政府提供另一种信息收集渠道，方便政府采取更贴近民众的措施。另外，利用电子政务网络进行国家相关法律法令的公示也有助于普通民众理解政府行为，主动配合国家进行危机管理。

危机应急决策与指挥信息子系统采用的是电子政务环境下日趋成熟的专家群体决策方式，以决定在危机发生的全过程怎样更好地进行社会资源的调度和危机事件的治理。群体决策支持信息系统设有在线综合决策信息平台，并下设专家确认信息系统、应急策略模型库、演练及动态模拟信息系统、综合案例和经验信息库、国家地理资源信息库、国家人力资源信息库。专家确认信息系统是群体决策的技术支持模块，负责专家身份在系统中的确认。应急策略模型库为决策者提供一些相关学科的方法和模型以及具体的算法，它是一个智力库。演练及动态模拟信息系统可模拟危机的发生与发展过程，并可提供演练的平台。综合案例和经验信息库收集国内外重大危机成因及处理过程，为解决问题积累经验。国家地理和人力资源信息库拥有地理和人力资源的详细信息，为危机处理时的路径问题、人员调配问题等提供保障。电子政务借用现代信息技术手段搭建基础信息平台，通过建立群体决策支持信息系统，全方位收集、整理、分析、存储和输出信息，确保政府在全面、迅速、及时、准确掌握信息的基础上进行科学决策和科学管理。

危机影响评估及理赔信息子系统包括公共、个人财产（生命）损害评估信息系统，环境污染评测信息系统和综合理赔信息系统。这需要公安部门、民政部门、环保部门、社保部门通过电子政务网络进行横向交流。

7.2.4 基于互联网络技术的公共部门危机信息管理系统[①]

在任何公共部门危机管理系统中，信息的传递实际上都是遵循着纵向层级流动的方式，其优点是能够通过行政组织的责任机制来发挥效率优势。但是，这也存在着缺陷，如行政系统是一种层级节制的结构，信息在传递过程中，由于种种系统和人为的原因，会出现不能及时、容易缺失、难以比较等问题。这些问题为决策机构准确地做出判断、采取正确的解决措施带来了困难。有效运用互联网络技术进行危机信息管理，可以弥补上述缺陷。

相比较而言，运用互联网络技术进行信息传播，具有速度快、传播方式简单、经济、方便快捷等优势，可以成为公共部门危机信息管理系统的强大武器。通过互联网络信息系统，使决策部门能够同步得到原始信息、获得更多的信息评价、进行多渠道的信息对比，为准确的危机决策或为决策咨询提供保证。互联网强大的即时传播信息的能力使得公共部门能够对可能出现的危机进行实时监控并迅速做出反应，而且还能利用其简单、迅捷的特点与危机的利益相关方进行畅通的交流，从而在危机中有效地维护公共部门的形象。因此，公共部门危机信息管理系统的构建，必须发挥互联网络技术的作用。

基于互联网络技术的公共部门危机信息管理系统，主要包括以下内容：

1. 利用互联网络技术收集公共部门外部环境危机信息

在公共部门危机信息管理系统的构建过程中，可以利用互联网络技术对公共部门外部环境信息进行收集、整理和分析，尽可能地收集政治、经济、文化、科技、政策、金融、公共卫生、“三农”问题以及社会信息，集中精力分析处理那些对社会发展有重大或潜在重大影响的外部环境信息，获得公共危机的先兆信息，从而采取有效措施规避危机。目前已有许多成熟的技术，如基于 WEB 的文本资料挖掘技术、各种搜索引擎工具、E-mail 自动处理工具、基于人工智能的信息内容的自动分类、聚类和文摘以及基于深层次自然语言理解的知识检索、问答式知识检索系统等技术，可以为公共部门从互联网络上快速地获取危机管理所需要的外部环境信息。

2. 利用互联网络技术收集公共部门内部危机信息

政府电子政务网站不仅是政府为公民、企业等提供公共服务的平台，同时也是公共部门危机管理人员分析、获取公共部门内部信息的重要窗口。随着数据库技术、联机分析技术、数据挖掘技术的发展，公共部门危机管理人员能够充分利用电子政务的海量数据进行分析，并根据分析结果找出各种问题和可能引起危机的先兆，及时做出正确的决策。

3. 利用互联网络技术进行危机信息诊断

利用搜集到的公共部门危机的内、外部信息，可以对公共部门可能发生的危机进行诊断。(1) 对搜集的资料进行详细的整理、分析和评估，列出公共部门所有可能的风险、威胁和危险，制定风险目录清单，召集公共部门管理人员利用 WEB 站点、新闻组、BBS 以及视频会议等，综合使用头脑风暴法、统计审查法、暗示分析法、现场调查法等方法，共同分析

① 参见柳炳祥、徐远纯：《利用 Internet 加强企业危机管理》，载《生产力研究》，2002 (2)；徐远纯、柳炳祥：《浅论企业危机管理信息系统》，载《北方经贸》，2002 (5)；王妮丽：《互联网在企业危机管理中的运用》，载《华东经济管理》，2003 (6)。

和挖掘可能的风险源。(2) 对风险目录中列出的所有风险进行分类，估计出每一种风险发生的概率及危害程度，并对危机损失程度进行评价，然后决定每一种危机的管理方法和管理的先后次序。(3) 制定相应的抵制、缩减和减轻风险、威胁、危险的管理标准、规范和制度。

4. 利用互联网络技术对危机舆论进行监控

公共部门危机管理人员必须采取强有力的措施，对互联网络上的舆论进行实时监控，关注网上信息的传播和舆论导向，避免一些负面效果；同时也可以从中及时了解公众所关心的问题，及时采取措施避免危机的发生。网上监控会对网上公众的危机舆论起到举足轻重的作用。

公共部门在互联网上进行危机舆论监控的手段主要有如下几种：(1) 阅读讨论组。讨论组又叫论坛、新闻组或者留言板，主要是为了给那些对某一话题感兴趣的人提供一个传播交流的机会。由于主题集中以及使用者的独特性，讨论组已经成为及时发现问题并解决危机的绝好地方。(2) 阅读万维网上的网页。万维网作为一种通过浏览器提取、分析并显示图像界面的工具，因为其操作极其简单而成为人们在互联网上发布和获取信息最常用的手段。公共部门必须重视万维网的强大功能，随时注意跟踪查询与危机事件相关的信息。(3) 登记收取电子邮件列表。(4) 监控那些反社会者建立的网站。

5. 利用互联网络技术与公众进行危机信息沟通与交流

利用新闻组、BBS 及呼叫中心等互联网络虚拟社区，与公众进行信息沟通与交流。通过不断地和公众进行互动式交流，掌握充分、完整的信息，分析公众的需求，从中发现潜在的可能引发危机的征兆。此外，还可以在政府电子政务网站上预先设置一页称作“鬼页”的联系信息。当出现严重的危机时，公共部门就可以在网站上加入有关危机情况的信息，激活“鬼页”，并且在网站首页加入该页的巨大的链接按钮，从而使公共部门不仅能够管理其内部的混乱局面，而且也能够让成千上万希望获得有关危机信息的人员迅速通过该网页找到相应的答案。

本章小结

1. 信息管理系统为公共部门危机管理提供了快速、准确、科学分析的信息，强大的信息管理系统支持下的信息共享平台，作为一种综合性、全方位的信息集成系统，无疑在公共部门危机管理体系中扮演着举足轻重的角色。

2. 东京市在公共危机信息管理系统的构建与完善方面，发展到了相当高的水平。主要表现在五个方面：东京都防灾中心；公共危机信息联络系统；受害信息收集系统；公共危机宣传、信息披露和媒介应对系统；立川地区防灾中心（备用中心）。

3. 纽约市公共危机信息管理系统主要包括：公共危机地理信息系统；OEM 的监控指挥室；公共沟通信息管理系统。

4. 新加坡公共危机信息管理系统主要包括：公共危机信息管理机构；公共危机信息管理的安全保障；公共危机信息管理的立法与执法。

5. 所谓公共部门危机信息管理系统，就是在现代化网络通信技术的基础上，通过建立统一的、法定的技术规范、数据标准、数据交换格式，制定相应的制度和管理办法，实现政府间、政府各部门之间的信息共享。

6. 一个比较完善的危机信息管理和决策信息支持系统包括：资料库、知识系统、规范模型、危机的预警系统、电子信息技术的应用平台等。

7. 公共部门危机信息管理能力由两个层次、五个方面的内容构成。公共部门危机信息管理能力的两个层次为：公共部门收集信息的能力和处理信息的能力。公共部门危机信息管理能力五个方面的具体内容为：（1）对重大风险和危机信息的识别和预警能力；（2）在地区和国家范围内，进行大容量信息采集和整合的能力；（3）在跨越众多行业和地区的范围内确保数据准确性和可靠性的能力；（4）对危机信息的处理判断和分析能力；（5）有效利用信息快速控制和防范风险与危机的能力。

8. 有必要在全社会确立一种意识，就是把有效的信息披露机制视为公共部门危机信息管理系统的核心。对于任何危机信息，应当有信息披露的畅通机制，使信息能够迅速传递给利益相关者。

9. 构建公共部门危机信息管理系统中有效的信息披露机制，必须建立公共信息公开制度。建立公共信息公开制度，从工具理性的层次来看，有利于公共部门预防和处理危机；从价值理性的层次来看，公共信息公开化、行政透明化，既是一种政府治理理念的改变，也是走向现代宪政文明的起点。

10. 基于电子政务平台的公共部门危机信息管理系统由四个信息子系统构成：安全预警和危机预测信息子系统、危机状态跟踪信息子系统、危机应急决策与指挥信息子系统、危机影响评估及理赔信息子系统。

11. 基于互联网络技术的公共部门危机信息管理系统，主要包括：利用互联网络技术收集公共部门外部环境危机信息、收集公共部门内部危机信息、进行危机信息诊断、对危机舆论进行监控、与公众进行危机信息沟通与交流。

关键术语

公共部门危机信息管理系统　　东京市公共危机信息管理系统　　纽约市公共危机信息管理系统　　新加坡公共危机信息管理系统　　公共部门危机信息管理能力　　公共危机信息披露机制　　公共信息公开制度　　基于电子政务平台的公共部门危机信息管理系统　　基于互联网络技术的公共部门危机信息管理系统

复习思考题

1. 东京市公共危机信息管理系统的构建与完善发展到了相当高的水平，主要表现在哪些方面？
2. 纽约市公共危机信息管理系统的主要内容有哪些？
3. 简述新加坡公共危机信息管理系统的主要内容。
4. 何谓公共部门危机信息管理系统？其主要功能和意义何在？
5. 公共部门危机信息管理系统的主要“硬件”构成有哪些？
6. 简述公共部门危机信息管理能力的构成与影响因素。

7. 分析公共部门危机信息管理能力的主要价值与特征。
8. 公共部门危机信息管理能力构建与提升的路径是什么?
9. 我国公共部门危机信息管理传统做法存在哪些严重弊端?
10. 在当今全球化的信息社会，封锁信息为何已成为不可能?
11. 建立公共信息公开制度的意义何在? 有何作用?
12. 基于电子政务平台的公共部门危机信息管理系统由哪些信息子系统构成?
13. 简述基于互联网络技术的公共部门危机信息管理系统的主要内容。

阅读案例

江苏昆山市中荣金属制品公司“8・2”特别重大铝粉尘爆炸事故应急处置

一、事故基本情况

2014 年 8 月 2 日 7 时 34 分，位于江苏省苏州市昆山市昆山经济技术开发区的昆山中荣金属制品有限公司抛光二车间发生特别重大铝粉尘爆炸事故，当天造成 75 人死亡、185 人受伤。依照《生产安全事故报告和调查处理条例》规定的事故发生后 30 日报告期内，共有 97 人死亡、163 人受伤，直接经济损失 3.51 亿元。

事故发生后，党中央、国务院高度重视，习近平总书记、李克强总理立即做出重要批示，要求全力救治伤员，做好遇难者亲属安抚工作，查明事故原因，追究责任人责任，吸取血的教训，强化安全生产责任制，保障人民群众生命财产安全。受习近平总书记、李克强总理委派，8 月 2 日下午，王勇国务委员带领国务院相关部门负责同志赶赴现场，组织指挥抢险救援，全力开展对受伤人员的救治，调动全国数十名专家支持医疗救助工作，到 11 家医院慰问受伤人员，对做好善后处理和事故调查工作提出了明确要求。

依据《安全生产法》和《生产安全事故报告和调查处理条例》等有关法律法规，经国务院批准，8 月 4 日，成立了由安全监管总局、监察部、工业和信息化部、公安部、全国总工会、江苏省人民政府有关负责同志等组成的国务院江苏省苏州昆山市中荣金属制品有限公司“8・2”特别重大爆炸事故调查组，开展事故调查工作。同时，邀请最高人民检察院派员参加，聘请了国内粉尘爆炸、消防、建筑、机械、材料、电气等方面的院士、专家参加事故调查工作。事故调查组按照“四不放过”和“科学严谨、依法依规、实事求是、注重实效”的原则，通过现场勘验、查阅资料、调查取证、实验测试、检测鉴定和专家分析论证，查明了事故发生的原因、经过、人员伤亡和直接经济损失等情况，认定了事故性质和责任，提出了对有关责任人员和责任单位的处理建议，并针对事故原因及暴露出的问题，提出了事故防范措施。

2014 年 12 月 30 日，国务院对江苏昆山市中荣金属制品有限公司“8・2”特别重大铝粉尘爆炸事故调查报告做出批复，认定这是一起生产安全责任事故，依照有关法律法规，对涉嫌犯罪的 18 名责任人已移送司法机关采取措施，对其他 35 名责任人给予党纪、政纪处分。对江苏省人民政府予以通报批评，并责成其向国务院做出深刻检查。

二、事故应急管理过程

2014 年 8 月 2 日 7 时，事故车间员工上班。7 时 10 分，除尘风机开启，员工开始作业。7时33分37秒左右，昆山中荣金属制品有限公司汽车轮毂抛光车间突然冒起一大股白色烟雾，大约10秒之后烟雾由白色转变为青灰色，并且越来越浓烈；7时34分，1号除尘器发生爆炸；7时35分许，汽车轮毂抛光车间发生爆炸。爆炸冲击波沿除尘管道向车间传播，扬起的除尘系统内和车间集聚的铝粉尘发生系列爆炸。7点42分左右，烟雾已经蔓延至整个厂区。随后警方和120急救人员赶到，与附近的一些群众一起，将受伤人员送上救护车。爆炸后厂房的屋顶被掀开了2/3以上，厂房顶部的钢铁轮毂清晰可见。爆炸当场造成47人死亡，当天经送医院抢救无效死亡28人，185人受伤，事故车间和车间内的生产设备被损毁。

2014年8月2日7时35分，昆山市公安消防部门接到报警，立即启动应急预案，第一辆消防车于8分钟内抵达，先后调集7个中队、21辆车辆、111人，组织了25个小组赴现场救援。8时03分，现场明火被扑灭，共救出被困人员130人。交通运输部门调度8辆公交车、3辆卡车运送伤员至昆山各医院救治。环境保护部门立即关闭雨水总排口和工业废水总排口，防止消防废水排入外环境，并开展水体、大气应急监测。安全监管部门迅速检查事故车间内是否使用危险化学品，防范发生次生事故。因爆炸会使得粉尘四处冲击，再加上现场情况混乱，二次爆炸极易发生。事件发生后现场被封锁。

江苏省及苏州市人民政府接到报告后，立即启动了应急预案，省委书记罗志军，省长李学勇，省委副书记、苏州市委书记石泰峰等同志迅速带领省、市有关领导及有关部门负责同志赶赴事故现场，及时成立现场指挥部，组织开展应急救援和伤员救治工作。苏州军分区、昆山人武部和解放军一〇〇医院等先后出动120余人投入事故救援和伤员救治工作。

8月2日下午4时30分，昆山市市长路军就爆炸事故主持召开新闻发布会。面对大量记者，市长路军当场哭泣，现场集体为遇难者默哀。事故发生后，昆山市紧急调请两个现役特勤中队和该市五个其他区域的消防中队赶来增援，一起帮助救出受伤者；昆山市卫生局和市区四家医院立刻启动应急救治预案，成立了院内救治、应急调度、家属对接、物资保障、信息联络和统筹协调六个工作组，并邀请江苏和上海烧伤科专家前来援助，对需要转院治疗的伤员，马上安排转院，130多名伤者被陆续送往上海、南京、苏州、南通、无锡、常州等医院开展救治。爆燃事故发生后，昆山市民自发展开救援活动，市民纷纷走进献血站献血。

三、事故防范措施

（一）严格落实企业主体责任，加强现场安全管理

各类粉尘爆炸危险企业不分内外资、不分所有制、不分中央地方、不分规模大小，必须遵守国家法律法规，把保护职工的生命安全与健康放在首位，坚决不能以牺牲职工的生命和健康为代价换取经济效益。必须坚决贯彻执行《安全生产法》《严防企业粉尘爆炸五条规定》，认真开展隐患排查治理和自查自改，要按标准规范设计、安装、维护和使用通风除尘系统，除尘系统必须配备泄爆装置，一定要切记加强定时规范清理粉尘，使用防爆电气设备，落实防雷、防静电等技术措施，配备铝镁等金属粉尘生产、收集、贮存防水防潮设施，加强对粉尘爆炸危险性的辨识和对职工粉尘防爆等安全知识的教育培训，建立健全粉尘防爆规章制度，严格执行安全操作规程和劳动防护制度。

（二）加大政府监管力度，强化开发区安全监管

各地区特别是江苏省、苏州市、昆山市都要深刻吸取事故教训，认真落实党的十八届四中全会关于全面推进依法治国的决定要求，强化依法治安，建立健全“党政同责、一岗双责、齐抓共管”的安全生产责任体系，落实安全发展，坚持安全第一，切实解决好安全生产在地方经济建设和社会发展中的“摆位”问题，坚守安全生产“红线”。招商引资、上项目要严把安全生产关，对达不到安全条件的企业，坚决淘汰退出；要严厉打击企业非法违法行为，保护员工健康与安全；要切实理顺开发区安全监管体制，建立健全安全监管机构，加强基层执法力量；要切实解决对开发区安全生产违法违规企业放松监管、大开绿灯、听之任之的问题，严防安全监管“盲区”。要提高安全监管人员的专业素质，提高履职能力，加强企业承担社会责任制度建设，研究探索政府购买服务的方式，引入和培育第三方专业安全管理力量，指导企业加强安全管理，帮助基层和企业解决安全生产难题。

（三）落实部门监管职责，严格行政许可审批

各地区特别是江苏省、苏州市、昆山市各有关部门要按照“管行业必须管安全”的要求，认真履行职责，把好准入和监督关。安全监管部门要准确掌握存在粉尘爆炸危险企业的底数和情况；加强安全培训工作，认真落实专项治理和检查，严格执法，监督企业及时消除隐患。公安消防部门要在消防设计审核、消防验收中依法依规核定厂房的火灾危险性分类，依法对易燃易爆企业开展消防监督检查，督促企业落实消防安全主体责任，坚决依法查处火灾隐患和消防违法行为。环境保护部门要严格落实环境影响评价各项工作要求，严把除尘系统项目技术标准和竣工验收关，加强对粉尘排放情况的检查监测。住房城乡建设部门要规范厂房建设项目审查程序，严格审批和备案。有关部门要加强对中介机构的监管，确保中介机构合法合规地开展建设项目设计、安全评价、环境检测等业务，对弄虚作假和违法违规行为坚决查处，发挥好中介机构的支撑作用。

（四）深刻吸取事故教训，强化粉尘防爆专项整治

各地区特别是江苏省、苏州市、昆山市及其有关部门要认真开展粉尘防爆专项整治工作，对辖区内存在粉尘爆炸危险的企业进行全面排查，摸清企业基本情况，建立基础台账，将《严防企业粉尘爆炸五条规定》宣贯到每个企业。要与“六打六治”打非治违专项行动紧密结合，借助专业力量，采取“四不两直”的方式深入企业检查，重点查厂房、防尘、防火、防水、管理制度和泄爆装置、防静电措施等内容，及时消除安全隐患，确保专项治理取得实效。对违法违规和不落实整改措施的企业要列入“黑名单”并向社会公开曝光，严格落实停产整顿、关闭取缔、上限处罚和严厉追责的“四个一律”执法措施，集中处罚一批、停产一批、取缔一批典型非法违法企业。

（五）加强粉尘爆炸机理研究，完善安全标准规范

学习借鉴国外先进方法，建立粉尘特性参数数据库，为修订不同类型可燃性粉尘安全技术标准、粉尘爆炸预防提供科学依据；加强与国际劳工组织及发达国家相关研究机构交流，制定出台《铝镁制品机械加工防爆安全技术规范》等标准规范；加强对可燃性粉尘企业生产工艺、安全生产条件、安全监管等基础情况的调查研究，建立可燃性粉尘重点监管目录，提出涉及可燃性粉尘企业安全设施技术指导意见；推广采用湿法除尘工

艺和机械自动化抛光技术，提高企业本质安全水平，有效预防和坚决遏制重特大粉尘爆炸事故发生。

资料来源：国务院公布的事故调查报告、中央人民政府门户网站，以及内部调研、访谈资料。

思考与讨论的问题

结合上述案例材料，从公共部门危机信息管理系统的构建与能力提升的视角来看，江苏昆山市中荣金属制品公司“8·2”特别重大铝粉尘爆炸事故应急管理的经验和教训有哪些？运用公共部门危机信息管理系统的有关理论、技术与方法，对上述案例做出全面、细致的分析，并撰写案例分析报告。

第8章 公共部门危机状态下的媒体沟通与公关对策

公共部门危机沟通管理贯穿于公共部门危机管理的全过程，不仅把公共部门危机管理体系内部各个部分有效联结起来，而且还促进了公共部门危机管理体系与外部社会环境之间的联系，从而有利于危机问题的解决。可以说，公共部门危机信息沟通机制是公共部门危机管理的前提要件和过程保障。有效的危机沟通机制在公共部门危机管理过程中发挥着十分重要的作用。

发挥媒体的积极作用，正确引导舆论，把社会公众对危机的舆论引导到有利于危机解决的正确方向上来，需要高超的媒体沟通策略和危机公关策略，需要加强危机状态下的媒体控制，需要进行政府危机形象管理，需要构建与完善危机事务新闻发言人制度。

本章主要说明公共部门危机沟通与公关管理的内容与进展，阐明公共部门危机沟通与公关理论，分析公共部门危机状态下的媒体管理策略与媒体控制，说明公共部门危机状态下的沟通障碍与公关策略，探讨构建与完善危机事务新闻发言人制度的主要内容与基本原则。

重点问题

- 公共部门危机状态下的信息沟通理论模型
- 公共部门危机状态下的三角互动沟通模型
- 威廉·贝努瓦的形象改变理论
- 托马斯·伯克兰的焦点事件理论
- 公共部门危机状态下的媒体管理策略
- 公共部门危机状态下的媒体控制
- 公共部门危机状态下的沟通障碍
- 公共部门危机状态下的“雄鹰”式沟通策略
- 构建与完善危机事务新闻发言人制度

8.1 公共部门危机状态下的媒体沟通与公关理论

8.1.1 公共部门危机沟通与公关管理的内容与进展

1. 公共部门危机沟通管理的含义与内容

公共部门危机沟通管理是指公共部门以沟通为手段、以解决危机为目的所进行的一系列化解危机和规避危机的活动和过程。在公共部门危机管理过程中，通过有效的危机沟通可以降低危机给组织带来的冲击，同时可能将危机化为转机。在危机爆发前，政府可通过沟通了解危机、掌握危机，从而避开危机、化解危机。在危机爆发时，可借危机沟通缓和危机带来的冲击和破坏，修补受损的政府形象，同时有利于促进政府内部达成共识，团结一致共同解决危机。在危机过后，可以通过与公众的沟通彻底解决危机留下的后遗症，弥补危机造成的损失。可见，政府若是善用沟通，可以凝聚向心力，提高民众士气，使其成为解决危机的动力。①

明智、及时地进行信息沟通，即使不能防止危机的发生，也可以控制危机及其影响；良好的信息沟通，可以加强反危机的协调工作；良好的沟通可以防止信息的误传和谣言的传播；在危机发生时，政府与民众的及时沟通还可以起到稳定民心、警示、教育、监督等多种作用。② 良好的沟通还可以灵敏地启动危机预警系统，在短时间内控制事态；可以及时处理危机潜伏期的情报信息，为准确分析危机发生的概率以及危机可能产生的负面影响提供数据支持。

公共部门危机沟通机制按其作用方向，可划分为内部沟通和协调机制、外部沟通与合作机制。内部沟通和协调机制主要包括政府部门之间的沟通和协调，以及政府部门与非政府组织之间的沟通和协调。外部沟通与合作机制主要包括政府部门与媒体、危机事件影响的目标群体或公众之间的沟通，还包含政府部门与国际社会进行的沟通与合作。内部沟通和协调机制主要解决政府部门内部官僚体制下的信息顺畅流动以及政府部门与非政府组织之间的信息共享问题。外部沟通与合作机制主要致力于政府、公众（或危机事件影响的目标群体）、媒体三者之间信息传递的良性互动关系，以及全球化背景下政府部门与国际社会之间的开放的信息交流和合作。当然，不管是内部沟通和协调机制还是外部沟通与合作机制，都一定要保证信息的及时、准确和客观，保证重要通信基础设施的安全和信息沟通渠道的畅通，建立制度化的信息公开和发布制度。

公共部门危机沟通管理的内容非常丰富。危机沟通的首要任务是明确沟通对象。必

① 参见赵定涛、李蓓、扶元广：《基于动态过程的企业危机管理系统》，载《管理科学》，2004（3）。

② 参见张成福：《公共危机管理：全面整合的模式与中国的战略选择》，载《中国行政管理》，2003（7）。

须重视沟通渠道的建设，有效的信息沟通渠道包括确定沟通媒介和沟通主体以及保证沟通渠道的连续性和畅通性。危机管理小组平时就要加强与各部门之间的沟通，指定各部门的沟通负责人，建立起稳定的发言人制度，以确保危机信息能够快速到达相关部门，从而避免危机的发生。有效的危机沟通需要充分的准备，因而危机管理计划中应该包含专门的危机沟通计划，旨在针对可能发生的各种危机进行化解危机与避开危机的应变准备。同时，在危机管理小组下应该设有专门负责沟通的小组。此外，还必须建立被害人援助制度（包括经济援助、心理干预以及法律救济等方面），增强危机状态下民众的危机意识和危机应对技能，通过得力的防范措施，使危机的社会震荡降至最低限度。

2. *危机公关传播研究的进展*

危机公关传播研究发端于1962年古巴导弹危机。1982年，在泰勒案例中，危机公关传播研究从政治领域拓展到商业、企业领域。1989年，埃克森石油泄漏事件使危机公关传播计划广泛应用于商业和企业管理，与此同时，危机公关传播的次一级学科研究开始进行。在整个20世纪90年代，危机公关传播研究迅速发展起来。赖因施形象地把危机和组织传播研究称为“多样的、正在进化的领域”①。

早期的危机公关传播研究多数集中在个案研究。危机公关传播的最初研究范围虽然较窄，但大多数集中在大的问题上，比如在危机中如何制订危机公关传播计划，如何与媒体沟通，如何进行危机演习和训练，危机后信息传播有效性的分析，等等。随着危机公关传播理论的逐渐成熟，对孤立个案的研究已经被结构分析或方法论方法所代替，并出现一种重点发展的整体的方法，以综合各种思想和建构相关危机公关传播理论。危机公关传播研究的责任就在于帮助提供危机应对计划、媒体协作、缓解公众心理压力、树立良好的外部形象等。危机公关传播领域的理论建构，最初多集中在案例上，对整合概念、理论体系的研究还非常少。1998年，西格总结了危机公关传播领域的各种概念、研究文献和主题。② 他认为，危机公关传播研究在过去几十年中已经成为非常流行的广阔领域，但是这方面的研究还是零散的，尚缺乏框架的建构和理论的综合。

8.1.2 公共部门危机状态下的信息沟通理论模型③

公共部门危机管理是通过对相关资源的有效整合，建立高效运作、能够实现“1+1>2”的危机管理体制，以便高效地实现管理目标。这样，就必须科学、合理地设定其内部各子系统的功能，并构造出子系统之间密切协作的危机信息沟通机制。④

---

① J. W. Reinsch, “Some Assessments of Business Communication Scholarship from Social Science Citations,” *Journal of Business and Technical Communication*, 1996, 10 (1), p. 41.

② M. W. Seeger, T. L. Sellnow, & R. R. Ulmer, Communication, Organization, and Crisis, in Michael Roloff (Ed.), *Communication Yearbook 21*, Thousand Oaks, CA: Sage Publications, 1998, p. 56.

③ 参见汤敏轩：《危机管理体制中的信息沟通机制——基于组织整合的流程分析》，载《江海学刊》，2004 (1)。

④ 参见李习彬：《改进和完善我国政府危机管理的几条建议》，载《中国行政管理》，2003 (11)。

信息论认为，信息的目的在于为信宿提供信源的存在方式、运动状态和规律，从而消除接收信息之前的不确定性。申农提出了信息传递的一般流程模型：信源→编码器→信道→译码器→信宿。也就是说，从信源发出的消息，经过编码后通过信道传输给接收者，接收者通过译码器将收到的信号复原成信源发出的原消息。系统科学家汉肯也认为，行动者不是直接相互作用的，他们之间总是存在着某种媒介。他将行动者之间的全部通信渠道和信息库的集合称为沟通系统（communication system）。[①] 汉肯指出，为了具有良好的操作性，一个基本要求是各个层次之间的信息流必须畅通无阻。系统学家拉兹洛从现象学角度为认知系统的信息流程构建了一整套科学模型，提出了最基本的拉兹洛信息流程模型，并进行了复杂化改进。[②] 拉兹洛的信息流程模型虽然是基于认知思维系统创建的，但它与人类社会的其他系统是相通的。拉兹洛本人对模型的广泛运用也表明了不同系统之间基本逻辑联系的同态性和适用性。因此，可以将拉兹洛的信息流程模型运用于公共部门危机管理领域，构建公共部门危机状态下的信息沟通理论模型（见图 8－1）。

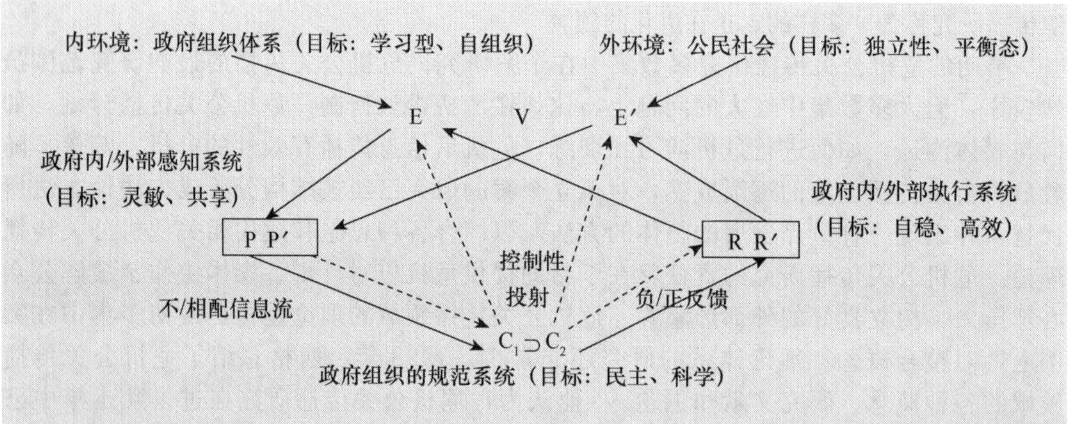

图 8－1　公共部门危机状态下的信息沟通理论模型

在公共部门危机状态下的信息沟通理论模型中，信息流经过的每个子系统分别被设定了目标取向。如果它们都能达到各自的目标，同时信息传递的每个环节也能够完成各自的功能，那么政府组织的适度整合就会带来信息沟通的顺畅。其中，E 代表政府组织的内部环境，主要是指政府组织体系，包括横向和纵向的机构设置、权力配置等；E′指代与政府组织相并立的公民社会，包括各类非政府组织、大众传媒，当然还包括国际组织。理想的政府组织体系应该是自组织和学习型的，即能够不断调节自身以适应变化的环境，并通过个人和组织的学习使系统具备持续的创新能力；公民社会的目标状态应具备独立性和平衡态，即可以不受政府权力干预地在法律范围内独立开展活动，并能不断地从更大的外部环境中吸取能量以保持系统自身的平衡，比如政府部门与非政府组织之间的有效沟通和信息

① 参见［荷］A. F. G. 汉肯：《控制论与社会》，56 页，北京，商务印书馆，1984。
② 参见［美］拉兹洛：《系统、结构和经验》，11 页，上海，上海译文出版社，1997。

共享、新闻自由、对国际社会的开放等。

图 8-1 中的 P 是指政府接收与搜集内部信息的组织系统，其代表性部门是最先接收信息的政府办公机构，以及主动考察信息的编制机构和人事部门；P′是指消极感知与主动搜集公民社会中相关信息的政府组织，其代表性部门是各级信访部门和政策研究机构。无论是内部还是外部的感知系统，其目标都是灵敏与共享。因为只有灵敏，才能够感觉得到从环境中传来的信息，也才会去主动获取信息，否则就可能对重要的信息视而不见；同时，只有在相关部门之间实现了数据共享，才能满足一个无缝隙政府对信息管理的要求。①

当然，感知系统还要承担过滤的职能，即对那些没有价值的信息进行舍弃，不过这一职能应该谨慎行使，以免将有用的信息挡在门外。被感知系统接收的信息分作两股，流向政府组织的规范系统 C，其代表性部门是各级政府决策机构。其中，与政府既有规范相匹配的信息流向 C_1，而在现有规范系统中找不到处理依据的信息则流向 C_2。其中，C_1 的功能是对那些有法律依据的事务进行规范化管理，C_2 则是对尚无章可循的“例外事务”进行决策。政府组织的规范系统的目标设定为民主和科学，因为民主是政府合法性的基石，科学则是行政效率的保证。同样，C_1 与 C_2 之间会进行探索性的自组，例外决策会被记入规范系统中，作为以后类似事务的处理依据。

经过 C 的编码处理之后，相配信息流通过负反馈机制、不相配信息流通过正反馈机制传递到政府组织的执行系统。其中，R 具体执行政府内部整合，R′负责对其他社会组织的整合。理想的执行系统应是自稳和高效的，自稳是指执行系统对从规范系统流出的信息（尤其是针对突发性危机事件的例外决策）做出反应时，要以组织自身的稳定为前提；另外，反应要及时和高效，以免贻误时机。这样，信息流经过执行系统之后，又返回到效应环境，形成一个闭合的回路，从而完成了一次信息流转的全过程。

当然，上述信息流程模型分析是建立在这样一个共识和基础之上的：信息公开和公民知情权的实现是一个现代政府的基本要求。作为政府的法定义务，信息公开是原则，不公开是例外，对于违反公开义务的，政府要承担相应的法律后果。而且，基于公共部门危机状态下的信息沟通理论模型，也可以清晰地看到公共部门危机管理中信息沟通机制失灵的两点原因：(1) 信息流经的每个系统（包括内/外部环境系统、内/外部感知系统、内/外部执行系统、规范系统等）的现实状况与它们的目标取向之间存在差距；(2) 信息传递的各环节，包括正负反馈、探索性自组、控制性投射等都没能很好地实现各自的功能。

8.1.3 公共部门危机状态下的三角互动沟通模型②

大量研究表明，在危机管理中，尤其是在政府与公众（危机事件影响的目标群体）的沟通中，政府危机管理团队或危机管理小组（CMT）起着重要作用。现有危机管理研究

---

① 参见［美］拉塞尔·林登：《无缝隙政府》，174 页，北京，中国人民大学出版社，2002。

② 参见刘茜：《危机管理团队（CMT）与危机沟通：一个“释经阶层”的视角》，载《中国软科学》，2005 (1)。

基本上是以危机管理的技术因素为核心，探讨政府如何从技术细节入手来预防或者应对已经出现的突发性危机事件，关注的是危机管理的制度条件，即危机管理计划的制订、CMT 的建立、危机沟通指导方针的制定等。对非制度、非技术的无形因素（文化的、社会的、政治的因素），比如，政府文化、政府的内部沟通习惯、政府高层对危机的态度、政府负责对外沟通的部门的自主性等，在现有研究中并没有引起足够的重视。① 然而，许多公共危机事件的实践表明，这些非制度、非技术的无形因素极大地影响着 CMT 的实际管理工作，决定着危机管理的实际效果和流程。所以，需要把“释经阶层”（interpretive community）的概念从新闻社会学领域引入危机管理研究中，作为探讨无形因素对 CMT 内部社会文化动力机制的影响的概念工具。

释经阶层指的是由于对某种活动有相同的阐释和理解而团结在一起的群体②，所谓的“某种活动”构成该阶层在社会性话语活动中的阐释对象。在大众传播领域里，记者队伍是一个释经阶层。所以新闻采编不仅仅是一项专业工作，媒体刊播的新闻报道实际上反映着整个记者队伍对“好的”新闻报道的共同认识，折射出的是新闻职业圈子里占主流地位的思维方式。新闻记者是在“双重时间过程”中形成的自我定位。“双重时间过程”里发生的叙述化阐释可以呈现局部模式或者往复模式。在危机管理领域里，危机沟通，作为危机管理流程的重要组成部分，是遭受危机打击的政府修复自身形象的主要手段。当 CMT 作为制度在政府确立起来，政府危机沟通的核心信息、政府对外发言时所采取的姿态、政府发言人的选择等方面的决策就应该归于 CMT 的职责范围。

研究显示，政府（多数时候即 CMT）对外部环境的认识和对公众（危机事件影响的目标群体）反应的预期，通常决定其对外发布的信息内容，影响其推进危机沟通工作的节奏。就这一点而言，CMT 与作为释经阶层的记者队伍至少有着以下三个类似之处：（1）如同新闻记者对重大事件的报道取决于他们对事件本身的主观阐释，CMT 成员对社会现实环境的主观理解主导着他们代表政府开展的危机沟通话语行为。（2）和面临突发新闻事件的新闻记者相同，危机事件通常迫使 CMT 成员在有限的时间内迅速做出反应。（3）这也是最重要的一点，随着时间的推移，CMT 成员往往经历着同资深记者类似的专业成长过程，新闻记者所经历的“双重时间过程”在危机管理中同样存在。

所以，可以把 CMT 作为政府内部的一个释经阶层来看待，从释经阶层的角度，运用社会性的“往复模式”的危机管理话语，真正超越概念性的危机管理知识，把“局部模式”中获得的感性经验提升成具有普遍意义的、系统的真知灼见，形成政府的危机管理惯例和社会性规则，用以指导今后的危机沟通实践。

专业释经阶层形成和存在的重要基础在于某专业的从业人员能够有规律地就共同关注的话题（即阐释对象）展开社会性的话语活动并达成共识。所以，塑造拥有卓越危机管理

---

① J. M. Penrose, “The Role of Perception in Crisis Planning,” *Public Relations Review*, 2000, 26 (2), pp. 155-171.

② D. H. Hymes, “Functions of Speech,” in D. H. Hymes (ed.), *Language in Education*, Washington, DC: Center for Applied Linguistics, 1980, pp. 1-18.

能力的CMT释经阶层的核心工作是引导CMT成员正确识别、合理阐释并充分理解企业危机沟通中的普遍性问题。以传统的危机公关传播研究为基础，考虑到危机沟通的特殊性，可以构建公共部门危机状态下的三角互动沟通模型（见图8-2）。

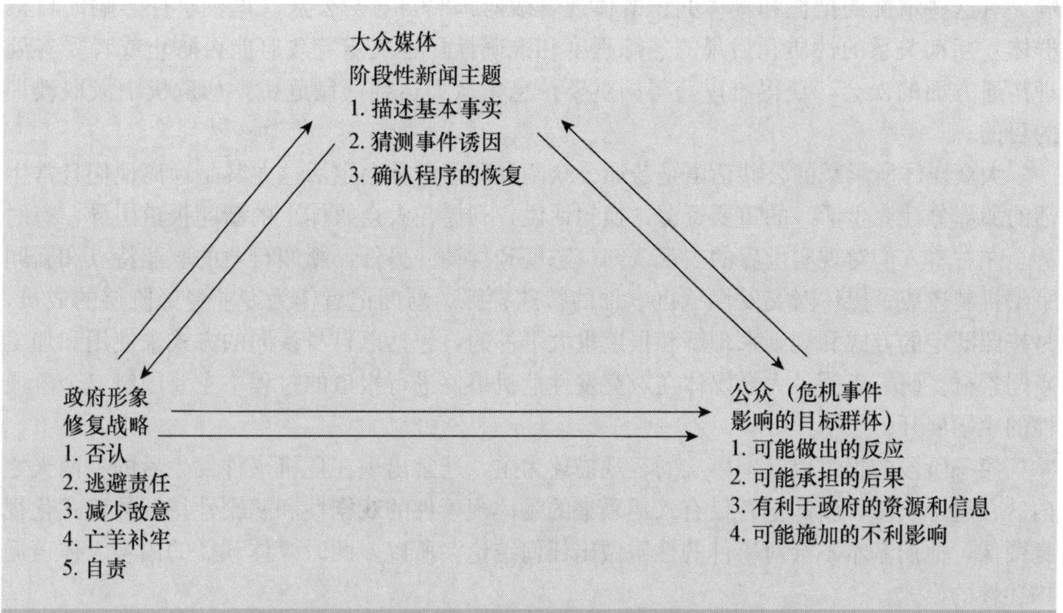

图8-2　公共部门危机状态下的三角互动沟通模型

在公共部门危机状态下的三角互动沟通模型中，三角互动沟通指的是政府、公众（危机事件影响的目标群体）、媒体三者之间的良性互动关系。在危机沟通中，形象修复战略的决策主导着政府以怎样的方式和步骤向外界传递哪些信息。公众（危机事件影响的目标群体）是危机沟通的受众，他们的态度和要求深刻影响着危机沟通的效果和效率。大众媒体是政府与公众（危机事件影响的目标群体）沟通的主要渠道。

危机沟通从本质上来说是政府从事的防御性话语努力，政府进行危机沟通的目的是针对自身的行为做出解释性说明，从而回应公众批评或者质疑，保持和修复自身的形象。政府可以采用以下一种或者几种形象修复战略来维护自身形象：否认、逃避责任、减少敌意、亡羊补牢、自责。①

从公众的角度来看，作为危机事件影响的目标群体，危机事件严重威胁着他们的利益。在混乱的危机局面中，他们有时需要政府直接出面澄清事情真相，有时又需要采取行动去维护自身利益。在与公众（危机事件影响的目标群体）的接触和沟通受到限制的时候，危机管理的成败往往取决于政府对关键公众（危机事件影响的目标群体）的正确阐释和假定。

政府CMT在阐释公众（危机事件影响的目标群体）的情况时应该集中考虑以下几个方面：(1) 关键公众（危机事件影响的目标群体）对危机可能做出的反应；(2) 危机

① W. L. Benoit, *Accounts, Excuses and Apologies: A Theory of Image Restoration Strategies*, Albany, NY: State University of New York Press, 1995.

事件将给关键公众（危机事件影响的目标群体）造成哪些不良后果；（3）关键公众（危机事件影响的目标群体）手里有哪些可以协助政府进行危机管理的资源和信息；（4）在政府处理危机的过程中，关键公众（危机事件影响的目标群体）可能会施加哪些不利影响。对这些情况的把握和集体共识既体现着政府预测自身与公众（危机事件影响的目标群体）互动关系的性质和后果的熟练程度和准确性，也决定着政府能否防止或者妥善处理沟通方面的误会，获得难以获得的重要信息，从而达到遏制危机，从危机中汲取教训的目的。

大众媒体所承载的公共话语是普通公众阐释和理解社会生活（尤其是远离他们日常生活的那部分社会生活）的重要资源。换句话说，刊播在大众媒体上的新闻报道引导，有时甚至左右着人们对现实世界的主观认知、态度和行动。另外，新闻行业的职业特点和新闻采编机制造成了媒体对突发性危机事件的特殊青睐。新闻记者作为专业释经阶层的成员，是按照既定的方式和规则来理解和报道重大事件的，包括以自身认同的方式来使用和加工新闻素材。研究表明，大众媒体在对突发性危机事件进行报道的过程中主要围绕三个阶段性的主题展开。

第一阶段的报道以基本事实的客观描述为主，通常出现在危机事件发生后的一两天之内。在这个阶段，新闻记者最有兴趣采集的是体现事件的戏剧性和悲剧性特征的程式化视觉图像，他们基本不会对事件的性质做出任何结论。所以，此时媒体刊播的内容大体遵循描述性的模式。

但是，媒体报道很快就会过渡到第二个阶段，即对事件诱因的分析和推测。需要特别注意的是，虽然政府在寻找事故起因的过程中会考察各种因素，但是新闻报道通常只会提及新闻记者主观认为非常可能的原因，其中不乏错误的猜测。受新闻记者释经阶层的社会性规则影响，记者以新闻话语面对公众时通常会有所保留。所以，在分析和推测事件起因时，记者一方面很大程度上依赖自身的主观判断，另一方面也容易受专家意见影响。

在第三个阶段，媒体报道通常转而关注秩序的重建。在新闻报道中，记者倾向于为有关政府官员、专家提供更大的话语空间。研究指出，事实上，媒体的这种话语形式起到了把戏剧性悲剧事件理性化的作用；对公众而言，它代表政府对正常秩序的承诺。所以，有实战能力的 CMT 只有了解新闻记者在报道突发重大事件过程中的主导思路，才能现实地把握参与公共话语的时机，充分利用媒体，与公众（危机事件影响的目标群体）之间进行建设性的沟通。

8.1.4 公共部门危机公关传播理论①

目前，主要有两个危机公关传播理论：一是以威廉·贝努瓦为代表的形象改变理论；二是焦点事件理论，其创始人是托马斯·伯克兰。

---

① 参见高世屹：《美国危机传播研究初探》，见中国社会科学网，2014-02-11。

1. 威廉·贝努瓦的形象改变理论

在危机公关传播研究中，威廉·贝努瓦是利用模型来发展宏观模式的最有影响的学者。① 贝努瓦的理论建立在这样的假设之上：个人或组织最重要的资产是它的声誉。他认为，声誉或公众形象应该从战略高度去维护，任何组织必须最大限度地提高其声誉和形象。声誉处在特殊环境中，操纵在别人手中，形象总是在一个流动的永远变化的环境之中树立的。贝努瓦的理论实际上就是个人或组织为了放大其声誉应该采用的一系列战略方法，这种方法建立在攻击—防御、刺激—反应的动力学基础上。

贝努瓦把他的危机公关传播模式分为五个大的战略方法，其中很多又可细分为不同的战术。

第一个战略是否认。贝努瓦将否认分为简单否认和转移视线两种。转移视线的好处在于它可以把个人或组织描绘成不公正环境的牺牲品，以引起人们对替罪羊的直接责问。

第二个战略是逃避责任。这是最复杂的策略。这个策略有四个方面的战术。(1) 不可能性：危机之所以发生，是由于信息不对称，而不是由组织内部自身的原因而导致的。(2) 刺激：行为自有害因素产生的起始而发生，这种行为天生具有防御性。(3) 偶发性：危机发生时往往不被人注意，总存在缓和敌对行为的可能。(4) 良好意图：坏的事件发生的同时，也预示着好的、真挚的解决意图。

第三个战略是减少敌意。他提出六个战术方法，以使组织减少其责任，保护其声誉和形象。这六种战术是：援助、最小化、区分、超脱、反击、补偿。援助是指为了补偿受害者的损失而采取的救助措施。最小化包括减少或者轻描淡写错误行为，以使负面影响降到最低。区分是指把人为错误与社会大环境的深层次矛盾区别开来。超脱是指向人们描绘一种美好前景或新的发展机会，而不是局限于危机事件。反击就是进行申辩和分散公众注意力。补偿包括直接向受害者提供帮助，以减轻其痛苦。总而言之，第三个战略就是从各个方面减少错误行为传播的范围和程度。

第四种战略是亡羊补牢。这种战略是通过制定相关法律、规定来减少以后类似事件的发生。这种亡羊补牢式的做法与上面提到的补偿的区别在于，它是针对未来的，而补偿则针对当前的损失。塞农（Sellnow）认为，亡羊补牢法应该和其他改善形象的战略共同使用，如否认、援助等，以促进组织重建、维护其合法性。

第五个战略是自责。这项战略包括道歉、忏悔和寻求公众的宽恕。贝努瓦认为，其他四个战略必须相互依赖，而这项战略可以单独发挥作用。

贝努瓦的形象改变理论包括五个主要战略及其包含的各种战术。前两个战略强调责任，中间两个战略与敌意有关，最后一个战略则是表达自责。贝努瓦认为个人或组织是追

① W. L. Benoit, "Sears' Repair of Its Auto Service Image: Image Restoration Discourse in the Corporate Sector," *Communication Studies*, 1995, 46 (1), p. 46, pp. 89-105; W. L. Benoit, *Accounts, Excuses and Apologies: A Theory of Image Restoration Strategies*. Albany, NY: State University of New York Press, 1995; W. L. Benoit, P. Gullifor, & D. A. Panici, "President Reagan's Defensive Discourse on the Iran-Contra Affair," *Communication Studies*, 1991, 42 (3), p. 42; W. L. Benoit, R. S. Hanczor, "The Tonya Harding Controversy: An Analysis of Image Restoration Strategies," *Communication Quarterly*, 1994, 42 (4), pp. 416－433; W. L. Benoit, & J. Lindsey, "Argument Strategies: Antidote to Tylenol's Poisoned Image," *Journal of the American Forensic Association*, 1987(23), pp. 136－146; W. L. Benoit, D. M. Nill, "Oliver Stone's Defense of JFK," *Communication Quarterly*, 1998, 46 (2), pp. 127－143.

求声誉最大化的，它们总是不断提高声誉，减少负面影响。公众可能会包括各种不同的利益群体，需要对他们实施不同的战略措施。媒体作为沟通一个组织和公众的中间因素，在危机管理中发挥重要的作用。

2. 托马斯·伯克兰的焦点事件理论

托马斯·伯克兰在 1997 年提出了另外一种分析危机公关传播事件的视角。① 伯克兰的理论是建立在议程设置功能和对危机公关传播事件的公共政策运用的基础之上的。伯克兰称那些“突然发生的、不可预知的事件”为“焦点事件”。一个焦点事件有极大的冲击力，能够唤起公众的注意力，并且在制定公共政策方面容易被人接受。伯克兰相信，焦点事件在设置公众议题方面扮演主要角色，因为媒体对焦点事件的采访能够引起广泛关注并促使政府采取改善行为。一个焦点事件不能自发地改变政策，但是它可以促使媒体长时间地关注某件事，这样就为新的法律政策的制定提供了“机会之窗”。焦点事件不同于普通事件与日常事件的常规新闻之处在于它可以在最大程度上促使政策制定者和公众对不可预测事件立刻做出反应，这种反应不像常规事件那样已经经过某种程度的过滤。

伯克兰认为，焦点事件具有两种主要类型。第一种类型是“常规性”的焦点事件，比如飓风、龙卷风、暴风雨、地震等。这种类型基本上属于自然灾害，其实它也具有一定的可预测性，因为它们尽管并不完全相同但还是具有很大的相似之处。这类事件大多是孤立的，对人们话题的影响有一定程式可循。第二种类型是“新型的事件”，是指以前从未发生过或者发生时间已经很长已被人们忘记。这种“新型的事件”往往是由于技术和社会的变化而引起的。第二种类型的焦点事件往往出乎人们意料、违反常规，产生不确定性和不可预知性。这类事件对日常媒体传播的常规的、可预知活动来说，是一种冲击。那些事先设定的事件，总是由新闻源制造，媒体被这些定期的新闻发布会、招待会所制约，集束性地向人们传播信息垃圾。与此相对照，“新型的事件”因其违反常规和非预设性，而成为各方人士发表意见的焦点。在这方面，“新型的事件”具有很大的创新性，它逼迫人们以新的态度、新的引导标准来对待，甚至制定新的法令。第二种类型的焦点事件表明了危机事件对公共政策的影响。

伯克兰还指出，第二种类型的焦点事件与第一种类型的焦点事件还有另外一点区别：如果全社会都一致认为这一事件是因为非人力所抗拒的力量所产生的，如自然灾害，那么人们的注意力往往集中在“我们能够帮助受害者做些什么”这样的焦点上；而在第二种类型的焦点事件上，人们更关心的则是事故的责任人。自然灾害与人为灾害都具有极大的破坏性，但是自然灾害造成破坏的程度与范围是非预知的，同样人们对其反应的速度与技能也不是完全可知的。对此，公众会允许政府拥有特殊的权力来保护人民的生命财产安全。相反，第二种类型的焦点事件可能引发立法行为，并会影响公众议程。这类焦点事件不仅能吸引公众，而且是一种人们立法和进行公众讨论的中介工具，舆论可以在多种维度对焦点事件进行讨论。伯克兰的理论受到斯通

---

① T. A. Birkland, *After Disaster*: *Agenda Setting*, *Public Policy and Focusing Events*, Washington, D. C.: Georgetown University Press, 1997.

（Stone）和埃德尔曼（Edelman）的影响。斯通认为，在做出决定的过程中，标志性事件和戏剧性新闻事件更具有说服力，公众会在很大程度上依靠这些标志性事件来解释复杂的思想或原因。①

8.2　公共部门危机状态下的媒体管理与控制

8.2.1　媒体在公共部门危机管理中的作用

在现代法治社会，新闻舆论被当作除了行政、立法、司法三大权力之外的"第四权力"，而新闻记者也获得了"无冕之王"的称号。在当代信息社会中，媒体是除了政府之外向公众提供各种信息的最主要渠道，也是民众获得信息的重要来源。大众传媒在塑造公众价值观念、强化公众意识、反映和引导社会舆论等诸多方面发挥着重要的作用。新闻媒体作为一种新崛起的社会政治因素和独立的社会政治势力，其社会传播效果直接影响着一国政府管理的能力和绩效，直接影响着一个社会的政治稳定和经济发展。

正是新闻媒体所具有的强烈的社会公共色彩，使得它承担着提供信息、引导舆论和稳定社会的职责，成为社会心理状态的指示器。当社会面对危机时，危机事件本身就是一个新闻，媒体无法缺席。新闻媒体作为一种重要的社会力量，参与危机管理也是其监督政府、引导舆论、稳定社会的职责所在。政府能否让公众正确认识危机，并通过新闻媒体引导公众形成有利于危机解决的氛围至关重要。因此，新闻媒体是公共部门危机管理过程中不可或缺的重要因素，建立政府与媒体之间的良性互动关系是应对危机事件的前提条件。在公共部门危机管理过程中，政府不应该也不能忽视媒体的作用。日益成熟的当代媒体，完全能够凭借自身的优势，在危机管理中发挥积极的作用，做到只帮忙、不添乱。实际上，媒体在公共部门危机管理中发挥着不可替代的作用，主要表现在以下几个方面②：

1. 发现危机征兆和警示信息的"预警"作用

在危机的潜伏期，媒体利用发达的信息网络，及时发现危机征兆，并向政府传递潜在的危机警示信息，从而引起有关部门的重视，使其及时采取行动，把潜在危机消灭在萌芽状态，防范危机的爆发。在爆发的前一时期，危机会具有某些外部的表征，例如示威游行和小规模的暴力行动等，而媒体是危机预警机制的一个重要方面。在预警和防范危机的过程中，媒体的反映和报道就是很重要的一个信息来源渠道。危机管理主体应根据媒体的反映多方面、多角度地采取初步的措施；同时通过媒体在人们生活中对危机意识的宣传，使

① D. Stone, *Policy Paradox: The Art of Political Decision Making*, New York: W. W. Norton, 1997.

② 参见宫秀川：《国际上现代传媒在社会危机管理中的作用》，载《哈尔滨市委党校学报》，2004（1）；王国华、武国江：《新闻媒体在政府危机管理中的作用》，载《云南行政学院学报》，2004（3）；迟福林：《SARS危机催生媒体改革》，见中国网，2003-06-16。

人们形成一致的社会危机认识。通过强化全社会的危机意识，预防和检测危机的出现和发生，进而统一社会价值观念，形成整合社会的能力。

2. 满足信息需求，帮助政府传递信息

在危机事件发生后，公众对信息的需求更加迫切，媒体应该积极面对，进行及时、准确、全面的信息披露和解读，使公众对信息的需求得到满足。通过媒体，政府可以将信息直接传递给公众，减少信息传递环节，降低信息失真的概率，并在一定程度上避免谣言、小道消息的产生或终止谣言、小道消息的传播，从而把社会舆论引导到有利于危机解决的正确方向上来。与此同时，为控制危机事态、稳定社会秩序、避免社会恐慌，危机管理主体首先必须快速应急，对危机事件有目的地选择信息源和信息传播渠道，有效地控制新闻传播的导向，防止媒体为抢独家头条新闻或提高刊物的知名度而发表刺激危机局势的新闻消息，激化危机事态。同时，还要防止媒体传导不正确、不全面的消息，误导社会民众，使其错误地理解危机管理者的行为意图，或加剧公众的社会恐惧心理，为危机的顺利解决设置障碍。

3. 引导公众情绪，帮助政府赢得社会支持

危机因具有高度的破坏性而成为公众情绪的兴奋点，公众的兴奋情绪受媒体的影响很大。媒体的正确引导，可以稳定公众情绪，凝聚社会力量。新闻媒体通过激发人们的同情心和帮助人们意识到危机的潜在威胁来帮助政府赢得社会支持。通过对危机的报道，媒体能够将危机受害者所受到的伤害和痛苦告知公众，激发公众对受害者的同情心，并最终使他们对受害者伸出援助之手，为有效的危机管理工作奠定基础。另外，危机的影响可能会波及其他的公众，潜在的受害者通过媒体的报道意识到其所受到的威胁，为了避免或减少危机对他们的影响，他们会支持危机管理工作。

对危机事件的不恰当的负面报道，往往会带来强烈的社会负面影响。因此，要有针对性地通过和媒体的对话、宣传和诱导，大力发挥社会新闻媒体的传播、聚合功能，迅速通过多渠道获得信息并对其加以分析综合，向社会公众阐明政府危机管理行为的意义、指导思想和现实条件下所采取的各种措施的必要性，阐述政府的有关政策，采取有效方式说服社会大众对危机管理主体所做努力的支持。在疏通主渠道的同时，还要特别注意防止各类谣言和小道消息的蔓延，控制其传播的范围和渠道，消除其破坏性作用。

4. 为政府危机决策提供智力支持

当一场危机发生时，新闻媒体除了报道危机事件外，还会请一些专家或学者对危机的产生原因、产生过程、目前的状态以及政府在危机管理过程中的失误和成功之处发表个人的看法，并对进一步的危机处理提出建议。媒体的这种行为实际上给作为危机管理者的政府提供了很大的启发和帮助，有利于帮助政府进行科学的危机决策。

5. 塑造与提升政府在公众心目中的形象

危机发生后，新闻媒体会作为“大事”加以报道的问题，同样也作为“大事”反映在公众的意识当中。媒体的新闻报道会使人们对周围世界的“大事”及其重要性的判断产生重大影响。媒体及时报道政府处理危机的各项措施及其效果，对塑造政府形象起着至关重要的作用。危机事件解决后，危机管理主体在尽快恢复社会结构和功能，重建社会秩序的

同时，要有效地利用媒体发动全社会对危机事件进行冷静的理性思考，做多侧面、多层次的分析，找出危机事件的原因，寻求今后避免此类危机事件发生和改进社会政策的方法，树立起政府的良好形象。

6. 引导社会舆论，发挥稳定社会的重要作用

突发危机事件往往伴随着公众层面上的普遍恐慌，各种公共媒体无疑会成为公众了解事实真相的主要渠道和手段。新闻媒体深入基层，对信息反应及时、敏感，能够在第一时间了解危机真实信息并向社会公众公布，使危机信息和政府救治行为公开化、透明化。在互联网、手机等新兴媒体影响力越来越大的新的信息环境下，广大社会公众在突发性危机事件面前，对传统新闻媒体有着很高的信任度，尤其是对主流新闻媒体有着特殊的依赖，对主流新闻媒体及时、客观、全面地传播信息的要求越来越高。有效的媒体管理可以增进公众对突发事件事实真相的了解，缓解突发危机事件在公众中引起的恐慌，有利于社会秩序的稳定和恢复。媒体公开、迅速地传播信息，是稳定社会的重要因素。否则，各种流言就会在社会广为传播，从而不可避免地造成社会混乱。因此，面对突发危机事件，政府应时刻注意保持与公共媒体的沟通交流，权威、主流媒体应尽可能在最短的时间里对事件做出坦率、诚实、恰当的报道，同时力求注意对公众和社会舆论的导向作用。

当然，新闻媒体受其所处社会环境的制约及其自身的社会责任感和理性程度的限制，并非在所有的危机事件中都能对政府的危机管理起积极作用，有时候甚至会对危机产生推波助澜的负面影响。例如在危机潜伏期，媒体有可能真的成为危机发生的“助燃剂”，对危机的发生起到推波助澜的作用。但是，这不应该成为政府危机管理工作排斥媒体的理由，而应该是对政府驾驭媒体能力的考验。

总之，在公共部门危机管理的整个过程中，作为一股重要的社会力量，媒体介于政府和公众之间，对危机的减压和控制有着巨大影响：曝光危机可起到“安全阀”的作用，避免事态的恶化和矛盾的激化；通过报道危机始末的真相，可避免臆想、猜测造成的恐慌和动荡；通过报道政府的态度和举措，可让公众树立信心，共同为化解危机而努力。所以，危机管理主体都应当完善良性的危机沟通系统，主动寻求与媒体的合作，建立与媒体之间畅通的交流渠道。

8.2.2　公共部门危机状态下的媒体管理策略

在政府危机公关中，最重要的传播手段是报纸、广播电视和互联网等大众传播媒介。发挥媒体的积极作用，正确引导舆论，把社会公众对危机的舆论引导到有利于危机解决的正确方向上来，需要媒体全面配合危机处理者，共同促进危机的解决。在此过程中，公共部门危机状态下的媒体管理策略至关重要。①

（1）通过媒体快速传递权威信息，在激发公众情绪中实现公共部门危机公关传播的基

---

① 参见高世屹：《媒体在政府危机管理中的作用》，见中评网，2003-06-14；王国华、武国江：《新闻媒体在政府危机管理中的作用》，载《云南行政学院学报》，2004（3）。

调统一。

危机因其高度破坏性，天然地会成为公众关注的焦点，激起公众的兴奋情绪。媒体既是公众情绪的“风向标”，更是公众情绪的“催化剂”“导航员”。在危机管理中，公众的兴奋情绪是一个很重要的因素，引导得好，会向着危机管理的有利方面发展；引导得不好，则不利于危机事件的处理。媒体在潜移默化中把公众对危机的感性体验，统一到理性认识的高度。如果媒体发出不和谐的、与基调不符的声音，就会被排斥在主流声音之外。媒体是否能够充分介入危机事件并快速传递权威信息，是否能够在激发公众情绪中实现公共部门危机公关传播的基调统一，对于公共部门危机管理有着决定性影响。

（2）在设置舆论焦点中塑造公共部门危机管理的良好形象，以获取民众支持。

美国传播学家 M. E. 麦库姆斯和 D. L. 肖认为，大众传媒具有一种为公众设置“议事日程”的功能，大众传媒作为“大事”加以报道的问题，同样也作为“大事”反映在公众的意识当中；传媒的新闻报道以赋予各种“议题”不同程度的显著性的方式，影响着人们对周围世界的“大事”及其重要性的判断。① 任何危机公关传播，总会形成一定的舆论焦点，影响人们的观念。媒体在报道突发事件时，首先是让受众感觉到他们的报道是及时、公正、准确的。大量的现场报道和专家的评说，使得受众完全可以依赖这样一个媒体系统来得到他们想得到的各种信息，甚至是引导。当这样一种信任建立后，政府再与媒体配合默契，通过媒体渗透政府的意向，也就水到渠成了，这实质上就是一种变相的“议程设置”。政府在危机处理中采取的积极措施，通过大众传媒传播的放大功能，深深地印在公众心中，政府处理危机的良好形象也因而很好地树立起来。

（3）在满足公众信息需求中保持社会正常运转。

稳定民心，保持社会秩序的良好运转，是危机管理所追求的最佳效果。在这方面，媒体所发挥的作用是显而易见的。媒体不仅满足于向公众提供危机事件零散的信息，还会随着事态的进展，分析事件的来龙去脉和发展趋势，做出自己的评价。在对事实的报道中，媒体更多地以采访专家、学者的形式，以别人之口来传达自己的态度。有时，则以社论等各种言论文章的形式，直接表明态度。此外，还会采取让公众参与讨论的方式，给公众提供一个政策参与视角，让公众感觉到自己是国家的主人。正是在满足不同公众对不同信息需求的基础上，媒体保持了社会秩序的正常运转。媒体把政府的政策，巧妙地转换成公众的日常行为规则，既起到政策的诠释作用，又引导了公众的日常行为，对危机的解决起到了积极作用。

目前来看，我国政府媒体管理策略表现出相当的不成熟和非理性。其原因是深层次的。虽然就政府和媒体之间的关系而言，世界上各个国家大众传播媒介通常情况下都是作为公共部门存在，信息传播权力也是公共权力的一部分②，但是，我国公共部门危机状态下的媒体管理政策与策略由于受现行的法律规范、政治体制等因素的制约，存在两大问题。③

---

① 参见郭庆光：《传播学教程》，214 页，北京，中国人民大学出版社，1999。

② 参见薛澜、张强：《直面危机——SARS 险局与中国治理转型》，见人民网，2003-05-19。

③ 参见薛澜、张强、钟开斌：《防范与重构：从 SARS 事件看转型期中国的危机管理》，载《改革》，2003（3）。

（1）我国媒体是党和政府的喉舌，作为政策主体的一个组成部分，充当政府与社会之间沟通和情绪表达、信息传递的中介，是党和政府的宣传工具，危机事件报道时媒体与党和政府站在同一立场，即以抗灾、救灾、夺取胜利为重点。在现有的制度背景下，上级政府对下级政府基本无法进行实时、实效地绩效鉴别，有些灾害发生地政府为开脱责任和逃避法律制裁，阻挠媒体公正介入事件报道，不让公众了解危机事件真相，甚至有些对危机事件的及时、有效报道竟被领导视为违反“新闻纪律”。

（2）危机事件的报道不再由新华社统一发稿，任何新闻媒体随时都可以就灾情采写、编发新闻，部分非党报性质的报刊和新型的网络媒体出于对商业利益的考虑，利用监督机制不健全的现实，热衷于报道危机事件。为扩大社会辐射面和影响力，这些媒体人为制造热点、炒作新闻，不顾及过度刊载会带来强烈的社会负面效果。因此，政府与媒体之间的良性互动机制有待建立，这种良性互动机制可以使政府既能保证媒体的新闻自由，又能保证对媒体的必要管制。

为了提升与完善我国公共部门危机状态下的媒体管理政策与策略，必须在媒体、政府和公众三者之间建立一种良性的三角互动关系，使得媒体既受政府制约，又在一定程度上影响政府；既引导公众，又满足公众需求。它一方面代表公众时刻关注、监督危机处理进展；另一方面又作为党和政府的喉舌，传达其声音，树立其形象。政府，是社会公权力的代表，代表人民管理社会公共事务；媒体，是社会公器，代表公众行使社会守望的职能。媒体是一种公共资源，理应最大限度地为增进公共福利而发挥最大效益。在危机管理过程中，作为政府和公众的代言人，媒体的作用就在于按照新闻传播的自身规律对危机处理过程进行干预和影响，促使危机向好的方向转化。作为一种建设性的力量，媒体普遍开展的舆论监督，也是一种卓有成效的危机防范措施。所以，政府要充分认识到媒体在危机管理中的积极作用，对媒体进行有效而富有弹性的管理。下面从政府、媒体和公众三个角度分别进行具体分析。

（1）从政府的角度来分析，政府要转变思维定式，完善危机状态下的媒体管理政策与策略。

1）政府应给新闻媒体发挥作用的空间，认识到媒体应当拥有传播危机事件信息的自主空间。媒体要担当起在公共危机中的社会责任，就应当有相应的公开信息的自主权。一是在各类突发性危机事件中，党和政府有责任迅速向媒体通报情况，发布信息；二是在发生公共危机时，媒体有公开报道的自主权，除了危害国家安全、危害社会公众利益以及法律规定不准报道的以外，都应当允许媒体主动地介入和进行及时、客观的报道；三是党和政府主管部门不应该限制媒体对突发性事件的报道，而是要和媒体加强合作，用正确的管理办法引导媒体，更好地发挥其作用。①

2）政府应充分尊重公众的知情权。在现代社会，一个以公共服务为基本理念的政府，必须对公众充满信任和保持敬畏，尊重包括知情权在内的所有公众权利。

3）在保障新闻媒体权利的基础上，通过立法来建立并保障公共信息公开制度，发挥媒体的议程设置和“沉默的螺旋”作用，建立与媒体之间畅通的交流通道。

---

① 参见迟福林：《SARS 危机催生媒体改革》，见中国网，2003-06-16。

（2）从媒体的角度来分析，必须改革我国目前的新闻媒体管理体制。

1）必须明确媒体肩负着公开突发性危机事件信息的重要职责。媒体既是一种产业，更是一种特殊的社会公共产品。媒体的价值取向应当也必须与社会公众的利益相一致，尤其是在各类突发性危机事件和自然灾害发生时，媒体应当主动地承担应尽的社会责任，以自己的社会良知和职业道德，满足社会广大公众的信息需求。通过及时、客观的报道和正确的舆论引导，增强社会的向心力，维护国家的公共安全和社会稳定。

2）必须改革传统的媒体管理体制和旧的意识形态，把传媒的管理纳入制度化、法制化的管理轨道。适应建设开放社会的要求，应当尽快制定和颁布新闻法，赋予新闻媒体一定的自主权；应当把政策的制定者、监督者与传媒机构严格分开；应当严格地把各类社会信息同意识形态区分开来；应当允许和支持新闻媒体在党和国家政策的指导下，在政策和法律的范围内拥有及时、客观公布各类社会信息的自主权。由此，媒体同党和政府主管部门的关系也应当从原有的行政隶属关系向指导和合作的关系转变。①

3）新闻媒体自身也要增加责任感，讲究艺术，不断提高危机公关传播的引导水平。媒体必须树立国家大局意识和国家利益观念，以高度的责任感，努力提高危机公关传播的引导水平。关键时刻要保持冷静，不能在公众群情激愤的感染下失去理智，迷失方向。要讲究艺术，学习西方媒体的经验，在不知不觉中传达政府的声音，在潜移默化中树立政府的形象，在正确引导中维护社会稳定。媒体要充分发挥舆论引导的作用，积极参与到政府危机管理体系中去。

（3）从公众的角度来分析，广大公众也要学会利用媒体，正确认识“媒介世界”与“现实世界”的区别，科学建构自己的“主观世界”。

大众传播媒介特别是互联网普及后，极大地开阔了公众认识客观世界的范围，在公众面前构筑了一个丰富多彩的“媒介世界”，但同时这种“媒介世界”是建立在自己价值选择，如新奇、醒目等因素基础上的，它与客观存在的“现实世界”是有差别的，是不对等的。这种差别往往扩大“现实世界”中某个突出的议题或者某个方面，造成公众对“现实世界”的认识偏差，甚至是恐慌。特别是在危机状态下，媒体在激烈竞争中可能会全方位关注，甚至不间断地直播危机过程，“媒介世界”中到处充满危机现象，但是在“现实世界”中，危机其实并非无时无刻、无处不在地存在于生活之中。这不是媒体的过错，而是要求广大公众科学地剔除“媒介世界”中的夸大和渲染成分，正确判断媒介信息的意义和价值，减少媒介信息盲从。广大公众应提高个人的媒介素养，调整好心态，做媒介的主人，而非奴隶，从而努力使自己的“主观世界”符合“现实世界”的本来面目，避免或减少不必要的“危机恐慌症”。②

8.2.3 公共部门危机状态下的媒体控制③

公共部门危机状态下的媒体控制有两方面含义：积极控制与消极控制。消极控制是指

① 参见迟福林：《SARS危机催生媒体改革》，见中国网，2003-06-16。

② 参见高世屹：《传媒在政府抗“非典”危机公关中的作用》，见中国新闻研究中心，2003-05-20。

③ 参见石磊：《中国公共危机管理体系中的传媒控制问题》，载《现代传播》，2005（4）。

对大众传播工具及传播内容实行管制，即政府为了消除危机状态所具有的高度危险性、破坏性，为了恢复正常的宪法和法律秩序，利用其掌握的国家强制力对新闻自由、舆论自由进行相对于平常时期更为严厉的限制。当然，即便是消极意义上的媒体控制也不同于传统意义上的舆论控制。现代意义上的媒体控制有其合法性基础，即危机管理中对公民言论自由的权利进行限制，属于所谓"紧急失权制度"的一部分内容。它的理论基础是削减公共危机经由大众传媒而产生的放大效应，尽可能地把危机导致的社会损失降至最低。

积极控制是指公共部门危机管理中的媒体利用，从功能上可区分为内部利用和外部利用。就内部利用而言，政府需要运用各种现代通信与媒介手段来构建自己的危机信息管理系统平台，以实现有效的组织传播，从而确保整个系统的运行效率。就外部利用而言，其一是利用大众传媒对外发布危机信息管理，保障公民的知情权。它属于政府信息公开的范畴，是政府应尽的责任。其二是主动出击，控制媒体相关报道的叙事框架和议程设置来影响公共舆论，从而争取社会公众对政府危机处理措施的理解、支持和主动配合。它是政府作为大众传媒的众多信息源之一而与其他信息源争夺"话语权"的行为。其三是发挥大众传媒的舆论监督作用，以弥补公共部门危机管理体系内部监督机制的不足。

大众传媒作为政府开办的一项事业或政府组织经营的一个产业部门，其所有者赋予它的唯一职责就是发布决策者认为应该公布的信息并动员社会大众拥护和支持决策者的各项决定。我国的政府管理体制是基于"政绩合法性"的"压力型政府"①，一旦出现比较严重的公共危机事件，不仅相应管理权限的领导者会格外审慎和重视，以上各级领导直至政府最高层也会予以关注并做出相应决策。因此，我国目前的公共部门危机管理系统对现代意义上的传媒控制方式具有一种制度不兼容性。传媒控制的方式选择是"制度性的"，因此泛泛强调大众传媒在公共危机管理体系中的作用是无济于事的；再进一步，强调建立和完善相关政策、法律、法规也不能解决问题，因为政策和法律只有经由一定的执行体制，在具体的制度环境中落实下来才能发挥其作用，才能谈得上传媒控制方式从传统到现代的转变。

当然这并不等于说，只有在建立了一个完善的法律规范体系后，才可以考虑如何把政府在危机状态下对媒体的控制纳入法制化轨道。实际上，新的法律和政策必须逐步或逐项纳入旧的体制中运行并逐步实现制度化。新的政策措施纳入旧的体制框架内运行可能会产生一定程度的扭曲，但同时也会造成体制内的所谓"制度不均衡"从而引发新的体制变革需求。目前来看，这种体制内的、积累性的变革需求相应于传媒控制方式的转型而言是"正值的"，这也可以证之于近年来政府对媒体就一些突发性危机事件所做报道的控制。此外，相应于这种体制内的积累性变革，还存在一种体制外的、由于大众传媒逐步从意识形态宣传领域走向新闻出版产业领域而形成的变革力量。总之，危机的"倒逼"效应是存在的，但不应夸大，体制内的积累性变革也是可以期许的，但它将是一个漫长的、复杂的，甚至在一定程度上可逆的"路径依赖"过程。或许，我们更有理由期待体制外的市场化、

① 李傲：《关于行政公开认知度的调查报告》，载《法学评论》，2004（2）。

产业化改革，因为只有它提供的动力才是逐步加速的和不可逆的。

8.3 公共部门危机状态下的沟通障碍与公关策略

8.3.1 公共部门危机状态下的沟通障碍

为了更好地判断潜在的危机以及对发生的危机进行有效的管理，必须构建顺畅的内/外部信息沟通渠道；必须提升公共部门危机状态下的内/外部环境系统、内/外部感知系统、内/外部执行系统、规范系统等系统功能，完善正负反馈、探索性自组、控制性投射等信息传递的各环节；必须运用政府形象修复战略构建政府、公众（危机事件影响的目标群体）、媒体三者之间的良性互动关系。然而，在我国公共部门危机状态下的沟通管理实践过程中，存在着危机状态下的沟通不畅、沟通失真、沟通扭曲、沟通变形等问题，造成严重的沟通障碍。危机沟通障碍的影响因素主要有以下四个方面①：

1. 交流问题

交流是政府危机决策部门与公众（危机事件影响的目标群体）、媒体之间的黏合剂。危机决策者与公众（危机事件影响的目标群体）、媒体之间存在着好的双向交流是了解危机形势和成功执行危机管理的关键。（1）交流效果受到环境限制。危机决策者与公众（危机事件影响的目标群体）、媒体之间的交流通常表现为正式和非正式的两种。在任何情况下都要对观点、态度和偏见进行准确传递。同时交流的效果由它所处的环境决定。交流的非正式渠道通常比正式渠道更重要，危机状态下尤其如此。正规的报告渠道、官方的报告协定、计划的制订往往无法阻挡突发性危机事件的发展。（2）危机信息过分的条块分割也设置了交流障碍。（3）交流效果受到信息超载的限制。信息超载意味着许多关键的信息得不到分析或者无法被决策者们看见。网络、图解和推理技术的结合，通过基于问题的信息系统，利用先进的信息技术和手段来搜集、整理、分析和交流相关情报，使得危机信息的利用更具有专业性，已经在一些公共危机政策环境中证明其有效性。

2. 官僚政治问题

政府危机决策部门和危机信息的激增导致在危机发展的每个阶段都发生官僚政治问题。政府组织金字塔形的权力结构使得纵向组织整合的信息始终低效率流转，并且职能不清、政出多门等问题又导致组织横向信息整合缺乏力度。官僚化的问题处理程序导致危机信息传递失误。官僚政治程序同样影响着危机信息的质量。

3. 心理障碍

许多心理因素影响着认知过程，而爆发危机时许多因素就更为凸显。既存的信仰和形象思维会将新信息的重要性淡化，要遵循主流政策的压力也导致对新信息的歪曲评估。然

① 参见周玲：《危机管理中导致情报失误的因素》，载《情报杂志》，2005（3）；汤敏轩：《危机管理体制中的信息沟通机制——基于组织整合的流程分析》，载《江海学刊》，2004（1）。

而在危机过程中，压力是最重要的因素。由危机引起的压力对危机信息过程有很大的影响。危机信息要比非危机信息的积累更为缓慢。在危机信息变得可用之时，甚至在它们得到分析之前，时间和情形的紧急性会迫使零星的危机信息被仓促地处理。在这种情况下，“新信息就被现存的数据同化”，这样就使得现存的假设和计划得以进一步证实。即使这种假设可能错误，新信息也无法表述出可能出现的其他情况，而随后的危机信息实际上都被翻译成为进一步证实这一假设的信息。压力同样也会制造出一种“当前事件综合征”(current events syndrome)。在这种情况下决策者们被卷入多个事件中，对危机信息的需求和供应就变得很短视：只关注最近出现的零星的危机信息，从而导致危机信息被系统思维整合的环境同化。这种综合征是造成分析出现问题的一个重要原因。

危机形势同样也提升了在危机信息过程中保持认知连贯性时心理需求的重要性。人们不可能根据每种新的认知线索而重新组合他们的感知世界，在危机状态下尤其如此。这样做只会导致认知功能紊乱。努力保持认知的平衡和一致性就能让人们将新的认知线索放置到更大的模式里去。有一种强大的倾向将新的发展与主要的观点和预测，以及所希望出现的结果统一起来。危机信息分析者们趋向于看到他们所希望的结果。还有一种倾向是相信事情将保持其原样，这是由没有严肃对待预警指标造成的。危机信息与意图和能力相关。

4．*意识形态和政治障碍*

当危机信息判断被改变用来适应其使用者的观点，或者是为了进一步引起报告者的兴趣时，就会出现意识形态和政治的失真。当情报表现为排他、抑制、隐瞒，或者是当它为了逢迎决策者而以原始的、未经分析的，甚至误导的形式出现时，就会出现失真问题。这样的失真可能来自对模糊信息细致的、几乎是无意识的歪曲，或者由于恶意的企图，试图通过危机信息判断来影响政策。在等级式政府组织中，危机信息提供者们被引诱着“烹饪出能够适合决策者食谱的危机信息”。由这种危机信息创造出的风气，会直接或间接地影响着危机管理。同时，对于那些有着强烈的意识偏好的决策者而言，他们也可能会暗示坏消息（以及怀有这种观点的人）是不受欢迎的。

8.3.2　公共部门危机状态下的公关策略与形象管理

危机沟通是公共部门危机管理的基础性手段。为了克服公共部门危机状态下的沟通障碍，必须注重运用公共部门危机状态下的公关策略与形象管理。所谓公共部门危机公关策略，就是公共部门面对突发性危机事件，所采取的旨在减少危机损坏程度的沟通信息、树立形象的公关策略。所谓公共部门危机形象管理是指公共部门在应对突发性危机事件期间维护其权威和公众形象的一系列措施和活动。

面对突发性危机事件，为了争取公众对政府工作的理解和支持，塑造良好的政府形象，政府运用各种传播手段与社会公众进行信息沟通。与日常的公关相比，危机公关具有很大的时间压力和公众压力，因为它要求政府调动各种资源和力量，在最短的时间内使危机造成的损失最小化，不断满足公众在危机中的信息知情权，从而塑造良好的政府形象。由于突发性危机事件及应急管理过程中不可避免会触及某些利益相关者，因此政府应当密切注意到公众和这些利益集团的现有看法。一旦政府形象受损，就应该努力从本质上去改善这种形象。通过突发性危机事件本身，政府更容易重塑一种积极进取的形象。政府的危机公关能力，既是政府危机管理的重要能力之一，也是广大人民群众对政府危机管理能力进行评价的重要指标之一。在公共危机爆发时，政府与公众处于一种非常态管理的特殊环境下，政府通过危机公关唤起公众的理解和支持，对于维护社会的稳定，提高政府的公信力，塑造良好的政府形象，成功控制和解决危机事件，具有十分重要的作用。

危机公关传播理论认为，危机公关策略是影响危机公关成败的最直接因素，应当注重科学地运用公共关系学的原理、方法应对危机。英国公关学者布莱克教授提出，危机沟通须遵循以下原则：立即做出反应；向新闻界提供全部和准确的情况；尽最大可能安抚受害者和他们的家属。英国危机管理专家里杰斯特提出著名的3T原则：tell your own tale（以我为主提供情况）；tell it all（提供全部情况）；tell it fast（尽快提供情况）。加拿大DOW公司制定的危机沟通原则要点是：诚实第一，永远诚实；同情心、人道主义；公开化、坦率；日夜工作；有预见性，不被动应付。危机公关传播的主要策略包括：尽快搜集并公布事实真相、成立危机处理小组、慎选新闻发言人、及时澄清负面消息、掌握议题建构的主动权等。还有所谓的危机公关传播的4S策略：stop（事情到此为止，不能再扩大事态），shut up（只有一个发言人，其他的人都闭嘴），sorry（积极处理危机，坦诚相待，不要做任何的解释，赶紧认错），survive（转危为机）。这些策略对公共部门危机状态下的公关策略与形象管理，具有很强的借鉴价值。

具体而言，公共部门危机状态下的公关策略与形象管理措施主要有以下几个方面[①]：

1. “雄鹰”式危机沟通策略

当危机来临时，政府必须采用“雄鹰”式的沟通策略，主动迅速出击，果断承担责任[②]；而不能采用“鸵鸟”式的沟通策略，面对危机采取逃避态度。危机沟通的“雄鹰”式策略应遵循以下原则：（1）未雨绸缪原则，事先制订好危机沟通应急计划，确定和培训危机沟通的专职人员；（2）快速反应原则，高效率和日夜工作是做到快速反应不可缺少的条件；（3）真诚坦率原则，强调实言相告，越是隐瞒真相越会引起更大的怀疑；（4）人道主义原则，危机沟通中首先要考虑人道主义的原则；（5）维护形象原则，政府的形象是危机管理的出发点和归宿。

政府“雄鹰”式危机沟通策略的主要内容和程序有：

（1）进行事前危机调查和危机预测。危机调查要注意以下两个问题：要弄清楚政府组织的类别和特征；要列出可能发生的各种危机事件。需要对危机调查所取得的结果进行分析，把所有可能发生的危机按轻重缓急加以排列，并预测出危机对组织造成多大损害，从而为制定反危机措施做好前期准备。政府要经常进行自我反省，并进行脆弱度分析，制度性的定期检查自己的薄弱环节并了解最新情况，以便在问题发展成为危机之前将其解决。脆弱度分析审查有助于防止危机，避免危机的不良影响。

---

① 参见王林雪：《公共关系在企业危机管理中的运用》，载《理论导刊》，1996（12）；徐刚、黄训美：《政府危机管理中的公共关系问题研究》，载《中国行政管理》，2004（5）。

② 参见王磊、韩爱红：《危机中怎样做雄鹰》，载《中外管理》，2001（2）。

（2）确定重点沟通对象，建立有效的危机沟通和传播的信息通道。公众（危机事件影响的目标群体）和大众媒体是政府危机沟通中不可忽略的沟通对象。

（3）做好危机沟通方案，这是危机沟通的基本依据。主要内容包括：1）时刻准备在危机发生时，将公众利益置于首位；2）掌握危机信息发布的主动权，以政府为第一信息源，向外界宣布发生了什么危机、政府正采取什么措施来补救等；3）确定信息沟通传播所需的媒介，如名称、地址及联系电话；4）确定需要告知的外部其他重要公众；5）备好有关背景材料，并不断根据最新材料予以充实；6）建立新闻办公室，作为新闻发布会和媒体索取新资料的场所；7）设立危机新闻中心，以接收新闻媒体和公众电话，若有必要，一天24小时开通；8）确保政府部门内有足够受训的人员以应付媒体和其他外部公众的查询；9）应有一名高级官员置身于危机控制中心。

（4）进行危机沟通训练。政府如果缺乏能够有效进行危机沟通的人员，则危机沟通的方案、步骤就是形同虚设。应成立危机沟通小组，挑选合适的人员，并接受如何接受记者采访、电话问询的训练。应建立并完善危机事务新闻发言人制度。

此外，政府“雄鹰”式危机沟通策略在实施过程中，需要注意以下问题：（1）面对危机，应考虑到最坏的可能，并及时有条不紊地采取行动。（2）在危机发生时，以最快的速度启动危机控制中心，调配经过训练的高级官员，以实施危机沟通计划。（3）了解公众的情绪，倾听公众的意见，满足公众的需求。（4）掌握舆论的主导权，尽力以政府发布的消息为唯一的权威性来源。在危机发生而事故真相尚未查明前，可向媒体提供背景材料，介绍发生危机的初步情况、政府采取的措施，以及与事件相关的资料来占领舆论阵地。这就是里杰斯特所谓“填补信息真空的策略”。（5）统一信息传播的口径，对技术性、专业性较强的问题，避免使用行话或专业术语，要用清晰的大众语言向公众表达。在危机沟通传播中也应使用清晰、不产生歧义的语言，以避免出现猜忌和流言。（6）如果新闻报道与事实不符，应及时予以指出并要求批评更正。（7）不要发布不准确的消息。绝不要用猜测或不真实的信息来填补消息的空白。（8）坦诚地对待公众和媒体。（9）危机沟通人员要有足够的心理承受能力。（10）危机沟通完毕后，及时总结经验、吸取教训，将其作为以后类似沟通事务的处理依据。

2.“SMART”策略①

政府危机公关应把握好五个要素：危机信息传播源、媒体、态度、回应、时间。

（1）把握危机信息传播源。危机中传播失误造成的真空，会很快被流言所占据。“无可奉告”只会引起人们更强烈的好奇心。因此，危机时期，必须牢牢把握信息传播源，控制信息传播途径，争取化被动为主动，减少负面影响。把握危机信息传播源，一方面可以保障民众的知情权，保持权威的消息来源；另一方面也可以控制消息的公布，防止不准确消息的流通。

（2）充分运用媒体资源。与媒体保持友好关系，可以在危机爆发和处理时期，争取媒体的理解与宽容、支持与合作，帮助政府平稳地解决危机。在危机事件中，还要注意利用媒体收集社会公众的反应。

① 参见马翠琳：《警察危机公关策略研究》，载《福建公安高等专科学校学报》，2003（6）。

（3）开诚布公的态度。当危机事件成为公众关注的焦点时，政府只有以公开和坦诚的形象、积极解决问题的态度，才能及时化解危机。

（4）有理有节的回应。对于经查有严重失实和恶意中伤的报道，应有理有节地坚决反击。如果新闻报道已经构成侵权，则可以向人民法院提起诉讼，通过法律途径解决。

（5）第一时间发出声音。根据公众反应的变化，政府应在危机事件发生的第一时间，以最快的速度做出反应。

3. 及时性策略

这一策略的关键是积极主动，是政府危机管理中公关工作的重要策略。它包括及时发现危机隐患，及时了解危机情况，及时采取有效处理措施，及时进行信息沟通。采用及时性策略，既能够抑制危机事态的发展，赢得时间，减少损失；又能够体现政府严谨、科学的工作作风，积极、认真、负责的态度，为有效地处理危机创造条件。

4. 利益策略

政府应站在公众利益的立场上，发现和评估公众的损失和利益需求，并给予及时的弥补和满足，这是争取公众支持和合作的有效手段。公共关系之父爱德华·伯纳斯曾提出，组织的行为必须建立在公共利益之上，公共利益和私人利益相一致是基本的原则。政府应能主动担负起维护公众利益的责任，消除敌对心理，赢得公众赞誉。

5. “揭丑”策略

政府将由于自己的失误而造成的危机事件，主动地暴露于公众面前，主动承认错误，主动承担责任，并向公众公布拯救措施。这样做，既表达了政府的真情实意，有利于博得公众的同情和理解；也能够吸引公众积极参与消除公共危机的公关活动，增强公众对政府的信心。政府积极配合媒体在第一时间做好报道工作，敢于揭丑，就能取得工作的主动，避免小道消息的流传和媒体的误报。危机事件一旦发生，便会置于媒体的全程“监视”之下，“揭丑”策略反而能取得良好的效果。

6. 宣传策略

政府公关工作的重要方式就是运用现代传播沟通工具进行大量的、广泛的信息传递，宣传政府危机管理措施，塑造政府形象。如果说“揭丑”是反向宣传，那么，宣传策略就是正向宣传。公共危机处理完毕后，一个重要的工作就是重新塑造政府形象。政府除了及时、主动地将危机事件的处理过程及结果告之公众外，还要大力开展宣传活动，将政府处理危机的正确态度、有力措施、整改方案通过大众传媒传播出去，变危难为提高政府形象的机会。

8.4 构建与完善危机事务新闻发言人制度

危机事务新闻发言人制度是一种政府危机管理人员通过新闻发布会的方式经由媒体告知公众有关危机事件的起因、后果、政府应对措施以及工作进展等情况，以澄清事实，避免恐慌，同时争取公众对政府危机管理工作的理解、支持和配合的制度。实践证明，危机事务新闻发言人制度在政府危机管理中发挥了重要作用。①《中共中央关于加强党的执政能力建设的决定》也明确指出："重视对社会热点问题的引导，积极开展舆论监督，完善新闻发布制度和重大突发事件新闻报道快速反应机制。"

危机事务新闻发言人制度是危机状态下政府公共关系框架的重要组成部分，是政府调节社会公共关系的重要手段之一。在突发性危机事件爆发这种特殊时期，危机事务新闻发言人的作用更为重要。通过这种直观的、人性化的方式，向媒体和社会公众传达事件的即时信息、政府的态度、采取的措施和解决的程度，来满足公众趋利避害的需求，缓和公众的紧张情绪，取得公众的理解和支持，可以有效地调节公共关系，树立责任政府的良好形象。我国政府已相继建立了危机事务新闻发言人制度。

危机事务新闻发言人是架在政府与公众之间的桥梁，它使公众的知情权获得最大限度地满足，同时将公众的想法反馈给政府。但是，由于我国关于政府信息公开的法律法规还不够健全，对于哪些政府信息应该披露，按什么程序披露，如何落实责任人和追究失职责任，规定得不够详细。所以，我国地方政府相继建立的危机事务新闻发言人制度还存在着很多问题，仍处在初级阶段，需要进一步完善。从公共部门危机管理的角度来看，完善我国危机事务新闻发言人制度，需要注意以下几点②：

（1）担任危机事务新闻发言人的人员要固定，必须具备相当高的危机管理素养。突发性危机事件的特点决定其新闻发布必须及时、客观、准确、稳妥、有序。现代政府在发生突发性危机事件时新闻发布的快速反应至关重要。所以，担任危机事务新闻发言人的人员要固定，必须改变以往人随事变、新闻发言人变换频繁的传统做法。担任危机事务新闻发言人的人员必须具备相当高的危机管理素养，最好是政府相当级别的官员。这样，既可以显现政府对危机事务新闻发言人制度的重视程度，又可以保证危机信息传递的权威性。

关于担任危机事务新闻发言人的人员必须具备的危机管理素养，美国著名的危机管理专家库姆斯专门阐述了危机事务新闻发言人在和媒体打交道时的任务、应该具备的知识以及相应的技能（见表8－1）。

表8－1　危机事务新闻发言人的任务、应该具备的知识以及相应的技能

任务	知识	技能
在镜头面前表现自然	理解准确传递信息的重要性	较强的信息传递技能
有效回答问题	理解长时间停顿的危险性 掌握有效倾听的步骤 理解"无可奉告"的危险性 理解和记者争论的危险性	快速思考 有效倾听 用其他语言替代"无可奉告" 在压力下保持冷静
清晰表述危机信息	理解和专业术语有关的问题 理解回答的必要性	能避免使用专业术语 组织回应

① 参见王学军：《转型时期我国政府危机管理体系探析》，载《中共杭州市委党校学报》，2005（2）。

② 参见焦扬：《完善新闻发布制度，强化政府危机管理》，载《新闻记者》，2005（1）。

续前表

任务	知识	技能
能处理复杂问题	理解复杂问题的特性	能确认复杂问题 能要求对方重复问题 有技巧地处理复杂问题 质疑不准确信息 解释有些问题不能回答 评价复合性问题的回答正确性 应对复合性问题

资料来源：W. Timothy Coombs，*Ongoing Crisis Communication：Planning，Managing，and Responding*，New York：Sage Publications Inc.，1999，p. 65；薛澜、张强、钟开斌：《危机管理——转型期中国面临的挑战》，北京，清华大学出版社，2003。

（2）按照分级负责的原则，相关政府的危机事务新闻发言人要参与突发性危机事件的处置，并在处置过程中，从新闻专业角度提出意见和建议。

（3）在政府突发性危机事件处理预案中，应有明确的媒体应对运作流程。流程应包括以下要素：突发性危机事件发生的第一时间，应通知新闻运作部门；明确什么情况下进行发布，媒体沟通的目标是什么；由谁发布（可以是政府发言人，也可以是政府部门发言人）；发布口径由谁提供，由谁审批；发布形式（根据实际情况，有召开新闻发布会、书面发布、提供新闻稿等多种形式）；首先要保证的主流媒体是哪些；等等。

（4）进行有效的危机传播，确立有效的媒体应对模式。政府与媒体实际上是相互依存的。政府需要媒体宣传其政策主张，取得公众的理解和支持；媒体也需要政府的信息，使其报道具有权威性和影响力。一个主流媒体不可能只靠社会新闻、花边新闻和小道消息建立公信。政府危机事务新闻发言人制度正是寓导向于服务之中，通过主动提供新闻信息服务，满足媒体需求，从而影响舆论走向，保障公众知情权。此外，现代政府应有不同层面的突发性危机事件媒体沟通预案，一旦事件发生，就可根据不同性质，立即启动不同的危机预案，主动沟通，抢占先机。

（5）加强舆情跟踪和分析研究。危机时期知己知彼十分重要。国内外舆情（包括社情民意）跟踪、分析、研判是危机事务新闻发言人每天必做的功课。事件信息的收集机制、公众情绪和心理监测机制、系统内部沟通机制、媒体选择和互动机制、事件传播的评估机制等，都是必需的。这是解决突发性危机事件新闻发布的针对性和度的把握之基础。

除了上述措施以外，危机事务新闻发言人在和媒体打交道时，还应该掌握一些基本原则。主要包括①：

（1）第一时间原则。突发性危机事件中的新闻传播最可怕的不是记者抢发新闻，而是记者抢发不是出自政府的新闻。政府应该在第一时间引导舆论，即所谓抢占制高点，先入为主，先声夺人，先发制人。谁第一时间发布新闻，谁就掌握了舆论的主动权、事件处理的主导权。不求全，只求快，但必须准。

（2）滚动发布原则。第一时间发布的信息，不一定是全面的。这没关系，有了进一步

① 参见焦扬：《完善新闻发布制度，强化政府危机管理》，载《新闻记者》，2005（1）。

的信息，滚动发布，不断发布最新情况，对过去由于情况不清晰而发布的不准确的信息要立即纠正，保持政府部门是信息最权威发布者的地位。

（3）真实性原则。千万不要粉饰太平，事态不会因我们说法而改变。政府最大的致命伤就是失信于民。没有不透风的墙，更何况在网络时代。要求危机事务新闻发言人言辞审慎、表情严肃、态度坚定认真，确保危机信息的真实性。

（4）口径一致原则。这是取信于民的至关重要的原则。对外公布的口径只能是一个，不管是事件处理者还是新闻发布者，或者是政府最高首长或与事件有关并可能接触媒体的其他人，对外口径必须高度一致，不能提供互相矛盾的信息。沟通口径不一致，沟通本身就会变成危机。

（5）满足基本需要原则。新闻采访与写作的基本要素是五个“W”（who，when，where，what，why）。什么人、什么时间、什么地点发生了什么事？原因是什么？怎样发生的？后果如何？已经采取了什么措施？政府对此态度如何？谁将为此负责？如何避免类似事件再次发生？这些都是记者和公众最关心的。但是，我们不必一次披露所有的信息，事实上也做不到。只要最简明扼要地把几个基本情况讲清楚即可。

（6）以我为主原则。突发性危机事件的过分炒作往往会造成不良的社会影响。因此，程度的把握也很重要。在第一时间只介绍事情的基本情况，以及政府认为应该对公众做出的提醒，而不一定要披露具体细节。在告诉公众基本事实的同时，一定要告诉他们政府采取了什么措施，以安定人心，塑造责任政府的形象。

本章小结

1. 公共部门危机沟通管理是指公共部门以沟通为手段、以解决危机为目的所进行的一系列化解危机和规避危机的活动和过程。公共部门危机沟通管理贯穿于公共部门危机管理的全过程，公共部门危机信息沟通机制是公共部门危机管理的前提要件和过程保障。

2. 公共部门危机状态下的信息沟通理论模型，包括内/外部环境系统、内/外部感知系统、内/外部执行系统、规范系统等子系统；包括正负反馈、探索性自组、控制性投射等信息传递的各环节。

3. 公共部门危机状态下的三角互动沟通指的是政府、公众（危机事件影响的目标群体）、媒体三者之间的良性互动关系。在危机沟通中，形象修复战略的决策主导着政府以怎样的方式和步骤向外界传递哪些信息。公众（危机事件影响的目标群体）是危机沟通的受众，他们的态度和要求深刻影响着危机沟通的效果和效率。大众媒体是政府与公众（危机事件影响的目标群体）沟通的主要渠道。

4. 贝努瓦的危机公关传播模式，主要分为五个大的战略方法及其包含的战略战术。五个大的战略方法具体是指：否认、逃避责任、减少敌意、亡羊补牢、自责。前两个战略强调责任，中间两个战略与敌意有关，最后一个战略则是表达自责。

5. 伯克兰相信，焦点事件在设置公众议题方面扮演主要角色，因为媒体对焦点事件的采访能够引起广泛关注并促使政府采取改善行为。伯克兰认为，焦点事件具有两种主要类型。第一种类型是“常规性”的焦点事件；第二种类型是“新型的事件”。第二种类型的焦点事件表明了危机事件对公共政策的影响。

6. 媒体在公共部门危机管理中发挥着不可替代的作用，主要表现在六个方面：发现危机征兆和警示信息的“预警”作用；满足信息需求，帮助政府传递信息；引导公众情绪，帮助政府赢得社会支持；为政府危机决策提供智力支持；塑造与提升政府在公众心目中的形象；引导社会舆论，发挥稳定社会的重要作用。

7. 公共部门危机状态下的媒体管理策略主要有：通过媒体快速传递权威信息，在激发公众情绪中实现公共部门危机公关传播的基调统一；在设置舆论焦点中塑造公共部门危机管理的良好形象，以获取民众支持；在满足公众信息需求中保持社会正常运转。

8. 为了提升与完善我国公共部门危机状态下的媒体管理政策与策略，必须在媒体、政府和公众三者之间建立一种良性的三角互动关系。政府要转变思维定式，完善危机状态下的媒体管理政策与策略；必须改革我国目前的新闻媒体管理体制；广大公众也要学会利用媒体，正确认识“媒介世界”与“现实世界”的区别，科学建构自己的“主观世界”。

9. 公共部门危机状态下的媒体控制有两方面含义：积极控制与消极控制。消极控制是指对大众传播工具及传播内容实行管制；积极控制是指公共部门危机管理中的媒体利用，从功能上可区分为内部利用和外部利用。

10. 所谓公共部门危机公关策略，就是公共部门面对突发性危机事件，所采取的旨在减少危机损坏程度的沟通信息、树立形象的公关策略。所谓公共部门危机形象管理是指公共部门在应对突发性危机事件期间维护其权威和公众形象的一系列措施和活动。

11. 公共部门危机状态下的公关策略与形象管理措施主要有：“雄鹰”式危机沟通策略、“SMART”策略、及时性策略、利益策略、“揭丑”策略、宣传策略。

12. 危机事务新闻发言人制度是一种政府危机管理人员通过新闻发布会的方式经由媒体告知公众有关危机事件的起因、后果、政府应对措施以及工作进展等情况，以澄清事实，避免恐慌，同时争取公众对政府危机管理工作的理解、支持和配合的制度。

13. 从公共部门危机管理的角度来看，完善我国危机事务新闻发言人制度，需要注意五点：担任危机事务新闻发言人的人员要固定，必须具备相当高的危机管理素养；按照分级负责的原则，相关政府的危机事务新闻发言人要参与突发性危机事件的处置；应有明确的媒体应对运作流程；进行有效的危机传播，确立有效的媒体应对模式；加强舆情跟踪和分析研究。

关键术语

公共部门危机沟通管理　公共部门危机沟通机制　信息沟通理论模型　三角互动沟通模型　威廉·贝努瓦的形象改变理论　托马斯·伯克兰的焦点事件理论　媒体管理策略　媒体控制　危机沟通障碍　危机公关策略　危机形象管理　“雄鹰”式危机沟通策略　危机事务新闻发言人制度

复习思考题

1. 何谓公共部门危机沟通管理？其地位与作用如何？

2. 如何对公共部门危机沟通机制进行科学分类？其主要内容有哪些？

3. 简述公共部门危机状态下的信息沟通理论模型的主要内容。

4. 简述公共部门危机状态下的三角互动沟通模型的主要内容。

5. 简述威廉·贝努瓦的形象改变理论的主要内容，并分析其对我国危机管理的启示。

6. 分析托马斯·伯克兰的焦点事件理论在中国危机管理实践中的适用性。

7. 媒体在公共部门危机管理中的地位如何？其主要功能与作用体现在哪些方面？

8. 公共部门危机状态下的媒体管理策略有哪些？试举例具体说明。

9. 我国公共部门危机状态下的媒体管理政策与策略存在什么问题？如何加以提升与完善？

10. 我国公共部门危机状态下如何实施媒体控制？

11. 公共部门危机状态下的沟通障碍主要有哪些？

12. 公共部门危机状态下的公关策略与形象管理措施有哪些？

13. 何谓危机事务新闻发言人制度？完善我国危机事务新闻发言人制度，需要注意哪些方面？

阅读案例

沪昆高速湖南邵阳段“7·19”特别重大道路交通危化品爆燃事故应急处置

一、事故基本情况

2014 年 7 月 19 日 2 时 57 分，湖南省邵阳市境内沪昆高速公路 1 309 公里 33 米处，一辆自东向西行驶运载乙醇的车牌号为湘 A3ZT46 轻型货车，与前方停车排队等候的车牌号为闽 BY2508 大型普通客车发生追尾碰撞，轻型货车运载的乙醇瞬间大量泄漏起火燃烧，致使大客车、轻型货车等五辆车被烧毁，造成 54 人死亡、6 人受伤（其中 4 人因伤势过重医治无效死亡），直接经济损失 5 300 余万元。

事故发生后，党中央、国务院领导同志高度重视，马凯副总理和杨晶、郭声琨、王勇国务委员等领导同志先后做出重要批示，要求做好事故救援和善后工作，尽量减少人员伤亡，尽快查明事故原因，依法依规严肃追责，汲取事故教训，采取有力措施，进一步加强道路交通安全和危化品运输安全监管，全面排查整治安全隐患，严防重特大事故发生。

遵照党中央、国务院领导同志的重要批示要求，依据《安全生产法》和《生产安全事故报告和调查处理条例》等有关法律法规规定，2014 年 7 月 21 日，国务院批准成立了由国家安全监管总局、公安部、监察部、交通运输部、全国总工会、湖南省人民政府有关负责同志等参加的国务院沪昆高速湖南邵阳段“7·19”特别重大道路交通危化品爆燃事故调查组，开展事故调查工作。事故调查组邀请最高人民检察院派员参加，并聘请了公安、交通、消防、车辆、质检、化工、塑料加工等方面的专家参加事故调查工作。

事故调查组按照“四不放过”和“科学严谨、依法依规、实事求是、注重实效”的原则，通过现场勘验、调查取证、检测鉴定、研究试验、专家论证、综合分析等，查明了事故发生的经过、原因、人员伤亡和直接经济损失情况，认定了事故性质和责任，提出了对有关责任人和责任单位的处理建议，并针对事故原因及暴露出的突出问题，提出了事故防范措施建议。

二、事故发生经过和应急处置情况

（一）事故发生前路段状况

7月19日1时12分（本次事故发生前1小时45分钟），在沪昆高速公路1 312公里450米处，一辆自西向东行驶的空油罐车冲过中央隔离护栏，与自东向西行驶的一辆大型客车和一辆小型客车发生刮碰并起火，造成1人死亡，双向交通中断，出现车辆排队。湖南省高速公路交警在自东往西方向距事故点300米以外，实施临时交通管制，禁止车辆进入事故现场路段，并安排一辆警车在自东往西方向距离车流尾端500米外向来车方向，随滞留车辆的延长，适时移动警车，通过闪警灯、鸣警笛、喊话方式示警。至本次事故发生时，自东向西方向车道内排队车辆约400辆，排队长度约3.1公里。

（二）事故发生经过

7月18日6时45分，由贾安奎、彭骏昌驾驶的闽BY2508大客车载一名乘客从福建省长乐市营前镇出发（未按规定到莆田涵江汽车总站进行安全例检和办理报班手续），车辆未按核准路线行驶，行经沈海高速、厦蓉高速，沿途在福建、江西境内上下客九次。22时26分，沿炎睦高速进入湖南省境内，此时车上共有乘客54人，后再无人员上下车。19日2时57分，贾安奎驾驶大客车到达沪昆高速公路1 309公里33米处时，因前方临时交通管制停于第一车道排队等候。

7月18日17时，刘斌驾驶湘A3ZT46轻型货车在位于湖南省长沙县的长沙新鸿胜化工原料有限公司土桥仓库充装6.52吨乙醇，运往武冈县湖南湛大泰康药业有限公司，行经长沙绕城高速公路、长潭西高速公路，22时45分进入沪昆高速公路。

7月19日2时57分，湘A3ZT46轻型货车沿沪昆高速公路由东向西行驶至1 309公里33米路段时，以每小时85公里的速度与前方排队等候通行的闽BY2508大客车发生追尾碰撞，致轻型货车运载的乙醇瞬间大量泄漏燃烧，引燃轻型货车、大客车及前方快车道上排队的车牌号为粤F08030小型越野车、右侧行车道上排队的车牌号为浙A98206重型厢式货车和赣E38950/赣E4537挂铰接列车，造成大客车52人死亡、4人受伤，轻型货车2人死亡，重型厢式货车和小型越野车各1人受伤，5辆车被烧毁以及公路设施受损。

（三）应急处置情况

事故发生后，湖南省高速公路交警、邵阳市消防官兵迅速赶到事故现场进行处置。接报后，湖南省人民政府主要负责同志和有关负责同志赶赴现场，成立了事故救援处置工作组，指导救援和善后处置工作。湖南省、邵阳市、隆回县公安、消防、交通、安监、卫生等部门人员迅速赶赴现场全力开展应急处置工作。由国家安全监管总局、公安部、交通运输部有关负责同志组成的工作组，于事发当天赶到事故现场，指导协调地方政府做好事故处置和善后工作。

7月19日凌晨5时30分，现场大火被扑灭；7时30分，现场救援工作基本结束；

上午 8 时，车辆借道对向车道恢复通行；7 月 20 日凌晨 5 时，事故现场清理完毕，道路恢复正常通行。

接到事故情况报告后，福建省、四川省人民政府有关负责同志带领有关部门和相关地方政府负责同志赶赴现场，协助做好事故善后和赔付工作。福建省莆田市积极协调保险企业垫付赔偿费用，确保了赔偿金及时到位。湖南省、邵阳市、隆回县人民政府和卫生部门调集多名专家，全力救治受伤人员；邵阳市、隆回县人民政府及有关部门全力做好死伤人员家属的接待和安抚工作，及时与全部遇难者家属签订了赔偿协议，落实赔偿事宜。事故善后工作平稳、有序。

（四）伤亡人员核查情况

事故发生后，在国务院事故调查组的督促指导下，湖南省公安厅组织开展遇难人数和身份核定工作，通过现场勘查、DNA 比对、外围调查、遇难者亲属排查、技术侦察等方法反复核查比对，于 7 月 26 日确定在事故现场有 54 人遇难，并对遇难者身份全部予以确认。6 名受伤人员中，有 4 人因伤势过重医治无效分别于 7 月 26 日、8 月 3 日、8 月 11 日、9 月 3 日死亡。

三、事故防范和整改措施

（一）进一步强化安全生产红线意识

各地区特别是湖南、福建两省及有关地方人民政府和部门要深刻吸取沪昆高速湖南邵阳段“7·19”特别重大道路交通危化品爆燃事故的沉痛教训，认真贯彻落实习近平总书记、李克强总理等党中央、国务院领导同志关于安全生产工作的一系列重要批示指示精神，牢固树立科学发展、安全发展理念，始终坚守“发展决不能以牺牲人的生命为代价”这条红线，建立健全“党政同责、一岗双责、齐抓共管”的安全生产责任体系，坚持“管行业必须管安全，管业务必须管安全，管生产经营必须管安全”的原则，推动实现责任体系“三级五覆盖”，进一步落实地方属地管理责任和企业主体责任。要认真贯彻落实党的十八届三中、四中全会精神，加大对新《安全生产法》和相关法律法规的宣贯力度，推进依法治安，强化依法治理，从严执法监管。要高度重视道路交通尤其是危险货物运输和道路客运安全，深刻吸取此次事故的教训，认真研究事故防范和工作改进措施，强化危险货物运输和道路客运监管，坚决避免类似事故重复发生。

（二）加大道路危险货物运输“打非治违”工作力度

各地区特别是湖南省及其有关地方人民政府和部门要切实加大危险货物道路运输打非治违工作力度，形成对非法违法运输行为的高压态势。各部门要注重协调配合，加强联合执法，搞好日常执法，形成联动机制，打击危险化学品非法运输行为，整治无证经营、充装、运输，非法改装、认证，违法挂靠、外包，违规装载等问题。公安交警部门要进一步加大路面执法力度，加强对危险化学品运输车辆的检查和对无资质车辆运载危险货物行为的排查，依法查处危险化学品运输车辆不符合安全条件、超载、超速和不按规定路线行驶等违法行为，并将信息及时通报交通运输部门。交通运输部门要进一步加强对危险化学品运输车辆和人员的监督检查，严查无资质车辆非法运输危险化学品以及驾驶人、押运人不具备危险货物运输资格等行为，加强对危险化学品运输车辆动态监管，发现超限超载等违法行为及时查处。安全监管部门要强化综合监管，加强指导协调，推动各主管部门落实行业监管责任，组织公安、交通运输等有关部门开展定期、不定期的危险货物道路运输联合执法检查，形成监管合力。

（三）进一步加大道路客运安全监管力度

各地区特别是福建、湖南两省及其有关地方人民政府和部门要认真贯彻落实《国务院关于加强道路交通安全工作的意见》，加大道路客运安全监管力度，推动客运企业落实安全生产主体责任。要对存在挂靠经营或变相挂靠经营的客运车辆进行彻底清理，理顺客运营运车辆的产权关系，对清理后仍然不符合规定经营方式的客运车辆，要取消其经营资格，禁止新增进入客运市场的车辆实行挂靠经营。要严查客运车辆不按规定进站安全例检和办理报班手续、不按批准的客运站点停靠或者不按规定的线路行驶、沿途随意上下客等行为。要督促道路客运企业严格落实长途客运车辆凌晨2～5时停止运行或实行接驳运输制度，并充分运用车辆动态监控手段严格落实驾驶人停车换人、落地休息等制度。公安、交通运输等部门要将道路运输车辆动态监控系统记录的交通违法信息作为执法依据，依法查处客车违法违规行为。

（四）加强对车辆改装拼装和加装罐体行为的监管

各地区特别是湖南省及其有关地方人民政府和部门要严厉打击车辆非法改装拼装和非法加装罐体行为。公安、工业和信息化、交通运输、工商、质监等部门要建立机动车安全隐患排查的联动机制，各司其职，以机动车生产企业、销售企业、改装企业、维修企业、车辆管理所、安全技术检验机构、报废汽车回收拆解企业为重点，对机动车生产、销售、改装、检验、登记、维修、报废等各个环节进行全面治理。工商部门要坚决取缔未经批准擅自进行机动车改装的非法企业，依法查处机动车生产、销售企业违规销售车辆二类底盘等行为。质监部门要加强对获得强制性产品认证车辆生产企业的监管，防止企业拼装改装汽车。公安、质监部门要严肃处理车辆管理所、机动车安全技术检验机构为不符合国家标准的车辆办理注册登记、不按规定查验车辆、降低检验标准、减少检验项目、篡改检验数据、伪造检验结果，或者不检验、检验不合格即出具检验合格报告的行为。公安、交通运输部门要严厉查处车辆非法改装、加装罐体从事危险货物运输行为，禁止使用移动罐体（罐式集装箱除外）从事危险货物运输，全面清理查处罐体不合格、罐体与危险货物运输车不匹配的安全隐患。与此同时，要强化路面巡查监管，对查纠到的非法改装车要查明改装途径，对涉及的企业要移交有关部门依法严肃处理。要对货运企业和货运场站进行全面监督检查，严厉查处非法改装车辆从事货物运输的行为。

（五）加大危险化学品安全生产综合治理力度

针对事故调查过程中发现的危险化学品储存和经营环节监管工作出现的漏洞和问题，湖南省及有关地方人民政府和安全监管部门要认真查找出现问题和漏洞的深层次原因，强化安全监管。要依法整顿危险化学品经营市场，积极推动危险化学品经营企业进入危险化学品集中市场进行经营，加快实现专门储存、统一配送、集中销售的危险化学品经营模式。要严格安全生产许可工作，现场审核必须严格按照有关规定和要求进行，委托下一级安全监管部门许可的，要研究制定保证许可质量的制度措施。要制定监督检查规定，规范监督检查工作，发现企业存在问题和隐患的，要安排专人跟踪督促整改，直至问题和隐患全部整改到位。要将危险化学品生产、经营、使用企业许可情况定期通报同级交通运输部门，共同加强危险化学品运输源头监管。要督促危险化学品储存经营企业建立健全并严格执行发货和装载的查验、登记、核准等安全管理制度和管理台账，如实记录危险化学品储量、销量和流向。要督促危险化学品企业配备熟悉相关法规标准和装卸工艺并经专门培训的安全管理人员、装卸人员等，在开具提货单据前查验车辆资质证件、驾驶人员和押运人员从业资格证件，查验车辆及罐体与行驶证照片是否一致，查验危险化学品警示灯具和标志是否齐全、有效，严格按照提货单据载明的品种、数量和对应的车辆实施装载，并对查验和装载情况进行详细登记。

（六）进一步加强道路交通和危险货物运输应急管理

湖南省及其有关地方人民政府和部门要高度重视道路交通和危险货物运输事故应急管理工作。要不断完善道路交通和危险货物运输应急预案体系，做好各地区、各部门之间应急预案的配套衔接，加强动态管理，经常性地组织开展各类预案的演练，针对发现的问题及时修订、完善预案。公安交警部门要不断提高道路交通事故应急处置能力，严格按照交通事故处理工作规范要求划定警戒区，放置反光锥筒、警告标志、告示牌，停放警车示警等。同时，针对危险货物运输的特点，要依托相关企业和单位，建立专、兼职应急救援队伍，配备专门的装备和物资，加强实战训练，切实提高应急处置能力和水平。

资料来源：国务院安委会公布的调查报告、国家安监总局网站，以及会议资料。

思考与讨论的问题

在上述案例材料中，你认为沪昆高速湖南邵阳段“7·19”特别重大道路交通危化品爆燃事故应急处置过程中在媒体沟通与公关方面有哪些成功的做法和经验？我国政府公共危机状态下的媒体管理有哪些体制性特色？运用公共部门危机状态下媒体沟通与公关的有关理论、技术与方法，对上述案例做出全面细致的分析，并撰写案例分析报告。

第 9 章

公共部门危机状态下的网络舆情引导

网络舆情是通过互联网表达和传播的，具体是指公众对自己关心或与自身利益紧密相关的各种公共事务所持有的多种情绪、态度和意见交错的总和。公共危机网络舆情是指当发生突发事件之后，网民对于突发事件的意见、情绪和态度的总和。某些突发事件经网络传播、放大后，其刺激性信息会激发网民对该事件的情绪、意愿、态度和意见，成为网络舆情的聚焦点，进而引起社会广泛关注，这就是公共危机网络舆情。

随着信息传播技术的发展和普及，网络已经成为人们日常生活中信息交流和资源共享最主要的平台。尤其是 21 世纪以来，网络迅速由单一浏览平台转为开放、共享、互动的平台，进入第二代互联网发展阶段。互联网已成为思想文化信息的集散地和社会舆论的放大器。公共危机网络舆情日益受到党和国家领导人的高度重视和肯定。进一步加强和完善信息网络管理，提高对虚拟社会的管理水平，健全网络舆论引导机制，意义重大。

本章主要阐述公共危机网络舆情的含义、特征与理论基础，描述公共危机网络舆情的现状与影响、发展轨迹与演变规律，阐明公共部门危机状态下网络舆情引导的策略选择，探讨公共部门危机状态下网络舆情引导的制度建设。

重点问题

- 公共危机网络舆情的含义
- 公共危机网络舆情的理论基础
- 公共危机网络舆情的发展轨迹
- 公共危机网络舆情的演变规律
- 公共危机网络舆情引导的策略选择
- 微博的危机舆论引导功能
- 公共危机网络舆情中的互联网管控
- 行政监管、行业自律、技术保障相结合的公共危机网络舆情治理体制
- 公共危机网络舆情引导机制建设
- 公共危机网络舆情治理法制建设

9.1　公共危机网络舆情概述

9.1.1　公共危机网络舆情的概念界定

1. 舆情

“舆情”一词早在《旧唐书》《全唐诗》中就出现过，“舆”“情”两字连用，最初是指百姓的情感、情绪。《辞源》把“舆情”解释为“民众的意愿”。① 有学者认为，舆情是指在一定的社会空间内，围绕中介性社会事项的发生、发展和变化，作为主体的民众对作为客体的国家管理者产生和持有的社会政治态度②，又称为“狭义舆情”。有学者认为，舆情是国家决策主体在决策活动中必然涉及的、关乎民众利益的民众生活（民情）、社会生产（民力）和民众中蕴含的知识和智力（民智）等社会客观情况，以及民众在认知、情感和意志基础上，对社会客观情况以及国家决策产生的主观社会政治态度（民意）③，又称为“广义舆情”。有学者认为，社会舆情是一定时期、一定范围的群众对社会现实的主观反映，是群体性的思想、心理、情绪、意见和要求的综合表现，是社会发展状况的温度计和晴雨表。④ 有学者认为，舆情是由个人以及各种社会群体构成的公众，在一定的历史阶段和社会空间内，对自己关心或与自身利益紧密相关的各种公共事务所持有的多种情绪、意愿、态度和意见交错的总和。⑤

有学者认为，舆情是社会民众在一定的历史阶段和社会空间内，对关乎自己切身利益的公共事务（事项）或自己关心的特定事件所持有的群体性情绪、意愿、态度、意见和要求的总和及其表现。舆情构成要素“五体说”包括如下几点：(1) 舆情的主体，即社会民众。作为舆情主体的社会民众，按其地位和作用不同可分为三大类：“领舆”，即舆情领袖；“白舆”，即舆情民众中的白领；“蓝舆”，即舆情民众中的蓝领。(2) 舆情的客体，即舆情的具体指向，是指公共事务（事项）的掌控者（机构或个人）和事件的直接关联者。(3) 舆情的激体，即舆情产生的中介刺激源，是指关乎民众切身利益的公共事务（事项）或民众关心的特定事件。(4) 舆情的本体，即舆情的内容本身，是指社会民众群体性的情绪、意愿、态度、意见和要求的总和及其表现。(5) 舆情的承体，即具体承载舆情的要件，是指舆情产生、变化的时空情境以及社会、历史等相关影响因素。⑥

① 参见王来华、林竹、毕宏音：《对舆情、民意和舆论三概念异同的初步辨析》，载《新视野》，2004 (5)。
② 参见王来华：《舆情研究概论》，5页，天津，天津社会科学院出版社，2003。
③ 参见张克生：《国家决策：机制与舆情》，17页，天津，天津社会科学院出版社，2004。
④ 参见王建龙：《把握社会舆情》，载《瞭望新闻周刊》，2002 (20)。
⑤ 参见刘毅：《网络舆情研究概论》，51～52页，天津，天津人民出版社，2007。
⑥ 参见张元龙：《关于“舆情”及相关概念的界定与辨析》，载《浙江学刊》，2009 (3)。

2. 网络舆情

有学者认为，网络舆情是通过互联网表达和传播的，具体是指公众对自己关心或与自身利益紧密相关的各种公共事务所持有的多种情绪、态度和意见交错的总和。[①] 舆情空间在互联网上的延伸即网络舆情空间。网络舆情空间可分为“硬空间”和“软空间”。网络舆情的“硬空间”为计算机网络，网络舆情“软空间”中的制约因素主要包括秩序规定、角色规定、目标规定和民族文化因素等。网络舆情的构成要素有：网民，公共事务，网络舆情的时空因素，情绪、意愿、态度和意见，网络舆情的强度，网络舆情的质和量等。[②] 网络舆情在结构上有三个层次：（1）整体舆情，即在日积月累中体现出来的各种不同方面的情绪、意见和行为倾向，是在一个较长时期内社情民意的总体体现；（2）局部舆情，是指网民在一定时期内就某一领域的主要问题所表达出来的情绪、意见和行为倾向；（3）个别舆情，是指网民就某一具体问题所表达出来的情绪、意见和行为倾向。[③]

3. 公共危机网络舆情

从网络舆情的内容表现来看，网络舆情可以分为常规网络舆情和公共危机网络舆情。常规网络舆情指的是在正常情况下，网络空间中网民对热点、焦点问题所持的态度、情绪和意见。常规网络舆情监测是舆情监测的一项日常工作，各级政府单位的网络监察部门不间断地进行网络舆情监测，以随时掌控网络舆情动态和趋势。一旦发现有不利于社会稳定的舆情信息，就及时反馈有关部门，并通过“议程设置”、培养“意见领袖”等手段，对日常舆情进行引导，为舆情决策提供信息支持。[④] 公共危机网络舆情则是指当发生突发事件之后，网民对于突发事件的意见、情绪和态度的总和。某些突发事件经网络传播、放大后，其刺激性信息会激发网民对该事件的情绪、意愿、态度和意见，成为网络舆情的聚焦点，进而引起社会广泛关注，这就是公共危机网络舆情。公共危机网络舆情的产生是一个复杂的“刺激—反应”过程。[⑤]

9.1.2 公共危机网络舆情的理论基础

公共危机网络舆情引导的理论基础，主要围绕两个相互联系的关键问题：（1）如何理解和描述公共危机网络舆情；（2）如何测量公共危机网络舆情。

1. 公共危机网络舆情的描述问题

对公共危机网络舆情的理解和描述，应着重从以下六个渠道进行[⑥]：（1）中央重大政策和改革措施的出台所引发的舆情，以主流媒体——政府重点新闻网站为主要挖掘渠

① 参见刘毅：《略论网络舆情的概念、特点、表达与传播》，载《理论界》，2007（1）。

② 参见刘毅：《网络舆情研究概论》，51～52页，天津，天津人民出版社，2007；刘毅：《内容分析法在网络舆情信息分析中的应用》，载《天津大学学报（社会科学版）》，2006（4）。

③ 参见姜胜洪：《中国网络舆情的现状及引导对策研究》，载《理论与现代化》，2010（1）。

④ 参见唐喜亮：《我国突发公共事件的网络舆情研究》，电子科技大学硕士学位论文，2008。

⑤ 参见江黎黎：《网络舆情突发事件的处置机制研究》，载《杭州电子科技大学学报（社会科学版）》，2010（3）。

⑥ 参见王来华：《舆情研究概论》，天津，天津社会科学院出版社，2003。

道。(2) 与社会民众切身利益相关性较强的政策、做法，容易造成群众思想波动和不满情绪从而引发出的舆情，以权力部门的相应网站为主要挖掘渠道。(3) 国内外要闻、重大事件跟踪报道、热点评论等，以新闻网站为主要挖掘渠道。(4) 社会热点问题以及突发事件，以虚拟社区的热门版块和BBS跟帖为主要挖掘渠道。(5) 小道消息、谣传、各种议论的集散地，蕴含着倾向性、苗头性的舆情信息，以个人网页为主要挖掘渠道。(6) 社会思潮以及理论动态舆情，以学术类理论网站和社科类言论网站为主要挖掘渠道。

对公共危机网络舆情的理解和描述，涉及了五个方面的维度：(1) 时间维度：反映某一议题的舆论在不同时间点的变化情况；(2) 数量维度：反映某一议题帖子的多少；(3) 显著维度：反映某一议题帖子在论坛总帖子中的比例；(4) 集中维度：反映某一议题帖子在不同网友之间的分布；(5) 意见维度：反映某一议题帖子各种不同意见的分布情况。① 对公共危机网络舆情的理解和描述，还需要进一步识别出有价值的公共危机网络舆情点，即究竟哪些突发事件网络信息是有价值的舆情点。可以将其概括为公共危机网络舆情描述的"六个点"：热点、焦点、兴奋点、波动点、重点和诱发点。②

2. 公共危机网络舆情的测量问题

对公共危机网络舆情的测量，主要涉及抽样问题和内容分析两大部分，既要保证抽样的有效性，又要实现计算机对文本的复杂语义分析。

(1) 公共危机网络舆情的抽样问题。③ 抽样包括时、空两个方面。时间维度上的抽样，即时间点的选择。公共危机网络舆情最重要的抽样问题其实是"空间"维度的。所谓空间维度，即是对所关心的网站或论坛总体（网络空间）进行抽样（第一级抽样），然后对被抽中的网站或论坛内的新闻和帖子进行抽样（第二级抽样），涉及多层抽样技术。

(2) 公共危机网络舆情的内容分析问题。公共危机网络舆情的内容分析，需要解决两个关键问题：公共危机网络舆情内容分析的方法选择问题；公共危机网络舆情内容分析的整体框架和指标选择问题。

公共危机网络舆情的内容分析，主要采用WEB挖掘方法。WEB挖掘是指对目标样本进行分析提取，以此为依据从WEB文档和WEB活动中抽取人们感兴趣、潜在的有用模式和隐藏的信息，所挖掘出的知识能够用于信息管理、查询处理、决策支持、过程控制等方面。④ 目前，WEB挖掘采取的方法主要有⑤：统计分析法、关联分析法⑥、序列分析法、分类分析法、聚类分析法⑦。

---

① 参见金兼斌：《网络舆论调查的方法和策略》，载《河南社会科学》，2007 (4)。

② 参见戴媛、姚飞：《基于网络舆情安全的信息挖掘及评估指标体系研究》，载《情报理论与实践》，2008 (6)。

③ 参见金兼斌：《网络舆论调查的方法和策略》，载《河南社会科学》，2007 (4)。

④ 参见吴绍忠：《WEB信息挖掘与公安情报》，载《中国人民公安大学学报（自然科学版）》，2006 (4)。

⑤ 参见刘剑宇：《Web挖掘技术在网络舆情预警中的研究与应用》，载《四川警察学院学报》，2009 (3)。

⑥ 参见柯飞：《基于数据挖掘技术的情报信息系统》，见《公安情报理论与实践》，北京，中国人民公安大学出版社，2006。

⑦ 参见梅中玲：《基于WEB信息挖掘与的网络舆情分析技术》，载《中国人民公安大学学报（自然科学版）》，2007 (4)。

公共危机网络舆情内容分析的整体框架，在逻辑上可划分为四个维度[①]：舆情数据源、舆情要素、舆情指标集和舆情综合指数（见图 9-1）。由于网络舆情信息所具有的多源头、多通道、跨领域、不同事件交错的特性，这四个维度的划分清晰地诠释了公共危机网络舆情内容分析的整体框架。

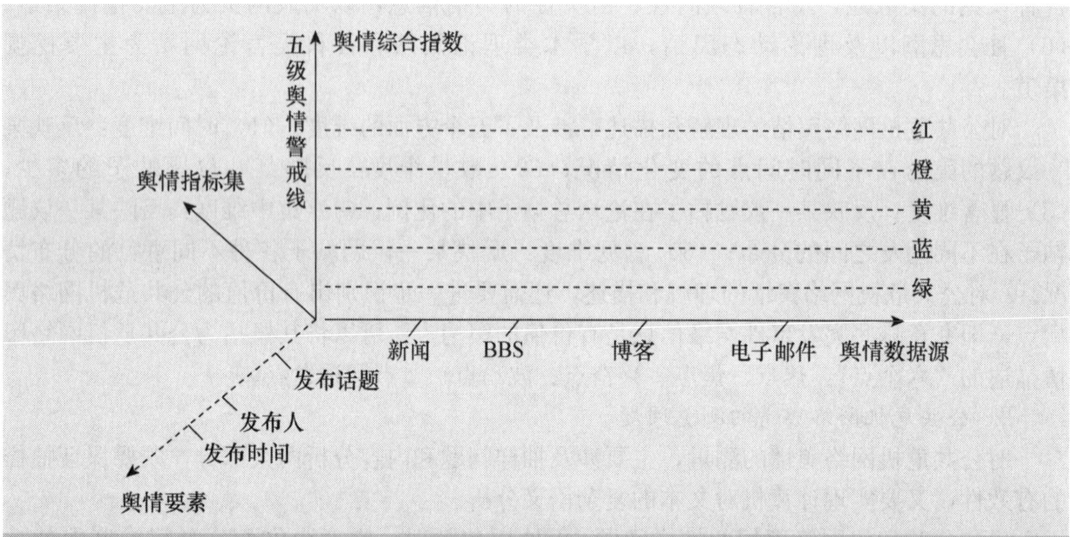

图 9-1　公共危机网络舆情内容分析的整体框架

公共危机网络舆情内容分析的指标选择，应既能反映公共危机网络舆情内容的状况，又能通过评估观察到哪个环节存在着不安全的风险。[②] 它包括三大指标：舆情流通量指标、舆情要素指标、舆情状态趋势指标（见图 9-2）。[③] 1）舆情流通量指标，反映了舆情信息在时空分布上的特性。其中：网络分布度是指在某一时间段内，舆情信息在网络上的

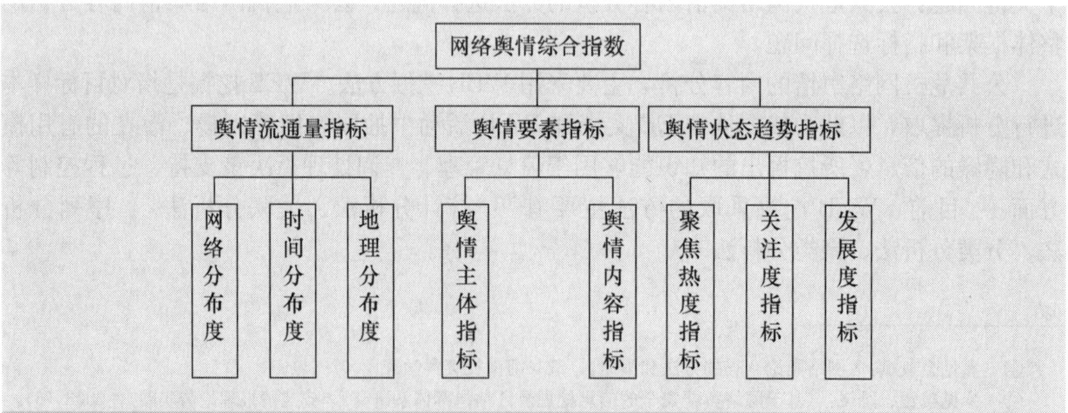

图 9-2　公共危机网络舆情内容分析的指标体系

① 参见戴媛、姚飞：《基于网络舆情安全的信息挖掘及评估指标体系研究》，载《情报理论与实践》，2008（6）。
② 参见程学东：《电信网网络安全评估指标体系研究》，载《现代电信科技》，2005（8）。
③ 参见戴媛、姚飞：《基于网络舆情安全的信息挖掘及评估指标体系研究》，载《情报理论与实践》，2008（6）。

分布范围和程度。时间分布度是指舆情信息在不同时间段的总流通度。地理分布度是指舆情信息在各地理区域上的分布。2）舆情要素指标，反映了舆情的主体以及其对社会中介性社会事项的评价特性。其中：舆情主体指标是根据不同通道的来源来抽取不同的舆情主体要素指标。舆情内容指标包括不变的舆情内容指标和可变的舆情内容指标。3）舆情状态趋势指标，反映了舆情受关注的程度、影响力以及其趋势变化状态的特性。其中：聚焦热度指标是指该舆情信息在众多舆情内容中受关注的情况。[①] 关注度指标由舆情信息点的敏感度、重要度和危害度按一定的权值计算而得。发展度指标由频度、拐度和活力度综合计算而得。

9.2　公共危机网络舆情的发展轨迹与演变规律

9.2.1　公共危机网络舆情的现状与影响

1. 网络新媒体的发展与特征

20世纪70年代以来，迅猛发展的信息化、知识化、全球化、网络化、市场化浪潮把全球各个国家、民族、公司和个人联系成为一个复杂的、生机勃勃的网络社会。[②] 随着信息传播技术的发展和普及，网络已经成为人们日常生活中信息交流和资源共享最主要的平台。尤其是21世纪以来，网络迅速由单一浏览平台转为开放、共享、互动的平台，进入第二代互联网发展阶段。第二代互联网技术使传统意义上的群众转化成为微众、网络公民等新型群众，成为自组织、自领导的网络社群，将互联网的主导权交还给网民，从而激励网民参与到体系中来。[③] 新媒体的特征是"所有人对所有人的传播"。每个人都可以轻而易举地成为信息发布者，对突发事件进行"现场直播"，对社会现象发表评论，这就意味着互联网的微众时代到来了。

由于网络传播形态的丰富性，作为大众传播媒介的网络新媒体具有一些传统媒体所不具有的传播特征：(1) 信息发布的"低门槛"。传统大众传播需要先进的传播技术和产业化手段，网络则容易得多；传统媒介资源是封闭的，为大众传播机构所专有，而网络却可以为人们所共享。(2) 传播的灵活性。网络中的传播可以以这样几种方式进行：点—点；点—面；面—面。网络传播融合了人际传播、组织传播和大众传播模式，既可以是同步传播，也可以是异步传播。(3) 传播的互动性。互动性可以说是信息发布的低门槛和信息传播的灵活性带来的直接结果。互动性不仅体现在传播者—受众之间双方交流的增强，也表现在整个信息形成过程的改变，网友既可能成为信息线索的提供者和发布者，也可能因为对传播信息的转贴评论而扩大信息的影响，放大新闻效应。(4) 资源的无限性。时间、空

---

① 参见谢海光、陈中润：《互联网内容与舆情深度分析模式》，载《中国青年政治学报》，2006 (3)。

② 参见［美］曼纽尔·卡斯特：《网络社会的崛起》，434页，北京，社会科学文献出版社，2006。

③ 参见李永刚：《我们的防火墙》，34页，桂林，广西师范大学出版社，2006。

间都具有无限性，利用超链接等手段处理大量的信息，使网络具有了海量的存储能力。(5) 传播信息的多媒体化。多媒体化网络传播中文字、图片、视频、音频等多种形式交融。(6) 信息呈现方式的非线性。网站组织方式的非线性以及超链接的存在，使得网络信息不再是在一个封闭的单元中线性地展开。(7) 传播的跨国界（跨文化传播）。网络的跨国界传播更容易实现。

2. 公共危机网络舆情的发展现状

公共危机网络舆情日益受到党和国家领导人的高度重视和肯定。2008 年 6 月，胡锦涛总书记来到人民日报社考察时指出：网友们提出的一些建议、意见，我们是非常关注的。我们强调以人为本、执政为民，因此想问题、做决策、办事情，都需要广泛听取人民群众的意见，集中人民群众的智慧。通过互联网来了解民情、汇聚民智，也是一个重要的渠道。互联网已成为思想文化信息的集散地和社会舆论的放大器。2011 年 2 月 19 日，胡锦涛总书记在省部级主要领导干部社会管理及其创新专题研讨班讲话中明确指出：要进一步加强和完善信息网络管理，提高对虚拟社会的管理水平，健全网络舆论引导机制。

网络舆情是社会稳定的“晴雨表”与“指示器”，成为公众传递信息、表达意见、评论时政、释放情绪的主要渠道。突发事件和网络舆情之间的关系越来越紧密，突发事件导致网络舆情的产生，而网络舆情反过来又推动突发事件的进一步发展。网络中某些不真实、不适当的信息，往往会误导民众，对事件的发展起到推波助澜的作用。突发事件往往暴露了社会的丑陋面和诸多的负面信息，而网络不加过滤，有意或无意地放大渲染，过度宣传社会阴暗面，会对民众的思想形成强烈冲击，使民众容易产生情绪低落、埋怨、激愤的反社会心理。网络舆情加大了突发事件的处理难度，网络的即时性和跨地、跨国界性，决定了在时间和空间上难以对其进行有效控制；网络的开放性、匿名性助长了各类虚假消息、过激言论肆无忌惮的发布，现有的技术手段只能够将内容进行部分过滤，这就使得网络舆情内容也难以被有效控制。①

3. 公共危机网络舆情的挑战

网络传播是双向度的网状传播。网状的传播结构导致了网络传播过程去中心化、去权威性特点。网络传播是分散式的，网络世界中没有统一的“主义”，也没有绝对的权威。②

与此相适应，网络媒体的特征也使网络媒介中的议程设置表现出了不同于传统媒介的新特色。首先，网络议程的广泛性。传统媒介出于自身定位、社会责任和资源有限的考虑，一些议题被排斥在自身的议程设置范围之外，但是网络媒介中的议题则无所不包。其次，网络议程的衍生性。基于网络媒介反馈的及时性和人际传播的特点，议题的衍变并不是按照议题设置者的意愿进行的，反馈者的意见对议题的衍变具有重大影响力，特别是对于争议性比较大的议题。再次，网络议程的非理性。由于网络媒介中没有权威而且传播者多处于匿名状态，现实社会中的身份、地位因素遭到了消解，因此网络中的很多议题，是

① 参见陶睿：《论群体性事件与政府网络舆情控制》，载《现代商贸工业》，2009 (10)。

② 参见郭万盛：《网络环境下传统媒介的议程设置》，载《东南传播》，2006 (10)。

可以不考虑社会责任的。最后，网络议程的关联性。媒介的议程设置只有与公众的社会文化经验、兴趣爱好和切身利益相吻合，才能转化成公众议程。由于网络空间中能引发热烈讨论的议程，都是网民积极主动去关注的，因此网络议程与网络受众之间具有更强的关联效应。①

网络媒体等新兴媒体迅速崛起，其对社会的影响力越来越不可忽视，包括 BBS（公共论坛和虚拟社群）以及博客在内的网络传播途径迅速成为传统大众传播媒介之外的重要的利益表达渠道。这些无疑都对公共部门危机管理构成了直接挑战，具体表现在以下三个方面：

（1）BBS 上形成的公共论坛和虚拟社群成为传统大众传播媒介之外的重要的利益表达渠道。

公共论坛和虚拟社群造就的网络舆论承担了危机输入功能。BBS 是互联网所提供的一种基本电子信息服务系统。大部分 BBS 由教育机构、研究机构或商业机构管理，其中比较著名的 BBS 有人民网的“强国社区”、新华网的“发展论坛”、中青网的“青年话题”、“天涯虚拟社区”、“西祠胡同”等。在管理上，BBS 并没有严格的审查机制。这一方面表现在对言论内容管制的相对宽松，另一方面则体现在专题性 BBS 的设立上。BBS 通过类似于交谈和讨论的方式将共同话题维持下去，形成公共论坛，并在一定的情况下推动网络舆论的形成。专题讨论区的形成使得 BBS 得以担当起真正的“公共论坛”功能，在网络中形成了不少以专题性的 BBS 为联系纽带的虚拟社群。

“虚拟社群”是指网络中相当多的人展开长时期的讨论而出现的一种社会聚合，他们之间具有充分的人情，并在电脑空间里形成了人际关系网络。“虚拟社群”具有共同的公众空间、多样化的传播者、成员稳定性、交互性、身份的稳定性等特征。“虚拟社群”扩大了网络舆论形成的范围，也使公共论坛得以延伸其空间。BBS 越来越显示出其强大的舆论形成能力。有证据表明，网络舆论逐渐对决策层产生影响。甚至党和国家领导人也在不同场合表示自己是“网民”，这在一定意义上标志着高层对网络舆情予以承认和关注，也标志着中文互联网发展到今天，在舆情反映、舆论监督方面开始实质性地发挥作用。②

（2）网络媒介等新兴媒介对传统媒介议程设置进行了重构。

作为一个公共舆论的平台，网络媒介中有影响力的事件近几年不断增多。网络媒介与传统媒介之间的议程设置关系也越来越密切。网络媒介可以帮助或者抑制传统媒介设置公众议题，而不是像以前那样，传统媒介只是制造、影响公众议题，受众处于被动地位。

1）网络影响了传播媒介从业人员的价值判断，并扩大了传统媒介的议程范围，提高了传统媒介的社会监督力度。网络议题显著性的获得，主要通过两种途径来实现：网民对信息的转载和及时的意见反馈，即“信息流”和“意见流”，这两者都可以增加网络议题的显著性和影响力的螺旋式上升。这种参与式的信息和意见的表达，无疑会影响到传统媒

① 参见郭万盛：《网络环境下传统媒介的议程设置》，载《东南传播》，2006（10）。

② 参见汪凯：《大众传媒与当代中国公共政策——转型时代的状况与趋向》，复旦大学博士学位论文，2004。

介对于事件价值大小的判断，并改变媒体的报道计划。可以说，公众具有了制造传统媒介议程的力量。传统媒介则经过对网络议程的深化和选择，提升公众议程的权威性和影响力。传统媒介议程与社会公众议程形成双向互动、螺旋式前进的态势，对于发挥公共舆论的影响力起到了积极作用。

2）网络提供的信息传播渠道的增加，使传统媒介的权威性和公信力受到网络议程的制约。由于网络的开放性和民主性，网民成为信息操控的主体，网民的价值判断和选择，既可以与传统媒介形成良性互动，也可以形成冲突。这容易导致传统媒介难以有效引导受众，甚至导致受众利用网络与传统媒介对抗，传统媒介议程设置受到重大冲击。

3）网络对传统媒介议程设置进行了重构。传统媒介的议程设置流程为：事实→传统媒介议程→个体受众议程→公众议程；而网络时代的议程设置流程为：事实→网络议程→传统媒介议程→个体受众议程→公众议程。如果说以前是传统媒介为社会公众设置议程的话，那么在网络环境下社会公众通过网络为传统媒介设置议程的趋势则越来越明显。由于受众主体地位的增强，传统媒介议程设置的层次正在发生变化。以前传统媒介的议程设置被分为两个层次：第一个层次是议题（或者说议论对象）的显著性从媒介议程走向公众议程；第二个层次是公众头脑中构成这个议题和对象时新闻媒介的作用。① 在网络环境下，随着受众主体性的增强，则多出了一个新的层次，那就是公众议程经由网络走向传统媒介。②

（3）博客、微博等个人媒体对传统大众传播媒介下的利益表达和议程设置构成了严峻挑战。③

1）博客、微博的“零编辑”特点对传统媒介把关构成了挑战。在传统媒介环境中，所有的大众传媒必须扮演把关者的角色，执行“守门人”的职能，通过议程设置筛选公共辩论的主题和程序，对社会信息进行生产、表现与传播。但是博客、微博的出现使这样的传播活动具有了不同之处：最初的传播者难以明确界定，编辑角色逐渐淡化。编辑作为中介，是传统媒体（包括传统网络媒体）集中控制模式的重要方面，是内容发表的一个重要“屏障”和“壁垒”。在博客、微博领域，作者就是编辑，即时写作、即时发布。博客、微博就是没有经过编辑的个人声音，具有“零编辑”的特点。博客、微博作为一种“所有人对所有人的传播”方式只是提供了一个信息交流的空间场所，是一种特别的网络出版和发表文章的方式。博客、微博在整个传播活动中扮演的并不是传统意义上的传播者角色。正因为博客、微博的“零编辑”特点，把关者在博客、微博中的身份丢失，既然没人把关，那么自然也就不能对其信息加以筛选，议程设置在博客、微博环境中存在的基础也就是薄弱的。

2）博客、微博的“零技术”特点对传统媒介的议程设置地位构成了挑战。博客、微博具有“零技术”的特点，不需要专业知识。博客、微博的力量就在于技术的极度简化。一系列发源于博客、微博世界的颠覆性力量，不但塑造着博客、微博自身全新

---

① 参见［美］M. 麦考姆斯、T. 贝尔：《大众传播的议程设置作用》，载《新闻大学》，1999（3）。

② 参见郭万盛：《网络环境下传统媒介的议程设置》，载《东南传播》，2006（10）。

③ 参见徐春红：《博客对传统议程设置理论的挑战》，载《南方论刊》，2006（11）。

的形象，而且也在深刻地改变着媒体的传统和未来走向。现在，大众媒体的“议程设置”还占据主导地位，但其垄断的地位已经成为历史。随着博客、微博影响力的不断加强，可以预见，今后是大众媒体和博客、微博群体共同承担“议程设置”功能的时代。

3）博客、微博的普及性特点对传统媒介议程设置的影响力构成了挑战。在传统媒介环境中，只有少部分人拥有媒介，因而多数人信息来源的渠道相对狭窄，造成信息的封闭，公众的认知范围也被限制在极小的空间内。但是博客、微博时代的到来为绝大多数人提供了利益表达的平台，群众获得了主体地位，传媒的议题设置作用是有条件、有限度的。

4. 公共危机网络舆情的影响

公共危机网络舆情的影响力越来越大。网络舆情不能简单地归结为网民的“非理性宣泄”，网民的意见表达方式与评论的标的事物有关，即使是情感表达，也有其监督与社会减压阀的正功能。① 具体来说，公共危机网络舆情的影响力表现在以下四个方面②：（1）公共危机网络舆情是民意的集中反映。在现有的能比较真实、直接、及时反映民意的手段上，网络舆论是最具有代表性的。（2）公共危机网络舆情开辟出另一条真实体现民意的通道。舆情的出现和形成，为相关决策者提供了一个更为全面、更为集中的民意反映。网络舆论的随机性更大一些，更能真实地反映大多数民众对事件的看法。（3）公共危机网络舆情能够促进对政府官员和政府决策的监督。监督与被监督的关系，从来没有像网络舆情这样明显。（4）以公共危机网络舆情为先导有助于确立新的媒体监督机制。在现有的舆论环境中，传统媒体的监督机制虽然在不断加强，但受传播途径所限，很难像网络舆论一样，做到一种观点化的提升和民意的集中反映。

9.2.2　公共危机网络舆情的发展轨迹

1. 公共危机网络舆情的发展阶段

关于公共危机网络舆情的形成过程，可以将其产生、形成、发展、消亡过程做如下归纳：首先一定是现实社会中的某一热点问题或是某一现象引发网民的关注；之后有更加多的网民利用各种网络传播方式（论坛、博客、播客、各类即时网络通信工具）对该信息进行加工传递，逐渐形成一种或者数种立场鲜明的观点。与此同时，网络的声音开始对现实社会产生影响力，引发现实社会的共鸣，网上网下产生互动，导致网络舆情高潮的到来，而一旦热点转移或消失（包括行政介入、引导或干预），“虚拟社会”将马上关注下一个热点问题。③

---

① 参见赵一璋：《对网络舆情的实证分析——以三组天涯论坛跟帖评论为例》，载《山东纺织经济》，2010（3）。

② 参见王丽平、刘大鹏：《开展互联网上舆情控制的方针、对策》，载《吉林公安高等专科学校学报》，2006（1）。

③ 参见蒋乐进：《论网络舆情形成与作用》，载《北京理工大学学报》，2006（8）。

关于公共危机网络舆情的发展阶段，有学者认为，依据时间轴线分析，网络舆情的发展具有“散播—集聚—热议—流行”四个阶段和“爆发、升华、延续”三个关口。[①] 还有学者认为，网络舆情的发展过程可分为起始、扩散和整合三个不同阶段。[②] 我们认为，由于网络传播的参与成本低，人气集聚快，传播规模和影响可以迅速扩大，使网络舆情发展的集聚效应十分明显。网络舆论传播过程可以大致分为“潜伏期、突发期、蔓延期、终结期”四个阶段，具体可概括为：舆论事件发生—焦点事件（事件引起人们的注意）—舆论开始出现（多种意见表达）—舆论逐步整合（意见分布趋于稳定，出现舆论群体）—舆论事件结束或退出舆论中心。[③] 影响网络舆情形成与发展的因素主要有：网络媒体、传统媒体、网民、意见领袖、社会公众、相关机构以及各级职能部门等。[④] 由于引发舆情热点的问题或事件本身及其变化发展，以及网民情绪等因素的影响，公共危机网络舆情在与现实互动的过程中，会以不同的方式经历包括形成期、发展期、波动期和终结期的发展轨迹。

（1）公共危机网络舆情形成期。

网民对现实社会中发生的各类社会事件发帖，少数同公众的利益密切相关的、反映社会焦点及热点问题的帖子会引起网民共鸣，从而出现相关的新帖、跟帖或转帖，使该事件的传播速度及其影响加快，点击量随之上升。某些话题关注度不断集中，网民活跃指数上升，具备了成为舆论事件的基础。反映事件的帖子被关注后，会作为精华帖推荐、置顶，进入排行榜，带来更大规模的点击和评论。大量的信息触动了网民的情绪，引起更多的讨论。网民围绕事件进行激烈评论、争论，形成网络舆情热点。

（2）公共危机网络舆情发展期。

网络舆情热点形成后，由于网民的情绪、意见等不断高涨，热点受关注的程度越来越高，影响越来越大，进而吸引更多的网民关注网上热点。网络上的讨论能否掀起更强大的网上讨论热潮的关键因素，是媒体跟进报道和网络意见领袖的出现。媒体的介入使得网民自发的、无组织的热议事件变为有组织的讨论，立刻使得事件讨论升温，进入集体讨论阶段。网络意见领袖的涌现，也是促使网络舆情发展的重要因素。意见领袖会向身边的网民做出相应的解释，其观点往往获得网友支持，让网民产生认同甚至左右网民的看法。[⑤] 正是意见领袖的出现，助推了网络舆情的发展。从网络舆情传播的历时性来看，网络舆情的发展期非常短暂。大多在半天之内即可完成，有的甚至在1～2个小时就可完成。

（3）公共危机网络舆情波动期。

网络舆情波动期包括高潮期及可能产生的休眠期。网络舆情的发展轨迹并非总是直线式的上升或下降，某些时候它会呈现出波浪式发展的轨迹。也就是说，发展到一定高潮后，会经历一定时期的萧条或沉寂，进而又出现新高潮，这样的波动过程甚至可能反复数

① 参见曹劲松：《网络舆情的发展规律》，载《新闻与写作》，2010（5）。

② 参见楼玲娣、周小斌：《网络舆情的运行状态分析》，载《特区实践与理论》，2009（2）。

③ 参见田卉、柯惠新：《网络环境下的舆论形成模式及调控分析》，载《现代传播》，2010（1）。

④ 参见关梅：《论网络舆论的生成特点及其传播规律》，载《新闻界》，2010（5）。

⑤ 参见杨文：《网络舆论过程演变的规律探析》，载《大家》，2009（9）。

次。网络舆情波动期的持续时间相对较长，舆论强度大，表现为网络空间和现实世界的议论纷纭。在多方意见的博弈辩论中，意见分布逐渐趋于稳定。从舆情表象上看，对这一阶段所涉及的热议主题和相关责任主体可以用“四个点”来概括，即媒体报道热点、社会舆论焦点、学者研究热点和政府处理难点。①

（4）公共危机网络舆情终结期。

网络舆情的终结是指网络舆情的作用能力开始减弱到消失的过程。终结期是网络舆情形成、发展、波动的后续。网络舆情热点持续一个时期后，新的事件涌现并产生新的刺激，多数网民就会自动转向新的目标。若此时没有新的事件需求推动，网络舆情的持续动力就会出现不足。网络舆情的范围和强度不再扩大或增强，也不再出现新的变异现象，就可以认为网络舆情的发展过程结束，也就是终结的开始。② 依照舆情自身的变动规律，那些影响深远、关系重大的事件对网民的刺激和引发的舆情，会出现“阶段性沉寂”，一旦有新的关联性事件发生，就极有可能再度成为热点。③

2. 公共危机网络舆情的内在机理

某些普通的小范围社会事件，经由网络传播形成社会热点，演变成突发事件，造成或可能造成社会危害，需要采取应急处置措施。在网络作用下，小的社会事件可能会演变成突发事件。小范围社会事件称为本体事件，网络传播作用下演变的事件称为变体事件。本体事件是一个社会事件，网络传播作用导致本体事件发生了质的变化。④ 舆情理论认为，在看似简单的中介性社会事项与舆情之间的刺激和反应过程背后，存在着非常复杂的国家管理者和民众之间的利益关系。中介性社会事项在网络上传播并形成网络舆情，最后诱发危机的产生。⑤ 我们认为，公共危机网络舆情内在演变机理体系，包括形成机理、发展机理、变异机理、作用机理和终结机理。具体来说，公共危机网络舆情形成经历个体意见表达、社群意见碰撞、网络舆情形成等阶段，网民的事件需求是其形成的原动力；公共危机网络舆情发展常呈现波动状态，是危机事件驱动、政府应急管理、媒体传播报道三方角力的结果；公共危机网络舆情变异来自利益差异性，通过同化、异化、简化等模式而出现灾难恐慌、政治流言、经济获利等变异情况；不同网络舆情倾向会产生不同的作用力，现阶段网络舆情作用的广度增大、力度增强、速度增快；网民事件需求的满足会使得舆情动力不足，网络舆情开始终结。⑥

9.2.3　公共危机网络舆情的演变规律

1. 舆情的一般演变规律

作为公众情绪、态度意见的舆情，必然要遵循某些规律来运行，包括舆情变动的涨落

---

① 参见曹劲松：《网络舆情的发展规律》，载《新闻与写作》，2010（5）。
② 参见史波：《公共危机事件网络舆情内在演变机理研究》，载《情报杂志》，2010，29（4）。
③ 参见姜胜洪：《网络舆情热点的形成与发展、现状及舆论引导》，载《理论月刊》，2008（4）。
④ 参见刘杰、梁荣、张砥：《网络诱致突发事件：概念、特征和处置》，载《中国行政管理》，2010（2）。
⑤ 参见程传超：《危机管理视角的网络舆情监管研究》，兰州大学硕士学位论文，2008。
⑥ 参见史波：《公共危机事件网络舆情内在演变机理研究》，载《情报杂志》，2010，29（4）。

规律、序变规律、冲突规律和衰变规律。[①]

（1）舆情变动的涨落规律。

舆情变动的涨落态势主要有三种：波浪形、梯形和单峰形。具体来说，舆情变动的涨落主要体现在以下三个方面：1）时空上的涨落。舆情在时间上的涨落是客观刺激和主观心理活动的作用结果，这是心理持续性的表现。2）舆情主体的涨落。决策者需要根据不同的舆情主体涨落情况采取相应的策略。3）舆情强度的涨落，即舆情影响力和作用力的强弱。

（2）舆情变动的序变规律。

舆情变动的涨落，形成了一个和外界不断交换物质和能量的开放的、远离平衡态的系统。舆情变动是各个舆情构成要素非线性相互作用的结果，舆情随机的涨落最终使舆情由无序向有序变化。舆情的形成和变化可以简单地看作一个“刺激—反应”过程，刺激的源头是公共事务的发生，相关刺激性信息经过传播，输入人的大脑。在这些刺激性信息与公众固有成见的作用下，公众将自己对该公共事务形成的情绪、态度或意见输出。传媒或者权威人士可能也会介入，这样舆情涨落就会被放大，有可能形成突变，形成“巨涨落”，使得舆情系统发生结构性变化，进而形成新的状态。由此，舆情系统可能由原来纷杂无序的状态走向有序的状态，形成一种或者几种主导性意见分支，每一个分支都意味着一种可能形成的新的稳定结构。这种舆情运动的有序化是一种必然的趋势。

（3）舆情变动的冲突规律。

舆情冲突是处于社会系统中的公众的情绪、态度和意见的对立状态。从狭义的角度看，舆情冲突是指公众因为自身利益受到损害或没有得到应有的满足而以激烈且具有攻击性的言论或行为方式对政府管理或决策发泄不满。从广义的角度看，舆情冲突则泛指公众之间的一切情绪、意愿、态度或意见的对立状态。舆情冲突充满了攻击性，这种攻击性决定了舆情冲突不是内隐状态下的情绪、态度或意见，而是需要通过外在行为来表现；舆情冲突的攻击性不仅表现为暴力行为的身体伤害，还包括心理上的伤害行为，例如，谩骂与诽谤等。舆情冲突一般通过言论和行为两种形式来表现。如果以理性程度为依据，舆情冲突的言论形式可以分为理性的辩论和非理性的言论攻击。

（4）舆情变动的衰变规律。

舆情的衰变规律包含了两层含义：第一层为“衰”，即针对某一具体公共事务的舆情必将走向衰落的趋势，强调的是舆情衰落的必然性；第二层含义则是“变”，是指旧舆情的衰落正是新舆情产生的开端，它强调的是舆情衰落的相对性。“衰”告诉我们，某一具体形态的舆情会随着事件的完结而走向衰落甚至消失，而“变”则强调“衰”并不意味着舆情会彻底消失，积淀在人们内心的成见会在新事件的刺激下再次萌发。[②] 这些“残留”的社会政治态度，也会发生不同程度地“转移”，在一定的社会条件下，会变成针对另一种中介性社会事项的社会政治态度的新的构成部分。

2. 公共危机网络舆情的特有演变规律

网络舆情的形成就是公众在现实中形成的舆情通过互联网进行表达的过程，因此舆

① 参见刘毅：《简析舆情变动规律》，载《天津社会科学》，2007（3）；王来华：《舆情变动规律初论》，载《学术交流》，2005（12）；王来华：《舆情研究概论》，88～92页，天津，天津社会科学院出版社，2003。

② 参见王来华：《舆情变动规律初论》，载《学术交流》，2005（12）。

情的演变规律可以很好地解释网络舆情的形成与变动，公众在互联网上的舆情表达实际上是他们对现实生活中存在问题和现象的心理反应。但是，由于互联网有其本身的特征，与传统的舆情传播方式、表现形式等多有不同，因此网络舆情突发事件在遵循舆情涨落、序变、冲突和衰变四大规律的同时，还有其特殊的演变规律。在网络舆情的发展过程中“两级传播”理论、从众效应、“沉默的螺旋”效应等规律也起到了重要作用。

（1）个人意见表达成为公共危机网络舆情形成的起点。

个人意见的表达是舆情的酝酿和生成阶段。网民既是信息的接受者，更是信息的再生产者。在网络世界，传受双方的身份是可以随时、任意转化的。当某一种意见得到多数人的赞同，个人意见扩大为局部意见，就会出现社会讨论。这种讨论是无意识、无组织的行为，会形成若干个议论圈。议论圈既是舆论传播的最小单位，也是社会舆论的最基本形式。随着议论圈不断扩大，意见传播的范围不断扩大，表达意见的群体不断增多，最终将一种多数人赞同的个人意见变成了广泛的社会舆论。①

（2）舆情主体从众心理明显，意见领袖可能主导突发事件舆情方向。

意见领袖通常是指在信息传递和人际互动过程中少数具有影响力、活动力，既非选举产生又无名号的人。一些资深网友充当了意见领袖的角色，这就使网络的意见领袖具有更强的草根性、流动性和号召力。他们关心各类时事，有自己的独立观点，愿意并善于表达自己。几乎每个网络舆情突发事件背后，都有大量网络意见领袖在推动，他们或意见统一，或针锋相对。② 在一些事件中，政府本身就是事件当事人，政府的观点难以得到网民的充分认同，此时意见领袖的观点则可以起到意想不到的作用。

（3）权威意见的渗透及媒体的跟进成为网络舆情突发事件导向。

要想在网络上制造一种正确的舆论，就需要正式地请具有知名度和权威性的学者或政府官员出面，这往往能够收到强化正确的主导声音、净化网络舆论的效果，当然也会使原本浮躁、情绪化的网络舆论空间变得严肃。③ 在信息传播中，一方面，传统媒体权威性强，但强调自上而下的“舆论导向”，不太重视体察真实的舆情民意；另一方面，网络上的观点虽来自最基层的民间“草根”，但网上经常出现虚假信息，网上言论随意性强，情绪偏激，立论分析缺乏深度。④ 在网络舆情集聚关注效应形成后，传统媒体以新闻调查、新闻评论、网络舆情反馈等方式进行跟进，而网络媒体再将传统媒体的报道和评论加以转载并再加以跟帖评论，舆情的传播就发生了质的变化。⑤ 来自传统媒体的权威舆情与来自网络的基层舆情相互印证，交互作用，更容易在现实中及网络上掀起舆情风潮。

（4）矛盾冲突转化为网络热议，并有线下发展的趋势。

社会矛盾和网络上的问题都是网络舆论的导火索。网络议论大都有一个从窄到宽、从

① 参见陈斯雅：《网络舆论的形成规律及引导方法》，载《青年记者》，2010（32）。

② 参见姜胜洪：《中国网络舆情的现状及引导对策研究》，载《理论与现代化》，2010（1）。

③ 参见张峻：《论网络舆论形成的一般规律》，载《商场现代化理论探析》，2005（3）。

④ 参见单学刚：《网络舆情发展的五大特点》，载《青年记者》，2009（22）。

⑤ 参见曹劲松：《网络舆情的发展规律》，载《新闻与写作》，2010（5）。

微弱到强烈的过程，而这种逐渐演化的过程在网络上以更为浓缩的方式进行。在网络舆论的出现和形成过程中，不同意见出现很快，参与讨论的网民数量众多，但舆论引导力量相对较弱。① 同时，随着网络舆情范围的扩展，网民已不再满足于网上讨论，而是热衷于在线下的现实空间继续关注和推动事件发展。

（5）意见在网络群体的互动中趋同。

各个议论圈以辐射的方式向四周扩展，意见讨论的范围不断扩大，标志着个人意见已经转变为公共意见。② 根据德国学者诺依曼的观点，一致舆论的形成是由于“沉默的螺旋”的作用，即大众传媒可以营造出一个意见气候，而人们由于惧怕社会孤立，会对优势意见采取趋同行动，其结果造成一方越来越大声疾呼，另一方越来越沉默下去，最终形成一致的舆论。在网络传播的情境下，“沉默的螺旋”依然在互联网上旋转。网络上的意见传播不是一个照单全收的过程，意见的传播与交锋是交织在一起的，交锋的结果是优势意见得以继续广泛传播，而处于劣势的意见逐渐从主流传播渠道中退出。③ 由此可以看出，在网络舆情传播的过程中，网民的意见在网络群体的互动中实现了趋同。

9.3 公共部门危机状态下网络舆情引导的策略选择

9.3.1 加强公共危机网络舆情的信息公开

当网络舆情突发事件发生后，最有效的“宣传”方法就是及时地召开新闻发布会，发布准确消息，全方位地将信息提供给公众。面对网络舆情突发事件，政府要使官方言论及时占领舆论的高地，成为意见领袖；要完善政府官方网站，开放讨论平台；还要在网络论坛上，形成自己的凝聚力。另外，要坚持“诚实透明”和“公众至上”理念：“诚实透明”的理念，即面对公众，功不夸大，过不掩饰，满足公众的知情权，做一个取信于民、“言必信，行必果”的政府。再者，要及时公布真相，确保信息的公开、透明。面对网络舆情突发事件，政府信息公开的态度与效果，本身就构成了政府形象的一部分。④

1. 进一步完善电子政务建设，搭建网络舆情突发事件信息公开的主渠道传播平台

加快建设电子政务平台，进一步完善政令传播及信息交流体系，已成为当务之急。为满足网络舆情突发事件信息公开的需要，政府在加快电子政务的基础设施建设的同时，还必须加强电子政务的日常管理，并构建完备的政令传播及信息交流体系。应使政务流程建立在信息网络通道和信息平台上，促进政务流程的重组和再造，使政务流程发生从技术性变化到实质性变化的变革，从而使网络媒体更好地服务于网络舆情突发事件的信息公开。

---

①② 参见陈斯雅：《网络舆论的形成规律及引导方法》，载《青年记者》，2010（32）。

③ 参见中共中央宣传部舆情信息局：《网络舆情信息工作理论与实务》，35页，北京，学习出版社，2009。

④ 参见陈安迪：《发挥“主场优势”，成为“意见领袖”》，载《青年记者》，2010（3）。

2. 及时公开网络舆情突发事件信息，减少信息沟通环节和信息噪声

在网络舆情突发事件处置的“黄金 4 小时”内，政府利用网络的社会影响力传播有关网络舆情突发事件的真实信息，通过政府门户网站，利用网络新闻、电子公告、网络论坛等形式及时、准确地发布突发事件的最新、最真实的消息，以此占据舆论的制高点，消除由于信息的不确定性所造成的恐慌，对公众进行正确的引导。同时，遏制谣言，稳定人心，使“谣言止于公开”。台湾辅仁大学吴宜蓁在《危机传播》一书中提出了网络舆情突发事件信息公开的处理原则和做法：“第一，危机发生后立即组织网页说明危机处理的做法和态度。由于网络咨询便捷，大部分网络使用者在得知危机事件后，会立即上网寻找资料，所以迅速建立起一个网络信息交互平台是十分必要的。第二，随时更新网页资料，利用网络进行双向沟通，及时提供相关人士联络方式，方便社会各界的人查询。第三，注意对手或者攻击对象所传递的消息并及时回应或澄清。链接其他网站或专业人士的网站，以增强说服力。”①

3. 提高政府善用网络新媒体的技能，避免“瓦釜效应”

在新媒体时代，“网流化”已经逐渐成为一种新的生活方式。“拉萨‘3·14’事件和汶川地震标志着中国网络媒体已经成熟，标志着我们的网络媒体正在成为当今中国社会的主流媒体。”② 网络新媒体是一把双刃剑，它既方便了信息的传播，也加大了危机爆发的频率和破坏力。面对日益网络化的社会发展趋势和网络新媒体的迅猛发展，各级政府及其相关部门要正确认识和把握新媒体的特点和规律，主动接近和善用新媒体，主动观察网络舆情和民意的变化，加强运用新媒体管理危机的能力。2010 年 10 月 14 日，北京市委党校首次开设网络媒体能力提升课程，将使用微博等网络媒体的知识纳入了局级领导的培训课程中。什么是微博，怎么浏览微博、博客，QQ 群和 MSN 是怎么回事，哪些 BBS、贴吧人气旺，用什么搜索引擎查找社会热点等，都成为领导“恶补”的网络知识。③

在网络新媒体时代，传播者与受众的界限已日渐模糊，在突发事件的信息传播中，新媒体的速度与影响力不容小觑。利用网络新媒体更好地设置议程、引导舆论，可以积极尝试以下做法：利用手机短信应急服务平台、移动电视等，向公众发布突发事件最新消息、辟谣信息等；在知名网站为政府官员、专家开设博客，迅速、及时发出权威之声、专业之声；在各大网络论坛发挥版主、网络主持人、网络评论员的“舆论领袖”作用，引导网民积极参与突发事件的讨论；选择公信力强、人流量大的网站，在实名制原则下汇总并公布公众通过手机、播客等发来的突发事件最新报道，满足更广大公众的信息需求。

在利用网络新媒体正面力量的同时，我们也应充分警惕它可能造成的“瓦釜效应”。④所谓“朝议无黄钟，遂使街谈尽瓦釜”，即在缺乏富有意义的重大议程时，由于商业利益

---

① 吴宜蓁：《危机传播——公共关系与语艺观点的理论与实证》，86 页，台北，五南图书出版股份有限公司，2002。

② 田峰、彭学涛：《突发公共事件中网络舆情危机的治理》，载《吉林人大》，2010（5）。

③ 参见李洁：《用微博首进局级领导“课程表”》，载《法制晚报》，2010-10-14。

④ 参见孟建：《突发公共事件的新闻发布与舆论引导研究》，载《中国应急管理》，2008（11）。

驱使或某些不良趣味的诱因，一些卑微、琐碎的议题可能造成巨大的影响。在突发事件中，常有一些个体炮制的肤浅、偏执甚至虚假的议题，由于小众追捧，网站甚至推进传播，最终导致了大众轻信盲从和不良信息的广泛传播。这种不良的议程设置会导致流言四散、恐慌弥漫，对于突发事件的解决是有百害而无一利的。针对这种状况，除了利用上述正面手段加以应对之外，还应该建立和完善网民举报的受理制度、网络新闻信息公众评议制度，调动广大网民的积极性，对网络新媒体传播加以监督，对传播虚假信息的网站予以曝光、谴责和处理。趋利避害，方能用好新媒体这把强大的双刃剑。

9.3.2 充分重视发挥微博的舆论引导功能

1. 微博的内涵、特征及其影响

微博，即微博客（microblog）的简称，最早由美国人埃文·威廉斯（Evan Williams）提出①，是一个基于用户关系的信息分享、传播以及获取平台，用户可以通过 WEB、WAP 以及各种客户端组件（特别是移动客户端）进入个人社区，以 140 字左右的文字更新信息，并实现即时分享。② 微博是自媒体③时代来临的标志性产品之一，最早也是最著名的微博是美国的推特（Twitter）。2009 年 8 月 28 日，新浪网推出“新浪微博”，正式开始对外公测，由此新浪成为国内最早涉足微博的门户网站，微博正式进入中文上网主流人群视野并得到飞速发展。其他一些大型网站如“搜狐网”“人民网”“腾讯网”等也开通了自己的微博平台。微博兴起伊始，一些政府部门就注意到这一网络工具的影响及其运用前景。在网上“织围脖”渐渐成为公共部门与公众互动的新时尚。

微博的出现，从技术上而言，使得个人可以作为一个物理终端，成为信息发布与社交网络的个体终端。较之传统网络产品（特别是博客），化繁为简的微博保留与发展了“发布”“转发”“关注”“评论”等功能。这些功能成就了微博的两大传播路径：（1）粉丝路径。微博的用户可以自由地对其他客户端“加关注”，或是“被关注”——也就是所谓的拥有“粉丝”，粉丝数量越多，说明这个用户被公众关注的程度越高。同时，互为“粉丝”的用户间建立了对等的网络关系，每一个用户既是“服务器”，也是“受众”，可以共享各自社区空间内的资源。也就是说，理论意义上进行跨空及时、完整影音呈现的现实“P2P”④ 社会，在微博的推波助澜下将具备雏形。（2）转发路径。微博中互为粉丝的用户之间对于信息的共享通过“转发”的功能集中体现。这种转发功能将个体用户的资源（包括信息、观点）在网络社区中自由传播，同时这种功能使得对于事件的实时传播更为快速。微博的转发功能将受众也变成了媒体，实时信息可以通过更多的受众（也就是粉丝）

---

① 参见黎福羽：《“微博问政”的表现及发展》，载《资源与人居环境》，2010（13）。

② 参见 http://baike.baidu.com/view/1567099.htm。

③ 自媒体是指私人化、平民化、普泛化、自主化的传播者，以电子化手段，向不特定的大多数或者特定的单个人传递规范性及非规范性信息的新媒体的总称，微博只是其一种方式。参见 http://baike.baidu.com/view/45353.htm。

④ P2P 是指 peer-to-peer 模式（对等计算），其核心思想是：所有参与系统的结点（终端）处于完全对等的地位，没有客户端（client）和服务器（server）之分，既向别人提供服务，也从别人那里享受服务。它奠定了自媒体时代的技术基础。

传播开去，而且受众在转发过程中还可以添加实时评论以吸引更多粉丝关注，使得这种传播更具主动性。

在上述传播路径下，微博的传播衍生出裂变性、主动性、即时性的特征。(1) 裂变性。微博“转发”功能既不是传统媒体一对一的线性传播，也不是网络媒体一对多的网络传播，而是一对多、多对多的裂变传播，这种传播形态的传播速度是呈几何级数的。(2) 主动性。用户间的资源共享模式和传播路径，使微博用户不仅能够生成内容，还可以对感兴趣的其他用户制作的内容进行主动传播。这一过程实现了对信息流和人际关系的高度整合，也让微博所在的网站实现了从传统门户网站向互联网平台、从内容平台向用户平台的巨大转变。这种对资源的共享伴随着主动性，也带来了筛选性，共同偏好的用户形成了一个临时的传播母体，用户群如滚雪球般不断膨胀，直至将具有共同偏好的主体全部囊括。当偏好涉及公共领域时，由此形成的用户群体就对公共事务发挥着围观、参与甚至是宣泄的巨大舆论影响力，影响突发事件的走向。(3) 即时性。微博较之传统博客等网络社区平台的优势在于，由于容量小，它可以充分借力于个人移动终端的飞速发展。个人用户利用手机、IPAD 等移动终端，能够在第一时间将精炼的信息（事件、图片、观点等）传输到微博社区中，实现信息发布的即时性。

微博改变了信息传播的传统路径与模式，微博和移动通信平台的结合更进一步在社会结构上改变了人与人之间的交流方式，在公共领域改变了公共部门与公众的互动方式。对于政府来说，这种改变对于危机管理而言也是一次巨大的挑战，具体体现在三个方面①：(1) 对于危机决策的影响。微博的兴起使公众对于危机管理决策的参与成本进一步降低，也使得“围观”成为一种力量。在微博时代，大量的“围观”以及随之带来的“转发”——即使转发用户不表达任何观点——给危机决策部门施加了越来越大的压力。这种裂变式、可量化的传播一方面带动了大量公众对突发事件的关注，另一方面也形成了危机决策部门的“几个大脑”和数百万隐形微博用户大脑的一场“设计大比拼”，这种在智慧、力量和“媒体火力”上的悬殊，使得危机决策部门的任何偏好、疏漏、差错乃至于本位思想，都在微博用户面前无所遁形。(2) 对于危机管理客体的影响。在微博“滚雪球”的传播过程中，危机管理客体不再仅仅是决策指向的某类群体，而俨然是微博上的每一个个体。个体的价值得到关注，“每条消息都是有尊严的”——通过现实可以这样总结微博在这一方面的影响作用。在传统社会中原本弱小到可忽略不计的声音，在口口相传中被放大，持续的围观与声援让众人的观点、立场迅速集结。共同的偏好将跨地域的微博用户联系在一起，发表观点、提供佐证、影响舆论，不断积聚的力量甚至能撼动事件本身走向及未来发展趋势，甚至还可以形成跨地域的公民独立调查团，实施“公益”行为。(3) 对危机管理方式和方法的影响。微博的实时性特征使政府部门危机管理过程中的每一个环节都暴露在公众视野之下。一部可以上网的手机，就可以将若干现场照片、音频、视频上传到微博中，与无数用户共享。在以微博为代表的自媒体时代，每一个用户终端都成为独立的媒体发布平台，他既是记者、摄影师，也是导演、剪辑师，更是特约评论员，同时也是新闻审查人员——他会选择自己偏好的内容发布。这样，危机管理者的

① 参见孙昊：《微博时代下的应急管理》，载《中国应急管理》，2011 (3)。

行动空间就变得局促了。

2. 发挥微博舆论引导功能的限制因素

微博开辟了政府发布信息的新通道，既改变了网民的说话方式，也改变了媒体的生态环境。目前，很多微博客网站已经推出手机版，随着技术的发展，手机短信、电子邮件、即时通信工具、网页等都可以成为微博平台，用户可以实现随时随地上传和接收微博信息。近年来，政府开设微博已较为普遍，网络新闻发布会和网络新闻发言人也成为政府危机管理的重要公关手段，其前所未有的平民化沟通姿态和及时有效的沟通，使政府与公众间的互动趋向多元化和良性化。借用微博平台，政府与公众间的沟通在注重互动的前提下，将人际传播、组织传播和大众传播结合起来，实现点对点、点对面、面对面的多渠道沟通系统，并切实保障这些沟通渠道的安全通畅和高效运转，使政府的危机沟通形成一个无孔不入的全媒体格局，让信息高度公开，让沟通更为顺畅。对政府来说，微博有利于政府政策的公开、透明，更增加了一条危机信息发布的渠道。政府可以在危机潜伏期和危机爆发时通过微博及时提供准确、客观的信息。同时，微博也成为危机舆论引导的一线阵地。微博的传播速度很快、范围很广，短时间内即可聚合信息，形成舆论风暴。政府可利用微博，掌握舆论风向，及时发布权威消息，进行舆论引导。

然而，充分发挥微博的危机舆论引导功能，目前还面临着诸多因素的限制。微博对于网络舆情突发事件危机舆论引导而言是一把双刃剑，作为新的资讯平台，个人微博以及对于政府微博的评论本身缺乏权威性，如果利用不当很容易变成谣言的温床；另外，“脏”的问题也影响微博正面作用的发挥，有人说微博已沦为“骂场”，语言暴力借助微博已呈泛滥之势，虽说这种观点有些以偏概全，但以此为代表的微博负面作用不容忽视。所以，当前政府在应对与运用微博进行网络舆情突发事件舆论引导的过程中，需要及时对如下几个问题加以关注和改进：（1）缺少统一的应用规划。目前政府部门对于微博的应对和运用，主要是通过各地方政府的自发行为实现的，在如何运用微博方面缺少统一的规划。比如，在微博平台建设方面，目前大多数政府微博建立在“新浪”等商业网站的微博平台之上，这就面临着一个问题，即如何解决政府微博应具有的公共职能与商业网站具有的排他性、竞争性之间的矛盾。政府微博作用的发挥受制于某一商业网站（或者称“微博寡头”）。一些政府部门计划在政府网站上开通类似微博的功能，但是这种方案从技术和效果的角度来看均不会太好，一是这些部门需要承担大量的后台技术工作，二是这种方法失去了原有商业网站的广大用户，必须重新培育自身的用户。（2）微博的功能应该被正确认识。作为公共信息公开者，政府信息的发布虽然也要求时效性，但更重要的要求在于严谨、准确、全面，并以此为生命。微博的生命与活力，则在于时效，在于简洁，不超过140个字，很难做到严谨、准确、全面。所以，微博并不太适合作为政府公共信息的主要发布渠道，只能作为补充、辅助渠道。微博更多的应该是作为政府部门与社会公众的互动平台，沟通民意，搜集民智，及时回馈，维护信任，及时发布必须要发布的资讯。（3）政府部门与工作人员尚不能完全适应网络生态。一些政府部门及其工作人员在对危机管理方式和方法的选择上，还是局限于传统的方法，特别是不恰当地运用强制手段；在对公众关注的热点问题上，反馈滞后，并且没有统一、周全的危机公关意识；一些领导干部与公众存在较大的物理与心理距离，不主动与公众沟通，缺少公众的信任与个人魅力。①

3. 善用微博，吸引粉丝，重视微博的危机舆论引导功能建设

微博考验着政府部门能不能适应民主、开放、互动的网络生活，也教会许多官员如何在网络环境里对公共危机做出积极应对，如何推动民主政治、促进问题解决、提高危机管理能力。政府要善用微博，与时俱进，构建多渠道、多层次的信息沟通系统；运用多元激励措施吸引粉丝，重视微博的危机舆论引导功能建设。具体要做好四个方面②：(1) 在危机决策过程中引入微博的力量。政府部门要认识到微博的重要性，有意识地利用这一新型传播工具听民声、聚民智，通过微博关注社会热点问题、倾听公众声音、科学民主决策、启动政策窗口。(2) 采用多元激励措施吸引粉丝。海量的微博用户不仅是庞大的商业资源，更是无穷的公共资源。政府部门在危机管理中，能否吸引公众的视线，甚至引导公众的偏好，前提在于能否影响足够多的社会公众。在微博的应用中，就在于政府如何能够让越来越多的公众成为自己的“粉丝”，因为“现在不是权势而是粉丝的时代”。采取多元的激励措施吸引不同偏好的公众成为政府微博的粉丝，从而影响公众与管理生态，是政府微博公关的必由之路。(3) 进一步加强政府微博的功能建设。微博本身只是一个交互平台，平台搭建之后，更要考虑用怎样的语言和方式传播信息才能更好地被网友接受，这就需要政府部门考虑如何利用微博实现各项功能，其中最主要的是互动和服务功能：当粉丝对政府的声音发出质疑时，官腔、躲避、推诿、“打太极”和装哑巴都是丢脸和危险的，“有问有答，有答有办，有办有督”，可以说是对如何实现互动功能的最好解读。互动和服务功能的完善有利于维护政府公信力，拉进政府与公众的距离，为危机管理奠定良好的管理生态。(4) 发挥与规范领导干部的个人微博。政府工作人员特别是领导干部的个人影响力对危机管理的实效起着很大作用。当然，领导干部开微博，不能流于形式，为追赶潮流而开，重点不在于掌握纯粹的互联网技术，而在于把握新的群众观念，以真诚的态度去了解民意，把微博作为干群沟通交流的平台。同时，要研究并规范引导政府工作人员在个人微博上的发言如何与职务行为区分开来，政府工作人员特别是领导干部在微博中的言论如何才能在突发事件处置中引导舆论。

9.3.3　加强公共危机网络舆情中的互联网管控

公共危机网络舆情中的互联网管控，主要是指国家或部分地区实施网络舆情突发事件快速应急反应后对互联网络所采取的一系列管控措施，包括临时切断网络、中断部分网络服务功能、阻滞部分网络地址、删除部分网络信息等。目前，我国网络新媒体的管理主要集中在网络内容传播监管领域，分散在不同的政府部门，每一个部门都有相关的法律法规来规范和管理。

随着各部委相继制定管制互联网的部门规章，中国参与网络新媒体管制的行政机构越来越多，概括起来主要可以分为四类：(1) 接入监管部门：工信部与工商部门。工信部的主要职责集中在网络接入、域名和 IP 地址管理、电子邮件、电子公告服务、整治互联网

---

①② 参见孙昊：《微博时代下的应急管理》，载《中国应急管理》，2011 (3)。

不良信息等领域。工商部门主要是负责互联网上网营业场所的营业执照管理，对无证经营、超越范围经营等行为进行查处。（2）安全管制部门：公安部门与国家安全部门。公安部门的主要职责是：负责对网上反动、淫秽等有害信息的监控；负责对互联网的经营、服务单位的安全监督，对"网吧"等上网服务营业场所的安全审核、安全管理软件的安装和安全监督管理；负责处罚和依法打击网上违法犯罪行为。国家安全部门的主要职责在于对境外有害信息提出封堵网站名单并通知有关部门封堵，按照有关规定履行互联网信息安全管理的职责。（3）内容管制部门：中央和地方的新闻办公室和对外宣传办公室。国务院新闻办公室的监管领域主要集中在网络媒体刊载新闻业务资格的审批，对经营性互联网信息服务实行许可制度，对非经营性互联网信息服务实行备案制度，对刊载内容实行审查制度，同时明确规定禁止反动、迷信、暴力、淫秽内容的传播。新闻办公室主要负责在互联网上登载新闻。对外宣传办公室主要负责对网络媒体的日常管理。（4）其他有关部门，主要是指文化部门、新闻出版和广电部门。文化部门负责对利用互联网经营艺术品、音像制品、网络游戏、演出活动及"网吧"等上网服务营业场所的日常监督，并实行经营许可证管理。新闻出版和广电部门负责互联网出版活动及版权的监督管理；负责境内网站通过互联网传播电影和广播电视节目的审批与监督管理，管制范围涉及在互联网等信息网站中开办各种视听节目，播放影视作品和视音频新闻，转播、直播广播电视节目及以视听节目形式直播、转播体育比赛、文艺演出等各类活动。

王卫东在《试论应急管理中互联网络管控应把握的原则》① 一文中指出，公共危机网络舆情中的互联网管控，要遵循以下四项做法和原则：

（1）依法实施。

公共危机网络舆情中实施互联网管控确实是国际通行做法，包括互联网络管控实施的时机、方法和范围等，都应有明确的法律、法规加以规范。美国在网络管制立法和实践中集中体现了三个标准：行业利益标准、公众利益标准和特殊件下的国家利益及国家安全标准。当前，我国关于互联网管理的法律、法规中有明确处罚原则的包括《计算机信息网络国际联网管理暂行规定》和《计算机信息网络国际联网安全保护管理办法》。但是，这两部法规的互联网管控措施，如停止联网、停机整顿的处罚措施，仅仅是从处罚网络管理部门和个人的角度来制定的，而对于因应急管理需要而对网络实施管控的时机和方法等内容并没有涉及。因此，有必要对相关法规做进一步的完善，可在有关法律中增加互联网络管控的内容，明确管控的目的、时机、权限、措施、时限等，以增加必要时实施网络管制的权威性和可操作性。

（2）快速反应。

这主要表现在两个方面：1）在第一时间反应。实施网络管控措施必须果断快速实施。如新疆"7·5"事件发生后，自治区政府在第一时间采取了包括互联网管制在内的多项信息管制措施，争取了更大、更多的工作主动权，取得了更好的预期效果。2）要随机快速处置。互联网络管控是一个连续的过程，需要前后密切衔接。不仅要做好第一时间的先期管控工作，还应做好后续或者是持续管制工作，发现问题，临机处置，随时解决。如"7·5"

① 参见王卫东：《试论应急管理中互联网络管控应把握的原则》，内部研究资料，未刊稿。

事件发生后，在实施网络管制之后，新疆通信管理局还紧急部署了有关互联网信息安全保障工作，重点安排在全疆范围内开展自营网站大检查与接入网站巡检工作，发现有害信息及时处理上报，并确保各级、各类政府门户网站能够顺利访问，权威信息能够及时发布。

（3）合理适度。

在实施网络管控的时限、范围、措施等方面的把握上，都应坚持合理适度的原则，尽可能减少负面影响。1）时限适度。互联网络管控不能无限期进行。对于从什么时间开始，到什么时间终止，要有一定的计划，并尽量让民众知晓，让民众有一定的心理准备。如"7・5"事件中，在实施网络管控时，新疆维吾尔自治区政府根据事态的缓和程度，逐步取消管控措施，并及时告知民众，从单项直通到双向直通，从严格管控到逐步放开，赢得了民众的理解和支持。2）范围适度。互联网络管控范围首先是指地域概念上的范围，即要合理确定应急管理中实施互联网络管控的地理区域；其次是指网络本身的范围，即是管控几个网站，管控某些网络业务，还是全面中断网络，要根据实际需要合理确定。3）措施适度。实施互联网络管控不仅是从宏观上维护人民群众的利益，而且应从微观上、从细节处关注民众的切身利益。互联网络管控不是一味的"堵"，而是疏堵结合。如"7・5"事件中新疆维吾尔自治区政府在加强管制的同时，也采取了多种措施，以期降低通信管制所带来的消极影响。新疆通信管理局于 2009 年 7 月 6 日下午开通了自治区新闻办新闻中心对外的互联网通道；7 月 12 日，又为中央人民广播电台和中国国际广播电台开通三条国际长途。为了有效保证社会各界通过互联网进行金融业务查询和交易的需求，新疆维吾尔自治区政府还协助各大金融机构在管制期间，始终保持对于证券实时行情查询和部分券商证券业务网上交易的畅通，并对受到影响的网上银行业务进行恢复。

（4）协调配合。

1）多项措施形成合力。互联网管控应注重多措并举、多管齐下，通过体系化、综合性的应急管理措施来全方位、全阶段实施。如"7・5"事件中新疆维吾尔自治区政府采取了诸如人员管制、交通管制、信息管制等多项管制措施。单从信息管制方面看，政府采取了平面媒体管制、语音通信管制、短信服务管制、网络管制等措施。2）同步采取"弥补"措施。在实施网络管控的同时，应注重采取一些"弥补"措施，通过其他措施解决民众的不便。如新疆"7・5"事件期间，不仅有中考、高考录取信息的公布，部分公务员、事业单位公开招考信息的发布，还有众多其他人事招聘、网上报名以及录取、录用信息的披露。这些信息能否及时、准确、快捷地通过互联网进行刊载，牵动着许多民众、家庭的心。在逐步放开网络管控的同时，政府还通过广播、电视、报刊等传统媒体对招生考试、人事录用和人才招聘等信息进行广泛的刊载和发布，拓展和完善了此类信息在特殊情况下的传播渠道。3）争取民众主动支持。实施包括互联网络管控在内的一系列应急管理措施，需要通过深入宣传、教育引导等方式赢得民众的主动支持和配合。

9.3.4　提升公共危机网络舆情引导的技巧与水平

危机传播过程可分为两个方面：一是作为信息传递过程的"信息流"，它的作用在于告诉人们发生了什么；二是作为信息产生效果的“影响流”，它的作用在于告诉人们怎么办。[①] 网络媒体传播也同样存在“影响流”，它是一种引导性的舆论，有明确的态度和立场，对改变受众的意见、态度和行为有非常大的作用。因此，政府应当重视这些“影响流”，在确保信息公开的前提下，重视提升公共危机网络舆情引导的技巧与水平。

1. 做好政府门户网站和重点新闻网站建设，强化论坛管理，共同推动网络舆论的有序发展

政府门户网站是各级行政机关公开政府信息的重要平台，根据2008年5月1日起施行的《中华人民共和国政府信息公开条例》，官方网站是政府信息发布的官方法定渠道之一。同时，重点新闻网站要成为构建舆论的主体力量，主流网络媒体要成为网络舆论引导的主渠道。要加强主流网站与品牌栏目（论坛）的建设、推介与评选力度，扩大它们的影响力与公信力，形成舆论示范效应，同时利用主流网络舆论引导或影响非主流网络舆论。要调动网络编辑、论坛管理者、版主的合力，强化论坛管理，共同推动网络舆论的有序发展。论坛是民声汇集的地方，是网络舆论的主要发源地。针对网络群体组织化色彩的强化，各种网络群体比如各类QQ群、SNS等不同的网络群体，要寻找网络虚拟社区管理的新尝试，培养网络空间里的独立评论员队伍，主动引导舆论。

2. 抢占舆论制高点，利用网络媒体进行有效的“议程设置”，以引导危机舆论

虽然网络分散化和去中心化的设计消散了传统媒体环境下政府议程设置的有效性，强化了网民个体的话语权；但是，这种“强化”并不是绝对的，它只是增加了政府议程设置实现的难度。通过有效的手段，政府仍然可以在引导舆论上取得优势。(1) 在信息发布上抢占先机，第一时间将真实、权威、公正的信息传递给公众。由于先入为主效应，公众比较容易对政府产生信任。(2) 与网络媒体、传统媒体合作，设置议题，集中讨论重点，通过专题报道对突发事件做深度报道。媒体议程设置最重要的方式就是设置专题，政府应该充分利用各种媒体，将突发事件发生的背景、地点、相关人物、过程、动态和可能产生的影响等第一时间传达给公众，并策划专题报告，引导公众议题。这需要政府在做好自身信息发布的同时，懂得利用各种媒介资源，处理好与媒体的日常关系，在危机爆发时迅速联手传统媒体和新媒体，努力实现媒介议程设置和公众议程设置的重合，从而正确、有效地引导舆论。[②]

3. 培养并充分发挥网络意见领袖的危机舆论引导作用

意见领袖又称舆论领袖，通常是指在信息传递和人机互动过程中少数具有影响力、活动力的人。这些人是大众传播中的评论员、转达者，是组织传播中的闸门、滤网，是人际沟通中的“小广播”和“大喇叭”。[③] 意见领袖在大众传播效果的形成过程中起着重要的中介或过滤作用。[④] 网络意见领袖则是活跃于互联网的意见领袖：他们对危机根源、诱因的看法，影响着公众对危机的认识；他们对危机发展、变化的分析，影响着公众对危机的预期；他们对危机可能造成的损害的估量，影响着公众对危机的判断；他们对危机中政府表现的评价，影响着公众对政府的印象；他们对政府所发布信息的态度，影响着公众对这

---

① 参见赵志立：《危机传播概论》，38页，北京，清华大学出版社，2009。

② 参见林爱珺、孙姣姣：《新媒体环境下的政府危机管理与舆论引导》，载《中国应急管理》，2011 (3)。

③ 参见苗壮：《群体性事件的网络舆情导控》，载《青年记者》，2010 (5)。

④ 参见彭兰：《试论网络传播中专业新闻机构的舆论功能》，载《当代传播》，2000 (1)。

一信息是逆反、抵御还是理解和接纳。网络意见领袖某种程度上充当着政府和广大网民之间“舆情调节阀”的角色，有时甚至起关键作用，局部意见演化为舆论依靠意见领袖的引导。①

因此，政府需要赢得意见领袖的支持，善于发现和培养网络意见领袖。（1）深入利益相关群体，观察人们在危机中的活跃度，寻找网络意见领袖。观察他们的发言内容和态度趋向，重视他们的意见和要求，争取他们的理解和支持。（2）多途径培养具有主流社会认同感的网络意见领袖。一旦突发事件在网上形成热评，就由这些非官方的网络意见领袖积极参与讨论，与网民互动交流，实现网民的自我教育、自我引导。② 通过意见领袖来引导网络舆论，强化主流舆论，争取中立舆论，孤立反动舆论。同时建立权威人士上网沟通机制，以公共协商与远程民主的精神促成议题的解决与理解。注意网聚那些关心党和国家前途命运、立场正确、发帖活跃、有一定号召力和影响力的专家、学者或公共知识分子。通过意见领袖来引导网络舆情，通过网民引导网民，用网民自己的声音引导、感染网民，实现网民自我教育、自我引导，从而达到事半功倍的效果。③

4. 尊重网络传播规律，把握危机舆论引导的关键环节，寻求突破与转折

要尊重网络传播规律，善于利用相关规律做好引导工作。要对网络关注的焦点适时进行变换，引导网络舆论转移关注点。要加强舆论引导力，密切关注网络舆情动态，实时传递主流声音，有效实现网络意见均衡。要善于抓住危机舆论引导的关键环节。④ 经验表明，危机舆论引导的关键环节往往集中在对事件的表态和对事件的定性上：表态应当传递一种价值观，一种积极作为、公平公正的态度可以为妥善处置危机奠定坚实的基础；而定性准确则可以为后期的事件处理提供参考思路。⑤ 公权机构要理顺网络舆情收集与反馈机制，畅通表达渠道，排除负面舆论的社会诱因。要拓宽网络的社情民意表达渠道，使网络成为信息与观点的集散地、疏导不满情绪与怨恨表达的减压阀；在多元中立主导，在多样中谋共识，在多变中促和谐，形成舆论合力。要掌握消息与意见发布的主动权，做到及时准确、公开透明，重视突发事件的网络舆论引导时效与力度，设计延伸报道与议题置换。要提高网民的网络（媒介）素养，关注网民群体的倾向与网络弱势群体的意见表达。⑥

5. 综合利用多个网络舆论引导载体，立体化、多渠道展开危机舆论疏导工作

在网络平台上，要综合利用多个载体，立体化、多渠道展开工作，保证网络信息互动实现方式的多样化、便利化。政府要善于从网上了解社情民意，可以直接借助于论坛、BBS、博客等新媒体形式，直接与民众沟通交流；可以借助于移动传媒，建立手机平台，以全新的理念抢占手机舆论阵地，努力建立起运作高效的网络文化建设和管理的体制和机制；可以开微博等，不断及时地公布信息，听取社会和网民的意见和建议。目前，论坛、微博正在成为政府“触网”的重要途径。要培养网上舆论引领员，把网络舆情监控与评论引导紧密结合起来；在本地网络舆论平台上强化网络把关，探索网络舆情联动危

---

① 参见刘建明：《舆论传播》，北京，清华大学出版社，2001。

② 参见王维：《突发事件中网络舆论的治理》，载《新闻爱好者》，2010（1）。

③ 参见姜胜洪：《网络舆情热点的形成与发展、现状及舆论引导》，载《理论月刊》，2008（4）。

④ 参见高小平等：《关键环节：突发事件应急处置的重要视角》，载《中国应急管理》，2008（3）。

⑤ 参见刘杰、梁荣、张砥：《网络诱致突发事件：概念、特征和处置》，载《中国行政管理》，2010（2）。

⑥ 参见何国平：《网络群体事件的动员模式及其舆论引导》，载《思想政治工作研究》，2010（5）。

机创新机制。[1] 要高扬以人为本的价值理念，秉承理性、平和、包容的态度，采取沟通对话的“治理”方式而不是封闭的“控制”方式，有效引导网络舆情的良性发展。[2] 要加强传统媒体和网络新兴媒体的互动，共同引导舆论。要创新工作方式和管理机制，为网络舆论发挥监督作用创造条件。

9.4 公共部门危机状态下网络舆情引导的制度建设

9.4.1 建立行政监管、行业自律、技术保障相结合的公共危机网络舆情治理体制

1. 加强政府对网络舆情的行政监管

虽然有人将政府对网络舆情的管理称为“制造网络世界的村庄傻瓜”[3]，但这主要是由于对网络技术特性缺乏基本的理解。实际上，对网络舆情的行政控制与监管是政府义不容辞的责任与义务。国外对网络舆情的行政监管是以传统媒介管理模式为基础的。由于网络是一种电子媒介，因此目前主流的归类方法是把网络归属于传统广播电视部门的管理之列，如美国、法国、澳大利亚、新加坡等国都采用这种归类方法。在美国，传统电子传播领域包括广电、电信等，全部隶属于联邦通信委员会（FCC）管理，网络产生之后，也归属 FCC 管理。澳大利亚广播事业局负责调查与制定网络舆论管理的各种规定。新加坡主要由广播局 SBA 管理网络舆论的内容，辅之以执照分类制度、内容事后审查等规定。[4] 从网络舆论的管理归属方面可以看出，各国均是按照其传统媒介管理的惯例，以传统媒介管理模式为基础，结合具体的网络特点来进行网络舆论的行政监管。

我国政府对网络舆情的行政监管采取多管齐下的方式。国务院新闻办公室在 2000 年 4 月成立网络新闻宣传管理局，并在各地设立网络新闻宣传管理处对网络舆论进行管理。涉嫌违法的网络舆论则交由公安部门的公共信息网络安全处处理。目前，网络舆论管理的重点主要集中在五个方面：对网络信源的控制、对网络链接的管理、对网络安全的重视、对网络交互的关注、对行业人员素质的培训。在网络舆论的导向上，对传统媒体的管理，上级主管部门经常会有一些指导性的政策及指示传达下来，在这些主导精神的指导下，下级部门各司其职，分工管理；网络舆论的管理也可以借鉴这种方式。在网络资源控制上，国家新闻出版广电总局对网络宽频的审批权进行严格的行政控制；非媒体网站发布网络舆论信息同样要经各级政府新闻办公室的资格审查，以此来限制非媒体网站的进入可能造成的

① 参见刘军：《互联网时代网络舆情的应急处理》，载《理论学习》，2009（1）。

② 参见王贤、薛小荣：《突发公共事件中的网络舆情危机与政府治理——以汶川地震时期的网络舆情为分析》，载《信息与电脑》，2009（11）。

③ Carolvn Penfold，“Nazis，Porn and Politics：Asserting Control over lnternet Content，” *The Journal of Information，Law and Technology*，2001（2）.

④ Peng Hwa Ang，How Countries Are Regulating Internet Content，http：//www. panAsia. org. sg.

舆论信息混乱，从而达到舆论统一的目的。①

2. 强化互联网行业自律的规范与约束

美国的网络行业组织发挥着重要的作用。行业组织作为政府与行业沟通的平台，在确保其业内成员权益不受侵害的同时不断倡导行业实行自律，确保行业的行为符合国家法律法规和道德要求。对于违规者，行业协会代表整个行业对其施加压力，促使其改正，或采取严厉措施使其失去发展机会。美国计算机协会制定了网络伦理的八项准则，计算机伦理协会制定了“摩西十诫”。英国网络舆情管理主要由建立于 1996 年 9 月的网络服务商行业自律组织网络观察基金会来实施。这个半官方组织在英国贸工部、内政部和英国城市警察署的支持下开展日常工作。基金会会同其他行业组织制定网络运营商自律规范。加拿大政府授权对网络舆论信息实行“自我规制”，将负面的网络舆论信息分为两类：非法信息与攻击性信息。前者以法律为依据，按法律来制裁；后者则依赖用户与行业的自律来解决。② 日本总务省邀请电信运营商、软件开发企业以及消费者代表组成自律组织，自律组织正常运行后，政府退出，完全由民间组织对互联网内容进行监督并强化行业自律。

我们应该学习并借鉴国外行业自律中的有效措施，搭建起互联网行业与政府有效沟通的桥梁，使整个行业处于积极健康的氛围中，自觉规范，自我约束。中国互联网协会是我国目前最大的互联网行业组织，其他还包括中国软件行业协会、中国信息协会等。目前，我国有一定数量的互联网行业自律公约。例如，《中国互联网行业自律公约》《互联网新闻信息服务自律公约》《互联网禁止传播淫秽、色情等不良信息自律规范》《文明上网自律公约》《中国互联网行业版权自律宣言》等。我们要积极借鉴国外行业组织运作的成功经验，如定期对组织成员的网站中的信息进行抽查，制定行业规范，检查成员对规范的执行情况以及受理公众投诉建议等。提升行业组织的地位和作用，进一步壮大行业组织。倡导互联网行业的自律，应该建立起一个统一的信用评价体系来规范互联网企业的言行，让其为自己的言行付出信用代价。在统一的信用评价体系下，互联网企业要对其网站上的言论负一定责任，尤其是可能煽动民众情绪的言论，未经证实就予以发布、转载要承担信用风险。

3. 注重发挥网络舆情技术的保障与支撑功能

互联网是以信息技术为基础的电子数据传递系统，网络信息传递是在高科技技术平台支持下的传播活动。网络舆情控制最常见的技术手段是对网络舆论进行分级与过滤。分级制度是将网络舆论内容分成不同的级别，浏览器按分类系统所设定的类目进行限制。最常见的是设置过滤词，通过过滤词的设置阻挡有关内容的进入。

目前，美国计算机界对网络舆情方面的技术研究，主要是对内容进行分级和过滤，其作用类似“电子守门人”。政府通常会列出阻止用户访问的“互联网网址清单”以实现不良信息的过滤和筛选。③ 日本政府从应急信息化基础设施抓起，建立起覆盖全国、功能完

① 参见燕道成、蔡骐：《国外网络舆论管理及启示》，载《当代传播》，2007（2）。

② 参见宋华琳：《互联网信息政府管制制度的初步研究》，见《网络传播与社会发展论文集》，北京，北京广播学院出版社，2001。

③ 参见石萌萌：《美国网络信息管理模式探析》，载《网络传播研究》，2009（7）。

善、技术先进的防灾通信网络。[①] 无线射频识别技术在日本防灾救灾中的应用也较为成熟。[②] 德国建立了一个内外分离、集中处理、便捷高效的危机信息平台，即德国突发事件规划信息系统（deNIS）。该系统主要由两个彼此独立的子系统构成：deNISⅠ和deNISⅡ。deNISⅡ致力于特大危险和巨灾的管理和信息流的支持，机构间的沟通超越了国家的界限。

我国注重网络技术的发展，推广网络技术应用：加强网络系统的更新换代，提高社会信息系统和网络操作系统的物理安全程度，如终端安全、通信线路的安全等；大力发展信息安全技术，包括密码、防火墙、数字签名、身份识别、内容审查、入侵检测等；提高自主研发关键技术和产品的能力，推动计算机和网络安全产品的国产化，最大限度地使用国产安全技术产品，限制出口安全技术，对国外安全产品进行严格检查和技术改造。加强技术在管理控制领域的应用程度：开发信息加密技术，建立安全等级评估机制和机构，确立安全等级标准，进行风险分析和风险管理，培养民众的安全意识，严格执行国家保密制度；加强网络监控技术的研发和应用，及时有效地监控网络舆论的热点和进程。重视网络舆情搜索分析技术，主要包括自然语言处理技术、信息检索技术以及数据挖掘技术。此外，还包括治理网上有害信息的内容过滤技术，识别图片和音视频等的多媒体信息智能识别技术，以及对非法信息进行处置的信息控制阻断技术等。在技术控制上，进行多层次的网络舆论监管，如各地网络新闻宣传管理处设置一个内存庞大的搜索引擎终端，重点对其管辖区的网络舆论进行全面的监控。各网站又备有专门的网络管理人员对其网站的舆论内容进行全天候的监控，发现问题及时通报与处理。同时使用关键词过滤技术，并对有问题的IP地址与不良信源进行封堵，从而多渠道、多角度地控制了有害网络舆论信息的进入。

9.4.2 健全公共危机网络舆情治理机制建设

1. 尊重网民的利益表达和言论自由权利，培育和建立政府、网民代表和普通网民之间的民主协商合作机制

（1）应充分尊重网民的利益表达和言论自由权利。

任何一种对于网络暴民的规范，都不能以牺牲网络的言论自由为代价。网络从其诞生之日起就带有浓厚的“自治”色彩，应该充分考虑和尊重网络“自治”的传统，发展辅助手段，如自我管理、私人管理和制度化方式。网民之所以会以发帖、转帖、评论等形式参与各种公共事件，是因为他们心中或多或少都有一种不满的情绪，迫切需要进行利益表达。当网民已有的不满情绪得不到抒发、缓解，他们就会寻找一种情绪转移的途径。既然网络已经成为传播速度最快的媒体，那么可以尝试建立一个门户网站，为民众提供一个类似于信访接待的利益表达服务。

---

① 参见姚国章：《完善基础设施建设应对突发公共事件——日本应急管理信息系统建设模式与借鉴》，载《信息化建设》，2006（3）。

② 参见高速：《日本减灾科技研究概况》，见 http://www.cigem.gov.cn/ReadNews.asp?NewsID=1852，2004-11-23。

（2）培育和建立政府、网民代表和普通网民之间的民主协商合作机制。

网民代表参与危机处理的直接目的是弄清事件的真相，其最终目的则是希望事件能够得到公平、公正的解决，这与政府的目标并不矛盾。对于网民代表而言，如果没有政府或相关单位的支持和合作，就无法了解事件真相、影响事件进程；而对于政府或相关单位而言，如果没有网民代表的理解、信任和支持，危机事件的处理可能达不到预期效果，甚至可能演变为网民和政府的对抗，导致大规模暴力事件的发生。应健全和完善网民参与危机事件处理的相关法制，在正确引导和规范网民代表行为的同时，确保网民代表能够合法地参与到危机事件的调查和处理中。

2. *搭建网上政民互动对话平台机制，加强网络参政议政管理*

网民是当今社会不可忽视的力量，网络舆论已经成为社会主义民主政治建设的重要平台。网络是了解民意的“直通车”，架起了政府和公众的互动桥梁。各级政府对网络舆论越来越重视，纷纷开通政府网站，设置网民沟通频道，加强网络参政议政管理，政府已经将互联网作为社会舆论传播的重要平台和政府决策的民意参考。

积极搭建网络对话平台，畅通民意互动渠道，从而有效地汇集民意，疏导民怨，消解民愤。完善网民关注的时事热点专题，提供政策法规解读专栏。要强调互动平台网民的参与性，以公众为中心，设置领导信箱、政府论坛、在线交流等模块，真正实现公民的参与权、监督权。政府要及时关注网络的舆论动向，及时跟进，主动参与，有效沟通，打造“透明、高效、无缝隙”政府。[①] 要重视门户网站的建设和维护，利用自身平台发布信息，开设诉求通道，回应和化解隔阂与敌对情绪。

政府要克服官僚主义独白式话语。功能平稳的、交互的语言游戏必须建立在以下四个诉求的基础之上：言语是可以理解的；它的内容是真实的；言说者在言说的时候是真诚的；对言说者而言加入言说行为是正确的。因此，政府只有重构与公众对话的新机制，通过真诚对话来获得共识，重获媒体与公众的理解与认同。只有这样，网络信息传播的群体极化才能得到有效化解。通过真诚对话，使不同的意见与建议都得到平等的表达，不同经验之间互相分享，这样才能使事件的真相被公众所了解，才可能在公众之间达成对事件的共识。

3. *争夺网络话语权，加强网络舆情引导机制建设*

网络舆情引导就是释民惑、疏民怨、聚民意、争民心，使网络正面舆论成为主流舆论的有机组成部分，从而掌控中国互联网的话语权，实现广大公众的知情权，充分发挥网络媒体在弘扬社会主义先进文化方面的“传播器”作用，在密切党委、政府和群众感情方面的“黏合剂”作用，在维护社会安定、缓释各种矛盾方面的“减压阀”作用，最终达到“积极发展、加强管理、趋利避害、为我所用”的目的。网络信息传播是在多元化环境下进行的，多元并非没有权威，正如迈克尔·罗斯金指出的，“权威是指特定的领导人赢得服从的能力……权威所强调的也是一种社会心理过程”[②]。网络的交互性改变了传统权威模式；网络在沟通、争辩乃至批判的过程中，又为新的权威神话的建构提供了激励机制，

---

① 参见牛文元、李倩倩、刘怡君：《基于“三度”法的网络舆论传播研究与应用》，载《上海理工大学学报》，2011（4）。

② ［美］迈克尔·罗斯金等：《政治科学》，8页，北京，华夏出版社，2001。

也为新权威的建构开辟了道路。这些就为我们争取网络话语权提供了理论支撑。

网络中的权威主要是以意见领袖的形态存在的，他们是信息和舆论流向一般受众的中间环节，主要包括一些专家和论坛版主。由于网民容易受专家意见影响，因此在网络群体事件爆发时，多发表具有专家水平的意见，有助于取得网络话语权，引导网络舆论。当然，各个论坛的版主由于主持论坛，对网络舆论的主导作用也不容忽视。此外，政府在网络资源的占有上具有绝对的优势，如果充分利用网络话语权的流变规律，积极利用主流网络争夺话语权；就有能力在网络群体性事件爆发之时，通过公开信息，重建对话的结构，把事情原原本本公之于众，将公众对事情的泄愤转变为对事件的本质及其解决之道的理性思考。积极争取话语权，引导网络舆论发展方向，建构政府与公众、媒体的关系，塑造政府形象，既是网络时代政府的一项重要工作，也是政府执政能力的一个重要表征。①

4. 危机管理领导干部要注重网络互动，提升网络社会领导力

危机管理领导干部要注重网络互动，坚持和创新群众路线：一方面要使“群众”成为微众，使传统群众路线具体化，提高服务群众的针对性；另一方面要使微众相互联系成为大众，使群众路线泛在化，拓展联系群众的范围。② 领导干部要积极“到网民中去”，加强与网民的联系，赢得网络认同。在网络上，领导干部有问必答，也可以更好地体现出亲民、平等、务实的态度。这种平等的互动与沟通，从空间上拉近了党政领导干部与网民的距离，从心理上消除了党政领导干部与网民的隔阂，从情感上密切了党政领导干部与网民的联系。领导干部不仅要到网民中去，而且要从网民中来，通过网络向网民学习，提升网络智慧。要提高各级危机管理领导干部互联网知识的普及程度，提高主动引导网络舆论、应对网络热点、处置网络突发事件的能力。要学会用“网言网语”与网民进行平等交流。要掌握和运用深刻而明快、浅显而准确、调侃而不失分寸的网络语言风格，以敏锐的思想、犀利的文风、活泼的语言，提高网络舆论引导的有效性。

网络领导需要领导者超越硬权力，侧重于“软引导”和灵巧领导力。灵巧领导力就是根据环境情况恰当地选择使用软/硬权力。③ 网络领导不是强制，而是以事实、以理性、以思想的力量发挥影响力，促使网民达成共识。通过第二代互联网技术，领导干部可以超越时间、空间和社会等级的限制，直接与网民互动，进一步共建愿景；超越控制，直接为“人人”服务，进入“共享领导”的新境界。领导干部要善于利用网络和网民共建愿景，进一步前瞻未来，“走出一条网路来”。第二代互联网正在成为领导干部和网民共建愿景的有效工具。这种愿景的形成，既是自下而上的过程，又是自上而下的过程，是一种良性互动过程，进一步提高了领导干部与网民的相互认同。在网络时代，“为人民服务”进一步具体为“为人人服务”，为每个人提供个性化服务。网民越来越注意通过网络问政的方式向政府提出更多的个性化要求。领导干部要把网民提出的各种诉求看作需要做好的服务、看作领导责任。各级政府在网络问政平台上增设网上信访办理处，把办理情况和结果在网上公开，逐渐树立政府新形象。全心全意为“人人”服务，需要完善网络问政程

① 参见王扩建：《网络群体性事件：一种新型危机形态的考量》，载《天津行政学院学报》，2010（3）。

② 参见雷强：《网络社会的新群众路线》，载《紫光阁》，2010（12）。

③ 参见［美］约瑟夫·奈：《灵巧领导力》，37页，北京，中信出版社，2009。

序，把网络问政纳入政府考核体系。网络问政，不仅需要网络公民理性的、有序的参与，而且需要建立健全收集、分类、交办、督查、反馈的链条，切实解决问题。领导者要超越传统工业社会领导方式，放弃控制和命令，更加注重通过网络来“引导”和“推动”组织内外成员。① 领导者要善于和网络新媒体以及网民共享领导力，凝聚更大的力量推动社会进步。

9.4.3　加快公共危机网络舆情治理法制建设

1. 建立健全公共危机网络舆情法律法规建设

一些发达国家，看似很少对互联网进行监管，实际上，已经在法律上对互联网和网络行为做出了明确的规定。美国作为互联网发源地，关于互联网的相关法律有一定的传承性，大都是根据已有的法律条款，确立新的关于互联网的法律和法规。英国强调依靠现有法律法规，如刑法、猥亵物出版法以及公共秩序法等对网络进行管理。在德国，网络言论被视为言论的一种，在保护言论自由的同时又对其进行了限制。韩国是第一个有专门的网络审查法规的国家。

我国政府也应该将公共危机网络舆情纳入法律体系中，完善与网络、网络舆情配套的法律，依法治网，用有效的法律规范网络舆情的表达。目前，从我国关于互联网管理的法律来看，有《互联网信息服务管理办法》《互联网站从事登载新闻业务管理暂行规定》《新闻网站电子公告服务管理暂行办法》以及《互联网出版管理暂行规定》等。② 整个互联网法律体系缺乏权威性的法律依据，权力交叉、责任不清的问题时有发生。因此，完善现有的互联网管理法律法规、依法治网是引导网络舆论的根本武器。

我国要建立健全网络法规，明确网民、网站、网络监管部门的权利和责任；加快立法，保护网络隐私，明确区分隐私信息类型和非隐私信息类型，区别对待公布信息行为与信息滥用行为。对于侵犯行为追究民事或刑事责任，增加网络不道德行为的成本；对合法公布信息行为的各项流程实行审批检查制，进行严格规范。要惩治滥用互联网发布虚假信息的欺诈行为及侵害他人权益的信息侵权行为。要合理确定网络媒体的责任，在合理可行的范围内，要求网络媒体承担一定的监督义务。在立法方面，要制定一套具有最高效力的、统一的互联网方面的基本法——中华人民共和国互联网法，整合现有涉及互联网的法律法规。网络立法应遵循政府积极促进网络发展与必要管制相结合的原则。科学界定知情权与隐私权、网络舆情和造谣诽谤、言论自由与人身攻击界限，规范网民行为，采取行政和法律手段进行管制或惩处。③ 在执法方面，当务之急是加强执法监督，提高执法人员素质。

2. 建立完善网络发言人制度

网络发言人制度是现实新闻发言人制度在网络世界的延伸。网络已成为民意的集散地

① 参见彭忠益、吴晓林：《共享领导力的现实效度与政治学动力分析》，载《西南交通大学学报（社会科学版）》，2009（1）。

② 参见彭知辉：《论群体性事件与网络舆情》，载《上海公安高等专科学校学报》，2008（1）。

③ 参见张亚勇：《提高网络监督水平的几点思考》，载《领导科学》，2009（10）。

和舆论放大器，建立网络发言人制度增进了政府与网络、公众之间的交流和沟通，做到下情上达，做到政府和民众良性互动，及时回应网民的各种质疑和诉求。网络发言人制度能实现政府和网民、网络舆论的零距离接触。网络发言人制度体现了政府主动面对社会公众的开放态度，旨在通过网络及时、主动、准确地发布权威信息，尽快澄清虚假、不完整信息，消除误解，化解矛盾，正确引导网络舆论。政府要避免“恩赐”和“被迫回应”两种态度，主动回应民众对自身利益和社会问题的关切，不要把现实中的外交辞令、行话套话和“打太极”搬上网。网络发言人制度不是一项门面工程，而是展现政府公信力的平台。

可以用四个梯度指标来检验网络发言人的传播效果，即知晓度、理解度、赞成度、支持度。知晓度是指社会信息公开并被受众知晓的程度，即满足公众的知情权。理解度是指传播内容的清楚度，对传播内容的主旨、本意、特色的把握度和对传播内容及其所含系列概念与相似内容的区别度。突发事件发生后，首先要注意情感的交流，对人员的伤亡表示沉痛哀悼，这是政府应有的人文精神。赞成度是指传播内容中的观点与受传者观点的相交度、受传者对传播内容中的观点的认同度以及传播内容对受传者信息需求的满足度。支持度是指受传者对传播的观点和依据的真实性、权威性的信任度，以及信息需求满足后产生的克服困难的乐观度和受众与传播目的一致的行为的增长度。①

3. *完善互联网实名制度*

2005 年 10 月，韩国政府发布了“网络实名制”规定。它作为韩国网络管理方面最大的特点，已经成为其网络安全的基础。根据规定，网民在网站论坛留言或建立、访问博客时需要确认居民身份证和本人的真实姓名，上网获得增值服务前也必须提供身份证号码。2006 年底，韩国国会通过了《促进信息通信网络使用及保护信息法》修正案，规定主要门户网站在接受网民留言、发布照片和视频等操作前，必须先对网民个人的真实姓名和身份证号码等信息进行记录和验证，否则将对网站处以最高 3 000 万韩元的罚款。由此，韩国成为世界上首个强制推行“网络实名制”的国家。“网络实名制”在很大程度上规范了网民的行为，抑制了不良信息的传播。虽然在我国目前的技术水平和社会背景之下，“网络实名制”的全面实施还需要进一步的研究和探索，但韩国实行“网络实名制”的成功经验还是具有借鉴意义的。要积极组织人员研究解决“网络实名制”的关键技术，完善并尽快推广应用“网络实名制”。

9.4.4 规范网络媒体管理，提升媒介素养

1. *要加强政府与网络媒介之间的联动与协调，明确网络经营者的职责*

注重在突发事件中协调各种媒体，特别是政府与新媒体的关系，以保证舆情的有利发展。在拓展公众意见表达渠道的同时，网络新媒体也显现出了与传统媒体迥然不同的舆情控制理念与方法。② 针对网络媒介的特点，政府应加强对网络信息的把关，明确网络经营

① 参见孟建：《从传播效果看新闻发言人》，载《郑州大学学报（哲学社会科学版）》，2004 (5)。
② 参见田枫、彭学涛：《突发公共事件中网络舆情危机的治理》，载《观察思考》，2010 (5)。

者的职责。网络经营者应按照“谁经营、谁负责，谁主管、谁负责”的原则，运用各种技术手段对网络舆情突发事件报道和评论的虚假信息、负面信息进行过滤，保证其管理范围内的信息传播的真实性；论坛管理员或版主应推出发帖规则，对发布不严肃言论的网民利用技术手段提出警告或者限制其发帖，对于某些不利于社会稳定的不良帖子，应及时删除，维护论坛秩序。①

2. 要强化媒体的地位和责任，保证网络新闻的真实性

网络新闻工作者必须尽力核实网上的新闻来源，验证新闻的真实性，对于转载其他媒体的新闻也应注重调查研究。尤其是对那些轰动的、刺激性的网络舆情突发事件相关内容要进行反复的验证，不宜轻信，尽量采用权威新闻媒体的信息。更重要的是，网络新闻工作者应确保由自己原创的新闻报道真实、客观，认真把握好采写过程的每一个环节。网络媒体在律他的同时首先要律己，通过律己来实现对网民道德观念的影响。这需要网络媒体加强对内部各工作人员，包括对编辑、记者、作者和网络技术人员的优化选择和职业道德素质的教育，重视网络话题在道德伦理观上的设置和引导，以及相关网络技术的运用和操作；强化网络新闻从业者的自律意识、职业责任和自我约束能力。②

3. 要培养论坛版主、网络舆论名主持人和名评论员，既要把关又要导航，积极引入具有权威性的社会主流意见

论坛版主作为网络舆论的管理人员，在一定程度上是作为网络舆论意见领袖发言的，其意见也带有一定的引导性。网络舆论主持人要熟悉网络媒体，了解网友心理，熟练运用语言技巧，与网友进行多方面的交流；还要就关注的热点问题发表自己的看法，主导网友的舆论，引发网友深入讨论。网络舆论培养名评论员的意义在于，通过网络评论来引导网友讨论，说服网友，从而起到引导网络舆论的积极作用。论坛版主既要把关又要导航。网络传播削弱了传统把关人的特权，但这并不等于把关人社会职能的终结，而是对其提出了更高的要求，即既要做把关人又要做导航员，在充分尊重言论自由，允许各种不同观点和意见发表的同时，进行积极的疏导和引导。版主正是扮演这种双重角色的人。他是网络舆论的管理人、讨论话题的主要设置者。版主评选并推荐高质量的帖子、阅读率高的帖子，都无形中折射出网络舆论对一些问题的观点和态度。此外，版主的把关和导航还体现在对于议题的控制能力上。网络舆论应积极引入具有权威性的社会主流意见。社会主流意见包括：媒介意见、政府态度以及专家和专业组织的见解。网络舆论管理人员在适当的时机，引入政府机构的权威信息，或者邀请相关政府官员来网站做客，接受民众咨询，则会非常有效地拨开迷雾、引导舆论；邀请专家和专业组织参与网络讨论，形成“网络沙龙”，无疑能起到引导网络舆论的作用。③

4. 必须提升政府、媒体和公众的媒介素养和危机应对素养，注重人文关怀，避免“侵扰悲痛”

媒介素养主要是指主体获取、分析、评价和传播各种媒介信息的能力。提高政府工作人员的媒介素养，发挥其正确引导舆情的重要作用，显得尤为迫切和重要。要继续强

---

① 参见陶睿：《论群体性事件与政府网络舆情控制》，载《现代商贸工业》，2009（10）。

② 参见赵士林：《突发事件与媒体报道》，上海，复旦大学出版社，2006。

③ 参见燕道成、蔡骐：《国外网络舆论管理及启示》，载《当代传播》，2007（2）。

化“以人为本”的执政和决策的媒介理念，要具备一定的网络媒介基础知识及应对网络事件的能力，对待网络民意要具有辩证理性的媒介观，要具备善于和媒体沟通的能力。① 政府人员应提高媒介素质和公关能力，包括遵循新闻传播的规律、了解媒体发展现状与熟悉媒体操作模式、懂得如何与媒体保持良好关系、利用媒体推动政府工作和塑造政府形象。对于媒体而言，必须加强媒体在突发事件报道中的自律体系的建立，强化其社会责任感和新闻职业道德伦理建设。网络媒体必须注重人文关怀，避免“侵扰悲痛”。应当始终秉持“以人为本”的理念，在任何发布场合，第一时间对人员的伤亡和因突发事件给人民造成的其他不便与痛苦体现出关心、同情和怜悯。应当减少官话、套话，尽快详细通报救助方案、具体措施和目前的工作进展，鼓励公众勇敢而理性地面对灾难和悲剧。应当特别注意避免“侵扰悲痛”，避免新闻发布工作本身可能造成的对悲痛人员的侵扰，在收集可能发布的相关图片和进行文字描述时避免过度刺激，最好能事先征得相关人员的同意。应当提高新闻媒体相关人员本身的素养，加强突发事件新闻报道的伦理和道德建设，从制度上规范记者的采访和报道行为。政府部门可尝试与新闻宣传管理部门、记者协会等机构沟通协商，制定突发事件的“报道建议书”，将避免“侵扰悲痛”作为重要内容编入建议书。② 对于公众来说，则应当培养他们理性接受、分析甚至批判媒介信息的能力，鼓励他们主动参与危机的传播与沟通，抵制不实信息、芜杂信息的干扰。

9.4.5 注重网络伦理道德建设，培育成熟网民

在网络环境下，民众的舆情获得了较现实社会更为充分和及时的表达，但道德品质是一定社会、一定时代的社会环境渗透作用于其构成要素的结果，数字网络技术的日益广泛应用打造出具有虚拟性、多重主体性和无中心性等特点的网络语境，必然对网民的道德意识和道德行为产生重要影响，使得网民在舆情表达中出现了一些伦理问题。③ 这些伦理问题集中表现为网络语言失范、虚假“舆情”泛滥和黑客攻击行为等。因此，对现实社会的公民进行相关的道德教育，是防止网络失范行为发生的基本前提。网民要明确主体道德的需要和道德义务，要增强主体实践网络道德行为的自觉性，增强主体的情感体验，从而建设自主型网络道德。

1. 加强网络伦理道德建设

加强网络道德规范和网络道德行为建设，进行规范化管理，增强网民文明上网的自我约束能力，建立文明上网公约和网络语言文明等；培养网民辨别真伪的能力，发挥网民对不良信息的监督作用，控制网络虚假消息的传播。培养网民健康的道德情操，加强网络道德建设。要把网络规范内化为网民内心崇高的道德准则。要建立网络伦理准则，建设网络道德，明确网民作为网络中舆情主体的道德义务，形成健康的网上舆论氛围。

---

① 参见任洪涛：《网络舆情引导对政府官员媒介素养的要求》，载《青年记者》，2010（11）。

② 参见孟建：《突发公共事件的新闻发布与舆论引导研究》，内部研究资料，未刊稿。

③ 参见张丽红：《网络舆情的宏观影响初探》，载《理论界》，2008（4）。

2. 倡导网络文明，提升网络文明水平

构建和谐网络环境需要全体互联网参与者有共同的道德遵循。因此，为推动网络文明建设，提高互联网内容服务商与广大网民的思想道德素质，中国互联网协会公布了《文明上网自律公约》。公约的提出，势必会对网民的网络舆情表达产生积极的影响，修正其网络舆情表达的失范现象。[①] 网络文明的建设还要加强网络媒体传播信息的“职业道德”，加强对信息真实性的严格把关，强化网络媒体的行业自律，净化网络传播渠道。

3. 尊重网民权利和自由，提倡自律，培养成熟网民

表达自由作为网民的一项基本权利，应当得到尊重。互联网因其具有平等性、互动性和开放性等特点，理应成为网民快捷、方便地参与公共事务讨论的公共领域。因此，充分发挥网络的优势，培育网民参与公共事务讨论的公共领域，是政府建设公民社会，有效引导公共危机网络舆情的基础性工作。要积极鼓励网民广泛参与公共治理，倡导个人的独立性与理性，培养公民美德，提升公民意识。要加强网民的自我约束和道德自律，每一个网民行为的高度自律应成为网络社会对网民的基本道德要求。要努力培育网民的法治意识，使“有序参与”的观念深入网民心中。

本章小结

1. 网络舆情是通过互联网表达和传播的，具体是指公众对自己关心或与自身利益紧密相关的各种公共事务所持有的多种情绪、态度和意见交错的总和。

2. 公共危机网络舆情是指当发生突发事件之后，网民对于突发事件的意见、情绪和态度的总和。某些突发事件经网络传播、放大后，其刺激性信息会激发网民对该事件的情绪、意愿、态度和意见，成为网络舆情的聚焦点，进而引起社会广泛关注，这就是公共危机网络舆情。

3. 公共危机网络舆情引导的理论基础，主要围绕两个相互联系的关键问题：(1) 如何理解和描述公共危机网络舆情；(2) 如何测量公共危机网络舆情。

4. 网络媒体等新兴媒体迅速崛起，其对社会的影响力越来越不可忽视，包括 BBS（公共论坛和虚拟社群）以及博客在内的网络传播途径迅速成为传统大众传播媒介之外的重要的利益表达渠道。

5. 公共危机网络舆情在与现实互动的过程中，会以不同的方式经历包括形成期、发展期、波动期和终结期的发展轨迹。公共危机网络舆情内在演变机理体系，包括形成机理、发展机理、变异机理、作用机理和终结机理。

6. 舆情的一般演变规律包括舆情变动的涨落规律、序变规律、冲突规律和衰变规律。公共危机网络舆情还有其特殊的演变规律，在网络舆情的发展过程中“两级传播”理论、从众效应、“沉默的螺旋”效应等规律也起到了重要作用。

7. 政府要善用微博，与时俱进，构建多渠道、多层次的信息沟通系统；运用多元激励措施吸引粉丝，重视微博的危机舆论引导功能建设。政府部门要认识到微博的重要性，

① 参见张丽红：《网络舆情中的伦理问题》，载《理论界》，2007 (6)。

有意识地利用这一新型传播工具听民声、聚民智，通过微博关注社会热点问题、倾听公众声音、科学民主决策、启动政策窗口。

8. 公共危机网络舆情中的互联网管控，主要是指国家或部分地区实施网络舆情突发事件快速应急反应后对互联网络所采取的一系列管控措施，包括临时切断网络、中断部分网络服务功能、阻滞部分网络地址、删除部分网络信息等。公共危机网络舆情中的互联网管控，要遵循依法实施、快速反应、合理适度、协调配合四项做法和原则。

9. 建立行政监管、行业自律、技术保障相结合的公共危机网络舆情治理体制，要加强政府对网络舆情的行政监管，强化互联网行业自律的规范与约束，注重发挥网络舆情技术的保障与支撑功能。

10. 健全公共危机网络舆情治理机制建设，要尊重网民的利益表达和言论自由权利，培育和建立政府、网民代表和普通网民之间的民主协商合作机制；搭建网上政民互动对话平台机制，加强网络参政议政管理；争夺网络话语权，加强网络舆情引导机制建设。

11. 应将公共危机网络舆情纳入法律体系中，完善与网络、网络舆情配套的法律，以法治网，用有效的法律规范网络舆情的表达。建立和完善网络发言人制度，并尽快推广应用互联网实名制度。

关键术语

网络舆情　公共危机网络舆情　发展轨迹　内在机理　演变规律　舆情引导策略选择　互联网管控　微博舆论引导　公共危机网络舆情治理体制　公共危机网络舆情引导机制　公共危机网络舆情治理法制　网络媒介素养

复习思考题

1. 何谓舆情？何谓网络舆情？学者们是如何下定义的？
2. 何谓公共危机网络舆情？公共危机网络舆情有何特点？
3. 如何理解和描述公共危机网络舆情？如何测量公共危机网络舆情？
4. 公共危机网络舆情的挑战与影响体现在哪些方面？试举例说明。
5. 公共危机网络舆情发展演变的过程一般会经历哪些阶段？试举例说明。
6. 探讨公共危机网络舆情的内在机理与演变规律有何意义？
7. 公共部门危机状态下进行网络舆情引导有哪些策略选择？试举例说明。
8. 政府应如何充分发挥微博的危机舆论引导功能？试举例说明。
9. 公共危机网络舆情中的互联网管控要遵循哪些做法和原则？
10. 如何建立行政监管、行业自律、技术保障相结合的公共危机网络舆情治理体制？
11. 如何健全公共危机网络舆情治理机制建设？试举例说明。
12. 如何完善公共危机网络舆情法律体系？试举例说明。

阅读案例

长沙市岳麓区“7·10”重大道路交通（校车）事故应急处置

一、事故基本情况

2014 年 7 月 10 日 16 时 35 分许，湘潭市雨湖区响塘乡乐乐旺幼儿园驾驶员郑友华驾驶湘 CG5210 校车在送长沙的幼儿回家途中，车辆坠入长沙市岳麓区含浦街道干子村石塘水塘，导致发生 11 人死亡、直接经济损失 657 万余元的重大道路交通事故。

事故发生后，中央政治局委员、国务院副总理刘延东，国务委员、公安部长郭声琨，国务委员王勇，湖南省委书记徐守盛、省长杜家毫以及副省长李友志、盛茂林、张剑飞等领导同志分别做出指示批示，要求全力做好人员搜救工作，核清伤亡人数，查明事故原因，依法依规严肃处理，认真吸取事故教训，举一反三，切实加强道路交通特别是校车安全管理，深入开展道路安全隐患排查治理，坚决遏制类似事故再次发生。

根据《生产安全事故报告和调查处理条例》等有关法律法规的规定，2014 年 7 月 11 日，湖南省人民政府批准成立了由省安监局牵头，省监察厅、省公安厅、省总工会、省教育厅、省交通运输厅、省质监局、长沙市人民政府和湘潭市人民政府有关人员组成的长沙市岳麓区“7·10”重大道路交通事故调查组，同时邀请了省人民检察院派员参加事故调查工作。

事故调查组按照“四不放过”和“科学严谨、依法依规、实事求是、注重实效”的原则，通过现场勘察、调查取证和技术鉴定，查明了事故发生的经过、原因、人员伤亡和直接经济损失情况，分析了事故责任，认定了事故的性质，提出了对有关责任人员（单位）的处理和事故防范措施建议。

二、事故发生经过和应急救援情况

（一）事故发生经过

在幼儿园开学期间，郑友华驾驶湘 CG5210 五菱牌校车负责公河村线路和石塘线路上幼儿的接送，上午和下午各三趟。石塘线路上有 15 名左右幼儿，郑友华在该线路上每天接、送各一趟，超员成为一种常态。

7 月 10 日，郑友华驾驶湘 CG5210 校车 5 时 33 分至 7 时接完第一趟（石塘线路），7 时至 7 时 51 分接完第二趟，7 时 51 分至 8 时 30 分接完第三趟，返回幼儿园。之后，郑友华前往距乐乐旺幼儿园 300 米左右的金侨三角坪超市打麻将。11 时 30 分左右返回乐乐旺幼儿园吃中饭、午睡。当日 16 时，乐乐旺幼儿园放学，幼儿在幼师的组织下坐上校车，童聪、肖建阳两名幼师和周天乐等 13 名幼儿登上了核载 8 人的校车湘 CG5210。16 时 01 分，郑友华驾驶湘 CG5210 校车（实载 16 人）从幼儿园出发，送长沙市岳麓区含浦街道干子村和宁乡县道林镇烧汤村的幼儿回家，于 16:07、16:17、16:24、16:28 和 16:30 左右沿途分别送完刘康康、周天乐、蒋宇银、杨柏倩、杨广 5 名幼儿后，车辆行经长沙市岳麓区含浦街道干子村石塘水塘坝基机耕道时，坠入水塘，造成车内 11 人全部溺水死亡。

（二）事故报告情况

7月10日19时16分57秒，湘潭市公安局警令部接处警中心第一次接到乐乐旺幼儿园一辆校车和8名幼儿失联的报警。之后，接多起类似报警。19时47分，接到处警指令的湘潭市公安局雨湖区分局响塘派出所两名民警赶到乐乐旺幼儿园，与报警人吴方会合，并沿校车可能行经的线路找寻。19时51分，湘潭市公安局警令部接处警中心与长沙市公安局警令部指挥中心沟通了解。20时10分，湘潭市公安局警令部接处警中心接到报警人吴芬报告，在长沙市岳麓区含浦街道干子村一水塘内发现失踪校车。20时22分，长沙市公安局警令部指挥中心接到湘潭市公安局警令部接处警中心反馈的事故相关信息，长沙、湘潭警方迅速组织人力赶赴现场救援，并报告了当地政府及省政府应急办。

（三）事故救援情况

接到事故报告后，省政府、长沙市和湘潭市政府、雨湖区和岳麓区政府立即启动应急预案。省人民政府副省长张剑飞第一时间率省政府办公厅副主任赵清云、省安监局副局长李大剑、省教育厅副厅长葛建中和省公安厅交通管理局局长唐国栋等省直部门负责人赶赴事故现场。长沙市人民政府市长胡衡华、副市长夏建平、副市长兼公安局长李介德，湘潭市市委副书记李江南、常务副市长谈文胜、副市长苏健全、副市长戴德清等和雨湖区、岳麓区相关负责人陆续赶赴事故现场，组织指导事故应急救援和善后处理工作。

事故发生后，长沙、湘潭两市迅速调集消防、医疗等部门参与事故救援。长沙市调集了海事局水警大队、蓝天水上救援队参与水下救援工作。7月11日3时30分，湘CG5210校车被打捞出水，车内有9名遇难者；救援人员再次下水搜寻，4时50分，发现2名遇难者，至此，车上11人全部被打捞上岸。5时50分，事故现场清理完毕。

事故发生后，长沙市、湘潭市人民政府高度重视事故善后处理工作，安排善后处理专门班子进行一对一的协商，与遇难者家属分别签订了赔偿协议并及时进行了赔付，对遇难者进行了妥善安葬。当地社会秩序稳定。

三、事故防范措施

（一）学校、幼儿园要进一步落实安全管理主体责任

学校、幼儿园要认真履行安全管理主体责任，主要负责人应严格履行安全管理职责。一要提高全员安全意识，坚持持证上岗制度，加强对管理人员、校车司机、教师和幼儿的安全教育培训力度，提高全员的安全技能和应急救援能力。二要加强校车管理，严禁校车不按审批线路行驶，对校车跨区域接送学生的，应向生源所在地教育、交警和交通部门申报备案，从源头上杜绝校车超员和不按审批线路行驶的安全隐患。同时要建立健全校车使用、保养、行驶路线管理台账以及幼儿上下车登记台账。三要加大安全保障资金的投入，建立校园视频监控系统和校车监控平台，实时监控幼儿上下车过程，并对校车接送幼儿过程实施全程卫星定位监控，防止校车超员、超速、不按审批线路行驶等问题发生。

（二）湘潭市、长沙市的教育部门要进一步强化行业安全监管责任

各级教育行政主管部门要深入学习习近平总书记关于安全生产的重要讲话精神，牢固树立“生命至上、安全第一”的理念，严格落实“管行业必须管安全”的要求，认真

履行对学校幼儿园的安全监管职责。一要充分发挥校车安全管理领导小组的组织协调作用，建立定期协商机制，认真分析本地区学校分布、学生出行及校车发展情况，分析研判校车交通安全管理工作形势，研究解决校车安全管理方面问题和薄弱环节，全面部署安排联合执法行动；二要严把校车资质审查关，对报审的校车要对司机、行驶线路、随车管照人员、接送的学生等情况进行现场审查，合理规划运行线路，公示相关情况，接受社会监督，加强对幼儿上下学接送情况的动态监管；三要建立并运行校车安全监控平台，落实对校车的动态实时监控，加强对在用校车的规范化管理，确保校车营运安全。

（三）湘潭市、长沙市的公安交警部门要进一步加强对校车的安全监管

各级公安交警部门要深刻吸取事故教训，切实增强做好校车安全生产工作的紧迫感、责任感和使命感，加强校车交通安全监管。一是加强对校车行经路段的巡查，特别是加强对民办学校幼儿园校车的检查力度，坚决制止不符合安全规定和存在安全隐患的车辆接送学生，从源头上治理校车超员、超速和不按审批线路行驶的安全隐患，堵塞安全监管漏洞；二是加强基层交通安全管理服务站的建设，在交警管理力度较弱的地区组建交通安全协管员队伍，研究由市、县级政府给予相应资金的保障措施，解决偏远、农村乡镇交通安全失管失控的问题；三是加强对校车整改情况的查验，严格按校车标准对车辆状况进行审查，确保非标校车整改符合规范要求；四是加强对长沙梅花汽车制造有限公司和湖南新空间系统科技有限公司的管理，加大对整改校车的质量监督、严格检查验收标准和加大考核力度，提高服务质量。

（四）湘潭市、长沙市的交通运输部门要进一步加大校车安全管理力度

湘潭市、长沙市的交通运输部门要认真履行校车安全管理职责：一要认真审核校车资质的申报材料，实地勘查校车的行驶线路，对不符合校车通行条件的路段，不得批准通行；二要对辖区已审批同意通行校车的农村道路进行交通安全隐患排查，彻查各类事故隐患路段，消除安全死角，特别是急弯陡坡、临水临崖等重点路段的安全隐患；三要加大对农村道路安全隐患的整治力度和经费投入，要认真研究、合理增设道路防护设施和交通安全警示标志，加大对校车行经的路段的维护力度，保障车辆通行条件，一时难以改造到位的危险路段，要落实相关管制措施，加强安全防范，防止类似事故重演。

（五）湘潭市、长沙市人民政府要进一步落实校车安全管理责任，加强体制机制建设

湘潭市、长沙市人民政府要认真研究并制定切实可行的校车安全管理实施办法和细则：一要进一步明确校车安全管理职责、理顺管理关系、创新管理模式，将监管审批与执法监督相统一，切实解决监管盲区问题；要加强政策研究，缩短非标校车使用过渡期，力争在2015年底前全面解决使用非标校车的问题。二要组织教育、公安和交通运输等相关部门迅速开展校车安全隐患排查治理行动，按照“全覆盖、零容忍、严执法、重实效”的总体要求，认真检查事故易发的重点地段、要害部位、关键环节，查隐患、促整改、强基础、防事故。三要合理配置教育资源，合理布局中小学校和幼儿园，保障学生就近入学，减少学校、幼儿园校车使用需要，从源头上预防和减少校车事故。四要深入落实县级领导包乡镇、包交通主干道，乡镇干部包村，村（居）委会干部包车辆、包路段、包驾驶人的包保责任制，形成县、乡、村三级联动、层层落实的道路交通安全

管理责任制，保障车辆通行安全。五要加强对校车交通安全的宣传教育，充分运用社会力量推动建立校车交通安全社会化管理机制，形成学校、家庭、社会三位一体的共建共管新模式。

资料来源：湖南省公布的事故调查报告、媒体报道以及内部会议资料。

思考与讨论的问题

从上述案例提供的材料来看，你认为在长沙市岳麓区“7·10”重大道路交通（校车）事故应急处置过程中舆情引导应如何有效控制报道者的情绪和报道视角，防止过度的情绪宣泄，自觉维护社会稳定？

第 10 章

公共部门危机状态下的决策分析

所谓公共部门危机决策，就是要求公共部门（包括公共部门决策单元和决策者）在决策时间高度紧张和可利用资源严重短缺，面临着高度不确定和极其复杂的现实危机决策环境的限制条件下，进行应对公共危机的活动和过程。公共部门危机决策在公共部门危机管理中处于核心地位，是直接决定公共部门危机管理成败的关键。

公共部门危机状态下决策机制的构建与完善，主要包括“硬件”建设和“软件”建设两个方面。“硬件”建设主要包括公共部门危机决策的四大系统：危机决策信息系统、危机决策中枢系统、危机决策咨询系统、危机决策监控系统；“软件”建设主要包括三个方面：危机决策者素质、危机决策方法、危机决策理论准备。

本章主要说明公共部门危机决策的含义与模式，阐明公共部门危机决策的影响因素以及面临的挑战，说明公共部门危机状态下决策的权责划分，探讨公共部门危机决策机制构建与完善的宏观思路和路径选择。

重点问题

- 公共部门危机决策的含义与本质
- 公共部门危机决策的模式
- 公共部门危机决策的影响因素
- 公共部门危机决策面临的挑战
- 公共部门危机状态下决策的权责划分
- 公共部门危机决策机制的含义与功能
- 构建与完善公共部门危机决策机制的宏观思路
- 构建与完善公共部门危机决策机制的路径选择

10.1　公共部门危机决策的理论分析

10.1.1　公共部门危机决策的含义与本质

所谓决策就是管理者识别并解决问题以及利用机会的过程。美国著名管理专家决策理论代表人物赫伯特·A. 西蒙认为，管理即决策。决策理论把人和组织视为一个信息处理系统，将人和组织解决问题的决策过程分为四个主要阶段：（1）找出制定决策的根据，即搜集情报阶段；（2）找到可能的行动方案，即拟订方案阶段；（3）在诸多行动方案中进行抉择，即选定方案阶段；（4）对已选择的方案及其实施进行评价，即评价方案阶段。

西蒙根据决策问题的性质把决策分为程序化决策与非程序化决策。所谓程序化决策，是指那些带有常规性、反复性的例行决策，可以制定一套例行程序来处理的决策。所谓非程序化决策，是指对那些过去尚未发生过，或其确切的性质和结构尚捉摸不定或很复杂，或其作用十分重要而需要用“现裁现做”的方式加以处理的决策。不同的决策需要不同的技能。非程序化决策是一次性、非例常性的新决策，根据西蒙的研究，非程序化决策技能包括传统技能和现代技能。传统技能有：（1）判断、直觉、创造性；（2）经验；（3）管理人员的选拔和训练；（4）设立专门从事非程序化决策的部门。现代技能，即探索式解决问题的技能，包括：（1）决策者培训；（2）编制探索式计算机程序。

危机管理实质上可以定义为一种危机决策情势。荷兰莱顿大学著名危机管理专家乌里尔·罗森塔尔主张将危机定义为一种决策情境，在此情境中决策者所认定的社会基本价值和行为准则架构面临严重威胁，突发紧急事件以及不确定前景造成了高度的紧张和压力，为使组织在危机中得以生存，并将危机造成的损失降至最低限度，决策者在有限的时间约束下做出关键性决策和具体危机应对措施。① 研究危机的先驱 C.F. 赫尔曼认为，危机是威胁到决策集团优先目标的一种形势，在这种形势中，决策集团做出反应的时间非常有限，且形势常常向着令决策集团惊奇的方向发展。这一定义是一个“决策取向型”定义，其优点在于强调了危机情境中决策的困难。世界著名的政策科学家叶海尔·德罗尔在《逆境中的政策制定》一书中曾经说过：“危机应对（危机决策）对许多国家具有极大的现实重要性，对所有国家则具有潜在的至关重要性。危机越是普遍或致命，有效的危机应对就越显得关键。危机中做出的决策非常重要而且大多不可逆转。”②

综上所述，所谓公共部门危机决策，就是要求公共部门（包括公共部门决策单元和决策者）在决策时间高度紧张和可利用资源严重短缺，面临着高度不确定和极其复杂的现实

① 参见薛澜、张强、钟开斌：《危机管理——转型期中国面临的挑战》，北京，清华大学出版社，2003；中国现代国际关系研究所危机管理与对策研究中心：《国际危机管理概论》，北京，时事出版社，2003。

② 转引自北京太平洋国际战略研究所：《应对危机：美国国家安全决策机制》，北京，时事出版社，2001。

危机决策环境的限制条件下，应对公共危机的活动及其过程。危机决策要求公共部门，在出现预料之外的某种危机的情况下，为了不错失良机，需要打破常规，省去常规决策中的某些“繁文缛节”，以尽可能快的速度做出应急决策。[①] 可见，公共部门危机决策既具备了一般决策的基本构成要素，又因危机的特殊性而使这些要素具有不同于一般决策的特点：危机决策可利用资源的严重短缺性、危机决策环境的高度不确定性和极其复杂性、危机决策目标的动态权变性、决策结果的难以预料性、决策单元的核心目标直接受决策过程影响等。公共部门危机决策在公共部门危机管理中处于核心地位，是直接决定公共部门危机管理成败的关键。

从决策的角度分析，危机的构成一般需要具备三个因素：(1) 决策问题的发生、发展具有突然性、急剧性，需要决策者当机立断；(2) 可供决策者利用的时间和信息等资源非常有限；(3) 事态的发展危及决策单位、决策者的根本利益，但决策的后果很难预料。因此，从本质来看，公共危机就是公共部门面临的例外问题、非常规问题，而公共部门危机决策的本质就是一次性、非例常性的非程序化决策。非程序化决策是一种结构不良的公共决策。“结构不良”是相对于结构良好而界定的。所谓“结构良好的问题”(well-structured problems)，是指满足一系列要求的问题，而所有不满足这些要求的问题，都可称为“结构不良的问题”(ill-structured problems)。

10.1.2　公共部门危机决策的模式

对公共部门决策者来说，要想使危机决策达到最优，就必须注意以下几点：(1) 决策者必须容易全面掌握有关决策环境的信息情报；(2) 决策者要真实了解全部信息的价值所在，据此制订所有可能的备选方案，并准确预期每个方案在未来的执行结果；(3) 决策者应建立一个合理的、自上而下的执行命令的组织体系；(4) 决策者进行决策的目的始终都是使本组织获取最大的经济利益。

但是，在危机状态下，上述的这些条件往往得不到满足。所以，公共部门危机决策只能采用西蒙的“有限理性”决策模式或者林德布洛姆的“渐进式”决策模式，而不是“完全理性”决策模式；危机决策只能遵循满意原则，而不是最优原则。具体来说：

(1) 人的理性介于完全理性和非理性之间，即人是有限理性的，这是因为在高度不确定和极其复杂的现实危机决策环境中，人的知识、想象力和计算力是有限的。

(2) 决策者在危机状态下识别和发现问题时容易受知觉上的偏差的影响，现实危机的特殊环境会使决策团体的内在群体压力升高；而决策者在对危机情势做出判断时，直觉的运用往往多于逻辑分析方法的运用。所谓知觉上的偏差，是指由于认知能力的有限，决策者仅把问题的部分信息当作认知的对象。

(3) 由于受决策时间高度紧张和可利用资源短缺的限制，决策者既无法获取有关危机的全面信息，也无法鉴别危机信息的真伪，难以在短时间内识别危机的根源。所以，只能制定有限的危机决策备选方案，做到尽量了解各种备选方案的情况，而不可能做到全部了

① 参见薛澜、张强、钟开斌：《危机管理——转型期中国面临的挑战》，北京，清华大学出版社，2003。

解，决策者选择的理性是相对的。

（4）危机决策是一种风险管理决策，与经济利益的考虑相比，决策者对待风险的态度起着更为重要的作用。决策者往往厌恶风险，倾向于接受风险较小的方案，尽管风险较大的方案可能带来较为可观的收益。

（5）决策者在决策中往往只求满意的结果，而不愿费力寻求最佳方案。导致这一现象的原因有多种：决策者不注意发挥自己和别人继续进行研究的积极性，只满足于在现有的可行方案中进行选择；决策者本身缺乏有关能力，在有些情况下，决策者出于个人某些因素的考虑而做出自己的选择；评估所有的方案并选择其中的最佳方案，需要花费大量的时间和金钱，在危机状态下这既不可能做到，也得不偿失，会错失处理危机的最佳时机。

在危机状态下，由于受决策时间高度紧张和可利用资源短缺的限制，公共部门危机决策需要更多地运用直觉决策的方式。西蒙指出，在下列情况下，就要多用直觉决策方式：（1）存在很大的不确定性；（2）基本没有先例可以借鉴；（3）变化难以科学预测；（4）事实很有限；（5）事实不足以明确给予指导方向；（6）分析数据用处不大；（7）每一个备选方案都不错；（8）时间有限又必须做决策，如遭遇危机时。公共部门危机决策完全符合西蒙所说的更多运用直觉决策方式的条件。

10.1.3 公共部门危机决策的影响因素

公共部门危机决策行使的是一种公共危机紧急管理权力的转移功能，它与内外环境不断进行互动。在危机状态下，影响公共部门决策的主要因素有如下几个①：

1. 公共部门决策者的素质

在很大程度上，公共部门危机决策的水平就是公共部门决策者素质的表现，而且这种素质体现在决策过程的各个阶段和方面。例如：在危机情境下，相对于个人决策而言，采用集体决策方式有一些优点：能更大范围地汇总危机信息；能拟订更多的备选方案；能得到更多的认同；能更好地进行危机沟通；能做出更好的危机决策；等等。

但是，集体决策也有一些缺点。在危机状态下，因某些特殊的环境组合，会使决策团体的内在群体压力升高，而使此决策团体的心智效能、检验真实的能力及道德判断受到破坏，从而产生诸如花费较多的时间、产生“从众现象”或“群体盲思”（groupthink）以及责任不明（集体负责，无人负责）等缺点。② “从众现象”或“群体盲思”是指个人由于真实或臆想的来自集体的压力，在认知或行动上不由自主地趋向于和其他人保持一致的现象。“从众现象”或“群体盲思”的出现，会影响到对决策问题的认定、备选方案的考查，影响到信息的收集与处理，从而影响到公共部门决策的质量，造成公共部门危机状态下的群体决策失误（见表 10-1）。

---

① 参见邓飞、吴金群：《论危机情境下的政府决策》，载《学术论坛》，1999（6）；何鸣、谢威：《群体性事件与公共决策》，载《理论与改革》，2000（2）。

② Janis, *Groupthink: Psychological Studies of Policy Decision and Fiascoec*, Boston, Massachusetts: Houghton Mifflin, 1982, p. 9.

表 10-1 公共部门危机状态下的群体决策失误检查表

第一阶段	未能预警危机	没有经历过类似的危机	
		有过类似的危机但忘记了	
		错误类比	
第二阶段	危机到来没有察觉	技术手段无法观测	
		波动起伏的缓慢趋势	
		远距离管理	
第三阶段	察觉危机无所作为	理性行为	少数人与多数人的利益不对称
			不具有长期利益
			社会精英和大众之间的利益分歧
		非理性行为	过时的传统价值观念
			个体的短期和长期动机
			心理否认
第四阶段	试图解决未获成功	问题复杂而艰巨	
		努力太少，行动太晚	
总结	失误的反面就是正确的选择		

资料来源：［美］贾雷德·戴蒙德：《枪炮、病菌与钢铁》，上海，上海译文出版社，2000。该书荣获 1998 年美国普利策奖和英国科普图书奖。

2. *危机信息匮乏*

充分占有信息，准确把握事物的本质是进行科学决策的前提条件。信息是一种极为重要的决策资源。现代决策理论认为，任何情况下的决策活动，都是不完全信息条件下的决策过程。特别是在危机状态下，冷静、科学地分析危机形势，实事求是地估计危机状态的规模、形式、强度、发展趋向，认清危机状态的导因和根源，找出损害政府形象的致命点，是公共部门做出危机决策的前提。

突发性公共危机事件的出现，使正常情况下的决策信息的不完全性转化为特定危机条件下决策信息的极度匮乏性，从而使危机决策活动开始丧失基本的前提条件。一是由于突发性公共危机事件本身变量复杂，发展趋势难以预测，相关信息表现出纷繁复杂、数量众多而且难辨真伪的情状，给决策者的信息诊断和选择工作增加了难度。二是由于突发性公共危机事件爆发的突然性以及巨大的威胁性，原有的正常信息沟通渠道无法正常发挥效用，或者出现“梗阻”，许多信息“外溢”，进而变异成种种小道消息，使事态呈现扑朔迷离的前景。三是由于突发性公共危机事件社会影响很大，处理不慎可能酿成更为严重的后果，巨大的精神压力使信息收集人和评价人在信息的采集、整理和判别活动中不辨真伪、不析粗精。甚至中肯、准确的信息经过筛选后，被当作无价值的东西舍弃，而一些信息垃圾却被引入公共部门危机决策系统，从而对危机事件的处理形成信息误导。

3. *心理压力*

突发性公共危机事件具有极强的冲动性和爆发性，对危机决策的时效性有较高的要求。面对突发性公共危机事件，各级政府和领导者只有迅速、果断决策，坚定有力、慎重地加以控制、疏导和化解，才能遏制危机的进一步扩大，避免造成较大的社会震荡。但是，由于信息匮乏，不可控因素很多，时间紧迫，决策的风险性大大增加了，稍有不慎，就有可能进一步激化危机。危机决策过程中必须面对的高时效性和高风险性，给各级政府和领导者造成巨大的心理压力。他们无法实施正常状态下的决策行为，有可能导致两种决策误区。一是仓促决策。一些公共决策者经验不足，心理素质不好，为突发性危机的情形所震慑，在没有把握危机事件的规模、形式、强度、发展趋向的前提下，草率决策，仓促行动。二是拖延决策。一些决策者被危机事件的浩大声势所吓倒，不是积极主动地寻找矛盾的突破口和薄弱环节，而是害怕承担决策责任，优柔寡断，拖延决策，使危机事件的矛盾积累升级。

4. 意见分歧

在危机状态下，公共部门决策者会处于一种非理性状态，要么激进要么保守，同时还会遇到各方面的阻力，其风险性使得任何决策都难以像常规情况下那样容易达成妥协和统一；而且由于领导集体成员之间存在着不同的利益立场、价值观念、个性特征和工作经验，他们对决策的价值判断也不尽相同，所以巨大的意见分歧必然存在。突发性公共危机事件牵涉各方利益关系，是各方利益矛盾和利益冲突的焦点所在，反映到领导集体内部，可能使成员的意见产生分化。在决策方案上的争辩和论证，必然贻误危机决策时机，影响危机决策问题的解决。所以要尽量做到在危机状态下，有备无患，避免盲目性与仓促性。

5. 公共部门危机决策中的政策过程优化

公共部门危机决策中要对公共危机的任何征兆保持警觉性，保持上下层级及与公众、社会的沟通联系，使得危机信息能通过自下而上的正常渠道进入政策议程。在危机事件爆发后，领导者要立即赶赴现场，了解危机事件的原因、经过、现状、性质、损失等具体情况，获得第一手资料，并对事件发生方向、后果做出正确判断。这就是公共部门危机决策中政策过程的第一个环节，即界定政策问题。掌握危机事件的基本情况，并对其发展做出预先评估，直接决定危机处理进程和结果，也是危机得以圆满解决的关键。在政策问题确定后，应随后制订明确的危机处理计划，包括政策目标。随后针对政策目标提出备选方案。

在危机状况下，方案可能是在信息不完全的情况下提出的，不可避免地会出现失误或偏差，但方案应有助于政策目标的实现，对组织领导体系、现场处置方案、后勤保障、新闻媒体报道、善后处理等进行详细安排。政策方案提出后，应注意听取熟悉情况的专家学者的建议，采用即时性的、尽量直接的方式咨询。在选择政策方案时，要注意多准备几个预选方案，而且要有应对非理性行为的方案。在危机状态下，要保证危机政策的顺利执行，政府的政策系统必须具有发号施令的权威，并且可以制定和执行带有强制性的政策。在公共部门危机决策过程中，要注重政策执行信息的反馈，及时收集反馈信息，对政策进行调整与修改，进行再决策，使政策不偏离政策目标，将危机给社会带来的损害降到最低。公共部门危机决策中的政策过程优化的各个环节、各种因素，势必严重影响危机状态下的公共部门决策。

6. 社会危机现象的随机性与社会危机认识的模糊性

在复杂的社会现象中，有诸多因素带有突发性和不确定性，危机情境更是如此。正是这种突发性和不确定性，使得社会危机认识只能是模糊的。西蒙把决策前提分为价值前提和事实前提，社会危机现象的随机性与社会危机认识的模糊性明显地影响着决策的事实前提，再加上某些心理因素的作用，也会间接地影响到决策的价值前提。

10.1.4　公共部门危机决策面临的挑战

在危机状态下，公共部门危机决策一般会面临以下挑战①：

1. 公共危机的突发性和紧急性，要求公共部门危机决策具有果断性

政府决策者对于危机的处理，只有有限的反应时间，因为在危机状态下，政府所面临的环境达到了一个临界值和既定的阈值，决策者面临着巨大的压力，亟须快速做出决策，并且缺乏必要的、训练有素的人员以及物质资源和时间。决策者必须在有限的信息、资源和时间的条件下寻求“满意”的危机处理方案，迅速地从正常情况转换到紧急情况（从常态到非常态）的能力是危机决策的核心内容。

危机事件爆发前的征兆通常不是很明显，难以做出准确预测；危机发作的时候一般是没有准备的，也难以在短时间内形成应对方案；危机发作后可能会带来比较严重的物质损失和负面影响。公共危机的隐秘性、突发性和破坏性，迫使决策者必须以有限的资源和信息为基础做出决策。虽然这可能会影响到政府决策的质量，但如果政府决策不果断，将会带来更为消极的后果。

因此，公共部门在危机状态下进行决策，决策者应当掌握时间第一的原则，具有应对各种危机应有的敏锐的洞察力，恰当地估计形势，快速应变，及时疏导，果断地依法处理，有效控制危机状态的区域，谨防事态扩大，将它消除在始发阶段，制止危机状态的蔓延。

2. 公共危机的严重威胁性，要求公共部门危机决策具有干预性

美国学者达顿（Dutton）认为：危机通常和威胁或逆境等相互通用，危机意味着个人或一群个体，若不采取某些形态的补救行动，将会产生一种有潜在负面感觉的认识。相对于政府的常规性决策环境而言，危机事件往往处于一种非常态的社会情境，是各种不利情况、严重威胁和不确定性的高度积聚。公共危机事件的发生、发展和升级势必对政府或社会系统的基本价值和行为准则架构产生严重威胁，并带来很大的负面影响和消极作用，其影响和涉及的主体具有社会性。因此，政府的积极干预是必不可少的。在一定程度上，积极的，甚至带有强制性的干预，是政府发挥作用的有效方式。

在危机过程中，政府通过分析危机的起因、特征，抓住那些足以影响和改变危机的关键性因素，集中资源，采取强化的干预措施，促使其朝良性方向发展。当然，在强调积极干预的同时，也不能否定在非原则和非重要性问题上克制和妥协的必要。因为在某种程度上，“危机解决面临的并非是合法和非法的选择问题，而是政治上的明智与愚蠢，为了实现实质上的真正利益，须放弃无价值的表面东西”②。

3. 公共危机的高度不确定性，要求公共部门危机决策具有权变性

由于外在环境变动急剧，同时人类理性有限，无法完全掌握信息，所以对于每个事物与情况也就无法进行精确估量，不确定性由此产生。所谓不确定性，按照奈特的界定，是

---

① 参见邓飞、吴金群：《论危机情境下的政府决策》，载《学术论坛》，1999（6）。

② 许文惠、张成福：《危机状态下的政府管理》，84 页，63 页，北京，中国人民大学出版社，1998。

指人们不可能或无法对问题进行客观分类的情形。在面对具有不确定性特征的危机问题时，人们的行为在很大程度上依赖于“其对自己正确估计机会的估计”，或者说，依赖于他对自己信念的置信度；也就是说，在不确定性情形下，人们只能对问题给出主观分类并赋予这种主观分类一定的主观概率。因此，在这种情形下，人们能否正确预见事物的未来，完全依赖于洞察力、敏感性、专业知识以及运气。米利肯依决策者察觉上的不同，将不确定性区分为：状态的不确定、影响的不确定、反应的不确定。①

在危机情境下，这种不确定性尤为明显。危机事件的开端无法用常规性规则进行判断，而且其后的衍生和可能涉及的影响是没有经验性知识可供指导的，一切似乎都是在瞬息万变之中。正是这些决策情境的高度不确定性，才导致政府必须根据事态的发展，实行权变式决策。危机事态的进程使博弈双方的即时决策效能成为一个关键性，甚至是决定性的变量，不同的博弈决策结构、决策过程、决策路径可能导致差别极大的结局。在危机状态下，权变式决策的非程序化实质上是一种模糊决策和非预期决策，决策方案执行过程中是否会变形、走样？决策方案执行后对决策受众会有哪些影响？对于这些问题，决策者没有时间充分考虑，整个过程受激烈的情感因素的影响，其结果也很难预料。

4. 公共危机的信息有限性，要求公共部门危机决策具有权威性

在危机状态下，信息是极度匮乏和有限的，而且常常难辨真伪。(1) 信息不完全。危机情境下，由于时间的紧迫性，决策者不可能在非常有限的时间内掌握和控制所有的事态发展信息。(2) 信息不及时。由于危机事态发展的急剧变化性，而且危机信息从事发现场传输到危机指挥决策机构，中间要经历好几个组织的中介运作，因此，最高决策者对危机信息的掌握和控制就会有滞后性。(3) 信息不正确。在信息的反馈和处理过程中，信息极易失真，其正确性和有效性很难得以保证。

危机信息的极度匮乏性和有限性，要求公共部门危机决策必须具有权威性。在危机状态下，决策的首要目标是控制危机事态的蔓延，把危机控制在一定的范围内，最大可能地保护群众的生命和财产安全。这就要求政府危机决策具有快速、高效的特点，要求政府危机决策具有权威性，以克服危机信息的极度匮乏性和有限性。危机事态的突发性、严峻性和高时效性，使得决策者根本不可能有充分的时间和条件来发扬民主，广泛征求意见，决策民主化在事实上受到各种客观条件的很大限制，而且民主协商很可能导致延误危机决策时机，从而导致灾难性的后果。

因此，危机决策强调权威性原则，危机决策方式必须从平时的“民主决策”切换为战时的“权威决策”，在信息共享、专家咨询的基础上由最高决策者拍板定夺，并且是谁决策谁承担责任。决策者要依靠自己的智慧和胆略，审时度势，随机决断。当然，由于在危机状态下，高水平危机决策者、危机决策专业技术人才缺乏，一些技术性很强的危机（如核泄漏危机），受决策者个人及群体的先天条件与环境的限制，只有在咨询特定专业领域的专家的意见后方能做出决策。

---

① Milliken, “Three Type of Perceived Uncertainty about the Environment: State, Effect, and Response Uncertainty,” *Academy of Management Review*, 1987, 2 (1), pp. 133-143.

5. 公共危机的双重效果性，要求公共部门危机决策具有科学性

没有一个社会系统是完美无缺的，冲突和危机是普遍的。危机并不仅仅意味着危险，而且还有转机和契机之意。冲突和危机能够促进社会的协调和整合。这就是危机的双重效果性。危机会带来各种损失，但危机也是机会和转机，如果决策者直面危机，危机可以促进制度的革新和环境的变革。正因为如此，在危机情境下，需要政府做出科学决策，发挥危机的积极作用，遏制危机的消极作用，并创造各种便利条件，以便把消极转化为积极，变不利为有利，转危为机。决策程序是对决策规律的概括和总结，决策科学化有赖于决策程序化。危机决策属于典型的非程序化决策，危机状态的特殊性要求危机决策的程序在不损害决策合理性的前提下适当简化，这种决策过程可从非程序化到新颖、无结构，具有不寻常的影响程度。

6. 公共危机的发展阶段性，要求公共部门危机决策具有战略性

危机是由诸多因素综合作用而成的，从时间的角度分析，危机事件遵循着一个特定的进程或是发展周期。作为危机管理主体的公共部门，必须根据危机发展周期的不同特点，维持和采取切实可行的目标和对策。一场危机的最终解决取决于长期不懈的努力，这就要求政府决策既要顾及目前有限的和现实主义的目标，更要在科学预测的基础上，进行一番危机战略规划。在此过程中，要尽量避免运用零和博弈的观点来处理问题。

10.2　公共部门危机状态下决策的权责划分

在危机状态下，公共部门决策的核心问题就是权责划分问题。这种权责划分是在危机状态下对常规决策权责划分的一种调适与变通，具有较强的时效性与针对性。公共部门危机状态下决策的权责划分主要包括三个方面：政府组织纵向权责划分、政府组织横向权责划分、政府组织与非政府组织权责划分。这三个方面的权责划分，构成公共部门危机状态下决策的前提和基础。下面加以具体阐述。①

10.2.1　政府组织纵向权责划分

在传统中央集权式的公共危机决策思路下，“政府”往往被简化为一个整体性的概念。政府结构的复杂性和各级地方政府在责权上的分立，包括在一个幅员辽阔的国家，不同地方在突发危机中凸显出的巨大的利益分殊，都在很大程度上被忽略了。政府或者被假想为一个单独的巨人，可以如臂使指、随心所欲地去支配每一个权力末梢；或者尽管已意识到了中央与地方之间存在利益矛盾，但仍然以为通过运动式的宣传，通过“万众一心、和衷共济”的意识形态鼓动，加上对地方官员在人事和政治责任上的严厉措施，就可以达成一

① 参见曹现强、赵宁：《危机管理中多元参与主体的权责机制分析》，载《中国行政管理》，2004（7）；王浦劬：《防治“非典”时期的政府双重管理问题分析》，载《北京大学学报（哲学社会科学版）》，2003（5）。

种临时性的、高度融合的危机决策模式。与此同时，突发性公共危机事件所具有的某种紧迫性和社会恐慌心理，也极容易使人倾向于呼吁和要求一个集权的危机决策中心来力挽狂澜。在传统社会，这一心理往往指向对一个强权危机决策人物的渴望。由此可见在危机状态下政府组织决策的纵向权责划分的重要性和紧迫性。

政府组织纵向权责划分就是指中央政府与地方政府直至最基层政府之间的权责划分。在危机状态下，政府面临着时间紧迫、资源不足、信息闭塞等困难，这就要求政府组织打破常规决策中的权责划分，根据危机的现实情况，合理地对政府决策的权力与责任进行重新配置。

1. 中央政府作为最高决策中心的适度集权

在危机状态下，设定了特定的任务和特定的组织，有时也可能出现需要做出事前的计划所没有规定的重要决定。由此，需要将信息聚集于一点，做出集权性决定。从决策活动及意思决定的过程来看，政府组织中的活动是以实现危机决策目的为目标的，因而适度集权被认为是合理的。危机具有突发性、危害性等特点，客观上要求动员国家和社会的一切力量在最短的时间内予以消除。因此，必须赋予中央政府居于核心地位的、具有最高权威的决策权力，以便做出统一的最高决策，指挥相关部门，调配相关资源，协调各个方面的冲突矛盾，对各级政府和部门的救治行为进行指挥和监督。中央政府作为最高决策中心在危机管理中的一定集权是必需的。中央政府最高决策权力的行使还必须具有强制性的特点。在危机状态下，作为最高决策中心的中央政府，只能快速做出强制性的决策，强令各级政府和部门执行。

从国际和其他国家危机决策的经验出发，考虑到中国的具体情况，国家有必要在中央政府建立高层次的危机决策的领导、指挥和协调机构，作为最高决策中心即中央政府行使最高决策权力的执行机构。这一机构的主要职能在于：制定危机管理的战略、政策和规划；进行危机信息管理；进行危机风险的评估；在非危机时期，负责危机的预防和预警工作；在危机发生期间，负责领导与协调工作；负责危机管理的监督管理工作；对政府管理者和社会公众进行危机管理的教育和培训；等等。在中央政府的统一领导下，明确中央各部委、各级人民政府危机管理的职能、职责和责任。考虑到危机的多样性，应明确不同政府机构承担某些特定的危机管理职能和职责，这样，便形成统一领导、分工协调的危机管理体制。①

2. 地方政府和基层政府危机决策分权化

中央政府作为最高决策中心需要保持权威，但如果过于集权，同样会对危机决策效果造成影响。这是因为：(1) 突发性公共危机事件，特别是范围广泛、危害巨大的危机，情况紧急、复杂，危机在各个地点、各个时间段的表现也不一样，如果所有危机决策权力都集中在最高决策中心做出的话，中央政府是无法承受如此繁重任务的。(2) 基层政府和地方政府往往最先了解危机的真实信息，而危机信息从最基层通过层层环节传达到最高决策中心，其真实性可能大打折扣，即使信息准确，这种环节过多的信息传达机制也必然会延误时间，影响效率。(3) 各级地方政府和基层政府不拥有决策权，也就不会承担责任，这

① 参见张成福：《公共危机管理：全面整合的模式与中国的战略选择》，载《中国行政管理》，2003 (7)。

样会导致各级地方政府和基层政府不愿真正去负责，不是勇于承担危机救治的责任，而是相互推诿、扯皮，甚至掩盖真相。

总的来说，在危机状态下，由于存在严峻的时间性制约，考虑到信息传达等情况，理想的做法是：在离必要的危机决策信息较近的地点由各级地方政府和基层政府进行分权化危机决策。中央政府作为最高决策中心，必须向各级地方政府和基层政府授权，进行危机决策权力的合理配置，同时课以相应责任。集权与分权、统一指挥与分权治理并不矛盾。这种划分体现的是中央政府作为最高决策中心权力的微观弱化和宏观强化。

当然，这种危机决策权力在政府组织间的纵向划分，必须有一个平衡点。不可否认的是，各级政府领导人多少具有“经济人”的特征，往往从个人利益出发进行非理性决策，如果给各级地方政府和基层政府授权过大、制约过小，就会使其承担较大责任，其领导人往往进行虚假危机决策，掩盖真相，以求保住官职。如果对其授权过小、制约过大，其承担的责任也相应会较小，此时，各级地方政府和基层政府往往不愿主动承担责任，而是消极应付，事事请示、报告，谨小慎微，不敢越雷池一步，互相推诿，导致贻误危机决策的最佳时机。因此，问题的关键在于如何使分权及制约达到一个平衡点，在这一平衡点上，既能激励各级地方政府和基层政府积极主动地进行危机决策，敢于负责；又能避免各级地方政府和基层政府隐瞒危机决策的真实信息，从而为各级地方政府和基层政府提供一个危机决策的正向激励机制。

那么，如何才能达到这个危机决策分权与制约的平衡点呢？一个可行的办法是事先制定“危机决策分级制度”，按危害性大小（如伤亡人数、财产损失数量、影响范围）对危机决策中的紧急情况进行细致的等级划分。哪些级别的危机决策可由基层政府全权处理，哪些级别的危机决策必须由地方政府处理，哪些级别的危机决策必须由中央处理，都要进行严格界定。各级地方政府和基层政府在进行危机决策时，在不违背作为最高决策中心的中央政府制定的总体方案和原则的前提下，要充分发挥自身的灵活性和创新性。

3. 必须完善相关的危机决策责任追究制

有决策权力，必然有决策责任，危机决策权责对称，这是现代政府危机管理的必然要求。目前，我国危机决策责任追究制主要是法律责任追究制。法律责任追究制涉及行政法律责任、民事法律责任和刑事法律责任。其中，行政法律责任是违反行政法律规范依法承担的法律后果，其中包括违反作为义务和违反不作为义务的行政行为所应当承担的法律责任。行政法律责任具有强制性、制裁性和义务性等特点。

当然，完善相关的危机决策责任追究制，除了法律责任追究制以外，更为重要的是启动和完善危机状态下政府决策的政治问责制，尤其是作为一种危机决策责任追究制度的引咎辞职制度，更具有可操作性和现实意义。危机状态下政府决策的政治问责，包括同体问责和异体问责。所谓同体问责是指执政党系统对其党员干部的问责，或者行政系统对其行政官员的问责。政治问责制重在异体问责。离开异体问责的危机决策问责制是苍白无力的。异体问责制的内容主要是五大涉宪主体之间的问责制，其中包括：人大代表对政府的问责制；民主党派对执政党的问责制；民主党派对政府的问责制；新闻媒体对执政党和政府的问责制；法院对执政党组织和政府的问责制。至于执政党对于政府及其领导的问责，在性质上仍然属于同体问责，因为各级政府领导主要是由执政党推荐产生的。危机决策问责制的本质是依宪依法进行危机决策，尤其需要加强异体问责制。同时，应大力推进作为一种危机决策责任追究制度的引咎辞职制度，使引咎辞职最终成为一种政治惯例。

10.2.2 政府组织横向权责划分

政府组织横向权责划分是指政府各部门之间的权责划分，即权责在每一级政府被分成不同类别由各职能部门掌握。在危机状态下，由各级政府决策中心统一指挥，某一个或几个职能部门主要负责，其他相关职能部门提供辅助性的服务，各自负责危机管理某一方面的具体事务。

政府组织横向权责划分与纵向权责划分面临的关键问题是不一样的。在纵向权责划分中，上级政府一般离危机发生地点较远，只能授权下级政府根据实际情况进行危机决策，同时对下级政府进行宏观指导和监督。此时，危机决策信息的获得和反馈是否准确与及时就成了纵向分权需要解决的关键问题。为此，就必须在充分放权的同时加强监督机制。在横向权责划分中，各级决策中心与其所属职能部门处于危机决策的同一层次，各级决策中心与其所属部门在相互间信息传递方面比上下级之间的传递更加方便和快捷。因此，在权责划分上，没有必要像上下级政府间那样必须充分授权，各级决策中心完全可以拥有较大的统一指挥决策权，提高危机决策效率。相应地，各政府部门的危机决策权力就小一些，这样可以避免各部门在危机决策中运用权力维护本部门利益而置大局于不顾的现象发生。

政府组织横向权责划分要重视两方面的问题：一方面，对各职能部门的危机决策职责一定要明确，落实到危机决策的每一个细节，以避免出现职能不清、权责不明、互相推诿扯皮的现象，使各职能部门能够积极主动进行危机决策、勇于承担危机决策责任。另一方面，对于需要各部门协同进行危机决策的任务，要加强各部门之间的协调、沟通，以全局为重，避免出现部门分割、各自为政的现象。特别是在危机决策现场，更应该打破各个部门的界限，对各种力量进行重组，建立若干危机决策小组。各个危机决策小组在危机现场完全可以自由调动本小组所属的各部门的人员、设备、资源，协同进行危机决策。

另外，在政府组织危机状态下决策的横向权责划分中，确立相应的危机决策责任机制和免责标准也是必不可少的。众所周知，危机状态下的政府决策活动，往往涉及人的生命、健康和财产等重要价值，且有严格的时间制约，因而被置于强烈的紧张状态。在强烈的紧张状态下，决策者的注意力容易被缩小到特定的侧面，有可能妨碍危机决策者做出正确的判断。因此，政府组织危机状态下决策的责任机制，应该不同于平常的责任机制，尤其应该设定有关免责标准，消除有关政府组织和危机决策者的顾虑，促使政府组织和危机决策者快速而有效地进行危机决策。

10.2.3 政府组织与非政府组织权责划分

公共部门主要包括政府组织和非政府组织。公共部门危机状态下决策的权责划分，还涉及政府组织与非政府组织之间的权责划分。所谓非政府组织，就是以服务大众为宗旨，不以营利为目的，而以促进社会公共利益为组织目标，主要开展各种志愿性的公益或互益活动的，非政府、非官方，即组织本身并不具有行政权力的公共组织。这类组织主要包括非营利的院校、社区组织、医院、研究所、基金会、文化和科学技术团体、各种咨询服务机构、各种志愿组织、公益性组织等。

非政府组织作为公共部门危机决策的主体，在危机状态下，发挥着非常重要的不可替代的作用。它贴近民间和公众，对社会基层的危机信息反应敏感、及时；它善于整合和调动民间资源；能够发挥公众的志愿精神，促进公众的危机参与意识。当然，非政府组织参与危机决策是出于公益性和志愿性，但是这种自发的参与热情如果得不到政府的指挥，就只能是散兵游勇，各自为政，无法形成整体性力量，甚至有可能导致混乱。同时，不可否认的是，非政府组织也有其自身的利益要求，不能排除它们借助危机决策进行投机获利的错误倾向，这就要求政府对它们的参与决策行为进行引导和监督。因此，应由政府授权非政府组织参与危机决策活动。

由于授权行为的存在，政府与非政府组织之间的权责划分实际上是一种“委托—代理”关系。这种委托—代理关系是建立在二者共同理念——危机决策的基础上的。政府作为“委托人”，授予非政府组织一定的危机决策权力，并课以相应的危机决策责任，期望其在危机决策中按公众利益要求发挥应有作用。因此，作为委托人的政府就应该做到：一方面授予非政府组织一定的危机决策权力，同时满足其部分合理的利益要求，从而为其参与危机决策提供一种正向激励；另一方面，要课以相应的危机决策责任，对其进行严格的制约和监督，防止其自利行为。这种权力的授予和制约也需要有一个平衡点：授权过大、制约不足，会导致非政府组织的自利行为；授权过小、制约过度，又无法发挥非政府组织的灵活作用，使其丧失参与危机决策的热情。

因此，问题解决的关键在于政府能否形成对非政府组织的有效监督和制约。如果能够做到有效监督和制约，就可以给非政府组织大胆放权，而不必担心其自利倾向。政府可以制定严格的法律法规来规范和制约其行为，增加惩罚性成本。同时，政府对非政府组织的监督无法像政府内部上下级之间那样，通过内部危机决策信息反馈系统和执行系统的分离而实现，只能通过政府的直接监督、媒体监督和公众监督来实现。

10.3　构建与完善公共部门危机状态下的决策机制

10.3.1　公共部门危机决策机制的含义与功能

公共部门危机状态下的决策机制，是指公共部门进行危机决策的内在方式及其原理。其中心问题是：谁来决策？如何决策？危机决策形成了一种什么样的模式？总体来说，危机决策模式有三大类型：一是国家决策模式，危机决策主要在国家层次上进行，即危机决策的职责与权力主要由国家政府承担；二是地方决策模式，决策主要在地方层次上进行，即危机决策的职责与权力主要由各个地方政府分别承担；三是基层决策模式，危机的决策主要在单位、社区层次上进行，即危机决策的职责与权力主要由具体单位自主承担。

国家、地方和基层这三个层次各有自己的特定功能：在危机决策上坚持国家的部分职责与权力，能保证全国范围内获得统一的平衡；保证地方足够的职责与权力，能够符合地方的社会发展实际；保证基层适当的职责与权力，能够使决策符合、体现基层的实际，同时充分发挥基层的自主性和积极性。就当前的背景而言，这些功能都显得十分重要。为了发挥各自的功能，就应该将这三个层次结合起来，使三者之间达到一种平衡。在危机情境下，如何对国家、地方和基层这三个层次的职责与权限进行分配，就成为危机决策机制的核心问题。关键是要建立一套科学、规范的危机决策机制。

在危机状态下，国家、地方和基层这三个决策层次的有机结合应做到：一是要缩小国家层次的职责与权力，使国家的职责与权力主要限于对危机的宏观调控、危机处理中最基本方面的统一规定和为地方与基层单位的危机决策提供指导等方面；二是全面扩大地方层次危机决策的职责与权力，使各省、自治区和直辖市在遵循有关的国家统一规定的前提下，承担起本地区各种危机决策的主要职能；三是让基层单位从过去几乎纯粹地执行政府危机决策状况转变为承担起适当的危机决策的职责与权力。以这种决策格局为基础，将形成国家、地方和基层单位职责分明、规范高效的危机处理决策机制。

10.3.2 构建与完善公共部门危机决策机制的宏观思路

构建与完善公共部门危机状态下的决策机制，其本质就是使非程序化的危机决策行为程序化，不断地将非程序化决策转化为程序化决策。危机事件的突发性与独特性，决定了危机决策行为是一种非程序化、超渐进的行为，但是此处的“非程序化”与“超渐进”都是相对于正常的社会秩序而言的。就整体性的危机决策机制本身而言，超渐进与非程序化只能说明危机决策的随意性与仓促性，说明政府危机决策机制的缺位。所以，危机决策相对于社会秩序的常态，是非程序化的决策，但在相对独立的、非常态的危机决策机制内部，又应该是相对程序化、模式化、法定化的。由此，把危机决策的职能整合到各级政府和各个政府部门的职能体系之中，整合到各级政府和各个政府部门的日常工作之中是十分重要的。

从中国的公共危机决策的现状出发，构建与完善公共部门危机状态下的决策机制，全面提升政府的危机决策能力，是十分必要和迫切的，这也是中国全面实现小康社会和现代化的基本保障。公共部门危机状态下的决策机制的构建与完善，是一个科学的系统工程，需要宏观制度的保证和整个社会的认知。

公共危机的突发性、时间性、危害性等特点，决定了公共部门危机状态下的决策机制在危机决策制度上要有保证，在危机决策组织结构上要精简，在危机决策方法上要科学，在危机决策业务流程上要高效。此外，还应该在事前就构建一个稳定的、科学的危机信息分析系统来进行危机监测和预警，在事中构建一个强大的危机反应、危机决策系统来支持，在事后构建一个危机决策绩效考评系统进行比较分析，从而进一步总结教训，积累经验，以便改进。

只要我们长期不断地致力于公共部门危机状态下决策机制的构建与完善，通过公共部门危机决策机制的高效运作来提高公共部门危机决策的质量和效率，从而提高政府的危机管理水平，我们就不仅能够最大限度地避免各种危机发生、限制危机不利影响的范围和程度，而且能够借助公共危机引致的刺激—反应模式，将危机作为现代政府治道变革的契机，提高政府发现和解决公共政策问题的能力，加速我国政府公共政策的民主化、科学化、法制化进程。

10.3.3　构建与完善公共部门危机决策机制的路径选择

公共部门危机状态下决策机制的构建与完善，主要包括“硬件”建设和“软件”建设两个方面。“硬件”建设主要包括公共部门危机决策的四大系统：危机决策信息系统、危机决策中枢系统、危机决策咨询系统、危机决策监控系统；“软件”建设主要包括三个方面：危机决策者素质、危机决策方法、危机决策理论准备。具体来说，构建与完善公共部门危机状态下的决策机制，其路径选择主要有以下几个方面[①]：

1. 提高公共部门危机决策者的素质，预防“从众现象”或“群体盲思”

在危机状态下，由于危机本身的特性，加上决策者个人及群体的先天素质与环境的制约限制，政府决策受到诸多的挑战与影响。就决策者个人而言，其危机决策素质包括政治素质、业务素质和能力素质等多方面的内容，而能力素质是其核心。特别是在危机状态下，决策者必须具备统筹全局的宏观能力、勇于开拓的创新能力、及时迅速的果断能力、多谋善听的探讨能力、临危不乱的心理能力以及科学的预见能力、灵活的反应能力等等。就决策群体而言，它实际上是由若干个决策者组成的，除了每个决策者必须具备一定的能力外，还要有一个强有力的领导核心，并强调危机决策群体内知识结构、能力结构、年龄结构等方面的配合与协调。具体来说有如下几点：

(1) 危机决策群体必须具备合理的专业知识结构。危机决策问题的解决需要各种专业知识，这就要求危机决策群体中不同的成员具备不同的专业知识，而且每个群体成员还必须是有关行业的专家，具有较宽的知识面和丰富的经验，从而形成一个合理的群体专业知识结构。一个合理的群体专业知识结构，有利于提高危机决策群体的创造性、开拓性和应变能力。

(2) 危机决策群体必须具备合理的能力结构。在一个有效的危机决策群体中，既要有能够筹划、决断和应变能力强的人，也要有善于思考、善于组织协调、能够排忧解难和调解纠纷的人。只有这样，才能做到优势互补，满足危机决策过程中的各种不同要求。

(3) 危机决策群体必须具备合理的年龄结构。危机决策涉及的多属不常见的、错综复杂的问题和新事物，因此，在危机决策中既需要丰富的危机决策经验，又需要敏捷的危机决策思维。除了强调危机决策群体内知识结构、年龄结构、能力结构等方面的配合与协调，还要考虑危机决策者的个性、气质、性格和价值观念等方面的合理组合，以利于团结、取长补短、协调一致，从而提高危机决策的效率。

---

① 参见崔向华：《试论我国公共危机管理系统的完善——一种公共决策视角的分析》，载《山东教育学院学报》，2005 (4)；邓飞、吴金群：《论危机情境下的政府决策》，载《学术论坛》，1999 (6)；陈迅、王澍文：《危机决策》，兰州，甘肃文化出版社，2001。

此外，还必须提高危机决策群体的危机决策意识和心理承受能力，增强其对危机的感应、认知、适应和对抗能力，从而提高危机决策质量。必须着眼于增强决策者的危机意识，将危机教育、培训纳入国家公务人员的常规培训体系中，并建立相应的考核机制，尽快培养一批能力、知识全面的综合型危机决策人员，从而带动整个政府危机决策水平的提高。同时，由于信息、资源、备选方案的有限性和危机非程序化决策的特殊性，常常需要危机决策人员借助自身的经验、直觉和洞察力来做出决策，所以，宏观把握能力、灵活应对能力和创新精神也是危机决策者应该具备和注意培养的基本素质。

2. 加快危机决策信息系统的现代化，构建与完善公共部门危机状态下的决策信息系统

信息是政府危机决策的基础，是现代政府危机决策机制正常运行的媒介和纽带，是协调、控制、监督政府危机决策正确实施的重要手段。危机信息的可靠性、及时性与透明度在危机决策中占有极其重要的地位，有效危机信息数量的多少在很大程度上决定着危机决策的正确与否。因此，构建与完善公共部门危机状态下的决策信息系统是改进和完善我国公共部门危机决策机制的重要内容。要提高政府危机决策质量，就必须收集充分的信息和情报，而要收集充分的信息和情报，就必须加快危机决策信息系统的现代化，它包括信息工具的现代化、信息传输的现代化、信息队伍的专业化等内容。虽然在危机状态下，由于危机的威胁性、紧迫性，不可能在非常有限的时间内掌握完全的危机信息，但通过加快危机决策信息系统的现代化，收集尽可能多的信息和情报既是可能的，也是迫切需要的。

对于公共危机决策而言，信息显得尤为重要，而决策者要获得及时、有效、准确、真实的危机信息，有赖于构建一个反应迅速、运作高效的危机决策信息系统。公共危机决策信息系统的主要功能是：收集各部门、各地区、各种组织、新闻媒体和各国提供的重大灾害风险信息数据；组织有关部门和专家进行综合分析和风险评估；在应对突发性公共危机事件时，作为政府应急指挥决策机构的通信平台、联络枢纽和参谋助手，为危机决策提供强有力的信息支持保障。

从静态上讲，一个危机决策信息系统包括三个方面的信息库：第一个信息库就是涉及各种社会现状与发展情况的信息库，主要是与各种危机隐患相关的情况数据，即危机现状信息库。通过此信息库的信息我们可以全面了解当前的社会稳定状况，可能存在的危机隐患，例如通过安全检查了解安全事故隐患，通过信息收集了解社会的不稳定因素等，从而为危机管理系统采取行动或本身改进提供依据。第二个信息库就是危机防治与救治的资源信息库，这里面包括危机防治所需资源的信息，即资源要求信息，例如要应对可能发生的危机事件应该需要多少人、财、物以及时间储备，使得政府决策者能按需求进行准备；也包括当前危机防治与救治中可用资源的信息，也就是手中的实际现有资源信息，例如确定救灾政策前能知道现有实际可调用的物资、人员等确切信息，使得政府决策者在决策部署时能心中有数。第三个信息库就是危机管理中的技术数据信息库，实际上就是一种经验性数据的信息库，包括在以往危机事件处理中的一些技术参数，以及总结出来的危机类别划分、危机程度等级、危机处理方式等信息。

从动态上讲，构建政府危机决策信息系统除上述几个方面的信息库所涉及的信息收

集能力外，还包括高效的危机信息处理能力。去粗存精，去伪存真，及时筛选各种有用信息，进行总结、归纳、分析，为政府危机决策所用，是危机决策信息系统的内在要求。

根据澳大利亚危机管理专家罗伯特·希斯对危机决策两种模式的划分①，针对我国公共危机决策信息系统存在的问题，可以从以下两个方面对其进行改进和完善②：

（1）危机事前决策模式。

在此模式中，关键是加强危机决策信息系统的危机识别和预警能力，注意对社会运行和各类潜在公共危机源的活动状况进行实时监控，并建立相应的特征量化指数体系，定期进行危机分析、评估，将预测危机发生的概率、潜在程度等信息分析结果及时传递给危机决策中枢系统，以便及时决策，避免危机的形成和爆发，将危机扼杀于萌芽之中。

（2）危机事中决策模式。

在此模式中，主要应当从危机信息传递机制和制度上加以完善。1）改革传统的危机信息分级管理体制，建立从中央至地方统一的纵向信息管理体系，使得下级信息机构搜集、处理、上报危机信息的行为不再受制于同级政府，避免因“瞒报”“虚报”“漏报”而导致的危机信息部分甚至是全部失真。2）建立政府主导的危机信息统计报告制度和发布制度，规定信息报告的程序、渠道、时限等，确保信息系统能够不受外界干扰，及时给决策者提供信息。3）加强危机信息沟通制度建设，建立准确、及时、公开、透明的信息沟通渠道，维护政府在民众中的良好形象。其中对于信息沟通，应通过信息共享机制实现体制内信息快速、低损耗的传递，增强政府内部组织成员应对危机的一致性和协调性。关于外部沟通则应降低媒体介入危机的准入标准和建立危机信息披露制度，通过政府发言人以及大众媒介的桥梁作用，构建政府发布和获取适用危机信息的双向渠道。一方面，让公众及时、充分地了解危机信息以稳定民心，为决策创造良好的外部环境；另一方面，及时获得危机决策的反馈信息，从而适时地对有关危机决策措施进行强化或调整，以增强政府对危机的回应能力。

3. 加快建立全国统一的常设性危机决策核心指挥机构，构建与完善公共部门危机状态下的决策中枢系统

公共危机决策中枢系统的主要职责是在危机决策信息系统和咨询系统的协助下对决策方案进行综合、分析，权衡利弊，从而做出正确决策。中枢系统在危机决策活动中的关键地位决定了它居于整个危机决策系统的核心，其活动实质上体现了国家最高政治决策层的战略决策效能和危机应变能力。

构建与完善公共部门危机状态下的决策中枢系统，应该从以下几个方面着手③：

（1）建立全国统一的常设性危机决策核心指挥机构。

我国现有的公共危机决策中枢指挥系统是临时性的，缺少能够发挥组织和协调作用的常设核心决策系统。这种临时组建的危机决策指挥系统由于组成人员及其所在部门的

---

① Robert Heath, “Dealing with the Complete Crisis—The Crisis Management Shell Structure,” *Safety Science*, 1998 (30), pp. 139-150.

②③ 参见崔向华：《试论我国公共危机管理系统的完善——一种公共决策视角的分析》，载《山东教育学院学报》，2005 (4)。

封闭性、非优协调性以及危机预案的缺乏，往往造成危机决策成本的提高和效率的下降，使政府在整个危机决策过程中处于相当被动的地位：危机发生前难以准确预警；危机发生之后无法做出迅速回应；危机结束时由于非常设机构的不稳定性和非延续性，无法保留危机处理过程中积累的经验，以协助危机决策咨询系统建立更加系统、完整的危机案例库，供危机决策者和研究人员日后在危机决策中参考。应该设立常设的危机决策专门机构处理日常的危机决策事务。根据我国公共危机管理体制的现状，该危机决策专门机构应由国务院总理担任最高决策核心，由相关部委最高行政首长负责，专门决策人员分工协调组成中央决策机构；地方则应建立以地方最高行政首长为核心的决策机构，且直接隶属于中央政府领导，以保证危机决策中中央与地方统一口径、统一步调、相互配合、相互支持。

（2）提高危机决策中枢系统的综合协调能力。

在保证中枢系统处于决策活动核心地位的前提下，核心决策机构还应该站在国家和人民利益的高度，打破部门利益的界限和条块分割，综合协调危机决策系统中各相关部门，整合有限的资源，发挥整体优势，形成一个纵向统一领导、横向分工合作的指挥体系，从而提高整个危机决策系统的运行效率。

（3）构建公共危机决策支持系统。

危机决策支持系统主要是利用信息系统收集到的有关危机信息，使用电子计算机对信息数据进行处理，从而为危机决策中枢系统提供技术支持，使危机决策更加科学、合理，同时为危机决策者节约宝贵的时间。

4. 充分发挥危机决策智囊机构的作用，构建与完善公共部门危机状态下的决策咨询系统

决策咨询系统又叫决策智囊系统，是由各类专职或兼职的决策筹划人员组成，借助专家的集体智慧，运用科学的技术和方法，以专门知识和技术为决策中枢系统提供决策方案以及优化理论的智囊机构。充分重视和发挥智囊机构的作用既是严格的科学决策程序的要求，也是公共危机决策科学化、民主化的一个重要条件。现代政府危机决策的智囊机构，属于一种软科学研究机构。一般来说，它是由一些具有专门知识的专家、学者按照一定的目标或方式组成的专门输出智力成果的机构。它的基本功能主要有①：（1）收集信息，进行科学预测，充当政府危机决策的“望远镜”；（2）拟订方案，进行综合分析和评价，充当政府危机决策的“外脑”；（3）跟踪检查，提高反馈信息，充当政府危机决策的“耳目”；（4）培训、储备和交流人才，充当政府危机决策人才的储存机构。特别是在危机发生时，政府常规部门处理非例行的危机决策问题存在着智慧局限，政府更应该集思广益，充分发挥智囊机构的作用。

毫无疑义，应对非例行问题的非程序化危机决策，政府要依靠已有的常规部门，这些部门在办事经验、资源占有等方面都有明显的优势。但是，作为“内部人”，常规部门在危机面前常常会表现出智慧短缺，因为这些部门的人长期在一个领域工作，长期处理大同小异的例行问题，逐渐形成了自己的思维定式，从而很难对突发性的新事态做出正确的反应。政府常规部门处理非例行的危机决策问题的智慧局限性，在国外也同样存

① 参见邓飞、吴金群：《论危机情境下的政府决策》，载《学术论坛》，1999（6）。

在。为缓和危机决策者所面临的非常规决策问题与其知识、能力以及相关信息、资源的有限性之间的矛盾和差距，弥补危机决策者的这种智慧局限，就必须充分利用各种类型的“外脑”，充分发挥智囊机构的作用，将其智力资源纳入政府的危机决策过程中，并与危机决策中枢系统的权力有机结合，实现良性互动。这些“外脑”一般来自大学、研究机构和咨询公司，他们不受任何“既定”思维的约束，他们带来的是新的视角、新的逻辑、新的对策。“外脑”不仅可以弥补决策者知识、经验、能力和体力的不足，而且在危机决策的各个阶段都可以为决策者提供专业性、技术性以及决策方法等方面的咨询意见。

目前，世界各国政府都设立了相当多的官方及半官方的危机决策咨询机构，如瑞典著名的危机管理研究与培训中心(CRISMART)，为危机决策提供理论和专业知识支持。但是，我们的政府部门似乎总是不大愿意让“外部人”参与决策。保密的考虑是原因之一，但更多的还是缘于政府对自己的危机决策能力过分自信，“政府万能”，这是许多官员根深蒂固的理念。而且，我国目前参与政府危机决策的“外脑”大都是“临时征召”，这不仅不利于专家作用的发挥，影响危机决策的质量，而且也不利于专家对危机相关领域的跟踪研究。因此，构建与完善公共部门危机状态下的决策咨询系统，应该从以下两个方面着手：

（1）我国应建立长期相对稳定的政府危机决策专家联系制度，重视在非危机状态下的专家库和思想库的建设，并按学科专长、知识技能等对专家进行合理分类，建立危机决策专家资料库。注意平时组织危机决策有关各领域的专家、学者，利用其丰富的专业知识和危机应对经验，研究危机决策的科学方法、计划、方案，形成符合我国国情的危机决策预案，建立各类危机事件决策的案例库，这样在危机发生后可直接根据危机类型迅速召集有关专家参与决策，从而提高危机决策的质量。

（2）我国应该发展多元化的专业性危机决策咨询组织。加强官方政策咨询组织的功能，以法律法规的形式规定其独立地位，辅之以相应的资金、人事等权力，以保证其不受危机决策者价值取向、利益、主张的影响，按照科学决策的规律，客观地研究危机问题，提供有效的咨询。与此同时，政府要主动创造良好的外部发展环境，促进半官方和民间智囊机构的发展，使其能够不受政府获取危机信息的限制和干预，与官方政策研究机构通力合作，共同形成危机决策中枢系统的强大参谋后盾。

5. *充分发挥危机决策监控机构的作用，构建与完善公共部门危机状态下的决策监控系统*

决策监控是政策过程中的一个基本功能环节，贯穿于政策过程的始终，并制约或影响着其他环节和系统，对政策过程各活动环节进行监控，既有利于实现决策的规范化与合法化，也有助于保证政策的贯彻落实，是实现既定政策目标的有力保障。① 适时、适当的危机决策过程监控，对于保持政府与社会公众之间关于危机的良性沟通、保证危机事件中政府采取的行动既合法又符合人民利益，引导危机事件向着政策目标方向发展等都起着至关重要的作用。公共危机决策监控系统的主要功能在于：保证危机决策在形式和内容两方面的合法性，保证危机决策执行的目标导向。公共危机决策监控系统的要素主要包括：危机

① 参见陈振明：《政策科学——公共政策分析导论》，北京，中国人民大学出版社，2003。

决策监控依据，即法律法规对监控主体的有关界定，包括独立地位、权威和对监控客体的影响力等；危机决策监控标准，包括从宪法和各种相关法律法规的规定到党的路线、方针、政策；多元危机决策监控主体，包括体制内专门监控机构、国家权力机关和各种社会监控力量；危机决策监控过程中的沟通，通过监控主客体之间的有效沟通，及时掌握危机决策系统的运行状况，减少由于信息不对称造成的决策错位。目前，我国应重点加强公共危机决策监控系统中的司法监督、媒体监督和公众监督。

6. 运用科学的危机决策方法，进行危机权变决策和危机追踪决策

危机决策的科学化不仅要求危机决策的内容本身遵循其所涉及领域的科学理论，运用科学理论来解决危机决策所要解决的问题，而且要求制定和执行任何一项危机决策都必须在科学的理论指导下，遵循科学的原则和方法进行操作。科学理论决策论、综合决策论、对策论、理性预期论、数学模型法等，都为科学决策提供了保障。危机就是一种非常态，危机决策就是一种非程序化决策。因此，必须针对危机情境的多样性，危机的不同性质、不同规模和可控程度，选择不同的危机决策模式，进行危机权变决策。另外，由于时间压力、信息缺乏以及理性有限，在危机状态下只能追求“满意”的危机决策效果。如果奢望去追求“最佳”，往往会贻误危机决策的最佳时机，最终连“满意”的危机决策效果都达不到。

初始决策是零起点决策，是在有关活动尚未进行从而环境未受到影响的情况下进行的。追踪决策则是非零起点决策，它是指随着初始决策的实施，组织环境发生变化，需要对初始决策做出调整甚至重新决策，这时所进行的决策就是追踪决策。在危机状态下，政府需要运用科学的危机决策方法进行危机追踪决策。应该说，对危机状态下政府决策的控制和执行是十分复杂的。在执行过程中，危机情境瞬息万变，而且执行过程会受到内外各种因素的干扰，要完全按照预先设计的程序来达到目标是很困难的。因此，为成功应对各种危机，危机追踪决策就显得更为必要。

7. 加强危机决策理论研究，掌握危机决策的科学规律，为有效地进行危机决策提供理论准备

危机决策的关键是要把非程序化决策转化为程序化决策，找出各种危机事件决策中的规律性东西并将其总结为原则，为以后的危机决策提供一个蓝本，有的还可以成为国家有关危机决策的指导思想和准则。这就需要加强危机决策理论研究，掌握危机决策的科学规律，为有效地进行危机决策提供理论准备。

本章小结 »

1. 危机管理实质上可以定义为一种危机决策情势。所谓公共部门危机决策，就是要求公共部门（包括公共部门决策单元和决策者）在决策时间高度紧张和可利用资源严重短缺，面临着高度不确定和极其复杂的现实危机决策环境的限制条件下，进行应对公共危机的活动和过程。公共部门危机决策在公共部门危机管理中处于核心地位，是直接决定公共部门危机管理成败的关键。

2. 从本质来看，公共危机就是公共部门面临的例外问题、非常规问题，而公共部门

危机决策的本质就是一次性、非例常性的非程序化决策。非程序化决策是一种结构不良的公共决策。

3. 从公共部门在危机状态下决策所面临的约束条件来看，危机决策只能采用西蒙的“有限理性”决策模式或者林德布洛姆的“渐进式”决策模式，而不是“完全理性”决策模式；危机决策只能遵循满意原则，而不是最优原则。

4. 在危机状态下，影响公共部门决策的主要因素有：公共部门决策者的素质、危机信息匮乏、心理压力、意见分歧、公共部门危机决策中的政策过程优化、社会危机现象的随机性与社会危机认识的模糊性。

5. 在危机状态下，公共部门危机决策一般面临的挑战主要有：公共危机的突发性和紧急性，要求公共部门危机决策具有果断性；公共危机的严重威胁性，要求公共部门危机决策具有干预性；公共危机的高度不确定性，要求公共部门危机决策具有权变性；公共危机的信息有限性，要求公共部门危机决策具有权威性；公共危机的双重效果性，要求公共部门危机决策具有科学性；公共危机的发展阶段性，要求公共部门危机决策具有战略性。

6. 在危机状态下，公共部门决策的核心问题就是权责划分问题。公共部门危机状态下决策的权责划分主要包括三个方面：政府组织纵向权责划分、政府组织横向权责划分、政府组织与非政府组织权责划分。这三个方面的权责划分，构成公共部门危机状态下决策的前提和基础。

7. 政府组织纵向权责划分是指中央政府与地方政府直至最基层政府之间的权责划分。在危机状态下，中央政府作为最高决策中心要适度集权；而地方政府和基层政府的危机决策要分权化；还必须完善相关的危机决策责任追究制。

8. 政府组织横向权责划分是指政府各部门之间的权责划分，即权责在每一级政府被分成不同类别由各职能部门掌握。在危机状态下，由各级政府决策中心统一指挥，某一个或几个职能部门主要负责，其他相关职能部门提供辅助性的服务，各自负责危机管理某一方面的具体事务。

9. 非政府组织作为公共部门危机决策的主体，在危机状态下，发挥着非常重要的不可替代的作用。由于授权行为的存在，政府与非政府组织之间的权责划分实际上是一种“委托—代理”关系，政府必须对非政府组织进行有效监督和制约。

10. 公共部门危机状态下的决策机制，是指公共部门进行危机决策的内在方式及其原理。其中心问题是：谁来决策？如何决策？危机决策形成了一种什么样的模式？总体来说，危机决策模式有三大类型：国家决策模式、地方决策模式、基层决策模式。

11. 构建与完善公共部门危机状态下的决策机制，其本质就是使非程序化的危机决策行为程序化，不断地将非程序化决策转化为程序化决策。构建与完善公共部门危机状态下决策机制的宏观思路为：在危机决策制度上要有保证、在危机决策组织结构上要精简、在危机决策方法上要科学、在危机决策业务流程上要高效。

12. 公共部门危机状态下决策机制的构建与完善，主要包括“硬件”建设和“软件”建设两个方面。“硬件”建设主要包括公共部门危机决策的四大系统：危机决策信息系统、危机决策中枢系统、危机决策咨询系统、危机决策监控系统；“软件”建设主要包括三个方面：危机决策者素质、危机决策方法、危机决策理论准备。

关键术语

公共部门危机决策　公共部门危机决策模式　影响因素　挑战　权责划分　公共部门危机决策机制　宏观思路　路径选择　危机决策信息系统　危机决策中枢系统　危机决策咨询系统　危机决策监控系统

复习思考题

1. 何谓决策？如何定义危机决策？
2. 何谓公共部门危机决策？公共部门危机决策的本质与构成要素是什么？
3. 公共部门危机决策只能采用何种模式？遵循什么原则？为什么？
4. 在危机状态下，影响公共部门决策的主要因素有哪些？试举例说明。
5. 在危机状态下，公共部门危机决策一般面临的挑战主要有哪些？试举例说明。
6. 在危机状态下，如何进行政府组织纵向权责划分？应注意哪些问题？
7. 在危机状态下，如何进行政府组织横向权责划分？应注意哪些问题？
8. 在危机状态下，如何进行政府与非政府组织之间的权责划分？应注意哪些问题？
9. 何谓公共部门危机状态下的决策机制？其中心问题是什么？
10. 危机决策模式有哪些类型？国家、地方和基层决策层次各自的功能如何定位？三者如何有机结合？
11. 构建与完善公共部门危机状态下决策机制的宏观思路是什么？
12. 构建与完善公共部门危机状态下决策机制的路径选择主要表现在哪些方面？
13. 如何构建与完善公共部门危机状态下的决策信息系统？
14. 如何构建与完善公共部门危机状态下的决策中枢系统？
15. 如何构建与完善公共部门危机状态下的决策咨询系统？
16. 如何构建与完善公共部门危机状态下的决策监控系统？

阅读案例

晋济高速公路岩后隧道“3·1”特大道路交通危化品燃爆事故应急处置

一、事故基本情况

2014年3月1日14时45分许，位于山西省晋城市泽州县的晋济高速公路山西晋城段岩后隧道内，两辆运输甲醇的铰接列车追尾相撞，前车甲醇泄漏起火燃烧，隧道内滞留的另外两辆危险化学品运输车和31辆煤炭运输车等车辆被引燃引爆，造成40人死亡、12人受伤和42辆车烧毁，直接经济损失8 197万元。

事故发生后，党中央、国务院高度重视，习近平总书记、李克强总理和马凯副总理、郭声琨国务委员、王勇国务委员等党中央、国务院领导同志做出重要批示，要求尽快核清伤亡人数，查明事故原因，认定事故责任，依法依规严肃处理，并要深刻吸取事故教训，抓紧部署开展各类易燃易爆品运输安全专项整治，查找安全隐患和管理漏洞，坚决杜绝重特大事故发生。同时，派出了国务院安委会工作组赴现场进行督促指导。

遵照党中央、国务院领导同志的重要批示指示要求，依据《安全生产法》和《生产安全事故报告和调查处理条例》等有关法律法规规定，2014 年 3 月 13 日，国务院批准成立了由国家安全监管总局、监察部、公安部、交通运输部、全国总工会、山西省人民政府有关负责同志等参加的国务院晋济高速公路山西晋城段岩后隧道“3·1”特别重大道路交通危化品燃爆事故调查组，开展事故调查工作。事故调查组邀请最高人民检察院派员参加，并聘请了国内交通、公安、隧道、车辆、消防、爆炸、化工、特种设备等方面的专家参加事故调查工作。

事故调查组按照“四不放过”和“科学严谨、依法依规、实事求是、注重实效”的原则，通过现场勘验、调查取证、检测鉴定和专家论证，查明了事故发生的经过、原因、人员伤亡和直接经济损失情况，认定了事故性质和责任，提出了对有关责任人和责任单位的处理建议，并针对事故原因及暴露出的突出问题，提出了事故防范措施建议。

二、事故应急处置情况

（一）消防部门应急处置情况

2014 年 3 月 1 日 14 时 50 分，晋城消防支队指挥中心接警后，先后调派 7 个公安消防中队、9 个专职消防队共 400 名官兵、44 辆消防车赶赴现场，山西省消防总队调集相邻的长治、临汾两市消防支队共 29 名官兵、5 辆消防车到场增援。

15 时 15 分，城区中队（是责任区中队，距离事发地约 13.5 千米）在高速交警引导下首先到达隧道北口。此时隧道北口有车辆猛烈燃烧，地面形成流淌火；位于下风方向的隧道南口有大量黑色浓烟涌出，浓烟已让人感到烫手。根据现场情况，由晋城市政府及其有关部门组成的现场指挥部决定全力扑救隧道北口火灾，继续对后车罐体实施冷却，在出口处组织停留人员疏散，并协调环保部门对现场环境及可燃有毒气体进行实时监测。18 时许，隧道北口处火被彻底扑灭。

3 月 2 日零时 10 分，现场指挥部决定组成攻坚组从人行横洞进入隧道，分别向隧道南、北两侧梯次进攻灭火。3 时 30 分，后车罐体内甲醇导出转移；9 时 30 分，人行横洞以北隧道内大火被基本扑灭；3 月 3 日 18 时，隧道内大火被全部扑灭。

（二）高速公路交管部门处置情况

3 月 1 日 14 时 51 分，山西省公安厅交警总队高速三支队八大队接警后派出民警分两组分别从该大队驻地和泽州收费站出发向晋济高速济源方向寻找事故地点。由大队驻地出发的两名民警于 15 时 7 分在距岩后隧道一公里处赶上了被堵在路上的晋城消防支队第一梯队，于是立即疏导车辆，打开中央防护栏引导消防车逆行抵近岩后隧道北口，并通知由泽州收费站出发的另一组民警折返赶赴岩后隧道南口。八大队各组民警陆续到达现场后，采取现场警戒、交通管制措施，配合消防、卫生部门开辟救援通道，并开展控制肇事车辆司乘人员、登记逃生人员等工作。

16 时 23 分，三支队值班副支队长带领事故科一名民警赶赴现场；17 时 15 分，三支队指挥中心将事故信息上报山西省公安厅交警总队。

（三）晋城高速公路有限责任公司处置情况

3月1日15时5分，晋城高速公路有限责任公司信息监控中心得到事故信息，立即通知路政大队派员上路查看，并利用监控系统对辖区内隧道路段进行巡查。

15时25分，晋城高速公路有限责任公司路政大队有关人员接报后赶赴事故现场，配合当地政府救援力量开展清障、管制、救援等工作。

15时26分，根据高速交警指令，信息监控中心向泽州收费站和临近的收费站下达了封闭指令。

（四）晋城市政府及其有关部门的处置情况

3月1日15时18分、15时41分，晋城市110指挥中心、市公安局分别收到事故报告；15时42分，晋城市政府值班室接到晋城高速公路有限责任公司事故报告；16时19分，晋城市政府值班室向山西省政府值班室电话报告事故情况；16时35分、17时、17时3分，市政府应急办分别接到市消防支队、市公安局和市安全监管局的事故信息报告。

16时45分，晋城市委、市政府有关领导同志率领相关部门相继抵达岩后隧道入口，成立了以晋城市常务副市长为总指挥的晋城市现场抢险救援指挥部，调派增援力量并部署有关单位进一步做好现场控制、人员搜救、伤者救治、疏散安置、环境保护、应急保障、善后维稳等有关工作。

此次事故抢险共组织救援力量1 000余人，投入各类救援车辆300余台次，紧急调运灭火用水9 300余吨，清运煤炭1 200余吨，吊装拖运烧毁车辆42辆。

（五）伤亡人员核查情况

事故发生后，山西省公安厅组织开展遇难人员数量和身份核定工作。先后在隧道内搜寻到12具遗骸，并对隧道内清理出的42辆车辆残骸、1 000余吨煤炭及其他残留物进行反复筛查，提取检材。在国务院安委会工作组（事故调查组成立后在事故调查组）及有关专家的督促指导下，公安机关通过DNA反复检验、人类学骨骼鉴定、收集家属寻亲信息、车辆信息、同车人证明、手机信息验证和大情报系统比对等综合技术手段反复核查，于3月11日，确认这起事故死亡和失踪已超过30人，为特别重大事故。截至3月17日，最终确认在这起事故中有40人遇难，并对遇难者身份全部予以确认。

三、事故防范和整改措施

（一）要始终坚守保护人民群众生命安全的“红线”

各地各级人民政府及其有关部门要深刻吸取晋济高速公路山西晋城段岩后隧道“3·1”特别重大道路交通危化品燃爆事故的沉痛教训，要高度重视道路交通尤其是危险化学品道路运输和公路隧道安全工作，进一步明确和落实道路运输企业安全生产主体责任、行业主管部门直接监管责任、安全监管部门综合监管责任和地方政府属地管理责任，充分发挥地方各级道路交通安全工作联席会议、危险化学品安全生产监管联席会议等协调机制的作用，针对事故暴露出的各类突出问题，逐一研究和落实防范措施，切实加强安全生产特别是危险货物道路运输和隧道交通安全工作。

（二）要大力推动危险货物道路运输企业落实安全生产主体责任

各地各级人民政府及其有关部门要督促各类危险货物道路运输企业切实落实安全生产主体责任，严格执行国家有关法律法规和规章标准，建立健全安全生产责任制、安全管理规章制度并认真贯彻落实，坚决杜绝“包而不管、挂而不管、以包代管、以挂代管”的情况发生；要督促运输企业加强驾驶员、押运员培训、教育和管理工作，建立完善的安全培训、考核制度和录用、淘汰机制，着力提升从业人员的法制意识、安全意识和安全技能，严禁不具备相应资质、安全培训不合格和安全记录不良的人员驾驶危险货物机动车辆；要督促各类危险货物道路运输企业采购合格的运输车辆，严格按照规定进行日常检查和定期维护保养，始终保持营运车辆技术状况良好，确保运输车辆安装符合《道路运输车辆卫星定位系统车载终端技术要求》(JT/T794—2011) 的GPS卫星定位装置，并保证车辆监控数据准确、实时、完整地传输。

（三）要全面排查、整治在用危险货物运输车辆加装紧急切断装置

各地区、地方各级人民政府及其有关部门要督促各类危险货物运输企业严格执行GB18564.1—2006强制性标准要求，逐台核查常压罐式危险货物运输车辆加装紧急切断装置情况。在企业自查的基础上，要组织有关部门对辖区内此类车辆安装情况进行全面摸底排查，集中进行整改。对于2006年11月1日以后出厂的常压罐式危险货物运输车辆，在销售合同或技术确认书中已明确为运输危险货物且没有安装紧急切断装置的，由车辆生产企业免费安装紧急切断装置；在销售合同或技术确认书中没有明确为运输危险货物但实际用于运输危险货物、没有安装紧急切断装置的车辆，或车辆生产企业已倒闭，以及2006年11月1日以前出厂仍在使用的、没有安装紧急切断装置的常压罐式危险货物运输车辆，要由车辆使用单位委托符合条件的车辆生产企业加装紧急切断装置。凡在2014年底前未加装紧急切断装置的常压罐式危险货物运输车辆，从2015年1月1日起，检验检测单位不予出具相关检验合格证明，交通运输部门取消车辆营运资格，收回危险货物道路运输证。

（四）要进一步加强公路隧道安全管理

各地区、地方各级人民政府及其有关部门要结合本地区实际，认真研究制定切实有效的公路隧道安全管理措施，提高公路隧道本质安全度。交通运输部门要完善隧道硬件设施，增设和完善灯光照明、防撞护栏、紧急避险车道和限速、禁止超车交通警示标志和逃生指示标志等隧道安全基础设施，严控车辆进入隧道时的速度；要根据隧道实际情况加装监控视频、声光报警、应急广播、应急按钮等装置，确保紧急状态下隧道内人员能够第一时间获知危险信息，及时避险逃生；要全面排查、评估公路隧道沿线各类检查站、收费站、煤管站等选址对隧道内车辆快速通行的影响，对易造成隧道交通拥堵、导致事故发生的，要立即停用或取消。公安交管部门要完善隧道安全通行措施，提高管控水平，严格管控公路隧道路面通行秩序；要加大对各类道路交通违法违章行为的处罚力度，严查、严纠危险货物运输车辆在公路隧道内违法变道、超速超员、疲劳驾驶、驾驶证与准驾车型不符等各类严重交通违法行为。各相关部门要将公路隧道拥堵作为重大险情来应对处置，快速、有效处置隧道车辆拥堵，妥善管理和处置已处在隧道内的危险货物运输车辆，保证人员、车辆安全。地方各级人民政府要督促指导有关部门依法认真履行安全监管责任。

（五）要进一步加强公路隧道和危险货物运输应急管理

各地区、地方各级人民政府及其有关部门要高度重视公路隧道应急管理工作。要针对本地区路网布局、产业特点和可能发生的各类事故，抓紧完善危险货物道路运输事故

应急预案和各类公路隧道事故应急处置方案；要下大力气整合危险货物运输企业GPS监控平台、高速公路交通运行监控系统、公安交警交通安全管理系统等信息系统资源，统一和规范地方政府危险货物事故接处警平台，强化应急响应和处置工作，建立责任明晰、运转高效的应急联动机制。当地政府及其有关部门、单位和涉事人员在事故发生第一时间要及时、安全、有力、有序、有效进行应急处置，并抓紧核清伤亡人数，准确上报和发布事故信息；要针对危险货物运输事故尤其是隧道事故特点，依托相关企业和单位，建立专、兼职应急救援队伍，配备专门装备和物资，加强技能战术训练，定期进行应急演练；要把事故应急意识和自救、互救技能教育培训作为全民素质教育的重要内容，纳入地方各级人民政府及其有关部门的宣传教育和培训工作计划，通过媒体宣传等多种形式，深入、持久地开展宣传教育和培训工作，不断提高全民事故防范意识和逃生避险、自救互救技能。

（六）要加强安全保障技术研究和健全完善安全标准规范工作

国家标准化管理部门要进一步修改、完善《汽车和挂车后下部防护要求》（GB11567.2—2001）、《道路运输液体危险货物罐式车辆第1部分：金属常压罐体技术要求》（GB18564.1—2006）等有关罐式危险货物运输车辆的技术标准和规范，对罐式危险货物运输车的后下部防护提出专门要求，提高危险货物运输车辆后下部防护装置的强度和性能；针对不同种类罐式危险货物运输车辆主卸料口的合理位置提出通用要求，明确罐式危险货物运输车辆主卸料口及三道安全阀的位置和设置，优化车辆罐体阀门等装置的连接方式，明确罐体出厂检验和定期检验的项目和要求，提升罐式危险货物运输车辆的被动安全性。特别是要以此次隧道事故暴露出的问题为导向，组织有关力量开展隧道安全保障技术研究，修改完善公路隧道相关设计建设标准规范，切实提高公路隧道安全设防等级和本质安全水平。

资料来源：国务院公布的事故调查报告、中央人民政府门户网站，以及内部调研资料。

思考与讨论的问题

在上述案例材料中，从危机决策的理论视角来看，你认为晋济高速公路岩后隧道“3·1”特大道路交通危化品燃爆事故应急处置有哪些成功的做法和经验？哪些地方还可以进一步改进与完善？你认为目前党和政府的危机决策模式在哪些方面表现出了浓厚的中国特色？运用公共部门危机决策的有关理论、技术与方法，对上述案例做出全面、细致的分析，并撰写案例分析报告。

第 11 章

公共危机的善后对策与恢复重建

公共危机的事后管理包括善后对策和恢复重建。公共部门可以从危机管理中获益。公共危机并不仅仅意味着危险，而且还有转机和契机之意。从发展的角度来看，公共危机的发生也孕育着新的发展机会。公共危机可以集中暴露现行政府管理体制多方面的问题，在一定意义上可以指明从公共部门危机管理中获益的基本方向和途径。

恢复重建是公共危机事后管理的重要环节，是在突发事件应急处置结束后，遭受损失的社区和民众向事前正常的生活和生产秩序的回归，涉及需求评估、规划选址、工程实施、技术保障、城乡住房、基础设施、公共服务设施、产业、生态环境、组织系统、社会关系、心理援助等工作。按照《突发事件应对法》的规定，公共危机“事后恢复与重建”主要包括：停止应急处置措施，进行损失评估，制订恢复重建计划，支援恢复重建工作，恢复正常社会秩序和修复公共设施，制定优惠政策，开展救助、补偿、抚慰、抚恤、安置、心理干预等工作，进行事后调查与总结报告，等等。

本章主要阐明公共危机的善后对策；分析公共危机的恢复重建工作的内涵和内容；阐述停止危机处置措施，组织危机损失评估，制订并实施恢复重建计划，开展救助、补偿、心理干预等工作，总结危机管理经验教训等具体措施。

重点问题

- 公共危机的善后对策
- 从公共部门危机管理中获益
- 公共危机的恢复重建
- 组织危机损失评估
- 制订并实施恢复重建计划
- 总结危机管理经验教训

11.1 公共危机的善后对策

11.1.1 对公共危机利益相关者进行善后安抚

公共危机无论是在心理上还是在生理上都对人造成了冲击，必须积极对利益相关者进行善后安抚，包括对人的生理伤害的恢复和心理伤害的安抚。这里所涉及的人，即公共危机善后安抚所涉及的利益相关者，既包括公共危机的直接受害者（包括灾难的伤亡者和灾难现场逃离或转移出来的人），又包括受公共危机影响的其他人（包括反应和支持善后过程的人以及没有直接受到危机冲击，但被善后过程影响到的人）。

1. 对公共危机直接受害者的善后安抚

（1）生理伤害的恢复。人生理伤害的恢复主要由医生来进行，公共部门一般不能由自己来完成医疗恢复工作，但需要为医生的服务支付费用。政府有关部门除了完善劳动保护条例、做好劳动保护工作，还应督促企业为员工缴纳医疗保险。（2）心理伤害的安抚。几乎所有经历危机的人，在危机爆发的一刹那，面对进退无门、命悬一线的压力，都会留下心理上的阴影。对大部分人来说，随着时间的流逝，危机留下的心理阴影会淡去，不需要外界的干预就能自我恢复过来；但有些人，包括危机处理者、旁观者和受害者，在危机之后仍存在心理障碍。比如出现长期的心烦意乱或心不在焉、思想麻木、行动僵硬、自我封闭，甚至丧失对自己、对周围世界的信心。这种心理障碍已经影响到人的正常生活和工作，需要政府和社会进行危机心理安抚，使他们尽快地恢复到正常心态。要克服心理障碍，就需要采取综合措施，因为人是社会中的人，心理恢复需要纳入社会过程中。尤其是对轻症心理障碍者的治疗，主要采取社会的手段。①

2. 对其他受影响者的善后安抚

反应和支持善后过程的人以及没有直接受到危机冲击但被善后过程影响到的人，也需要进行善后安抚。例如，危机过后，由于危机小组致力于受害者的善后工作而忽略了对其他人的关心，或由于善后过程中可选服务项目减少等，使之直接或间接地为善后支付成本，从而使他们产生不满情绪，不满情绪可能会转化成对公共部门的批评甚至是抵制。对于这部分没有直接受到危机冲击但被善后过程影响到的人，满足其需求的最好办法是将这部分人融入危机管理过程和善后行动中，部分参与公共危机的善后安抚工作。“这种参与不必是直接的或很重大的，但可以是小型的和间接的。”② 这样做，将会使危机善后安抚的目标更加容易被接受和实施。这部分人参与危机管理过程和善后行动，可以通过三种方法或其中一种来实现：（1）参加危机前和灾难前的商讨会议和信息交流。通过信息交流，许多人会体谅组织遇到的困难不可避免。（2）拓宽交流渠道，即整合公告、报纸、电视、

---

① 参见朱德武：《危机管理：面对突发事件的抉择》，广州，广东经济出版社，2002。

② ［澳］罗伯特·希斯：《危机管理》，331页，北京，中信出版社，2001。

广播、电子邮件等，尽快、持续地发布消息。持续地传递信息，使人们能够随时知道组织的进展，至少让他们知道他们是被重视的，而且组织在尽力满足他们的需求，以减少他们的怨气。（3）让人们完成某些工作，参与到危机善后安抚过程中来。

11.1.2　重塑公共部门的声誉与形象

公共部门的声誉是指其获得的社会公众信任程度和美誉度。声誉的核心是信任。赢得了社会公众的信任，公共部门就赢得了声誉。当公共危机发生后，公共部门的声誉会受到影响，有的甚至一落千丈，必须及时修补，以恢复其声誉和形象。维护声誉的关键是危机沟通策略是否得当。公共部门应立即采取正确的危机沟通策略，向利益相关者和社会公众说些什么或做些什么，将精力集中到声誉与形象管理上来。

在公共危机的善后阶段重塑公共部门的声誉和形象，就是利用沟通方式策略地挽回声誉，或在原有形象的基础上重新定位和建设。不同的危机可能有不同的沟通策略和方式，但所有的策略都大致可分为言、行两个方面。在危机发生之后，通过承担危机责任或采取弥补行动的方式减少危机对声誉的损害。比如，言的方面——富有诚意的致歉，表示对危机负责，包括对责任人的追究；行的方面——提出以金钱和实质的帮助作为赔偿，以及其他改善行动（如采取预防措施防止危机再度发生）。除了致歉赔偿策略外，还有其他一些沟通策略，包括：（1）取悦逢迎，即讨好利益相关者，或提醒相关人曾经所受之恩惠，试图将危机的负面影响转成正面的影响。（2）行为正当化，即危机管理者承认有危机发生，但认为危机并没造成严重的财产损失和人身伤害。这样做的目的是设法降低大家对危机严重性的关注程度，或认为受害者该承担部分责任，从而免除或减少公共部门的责任。（3）托词辩解，即危机管理者为了保护声誉而试图缩小公共部门对危机应负的责任。比如，否认任何存心伤害的意图，或宣称导致危机的事件并不在自己的掌控之内。（4）坚决否认，即不承认危机存在，也就是没有任何受害者；或极力证明本部门与危机无关，因而不必负任何责任。否认的同时还反击任何宣称有危机或受害者存在的个人和团体。当然，并没有一个放之四海而皆准的沟通策略存在。只能根据危机所造成的名誉损害程度，以及因此承担的不同的危机责任强度，来确定恢复策略。也就是说，根据危机类型提供危机恢复沟通策略。①

11.1.3　从公共部门危机管理中获益

公共部门可以从危机管理中获益。公共危机并不仅仅意味着危险，而且还有转机和契机之意。从发展的角度来看，公共危机的发生也孕育着新的发展机会。一个民族在灾难中能够学到比平时多得多的东西。一个民族在灾难中失去的，必将在民族的进步中获得补偿。正如美国危机管理专家诺曼·R. 奥古斯丁所指出的，“每一次危机既包含了导致失败的根源，又蕴藏着成功的种子。发现、培育，进而收获潜在的成功机会，就是危

---

① 参见［美］库姆斯·W. 蒂莫西：《危机管理与传播》，183 页，台北，风云论坛出版社，2002。

机管理的精髓；而错误地估计形势，并令事态进一步恶化，则是不良危机管理的典型特征”①。

公共危机可以集中暴露现行政府管理体制多方面的问题，在一定意义上可以指明从公共部门危机管理中获益的基本方向和途径。公共危机是社会冲突的一种集中表现形式，但冲突和危机也能够促进社会的协调和整合，具有社会的“安全阀”和促进社会的进步与发展的功能。公共危机可以改变一个社会的组织结构、社会关系和信念体系，从而为社会的发展提供变革、改进和创新的机会；还可以促进制度的革新和环境的变革。公共危机可以提高政府对公共问题的敏感性，以利于公共问题的及时发现，并推动公共问题进入政府政策议程，从而成为公共政策改进和完善的外部动力。公共危机的出现会促使政府重新评估其制度、政策和行为；危机过后，政府也会反思自己在危机中的表现和危机管理水平的高低，从而改进治理方法、提高治理能力、推进政府的治道变革。

11.2 公共危机的恢复重建

恢复重建是公共危机事后管理的重要环节，是在突发事件应急处置结束后，遭受损失的社区和民众向事前正常的生活和生产秩序的回归，涉及需求评估、规划选址、工程实施、技术保障、城乡住房、基础设施、公共服务设施、产业、生态环境、组织系统、社会关系、心理援助等工作。《美国联邦反应计划》一书中指出，“恢复行动”是指“灾民所从事的一些活动，这些活动使他们得以开始重建家园、重置财产、恢复就业、恢复营业、永久性地修复、原地或异地重建公共基础设施，减轻未来灾害损失的过程。它也是指联邦政府为帮助灾民的恢复行动而实施的援助、支持、技术服务计划，如提供修复或重建房屋、企业、财产、基础设施的救济金或低息贷款，提供技术援助，提供教育和信息，等等”②。美国《国家突发事件管理系统》中对“恢复”的定义是：“制定、协调和实施服务与现场复原预案，重建政府运转和服务功能，实施对个人、私人部门、非政府和公共的援助项目以提供住房和促进复原，对受影响的人们提供长期的关爱和治疗，以及实施社会、政治、环境和经济恢复的其他措施，评估突发事件以吸取教训，完成事件报告，主动采取措施减轻未来突发事件的后果。”③

近年来，我国经历的几次特大灾害事件，特别是汶川地震之后，我们积累了丰富的灾后恢复重建经验。在汶川地震灾后恢复重建座谈会上，温家宝总理总结了汶川地震灾后恢复重建的宝贵经验：（1）坚持以人为本，把城乡居民住房、学校、医院重建放到优先位置。（2）坚持规划先行，科学指导灾后恢复重建。（3）坚持统筹兼顾，将恢复重建与促进

---

① N. R. Augustine, “Managing the Crisis You Tried to Prevent,” *Harvard Business Review*, 1995, 73 (6), pp. 147-158.

② 《美国联邦反应计划》，131 页，北京，地震出版社，2003。

③ Department of Homeland Security, National Incident Management System, March 1, 2004, p. 135.

经济社会发展紧密结合。(4) 坚持举全国之力，调动社会各方面力量支援灾区重建。(5) 坚持依靠群众，充分发挥灾区群众在恢复重建中的主体作用。(6) 坚持依法重建，注重灾害应急管理和灾后重建的制度建设。[①] 与国外灾后重建相比，我国的灾后恢复重建工作具有许多自身的特点，突出表现为三个“兼顾”：一是“紧急”恢复性重建与长远发展性重建兼顾；二是快速度重建与高质量重建兼顾；三是“复原性”重建与“升级性”重建兼顾。[②]

按照《突发事件应对法》的规定，公共危机“事后恢复与重建”主要包括：停止应急处置措施，进行损失评估，制订恢复重建计划，支援恢复重建工作，恢复正常社会秩序和修复公共设施，制定优惠政策，开展救助、补偿、抚慰、抚恤、安置、心理干预等工作，进行事后调查与总结报告。

11.2.1　停止危机处置措施

《突发事件应对法》规定，突发事件的威胁和危害得到控制或者消除后，履行统一领导职责或者组织处置突发事件的人民政府应当停止执行应急处置措施，同时采取或者继续实施必要措施，防止发生自然灾害、事故灾难、公共卫生事件的次生和衍生事件或者重新引发社会安全事件。

突发事件发生后的处置启动应当及时，同时，停止危机处置措施的决定也应当适时做出。在实践中，需要根据突发事件的性质、特点和实际情况，来确定停止执行应急处置措施的时间。需要说明的是，做出停止应急处置措施的决定后，应当以适当的方式向社会公布，让人民群众普遍知晓。应急处置措施的停止并不等于应急处置工作的终结。停止危机处置措施，是因为突发事件及其影响已经得到了有效的控制，继续采取这些措施已经没有必要。但是，这并不意味着导致突发事件的原因已经完全消除，特别是在某些情况下，一个突发事件可能引发其他突发事件。实践中，在停止危机处置措施后，突发事件死灰复燃，发生次生、衍生事件，或者重新引发社会安全事件的现象屡见不鲜。因此，为了巩固危机处置措施的成果，在停止实施应急处置措施后，仍然应当根据实际需要采取有关必要措施，特别是要及时启动危机恢复管理计划。

11.2.2　组织危机损失评估

突发事件应急处置工作结束后，应当立即组织对危机事件造成的损失进行评估，组织受影响地区尽快恢复生产、生活、工作和社会秩序，这是恢复重建工作的前提与基础。灾后恢复重建工作，尤其是巨灾之后的恢复重建，应综合考虑现实与未来的各种相关因素，做出多层次、多维度的恢复性评估，例如，灾情程度评估、灾情未来发展趋势预测、自然和人文环境评价、恢复水平评价、空间布局评估、资金和资源保障评估、社会需求评估

① 参见温家宝：《在汶川地震灾后恢复重建座谈会上的讲话》，见新华网，2011-05-10。

② 参见蓝定香：《从国外地震灾后重建特点看我国“5·12”灾后重建经验》，载《成都大学学报（社会科学版）》，2011 (4)。

以及可恢复性评价等，以此为基础制订科学、合理的恢复计划，推动恢复重建工作。①

科学、全面、客观地进行危机损失评估是灾后恢复重建的基础。可按“摸清底子”“分级建档”“分区建档”“抓住重点”“更新规划”的思路，既从微观层面对已经发生的灾害做出评估，又在宏观层面对城市承载能力、抗风险程度、关系民生的各项资源的承载能力进行相应评估。② 评估应分为快速需求评估和初步损害评估两个阶段，快速需求评估的目的是认清灾难程度，确定在灾难应对中救生及维持生命所具备的资源；初步损害评估的目的是获得灾害影响的准确信息，以确定灾区所需服务、人员、资源的要求。危机损失评估的内容主要包括直接损失和间接损失，如突发事件中死伤的人数、各种设施和设备的损失、公私财务损失等；除了物质损失外，还有精神创伤。同时，应组织专家科学评估重建能力和可利用资源情况，为恢复重建方案的制订和具体实施提供数据支持，以确定恢复重建所需资源和救助的种类与数量。在灾后评估的基础上，由政府编制以权限、范围、目标、不同内容为重点的恢复重建方案，用以指导恢复重建实践。随着我国危机管理工作对灾情评估的要求不断提高，迫切需要建立综合的方法体系，综合利用地理信息系统技术、遥感技术、数据库技术等，处理、综合、分析、评估灾情统计数据、地理信息数据、遥感数据等，形成包括对灾害过程的灾前预评估、灾中应急评估、灾后综合评估以及区域自然灾害情况的综合评估在内的自然灾害灾情评估的内容体系、指标体系、标准体系和方法体系，进而建立可业务化运行的灾情综合评估系统。③

11.2.3 制订并实施恢复重建计划

1. 制订恢复重建计划

政府在对损失情况、重建能力以及可利用资源进行评估后，根据损失评估报告、受影响地区的实际情况与需要，应尽快制订并实施恢复重建计划。受突发事件影响地区的政府应当及时组织和协调公安、交通、铁路、民航、邮电、建设等有关部门恢复社会治安秩序，尽快修复被损坏的交通、通信、供水、排水、供电、供气、供热等公共设施。在制订恢复重建计划时，要综合考虑突发事件受损地区的经济、社会、地理环境、文化等方面的特点和实际情况，在内容上要包括突发事件应对情况、突发事件造成的影响与损失、已经开展的工作和今后的工作流程等，在巨灾情况下尤其要突出善后处理、调查处理、基础设施恢复重建、住房重建、征用补偿、人员安置、巨灾保险理赔、灾后防疫、心理危机干预、法律援助等方面的内容。例如，在汶川地震恢复重建中，政府各相关部门就制订了城镇体系、农村建设、城乡住房建设、基础设施建设、公共服务设施建设、生产力布局和产业调整、市场服务体系、防灾减灾、生态修复和土地利用规划十个专项恢复重建规划。

适时制订危机恢复重建计划，一方面，有助于区分短期（短期的紧急处理）和长期

① 参见迟菲：《灾后恢复重建问题探讨》，载《高科技与产业化》，2011（3）。

② 参见成都市城市科学研究会：《灾后恢复重建研究报告》，载《城市发展研究》，2008（3）。

③ 参见袁艺：《自然灾害灾情评估研究与实践进展》，载《中国减灾》，2010（1）。

（长期的恢复管理）问题；另一方面，有助于确定危机管理部门工作的重点，明确任务。制订危机恢复重建计划的目的是指导具体的危机恢复行动，因此这一计划应结合实际危机损害情况，在对实际危机损害进行科学评估的基础上制订。制订危机恢复重建计划还应以政府在日常危机管理中制订的危机反应（处理）计划为参考，这样，既节省了制订计划的时间，又减少了制订计划的工作量，使危机恢复重建计划尽早出台，适时为危机恢复提供指导。

危机恢复重建计划包括危机恢复重建计划的常规项目和危机恢复重建计划的具体内容。(1) 危机恢复重建计划的常规项目。常规项目包括：封面（包括发行号、日期、组织名称、计划书名称、制订单位等）、联系方式（与恢复危机有关的部门和人员的联系电话、电子信箱等通信联系方式）、危机恢复重建目标（详细说明危机恢复重建所要达到的目标、确立危机恢复重建目标的缘由、目标实现的可能性等）、计划书的阅读者（哪些人有权阅读计划书，阅读后要在计划书上签字）、政策部分（计划和信息的保密政策、危机恢复重建中的权责划分、危机恢复重建的激励政策、计划运用的条件等）。(2) 危机恢复重建计划的具体内容。危机恢复重建计划的具体内容主要包括指导危机恢复重建具体工作的开展、规定如何对各个危机恢复重建对象采取行动的相关内容。这部分的计划应包括以下一些内容：1) 危机恢复重建对象总论。指明危机恢复重建对象有哪些及选择这些作为危机恢复重建对象的理由，危机恢复重建对象的重要性排序及排序的理由。2) 每种危机恢复重建对象所配置的物质资源。每种危机恢复重建对象可以得到哪些资源，这些资源如何储备、如何提供给危机管理人员，这些资源供应的时间表等。3) 每种危机恢复重建对象的人员配置。每种危机恢复重建对象由哪些人负责，这些人中谁是主要负责人，负责人有什么样的权力和责任等。4) 补偿与激励。这是指对参与危机恢复重建的人员的补偿和激励，规定危机恢复重建人员因额外付出和努力可以得到什么样的补偿、对其进行怎样的激励等。5) 危机恢复重建的预算。各种危机恢复重建对象有什么样的预算约束，对整个危机恢复重建的预算，危机恢复重建分阶段的预算。6) 危机恢复重建中个人与团队之间的协调和沟通政策。①

2. 实施恢复重建计划

实施危机恢复重建计划的过程就是危机恢复重建过程。罗伯特·希斯将危机恢复管理分为八个步骤②：(1) 反应。在危机处理开始后，建立危机恢复小组。小组成员可以包括部分危机处理人员，但更多的是组织内部负责正常运作的经理和技术人员，很少有外部成员参加。恢复小组负责对受损区域的受损程度进行评估。(2) 宣布。宣布恢复行动会采取的规模和类型。(3) 准备。为恢复行动准备工作现场（假如需要的话）。(4) 开始。在指定的地点——非现场或现场工作区，开始恢复系统的工作，并确保核心业务的完成。(5) 继续。(6) 重建。不仅恢复危机中受到损害的东西，而且恢复和重建危机中受害人的心理。(7) 复原。在重建地点恢复有关业务。(8) 关闭。一旦恢复地点完全恢复了经营业务的功能和效率，恢复现场作业就可以结束了。为使下一次危机管理更有效，须将危机恢复

① 参见朱德武：《危机管理：面对突发事件的抉择》，4页，广州，广东经济出版社，2002。

② 参见［澳］罗伯特·希斯：《危机管理》，北京，中信出版社，2001。

过程详细记录下来并整理成报告，并妥善安置恢复小组成员。

我国在实施危机恢复重建计划的实践中，在举国救灾体制的强有力支撑下，创造性地实行了危机恢复重建的对口支援机制。“实践证明，举全国之力应对巨灾，是灾后恢复重建取得成功的重要保障。”我国这种举国救灾体制赋予我国的灾后恢复重建巨大的社会动员能力，能用最短的时间调动最大限度的社会资源支持灾后恢复重建。举国支援最典型的做法是对口支援机制。危机恢复重建的对口支援机制，坚持统筹兼顾、突出重点、全面支持、民生优先、科学规划、有序推进、加强协作、促进互利的原则，对口支援以规划为先导，以项目为抓手，以民生工程为重点，以工贸园区为载体，以对口支援资金为保障，坚持“造血”与“输血”并重，让灾区群众走上持续、健康发展的轨道。

危机恢复重建的对口支援机制，具体包括三种方式：(1) 一省支援一县。在汶川恢复重建中，我国制订了“一省帮一重灾县”的方案，东部和中部地区共 19 个省市，按照“硬件”与“软件”相结合、“输血”与“造血”相结合、当前与长远相结合的原则，调动人力、物力、财力、智力等多种力量，对口支援四川、甘肃、陕西的 20 个县（市）。几年之后，“一省帮一重灾县”的对口支援方案取得了巨大成效。(2) 部门对口支援。这是一种系统内对口支援方式，即非受灾地区政府各部门对口支援受灾地区的相应部门。汶川地震后，人力资源和社会保障部、教育部等多个部门分别出台了各自系统对口支援工作方案，要求本系统各省级单位做好支援灾区的恢复重建工作。(3) 行业对口支援。例如，汶川地震发生后，银监会与中国银行业协会共同发起农村合作金融系统对口支援活动，支持地震灾区农村合作金融机构恢复重建工作。仅用一年时间，全国农村合作金融系统通过各种途径向四川、甘肃、陕西三省地震灾区提供实际到位援助资金共计 2.39 亿元，其中通过对口支援渠道提供资金 8 592 万元。

危机恢复重建的对口支援机制是一项系统工程，既要发挥政府的主导作用，又要发挥市场机制的作用，包括完善产业帮扶市场机制，打破对口支援行政区域的划分，整合所有对口支援产业帮扶的资源，为有效配置产业资源创造条件。要不断创新对口支援方式，建立健全党委领导、政府负责、社会协同、公众参与的对口支援管理格局，建立健全政府主导、社会参与、社会捐赠、志愿服务等社会动员机制，建立健全符合国情的巨灾保险和再保险体系，建立健全提升灾区自我发展能力的长效机制。实施对口支援要经济、干部、人才、教育、科技、文化等相结合，既要重视保障公共服务和基础设施建设项目，又要强调福利的均等化，注重公平与协调。要统筹安排、合理使用援建资金，实现对口支援资金的专款专用；统筹规划灾区重建项目，确保每一援建项目建成后都能够发挥出最大的经济和社会效益。要强化政府政策执行能力，着眼于顺民意、解民忧、增民利，解决灾区群众反映强烈的民生问题，充分发挥财政政策、税收政策、金融政策、产业政策、土地政策、就业政策和其他政策的调控作用。要加强各有关方面的沟通协调，避免盲目攀比，正确处理好彼此的合作关系。

11.2.4 开展救助、补偿、心理干预等工作

突发事件发生后，各级政府以及民政部门通过临时安置、基本生活救助等措施，尽快

帮助受到影响的公民恢复正常的生活，减轻损失。受突发事件影响地区的政府应当根据本地区遭受损失的情况，制订救助、补偿、抚慰、抚恤、安置、心理干预等善后工作计划并组织实施，妥善解决因处置突发事件引发的矛盾和纠纷。其中，抚慰是指对受到突发事件影响的民众进行心理引导，帮助他们尽快摆脱恐惧心理及紧张状态。突发事件带给人们的不仅是物质损害，还有心理影响。心理影响又分为短期的影响（如恐惧、悲观、厌烦、埋怨、对抗等）和长期的影响（心理创伤）。抚恤是指对突发事件中因公受伤或致残的人员，或因公牺牲以及病故的人员家属进行安慰，并给予物质帮助。抚恤分为伤残抚恤和死亡抚恤两种。突发事件应急处置工作结束后，应当按照《中华人民共和国公务员法》《军人抚恤优待条例》等法律、行政法规和有关规定，对有关人员进行抚恤。安置是指对突发事件中失去住房的人员提供居住条件。在恢复重建工作中，首先应当及时为受灾人员提供临时居住场所。然后，要积极开展住房重建工作。下面重点介绍救助、补偿、心理干预等工作。

1. 救助

救助主要是指对在突发事件中致病、致伤人员给予的医疗、物质等方面的帮助。设置社会救助制度，对公民，特别是因各类突发事件而造成的人身或财物损害的公民进行社会救助，是政府应尽的法律责任。单位和个人可以通过救助捐赠、志愿活动等形式参与善后救助工作。救灾捐赠救助适用范围主要包括解决生活困难、转移和安置灾民、倒损房屋重建以及与救灾有关的用途和管理开支。整体上看，社会力量通过捐款、捐物以及参与“三孤人员”安置等工作在政府善后救助过程中发挥补充性、辅助性的作用。

整体上看，我国已经建立了一套指导、规范各类突发事件善后救助的法律法规体系。从中央到地方，各级政府、各职能部门、各类社会组织以及公民在突发公共事件善后救助过程中应该承担什么样的职能、如何参与社会救助已经有了比较明确的法律依据。我国从法律、行政法规、部门规章、政府规章层面明确规定了救助主体、责任范围、实施程序、救助标准以及社会力量参与的问题。《突发事件应对法》规定了各级人民政府应急善后救助的基本主体、职责和基本内容：国务院负责出台扶持受影响地区有关行业发展的优惠政策，受影响地区的人民政府实施救助、抚恤；履行统一领导职责或者组织处置突发事件的人民政府向受到危害的人员提供避难场所和生活必需品，实施医疗救护和卫生防疫等保障措施；受影响地区的重建费用，由上一级人民政府提供资金、物资和技术支持，必要时组织其他地区提供支援。《国家突发公共事件总体应急预案》从善后处置的角度，规定地方各级人民政府要做好基本生活保障、医疗卫生保障、交通运输保障以及治安维护工作。《自然灾害救助条例》从救助主体、准备、实施、救助款物管理、法律责任等角度规范了灾后救助过程。县级以上人民政府及应急综合协调机构应该及时向受灾人员提供食品、饮用水、衣被、临时住所、医疗防疫等应急救助，保障受灾人员的基本生活；抚慰受灾人员，处理遇难人员善后事宜。受灾地区人民政府应当在确保安全的前提下，采取就地安置与异地安置、政府安置与自行安置相结合的方式，对受灾人员进行过渡性安置。自然灾害危险消除后，受灾地区人民政府应当统筹研究制定居民住房恢复重建规划和优惠政策，组织重建或者修缮因灾损毁的居民住房，对恢复重建确有困难的家庭予以重点帮扶。自然灾害救助款物应当用于受灾人员的紧急转移安置，基本生活救助，医疗救助，教育、医疗等公共服务设施和住房的恢复重建，自然灾害救助物资的采购、储存和运输，以及因灾遇难人员亲属的抚慰等项支出。

善后救助的标准一般是由国务院各部门、各级地方政府根据应急财政资金安排总额以及救助需求来决定。以汶川地震为例，民政部对灾区困难群众实施临时生活救助、后续生活救助、倒损农户住房重建救助。中央救灾资金主要用于安排灾民基本生活经费发生困难时给予的专项补助，适用范围包括新灾救济金，如灾民紧急抢救、转移安置费用、生活困难补助、房屋倒塌恢复重建和修缮补助；春荒、冬令灾民生活救济资金，如灾民口粮、衣被和治病救济；采购和管理救灾储备物资资金。对于人员伤亡的救助，自然灾害导致的人员伤亡，各级财政按照规定承担医疗救治费用或者给予补助；安全生产事故造成的人员伤亡，由责任单位承担医疗费用；社会安全突发事件造成的人员伤亡，各级财政对医疗救治费用给予补助。

例如，民政部会同国家粮食局对因地震受损的灾民实施临时生活救助。救助对象为因灾无房可住、无生产资料和无收入来源的困难群众。补助标准为每人每天10元补助金和1斤成品粮，补助期限3个月。因灾造成的“三孤”（孤儿、孤老、孤残）人员补助标准为每人每月600元，受灾的原“三孤”人员补足到每人每月600元，补助期限3个月。临时生活救助到期之后，民政部会同财政部对地震灾区生活困难的群众实施后续生活救助。后续生活救助为现金补助，不再发放口粮，每人每月200元。救助对象主要包括：“三孤”人员；生活困难的遇难（含失踪）者、重伤残者家庭人员；异地安置人员；因灾住房倒塌或严重损坏且生活困难的受灾群众。根据救助对象生活困难情况，实施分类救助，适当提高“三孤”和生活困难的遇难（含失踪）者、重伤残者家庭人员的补助标准。补助标准由省级民政、财政部门统一制定，报省级人民政府批准后执行。以汶川地震重灾区四川省为例，具体标准如下：因灾造成的“三孤”人员每人每月补助400元，受灾的原“三孤”人员每人每月补足到400元；生活困难的遇难（含失踪）及重伤残者家庭人员每人每月补助300元；异地安置的受灾人员（含集中安置人员、符合条件的寄宿制学生）和因灾住房倒塌或严重损坏且生活困难的受灾群众每人每月补助200元。按照法律规定，地方政府根据当地经济、社会发展状况规定本地死亡补助金标准，报省级人民政府备案即可。各地方政府针对因灾造成伤亡人员的救助和抚恤，通常采取一次性抚恤救助的办法。以汶川地震为例，理县人民政府按照每位遇难人员5 000元的标准发放伤亡抚恤。受汶川影响的舟曲，地方政府对因地震死亡的人员一次性给予抚恤金5 000元。青海玉树地震发生后，对地震造成的遇难人员，由政府一次性补助8 000元（中央补助5 000元，青海省政府补助3 000元）。

2. 补偿

补偿主要有两种情况，一种是对财产征用的补偿，另一种是对依法采取的应急处置措施造成损害的补偿。为了有效应对突发事件，政府及其部门可以征用单位和个人的财产。政府要依照国家有关规定，对应急处置工作中征用的劳务和物资、装备给予补偿，并在使用完毕或者突发事件应急处置工作结束后及时返还征用的物资和装备。征用的物资和装备在应急处置过程中损坏或灭失的，政府应当责成有关部门负责修复或依法予以补偿。所需救济经费由政府财政安排，必要时申请上级财政给予支持。此外，行政机关采取应急处置措施致使公民、法人或者其他组织的合法权益受到损害的，应当及时予以补偿。首先要依照相关法律、法规和规章的规定进行补偿。如果没有明确规定，通常应当按被征用财产等价或者是毁损实际价值补偿。

需要研究和建立灾害救援和恢复重建中的征用补偿机制。应完善国家征用与补偿制度的相关立法，规范征用补偿的原则和标准、征用补偿经费的筹措、征用补偿的方式、征用补偿的程序等，防止"乱征"和"滥征"行为，尤其是各地应根据当地的实际情况出台一些落实民用补偿的具体实施细则，使征用补偿工作做到有法可依、有章可循。县级以上各级政府可建立征用补偿准备金制度。平时的动员准备金根据各级政府的财政状况，每年按一定基数积累起来，既可以为动员准备工作提供稳定而有效的资金支持，提高应对突发事件的能力，又可以解决局部地区负担过重的不公平问题。对动员的重点地区，国家可以通过加大经费投入的形式来对动员准备金进行补偿。①

3. 心理干预

公共危机事件对人类的心理具有非常深刻的短期和长期的影响。世界卫生组织的调查显示，自然灾害或重大突发事件之后，20%～40%的受灾人群会出现轻度的心理失调，这些人不需要特别的心理干预，他们的症状会在几天至几周内得到缓解。30%～50%的人会出现中至重度的心理失调，及时的心理干预和事后支持会帮助其症状得到缓解。在灾难发生一年之内，20%的人可能出现严重心理疾病，他们需要长期的心理干预。② 我国对汶川地震后受灾群众的心理疾患发病情况的系列调查发现，受灾人群心理疾患的发病率较高。③ 因此，需要对受灾人群提供心理援助，以帮助他们恢复到正常的健康水平，并最终实现心灵的重建。

我国应着力于建立多元化的灾害心理救助和干预体系。（1）政府部门应组织专家小组设立评估指标体系，进行心理灾害评估，并及时组织心理咨询专家，启动工作流程，对包括消防人员、公安人员、军人、应急工作人员、突发事件目击者、志愿者、当事人及其家属等在内的人员及时开展心理咨询、安抚救援工作，降低灾后精神疾病发生率，努力消除突发事件给人们造成的心理创伤。（2）培训心理救助志愿者，建立援助共同体。除专业干预人员外，培训大批成熟的、自我控制力强的志愿者，是灾后心理救助顺利开展的基本保证。灾后的心理救助专业人员应与志愿者协同形成有效的专业人才共同体。（3）采取各种措施，大力提高心理救助队伍的专业化水平。在整个培训系统中既要从技术层面又要从心理层面为一些社会工作者和志愿者提供督导和支持，使其掌握各种心理救助的专业技术和方法，促进心理救助工作的科学性和高效性。（4）建立合理的心理救助人力资源管理系统。心理救助工作应该由国家统一部署和管理，建立灾害心理救助专门的管理部门，负责全国心理救助人员的调配和调遣，对受灾人群进行适时而长期的心理救助。建立和完善社会心理援助体系，设立心理危机干预的工作机构和稳定的专业队伍，鼓励建立兼职队伍，积极开展相关培训，从人员、组织和措施上提供保证。（5）制定心理救助人员资格审核标准。建立和完善心理危机干预的分级、分阶段标准及相关从业人

① 参见黎明、赵运胜、柏汇崧：《对应急突发事件中民用运力征用补偿问题探析》，载《世纪桥》，2010（15）。

② S. Saxena, *Mental Health and Psychosocial Support in Crisis Situation*, Geneva: WHO, 2005.

③ 参见刘正奎、吴坎坎、张侃：《我国重大自然灾害后心理援助的探索与挑战》，载《中国软科学》，2011（5）。

员的资格准入制度，专门规定心理危机干预的部门、内容、主体支撑系统与专业性工作要求。美国创伤后应激障碍中心对心理救助人员资格有明确的规定；具有心理健康医生执照；接到通知后能够马上提供 10～14 天的服务；具有良好的个人品质，包括能够承受恶劣的工作条件，良好的沟通能力，较强的组织能力，能够给幸存者和志愿者以及社区组织提供教育服务等。我国也应加紧研究和制定灾后心理救助专业人员资格标准。①

（6）广播、电视、报刊、互联网站等新闻媒体应采取各种通俗易懂的方式，开展心理卫生的公益性宣传，纠正公众对心理危机问题的错误认识，让公众学习应对心理危机的有效策略与健康的行为，提高公众对突发事件的心理影响的认识，提升公众的应激能力和增进公众的心理健康。

11.2.5 总结危机管理经验教训

突发事件应急处置工作结束后，政府应当按照国家规定，及时组织相关部门和专业技术力量组成突发事件评估工作组，统计、核实和评估所辖行政区域内因突发事件造成的损失，对突发事件的起因、性质、影响、责任、经验教训和恢复重建等问题进行调查评估，制定改进措施。应认真总结危机管理经验教训，对危机的真正原因进行调查、对危机的影响进行估算、对危机管理工作进行评估，借此来了解危机管理过程中各项工作的对与错，并将之反馈到下一个危机管理计划中，从而对预期下一个危机、避免下一个危机、管理下一个危机提供有效的指导。

危机管理经验教训的总结评估工作是对危机管理全部工作、全部过程的回顾和评价，其中涉及危机管理小组成员工作情况、危机管理计划的实施状况的评价。总结评估的目的是寻找危机管理计划、危机管理小组的强项和弱点，了解危机管理绩效，学习经验和吸取教训，从而为完善公共危机预警、改善危机管理效果奠定基础。危机管理经验教训的总结评估工作一般可分为三个步骤：（1）调查，即对突发事件发生的原因和相关处置的全部措施进行系统的调查；（2）评估，即对突发事件的处置工作进行全面的评估，包括对预警系统的组织和工作内容、应变计划、处置决策、处置执行等各方面的评估，要详尽地列出突发事件处置工作中存在的各种问题；（3）整改，即对突发事件的处置工作中存在的各种问题综合归类，分别提出整改措施，并责成有关部门逐项落实。危机管理经验教训的总结评估工作应形成文字资料，即总结评估报告。总结评估报告一般应包括：危机发生的真正原因是什么；危机管理小组是否已经很有效率地完成应做的事情；危机管理计划对危机所造成的情况，是否可以有效地预期和解决；公共部门管理体制是帮助还是阻碍了危机管理工作；是否提供了对危机损害的评估。危机管理经验教训总结评估报告提供了危机管理全部工作的优缺点，它为下一次危机管理提供了有益的借鉴与启示。为了不重蹈覆辙或继续迈向成功，必须经过记忆—回想的程序，将这些经验和教训反馈到下一次危机管理计划中，用以指导下一次的危机管理工作。

---

① 参见于冬青、胡秀杰：《灾害心理救助队伍建设的思考》，载《东北师大学报（哲学社会科学版）》，2011（4）。

本章小结

1. 公共部门可以从危机管理中获益。公共危机并不仅仅意味着危险，而且还有转机和契机之意。从发展的角度来看，公共危机的发生也孕育着新的发展机会。公共危机可以集中暴露现行政府管理体制多方面的问题，在一定意义上可以指明从公共部门危机管理中获益的基本方向和途径。

2. 恢复重建是公共危机事后管理的重要环节，是在突发事件应急处置结束后，遭受损失的社区和民众向事前正常的生活和生产秩序的回归，涉及需求评估、规划选址、工程实施、技术保障、城乡住房、基础设施、公共服务设施、产业、生态环境、组织系统、社会关系、心理援助等工作。

3. 按照《突发事件应对法》的规定，公共危机"事后恢复与重建"主要包括：停止应急处置措施，进行损失评估，制订恢复重建计划，支援恢复重建工作，恢复正常社会秩序和修复公共设施，制定优惠政策，开展救助、补偿、抚慰、抚恤、安置、心理干预等工作，进行事后调查与总结报告，等等。

4. 突发事件应急处置工作结束后，应当立即组织对危机事件造成的损失进行评估，组织受影响地区尽快恢复生产、生活、工作和社会秩序，这是恢复重建工作的前提与基础。评估应分为快速需求评估和初步损害评估两个阶段。

5. 我国在实施危机恢复重建计划的实践中，在举国救灾体制的强有力支撑下，创造性地实行了危机恢复重建的对口支援机制。危机恢复重建的对口支援机制，坚持统筹兼顾、突出重点、全面支持、民生优先、科学规划、有序推进、加强协作、促进互利的原则，对口支援以规划为先导，以项目为抓手，以民生工程为重点，以工贸园区为载体，以对口支援资金为保障，坚持"造血"与"输血"并重，让灾区群众走上持续、健康发展的轨道。

6. 救助主要是指对在突发事件中致病、致伤人员给予的医疗、物质等方面的帮助。设置社会救助制度，对公民，特别是因各类突发事件而造成的人身或财物损害的公民进行社会救助，是政府应尽的法律责任。单位和个人可以通过救助捐赠、志愿活动等形式参与善后救助工作。

7. 补偿主要有两种情况，一种是对财产征用的补偿，另一种是对依法采取的应急处置措施造成损害的补偿。应完善国家征用与补偿制度的相关立法，规范征用补偿的原则和标准、征用补偿经费的筹措、征用补偿的方式、征用补偿的程序等。

8. 我国应着力于建立多元化的灾害心理救助和干预体系，培训心理救助志愿者，建立援助共同体，建立完善社会心理援助体系，设立心理危机干预的工作机构和稳定的专业队伍，制定心理救助人员资格审核标准，建立和完善心理危机干预的分级、分阶段标准及相关从业人员的资格准入制度，提升公众应对应激情境的能力和增进心理健康。

9. 突发事件应急处置工作结束后，政府应及时组织相关部门和专业技术力量组成突发事件评估工作组，统计、核实和评估所辖行政区域内因突发事件造成的损失，对突发事件的起因、性质、影响、责任、经验教训和恢复重建等问题进行调查评估，制定改进措施。

关键术语

公共危机善后对策　公共部门声誉与形象管理　从公共部门危机管理中获益　公共危机恢复重建　危机损失评估　恢复重建计划　救助　补偿　危机心理干预　危机管理经验教训

复习思考题

1. 何谓公共危机的善后对策？其主要内容有哪些？
2. 如何重塑公共部门的声誉与形象？
3. 如何从公共部门危机管理中获益？
4. 何谓公共危机的恢复重建？其主要内容有哪些？
5. 我国灾后恢复重建的经验与特色是什么？
6. 如何组织危机损失评估？
7. 危机恢复重建计划的主要内容有哪些？有哪些实施步骤？
8. 何谓危机恢复重建的对口支援机制？其主要内容和实施方式是什么？
9. 何谓善后救助？如何科学、合理地确定善后救助的标准？
10. 如何建立多元化的灾害心理救助和干预体系？

阅读案例

山东青岛市“11·22”中石化东黄输油管道泄漏爆炸特大事故应急处置

一、基本情况

2013 年 11 月 22 日 10 时 25 分，位于山东省青岛经济技术开发区的中国石油化工股份有限公司管道储运分公司东黄输油管道泄漏原油进入市政排水暗渠，在形成密闭空间的暗渠内油气积聚遇火花发生爆炸，造成 62 人死亡、136 人受伤，直接经济损失 75 172 万元。

事故发生后，党中央、国务院高度重视，习近平总书记做出重要指示，要求组织力量，及时排除险情，千方百计搜救失踪、受伤人员，并查明事故原因，总结事故教训，落实安全生产责任，强化安全生产措施，坚决杜绝此类事故。11 月 24 日，习近平总书记到山东考察经济社会发展工作，下午专程来到青岛看望、慰问伤员和遇难者家属，听取汇报，并发表重要讲话。李克强总理做出重要批示，要求全力搜救失踪、受伤人员，深入排查控制危险源，妥善做好各项善后工作，加强检查、督查，严格落实安全责任。刘云山、张高丽、马凯、孟建柱、郭声琨、王勇等党中央、国务院领导同志也都做出了重要批示。受习近平总书记、李克强总理委托，11 月 22 日下午，王勇国务委员带领相关部门负责同志赶赴现场，组织指挥抢险救援。

根据党中央、国务院领导同志的重要批示指示要求，依据《安全生产法》和《生产安全事故报告和调查处理条例》等有关法律法规，经国务院批准，11月25日，成立了国家安全监管总局、监察部、公安部、环境保护部、国务院国资委、全国总工会、山东省人民政府有关负责同志等参加的国务院山东省青岛市"11·22"中石化东黄输油管道泄漏爆炸特别重大事故调查组，开展事故调查工作。事故调查组邀请最高人民检察院派员参加，并聘请了国内管道设计和运行、市政工程、消防、爆炸、金属材料、防腐、环保等方面的专家参加事故调查工作。

事故调查组按照"四不放过"和"科学严谨、依法依规、实事求是、注重实效"的原则，通过现场勘验、调查取证、检测鉴定和专家论证，查明了事故发生的经过、原因、人员伤亡和直接经济损失情况，认定了事故性质和责任，提出了对有关责任人和责任单位的处理建议，并针对事故原因及暴露出的突出问题，提出了事故防范措施建议。

二、事故发生经过及应急处置情况

（一）原油泄漏处置情况

1. 企业处置情况

11月22日2时12分，潍坊输油处调度中心通过数据采集与监视控制系统发现东黄输油管道黄岛油库出站压力从4.56兆帕降至4.52兆帕，两次电话确认黄岛油库无操作因素后，判断管道泄漏；2时25分，东黄输油管道紧急停泵停输。

2时35分，潍坊输油处调度中心通知青岛站关闭洋河阀室截断阀（洋河阀室距黄岛油库24.5公里，为下游距泄漏点最近的阀室）；3时20分左右，截断阀关闭。

2时50分，潍坊输油处调度中心向处运销科报告东黄输油管道发生泄漏；2时57分，通知处抢维修中心安排人员赴现场抢修。

3时40分左右，青岛站人员到达泄漏事故现场，确认管道泄漏位置距黄岛油库出站口约1.5公里，位于秦皇岛路与斋堂岛街交叉口处。组织人员清理路面泄漏原油，并请求潍坊输油处调用抢险救灾物资。

4时左右，青岛站组织开挖泄漏点、抢修管道，安排人员拉运物资清理海上溢油。

4时47分，运销科向潍坊输油处处长报告泄漏事故现场情况。

5时07分，运销科向中石化管道分公司调度中心报告原油泄漏事故总体情况。

5时30分左右，潍坊输油处处长安排副处长赴现场指挥原油泄漏处置和入海原油围控。

6时左右，潍坊输油处、黄岛油库等组织现场人员开展海上溢油清理。

7时左右，潍坊输油处组织泄漏现场抢修，使用挖掘机实施开挖作业；7时40分，在管道泄漏处路面挖出2米×2米×1.5米作业坑，管道露出；8时20分左右，找到管道泄漏点，并向中石化管道分公司报告。

9时15分，中石化管道分公司通知现场人员按照预案成立现场指挥部，做好抢修工作；9时30分左右，潍坊输油处副处长报告中石化管道分公司，潍坊输油处无法独立完成管道抢修工作，请求中石化管道分公司抢维修中心支援。

10时25分，现场作业时发生爆炸，排水暗渠和海上泄漏的原油燃烧，现场人员向中石化管道分公司报告事故现场发生爆炸燃烧。

2. 政府及相关部门处置情况

11月22日2时31分，开发区公安分局110指挥中心接警，称青岛丽东化工有限公司南门附近有泄漏原油，黄岛派出所出警。

3时10分，110指挥中心向开发区总值班室报告现场情况。截至4时17分，开发区应急办、市政局、安全监管局、环保分局、黄岛街道办事处等单位人员分别收到事故报告。4时51分、7时46分、7时48分，开发区管委会副主任、主任、党工委书记分别收到事故报告。

4时10分至5时左右，开发区应急办、安全监管局、环保分局、市政局及开发区安全监管局石化区分局、黄岛街道办事处有关人员先后到达原油泄漏事故现场，开展海上溢油清理。

7时49分，开发区应急办副主任将泄漏事故现场及处置情况报告青岛市政府总值班室。

8时18分至27分，青岛市政府总值班室电话调度青岛市环保局、青岛海事局、青岛市安全监管局，要求进一步核实信息。

8时34分至40分，青岛市政府总值班室将泄漏事故基本情况通过短信报告市政府秘书长、副秘书长、应急办副主任。

8时53分，青岛市政府副秘书长将泄漏事故基本情况短信转发市经济和信息化委员会副主任，并电话通知其立即赶赴事故现场。

9时01分至06分，青岛市政府副秘书长、市政府总值班室将泄漏事故基本情况分别通过短信报告市长及四位副市长。

9时55分，青岛市经济和信息化委员会副主任等人到达泄漏事故现场；10时21分，向市政府副秘书长报告海面污染情况；10时27分，向市政府副秘书长报告事故现场发生爆炸燃烧。

（二）爆炸情况

为处理泄漏的管道，现场决定打开暗渠盖板。现场动用挖掘机，采用液压破碎锤进行打孔破碎作业，作业期间发生爆炸。爆炸时间为2013年11月22日10时25分。

爆炸造成秦皇岛路桥涵以北至入海口、以南沿斋堂岛街至刘公岛路排水暗渠的预制混凝土盖板大部分被炸开，与刘公岛路排水暗渠西南端相连接的长兴岛街、唐岛路、舟山岛街排水暗渠的现浇混凝土盖板拱起、开裂和局部炸开，全长波及5 000余米。爆炸产生的冲击波及飞溅物造成现场抢修人员、过往行人、周边单位和社区人员，以及青岛丽东化工有限公司厂区内排水暗渠上方临时工棚及附近作业人员，共62人死亡、136人受伤。爆炸还造成周边多处建筑物不同程度损坏，多台车辆及设备损毁，供水、供电、供暖、供气多条管线受损。泄漏原油通过排水暗渠进入附近海域，造成胶州湾局部污染。

（三）爆炸后应急处置及善后情况

爆炸发生后，山东省省委书记姜异康、省长郭树清迅速率领有关部门负责同志赶赴事故现场，指导事故现场处置工作。青岛市委、市政府主要领导同志立即赶赴现场，成立应急指挥部，组织抢险救援。中石化集团公司董事长傅成玉立即率工作组赶赴现场，中石化管道分公司调集专业力量、中石化集团公司调集山东省境内石化企业抢险救援力量赶赴现场。王勇国务委员在事故现场听取山东省、青岛市主要领导同志的工作汇报后，指示成立了以省政府主要领导同志为总指挥的现场指挥部，下设八个工作组，开展人员搜救、抢险救援、医疗救治及善后处理等工作。当地驻军也投入力量积极参与抢险救援。

现场指挥部组织 2 000 余名武警及消防官兵、专业救援人员，调集 100 余台（套）大型设备和生命探测仪及搜救犬，紧急开展人员搜救等工作。截至 12 月 2 日，62 名遇难人员身份全部确认并向社会公布。遇难者善后工作基本结束。136 名受伤人员得到妥善救治。

青岛市对事故区域受灾居民进行妥善安置，调集有关力量，全力修复市政公共设施，恢复供水、供电、供暖、供气，清理陆上和海上油污。当地社会秩序稳定。

三、事故防范措施建议

（一）坚持科学发展、安全发展，牢牢坚守安全生产红线

中石化集团公司和山东省、青岛市人民政府及其有关部门要深刻吸取山东省青岛市“11·22”中石化东黄输油管道泄漏爆炸特别重大事故的沉痛教训，牢固树立科学发展、安全发展理念，牢牢坚守“发展决不能以牺牲人的生命为代价”这条红线。要把安全生产纳入经济社会发展总体规划，建立健全“党政同责、一岗双责、齐抓共管”的安全生产责任体系，坚持“管行业必须管安全，管业务必须管安全，管生产经营必须管安全”的原则，把安全责任落实到领导、部门和岗位，谁踩红线谁就要承担后果和责任。在发展地方经济、加快城乡建设、推进企业改革发展的过程中，要始终坚持安全生产的高标准、严要求，各级、各类开发区招商引资、上项目不能降低安全环保等标准，不能不按相关审批程序搞特事特办，不能违规。政府规划、企业生产与安全发生矛盾时，必须服从安全需要；所有工程设计必须满足安全规定和条件。要坚决纠正单纯以经济增长速度评定政绩的倾向，科学、合理设定安全生产指标体系，加大安全生产指标考核权重，实行安全生产和重特大事故“一票否决”。中央企业不管在什么地方，必须接受地方的属地监管；地方政府要严格落实属地管理责任，依法依规，严管严抓。

（二）切实落实企业主体责任，深入开展隐患排查治理

中石化集团公司及各油气管道运营企业要认真履行安全生产主体责任，加大人力、物力投入，加强油气管道日常巡护，保证设备、设施完好，确保安全、稳定运行。要建立健全隐患排查治理制度，落实企业主要负责人的隐患排查治理第一责任，实行谁检查、谁签字、谁负责，做到不打折扣、不留死角、不走过场。要按照《国务院安委会关于开展油气输送管线等安全专项排查整治的紧急通知》的要求，认真开展在役油气管道，特别是老旧油气管道检测检验与隐患治理，对与居民区、工厂、学校等人员密集区和铁路、公路、隧道、市政地下管网及设施安全距离不足，或穿（跨）越安全防护措施不符合国家法律法规、标准规范要求的，要落实整改措施、责任、资金、时限和预案，限期更新、改造或者停止使用。国务院安委会将于 2014 年 3 月组织抽查，对不认真开展自查自纠，存在严重隐患的企业，要依法依规严肃查处问责。

（三）加大政府监督管理力度，保障油气管道安全运行

山东省、青岛市各级人民政府及相关部门要严格执行《石油天然气管道保护法》

《城镇燃气管理条例》等法律法规，认真履行油气管道保护的相关职责。各级人民政府要加强本行政区域油气管道保护工作的领导，督促、检查有关部门依法履行油气管道保护职责，组织排查油气管道的重大外部安全隐患。市政管理部门在市政设施建设中，对可能影响油气管道保护的，要与油气管道企业沟通会商，制定并落实油气管道保护的具体措施。油气管道保护工作主管部门要加大监管力度，对打孔盗油、违章施工作业等危害油气管道安全的行为要依法严肃处理；要按照后建服从先建的原则，加大油气管道占压清理力度。安全监管部门要配备专业人员，加强监管力量；要充分发挥安委会办公室的组织协调作用，督促有关部门采取不发通知、不打招呼、不听汇报、不用陪同和接待，直奔基层、直插现场的方式，对油气管道、城市管网开展暗查、暗访，深查隐蔽致灾隐患及其整改情况，对不符合安全环保要求的立即进行整治，对工作不到位的地区要进行通报，对自查自纠等不落实的企业要列入“黑名单”并向社会公开曝光。对瞒报、谎报、迟报生产安全事故的，要按有关规定从严、从重查处。

（四）科学规划，合理调整布局，提升城市安全保障能力

随着经济高速发展及城市快速扩张，开发区危险化学品企业与居民区比邻、交错，功能布局不合理，对该区域的安全和环境造成一定影响，也不利于城市的长远发展。青岛市人民政府要对该区域的安全、环境状况进行整体评估、评价，通过科学论证，对产业结构和区域功能进行合理规划、调整，对不符合安全生产和环境保护要求的，要立即制定整治方案，尽快组织实施。各级人民政府要加强本行政区域油气管道规划建设工作的领导，油气管道规划建设必须符合油气管道保护要求，并与土地利用整体规划、城乡规划相协调，与城市地下管网、地下轨道交通等各类地下空间和设施相衔接，不符合相关要求的不得开工建设。

（五）完善油气管道应急管理，全面提高应急处置水平

中石化集团公司和山东省、青岛市各级人民政府及其有关部门要高度重视油气管道应急管理工作。各级领导干部要带头熟悉、掌握应急预案内容和现场救援指挥的必备知识，提高应急指挥能力；接到事故报告后，基层领导干部必须第一时间赶到事故现场，不得以短信形式代替电话报告事故信息。油气管道企业要根据输送介质的危险特性及管道状况，制定有针对性的专项应急预案和现场处置方案，并定期组织演练，检验预案的实用性、可操作性，不能“一定了之”“一发了之”；要加强应急队伍建设，提高人员专业素质，配套完善安全检测及管道泄漏封堵、油品回收等应急装备；对于原油泄漏要提高应急响应级别，在事故处置中要对现场油气浓度进行检测，对危害和风险进行辨识和评估，做到准确研判，杜绝盲目处置，防止油气爆炸。地方各级人民政府要紧密结合实际，制定包括油气管道在内的各类生产安全事故专项应急预案，建立政府与企业沟通协调机制，开展应急预案联合演练，提高应急响应能力；要根据事故现场情况及救援需要及时划定警戒区域，疏散周边人员，维持现场秩序，确保救援工作安全有序。

（六）加快安全保障技术研究，健全完善安全标准规范

要组织力量加快开展油气管道普查工作，摸清底数，建立管道信息系统和事故数据库，深入研究油气管道可能发生事故的成因机理，尽快解决油气管道规划、设计、建设、运行面临的安全技术和管理难题。要吸取国外好的经验和做法，开展油气管道安全

法规标准、监管体制机制对比研究，完善油气管道安全法规，制定油气管道跨越城区安全布局规划设计、检测频次、风险评价、环境应急等标准规范。要开展油气管道长周期运行、泄漏检测报警、泄漏处置和应急技术研究，提高油气管道安全保障能力。

资料来源：国务院公布的事故调查报告、中央人民政府门户网站、国家安监总局网站、中央领导人指示批示，以及相关内部调研访谈、问卷调查、会议资料等。

思考与讨论的问题

在上述案例材料中，你认为山东青岛市“11・22”中石化东黄输油管道泄漏爆炸特大事故危机管理有哪些成功的做法和经验？从公共危机善后恢复重建的视角来看，山东青岛市“11・22”中石化东黄输油管道泄漏爆炸特大事故应急处置过程结束后，各有关部门应该采取哪些方面的善后恢复措施？运用公共部门危机善后恢复重建的有关理论、技术与方法，对上述案例做出全面、细致的分析，并撰写案例分析报告。

第 12 章

公共部门危机管理评估机制

在公共部门危机管理的整个过程中，按照时间序列进行划分，主要存在着三种类型的危机评估机制：公共部门危机发生前的风险评估与预警管理机制设计（即危机事前风险与预警评估）、公共部门危机处理过程中的实时监控与评估机制设计（即危机事中实时评估）、公共部门危机的事后评估与反馈机制设计（即危机事后评估）。

其中，危机事前风险与预警评估的内容指向潜在的危机风险，进行危机风险识别、确认和评估，进而排除潜在的危机风险；并对那些没有排除的潜在危机风险进行公共危机预警评估，进行危机监测、预测、预警和预控。危机事中实时评估和危机事后评估，两者的评估内容都指向公共部门危机管理的绩效，两者测度与衡量的都是公共部门危机状态下的绩效管理水平。

所以，对应于这三种类型的危机评估，公共部门危机管理评估机制设计的主要内容包括两大块：公共部门危机事前风险与预警评估机制设计（对应于危机事前风险与预警评估）、公共部门危机管理绩效评估机制设计（对应于危机事中实时评估和危机事后评估）。相应地，公共部门危机管理评估指标体系构建的主要内容也包括两大块：风险评估与公共危机预警指标体系构建、公共部门危机管理绩效评估指标体系构建。

本章主要说明公共部门危机管理评估的理论基础，阐明公共部门危机管理评估机制设计，探讨公共部门危机管理评估指标体系构建。

重点问题

- 风险管理与评估理论
- 美国 HAZUS-MH 风险评估模型
- 美国 CVAT 风险评估模型
- 加拿大风险评估模型
- 危机预警管理与评估理论
- 以人为本的预警系统
- 公共部门绩效评估的难点与障碍
- 公共部门绩效评估体系构建的主要内容
- 欧盟国家公共部门通用评估框架
- 公共部门危机事前风险与预警评估机制设计
- 公共部门危机管理绩效评估机制设计
- 风险评估与公共危机预警指标体系构建
- 公共部门危机管理绩效评估指标体系构建

12.1　公共部门危机管理评估的理论基础

在公共部门危机管理的整个过程中，按照时间序列进行划分，主要存在着三种类型的危机评估机制：公共部门危机发生前的风险评估与预警管理机制设计、公共部门危机处理过程中的实时监控与评估机制设计、公共部门危机的事后评估与反馈机制设计。

其中，公共部门危机发生前的风险评估与预警管理机制设计（即危机事前风险与预警评估），其主要目的是提前发现潜在的危机风险，进行危机风险识别、确认和评估，进而排除潜在的危机风险，从而预防危机、规避危机，阻止危机的发生；而对于那些没有排除的潜在危机风险，进行危机监测、危机预测和预警、危机预控，构建公共危机预警管理机制，并进行公共危机预警评估，从而将危机消灭在萌芽状态或者尽量使危机损失减至最小。避免危机的发生或者将危机消灭在萌芽状态是成本最小、最经济也最成功的危机管理方法。所以，危机事前风险与预警评估主要涉及风险管理与评估理论、危机预警管理与评估理论。

公共部门危机处理过程中的实时监控与评估机制设计（即危机事中实时评估）以及公共部门危机的事后评估与反馈机制设计（即危机事后评估），这两者的评估内容都指向公共部门危机管理的绩效，两者测度与衡量的都是公共部门危机状态下的绩效管理水平。危机事中实时评估的主要目的，是通过危机发生时快速、有效的实时监控与评估，改进与提高公共部门危机处理的绩效，从而及时、有效应对危机，减少损失，恢复社会稳定和公众对公共部门的信任。由于危机处理中时间的高度紧张性、信息的有限性、资源的匮乏性以及管理目标的动态权变性，危机事中实时评估只能采取快速评估的形式，全面、系统的评估只能待危机处理完毕后进行。危机事后评估的主要目的，是通过危机结束后的系统、全面的评估与反馈，总结公共部门危机管理的经验，吸取公共部门危机管理的教训，进一步改进与提高公共部门危机管理的绩效，从而有效地进行危机后的恢复与重建工作；并不断地完善公共部门危机管理系统，为以后的公共部门危机管理活动构建持续不断的危机学习与创新机制。所以，危机事中实时评估与危机事后评估两者主要涉及公共部门绩效评估理论，更准确地说，是危机状态下的公共部门绩效评估理论。

因此，总体来说，公共部门危机管理评估的理论基础主要有三个：风险管理与评估理论、危机预警管理与评估理论、公共部门绩效评估理论。

12.1.1　风险管理与评估理论[①]

所谓风险，是指在不确定性情境下不利事件或危险事件发生的可能性及其后果/影响的综合体。风险管理是指对风险进行识别、分析与评估、处理并对其进行监控的过程。风

① 详见本书“第 5 章　公共部门风险管理”有关内容。

险评估是指对一定时期内某一种或多种尚未发生，但可能发生的危机风险在某一地区可能发生的概率和这一危机风险发生时对社会、经济及人们的生命财产构成的危害，做出动态变化的评估。一个完善的风险评估模型应满足以下要求①：结合地区、城市规划，便于实施持续减灾策略；充分的风险沟通，即在不同的部门、人群间建立对风险统一而准确的认识；全面、可靠的风险定性和定量数据获取渠道、方法；可靠的危害辨识方法，能被受危害人群、负有应急职责的个人与部门充分掌握；准确界定社会的脆弱群体；危险辨识全面、准确；合理解决数学模型及专家在预测评估时的不确定性和有限性；不过分依赖于技术、数据，耗费合理，在政府和社会承受范围之内。

国外风险管理与评估理论模型发展较为成熟、应用较为广泛、综合性较强的主要有三种：美国 HAZUS-MH 风险评估模型、美国 CVAT 风险评估模型、加拿大风险评估模型。

1. 美国 HAZUS-MH 风险评估模型

HAZUS-MH（hazards U. S. multi-hazard）是由美国联邦紧急事务管理署和国家建筑科学院（NIBS）联合开发的标准化多灾害损失估计方法。该模型根据现有的关于地震、洪水和飓风等灾害影响的科学和工程技术知识进行损失估计，是建立在地理信息系统平台上的一种全面的风险分析工具软件包。HAZUS-MH 的目的在于降低自然灾害和人为灾害的人员伤亡和财产损失；支持减灾、应急管理、抗灾、灾后恢复的国家计划；评估可能的损失，以应用在改良计划、建筑实践和设备中；增强国家的稳定性和经济安全。HAZUS-MH 针对的灾害有：地震、飓风、龙卷风、海啸、海岸洪水、河流洪水、滑坡、森林大火。

HAZUS-MH 风险评估模型包括五个步骤：识别危险（identify hazards）；危险分析（profile hazards）；关键资产分析（inventory assets）；估计损失（estimate losses）；风险减缓（consider mitigation options）。HAZUS-MH 风险评估的基本流程如图 12-1 所示。②

（1）识别危险。识别危险是指识别所在区域或社区最关心的危险。识别危险包括三个子步骤：确定研究的区域（可以是行政区域，也可以是根据需要划定的区域）；生成所研究区域的基本地图（包括区域边界、区域内重点设施等内容）；识别所关注的危险（根据历史数据、专家意见和主观判断识别所研究区域主要的危险）。

（2）危险分析。危险分析是根据发生可能性、潜在强度和历史影响概括分析所研究区域的风险，并确定风险的优先级。危险分析有助于对风险进行排序，并生成相应的场景，便于后续分析。危险分析包括四个子步骤：查看 HAZUS-MH 已有的灾害数据；进行数据差异分析；收集额外的灾害数据；灾害建档（以收集的数据为基础，根据危险发生频率、严重程度、持续时间和强度对风险进行排序）。

（3）关键资产分析。关键资产分析是对可能受灾害影响的资产进行分析，这些资产包括人员、建筑物、生命线。关键资产分析包括四个子步骤：查看 HAZUS-MH 系统已有资产数据（包括人员、建筑物、生命线、基础设施等）；进行数据差异分析；收集额外的数据；数

① 参见何川、刘功智、任智刚、王善文：《国外灾害风险评估模型对比分析》，载《中国安全生产科学技术》，2010（5）。

② FEMA, Using HAZUS-MH for Risk Assessment, How to Guide, HAZUS-MH Risk Assessment and User Group Series, FEMA433/August 2004.

据集成。

（4）估计损失。估计损失是利用 HAZUS-MH 系统提供的风险评估工具，根据风险场景、关键设施数据评估风险事件造成的损失。估计损失包括五个子步骤：将所有数据集成到 HAZUS-MH 系统，获得分析的场景；运行系统来分析场景（同时分析后果和可能性）；运行风险评估工具，计算损失（包括人、财、物、时间等）；计算 HAZUS-MH 未涵盖的风险暴露；评价风险评估结果。

（5）风险减缓。风险减缓是根据风险评估结果进行风险处置安排，包括识别初步的缓解计划、检查已有缓解计划、确定最后的缓解计划、论证缓解计划等步骤。

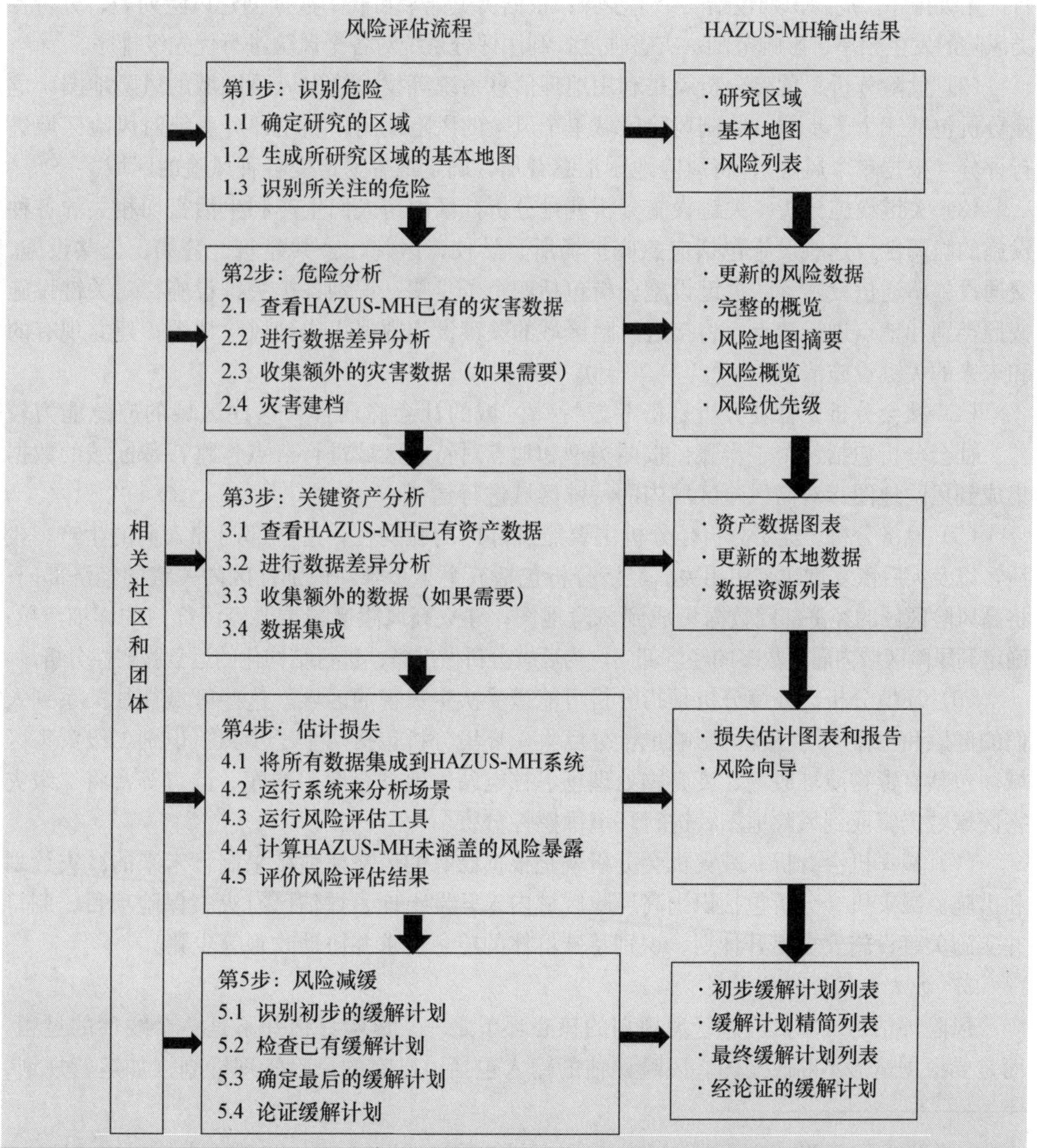

图 12－1　HAZUS-MH 风险评估流程示意图

2. 美国CVAT风险评估模型

CVAT（community vulnerability assessment tool）风险评估模型是由美国国家海洋和大气管理局（NOAA）提出的旨在为风险减缓措施提供技术支持的风险评估方法，已在美国多个州及地区使用。美国CVAT风险评估模型为风险管理者制订有效的规划和减灾措施提供参考，而且方法的灵活性很高，可以充分利用地理信息系统等技术手段，不断检验已有政策措施的有效性。

CVAT模型包含七个基本步骤，如图12－2所示。①

（1）危险识别。危险识别就是确定发生过的或可能会发生的危险列表，并对这些风险进行优先级排序。危险识别包括三个子步骤：根据历史记录和概率数据创建风险列表；分析各类风险的发生频率、影响范围、灾害强度；利用评分系统对各个风险进行优先级排序。

（2）危险分析。危险分析就是利用地理信息系统等技术绘出风险区域的风险地图。危险分析包括三个子步骤：绘制风险区域单个风险的风险地图；利用评分系统对风险区域进行评分（根据单个风险）；将风险地图汇总叠加，确定最容易遭受各种风险的区域。

（3）关键设施分析。关键设施分析就是分析社区内与人们生产和生活密切相关的各种设施的脆弱性，这些设施包括应急庇护场所、学校、医院、公共建筑、警局、公共设施、交通设施、通信设施等。关键设施分析包括四个子步骤：识别各类关键设施；对关键设施按照类别和地点进行清点；将接近风险区域的关键设施数据集成到风险地图；建立现有的和未来的关键设施清单。

（4）社会分析。社会分析是指考虑特殊区域的社会脆弱性，这些区域的应急能力较差。社会分析包括三个子步骤：按照类型和地点对特殊区域进行清点；将特殊区域的数据集成到风险地图；对高风险区域内的特殊区域进行建档。

（5）经济分析。经济分析是分析主要经济部门的脆弱性，这些部门和人们的生产、生活，以及灾后恢复重建密切相关。经济分析包括五个子步骤：识别社区内关键的经济部门；将高风险区域的经济部门数据集成到风险地图；建立高风险区域重要经济部门的详细清单；确定高风险区域内雇员数多的经济部门，为后续分析做准备；进行结构化的运营脆弱性分析。

（6）环境分析。环境分析是指分析可能遭受次生灾害的区域，这些区域往往关系到人们的健康和生命，对环境的影响也十分巨大。环境分析包括两个子步骤：识别二级灾害区域，包括有毒物质堆放场、废弃物处理场、核电站、地下仓库、油库、港口等；将二级灾害区域数据集成到风险地图，进行环境敏感性分析。

（7）减灾机会分析。减灾机会分析就是根据已有的风险评估结果制订未来的减灾计划和措施。减灾机会分析包括识别高风险区域内未开发土地、评估已有灾害保险项目、制订并实施关键设施安全提升计划、识别特殊群体的应急需求并协助改善等步骤。

3. 加拿大风险评估模型

风险评估是加拿大应急管理规划的核心环节之一。风险评估并不是一个线性的过程，而是要根据情形不断改变的。风险评估的输入包括：已有的风险管理计划（如运营规划、

① L. K. Flax, R. W. Jackson, D. N. Stein, "Community Vulnerability Assessment Tool Methodology," *Natural Hazards Review*, 2002 (3), pp. 163-176.

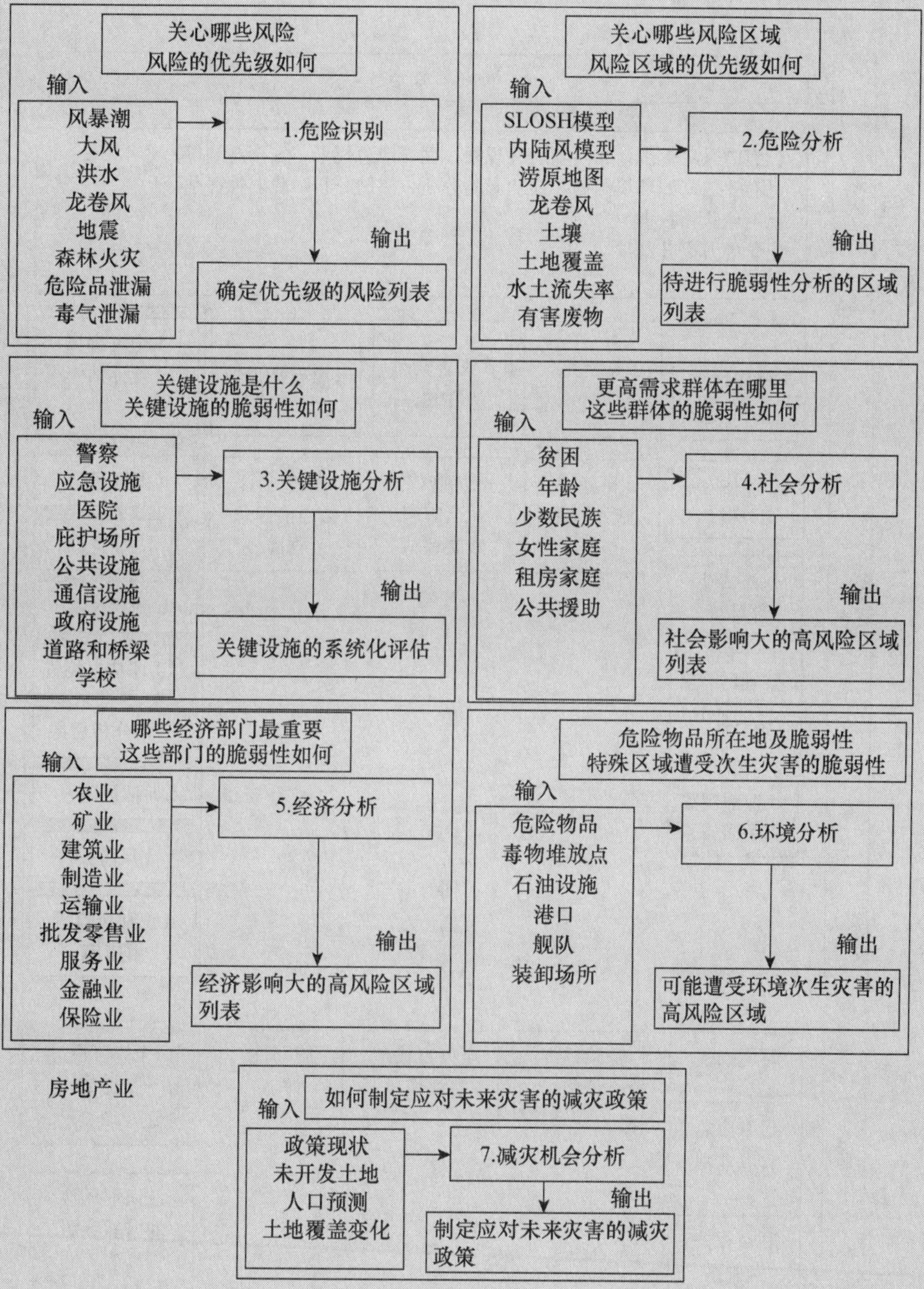

图 12－2　CVAT 风险评估模型基本流程示意图

区域应急规划、安全规划等）、已有评估（如环境扫描、关键性评估、商业影响分析、威胁分析、脆弱性评估、全灾害风险评估）、已有经验和教训、应急能力提升结果。

加拿大风险评估流程包括环境扫描、关键资产清点、灾害威胁评估、脆弱性识别、全灾害风险评估五大步骤（见图 12－3）。①

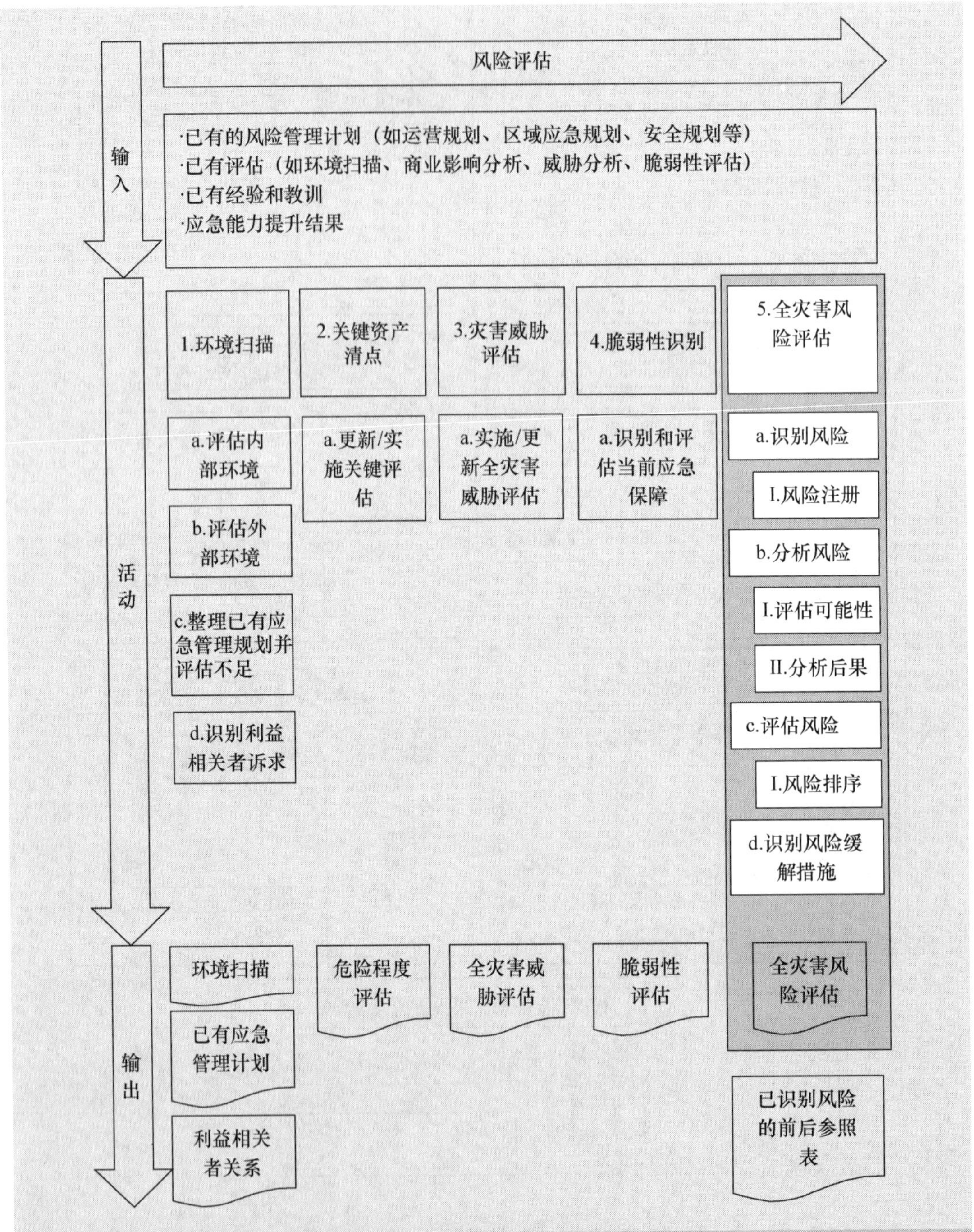

图 12－3　加拿大风险评估流程示意图

① Public Safety Canada, Emergency Management Planning Guide 2010—2011, Her Majesty the Queen in Rights of Canada, 2010.

（1）环境扫描。收集和分析信息，确定风险发生时利益相关者将受到的影响。扫描的环境既包括内部因素，也包括外部因素，扫描既可以是常规的（如每年一次），也可以根据需要选择主要的因素。环境扫描包括四个子步骤：评估内部环境（包括已有应急能力、信息系统、政策、内部利益相关者、决策过程等）；评估外部环境（包括文化、政治、法律、规章、金融、经济环境、外部利益相关者等）；整理已有应急管理规划并评估不足；识别利益相关者的诉求。

（2）关键资产清点。对关键资产和服务进行清点、建档，便于后续灾害影响分析。关键资产既包括有形的，也包括无形的，可以按照重要性、价值和敏感性进行评估，评估结果力求全面、完整。

（3）灾害威胁评估。对所有可能潜在的威胁进行评估，既包括敌对势力，也包括自然灾害、卫生事件、公共事件等。

（4）脆弱性识别。评估关键资产在设计、实现和运营等方面的不足。首先整理已有针对关键资产的防护措施，然后评估在各种意外（人为或非人为）条件下资产的脆弱性。

（5）全灾害风险评估。按照发生可能性和后果两个维度对风险进行评估。风险评估的输出包括风险概况、发生可能性、潜在影响。全灾害风险评估包括识别风险、分析风险、评估风险、识别风险缓解措施等步骤。

12.1.2　危机预警管理与评估理论①

"预警"的英文为"early warning"，联合国国际减灾战略把预警定义为：由专门的机构提供及时和有效的信息，使得处在危险中的个人或组织迅速采取行动以避免或减少其风险，并准备有效的应对。② 危机预警管理与评估，是指在危机演变的不同阶段，在可能产生危机的警源上设置警情指标，对可能引起危机的各种要素及其所呈现出来的危机信号和危机征兆随时进行严密的动态监测，对其发展趋势、可能发生的危机类型及其危害程度做出科学、合理的评估，并用危机警度向有关部门发出危机警报的一套运行体系。③ 危机预警管理与评估是危机管理全过程的重要和首要组成部分，是组织管理支撑体系中重要的分支系统。危机预警管理与评估系统致力于从根本上防止危机的形成、爆发，是一种对危机进行超前管理的系统。危机预警管理与评估作为危机管理的第一道防线，已成为危机管理的重中之重。

一般而言，有效的危机预警应该做到：确保系统所获得的预警信息来源是可靠和及时的；在任何地点、任何时候，送达到所有处在危险中的人；尽量不要惊动无关的人，以免扰乱正常的秩序；预警信息容易被使用者认知，并能指导他们的行动；预警信息的传递有

① 详见本书"第 6 章　公共危机预防预警管理"有关内容。

② ISDR，Terminology：Basic Terms of Disaster Risk Reduction，http://www.unisdr.org/eng/library/lib-terminology-eng.htm，2004-03-31.

③ 参见刘英茹、张怡梅：《论组织危机管理过程中的预警管理》，载《经济研究导刊》，2005 年创刊号。

可信的渠道，避免谣言的传播和干扰。危机预警的目标主要包括：阻止灾害（hazard）演变成灾难（disaster）；拯救处在危险中的生命，避免各种可能造成的损失；减少公众的恐惧，维护稳定和秩序；寻求有效的应对办法，以尽快摆脱困境。联合国国际减灾战略认为，预警系统包含一连串相关的活动，具体包括：对危险的认知和定位；监测和预知即将发生的事件；处理相关信息，并向政府当局和公众发布可理解的预警；采取合适和及时的行动，以对预警做出有效的应急。

联合国国际减灾战略在分析总结全球各类预警系统的成效后，总结出危机预警系统有效性的四个关键因素①：风险知识（risk knowledge）、监测和警示服务（monitoring and warning service）、传播和沟通（dissemination and communication）以及应急能力（response capability）。这四个关键因素互为关联，缺一不可，是危机预警系统建设的重要法宝（见图 12-4）。

风险知识，即系统收集数据并进行风险评估 ● 灾害及其脆弱性是否确知 ● 这些因素的影响方式与趋势是什么 ● 风险地图和数据是否可以普遍应用	监测和警示服务，即开发灾害监测与预警服务 ● 正确的参数是否得到监测？ ● 用于预测的科学基础是否可靠？ ● 准确和及时的警示能否形成？
传播和沟通，即沟通风险信息和发布预警 ● 警示是否到达了所有处在危险中的人 ● 风险和警示是否容易懂 ● 警示信息是否清晰和可用	应急能力，即构建国家和社群的应急能力 ● 应急计划是否得到了更新和检验 ● 地方能力和知识是否得到利用 ● 人们是否做好准备，并对警示做出反应

图 12-4 危机预警系统关键因素图

资料来源：UN-ISDR/Platform for the Promotion of Early Warning，Four Elements of People Centered Early Warning Systems，http://www.riskinstitute.org/NR/rdonlyres/A4774DF2-729B-4E7F-9D7B-9ED579853F67/0/PERI_Symposium_UNISDR.pdf，2007-02-15；UN-ISDR，Developing Early Warning Systems：A Checklist，http://www.ewc3.org/upload/downloads/checklist.final_pdf.pdf，2006-03-27。

联合国在 2006 年开展了旨在为建设应对所有自然灾害的全球性的预警系统而进行的能力、差距和机会评估的全球性预警系统建设调查，在 2006 年 9 月发布的《全球预警系统调查》(Global Survey of Early Warning Systems) 报告中，建议世界各国：开展预警公共教育和模拟演练，构建全国性的“以人为本”的预警系统。② “以人为本的预警系统”(people-centered early warning systems) 的概念最初是在 2005 年 1 月于日本神户举行的世界减灾大会上提出的，其核心理念是：有效的预警系统必须扎根于可认知的方式以及所

① UN-ISDR/Platform for the Promotion of Early Warning，Four Elements of People Centered Early Warning Systems，http://www.riskinstitute.org/NR/rdonlyres/A4774DF2-729B-4E7F-9D7B-9ED579853F67/0/PERI_Symposium_UNISDR.pdf，2007-02-15；UN-ISDR，Developing Early Warning Systems：A Checklist，http://www.ewc3.org/upload/downloads/checklist.final_pdf.pdf，2006-03-27.

② United Nations，Global Survey of Early Warning Systems，http://www.unisdr.org/ppew/info-resources/ewc3/Global-Survey-of-Early-Warning-Systems.pdf，2006-09-01.

服务的社群之中，是人们采取各种行动的强有力的依据；必须具备高效的信息采集和传播系统，能够确保信息传递给处在风险中的人，让风险管理人员和公众能够进行有针对性的、富有知识性的应急。

12.1.3　公共部门绩效评估理论

1. 公共部门绩效评估的概念界定

所谓“绩效”，从字面上理解是成绩和效益，对于组织而言，绩效是指组织作为一个整体，在管理和服务等活动中所取得的结果、效益及其管理业绩、成就和影响等。所谓公共绩效，可以定义为公共部门在积极履行公共责任的过程中，在讲求内部管理与外部效应、数量与质量、经济因素与伦理政治因素、刚性规范与柔性机制相统一的基础上，获得的公共产出最大化。① 评估也称为测评、考评，绩效评估也是综合性概念。所谓公共部门绩效评估，是指对广义的政府组织、非营利组织（第三部门）以及公共企业（第四部门）等构成的特定社会组织在积极履行公共责任的过程中，在讲求内部管理与外部效应、数量与质量、经济因素与伦理政治因素、刚性规范与柔性机制相统一的基础上，获得的公共产出进行的评审界定。②

公共部门绩效评估以绩效为本，谋求现代信息技术在公共部门之间、公共部门与社会公众之间进行沟通与交流的广泛运用，谋求顾客通过公共责任机制对公共部门的直接控制，谋求公共部门管理对立法机构负责和对顾客负责的统一；它以服务质量和社会公众需求的满足为第一评价标准，蕴含了公共责任和顾客至上的管理理念；它以加强与改善公共责任机制，使公共部门在管理公共事务、传递公共服务和改善生活质量等方面具有竞争力为评估目的。③ 公共部门绩效评估的实质是以结果为本，以目标为准，以低成本取得高效益，设立一系列办法（评价指标）来评估行政过程。④

公共部门绩效评估是社会公众表达意志的一种方式，其所内含的以任务为导向、以结果为导向、以顾客为导向、以社会为导向和以市场为导向，就是要将顾客的需求作为公共部门存在、发展的前提和公共部门改革、组织设计方案应遵循的目标。公共部门应以顾客为中心、以顾客的需要为导向；强调公共部门是公共服务的供给者，应增强对社会公众需求的回应力，更加重视管理活动的产出、效率与服务质量。为此，倾听顾客的声音、按照顾客的要求提供服务、让顾客做出选择的有效方法在实践中得以实行。公共部门绩效评估的意义重大，它极大地改进了公共部门与社会公众之间的关系，强调公共部门与社会公众之间的信息沟通与交流，充分显示了政府绩效评估的政治功能；极大地改进了公共部门对公共事务管理和公共服务传递的方法与技能，充分显示了公共部门绩效评估的管理功能。⑤

① 参见卓越：《公共部门绩效评估初探》，载《中国行政管理》，2004（2）。
② 参见卓越：《公共部门绩效评估》，北京，中国人民大学出版社，2004。
③ 参见蔡立辉：《政府绩效评估的理念与方法分析》，载《中国人民大学学报》，2002（5）。
④ 参见鲍静：《公共行政责任——国际行政学会国际会议简况》，载《中国行政管理》，1999（11）。
⑤ 参见蔡立辉：《政府绩效评估的理念与方法分析》，载《中国人民大学学报》，2002（5）。

然而，由于公共部门的特殊性质，公共部门绩效评估过程可能产生认识误差，如晕轮效应、近因效应、对比效应、中性化倾向、宽严两极、归因误差、先入为主、单一标准、偏见影响等。法国行政学家夏尔·德巴什认为，公共部门的总体利益性质、公共部门的垄断权、免费服务和公共部门费用混淆不清是公共部门绩效评估困难的基本原因。与私人部门绩效评估相比，公共部门绩效评估存在着许多难点与障碍。①

（1）公共部门管理目标复杂，具有多样性、抽象性。

公共部门的一些管理目标，涉及公平、责任、素质等，难以简单地对其进行定量分析。相当多的公共部门，特别是决策部门、协调部门、咨询部门等非执行性部门，很难用定量指标进行绩效评估，缺乏可操作性、可分辨性的评估指标。不同的政府职能部门追求不同性质的目标，甚至同一部门会追求多重目标且目标经常发生变化，并且一些目标的表述过于笼统、抽象，如提高人的道德水平，倡导社会公正等，这些都给公共绩效的测定带来了一定的难度。

（2）公共部门具有垄断性，存在特有的弊端。

由于公共部门特有的公共性，公共产品只能由公共部门来生产。这种垄断性特征，使得公共部门很少感受到竞争压力，因此公共部门就没有动力来推动自身建设、提高服务质量和整体绩效以提升公众的满意度。此外，公共部门存在特有的弊端，即所谓的“帕金森定律”。因此，公共部门所完成的工作与工作人员的数量之间没有必然的对应关系，这显然会给公共部门绩效指标的确定增加困难。

（3）公共部门产品形态特殊、标准多维，产出难以量化。

公共部门提供的产品主要是服务性质的，相当部分的产品是无形的，且单个部门提供的产品在整个公共服务过程中，往往只是一种中间状态，不具有可比性，其绩效指标难以确定。来自不同领域的评估主体，有不同的评估视角，有特定的主观感受，这些都是公共部门绩效评估困难的原因所在。

（4）公共部门交易具有间接性与非同步性，缺乏价格机制。

公共部门的直接服务对象是公众，公众基本上可以等同于纳税人；但公众在接受服务时，并不是直接付费，而是作为纳税人在事前或事后纳税。公共部门所需的服务成本，已通过税收的形式预先向社会做强制性扣除。因此，公共部门不必依赖于提高对公众的服务水平，而仍然可以获得拨款及薪金。这就造成了公共部门与公众之间交易的间接性与非同步性，从而导致公共部门的服务产品有相当部分没有价格显示机制。即使一些收费性的项目，通常也是在没有精确计算成本的情况下运作的，甚至一些收费项目，因其乱收费的动机，反而扭曲了价格。总体来看，公共服务缺乏市场交易机制，公共产品缺乏价格检验机制，缺乏消费者对于公共服务的偏好、估价的信息反馈机制。公共服务特殊的交易机制，使得公共部门的工作状况、工作质量难以评估。

（5）公共部门具有非营利性、公益性，生产要素独特。

公共部门的非营利性和公益性决定了公共部门绝不能以利润为中心，而必须兼顾各方

① 参见卓越：《公共部门绩效评估初探》，载《中国行政管理》，2004（2）；胡淑晶：《政府绩效评估的理论和方法》，载《甘肃社会科学》，2005（6）。

面的利益。在绩效评估的价值取向上，既要关注公平又要注重效率。如何在公平和效率之间寻找到一个平衡点，这是公共部门绩效评估的难点。这就使绩效评估难以量化，无法直接将成功运用于企业组织的绩效评估理论运用于公共部门。

2. 公共部门绩效评估的体系构建

公共部门绩效评估的体系构建，主要包括公共部门绩效评估的价值导向、主体、内容（客体、对象）、方法、结果的运用以及元评估等内容。

（1）公共部门绩效评估的价值导向。

公共部门绩效评估的价值导向是公共部门对其行为终极目的的基本价值判断、价值确认和利益选择。公共部门绩效评估价值导向是公共部门绩效评估的基础，它决定了评估绩效的标准。当代公共部门管理在社会公平的基础上对公共责任和民主参与的强调，使增长、公平、民主、秩序、自由、服务成为公共部门绩效评估的基本价值取向。这些价值取向在公共部门绩效评估过程中具体通过管理效率、管理能力、公共责任、社会公众的满意程度等价值判断来体现。

（2）公共部门绩效评估主体。

公共部门的特殊性质以及公共责任承担者的角色定位，决定了公共部门绩效评估主体的多元化，引用360度多元主体评估的机制成为必然趋势。具体来说，公共部门绩效评估主体至少应包括综合评估组织、直管领导、行政相对人、评估对象自身以及其他一些相关评估组织等。

（3）公共部门绩效评估内容（客体、对象）。

公共部门绩效评估内容（客体、对象），主要包括评估主题、维度和指标三方面内容。评估主题有多个。"3E"即经济、效率和效果曾被西方学者认为是绩效评估的"新正统学说"，随着新公共管理运动的深入，质量也日渐成为评估的主流范畴。此外，还有一些学者认为，反应性、责任也应成为评估的主流要素。维度是对评估范围的类型划分。美国政府责任委员会构建的评估模式包括投入、能量、产出、结果、效率和成本—收益以及生产力六个维度。中国香港特别行政区政府的评估模式包括目标、顾客、过程以及组织和员工四个维度。指标可以看成是维度的直接载体和外在表现，评估指标的选择确立是整个评估过程最为重要也是最为困难的工作。①

具体来说，公共部门绩效评估内容（客体、对象），可以从量和质两个方面进行细分。②"量"表明的是公共部门管理效率的高低。"质"表明的是公共部门进行公共管理活动、提供公共服务的态度，所使用的方法与手段，管理能力，以及社会公众满意程度。哈里认为，政府公共部门绩效的"质量"包含服务质量和结果两个方面。③

（4）公共部门绩效评估方法。

公共部门绩效评估必须采取有针对性的评估工具和评估方法，做到定性评估与定量评估相结合。定性评估方法包括分级法、清单考核法、量表考核法、主管考核法、民意测验

---

① 参见卓越：《公共部门绩效评估初探》，载《中国行政管理》，2004（2）。

② 参见蔡立辉：《政府绩效评估的理念与方法分析》，载《中国人民大学学报》，2002（5）。

③ Harry P. Hatry, Tracking the Quality of Services, in James L. Perry, *Handbook of Public Administration* (Second Edition), Jossey-Bass Publishers, 1996, p. 537.

法、关键事件法、工作分析法、角色分析法等。目前常用的定量评估方法主要有："3E"评价法、标杆管理法、平衡计分卡法、层次分析法、因子分析法。

（5）公共部门绩效评估结果的运用。

应当重视公共部门绩效评估结果的公布，运用具有影响力的评估结果来提高公共部门的绩效。在评估结果公开的基础上，应当将公共部门绩效评估结果作为惩罚和激励公共部门及其工作人员的重要依据，并与财政预算结合起来。

（6）公共部门绩效评估的元评估。

元评估是对公共部门绩效评估主体、评估过程、评估结果的再评估。公共部门绩效评估的元评估是对评估的结构、过程、结论进行全面、系统的再评估，以修正评估结论，改进评估活动的过程。元评估的关注点是评估指标结构是否科学，评估实施过程是否规范，评估数据采集是否准确，评估主体的意见是否客观一致等。它的评估指标是信度和效度，可用某种相关系数来衡量，目前主要利用肯德尔和谐系数法。①

3. 美国与欧盟的公共部门绩效评估

（1）美国的公共部门绩效评估。

美国公共部门绩效评估大致经历了萌芽时期、绩效预算时期和全面发展时期三个历史阶段，其侧重点各不相同，从注重部门效率、行政投入、行政产出，到关注绩效预算、实行成本控制，最后发展到关注对整体效率、结果、有效性和绩效目标的实现。② 当代美国联邦政府绩效评估主要集中在三个层次：其一，项目绩效评估，它主要通过项目等级评估工具对联邦项目进行比较评估，从而为项目的管理和预算提供依据；其二，部门绩效评估，它是由各部委在每个财政年度末期对本部门的年度绩效状况进行评估，并把评估结果制作成绩效和责任报告予以公布；其三，跨部门绩效评估，它主要通过三色等级评分卡对各部委执行总统改革行动的进展情况进行比较评估，督促各部委执行总统的改革计划，从而有效地保证总统改革计划的成功执行。③

（2）欧盟的公共部门绩效评估。

欧盟的公共部门绩效评估主要是通过欧盟国家公共部门通用评估框架（CAF）来进行的。该框架旨在建立一个适用于欧盟国家所有公共部门的通用的管理质量评估框架，为公共部门提供一个简便易行的自我评估工具。CAF 的基本框架来自欧洲质量管理基金会的"卓越模型"，其内容模块之间有着很强的内在逻辑性。根据 CAF 的内在逻辑结构，绩效、顾客、雇员和社会等"卓越结果"标准是通过领导力、战略和规划、人力资源管理、合作伙伴和资源管理以及流程和变革管理等"组织管理过程"标准来取得的。因此，在 CAF 中"过程"要素有 5 个一级标准，用以说明"组织为达到卓越结果应当做什么"；"结果"要素有 4 个一级标准，用以说明"组织实际所取得的成果是什么"。

具体来说，CAF 的主要内容和实施方法如下④：

---

① 参见胡淑晶：《政府绩效评估的理论和方法》，载《甘肃社会科学》，2005（6）。

② 参见朱立言、张强：《美国政府绩效评估的历史演变》，载《湘潭大学学报（哲学社会科学版）》，2005（1）。

③ 参见朱立言、张强：《当代美国联邦政府绩效评估的方法和技术》，载《国家行政学院学报》，2005（6）。

④ 参见刘旭涛、纵向东：《欧盟国家公共部门通用评估框架评介》，载《国家行政学院学报》，2005（6）。

第一，CAF 的指标体系。在 CAF 正式版本中，指标体系分为“过程”和“结果”两大要素，共 9 个一级指标、27 个次级指标。

“过程”要素共有 5 个一级指标、19 个次级指标。具体为：1）领导力：在开发和传递组织愿景、使命和价值观方面给予指导；开发和实施组织管理的系统；激励和支持员工并担当恰当角色；协调与政治家和利益相关者之间的关系。2）战略和规划：收集与利益相关者当前和未来需求有关的信息；开发、评估和修正组织的战略和规划；在整个组织内实施战略和规划。3）人力资源管理：规划、管理和改进与战略和规划密切相关的人力资源；围绕个人、团队和组织的目标，确认、开发和运用雇员能力；面向雇员开展对话和授权。4）合作伙伴和资源管理：开展和实施关键的合作伙伴关系；与公民/顾客开展和实施合作伙伴关系；知识管理；财务管理；技术管理；房屋和资产管理。5）流程和变革管理：确认、设计、管理和改进流程；面向公民/顾客开发和提供服务和产品；对现代化和创新的规划和管理。

“结果”要素共有 4 个一级指标、8 个次级指标。具体为：1）顾客/公民结果：顾客/公民满意度测量的结果；顾客/公民导向的测量指标。2）雇员结果：雇员满意度和激励度测量的结果；雇员结果的指标。3）社会结果：社会绩效结果；环境绩效结果。4）关键绩效结果：目标的取得；财务绩效。

第二，指标含义及评估方法。在 CAF 指标体系中对每一项指标的定义、关键内涵、示例和评估方法都给予了详细说明。例如，关于“领导力”指标，其定义为：领导者和管理者如何开发和推动公共组织使命和愿景的实现；如何开发取得未来成功所需要的价值观以及所采取的适当行动和行为；如何以身作则保证组织管理系统的有效运行。其关键内涵为：对政治领导者角色和公共部门内部的组织领导者/管理者角色进行区分。很显然，公共服务机构的领导者/管理者必须围绕实现公民导向的目标以及平衡政治方面和利益相关者的目标等方面来进行工作。评估领导力方面的关键因素是，领导者需要展示他（她）能够清楚地知道谁是自己的顾客、顾客的要求以及如何平衡与政治指令之间的关系，要能够表明对公民/顾客以及其他利益相关者的明确承诺。

第三，自我评估过程。自我评估过程是 CAF 实施过程中的关键一步。在评估过程中，组织的文化、成熟度等变量应当给予足够的关注。根据 CAF 以及有关咨询专家的建议，自我评估过程主要有以下八个步骤：对组织管理做出承诺；确定 CAF 项目的领导人和职责范围；沟通和任命自我评估小组的成员；对小组成员进行必要的培训，培训内容包括全面质量管理、CAF、评估等方面的知识；打分并取得一致；报告和确定组织改进的优先排序；制订行动计划和改进方案；重新开始新一轮的自我评估过程。需要强调的是，自我评估过程并不仅仅是管理者的职责，只有组织的全体员工相互协作、共同参与，才能有效完成自我评估过程。

第四，实施自我评估的建议。这主要包括：应该使用 CAF 各个维度的全部内容；保持 CAF 各个维度之间的因果关系和逻辑顺序；经验数据表明，自我评估小组应该在 7～15 人较为合适；一个自我评估周期一般为三周；如果需要，可由外部机构确认评估结果（如参加质量奖的评选活动）。

12.2 公共部门危机管理评估机制设计

在公共部门危机管理的整个过程中，按照时间序列进行划分，主要存在着三种类型的危机评估：危机事前风险与预警评估、危机事中实时评估和危机事后评估。其中，危机事前风险与预警评估的内容指向潜在的危机风险，进行危机风险识别、确认和评估，进而排除潜在的危机风险；并对那些没有排除的潜在危机风险进行公共危机预警评估，进行危机监测、预测、预警和预控。危机事中实时评估和危机事后评估，两者的评估内容都指向公共部门危机管理的绩效，两者测度与衡量的都是公共部门危机状态下的绩效管理水平。所以，对应于这三种类型的危机评估，公共部门危机管理评估机制设计的主要内容包括两大块：公共部门危机事前风险与预警评估机制设计（对应于危机事前风险与预警评估）、公共部门危机管理绩效评估机制设计（对应于危机事中实时评估和危机事后评估）。

12.2.1 公共部门危机事前风险与预警评估机制设计

公共部门危机事前风险与预警评估机制设计，指向的是公共部门危机事前风险与预警评估。其主要目的是提前发现潜在的危机风险，从而预防危机、规避危机，阻止危机的发生；而对于那些没有排除的潜在危机风险，进行危机监测、危机预测和预警、危机预控，构建公共危机预警管理机制，并进行公共危机预警评估，从而将危机消灭在萌芽状态或者尽量使危机损失降到最低。避免危机的发生或者将危机消灭在萌芽状态是成本最小、最经济也是最成功的危机管理方法。所以，公共部门危机事前风险与预警评估机制设计，要求加强公共部门危机事前风险管理与评估工作，加强公共部门危机预警管理与评估工作。

1．加强公共部门危机事前风险管理与评估工作

公共部门危机事前风险管理与评估工作是一个不断学习和积累的过程，对政府的要求很高。政府作为公共事务的管理者，看清风险的不可避免性、积极地控制和管理风险，理应被纳入政府的日常工作中。政府应构建“发现、定义、防范、抗击、转移、缓冲”风险的相关机制，提高风险管理水平，尽快建立现代型的社会风险管理体系。政府应定期、持久地开展风险评估与薄弱评估工作，并使之成为政府的常规管理职能。要全面做好危险源的普查工作，并对这些危险源可能造成的危害进行评估，定期更新灾害安全记录，标志危险源等级，及时告知相关部门，向社会公布。要全面做好薄弱评估与监控工作，根据薄弱评估结果，设计出针对危险源的监控办法。要设定并公开风险信息的标准和等级，加强风险信息评估工作。要明确政府的危机责任，建立风险共担机制，妥善转移社会风险。要积极培养社会中介力量，发挥行业协会对于公共危机风险管理的监管优势和风险共担机制。要建立企业的风险承担机制。要通过保险，转移或降低政府的风险。

2．加强公共部门危机预警管理与评估工作

公共部门危机预警管理与评估机制是防范和解决社会矛盾的基础，是社会稳定和发展

的指示器。政府应当按照危机的不同类别，确立所有紧急事件可能发生的量化指标体系，进行实时监控，并在此基础上完善科学、合理的分级预警机制。政府应不断完善分级预警制度、预警信息发布制度、预警责任追究制度，不断提高灾害监测和信息发布的技术水平。政府部门可根据不同级别的预警，确立相应的行动方案。公共部门危机预警管理与评估工作，应突出危机预防和筹备工作，主要包括三大要素：一是实行预警信息发布制度，建立健全危机汇报制度；二是实行分级预警制度，筹建全国范围的危机公告制度；三是建立预警责任追究制度，建设配套的危机评估系统。①

12.2.2 公共部门危机管理绩效评估机制设计

公共部门危机管理绩效评估机制设计，指向的是公共部门危机事中实时评估和危机事后评估，主要包括公共部门危机管理绩效评估的价值导向、主体、内容（客体、对象）、方法、结果的运用以及元评估等内容。

1. 公共部门危机管理绩效评估的价值导向

当代公共部门危机管理在社会公平的基础上对公共责任和民主参与的强调，使秩序、公平、民主、服务成为公共部门危机管理绩效评估的基本价值取向。这些价值取向在公共部门危机管理绩效评估过程中具体通过危机管理效率、危机管理能力、公共责任、对民众生命和财产利益的保护程度、社会公众的满意程度等价值判断来体现。

2. 公共部门危机管理绩效评估主体

有关调查结果显示，我国公共部门危机管理效果的评估主体不明确。对于公共部门危机管理效果的评估，38%的受访者认为应由专业评估部门完成，34%的受访者回答应由突发性公共危机事件调查小组进行，14%的受访者认为公共部门目前没有做危机管理效果的评估工作，12%的受访者认为应由社会媒体来进行，10%的受访者认为评估主体应是上级领导。可见，我国公共部门危机管理评估机制由于评估主体不明确，难以进行总结，也不易取得进步。因此，要成立专门的评估机构，比如综合评估组织，对危机事件处理结果、控制效果进行客观评估，总结经验，发现不足，为今后的危机管理工作打好基础。

具体来说，在进行公共部门危机事中实时评估时，只能采取快速评估的方法，要注意吸收公共部门危机管理专家以及相关危机事件的技术专家参与快速评估，确保公共部门危机事中实时快速评估的准确性和及时性，并注意听取大众传媒的意见与建议，发挥大众传媒“浴缸效应”作用，增强公共部门危机管理的透明度。在对公共部门危机进行事后系统、全面的总结评估时，要注意发挥信誉良好的、独立性强的社会中介组织的评估作用，特别是国际性的社会中介组织的评估报告意义重大；要注重发挥公民，特别是公共部门危机管理的利益相关者作为评估主体的作用，这样可以最直观地体现评估的满意特征，明确评估的价值取向，体现顾客满意的服务取向。公共部门危机管理绩效评估中引入公民参与

---

① 参见唐钧：《公共危机管理：国际动态与建设经验》，载《新视野》，2003（6）；唐钧：《从国际视角谈公共危机管理的创新》，载《理论探讨》，2003（5）。

机制，通过这样一种“使用者介入”机制，将事实与价值取向结合起来，可以增加评估模式的社会相关性，提高危机管理效益。

3. 公共部门危机管理绩效评估内容（客体、对象）

公共部门危机管理绩效评估内容（客体、对象），主要包括：评估主题、维度和指标三方面内容。评估主题的要素有多个，包括经济、效率、效果、质量、反应性、责任等要素。其中，质量主题要素反映公众期待的有效性。测定质量可用确定性、准确度、竞争性、敏捷性等标准。维度是对评估范围的类型划分，主要包括信息管理、公关管理、沟通管理、决策分析、应变管理、恢复管理六个维度。指标可以看成是维度的直接载体和外在表现，评估指标的选择确立是整个评估过程最为重要也是最为困难的工作。本章第三节将就如何构建风险评估与公共危机预警指标体系、公共部门危机管理绩效评估指标体系的问题，单独做出阐述。

4. 公共部门危机管理绩效评估方法

公共部门危机事中实时评估的主要目的，是通过危机发生时的快速、有效的实时监控与评估，改进与提高公共部门危机处理的绩效，从而及时、有效地应对危机，减少损失，恢复社会稳定和公众对公共部门的信任。由于公共部门危机处理中时间的高度紧张性、信息的有限性、资源的匮乏性以及管理目标的动态权变性，公共部门危机事中实时评估只能采取快速评估的形式和方法，全面、系统的评估只能待危机处理完毕后进行。公共部门危机事中实时快速评估，旨在强化公共危机决策系统的快速决策能力，避免过度分析，提高危机决策的科学性、及时性和有效性，积极有效地应对危机。公共部门危机事后评估的主要目的，是通过危机结束后的系统、全面的评估与反馈，总结公共部门危机管理的经验，吸取公共部门危机管理的教训，进一步改进与提高公共部门危机管理的绩效，从而有效地进行危机后的恢复与重建工作；并不断地完善公共部门危机管理系统，为以后的公共部门危机管理活动构建持续不断的危机学习与创新机制。因此，公共部门危机事后评估方法，要全面、复杂一些。在定性评估方法方面，可以采用分级法和民意测验法等；在定量评估方法方面，可以采用“3E”评价法和层次分析法。

“3E”评价法要求公共部门危机管理进行严格的成本—收益分析，尽可能地降低危机管理成本，最大限度地提高危机管理的收益。在公共部门危机管理绩效评估中，引入层次分析法，将公共部门危机管理绩效评估对象细分为若干元素，确定各元素、准则层对上一层次相对指标的影响权重，并通过对判断矩阵进行一致性检验，可以减少权重设置的主观随意性，提高指标权重的精确度和科学性，进而提高公共部门危机管理绩效评估的效度和信度；而且层次分析法可操作性较强，可以应用计算机来处理数据，这样就可以降低评估的难度，提高公共部门危机管理绩效评估的规范性、科学性和真实性。[①] 从根本上讲，这对于提高公共部门危机管理绩效水平，对于改进与完善公共部门危机管理系统，对于构建持续不断的危机学习与创新机制，意义重大。所以，在公共部门危机管理绩效评估中，应十分注重层次分析法的开发和应用。

① 参见周庆行、唐峰：《公共危机决策绩效评估指标权重研究——基于层次分析法》，载《理论与改革》，2005(6)。

5. 公共部门危机管理绩效评估结果的运用

要重视公共部门危机管理绩效评估结果的公布，运用具有影响力的评估结果来提高公共部门危机管理的绩效。通过评估信息的传递网络，把公共部门危机管理绩效评估的结果尽快反馈和扩散给相关方面，特别是公共部门危机管理的利益相关者和大众媒体，使评估信息得到有效的使用和广泛的认可，以此来改善公共部门危机管理绩效。在评估结果公开的基础上，应当将公共部门危机管理绩效评估结果作为惩罚和激励公共部门及其工作人员的重要依据，并与财政预算结合起来。

6. 公共部门危机管理绩效评估的元评估

元评估是对公共部门危机管理绩效评估主体、评估过程、评估结果进行全面、系统的再评估，以修正评估结论，改进评估活动的过程。公共部门危机管理绩效评估的元评估主要运用统计和其他方法来估计产生的偏差对评估结论的影响，它是一个持续进行的、周期性的循环过程。公共部门危机管理绩效评估的元评估的主要目的是提高公共部门危机管理绩效评估的信度与效度，最终为提高与改善公共部门危机管理绩效，为构建持续不断的危机学习与创新机制，打下坚实的基础。

12.3　公共部门危机管理评估指标体系构建

所谓公共部门危机管理评估指标体系，是“一个量化过程——或给一个程序、项目或其他活动的运作指定的一个数目”①，以此作为标准来测定公共部门危机管理的就绪和绩效状况。它是反映机构、项目、程序或功能如何运作的重要指标，能使公共部门危机管理中的不确定因素、活动、服务、结果及其他对绩效具有重要意义的因素量化。公共部门危机管理评估指标体系是公共部门危机管理评估制度建立的基础和难点所在。指标体系的构建是绩效评估操作的关键组成部分，反映公共部门危机管理评估体系的价值取向，它关系到整体评估的科学性、公正性和可操作性。公共部门危机管理评估指标体系直接影响绩效评估制度的成败。对构建公共部门危机管理评估指标体系的思路、方法进行探讨，对于真正建立公正、公平、科学的公共部门危机管理评估制度具有基础性的重要意义。公共部门危机管理评估指标体系构建的主要内容包括两大块，即风险评估与公共危机预警指标体系构建、公共部门危机管理绩效评估指标体系构建。

12.3.1　风险评估与公共危机预警指标体系构建

风险评估与公共危机预警指标体系构建，指向的是公共部门危机事前风险与预警

① ［美］帕特里夏·基利等：《公共部门标杆管理——突破政府绩效的瓶颈》，27 页，北京，中国人民大出版社，2002。

评估。作为公共部门危机管理的一种特定的重要测量工具和手段，风险评估与公共危机预警指标体系，是由一系列经过理论遴选和专家依据科学方法严密论证的敏感指标组成的一种测量公共危机现象及其运行过程的指标系统，能够全面、系统地量化反映社会运行状况、识别并确认社会风险、监测公共危机警源、评价警情程度、预警公共危机。

国际上，在风险评估与公共危机预警指标体系构建方面，比较有影响的有：

（1）“富兰德指数”。它由外汇收入、外债、外汇储备、政府融资能力、经济管理能力、政府贪污、渎职程度等指标组成。“富兰德指数”由F. 汉厄在20世纪60年代末提出，是综合反映政治、经济和社会风险的一套评价指标体系。

（2）“国家风险国际指南”。它包括：领导权、法律、社会秩序与官僚程度等13个政治指标；停止偿付、融资条件、外汇管制及政府撕毁合同等5个金融指标；物价上涨、偿付外债比例、国际清偿能力等6个经济指标。“国家风险国际指南”由美国纽约国际报告集团提出，也是一套风险分析指标体系。

（3）“政治体系稳定指数”。它包括社会经济特征指数、社会冲突指数与政治过程指数3个方面，评分时各占1/3。“政治体系稳定指数”由美国外资政策研究所提出，已经成为美国综合性社会分析和预警的重要参照依据。

（4）“社会不稳定指数”。它主要包括6个方面：社会组织中的精英人物专权；大众需求得不到满足的程度严重；社会资源日趋贫乏；政治动荡不安；家庭结构处于崩溃状态；传统文化力量处于崩溃状态。这套社会不稳定指标体系由爱茨提出。①

（5）“国家危机程度指数”。它由国家信念的吸引力、社会心理情绪、人民生活水平、执政党士气、宗教活动、民族主义与意识形态矛盾、经济私有化、政治反对派活动、政治多元化、人权问题10个方面的指标组成。“国家危机程度指数”由布热津斯基在1989年提出，他运用这套指标体系对一些国家的危机进行了社会预警。②

在国内，在风险评估与公共危机预警指标体系构建方面，比较有影响的有：

（1）“社会综合报警指标体系”。它由反映经济和生活水平、社会问题、民意4个方面的40多个指标构成。“社会综合报警指标体系”由朱庆芳1992年在《社会指标的应用》一书中提出。③

（2）“社会风险监测与报警指标体系”。它由7大类40个指标构成，具体为：收入稳定性（城乡居民收入增长率）；贫富分化（城乡、城镇、农民、地区四种类型的收入差距指标）；失业（失业率及失业保障力度）；通货膨胀（通胀率及通胀压力）；腐败（案件人数、变动比例）；社会治安（犯罪率）；突发事件（发生频率、发生规模、涉及面）。“社会风险监测与报警指标体系”由宋林飞提出并修订。④

（3）“社会预警指标体系”。它由经济物质、收入与消费、劳动就业类、居住与市政建设、公共安全、环境污染、社会发展不平衡、社会风气与廉政建设8类18个警情指标组

① 参见鲍宗豪、李振：《社会预警与社会稳定关系的深化》，载《浙江社会科学》，2001（4）。

② 参见［美］兹比格涅夫·布热津斯基：《大失败》，北京，军事科学出版社，1989。

③ 参见朱庆芳：《社会指标的应用》，北京，中国统计出版社，1992。

④ 参见宋林飞：《社会风险指标体系与社会波动机制》，载《社会学研究》，1995（6）。

成。“社会预警指标体系”由张春曙在 1995 年提出，主要是针对大城市的社会发展预警的警情指标。①

从国际、国内有关风险评估与公共危机预警指标体系构建方面的总体情况来看，虽然取得了很大的成就，但是存在的问题也是明显的。比如，这些指标体系比较成熟且实际运用效果比较理想的主要是在经济领域，在社会领域则相对欠缺，但是所谓的经济危机预警指标，大多数都很难达到公共危机的程度和标准，大多数都不是典型的公共危机；而且经济风险评估与经济危机预警，和社会领域的社会风险评估与社会危机预警差异很大，其指标体系构建并不具有普遍的代表性，其模型与方法也难以应用到社会领域，并不具有可借鉴性。再比如，无论是国际还是国内所提出的风险评估与公共危机预警指标体系，虽然都冠以“稳定指数”“风险指南”“预警指标体系”等名称，但是可以很明显地看出，这些指标体系更多的是基于经济学、政治学、社会学等学科领域的视角，而恰恰不是基于管理学学科领域的视角提出的。

作为管理学的一个分支学科，公共部门危机管理的理论框架是建构在一般管理学的基础之上的；而风险评估与公共危机预警指标体系构建是为公共部门危机管理的理论框架服务的，必须突出管理学学科领域的独特视角。因为上述指标体系并不是基于管理学学科领域的视角提出的，所以导致指标体系的覆盖面过于宽泛；而任何试图依靠一套指标体系就对所有的社会风险和公共危机进行有效评估与预警的尝试，都将被证明是徒劳无益的。道理很简单，社会风险评估与预警的领域太宽广了，仅靠一套指标体系是不现实的；相反，试图将所有社会风险评估与预警的领域都包括在指标体系之中的理论尝试，必然使得这种指标体系偏离风险评估与公共危机预警指标体系构建的最重要的“公共性”特征，从而导致指标体系无法在实践过程中有效实施的尴尬局面。

构建风险评估与公共危机预警指标体系，必须强调其最重要的“公共性”特征，紧缩其涵盖范围，突出其针对性，从而加强其实践应用性。在设计指标体系时，必须明确：要评估的风险是公共风险，只有那些可能威胁到社会整体价值规范、需要政府等公共部门出面加以解决的社会风险，才能构成评估的对象；更必须明确：要设计预警指标体系的危机是公共危机，只有那些可能威胁到社会整体价值规范、需要政府等公共部门出面加以干预的社会危机，才能构成预警的对象。所以，构建风险评估与公共危机预警指标体系，其前提与基础是必须明确界定公共风险和公共危机的范围、类别以及具体种类。

按照《突发事件应对法》《国家突发公共事件总体应急预案》的规定，公共风险和公共危机可划分为自然灾害、事故灾难、公共卫生事件和社会安全事件四大类。其中，自然灾害、事故灾难、公共卫生事件这三种类型属于专业性、技术性很强的公共危机，而且相对来说也已经构建了比较完备、比较成熟、实践效果较好的专业技术性危机预警指标体系。比如，自然灾害类的公共危机，主要包括水旱灾害、气象灾害、地质灾害、森林火灾和重大生物灾害等，这些在专业技术上都已经能够做到相对准确的危机预测、预报、预警，而且国家也早已经成立防汛抗旱、抗震减灾指挥部等危机管理机构，且运转良好。再比如：事故灾难类的公共危机，主要包括重大交通运输事故、各类重大安全事故、城市生

① 参见张春曙：《大城市社会发展预警研究及应用初探》，载《预测》，1995（1）。

命线事故、重大环境污染和生态破坏事故等；公共卫生事件类的公共危机，主要包括重大传染病疫情、群体性不明原因疾病、重大食物和职业中毒、重大动物疫情等。这两类公共危机专业性、技术性都很强，分别涉及自然科学领域、工程技术领域以及医学等学科领域。

总体来看，自然灾害、事故灾难、公共卫生事件这三种类型的公共危机，其专业性、技术性很强，不适合也无法用本质上囿于社会描述性质的风险评估与公共危机预警指标体系来进行预警；而且它们的门类极其复杂多样，又涉及自然科学、工程技术以及医学等众多的学科领域，根本不可能也没有必要将它们都整合到一套统一的风险评估与公共危机预警指标体系中来，只能按照它们各自的专业领域分门别类构建纯粹技术性的危机预警技术指标体系，实际上在危机预警实践中也正是这样去做的。

基于前述理由，我们这里构建的风险评估与公共危机预警指标体系，本质上囿于社会描述性质，无法也没有必要将自然灾害、事故灾难、公共卫生事件这三种类型的公共危机涵盖于其中，所以，我们主要侧重于社会安全事件类的公共危机风险评估与预警指标体系构建的研究与探讨。或者更准确地说，我们这里构建的风险评估与公共危机预警指标体系，主要指称的是社会性的公共风险和公共危机评估与预警指标体系构建研究，不包括自然科学、工程技术以及医学等领域的公共风险和公共危机。从而，在强调其“公共性”特征的基础之上，又重点突出了风险评估与公共危机预警指标体系构建的“社会性”特征。

当然，需要特别加以说明的是，公共部门危机管理绩效评估指标体系构建的具体情况根本不同于风险评估与公共危机预警指标体系构建。首先，前者指向的是公共部门危机事中实时评估和危机事后评估，并不涉及公共部门危机事前风险与预警评估，从而与危机评估涉及的领域的宽广与否、门类的多样与否以及专业技术性的强弱与否并没有太大关联。其次，前者以公共部门危机事中和事后管理的绩效为评估对象。不论是何种类型的公共危机管理还是哪个专业领域的公共危机管理，其危机管理的基本原理、基本流程以及战略设计、宏观架构和管理方略都是共通的，事实上本书构建的公共部门危机管理的基本理论架构也是将四种类型的公共危机都涵盖在内的，具有很强的普适性，从而对公共危机管理的绩效评估也是普遍适用的，因而完全可以构建一整套公共部门危机管理绩效评估指标体系来对所有四种类型和众多专业领域的公共危机管理的绩效进行有效评估。

正是基于前述两点理由，我们这里构建的公共部门危机管理绩效评估指标体系，涵盖了自然灾害、事故灾难、公共卫生事件和社会安全事件四大类的公共危机，具有普适性。但是，我们这里构建的风险评估与公共危机预警指标体系，主要指称的是社会性的公共风险和公共危机评估与预警指标体系构建研究，不包括自然科学、工程技术以及医学等领域的公共风险和公共危机，主要侧重于社会安全事件类的公共危机风险评估与预警指标体系构建的研究与探讨。明确这两种危机评估指标体系所指称的具体公共危机范围和种类，区分两者的适用范围宽窄的不同，无论是在理论上还是在实践中都是非常重要的。

正是基于上述理念，我们在构建风险评估与公共危机预警指标体系时，就注重突出从一般管理学的学科领域视角来构建，强调公共部门危机管理的管理属性，强调风险评估与公共危机预警指标体系构建的“公共性”特征和“社会性”特征，主要侧重于社会安全事件类的公共危机风险评估与预警指标体系构建，并注重指标体系的针对性和实践应用性。

具体而言，风险评估与公共危机预警指标体系构建，可以从意识形态安全、政治安全、经济安全、收入分配、社会保障、国际影响六个评估维度来展开。或者更准确地说，作为一级指标的风险评估与公共危机预警指标体系，下设意识形态安全、政治安全、经济安全、收入分配、社会保障、国际影响六个二级指标。在这六个二级指标下，又分别下设若干三级指标（见表 12－1）。

表 12－1　　公共部门危机管理评估指标体系构建

	一级指标	阶段划分	二级指标	三级指标
公共部门危机管理评估指标体系	风险评估与公共危机预警指标体系	危机事前风险与预警评估	意识形态安全	意识形态理论的创新周期、35 岁以下青年在党员中所占比例、高中以上学历在党员中所占比例、党报党刊市场份额、村民自主选举产生的村委会领导班子中党员比例、农村直选中选民投票率
			政治安全	透明国际的清廉指数、世界银行的腐败控制指标、国家公务员职务犯罪率、重大贪污腐败案件破案率、重大刑事案件增长率、重大群体性突发事件发生人次率、民众满意度、民众容忍度
			经济安全	联合国开发计划署人类发展指数、全社会零售物价总指数、居民消费品价格指数、恩格尔系数、人均 GDP 增长率、人均财政收入增长率、绿色 GDP 所占比重、农业增加值增长率
			收入分配	城乡收入差距、地区收入差距、部门（行业）收入差距、阶层收入差距、基尼系数
			社会保障	社会保障总支出占 GDP 比重、社会保障综合给付率、失业保障覆盖率、医疗保险覆盖率、城镇实际失业率、拖欠工资数额所占比例、最低生活保障线下人口比重、人均可支配纯收入增长率
			国际影响	外国武装干涉、国际恐怖主义袭击、对立意识形态颠覆渗透、世界经济衰退影响度
	公共部门危机管理绩效评估指标体系	危机事中实时评估	信息管理	信息管理能力、信息披露机制、电子政务、互联网技术
			公关管理	媒体管理、媒体控制、形象管理、新闻发言人制度
			沟通管理	信息沟通、三角互动沟通、沟通顺畅度、雄鹰式沟通策略
			决策分析	权责划分、决策者素质、决策信息系统、决策中枢系统、决策咨询系统、决策监控系统、决策方法、决策理论准备
			应变管理	危机情境管理、危机反应管理、危机经营策略
		危机事后评估	恢复管理	善后管理、形象管理、从危机中获利、反馈管理

当然，每个三级指标下，还分别下设有若干四级指标，用以具体详尽地进行公共部门危机风险与预警评估。比如：在政治安全二级指标所属民众满意度三级指标下，又下设对政府各级官员秉公办事的满意度、对干群关系的满意度、对政府职能部门行政效率的评价值、对社会发展前景的信心值、对社会秩序的满意度五个四级指标；在民众容忍度三级指标下，又下设对收入差距的可容忍程度、对腐败现象的可容忍程度、对司法不公正的可容

忍程度、对物价上涨的可承受程度四个四级指标。① 再比如，在经济安全二级指标所属联合国开发计划署人类发展指数（HID）三级指标下，又下设出生时预期寿命、成人识字率、毛入学率、人均GDP四个四级指标。然后，运用德尔菲技术调查法确定各个四级指标相应的分值和权重分配，就可以构建相对严密的风险评估与公共危机预警四级指标体系。

当然，在构建相对严密的风险评估与公共危机预警四级指标体系的基础之上，只有构建指标体系的运行平台，才能更好地发挥风险评估与公共危机预警四级指标体系的强大功能。构建指标体系的运行平台，需要做好以下工作：适时进行指标体系的维护、深度开发、修正完善工作；建立专用、畅通、可靠的指标信息采集系统和信息初加工系统，进行指标数据电算处理；建立专家库，并利用互联网定期向专家们实施德尔菲技术调查法，构建预警专家分析系统；建立由计算机辅助的专家分析系统操控运作的，由“警情监测”“警兆识别”“警源分析”“警级评估”等一系列环节组成的公共危机警情分析识别系统；构建公共危机应对预案制定和预控对策系统，分别建立应对各种常规危机的常规案例库以及应对非常规危机的专家咨询系统；建立由各色信号灯组成的公共危机警情直观演示系统，这是一种利用计算机建立的人—机智能互动的公共危机警报信号输出系统。简言之，风险评估与公共危机预警四级指标体系的运行平台，以指标维护和信息采集为起点，以数据处理系统和专家分析系统为重点，以警报信号输出和预控对策为终点。②

12.3.2 公共部门危机管理绩效评估指标体系构建

公共部门危机管理绩效评估指标体系构建，指向的是公共部门危机事中实时评估和危机事后评估。虽然公共部门绩效评估指标体系构建研究，在理论上取得了一定的进展，在实践中也有一定的效果。但是，公共部门危机管理绩效评估指标体系构建研究，目前在理论上还仍然处在最初级的理念普及阶段，实质性的指标体系构建研究还没有展开，可以说是一片空白，当然更不用说实践中的应用了。

我们这里提出公共部门危机管理绩效评估指标体系构建的重大课题，旨在基于本书构建的公共部门危机管理的基本理论框架和主要内容，对这一重大课题做一初步的、探索性的分析和尝试，以期抛砖引玉，引起学术界和实务界的高度关注和重视。

按照本书所构建的公共部门危机管理的基本理论架构和具体内容，公共部门危机管理绩效评估可以从信息管理、公关管理、沟通管理、决策分析、应变管理、恢复管理六个评估维度来展开。或者更准确地说，作为一级指标的公共部门危机管理绩效评估指标体系，下设信息管理、公关管理、沟通管理、决策分析、应变管理、恢复管理六个二级指标。在这六个二级指标下，又分别下设若干三级指标。

当然，每个三级指标下，还分别下设有若干四级指标，用以具体详尽地评估公共部门

①② 参见阎耀军：《社会稳定的计量及预警预控管理系统的构建》，载《社会学研究》，2004（3）；阎耀军：《超越危机：社会稳定的量度与社会预警》，延吉，延边大学出版社，2003；阎耀军：《超越危机——构建新的社会预警指标体系及其运行平台的设想》，载《甘肃社会科学》，2005（3）。

危机事中和事后管理各个方面、各个层次的绩效。限于篇幅，对于四级指标，这里就不加以详细介绍了，四级指标构建的相关情况可以参照本书构建的公共部门危机管理的基本理论架构和具体内容。这样，运用层次分析法，就可以构建相对严密的公共部门危机管理绩效评估四级指标体系。

另外，在操作层面上，公共部门危机管理绩效评估指标体系构建的具体方法是，在运用层次分析法构建公共部门危机管理绩效评估四级指标体系的基础之上，针对相关领域的资深研究人员、高等院校的教授、媒体资深记者、政府有关职能部门的高级官员以及长期从事一线公共部门危机管理工作的各个专业部门的实践经验丰富的管理人员等，实施德尔菲技术调查法。在公共部门危机管理绩效评估指标体系构建过程中实施德尔菲技术调查法的具体步骤为：(1) 拟订调查提纲。如设计出专家们应回答问题的调查表，包括四级指标体系相应的分值和权重分配的意见征询表等。(2) 选择有关专家。主要针对相关领域的资深研究人员、高等院校的教授、媒体资深记者、政府有关职能部门的高级官员以及长期从事一线公共部门危机管理工作的各个专业部门的实践经验丰富的管理人员等。选择的专家一般以 10～50 人为宜，但一些重大公共危机事件可选择 100 人以上。(3) 实施调查。发函或请个别谈论，要求每位专家提出自己意见的依据，并说明是否需要补充资料。(4) 修改意见。评估小组将第一次意见征询的结果及资料进行综合整理、归纳，使其条理化，再反馈交给有关专家，据此提出修改意见和新的意见及要求。这一函询征求意见的修改过程可反复进行 3～5 轮，一般以三轮为宜；(5) 确定最终结果。经过专家们反复修改意见，根据全部资料，确定出专家趋于一致的四级指标体系相应的分值和权重分配相关意见。

德尔菲技术调查法具有很多特点和优点。比如匿名性，这样可以消除“权威者”的影响，而且同时参加的成员又可以参考其他人第一轮的意见。再比如有价值性和统计性，由于不同领域的专家、记者、官员以及一线管理人员参与意见征询，各有专长，考虑问题的出发点也不同，因而会提出很多事先没有考虑到的问题和有价值的意见；而且可以方便地对意见征询的结果及资料进行统计分析并做量化处理，最后能够得到综合的统计性质的评估结果，准确性、科学性程度比较高。由于德尔菲技术调查法的这些特点和优点，在公共部门危机管理绩效评估指标体系构建过程中实施德尔菲技术调查法，就可以最大限度地消除和减少在对公共部门危机管理绩效评估四级指标体系赋予相应的分值和权重过程中的主观随意性和不稳定性，提高绩效评估指标体系构建的准确性、科学性和实际应用性。

通过实施德尔菲技术调查法，让相关领域的专家、记者、官员以及一线管理人员参与意见征询，进行指标体系理论框架的论证和指标遴选工作，并赋予各个四级指标相应的分值和权重，然后进行综合分值计算，并在预先确定公共部门危机管理绩效评估的等级区间分值范围的基础之上，最终确定公共部门危机管理绩效评估的具体等级。将这一具有影响力的绩效评估具体等级，作为危机事后全面、系统地总结、反思和重建公共部门危机管理系统的主要依据，作为不同地区、不同部门、不同专业领域进行横向和纵向公共部门危机管理绩效比较的主要依据，作为惩罚和激励公共部门及其工作人员的主要依据，并与财政预算结合起来。要通过评估信息的传递网络，把公共部门危机管理绩效评估的具体等级尽快反馈和扩散给相关方面，特别是公共部门危机管理的利益相关者和大众媒体，使评估信息得到有效的使用和广泛的认可，以此来提高与改善公共部门危机管理绩效，构建持续不断的危机学习与创新机制。

最后，将风险评估与公共危机预警指标体系、公共部门危机管理绩效评估指标体系两套指标体系加以组合，就可以完成公共部门危机管理评估指标体系的构建（见表 12－1）。当然，在区分两者的适用范围的基础之上，需要再次运用德尔菲技术调查法，进一步确定相关指标的分值和权重分配，最后进行综合分值计算并确定公共部门危机管理评估的最终等级。

本章小结

1. 所谓风险，是指在不确定性情境下不利事件或危险事件发生的可能性及其后果/影响的综合体。风险管理是指对风险进行识别、分析与评估、处理并对其进行监控的过程。风险评估是指对一定时期内某一种或多种尚未发生，但可能发生的危机风险在某一地区可能发生的概率和这一危机风险发生时对社会、经济及人们的生命财产构成的危害，做出动态变化的评估。

2. 国外风险管理与评估理论模型发展较为成熟、应用较为广泛、综合性较强的主要有三种：美国 HAZUS-MH 风险评估模型、美国 CVAT 风险评估模型、加拿大风险评估模型。

3. HAZUS-MH 风险评估模型包括五个步骤：识别危险；危险分析；关键资产分析；估计损失；风险减缓。美国 CVAT 风险评估模型包含七个基本步骤：危险识别、危险分析、关键设施分析、社会分析、经济分析、环境分析、减灾机会分析。加拿大风险评估流程包括环境扫描、关键资产清点、灾害威胁评估、脆弱性识别、全灾害风险评估五大步骤。

4. 所谓危机预警管理与评估，是指在危机演变的不同阶段，在可能产生危机的警源上设置警情指标，对可能引起危机的各种要素及其所呈现出来的危机信号和危机征兆随时进行严密的动态监测，对其发展趋势、可能发生的危机类型及其危害程度做出科学、合理的评估，并用危机警度向有关部门发出危机警报的一套运行体系。

5. 联合国国际减灾战略在分析总结全球各类预警系统的成效后，总结出危机预警系统有效性的四个关键因素：风险知识、监测和警示服务、传播和沟通以及应急能力。

6. 所谓公共部门绩效评估，是指对广义的政府组织、非营利组织（第三部门）以及公共企业（第四部门）等构成的特定社会组织在积极履行公共责任的过程中，在讲求内部管理与外部效应、数量与质量、经济因素与伦理政治因素、刚性规范与柔性机制相统一的基础上，获得的公共产出进行的评审界定。

7. 公共部门危机事前风险与预警评估机制设计，指向的是公共部门危机事前风险与预警评估。其主要目的是提前发现潜在的危机风险，从而预防危机、规避危机，阻止危机的发生；而对于那些没有排除的潜在危机风险，进行危机监测、危机预测和预警、危机预控，构建公共危机预警管理机制，并进行公共危机预警评估，从而将危机消灭在萌芽状态或者尽量使危机损失降到最低。

8. 公共部门危机管理绩效评估机制设计，指向的是公共部门危机事中实时评估和危机事后评估，主要包括公共部门危机管理绩效评估的价值导向、主体、内容（客体、对象）、方法、结果的运用以及元评估等内容。

9. 作为公共部门危机管理的一种特定的重要测量工具和手段，风险评估与公共危机预警指标体系，是由一系列经过理论遴选和专家依据科学方法严密论证的敏感指标组成的一种测量公共危机现象及其运行过程的指标系统，能够全面、系统地量化反映社会运行状况、识别并确认社会风险、监测公共危机警源、评价警情程度、预警公共危机。风险评估与公共危机预警指标体系构建，可以从意识形态安全、政治安全、经济安全、收入分配、社会保障、国际影响六个评估维度来展开。

10. 公共部门危机管理绩效评估指标体系构建，指向的是公共部门危机事中实时评估和危机事后评估，可以从信息管理、公关管理、沟通管理、决策分析、应变管理、恢复管理六个评估维度来展开。

关键术语

风险管理与评估　美国 HAZUS-MH 风险评估模型　美国 CVAT 风险评估模型　加拿大风险评估模型　危机预警管理与评估　以人为本的预警系统　公共部门绩效评估　公共部门危机事前风险与预警评估机制设计　公共部门危机管理绩效评估机制设计　风险评估与公共危机预警指标体系　公共部门危机管理绩效评估指标体系

复习思考题

1. 何谓风险评估？一个完善的风险评估模型应满足哪些要求？
2. 简述美国 HAZUS-MH 风险评估模型、美国 CVAT 风险评估模型、加拿大风险评估模型风险管理的主要内容。比较三大风险评估模型的异同，分析其优缺点。
3. 简述危机预警管理与评估的含义与功能。
4. 分析危机预警系统有效性的四个关键因素，并举实例说明。
5. 何谓公共部门绩效评估？公共部门绩效评估的难点与障碍何在？
6. 简述公共部门绩效评估体系构建的主要内容。
7. 分析欧盟国家公共部门通用评估框架对中国的启示意义。
8. 分析公共部门危机事前风险与预警评估机制设计的含义与要求。
9. 分析公共部门危机管理绩效评估机制设计的主要内容。
10. 说明风险评估与公共危机预警指标体系的国际和国内研究现状与问题。
11. 分析风险评估与公共危机预警指标体系构建的主要特征与四级指标体系构成。
12. 分析公共部门危机管理绩效评估四级指标体系的构成。

阅读案例

吉林省长春市宝源丰禽业公司“6·3”特大火灾爆炸事故应急处置

一、事故基本情况

2013年6月3日6时10分许，位于吉林省长春市德惠市的吉林宝源丰禽业有限公司主厂房发生特别重大火灾爆炸事故，共造成121人死亡、76人受伤，17 234平方米主厂房及主厂房内生产设备被损毁，直接经济损失1.82亿元。

事故发生后，党中央、国务院高度重视，习近平总书记、李克强总理等中央领导同志立即做出重要批示指示，要求全力以赴组织救援，千方百计救治受伤人员，做好遇难者的善后和家属安抚工作；查明事故原因，依法追究责任，并要深刻总结教训，采取切实有力有效措施，坚决防止重特大事故发生。6月3日下午，受党中央、国务院委派，国务委员郭声琨同志率领国务院有关部门负责同志赶赴现场，传达习近平、李克强等中央领导同志的重要批示指示精神，指导人员搜救、善后处理和事故调查工作并慰问受伤人员。6月4日，李克强总理通过视频系统对做好抢险救援、事故查处和善后处理工作提出了明确要求。其间，张高丽、马凯、孟建柱、杨晶、王勇等领导同志也通过各种方式，了解现场情况，指导应急救援、伤员救治、善后处理和事故调查工作。

根据中央领导同志的重要批示指示要求，依据《生产安全事故报告和调查处理条例》等国家有关法律法规，经国务院批准，6月5日，成立了由国家安全监管总局、监察部、公安部、国家质检总局、全国总工会和吉林省人民政府有关负责同志等参加的国务院吉林省长春市宝源丰禽业有限公司“6·3”特别重大火灾爆炸事故调查组，开展事故调查工作。事故调查组邀请最高人民检察院派员参加，并聘请了国内消防、制冷、爆炸、特种设备、化工、材料、建筑、电气等方面的专家组成专家组，全程参加事故调查工作。

事故调查组按照“四不放过”和“科学严谨、依法依规、实事求是、注重实效”的原则，通过现场勘验、调查取证、检测鉴定、模拟实验和专家论证，查明了事故发生的经过、直接原因和间接原因，人员伤亡和财产损失情况，认定了事故性质和责任，提出了对有关责任人员和责任单位的处理建议。

二、事故应急管理过程

（一）事故发生经过

2013年6月3日5时20分至50分，宝源丰公司员工陆续进厂工作，当日计划屠宰加工肉鸡3.79万只，当日在车间现场395人（其中一车间113人，二车间192人，挂鸡台20人，冷库70人）。

6时10分左右，部分员工发现一车间女更衣室及附近区域上部有烟、火，主厂房外面也有人发现主厂房南侧中间部位上层窗户最先冒出黑色浓烟。部分较早发现火情人员进行了初期扑救，但火势未得到有效控制。火势逐渐在吊顶内由南向北蔓延，同时向下蔓延到整个附属区，并由附属区向北面的主车间、速冻车间和冷库方向蔓延。燃烧产生的高温导致主厂房西北部的1号冷库和1号螺旋速冻机的液氨输送和氨气回收管线发生物理爆炸，致使该区域上方屋顶卷开，大量氨气泄漏，火势蔓延至主厂房的其余区域。

（二）灭火救援及现场处置情况

6时30分57秒，德惠市公安消防大队接到110指挥中心报警后，第一时间调集力量赶赴现场处置。吉林省及长春市人民政府接到报告后，迅速启动了应急预案，省、市党政主要负责同志和其他负责同志立即赶赴现场，组织调动公安、消防、武警、医疗、供水、供电等有关部门和单位参加事故抢险救援和应急处置，先后调集消防官兵800余名、公安干警300余名、武警官兵800余名、医护人员150余名，出动消防车113辆、医疗救护车54辆，共同参与事故抢险救援和应急处置。在施救过程中，共组织开展了10次现场搜救，抢救被困人员25人，疏散现场及周边群众近3 000人，火灾于当日11时被扑灭。

由于制冷车间内的高压贮氨器和卧式低压循环桶中储存有大量液氨，消防部队按照"确保液氨储罐不发生爆炸，坚决防止次生灾害事故发生"的原则，采取喷雾稀释泄漏氨气、水枪冷却贮氨器、破拆主厂房排烟排氨气等技战术措施，并组成攻坚组在宝源丰公司技术人员的配合下成功关闭了相关阀门。

事故中，制冷机房内的1号卧式低压循环桶内液氨泄漏，其余3台高压贮氨器、9台卧式低压循环桶及液氨输送和氨气回收管线内尚存储液氨30吨。在国家安全生产应急救援指挥中心有关负责同志及专家的指导下，历经8天昼夜处置，30吨液氨全部导出并运送至安全地点。

当地政府已对残留现场已解冻、腐烂的2 600余吨禽类产品进行了无害化处理，并对事故现场反复消毒杀菌，避免了疫情发生及对土壤、水源造成二次污染。

（三）善后处理情况

当地党委政府认真做好事故伤亡人员家属接待及安抚、遇难者身份确认和赔偿等工作，共成立121个包保安抚工作组，对121名遇难者家属实行包保帮扶，保持了社会稳定。121名遇难者遗体已全部经DNA比对确认身份，遗体已全部火化，遇难者理赔已全部完成。

事故发生时共有77名受伤人员入院治疗（其中15名为重症），卫生部门成立了一对一的医疗救治小组，国家卫生计生委向长春派遣了医疗专家组，共有18名国家级专家、52名省市专家、370名医护人员参与治疗，累计会诊392人次。同时，对遇难者家属、受伤人员及其家属分步骤进行了心理疏导，实施了心理危机干预治疗。77名受伤人员中，除1人因伤势过重经抢救无效死亡外，其他受伤人员均可恢复生活和劳动能力。

三、事故防范措施建议

（一）要切实强化以消防安全标准化建设为重点的消防安全工作

各级人民政府及其有关部门和各类生产经营单位要强化安全生产尤其是消防安全"三同时"工作，进一步研究改善劳动密集型企业的消防安全条件，在建筑设计施工时应充分考虑消防安全需求，努力提高设防等级，并加强"三同时"审查、把关与验收，保证做到包括消防设施在内的安全设施"三同时"。要严格限制劳动密集型企业的生产加工车间中易燃、可燃保温材料的使用，保证建筑材料的防火性能；要合理设置疏散通道和安全出口，完善应急标志和报警系统，为作业人员提供充足的安全保障；

要对全省类似企业尤其是使用此种保温材料的单位、场所进行全面排查、彻底整改并完善强化防控措施。同时，要层层落实特别是基层的消防安全责任制，全面深入地开展公众尤其是从业人员消防能力的提升工作，全面深入地开展消防安全专项整治，全面深入地加强人员密集场所和易燃易爆物品生产、销售、运输、储存等各环节的安全管理与监督，依法关闭取缔易引发火灾的“三合一”“多合一”厂点、作坊，加强“防火墙工程”建设，强化消防安全“网格化”管理，从源头上搞好火灾等各类生产安全事故防范工作。

（二）要切实强化使用氨制冷系统企业的安全监督管理

各级人民政府及其有关部门要加强使用氨制冷系统企业和用氨单位的安全监督管理，在明确主管部门的基础上明确牵头部门，建立相关部门间的协调机制，完善行业安全管理制度，统一相关标准规范，加强日常监督检查和重大危险源监控，加强事故的防控工作。同时，要采取有力措施，加强宣传教育和业务培训，促进使用氨制冷系统的企业和用氨单位全体员工了解掌握氨的理化特性，并针对其危害性制定相应的安全操作规程，切实认真加以落实；要加强企业现场的监测监控，切实做好防泄漏等工作；要在劳动人员密集的地点设置氨气浓度报警装置及事故通风系统，为贮氨器增设水喷淋装置以及集水池和事故排水系统，为紧急泄氨器增设密封的事故排水罐或排水池。在此基础上，要大力推动企业转型升级，尤其要大力推广安全、环保的制冷机组。

（三）要切实强化工程项目建设的安全质量监管工作

各级人民政府及其有关部门要监督所有建设工程的业主、设计、施工、监理单位严格遵守国家基本建设相关法律法规的规定和程序，严格落实各方的安全和质量责任，遵守建设管理流程，严格履行项目立项、设计、施工许可、组织施工、竣工验收等手续，严禁盲目赶工期、催进度和放松对质量与安全的监管，切实保障工程合理投入尤其是安全投入和合理工期，精心组织、规范施工，确保建设工程质量和安全。工程建设领域相关管理及监督部门要认真履行职责、依法依规行政，加强日常监管和行政执法，坚持原则、秉公执法、从严执法，严格把住各道关口，严禁违法违规违反程序去开“绿灯”。同时，要加大“打非治违”工作力度，全面排查和解决工程建设领域的突出问题，严厉查处越权审批、未批先建，无资质设计、施工、监理，以及非法转包分包、出借资质等违法违规行为，采取有力措施，维护市场公平竞争，确保工程质量，搞好安全生产。

（四）要切实强化政府及其相关部门的安全监管责任

各级人民政府及其有关部门要严格落实安全生产行政首长负责制和其他领导“一岗双责”制以及行业主管部门直接监管责任、安全监管部门综合监管责任、地方政府属地监管责任。要严格行政许可制度和审批责任制。尤其是行政审批，要坚持“谁主管、谁负责”“谁许可、谁负责”“谁发证、谁负责”的原则，审批前要严格审查、审批中要严格把关、审批后要强化监管。各级行业主管部门要坚持“管行业必须管安全，管业务必须管安全，管生产经营必须管安全”的原则，认真履行行业安全监管职责，切实加强行业安全监管，加大行政执法力度，严厉打击非法违法生产经营建设行为，彻底治理纠正和解决违规违章问题，依法取缔关闭非法的不具备安全生产条件的各类小厂小矿和小作业经营点。特别要对劳动密集型企业的危险因素进行认真分析，有针对性地加强对劳动密集型企业的消防安全监管。同时，各级安全监管部门要进一步加强安全生产综合监管，在党委、政府的领导下，加强对下级地方人民政府和同级相关部门的监督检查、指导协调，切实调动和督促各方面共同做好安全生产工作。在全面加强安全监管和事故预防的基础上，要加强事故灾难的应对处置工作，建立统一领导、协调有序、运转高效的工作机制，督促指导相关部门和各类生产经营单位尤其是劳动密集型企业，制定切实有效的事故灾难应急预案，广泛开展不同层级、形式多样的应急演练，建立健全应急救援队伍体系，强化救援装备配备和物资储备。一旦发生事故，就要有力组织指挥，科学安全应对，有序有力有效施救，并在救援过程中保护好现场。

（五）要切实强化对安全生产工作的领导

各级人民政府及其有关部门要高度重视安全生产工作，切实加强组织领导，确保思想认识到位、领导工作到位、组织机构到位、工作措施到位、政策落实到位。要完善工作体系、构建有力格局，做到党政齐抓、各方共同负责；要定期听取有关方面的安全生产工作汇报，定期研究分析安全生产形势，及时发现和解决存在的问题；要坚持依法行政、依法治安，深入持久地组织开展“打非治违”工作，坚决打击企业的非法违法建设生产经营行为，坚决治理纠正地方特别是基层政府及其有关部门违法违规行政问题；要组织开展经常性的安全检查督查，尤其要组织好当前国务院部署开展的安全生产大检查，确保不走过场、取得实效；要切实把安全生产作为衡量地方经济发展、社会管理、文明建设成效的重要指标，在正确把握形势的基础上，注重把安全生产与科学发展、推进经济转型升级、落实为民务实的要求、提升治国理政的能力相结合，统筹兼顾、协调发展；要进一步加强安全法制建设、长效机制建设、责任体系建设、监管队伍建设和投入机制建设，不断提升企业安全生产和政府安全监管能力与水平；要坚持立足防范、标本兼治、重在治本、狠抓源头，强化落实、强化执行、强化基础、固本强基，从根本上改变安全生产状况。通过强有力的领导和扎实有效的工作，坚决遏制各类事故尤其是重特大生产安全事故的发生，促进安全生产与经济社会同步协调发展。

资料来源：国务院公布的事故调查报告、中央人民政府门户网站、中央领导人指示批示，以及课题组实地调研、问卷调查统计分析、座谈会、访谈资料等。

思考与讨论的问题

结合上述案例材料，吉林省长春市宝源丰禽业公司“6・3”特大火灾爆炸事故应急管理中，公共危机预警与评估机制的重要性与作用体现在哪些方面？借鉴上述案例，为了有效遏制事故频发的发展态势，我国政府如何才能构建并完善公共危机预警机制与指标体系、公共危机管理绩效评估机制与指标体系？

主要参考文献

[1] 鲍勇剑，陈百助．危机管理——当最坏的情况发生时．上海：复旦大学出版社，2003

[2] 北京太平洋国际战略研究所编著．应对危机——美国国家安全决策机制．北京：时事出版社，2001

[3] 陈安等．现代应急管理理论与方法．北京：科学出版社，2009

[4] 陈迅，王澍文编著．危机决策——中国企业危机管理的第一部 MBA 经典教案．兰州：甘肃文化出版社，2001

[5]［美］菲克．危机管理．台北：经济与生活出版事业公司，1987

[6] 冯惠玲主编．公共危机启示录——对 SARS 的多维审视．北京：中国人民大学出版社，2003

[7] 高民杰，袁兴林编著．企业危机预警．北京：中国经济出版社，2003

[8] 龚维斌．公共危机管理．北京：新华出版社，2004

[9]［日］龟井利明．危险管理论．北京：中国金融出版社，1988

[10] 郭济主编．政府应急管理实务．北京：中共中央党校出版社，2004

[11] 郭济主编．中央和大城市政府应急机制建设．北京：中国人民大学出版社，2005

[12] 郭太生主编．灾难性事故与事件应急处置．北京：中国人民公安大学出版社，2006

[13]［美］阿里·哈拉契米．政府业绩与质量测评——问题与经验．广州：中山大学出版社，2003

[14] 韩大元，莫于川主编．应急法制论——突发事件应对机制的法律问题研究．北京：法律出版社，2005

[15] 洪毅主编．中国应急管理报告（2011）．北京：国家行政学院出版社，2012

[16] 胡宁生主编．中国政府形象战略．北京：中共中央党校出版社，1998

[17] 胡平．国际冲突分析与危机管理研究．北京：军事谊文出版社，1993

[18] 霍士富编译. 危机管理与公关运作：理论·实务与事例. 台北：超越企管公司，1996

[19] 计雷，池宏等编著. 突发事件应急管理. 北京：高等教育出版社，2006

[20] [美] 杰弗里·R. 卡波尼格罗. 危机顾问. 北京：中国三峡出版社，2001

[21] [美] 库姆斯·W. 蒂莫西. 危机管理与传播. 台北：风云论坛出版社，2002

[22] [美] 劳伦斯·巴顿. 组织危机管理. 北京：清华大学出版社，2002

[23] 李程伟主编. 公共危机管理：理论与实践探索. 北京：中国政法大学出版社，2006

[24] 李飞主编. 中华人民共和国突发事件应对法释义. 北京：法律出版社，2007

[25] 李经中编著. 政府危机管理. 北京：中国城市出版社，2003

[26] 李学举主编. 灾害应急管理. 北京：中国社会出版社，2005

[27] 林鸿潮. 公共应急管理机制的法治化. 武汉：华中科技大学出版社，2009

[28] 刘长敏主编. 危机应对的全球视角——各国危机应对机制与实践比较研究. 北京：中国政法大学出版社，2004

[29] 刘刚. 危机管理. 北京：中国经济出版社，2004

[30] 刘铁民主编. 应急体系建设和应急预案编制. 北京：企业管理出版社，2004

[31] 刘燕华，葛全胜，吴文祥编著. 风险管理——新世纪的挑战. 北京：气象出版社，2005

[32] 刘毅. 网络舆情研究概论. 天津：天津人民出版社，2007

[33] 卢有杰，卢家仪编著. 项目风险管理. 北京：清华大学出版社，1998

[34] [澳] 罗伯特·希斯. 危机管理. 北京：中信出版社，2001

[35] [美] 马丁·冯，彼得·杨. 公共部门风险管理. 天津：天津大学出版社，2003

[36] 马怀德主编. 法治背景下的社会预警机制和应急管理体系研究. 北京：法律出版社，2010

[37] [美] 马克·G. 波波维奇. 创建高绩效政府组织. 北京：中国人民大学出版社，2002

[38] [英] 迈克尔·雷吉斯特，朱蒂·拉尔金. 风险问题与危机管理. 北京：北京大学出版社，2005

[39] [美] 曼纽尔·卡斯特. 网络社会的崛起. 北京：社会科学文献出版社，2001

[40] 中国地震局监测预报司译. 美国联邦反应计划. 北京：地震出版社，2003

[41] [美] 米切尔·K. 林德尔，卡拉·普拉特，罗纳德·W. 佩里. 应急管理概论. 北京：中国人民大学出版社，2011

[42] [美] 米特罗夫等. 危机管理诊断手册. 台北：五南图书出版股份有限公司，1996

[43] [英] 诺曼·弗林. 公共部门管理. 北京：中国青年出版社，2004

[44] [美] 诺曼·R. 奥古斯丁等. 危机管理. 北京：中国人民大学出版社，2001

[45] [美] 奥托·弗林. 危机管理. 台北：五南图书出版股份有限公司，2001

[46] [美] 帕特里夏·基利等. 公共部门标杆管理——突破政府绩效的瓶颈. 北京：中国人民大学出版社，2002

［47］潘光主编. 当代国际危机研究. 北京：中国社会科学出版社，1989

［48］邱毅. 危机管理：二十一世纪新显学. 台北：中华征信所企业公司，1999

［49］邱毅. 现代危机管理. 台北：伟硕文化事业公司，2000

［50］陈福今，唐铁汉主编. 公共危机管理. 北京：人民出版社，2006

［51］张勇主编. 突发事件应急管理. 北京：人民出版社，党建读物出版社，2011

［52］任生德等编著. 危机处理手册. 北京：新世界出版社，2003

［53］闪淳昌，薛澜主编. 应急管理概论. 北京：高等教育出版社，2012

［54］沈荣华编著. 国外防灾救灾应急管理体制. 北京：中国社会出版社，2008

［55］史安斌. 危机传播与新闻发布. 广州：南方日报出版社，2004

［56］唐钧. 公共部门的危机公关与管理——政府与事业单位的危机公共关系解决方案. 北京：中国人民大学出版社，2007

［57］［美］托马斯·D. 费伦. 应急管理操作实务. 北京：知识产权出版社，2012

［58］万鹏飞主编. 美国、加拿大和英国突发事件应急管理法选编. 北京：北京大学出版社，2006

［59］王宏伟编著. 应急管理导论. 北京：中国人民大学出版社，2011

［60］王宏伟. 应急管理理论与实践. 北京：社会科学文献出版社，2010

［61］王军主编. 突发事件应急管理读本. 北京：中共中央党校出版社，2009

［62］王来华主编. 舆情研究概论：理论、方法和现实热点. 天津：天津社会科学院出版社，2003

［63］王隆德主编. 突发公共卫生事件应急管理——理论与实践. 北京：人民卫生出版社，2008

［64］王茂涛. 政府危机管理. 合肥：合肥工业大学出版社，2005

［65］［美］威廉·N. 邓恩. 公共政策分析导论. 北京：中国人民大学出版社，2002

［66］魏礼群主编. 中国应急管理报告（2010）. 北京：红旗出版社，2011

［67］吴江主编. 公共危机管理能力. 北京：国家行政学院出版社，2005

［68］吴宜蓁. 危机传播——公共关系与语艺观点的理论与实证. 台北：五南图书出版股份有限公司，2002

［69］夏保成，张平吾. 公共安全管理概论. 北京：当代中国出版社，2011

［70］［美］休·考特尼等. 不确定性管理. 北京：中国人民大学出版社，波士顿：哈佛商学院出版社，2000

［71］许文惠，张成福主编. 危机状态下的政府管理. 北京：中国人民大学出版社，1998

［72］薛澜，张强，钟开斌. 危机管理——转型期中国面临的挑战. 北京：清华大学出版社，2003

［73］阎耀军. 超越危机：社会稳定的量度与社会预警. 延吉：延边大学出版社，2003

［74］姚国章. 日本灾害管理体系：研究与借鉴. 北京：北京大学出版社，2009

［75］姚国章. 应急管理信息化建设. 北京：北京大学出版社，2009

［76］［日］野田武辉. 企业危机预警——中小企业倒闭内幕探秘. 北京：时事出版

社，1999

[77] [美] 约翰·莱. 有备无患：企业突发事件应对手册. 北京：新华出版社，2003

[78] 张欢. 应急管理评估. 北京：中国劳动社会保障出版社，2010

[79] 张克生主编. 国家决策：机制与舆情. 天津：天津社会科学院出版社，2004

[80] 张小明. 当代中国公共政策输入过程研究——应急管理长效机制的治本之道. 北京：国家行政学院出版社，2010

[81] 张玉波编著. 危机管理智囊. 北京：机械工业出版社，2003

[82] 张中勇，张世杰编著. 灾难治理与地方永续发展. 台北县：韦伯文化国际出版有限公司，2010

[83] 赵成根主编. 国外大城市危机管理模式研究. 北京：北京大学出版社，2006

[84] 赵平则，安宝善主编. 危机管理. 太原：山西人民出版社，2005

[85] 赵志立. 危机传播概论. 北京：清华大学出版社，2009

[86] 郑子云，司徒永富. 企业风险管理. 香港：商务印书馆（香港）公司，2002

[87] 中共中央宣传部舆情信息局编著. 舆情信息汇集分析机制研究. 北京：学习出版社，2006

[88] 中国现代国际关系研究所危机管理与对策研究中心编著. 国际危机管理概论. 北京：时事出版社，2003

[89] 钟开斌. 风险治理与政府应急管理流程优化. 北京：北京大学出版社，2011

[90] 钟开斌. 政府危机决策——SARS 事件研究. 北京：国家行政学院出版社，2009

[91] 朱爱群. 危机管理——解读灾难迷咒. 台北：五南图书出版股份有限公司，2002

[92] 朱德武. 危机管理：面对突发事件的抉择. 广州：广东经济出版社，2002

[93] 朱恪钧，谭晓梅主编. 地方政府应急管理实践研究. 成都：四川人民出版社，2009

[94] 卓越主编. 公共部门绩效评估. 北京：中国人民大学出版社，2004

[95] 邹铭等. 自然灾害风险管理与预警体系. 北京：科学出版社，2010

[96] [日] 佐佐淳行. 危机管理. 台北：稻田出版公司，1996

[97] Ali Farazmand, ed. *Handbook of Crisis and Emergency Management*. New York: Marcel Dekker, 2001.

[98] Andrew Scobell and Larry M. Wortzel, eds. *Chinese National Security Decision Making under Stress*. Carlisle, PA, Strategic Studies Institute, US Army War College, Sept 2005.

[99] Arjen Boin, Allan McConnell, and Paul' Hart, eds. *Governing After Crisis: The Politics of Investigation, Accountability and Learning*. New York: Cambridge University Press, 2008.

[100] Arjen Boin, Paul' Hart, Eric Stern, and Bengt Sundelis, eds. *The Politics of Crisis Management: Public Leadership under Pressure*. New York: Cambridge University Press, 2005.

[101] N. R. Augustine Managing the Crisis You Tried to Prevent. *Harvard Business*

Review, 1995, 73 (6).

[102] L. Barton, *Crisis in Organizations*. Cincinnati: Southwestern Publishing Company, 1993.

[103] W. L. Benoit. *Accounts, Excuses and Apologies: A Theory of Image Restoration Strategies*. Albany, NY: State University of New York Press, 1995.

[104] T. A. Birkland. *After Disaster: Agenda Setting, Public Policy and Focusing Events*. Washington, D. C.: Georgetown University Press, 1997.

[105] Coral Bell. *The Conventions of Crisis: A Study in Diplomatic Management*. London: Oxford University of International Affairs, 1971.

[106] S. L. Cutter, The Vulnerability of Science and the Science of Vulnerability. *Annals of the Association of American Geographers*. 2003, 93 (1).

[107] Deborah E. Gibbons, ed. *Communicable Crises: Prevention, Management and Resolution in an Era of Globalization*. Oxford: Elsevier, 2007.

[108] Department of Homeland Security, National Incident Management System, March 1, 2004.

[109] Donald A. Fishman. Crisis Communication Theory: Blended and Extended. *Communication Quarterly*, 1999, 47 (4).

[110] Eric K. Stern. *Crisis Decision-Making: A Cognitive-Institutional Approach*. Stockholm: Stockholm University, 1999.

[111] FEMA. Multi-Hazard Identification and Risk Assessment-the Cornerstone of the National Mitigation Strategy, 1997.

[112] FEMA. Using HAZUS-MH for Risk Assessment, How to Guide. HAZUS-MH Risk Assessment and User Group Series, FEMA433/August 2004.

[113] Francis J. Marra. Crisis Communication Plan: Poor Predictors of Excellent Crisis Public Relations. *Public Relations Review*, 1998, 24 (4).

[114] GAO, Risk Management: Strengthening the Use of Risk Management Principles in Homeland Security (GAO-08-904T) (2008).

[115] Graham T. Allison and Philip Zelikow. *Essence of Decision: Explaining the Cuban Missile Crisis*. 2nd Edition. New York: Longman, 1999.

[116] Ian I. Mitroff. *Managing Crisis Before Happened*. New York: American Management Association, 2001.

[117] Ian I. Mitroff & Christine M. Pearson. *Crisis Management: A Diagnostic Guild for Improving Your Organization's Crisis Preparedness*. San Francisco: Jossey-Bass Publishers, 1993.

[118] ISDR. Terminology: Basic Terms of Disaster Risk Reductio. http://www.unisdr.org/eng/library/lib- terminology-eng.htm, 2004-03-31.

[119] John J. Burnett. A Strategic Approach to Crisis. *Public Relations Review*, 1998, 24 (4).

[120] Kathleen Fearn-Banks. *Crisis Communication: A Casebook Approach*. New Jersey: Lawrence Erlubaum Association, 1996.

[121] Leonard Herman B. "Dutch" and Arnold M. Howitt, Against Desperate Peril: High Performance in Emergency Preparation and Response. in Deborah E. Gibbons ed., *Communicable Crises: Prevention, Management and Resolution in an Era of Globalization*, Oxford: Elsevier, 2007.

[122] M. H. Long and J. I. John. Risk-based Emergency Response. Paper presented at the ER93 Conference on the Practical Approach to Hazardous Substances Accidents, 1993. St. John, New Brunswick, Canada.

[123] Michael Bland. *Communicating out of a Crisis*. London: Macmillan Press Ltd, 1998.

[124] National Audit Office. Managing Risks to Improve Public Services. http://www. nao. org. uk/ publications/nao _ reports/03－04/03041078. pdf.

[125] Paul' Hart, Eric K. Stern and Bengt Sundelius, Crisis Management: An Agenda for Research and Training in Europe, *Cooperation and Conflict*, 1998, 33 (2)

[126] Public Safety Canada. Emergency Management Planning Guide 2010—2011. Her Majesty the Queen in Rights of Canada, 2010.

[127] Risk Steering Committee, DHS Risk Lexicon (2010 Edition), September 2010. http://www. dhs. gov/xlibrary/ assets/dhs-risk-lexicon-2010. pdf.

[128] Robert Heath. *Crisis Management for Managers and Executives: Business Crises—The Definitive Handbook to Reduction, Readiness, Response and Recovery*. London: Financial Times Management, 1998.

[129] Robert Heath. Dealing with the Complete Crisis—The Crisis Management Shell Structure. *Safety Science*, 1998 (30).

[130] Charles Rosenthal and Paul' Hart. *Coping With Crises: The Management of Disasters, Riots, and Terrorism*. Springfield, Illinois: Charles C. Thomas, 1989.

[131] Laurent, Simon, Thierry C. Pauchant Developing the Three Level of Learning in Crisis Management: A Case Study of the Hagersville Tire Fire. *Review of Business*, Fall/Winter2000, Vol. 21, Issue 3/4.

[132] Simon A. Booth. *Crisis Management Strategy: Competition and Change in Modern Enterprises*. New York: Routledge, 1993.

[133] Steven Fink. *Crisis Management: Planning for the Invisible*. New York: American Management Association, 1986.

[134] Uriel Rosenthal, Michael T. Charles and Paul' Hart, eds. *Coping with Crises: The Management of Disasters, Riots and Terrorism*. Springfield: Charles C. Thomas, 1989.

[135] W. Timothy Coombs. *Ongoing Crisis Communication-Planning, Managing, and Responding*. New York: Sage Publications Inc., 1999.

[136] William R. Kintner & David C. Schwarz. *A Study on Crisis Management*. Philadelphia: University of Pennsylvania Foreign Policy Research Institute, 1965.

[137] William L. Waugh and Ronald John Hy, eds. *Handbook of Emergency Management: Polices and Programs Dealing with Major Hazards and Disasters*. Westport, CT: Greenwood, 1990.

[138] William L. Waugh. *Living with Hazards Dealing With Disasters: An Introduction to Emergency Management*. M. E. Sharpe, Inc. 2000.

第一版后记

本书的写作最初开始于2002年6月。在历经2003年SARS危机事件和“禽流感”危机事件的震撼与洗礼之后，我们对“公共部门危机管理”学科内容体系的宏观架构与战略设计有了更为充分的认识，对公共部门危机管理的研究也更为深入。随着我们对公共部门危机管理研究的逐步展开与深入，“公共部门危机管理”学科内容体系的宏观架构与战略设计也得以不断完善。在此过程中，仅本书的写作大纲就进行过五次幅度较大的修订，而全书的主要内容更是数易其稿、反复修改、力求完备。呈现在读者面前的这本《公共部门危机管理》，就是我们数年来不断努力的最终成果。

本书的内容体系安排，遵循公共部门危机管理的静态分析与动态分析相结合的逻辑结构主线来逐步展开与深入。全书内容共15章，还有导言、后记等。全书内容可以划分为四个部分：第一部分为“导言”，主要对公共部门危机管理研究进行引导性的阐释与说明。第二部分为第1～6章，共6章篇幅，主要对公共部门危机管理展开多维度的静态分析，包括公共危机与公共部门危机管理概述以及公共部门危机管理的模式、理论、法制化与国际借鉴等主要内容。第三部分为第7～14章，共8章篇幅，主要对公共部门危机管理展开多切面的动态分析，区分公共部门危机管理的事前管理阶段、实时管理阶段（即事中管理阶段）、事后管理阶段三个阶段，包括公共危机预警与事前管理，公共部门危机状态下的信息管理、公关对策、沟通管理、绩效管理和决策分析，公共危机的善后对策与事后管理等主要内容。第四部分为第15章，主要对公共部门危机管理评估机制设计与指标体系构建展开细致的分析。由于公共部门危机管理评估机制贯穿于公共部门危机管理的全过程，包括危机事前风险与预警评估、危机事中实时评估和危机事后评估，所以，第15章实际上是通过公共部门危机管理评估机制设计与指标体系构建，对全书内容做出总括性的归纳。

本书是集体智慧的结晶。全书的写作大纲以及详尽的章节目三级标题结构，由张小明提出、修改并逐步完善。撰稿人编写各章的具体分工为：何晓前、张小明：导言；张小明：第1章、第2章、第3章、第4章、第5章、第6章、第9章、第10章、第11章、

第 12 章、第 13 章、第 15 章、参考文献、后记；汪淑珍：第 7 章、第 14 章；陈闽红：第 8 章。最后，由张小明对全部书稿进行统稿，统一规范了体例要求，并对部分章节和案例做了较大幅度的修改和调整。

本书力求为从事公共管理实践的人员以及从事公共管理理论研究的专家学者提供有关公共部门危机管理的一般性的知识参考框架，同时也力争反映公共部门危机管理研究的知识演进脉络，兼顾公共部门危机管理研究的最新发展趋向。虽然作者已经尽最大的努力认真细致地进行写作，但由于知识、时间和学术水平之限制，本书仍有许多缺失与疏漏之处，我们真诚希望专家学者以及广大读者不吝赐教并给予批评斧正。

最后，为写作本书，我们翻阅、参考了大量的文献资料。虽然我们在写作过程中尽可能地将所引文献详细地注释出来，并在全书末尾详尽地列出主要参考文献，但仍可能有部分文献未能一一列出。在这里，特别对本书所引文献资料的作者们表示真诚的感谢。巧合的是，本书付梓之际，正值我的女儿张庭睿一周岁的生日，正是她的天真纯洁激励着我从事艰辛的学术研究工作。

张小明

2006 年 5 月 6 日于北京

人大版公共管理类教材

公共管理类专业教材——学科基础课教材

书名	作者
现代管理学原理（第三版）（“十一五”国家级规划教材）	娄成武　魏淑艳
一般管理学原理（第四版）	张康之　周　军
管理学基础（第三版）	方振邦
管理学教程	方振邦
政治学原理（第三版）	景跃进　张小劲
现代政治学原理（第四版）	石永义　刘玉萼　张　璋
政治学教程	舒　放　刘琼莲
公共管理学（第二版）	陈振明
公共管理学——一种不同于传统行政学的研究途径（第二版）	陈振明
公共管理学（第二版）（“十二五”国家级规划教材）	蔡立辉　王乐夫
公共管理学（精编版）	王乐夫　蔡立辉
公共管理学（第二版）	张康之　郑家昊
公共管理概论（第二版）	朱立言　谢　明
公共管理学概论	曹现强　王佃利
公共管理学导引与案例（第二版）	王丛虎
公共管理案例	中国人民大学公共管理学院
公共政策导论（第四版）（数字教材版）	谢　明
公共政策概论（第二版）	谢　明
公共政策学——政策分析的理论、方法和技术（“十一五”国家级规划教材）	陈振明
公共政策学	杨宏山
政策科学——公共政策分析导论（第二版）	陈振明
公共政策学导引与案例	陈季修
公共政策案例	中国人民大学公共管理学院
公共经济学（第三版）（“十二五”国家级规划教材）	高培勇
公共经济学教程	秦立建
政府经济学（第四版）（“十一五”国家级规划教材）	郭小聪
政府经济学（第四版）	潘明星　韩丽华

公共管理类专业教材——方法课教材

书名	作者
管理定量分析：方法与技术（第二版）	刘兰剑　李　玲
公共管理的方法与技术（第二版）	魏　娜
公共管理实用分析方法	汪明生　胡象明

公共管理类专业教材——行政管理、公共事业管理专业教材

书名	作者
行政法学导论	姜晓萍
行政法学	朱新立　唐明良　李春燕
公共部门人力资源管理（第四版）	孙柏瑛　祁凡骅
公共部门人力资源开发与管理（第四版）（“十二五”国家级规划教材）	孙柏瑛　祁凡骅
公共部门人力资源开发与管理（第三版）	孙柏瑛
公共部门人力资源管理（第三版）	滕玉成　于　萍
公共部门人力资源管理	方振邦
公共部门人力资源管理概论	方振邦

书名	作者
公共部门人力资源管理案例	周均旭
公共人事制度	刘俊生
行政管理学（第四版）	郭小聪
公共行政学（第五版）	彭和平
公共行政学	张康之　张乾友
行政学导论（第三版）	齐明山
行政管理学导引与案例	陈季修
管理心理学（第二版）	范逢春
公共组织行为学（第三版）（“十一五”国家级规划教材）	孙　萍　张　平
公共组织学（第三版）	李传军
行政组织学（第二版）	张　昕　李　泉
公共事业管理概论（第三版）	朱仁显
公共事业管理概论（“十一五”国家级规划教材）	娄成武　李　坚
公共组织财务管理（第三版）（“十一五”国家级规划教材）	王为民
国家公务员制度（第四版）（数字教材版）（“十二五”国家级规划教材）	舒　放　王克良
国家公务员制度概论	郗永勤　刘碧强
公务员制度概论	李如海
公务员制度导论	孙德超
行政领导学（第三版）	朱立言　李国梁
领导学（第四版）	邱霈恩
领导学	王自亮
领导学：理念、行为与艺术	祁凡骅
领导学	孙　健
现代市政学（第四版）（数字教材版）	王佃利　张莉萍　高　原
市政管理学（第四版）（“十一五”国家级规划教材）	杨宏山
市政学导引与案例（第二版）	李燕凌
社区管理（第三版）	汪大海　魏　娜　郇建立
社区管理原理与案例	魏　娜
电子政务教程（第三版）（“十一五”国家级规划教材）	赵国俊
电子政府与电子政务（第二版）（“十一五”国家级规划教材）	张锐昕
电子政府概论（第二版）	张锐昕
管理信息系统	张维明　黄金才
行政伦理学教程（第三版）（“十二五”国家级规划教材）	张康之　李传军
公共危机管理导论（“十一五”国家级规划教材）	肖鹏军
公共危机管理概论	王宏伟
公共危机管理	唐　钧
公共危机与应急管理：原理与案例	王宏伟
行政决策学	许文惠　张成福　孙柏瑛
非营利组织管理	吴东民　等
非营利组织管理	康晓光
非营利组织管理导引与案例	崔向华　张　婷
当代中国政府与政治	景跃进　陈明明　肖　滨
当代中国政府与行政（第三版）	魏　娜　吴爱明
当代中国政府（第二版）（“十一五”国家级规划教材）	吴爱明
地方政府学概论（第二版）	方　雷
地方政府管理（第二版）	陈瑞莲　张紧跟
管理秘书实务（第三版）	赵锁龙
行政秘书学	唐　钧
公文写作与处理	赵国俊
机关管理的原理与方法（第三版）	赵国俊　陈幽泓
公共部门绩效管理	方振邦

书名	作者
政府绩效管理	方振邦　葛蕾蕾
政府绩效评估	蔡立辉
公共关系概论（第二版）	邹正方
政府公共关系（第二版）（“十一五”国家级规划教材）	廖为建　张　宁
社会管理	汪大海
社会管理——理论、实践与案例	陈振明
西方行政学理论概要（第二版）（“十一五”国家级规划教材）	丁　煌
公共行政学史	何艳玲
公共行政学经典理论导引与案例	付小均
西方公共管理名著导读	汪大海
管理思想史教程	方振邦　葛蕾蕾
文化管理学（第三版）（“十二五”国家级规划教材）	孙　萍
文化创意产业导论	魏鹏举
卫生事业管理（第二版）（“十一五”国家级规划教材）	李　鲁
教育经济与管理（第二版）（“十一五”国家级规划教材）	娄成武　史万兵
现代公用事业管理	崔运武

公共管理类专业教材——劳动与社会保障专业教材

书名	作者
社会保障概论（第六版）（教育部推荐教材）	孙光德　董克用
社会保障管理（“十一五”国家级规划教材）	邓大松　刘昌平
劳动经济学（“十一五”国家级规划教材）	董克用　刘　昕
劳动法与社会保障法	黎建飞　李　静
人力资源管理	彭剑锋
社会保险学（第三版）	孙树菡　朱丽敏
社会保障基金管理	李春根
社会保险精算原理与实务	王晓军
社会保障国际比较	仇雨临
国际社会保障制度教程	穆怀中
员工福利概论（第二版）（“十一五”国家级规划教材）	仇雨临
医疗保障	王虎峰

公共管理类专业教材——土地资源管理专业教材

书名	作者
土地经济学（第七版）（“十一五”国家级规划教材）	毕宝德
土地法学	王守智　吴春岐
土地科学导论	叶剑平
土地资源管理学	张正峰
土地利用规划学	张占录　张正峰
不动产估价（第二版）（“十一五”国家级规划教材）	叶剑平　曲卫东
土地信息系统	曲卫东　韩　琼
地籍管理（第五版）（“十一五”国家级规划教材）	谭　峻　林增杰

公共管理类专业教材——城市管理专业教材

书名	作者
城市管理学（第三版）	杨宏山
城市管理法	王丛虎

书名	作者
城市总体规划原理	郐艳丽　田　莉

公共管理硕士（MPA）教材——核心课教材

书名	作者
全国公共管理硕士（MPA）核心课程教学指导纲要	全国公共管理专业学位研究生教育指导委员会
社会主义建设理论与实践（第三版）	李景治　蒲国良
公共管理英语（修订版）	顾建光
公共管理学（修订版）	张成福　党秀云
公共管理学原理（修订版）	陈振明
公共管理导论	竺乾威　朱春奎　李瑞昌
公共政策分析	陈振明
公共政策分析导论	陈振明
公共政策分析概论（修订版）	谢　明
政治学：基本理论与中国视角	任剑涛
公共部门经济学（第三版）	高培勇　崔　军
公共经济学	唐任伍
行政法学（修订版）	皮纯协　张成福
行政法学概论（第三版）	胡锦光
非营利组织管理概论（修订版）	王　名
非营利组织管理	王　名　王　超
公共管理伦理学（修订版）	张康之
社会研究方法	陈振明
定量分析方法（第三版）	谭跃进
电子政务理论与方法（第四版）	金江军
电子政务	吴爱明　何　滨
信息技术及其应用（第三版）	张维明

公共管理硕士（MPA）教材——专业方向必修课、选修课教材

书名	作者
公务员制度教程（第五版）	舒　放　王克良
比较政府与政治（修订版）	卓　越
当代中国政府与政治（第三版）	吴爱明　朱国斌　林　震
公共部门人力资源管理及案例教程（第三版）	陈天祥
领导学	祁凡骅　刘　颖
领导学教程	常　健
领导理论与实践	邱霈恩
西方公共行政管理理论精要	丁　煌
社会管理概论	唐　钧
公共部门绩效评估（修订版）	卓　越
公共危机管理（修订版）	王宏伟
公共部门危机管理（第三版）	张小明
公共部门战略管理（修订版）	陈振明
城市管理理论与实务	杨宏山
公共冲突管理	常　健
MPA 学位论文写作指南	汪大海

教学支持说明

（教学课件）

中国人民大学出版社政治与公共管理出版分社秉承“出教材学术精品，育人文社科英才”的出版宗旨，多年来，出版了大批高质量的公共管理、教育学、政治学、政治理论公共课教材和学术著作。

我们为本教材制作了相应的 PPT 教学课件，任何一位采用本书作为授课教材的教师均可免费获得该课件。为了确保该课件仅为授课教师获得，烦请您填写如下材料，并将相关信息通过 E-mail 发送给我们，我们将在收到相关信息后通过 E-mail 给您发送该课件。欢迎您加入我们的 QQ 群（全国政管教师交流群，群号为 236159213），或登录我社官方网站（www. crup. com. cn），注册并认证成为教师会员，以获得更好的服务。

我们的联系方式：
地址：（100872）北京市中关村大街甲 59 号文化大厦 1202 室
中国人民大学出版社政治与公共管理出版分社
电话：（010） 82502724 62514775（传真）
E-mail：ggglcbfs@vip. 163. com
QQ 群：236159213

兹证明__________大学/学院________院/系________专业________学年第________学期开设的____________课程，采用中国人民大学出版社出版的____________________________（书名、作者）作为本课程教材。授课教师为__________，授课班级共_____个、学生_____人。授课教师需要与本书配套的教学课件。

联 系 人：____________________
通信地址：____________________
邮　　编：____________________
电　　话：____________________
E-mail：____________________

系/院主任：__________（签字）
（系/院办公室章）
______年____月____日

图书在版编目（CIP）数据

公共部门危机管理/张小明著. —3版. —北京：中国人民大学出版社，2017.4
公共管理硕士（MPA）系列教材
ISBN 978-7-300-23897-5

Ⅰ.①公… Ⅱ.①张… Ⅲ.①国家行政机关-突发事件-公共管理-研究生-教材 Ⅳ.①D035

中国版本图书馆CIP数据核字（2017）第010283号

公共管理硕士（MPA）系列教材
公共部门危机管理（第三版）
张小明 著
Gonggong Bumen Weiji Guanli

出版发行	中国人民大学出版社		
社　　址	北京中关村大街31号	**邮政编码**	100080
电　　话	010－62511242（总编室）		010－62511770（质管部）
	010－82501766（邮购部）		010－62514148（门市部）
	010－62515195（发行公司）		010－62515275（盗版举报）
网　　址	http://www.crup.com.cn		
经　　销	新华书店		
印　　刷	北京鑫丰华彩印有限公司	**版　　次**	2006年8月第1版
规　　格	185 mm×260 mm　16开本		2017年4月第3版
印　　张	23.5	**印　　次**	2021年7月第4次印刷
字　　数	544 000	**定　　价**	48.00元